KARL HOLL

ENTHUSIASMUS UND BUSSGEWALT BEIM GRIECHISCHEN MÖNCHTUM

KARL HOLL

Enthusiasmus und Bußgewalt beim griechischen Mönchtum

Eine Studie zu Symeon dem neuen Theologen

1969

GEORG OLMS VERLAGSBUCHHANDLUNG
HILDESHEIM

Die Originalvorlage befindet sich im Besitz der Universitätsbibliothek Marburg.

Reprografischer Nachdruck der Ausgabe Leipzig 1898
Mit Genehmigung des J. C. Hinrichs Verlages, Leipzig.
Printed in Germany
Herstellung: fotokop wilhelm weihert, Darmstadt
Best.-Nr. 5102 383

ENTHUSIASMUS UND BUSSGEWALT

GRIECHISCHEN MÖNCHTUM

EINE STUDIE

ZU

SYMEON DEM NEUEN THEOLOGEN

VON

LIC. DR. KARL HOLL

PRIVATDOZENT DER THEOLOGIE IN BERLIN

LEIPZIG

J. C. HINRICHS'SCHE BUCHHANDLUNG

1898

Vorwort.

Bei den Studien, die ich anlässlich meiner Arbeit über die sacra parallela machte, stiess ich auf die im Folgenden behandelte Schrift. Der Gegenstand fesselte mich im höchsten Masse; Schritt für Schritt bin ich weitergeführt worden und nur schwer konnte ich mich entschliessen, da innezuhalten, wo ich notgedrungen stehen bleiben musste.

Es ist mir erst an dieser Schrift klar geworden, welche Bedeutung der Enthusiasmus für das Mönchtum und das Mönchtum für die Fortpflanzung des Enthusiasmus gehabt hat. Der Gegensatz zwischen Amt und Geist ist nicht verschwunden, als sich die festen Formen einer Verfassung in der Kirche herausbildeten. Das Mönchtum hat ihn neu belebt und die Kirche hat ihn verewigt, indem sie das Mönchtum anerkannte. Die Reibung zwischen dem selbständigen Geist im Mönchtum und der Ordnung der Kirche ist eines der wichtigsten Momente in der inneren Entwicklung der Kirche.

Ungern habe ich darauf verzichtet, auch im Abendland diese Geschichte zu verfolgen. Der Prozess ist dort lebendiger und interessanter, weil der Widerstand des Kirchenregiments energischer ist. Ich musste dies bei Seite lassen, da ich, durch andere Pflichten gebunden, sonst den Abschluss der Arbeit auf unabsehbare Zeit hätte hinausschieben müssen.

Auch innerhalb des Gebiets, auf das ich mich beschränkte, habe ich mir Entsagung auferlegen müssen. Es lag mir daran, gewisse Zusammenhänge aufzuzeigen und ich hielt es für nötig, die hauptsächlichsten Beweisstellen ausführlich mitzuteilen. Bekanntes habe ich darum so kurz wie möglich behandelt und aus dem Material nur dasjenige vorgelegt, was mir das Bezeichnendste zu sein schien. Dass man beim Durchwandern eines so weiten Gebiets viele Blumen am Wege stehen sieht, die man nicht pflücken kann, dass viele

Seitenwege sich öffnen, die man nicht gehen darf, das sind wohl Erfahrungen, die nicht ich allein gemacht habe.

Zur Handschriftenbeschreibung auf S. 34 habe ich noch eine Kleinigkeit nachzutragen. Omont giebt für den Par. suppl. gr. 103 280 Blätter an, während dort der bis f. 255^v reichende Quaternio als letzter bezeichnet ist. Die Differenz rührt daher, dass bei Omont auch Blätter mitgezählt sind, die ursprünglich zu einem andern codex gehörten und nur jetzt im selben Einband mit dem uns angehenden Werk vereinigt sind.

Schliesslich ist es mir noch eine angenehme Pflicht, den Bibliotheksverwaltungen in Paris, Venedig, München und Cambridge, speziell den Herren, Herrn Direktor von Laubmann in München, Mr. Robert Sinker und Mr. Henry Jackson in Cambridge den geziemenden Dank auszusprechen. Ohne das grosse Entgegenkommen, das ich hier gefunden habe, wäre es mir nicht möglich gewesen, die Grundlage für meine Arbeit zu gewinnen.

Berlin, den 23. März 1898.

Karl Holl.

Inhaltsverzeichnis.

I. Die dem Johannes Damascenus zugeschriebene
ἐπιστολὴ περὶ ἐξαγορεύσεως,
ihr wirklicher Verfasser und seine Theologie.

Unter den Werken des Johannes Damascenus steht bei Lequien eine Schrift, die es verdient, der Vergessenheit, in die sie geraten ist, entrissen zu werden: die sogenannte epistola de confessione (Ioannis Damasceni opp. I, 598—610).

Lequien hat die Schrift nicht einem der von ihm benutzten codices des Johannes Damascenus entnommen; der Text war ihm aus England von dem decanus Eboracensis Thomas Gale († 1702, dean of York seit 1697) übersandt worden und Lequien nahm den Beitrag des berühmten Gelehrten in seine Ausgabe auf, obwohl er sich von der Echtheit des Stücks nicht überzeugen konnte.

Den Inhalt der epistola bildet die Erörterung der Frage: εἰ ἆρα ἐνδέχεται εἰς μονάζοντάς τινας ἐξαγγέλλειν τὰς ἁμαρτίας αὐτῶν ἱερωσύνην μὴ ἔχοντας. Der Verfasser, der nach der Überschrift Johannes Damascenus sein soll, protestiert energisch gegen die Meinung, als ob die Priesterwürde die Fähigkeit zum Binden und Lösen verleihe; er erklärt das Recht, Sünden zu vergeben, für eine lediglich von der persönlichen Würdigkeit, von der persönlichen Stellung zu Gott abhängige Befugnis.

Die kritische Frage, ob eine Schrift dieses Inhalts wirklich von dem Vorkämpfer der Orthodoxie herrühren könne, bewegt sich auf einem Gebiete, das zu Lequien's Zeit schon gründlich bearbeitet war. Ich erinnere nur an die Namen: Bellarmin, Petau, Morin, Daillé, Boileau, Thomassin. Lequien war daher darüber unterrichtet, dass unser Verfasser mit seiner Ansicht in der griechischen Kirche nicht alleinsteht. Trotzdem und obwohl er — allerdings durch eine falsche Lesart verleitet: er stützt sich p. 599 auf die Worte ἱερουργοῖς γὰρ καὶ μόνοις αὐτὸ συγκεχώρηται — dem Brief in der

Hauptsache eine „benigna interpretatio" angedeihen liess, konnte Lequien sich nicht dazu entschliessen, die epistola als ein echtes Werk des Johannes Damascenus anzuerkennen. Triftiges vermochte er freilich für die Ablehnung des in der Überschrift genannten Autors nicht vorzubringen; seinen Einwänden gegenüber hätte sich mancherlei zur Verteidigung des in der Handschrift überlieferten Verfassernamens ins Feld führen lassen.

Indessen es verlohnt sich nicht, sich mit Lequien ausführlich auseinanderzusetzen. Bei seiner Kritik ist ihm die wichtige Thatsache verborgen geblieben, dass die epistola de confessione auch unter einem anderen Namen läuft. Es wäre Lequien möglich gewesen, darauf aufmerksam zu werden. Denn eine Angabe, von der aus man weiter kommen konnte, fand sich schon in Leo Allatius' de Symeonum scriptis diatriba, Parisiis 1664. Allatius giebt in diesem Werk unter anderem (p. 153 ff.) Nachträge zu J. Pontanus' Ingolstadt 1603 erschienener Ausgabe der Werke Symeon's, des praefectus monasterii S. Mamantis [1]). Allatius zählt eine lange Reihe von Schriften auf, die Pontanus nicht gekannt, er jedoch in variis manuscriptis codicibus bemerkt hätte und unter diesen steht als nro LXII: περὶ ἐξομολογήσεως πρός τινα γραφεὶς τέκνον αὐτοῦ πνευματικὸν ὄντα καὶ τίνες ἄρα εἰσὶν οἱ τὴν ἐξουσίαν τοῦ δεσμεῖν καὶ λύειν ἁμαρτήματα λαβόντες. Das von Allatius angegebene Incipit: Ἐπέταξας τῇ εὐτελείᾳ ἡμῶν, πάτερ stimmt mit dem unseres Stücks überein und die Vermutung, dass die hier von Allatius genannte Schrift mit der angeblichen epistola des Johannes Damascenus identisch sei, bestätigt sich bei weiterer Untersuchung.

* * *

Der Mann, auf den wir somit hingewiesen sind, Συμεὼν ὁ νέος θεολόγος, ist im Abendland fast unbekannt. Migne's Neudruck eines Teils seiner Werke P. G. 120, 287—712, ist bis in die jüngste Zeit unbeachtet geblieben.[2]) In seiner eigenen Kirche ist die Erinnerung an Symeon nicht ganz geschwunden: einer seiner Hymnen steht im

---

1) Die Nachträge sind abgedruckt bei Fabricius-Harles XI, 303 ff. und bei Migne, P. G. 120, 290 ff.

2) Geringfügig ist die Vermehrung, die das gedruckte Material durch die Publikation von A. Jahn (Anecdota graeca theologica. Lipsiae 1893. S. 77—79) erfahren hat. Jahn giebt nur den griechischen Text kleiner Stückchen der κεφάλαια πρακτικὰ καὶ θεολογικά, deren lateinischer Text schon seit Pontanus bekannt war.

ὡρολόγιον unter den Kommuniongebeten (vergl. A. Maltzew, Die Liturgien der orthodox-katholischen Kirche des Morgenlandes, Berlin 1894. S. 175 ff.), in die Φιλοκαλία τῶν ἱερῶν νηπτικῶν, Venedig 1782, sind seine κεφάλαια πρακτικὰ καὶ θεολογικὰ aufgenommen worden und Ph. Meyer erwähnt ihn (ZKG XI, 434) unter den Theologen, deren Werke jetzt noch neu aufgelegt und auf dem Athos gern gelesen werden. Aber es fehlt viel daran, dass der Mann wirklich bekannt wäre. Sowohl sein Lebensgang, als seine Schriftstellerei bedürfen noch der Aufhellung.[1]) Es ist für die Erklärung der uns vorliegenden Schrift unumgänglich, diese Aufgabe in Angriff zu nehmen; ich unterziehe mich ihr um so lieber, als Symeon's Persönlichkeit und theologische Anschauung auch für sich Interesse beanspruchen dürfen.

Das Leben Symeon's ist von einem seiner Schüler, dem aus der Geschichte des Schismas von 1054 bekannten Niketas Stethatos ausführlich dargestellt worden. Leider ist diese vita nur bruchstückweise gedruckt. Denn der erste, der auf sie stiess, Combefis, hat, wie er selbst sagt, Henschen und Papebroch veranlasst, sie aus den Acta Sanctorum auszuschliessen: Symeon sei ein zweifelhafter Heiliger; er unterliege dem Verdacht, fons omnis Palamici erroris zu sein. Doch hatte Combefis die Absicht, selbst die vita zu publizieren; er unterliess es aus äusseren Gründen, hat jedoch in der Vorrede zu Manuel Kalekas (biblioth. PP. auct. nov. t. II = Migne, P. G. 152, 257 ff.) ihren Inhalt ziemlich vollständig angegeben.

Combefis kannte die vita aus einem cod. card. Maz. nunc Regius (Mi. 260 B). Aus einer späteren Stelle (Mi. 280 C) ist zu entnehmen, dass der codex ausserdem auch Werke Symeon's enthielt. Es ist im höchsten Mass wahrscheinlich, dass dieser codex identisch ist mit dem heutigen Paris. 1610 (Omont, Inv. s. II p. 105). Alles, was Combefis über die von ihm benutzte Handschrift andeutet, trifft auf den Parisinus (im folgenden = Par.) zu. Der codex Parisinus, eine Papierhandschrift s. XIV (318 Blätter à 24×16; Schreibraum 15,8×9; 26 Linien à 21—23 Buchstaben; Randbemerkungen von erster Hand), ist

---

1) Neuerdings hat A. Ehrhard in der 2. Aufl. von Krumbacher's BLG S. 152 ff. die Bedeutung Symeon's hervorgehoben. Mein eigenes Studium war schon ziemlich weit vorgeschritten, als diese Darstellung erschien. Da Ehrhard bei der Überfülle des Stoffs, den er zu meistern hatte, nicht in der Lage war, auf die Handschriften zurückzugehen, konnte ich aus seiner Skizze wesentlich Neues nicht entnehmen; dass ich im übrigen aus der nicht genug zu dankenden Arbeit Ehrhard's noch reichlich Nutzen gezogen habe, ist selbstverständlich.

ein alter Mazar., dann Reg. 2943; er enthält f. 1ʳ—69ᵛ die vita und f. 71ʳ—318ᵛ (f. 70 ist leer) eine Reihe von später aufzuzählenden Werken Symeon's. Der Inhalt der vita bei Combefis und der Wortlaut der von ihm zitierten Stellen stimmt vollständig mit unserer Handschrift überein. — Dieselbe vita steht in dem später eingehender zu behandelnden Coisl. 292 (Montfaucon, bibl. Coisl. p. 410 f.) bomb. s. XIV, f. 180ʳ—207ᵛ.

Unter den mir zugänglichen Handschriften sind dies die einzigen, die die vita enthalten. Die zwei codices repräsentieren jedoch nur einen Zeugen. Nicht bloss, dass eine Menge von Fehlern ihnen gemeinsam sind, sondern auch die beiderseits von erster Hand geschriebenen Randbemerkungen ($\dot{\omega}\varrho\alpha\tilde{\iota}ον$, $γνωμικ\grave{ο}ν$, $\ddot{ο}\varrho\alpha$, (μ)) sind — einzelne Auslassungen hüben und drüben abgerechnet — identisch und am Schluss der vita ist übereinstimmend eine Zählung der Wunder am Rand durchgeführt, die sicher nicht der Absicht des Verfassers entspricht; denn sie zieht auch Dinge in die $\vartheta\alpha\acute{υ}\mu\alpha\tau\alpha$ herein, die der gewöhnlichen Erzählung angehören. Der Coisl. lässt, vielleicht deswegen, die Zahlen $η—\iota\alpha$ weg, fährt aber dann mit $\iota\beta$ fort.

An der Identität des Paris. 1610 mit der von Combefis benutzten Handschrift könnte man dadurch irre werden, dass Combefis die vita ohne weiteres als Werk des Niketas Stethatos bezeichnet. Denn im Par. 1610 (und ebenso im Coisl. 292) trägt sie keinen Namen; die Überschrift lautet einfach: $\beta\acute{ι}ος$ $κα\grave{ι}$ $πολιτε\acute{ι}α$ $το\tilde{υ}$ $\acute{ε}ν$ $\acute{α}γ\acute{ι}οις$ $πατρ\grave{ο}ς$ $\acute{η}μ\tilde{ω}ν$ $συμε\grave{ω}ν$ $το\tilde{υ}$ $ν\acute{ε}ου$ $\vartheta εολ\acute{ο}γου$ $πρεσβυτ\acute{ε}ρου$ $κα\grave{ι}$ $\acute{η}γου$-$μ\acute{ε}νου$ $μον\tilde{η}ς$ $το\tilde{υ}$ $\acute{α}γ\acute{ι}ου$ $μ\acute{α}μαντος$ $τ\tilde{η}ς$ $ξηροκ\acute{ε}ρκου$. Allein es war nicht schwer, aus dem Text zu entnehmen, wer der Verfasser sei. Auf den ersten Blick möchte man freilich glauben, dass gerade Niketas in keinem Fall der Autor sein könnte. Mehrmals ist von ihm in der vita die Rede; aber der Verfasser scheint sich von ihm zu unterscheiden, denn er spricht von Niketas in der dritten Person: zuerst bei der Erzählung eines Wunders, das an einem Schüler des Niketas geschieht, Par. f. 64ʳ = Coisl. f. 205ᵛ $\overline{των}$ $\overline{κα\vartheta υπηρετο\acute{υ}ν}$-$\overline{των}$ $\overline{τ\tilde{ω}}$ $\overline{μα\vartheta ητ\tilde{η}}$ $το\tilde{υ}$ $\acute{α}γ\acute{ι}ου$, $λ\acute{ε}γω$ $δ\grave{η}$ $τ\tilde{ω}$ $στη\vartheta \acute{α}τω$ $νικ\acute{η}τα$, $ε\grave{ι}ς$ $\ddot{η}ν$ $\acute{ο}$ $μανασσ\tilde{η}ς$ $\acute{ε}κε\tilde{ι}νος$; dann bei dem Besuch eines Philotheos in Konstantinopel Par. f. 65ʳ = Coisl. f. 206ʳ $\acute{ε}ρχεται$ $κα\grave{ι}$ $πρ\grave{ο}ς$ $τ\grave{η}ν$ $περ\acute{ι}$-$φημον$ $μον\grave{η}ν$ $το\tilde{υ}$ $στουδ\acute{ι}ου$ $νικ\acute{η}ταν$ $\acute{ε}κε\tilde{ι}νον$ $\acute{α}σπ\acute{α}σασ\vartheta αι$; endlich bei der Einleitung der letzten Episode heisst es Par. f. 66ᵛ = Coisl. f. 206ᵛ $κατ\grave{α}$ $τ\grave{ο}ν$ $καιρ\grave{ο}ν$ $τ\tilde{ω}ν$ $πανσ\acute{ε}πτων$ $ποτ\grave{ε}$ $τ\tilde{η}ς$ $\acute{α}γ\acute{ι}ας$ $τεσσα$-$ρακοστ\tilde{η}ς$ $νηστει\tilde{ω}ν$ $\acute{ο}$ $\acute{ρ}η\vartheta ε\grave{ι}ς$ $το\tilde{υ}$ $\acute{α}γ\acute{ι}ου$ $γν\acute{η}σιος$ $μα\vartheta ητ\grave{η}ς$ $νικ\acute{η}τας$

ὁ καὶ στηθάτος. Aber der Zusammenhang, in dem die letzte dieser Stellen steht, lehrt unmittelbar, dass der in dritter Person Genannte kein anderer als der Verfasser selbst ist. Die Geschichte, deren Eingang die eben zitierten Worte bilden, ist bei der Gelegenheit passiert, als der (mit Namen genannte) Niketas, dem in einer Offenbarung ihm erteilten Befehl des Heiligen gehorchend, die Werke Symeon's zum Zweck der Veröffentlichung ins Reine schrieb (Par. f. 67ᵛ ἐπειδὴ γὰρ ἐξ ἀποκαλύψεως προτραπείς ποτε παρὰ τοῦ ἁγίου ὁ εἰρημένος νικήτας οὗτος ὁ καὶ στηθάτος ... τὰς θεοπνεύστους διδασκαλίας καὶ τὰς ἐπωφελεῖς αὐτοῦ συγγραφὰς μεταγράψαι κτὲ.). Jene Offenbarung aber und die Erteilung des Befehls hat der Verfasser an früherer Stelle als an ihn selbst ergangen in der ersten Person erzählt Par. f. 60ᵛ ὄψις με τοιαύτη ἐν μιᾷ τῶν νυκτῶν ἀναδέχεται ... ἐδόκουν ὡς ὑφ᾽ ἑτέρου καλούμενος καὶ οὕτω λέγοντος πρός με· φωνεῖ σε ὁ πατήρ, ἀδελφέ, ὁ πνευματικός κτὲ.; und nachdem er den Entschluss, Symeon's Werke zu publizieren, gefasst hat, sagt er f. 62ᵛ πανταχοῦ τοῦτον (sc. den Symeon) ἀνακηρύττω καὶ πᾶσιν ἀφθόνως εἰς εὐεργεσίαν καὶ ὠφέλειαν ψυχῆς χορηγῶν προτίθημι τὰς θεολογίας αὐτοῦ κἂν οἱ βασκαίνοντες τοῖς κακοῖς διὰ τὴν ἧτταν οὐ βούλονται.[1]) Vergl. auch, wie der Verfasser an noch früherer Stelle (Par. f. 56ᵛ ff.) aus der Zeit, als Symeon noch lebte, ein darauf bezügliches, an ihn gerichtetes profetisches Wort Symeon's — διὰ σοῦ καὶ πᾶσιν ἄλλοις ἐλπίζων φανερὰ γενήσεσθαι — und die Ekstase, in der die Erinnerung an Symeon wieder in ihm aufwacht, durchweg in der ersten Person erzählt.

Es steht also fest, dass Niketas der Verfasser ist und man darf Combefis wohl den Scharfsinn zutrauen, dass er dies entdeckte. Wenn es nun schon von Bedeutung ist, dass die vita von einer auch sonst bekannten Persönlichkeit herstammt, so ist noch wichtiger, dass in ihr das Werk eines Mannes vorliegt, der in seiner Jugend Symeon persönlich kennen gelernt hat, vergl. ausser den schon angeführten Stellen Par. f. 57ᵛ ταῦτα τοιγαροῦν πρὸς ἐμὲ γεγραφὼς (sc. Symeon) ἐπεὶ ἔτι νέος ὢν ἐγὼ καὶ ἀτελὴς τὸν λόγον τῆς γνώσεως ἄρτι τὸν ἴουλον ἐπανθοῦντα ἐπιφερόμενος). Nicht allzulang nach Symeon's Tod hat Niketas die vita verfasst. 16 Jahre, nachdem

---

1) In ähnlichem polemischen Tone redet Niketas auch in der Vorrede zu den ἔρωτες τῶν θείων ὕμνων, die im Par. suppl. gr. 103 und Marc. 494 überliefert ist. Über dieser Vorrede steht in beiden Handschriften sein Name.

Symeon jenes profetische Wort an ihn geschrieben, erlebte er die
Verzückung, die das Gedächtnis des Meisters in ihm neu erweckte,
(Par. f. 57ᵛ. χρόνων δὲ παρεληλυθότων ἑκκαίδεκα) und er ist zur
Abfassung der vita jedenfalls noch zu einer Zeit geschritten, als
der Widerspruch gegen Symeon nicht verstummt war. Die vita
verfolgt neben der erbaulichen auch eine apologetische Tendenz
(Par. f. 62ʳ ἀλλὰ δεῦτε ἐκδιηγήσομαι ὑμῖν τοῖς πιστοῖς, λόγον μη-
δένα τῶν ἰουδαιοφρόνων ἀνδρῶν καὶ βασκάνων ποιούμενός κτἓ.).
Dass die überlieferte vita eine Quelle ersten Ranges ist, ist hiernach
einleuchtend.

Der hohe Wert dieser Quelle wird indes einigermassen dadurch
beeinträchtigt, dass die uns vorliegende Lebensbeschreibung nur ein
Auszug aus einer ausführlicheren Darstellung ist. Unsere vita ist
jedoch ebenso authentisch, wie die grössere. Denn beide hat derselbe Niketas verfasst, vergl. Par. f. 47ᴵ σὺν ταύτῃ δὲ (d. h. gleichzeitig mit einer von Symeon vorhergesagten Strafe über einen Pro-
tonotarios traf auch die des Johannes ein) καὶ ἡ τοῦ δεήσεων
ἰωάννου, γαμβροῦ πέλοντος τοῦ ἁγίου, ἃς καὶ ἐν τῷ κατὰ πλάτους βίῳ αὐτοῦ πλατύτερον ὡς κατὰ μέρος ἐξέβησαν ἐξ-
εθέμεθα.

Par. f. 67ᵛ ἐπειδὴ γὰρ ἐξ ἀποκαλύψεως προτραπείς ποτε παρὰ
τοῦ ἁγίου ὁ εἰρημένος νικήτας, οὗτος ὁ καὶ στηθάτος καθὼς ἐν
τῷ διὰ πλάτους ἀναγέγραπται τοῦ ἁγίου βίῳ.

Die ausführlichere vita aufzuspüren, ist mir nicht gelungen und
es scheint mir sehr fraglich, ob sie sich noch irgendwo finden wird.
Die kürzere Darstellung konnte sich erhalten; sie war, wie man
wohl aus dem Thatbestand im Par. 1610 und Coisl. 292 schliessen
darf, von Niketas dazu bestimmt, als Einleitung seiner Ausgabe der
Werke Symeon's zu dienen; so konnte sie sich mit diesen erhalten.
Die grössere vita wird ein Werk für sich gebildet haben; sie geriet
als Einzelwerk leichter in Vergessenheit, zumal wenn man in der
kleineren einen Ersatz besass.

Man würde es übrigens der im Par. 1610 und Coisl. 292 überlieferten Lebensbeschreibung kaum ansehen, dass sie nur ein Auszug
ist. Nur gegen den Schluss begegnet einmal (Par. f. 57ᵛ) ein ὡς
ἄνωθεν εἴρηται, das auf Dinge anspielt — die persönlichen Anfechtungen des Niketas —, die in dieser Darstellung fehlen, und
überhaupt macht sich am Ende eine gewisse Unordnung bemerklich: es fehlt namentlich ein Bericht über den Tod Symeon's; über
dem Interesse, die Wunder vor und nach dem Tod Symeon's auf-

zuzählen und die Offenbarungen, durch die er zur Publikation der
Werke gedrängt wurde, zu schildern, hat Niketas es versäumt, über
den Tod selbst historisch zu referieren. Im übrigen aber weist die
vita Vorzüge auf, die sie den besten griechischen Biographien an
die Seite stellen. Sie ist unter den Viten, die ich kenne, die einzige, die sich mit der vita Antonii vergleichen darf. Niketas ist
sich bewusst, dass er die Aufgabe hat, das innere Werden seines
Helden zu schildern; er weiss die äusseren Ereignisse damit in Beziehung zu setzen — man wäre ihm freilich dankbar, wenn er dem
historischen Interesse neben dem künstlerischen etwas mehr Spielraum gegönnt hätte, — und er versteht es, eine gute Steigerung in
der inneren Entwicklung Symeon's durchzuführen.

Ich zitiere die vita nach dem Par. 1610, aus dem ich sie mir
abgeschrieben habe. Nur Schreibfehler im eigentlichen Sinn habe
ich dabei korrigiert. Auf meine Absicht, die vita im Anhang zu
veröffentlichen, habe ich aus ähnlichen Gründen, wie einst Combefis,
verzichten müssen. Ich hoffe jedoch darauf zurückkommen zu
können; denn die vita enthält im einzelnen zu viel interessante
Dinge, als dass man sich gern mit einer blossen Angabe des Inhalts
begnügte.

Symeon ist geborener Paphlagonier, aus vornehmem und reichem
Geschlecht[1]), das Beziehungen zum Hofe besass. Schon in jungen
Jahren kommt er nach Konstantinopel in das Haus seines Oheims
väterlicherseits; offenbar um an dem Sitz der Bildung für den
Staatsdienst vorbereitet zu werden.[2]) Aber der Knabe bezeugte,
nachdem er die Elementarschule hinter sich hatte, keine Lust, die
höhere Bildung sich anzueignen.[3]) Der Oheim war trotzdem nicht

---

1) Par. f. 1ʳ ἔφυ μὲν ἐκ χώρας τῆς Παφλαγόνων ... ἔσχε δὲ ⟨πατρί⟩δα
κώμην τὴν οὕτω κατ' ἐγχωρίους καλουμένην Γαλάτην· τοὺς δέ γε φύντας ἐξ
εὐγενῶν καὶ πλουσίων· Βασίλειος δ' ἦσαν καὶ Θ⟨εο⟩φανώ, οἳ παρωνύμως καὶ
Γαλάτωνες ὠνομάζοντο.

2) f. 1ʳ ἐπειδὴ δὲ ἁπαλὸς ὢν ἔτι τὴν ἡλικίαν τῇ κωνσταντίνου παρὰ τῶν
γενν⟨ητ⟩όρων ὡς χρῆμά τι διακομίζεται πολλοῦ ἄξιον καὶ αὐτοῖς ἀνασώζεται
τοῖς προγόνοις, ἐνδόξοις οὖσι τηνικαῦτα ἐν βασιλείοις, γραμματιστῇ παρα-
δίδοται καὶ τὴν προπαιδείαν ἐκδιδάσ⟨κεται⟩. Vergl. f. 1ᵛ ὁ τοίνυν πρὸς πατρὸς
αὐτοῦ θεῖος.

3) f. 1ᵛ ἐλλείπετο δὲ αὐτῷ ἐξελληνισθῆναι τὴν γλῶτταν τῇ ἀναλήψει παιδείας τῆς θύραθεν καὶ λόγου εὐμοιρῆσαι ῥητορικοῦ· ἀλλὰ τ⟨ούτου⟩ μὲν ἐκ
παιδὸς ὁ ἀνὴρ πολὺς τὴν σύνεσιν ὢν καὶ τὸν μῶμον ἐκφεύγων εἰ καὶ μὴ
καθόλου ὅμως οὐχ εἵλετο, ἄκροις δὲ ψαύσας δακτύλοις τῆς ἐκεῖθεν ὠφελείας
καὶ μόνην μεμαθηκὼς τὴν οὕτω λεγομένην γραμματικὴν τὸ λοιπὸν ἢ καὶ τὸ

in Verlegenheit um eine standesgemässe Laufbahn für den jungen Symeon. Sein Einfluss bei Hofe war gross genug, um dem noch nicht 14jährigen Knaben, den ein einnehmendes Aussere empfahl [1]), die Stellung eines *σπαθαροκουβικουλάριος* und die Aufnahme unter die Senatoren zu verschaffen [2]). Es war die Glanzzeit des byzantinischen Reiches, in die diese Wendung im Leben Symeon's fiel, die Regierung der beiden Kaiser Basileios' II, des Bulgarentöters (976—Dezember 1025), und Konstantinos' VIII (zuerst Mitregent seines Bruders Basileios; dann Alleinherrscher 1026—1028) [3]). Allein auch für die Ehre des Hofdienstes zeigte Symeon kein Verständnis und wie der Oheim in eben jener Zeit eines plötzlichen Todes starb, schien ihm dies ein erwünschter Anlass, dem Zug des Herzens zu folgen und der Welt zu entsagen. Schon war er mit einem Mann bekannt, der in seinem ganzen weiteren Leben eine hervorragende Rolle spielte, mit einem Mönch des Klosters Studion, der den gleichen Namen wie er selbst trug [4]). Auf den Einfluss dieses Symeon, der sein *πατὴρ πνευματικὸς* war, ist es wohl in erster Linie zurückzuführen, dass die Neigung zum Mönchsstand sich so früh in ihm regte. Doch kam der Antrieb nicht nur von aussen. Symeon selbst zeigt sich als religiös frühreif. Im Knabenalter schon [5]) ist seine

πᾶν ὡς εἰπεῖν τῆς ἔξωθεν ἀπεσείσατο παιδείας καὶ τὴν ἐκ τῶν συμφοιτητῶν βλάβην ἐξέφυγεν.

1) f. 1ᵛ ὁ τοίνυν πρὸς πατρὸς αὐτοῦ θεῖος ὡς ἑώρα κάλλει σώματος καὶ ὡραιότητι τῶν πολλῶν αὐτὸν διαφέροντα, ἐπεὶ πολλὴ παρρησία εἰς τοὺς τότε· τὰ σκῆπτρα τῆς βασιλείας κατέχοντας ἦν αὐτῷ κτέ.

2) f. 2ʳ πείθεται·παρ᾽ αὐτοῦ τῇ τοῦ σπαθαροκουβικουλαρίου τιμῇ διαπρέψαι καὶ εἰς τῆς συγκλήτου γενέσθαι βουλῆς. Über den byzantinischen Senat vergl. Carl Neumann, Die Weltstellung des byzant. Reichs vor den Kreuzzügen S. 76 f. — Der Titel *σπαθαροκουβικουλάριος* ist mir sonst nirgends begegnet; über *σπαθάριοι* und *κουβικουλάριοι* vergl. J. J. Reiske, Constantini Porphyrogeniti de cerimoniis aulae Byzantinae. Bonn 1829/30 II, S. 25 und S. 47.

3) f. 1ᵛ Βασίλειος δ᾽ ἦσαν (sc. οἱ τότε — als er an den Hof kam — τὰ σκῆπτρα τῆς βασιλείας κατέχοντες) καὶ Κωνσταντῖνος οἱ ἐκ τῆς πορφύρας ὁμόστεφοι καὶ αὐτάδελφοι.

4) f. 2ʳ γίνεται τοιγαροῦν ἐπὶ τὴν·περιώνυμον τοῦ στουδίου μονήν, ζητεῖ τὸν ἐκ νεότητος αὐτοῦ χρηματίσαντα πατέρα πνευματικὸν ὁμοῦ καὶ διδάσκαλον. ὁ δὲ ἦν Συμεὼν ὁ μέγας τὴν ἀρετήν.

5) Obwohl die vita den Abschnitt, in dem sie die Vision erzählt, mit der Formel einleitet f. 2ᵛ: ἐπεὶ δὲ διάγων ἦν ἐκεῖνος ἐκ νέου τῷ τοῦ θείου οἴκῳ, trage ich doch Bedenken, bestimmt zu sagen, dass das Ereignis noch vor dem Tod des Oheims stattfand. Niketas giebt nämlich, nachdem er den Tod des

Phantasie so mächtig entwickelt, dass er einmal eine Verzückung erlebt: er schaut die Herrlichkeit Gottes in Gestalt einer lichten Wolke und sieht neben ihr zur Rechten seinen Beichtvater Symeon stehen; heisse Thränen, die er vergiesst, und unaussprechliche Freude, die ihn erfüllt, bezeugen, wie mächtig ihn der Anblick ergriff [1]).

Oheims, Symeon's Gesuch und dessen Zurückweisung berichtet hat, eine allgemeine Schilderung von Symeon's religiösem Eifer und führt zum Beweis eben jene Vision an. Daraus, dass die Offenbarung erst nach diesen Ereignissen erzählt wird, ist nun allerdings nicht zu schliessen, dass sie erst nachher stattgefunden habe: denn Niketas' Gedanke bei dieser Schilderung ist nicht etwa, zu sagen, dass Symeon's Eifer trotz seiner Zurückweisung unvermindert geblieben sei, sondern er will — dies beweist die angeführte Einleitungsformel ἐπεὶ δὲ διάγων ἦν --, nachdem mit dem Tod des Oheims ein Abschnitt erreicht ist, die innere Entwicklung in der vorangehenden Zeit schildern. Aber, nachdem er dies in grossen Zügen gethan, geht er zu der Erzählung der Vision mit der Fórmel über f. 2ᵛ μετὰ γὰρ ὀλίγον χρόνον παρέλευσιν d. h. so intensiv habe Symeon sich religiösen Übungen hingegeben, dass er nach kurzer Zeit schon dieser hohen Offenbarung gewürdigt wurde. Da Niketas im Folgenden aus der Zwischenzeit zwischen dem Tod des Oheims und dem Eintritt Symeon's ins Kloster nichts zu berichten weiss, kann man doch fragen, ob hier nicht ein künstlich zurechtgemachter Pragmatismus vorliegt. Besass Niketas eine bestimmte Nachricht darüber, dass die Vision noch in der Zeit stattfand, als Symeon im Hause des Oheims lebte, oder wusste er nur, dass sie in der Knabenzeit Symeon's stattfand und hat dann die beiden einzigen konkreten Notizen, die er aus dieser Zeit hatte, — den Tod des Oheims und die Offenbarung — aus schriftstellerischen Gründen zusammengerückt? Auffallend ist jedenfalls, dass er den Eintritt Symeon's in den Mönchsstand, den er sofort nach der Vision erzählt, nicht von dem Tod des Oheims, sondern von der Zeit der Offenbarung aus berechnet f. 3ᵛ μετὰ περίοδον ἓξ ἐτῶν τῆς φοβερᾶς θεωρίας (sc. wurde er Mönch). Dies legt doch nahe, dass die Vision in die Zwischenzeit zwischen den Todesfall und den Eintritt in den Mönchsstand fällt. Sicher ist nach eben dieser Notiz jedenfalls, dass Symeon seine ·Offenbarung hatte geraume Zeit, bevor er Mönch wurde. Vergl. auch das eigene Zeugnis Symeon's in der nächsten Anmerkung.

1) f. 3ʳ ἐν μιᾷ τῶν νυκτῶν . . . φῶς ἄνωθεν εἶδε λάμψαν . . . καὶ ἰδοὺ εἶδος φωτεινοτάτης νεφέλης ἀμόρφου . . . καὶ πλήρης ἀρρήτου δόξης θεοῦ . . . ἐκ δεξιῶν δὲ τῆς τοιαύτης νεφέλης ἱστάμενον ἑώρα τὸν ἑαυτοῦ πατέρα Συμεώνην τὸν εὐλαβῆ. . . . χαρᾶς . . πολλῆς ἐπληρώθη καὶ δακρύων θερμῶν. . . . τὴν καρδίαν ἑαυτοῦ πεπληρωμένην εὗρεν ἀφάτου χαρᾶς. Das Erlebnis wird von Symeon selbst in seinen Schriften mehrfach bezeugt, vergl. or. 7; Mi. 120, 352 B — den griech. Text entnehme ich aus Coisl. 292 f. 223ʳ: ἐγὼ γὰρ οἶδα ἄνθρωπον πρὸ τοῦ κόπους καταβαλέσθαι καὶ προβιάσασθαι ἑαυτὸν εὐθύτητι λογισμῶν καὶ ψυχῆς, ἁπλοτάταις θείαις γραφαῖς ἐγκύψαντα καὶ ὀλίγας ἡμέρας καὶ νύκτας ἀκόπως ἵν' εἴπω ἀγρυπνήσαντα καὶ εὐξάμενον καὶ ἐπὶ τοσοῦτον ἐλλαμφθέντα ὑπὸ τῆς ἄνωθεν χάριτος ὡς ἔξω δόξαι ἑαυτὸν γενέσθαι τοῦ σώματος καὶ τοῦ

An seinen Beichtvater Symeon nun wendet er sich nach dem Tod
seines Oheims, um Aufnahme in das Kloster zu erlangen, aber
Symeon weist ihn seiner Jugend wegen vorläufig noch zurück [1]).
So bleibt er in seiner Stellung bei Hofe, bis — sechs Jahre nach
jener Verzückung — seinem Beichtvater die Zeit gekommen scheint,
ihn zum Eintritt in den Mönchsstand aufzufordern. Die Gelegenheit gab sich, als Symeon in kaiserlichem Auftrag in seine Heimat
reisen musste. Beim Abschied sagt ihm der Studit: $\varkappa\alpha\iota\varrho\grave{o}\varsigma$ $\iota\delta o\grave{v}$
$\tau\acute{\epsilon}\varkappa\nu o\nu$ ... $\tau\grave{o}$ $\sigma\chi\tilde{\eta}\mu\alpha$ $\varkappa\alpha\grave{\iota}$ $\tau\grave{o}\nu$ $\beta\acute{\iota}o\nu$ $\grave{\alpha}\lambda\lambda\acute{\alpha}\xi\alpha\sigma\vartheta\alpha\iota$ (f. 3ᵛ). „Das Wort
fällt wie ein Funke in sein Herz." Zu Hause angekommen denkt
er nicht an seinen Auftrag [2]); er geht gleich daran, das Seinige zu
ordnen, um sich von der Welt loszulösen. Trotz der Bitten seines
Vaters bleibt er fest in seinem Entschluss und verzichtet schriftlich
auf sein Erbe [3]). Aber er bestrebt sich zugleich, sich auch innerlich zu befreien. Eben war die Zeit der grossen Fasten, die Zeit,
die in der griechischen Kirche der Gläubige der stillen Einkehr bei
sich selbst widmen soll. Symeon sucht in diesen Wochen mit Vorliebe Gräber auf; er prägt seiner Phantasie das Bild der Skelette
ein; er gewöhnt sich, in jedem Menschenantlitz die Totenmaske zu
sehen: so schult er sich zur $\grave{\alpha}\nu\alpha\iota\sigma\vartheta\eta\sigma\acute{\iota}\alpha$, zur Fühllosigkeit gegen
jeden sinnlichen Reiz [4]).

$o\grave{\iota}\varkappa\acute{\eta}\mu\alpha\tau o\varsigma$ $\varkappa\alpha\grave{\iota}$ $\tau o\tilde{v}$ $\varkappa\acute{o}\sigma\mu o\upsilon$ $\pi\alpha\nu\tau\acute{o}\varsigma\cdot$ $\nu\grave{v}\xi$ $\gamma\grave{\alpha}\varrho$ $\tilde{\eta}\nu$ $\varkappa\alpha\grave{\iota}$ $\dot{\omega}\varsigma$ $\grave{\epsilon}\nu$ $\dot{\eta}\mu\acute{\epsilon}\varrho\alpha$ $\tau\acute{\epsilon}\lambda\epsilon\iota o\varsigma$
$\grave{\epsilon}\gamma\acute{\epsilon}\nu\epsilon\tau o$. $\grave{\alpha}\lambda\lambda'$ $\grave{\epsilon}\pi\epsilon\grave{\iota}$ $\grave{\alpha}\pi\acute{o}\nu\omega\varsigma$ $\pi\lambda o\tilde{v}\tau o\nu$ $\grave{\epsilon}\lambda\alpha\beta\epsilon\nu$, $\sigma\upsilon\nu\tau\acute{o}\mu\omega\varsigma$ $\alpha\grave{v}\tau o\tilde{v}$ $\varkappa\alpha\grave{\iota}$ $\varkappa\alpha\tau\epsilon\varphi\varrho\acute{o}\nu\eta\sigma\epsilon\nu\cdot$
$\delta\iota\grave{o}$ $\varkappa\alpha\grave{\iota}$ $\grave{\alpha}\mu\epsilon\lambda\acute{\eta}\sigma\alpha\varsigma$ $\acute{o}\lambda o\nu$ $\acute{o}\mu o\tilde{v}$ $\tau\grave{o}\nu$ $\pi\lambda o\tilde{v}\tau o\nu$ $\grave{\alpha}\pi\acute{\omega}\lambda\epsilon\sigma\epsilon$ $\varkappa\alpha\grave{\iota}$ $\grave{\epsilon}\pi\iota\tau o\sigma o\tilde{v}\tau o\nu$ $\dot{\omega}\varsigma$ $\mu\eta\delta\grave{\epsilon}$
$\mu\nu\eta\mu o\nu\epsilon\acute{v}\epsilon\iota\nu$ $\alpha\grave{v}\tau\grave{o}\nu$ $\acute{o}\lambda\omega\varsigma$ $\acute{o}\tau\iota$ $\pi o\tau\grave{\epsilon}$ $\tau o\iota\alpha\acute{v}\tau\eta\nu$ $\delta\acute{o}\xi\alpha\nu$ $\tau\epsilon\vartheta\acute{\epsilon}\alpha\tau\alpha\iota$. — Im Verlauf
seiner Schilderung erwähnt Niketas auch, dass Symeon manchen mündlich und
schriftlich den Vorgang erzählt habe, f. 3ʳ $\acute{\epsilon}\lambda\epsilon\gamma\epsilon\nu$ $o\grave{\iota}\varsigma$ $\tau\grave{\alpha}$ $\tau o\iota\alpha\tilde{v}\tau\alpha$ $\grave{\epsilon}\vartheta\acute{\alpha}\varrho\varrho\epsilon\iota$ $\varkappa\alpha\grave{\iota}$
$\grave{\epsilon}\gamma\varrho\alpha\varphi\epsilon$.

1) Vergl. Anm. 4 auf S. 8 und f. 2ᵛ $\tau\acute{o}$ $\gamma\epsilon$ $\nu\tilde{v}\nu$ $\grave{\epsilon}\chi o\nu$ $o\grave{v}$ $\varkappa\alpha\tau\alpha\nu\epsilon\acute{\upsilon}\epsilon\iota$ (sc. $\Sigma\upsilon$-
$\mu\epsilon\grave{\omega}\nu$), $\grave{\alpha}\nu\alpha\chi\alpha\iota\tau\acute{\iota}\zeta\epsilon\iota$ $\delta\grave{\epsilon}$ $\tau o\tilde{v}\tau o\nu$ $\grave{\epsilon}\tau\iota$ $\nu\acute{\epsilon}o\nu$ $\acute{o}\nu\tau\alpha$ $\varkappa\alpha\grave{\iota}$ $\tau\grave{o}\nu$ $\tau\epsilon\sigma\sigma\alpha\varrho\epsilon\sigma\varkappa\alpha\iota\delta\acute{\epsilon}\varkappa\alpha\tau o\nu$ $\grave{\epsilon}\tau\iota$
$\chi\varrho\acute{o}\nu o\nu$ $\tau\tilde{\eta}\varsigma$ $\grave{\eta}\lambda\iota\varkappa\acute{\iota}\alpha\varsigma$ $\grave{\alpha}\nu\acute{\upsilon}o\nu\tau\alpha$ $\tau\tilde{\eta}\varsigma$ $\tau o\iota\alpha\acute{\upsilon}\tau\eta\varsigma$ $\grave{o}\varrho\mu\tilde{\eta}\varsigma$.
2) f. 5ʳ $\mu\grave{\eta}$ ... $\tau\tilde{\eta}\varsigma$ $\varkappa\alpha\tau\alpha\pi\iota\sigma\tau\epsilon\upsilon\vartheta\epsilon\acute{\iota}\sigma\eta\varsigma$ $\alpha\grave{v}\tau\tilde{\omega}$ $\varphi\varrho o\nu\tau\acute{\iota}\sigma\alpha\varsigma$ $\tau o\tilde{v}$ $\delta\eta\mu o\sigma\acute{\iota}o\upsilon$ $\delta o\upsilon$-
$\lambda\epsilon\acute{\iota}\alpha\varsigma$ (f. 3ᵛ $\beta\alpha\sigma\iota\lambda\iota\varkappa\grave{\eta}$ $\delta o\upsilon\lambda\epsilon\acute{\iota}\alpha$).
3) f. 5ʳ $\pi\acute{\alpha}\sigma\eta$ $\tau\tilde{\eta}$ $\grave{\epsilon}\pi\iota\beta\alpha\lambda\lambda o\acute{v}\sigma\eta$ $\alpha\grave{v}\tau\tilde{\omega}$ $\grave{\epsilon}\varkappa$ $\gamma o\nu\acute{\epsilon}\omega\nu$ $\pi\epsilon\varrho\iota o\upsilon\sigma\acute{\iota}\alpha$ $\grave{\epsilon}\gamma\gamma\varrho\acute{\alpha}\varphi\omega\varsigma$ $\epsilon\grave{v}\vartheta\grave{v}\varsigma$
$\grave{\alpha}\pi\epsilon\tau\acute{\alpha}\xi\alpha\tau o$. Für das Lebensalter Symeon's lässt sich auf Grund der Novelle
Leo's des Weisen Zach. JGR III, 76—78; daraus nur schliessen, dass er über
16 Jahre gewesen sein muss (vergl. W. Nissen, Die Regelung des Klosterwesens
im Rhomäerreiche. Hamburg 1897. S. 21), ein Alter, das er damals schon ziemlich überschritten hatte.
4) f. 4ᵛ $\pi\varrho\grave{o}\varsigma$ $\tau o\grave{v}\varsigma$ $\grave{\epsilon}\nu$ $o\grave{\iota}\varsigma$ $\grave{v}\pi\tilde{\eta}\varrho\chi o\nu$ $\mu\nu\acute{\eta}\mu\alpha\tau\alpha$ $\tau\acute{o}\pi o\upsilon\varsigma$ $\grave{\alpha}\pi\acute{\eta}\varrho\chi\epsilon\tau o$ $\varkappa\alpha\grave{\iota}$ $\varkappa\alpha\vartheta\acute{\eta}$-
$\mu\epsilon\nu o\varsigma$ $\grave{\epsilon}\pi\acute{\alpha}\nu\omega$ $\alpha\grave{v}\tau\tilde{\omega}\nu$ $\tau o\grave{v}\varsigma$ $\grave{v}\pi\grave{o}$ $\gamma\tilde{\eta}\nu$ $\nu\epsilon\varkappa\varrho o\grave{v}\varsigma$ $\nu o\epsilon\varrho\tilde{\omega}\varsigma$ $\grave{\alpha}\nu\iota\sigma\tau\acute{o}\varrho\epsilon\iota$. ... $\varkappa\alpha\vartheta\acute{\alpha}\pi\epsilon\varrho$
$\grave{\epsilon}\gamma\gamma\epsilon\gamma\varrho\alpha\mu\mu\acute{\epsilon}\nu\eta$ $\tau\iota\varsigma$ $\epsilon\grave{\iota}\varkappa\grave{\omega}\nu$ $\grave{\epsilon}\nu$ $\tau o\acute{\iota}\chi\omega$ $o\grave{v}\tau\omega\varsigma$ $\grave{\eta}$ $\vartheta\acute{\epsilon}\alpha$ $\tau\tilde{\omega}\nu$ $\nu\epsilon\varkappa\varrho\tilde{\omega}\nu$ $\grave{\epsilon}\varkappa\epsilon\acute{\iota}\nu\omega\nu$ $\sigma\omega\mu\acute{\alpha}\tau\omega\nu$

In die Hauptstadt zurückgekehrt tritt er ins Kloster Studion ein [1]), aus den Händen des Hegumenos Petros erhält er das Novizengewand [2]), Symeon der Studit wird sein πατὴρ πνευματικός. Die zwei Männer, die nun in dieses, den engsten Verkehr begründende geistliche Verhältnis traten, waren offenbar im Innersten verwandte Naturen: in beiden eine schwärmerische Liebe zum Göttlichen, die ihnen die härteste Askese als selbstverständlich erscheinen lässt, und in beiden als Kehrseite ihrer Sehnsucht nach dem Himmlischen eine Scheu vor dem Umgang mit Menschen, auch mit ihren Klostergenossen [3]); nur von einander sind sie unwiderstehlich angezogen. Unser Symeon führt auf diesen Umgang alles zurück, was er an religiösem Leben besass; auf das Gebet seines Beichtvaters hin will er erst der Gnade gewürdigt worden sein, das göttliche Licht zu schauen [4]). Denn Symeon der Studit besass die „apostolische Gabe des Geistes" und hatte Gesichte und Offenbarungen [5]). Jedenfalls war der religiöse Verkehr zwischen ihnen nicht auf dasjenige be-

---

ἐν τῷ νοΐ ἐνετυπώθη· οὐ μὴν ἀλλὰ γὰρ καὶ πᾶσαι αἱ αἰσθήσεις αὐτοῦ ἠλλοιώθησαν, ὡς ἐντεῦθεν βλέπειν αὐτὸν παντὸς ἀνθρώπου πρόσωπον καὶ πᾶν κάλλος ὡραῖον καὶ πᾶν κινούμενον ζῷον ἐν ἀληθείᾳ νεκρόν. Zur Sache vergleiche namentlich die Coisl. 292 f. 136r—140r stehende Predigt περὶ ἀπαθείας καὶ ἐναρέτου ζωῆς κτὲ. Symeon geht dort aus von der Polemik gegen die Meinung: ὡς οὐκ ἐνδέχεται ἄνθρωπον εἰς τοσοῦτον ὕψος ἀπαθείας ἐλθεῖν ὥσθ᾽ ὁμιλῆσαι καὶ συνεστιαθῆναι γυναιξὶ καὶ μηδεμίαν βλάβην ὑποστῆναι.

1) Obwohl es kurz vorher heisst, dass Symeon der Studit alle Habe unseres Symeon, die dieser ihm zu Füssen legte, ausgeteilt hätte, blieb doch noch eine recht reichliche ἀποταγή für das Kloster übrig f. 5v δύο καταβαλόμενον τῇ μονῇ λίτρας χρυσίου. Über die ἀποταγή vergl. W. Nissen, Die Diataxis des Michael Attaleiates. Jena 1894. S. 59 ff.

2) f. 5v ἐνδύει τὸν σάκκον αὐτῷ τῆς γυμνασίας τῶν ἀρετῶν; später (f. 17v) kommt dafür der Ausdruck ὁ τῆς δουλείας σάκκος vor; dort wird ausdrücklich der σάκκος von dem σχῆμα unterschieden.

3) Symeon der Studit giebt ihm die Vorschrift f. 6r σεαυτῷ μόνῳ πρόσεχε καὶ μὴ προσομιλεῖν ἀκαίρως οὕτω τινὶ τῶν ἐνταῦθα ἐν ταῖς θείαις συνάξεσιν ἀνάσχῃ μηδὲ ἀπὸ κέλλης εἰς κέλλαν εἰσέρχεσθαι, ἀλλὰ ξένος καὶ ἀπαρρησίαστος ἀπὸ παντὸς ἀνθρώπου γενοῦ, eine Regel, die er selbst später unermüdlich wiederholt hat, vergl. bes. seine Predigt an die Archarier or. 25; Mi. 120, 440 ff.

4) Seine eigene Betrachtungsweise unterscheidet sich darin von der seines Biographen; er lässt die Vision in seiner Jugend nicht als entscheidend gelten (vergl. S. 9 Anm. 1), sagt vielmehr Coisl. 291 f. 279r ἡμῖν δὲ ... ἀπεκάλυψεν ἱκεσίαις τοῦ μακαρίου καὶ ἁγίου πατρὸς ἡμῶν Συμεών.

5) Symeon sagt von ihm sogar div. am. 15. Mon. 177 S. 52 (von Pontanus ausgelassen): εἶχε γὰρ ὅλον τὸν Χριστόν, ὅλος αὐτὸς Χριστὸς ἦν.

schränkt, was man sonst in den Viten liest, das Brechen des Eigen-
willens im Jünger durch den geistlichen Vater und die Erziehung
zu Kraftleistungen der Askese, sondern Symeon ringt darnach, unter
der Leitung seines geistlichen Vaters zu der Höhe des religiösen
Lebens zu gelangen, die dieser erreicht hat[1]). In der That wird er
der Gnade teilhaftig, die göttliche Herrlichkeit schauen zu dürfen,
und die Gnade hat nunmehr dauernde Wirkung; im Bewusstsein
der dadurch ihm geschenkten Kraft entwickelt er geistige Fähigkeiten, die bei seinem Mangel an weltlicher Bildung wunderbar erscheinen[2]).

Indes die Ausschliesslichkeit, mit der er sich auf den Umgang
mit seinem πατὴρ πνευματικὸς beschränkt, macht ihn im Kloster
missliebig. Es scheint, dass dessen eigene Stellung nicht unange-
fochten war, seine Offenbarungen teilweise bezweifelt wurden. Der
Hegumenos und die Brüder machten Versuche, die beiden einander
zu entfremden. Auf Symeon machte dies keinen Eindruck; dem
Hegumenos aber schien seine Hartnäckigkeit so gefährlich, dass er
ihn schliesslich vor die Alternative stellte, entweder sich von seinem
πατὴρ πνευματικὸς zu trennen oder das Kloster zu verlassen.

Symeon wählte das letztere. Sein leiblicher Vater schöpfte
Hoffnung, den Sohn nun wieder zu gewinnen. Bei Symeon's Art
war jedoch nicht daran zu denken, dass er in die Welt zurück-
kehrte. Sein Beichtvater verschaffte ihm Aufnahme in einem andern
Kloster der Hauptstadt, dem Mamaskloster[3]), und dort wird, viel-

---

1) Symeon selbst hat aus Bescheidenheit den πατὴρ πνευματικὸς wohl
idealisiert und seinen Einfluss übertrieben. Auch der Biograph lässt den Studiten zu ihm sagen f. 8ᵛ διπλῆν τὴν χάριν αὐτοῦ δωρήσεταί σοι (sc. ὁ θεὸς)
ὑπὲρ ἐμέ.

2) Die erste Vision ist ähnlich beschrieben, wie die in seiner Jugend:
f. 9ʳ ὥρας ὡσεὶ τρίτης οὔσης τῆς νυκτὸς ... ἀνατέλλει τὸ φῶς.... Doch ist
ein neuer Zug, dass die Wolke sich auf ihn niedersenkt ... καὶ ἰδοὺ φωτοειδῆ
νεφέλην ὅλον ἐπιπεσοῦσαν αὐτὸν ἐθεάσατο νοερῶς. Dann wird fortgefahren:
πρὸς γὰρ τὸν πόθον τῆς φανείσης αὐτῷ ὄψεως ὅλως ἐκκρεμασθεὶς ἀένναον
ἐκτήσατο τὴν κατάνυξιν. ἐδόθη αὐτῷ καὶ λόγος ἐκεῖθεν σοφίας καὶ γνώσεως
ὡς πάντας θαυμάζειν ... πόθεν ἡ τοιαύτη τούτῳ σοφία καὶ γνῶσις παιδίαν
μὴ μεμαθηκότι τὴν θύραθεν.

3) Mordtmann, Esquisse topographique de Constantinople. Lille 1892. p. 34,
will das Mamaskloster in den nördlichen Teil der Stadt, in die Nähe des
Ἑβδόμου verlegen. Das widerspricht unserer vita, die f. 9ᵛ sagt: τῆς ἀγχοῦ
(sc. bei Studion) παρακειμένης μονῆς τοῦ ἁγίου Μάμαντος. Dass das Mamaskloster im westlichen Teil der Stadt sich befunden haben muss, ist auch aus
dem Synaxarium Sirmondi (= Phillipp. 1622, vergl. Anal. Boll. XIV, 427, wo der

leicht um den Bemühungen seines Vaters definitiv ein Ende zu machen, die *κουρὰ* an ihm vollzogen und er in das *σχῆμα* eingekleidet [1]).

Im Mamaskloster hatte Symeon vorläufig Ruhe. Wie bisher für sich lebend, ständig der Betrachtung des Ewigen hingegeben und durch strenge Selbstzucht die Triebe ertötend, entwickelt er seine ganze Eigenart: die Erleuchtungen mehren sich und er fühlt die geistige Kraft so in sich wachsen, dass er es unternimmt, mit Schriften vor die Öffentlichkeit zu treten. Auch im Kloster muss er rasch Ansehen gewonnen haben. Denn als der Hegumenos Antonios starb, wird er durch vereinten Beschluss des Patriarchen Nikolaos Chrysoberges (984—995) und der Mönche an dessen Stelle gesetzt und zugleich zum Presbyter geweiht [2]). Mit heiliger Scheu hat er seines Priesteramts gewaltet; er selbst bestätigt, was sein Biograph von ihm erzählt, dass er während der 48 Jahre seiner priesterlichen Thätigkeit, so oft er die Liturgie vollzog, den heiligen Geist auf das Opfer herniederkommen sah [3]).

Wert des codex' auch für topographische Fragen hervorgehoben ist) zu entnehmen. Denn dort wird zum 2. September, dem Tag des heil. Mamas, am Schluss der kurzen Legende gesagt f. 15r *τελεῖται δὲ ἡ αὐτοῦ* (sc. des Mamas) *σύναξις ἐν τῷ μαρτυρίῳ αὐτοῦ τῷ ὄντι ἐν τῷ Σίγματι.* Über ein neuerdings entdecktes Typikon des Mamasklosters, das jedoch erst 1158 bei einer Neugründung des Klosters verfasst wurde, vergl. Byz. Zeitschr. II (1893) 137 f.

1) f. 10r *ἀποκείρει* (sc. Antonios, der Hegumenos des Mamasklosters, den Symeon) *καὶ τὸν χιτῶνα τῆς εὐφροσύνης αὐτῷ περιτίθησι.* Von dem Unterschied des *μικρὸν* und des *μακρὸν σχῆμα* weiss unsere vita nichts. Denn auch im Mamaskloster galt die Regel des Studiten, vergl. wie f. 26r auf die *θεόπνευστος διατύπωσις τοῦ μεγαλομάρτυρος Χριστοῦ καὶ ὁμολογητοῦ Θεοδώρου* als auf die massgebende Norm verwiesen wird. — Symeon war also während der ganzen Zeit, die er in Studion zubrachte, Archarier geblieben. Wie lange der Aufenthalt in Studion dauerte, lässt sich nicht berechnen, vergl. über das Schwanken der Bestimmungen betreffend die Dauer der Probezeit W. Nissen, Die Regelung des Klosterlebens im Rhomäerreich S. 25 f.

2) f. 12r *ψήφῳ τοίνυν Νικολάου τοῦ Χρυσοβέργη τοῦ πατριάρχου καὶ τῶν μοναχῶν τοῦ ἁγίου Μάμαντος εἰς τὸν θρόνον ἀνάγεται τὸν διδασκαλικὸν καὶ ἱερεὺς χειροτονεῖται.* — Neben seinen persönlichen Vorzügen fielen aber gewiss auch die vornehme Herkunft Symeon's und seine Beziehungen zu hochgestellten Männern der Hauptstadt zu seinen Gunsten in die Wage.

3) vergl. capita moralia 152 (Mi. 120, 685 D); eine Stelle, auf die Niketas (f. 12v) in der Form anspielt: *καθὼς αὐτὸς πρός τινα ὡς περὶ ἄλλου τινὸς ἔλεγεν ἑαυτὸν ὑποκρύβων καὶ γέγραπται ἐν τοῖς αὐτοῦ ἀποφθέγμασι.* Die Sache ist übrigens in der griechischen Kirche nicht singulär, vergl. Joh. Mosch. Prat. spir. c. 25; Mi. 87, 2872 A.

Als Hegumenos entfaltet Symeon eine Thätigkeit, die man dem
weltfremden Mann nicht zugetraut hätte. Er renoviert das Kloster
prächtig [1]), er widmet sich eifrig seiner Pflicht, die Mönche zu un-
terweisen, und er scheint in dieser Thätigkeit auch selbst zu wachsen:
nicht bloss werden die Erleuchtungen inhaltsreicher — vom blossen
Schauen geht es weiter zum Vernehmen von Worten —, sondern er
tritt auch aufs neue mit einer Reihe von Schriften hervor, in denen
er seinen inneren Reichtum mitteilt [2]).

Er hielt seine Mönche in strenger Zucht und, wie man aus
seinen Predigten sieht, scheute er sich nicht, in seinen Unterwei-
sungen einen kräftigen Ton anzuschlagen. So ist es wohl begreiflich, dass sich im Kloster eine Opposition gegen ihn bildete und
mitten in einer Predigt einmal gegen 30 Mönche sich mit Protest
erhoben, zum Kloster hinausstürmten und ihren Hegumenos beim
Patriarchen verklagten. Der Patriarch — inzwischen hatte Sisinnios
(995—998 vgl. Γεδεών, Πατριαρχικοὶ πίνακες, σελ. 313 f.) den Thron
bestiegen — sah auf Symeon's Bitten von strengen Massregeln gegen
die Aufrührer ab und Symeon bemühte sich, nach Niketas' Behauptung erfolgreich, die Deserteure durch Liebe wiederzugewinnen.

Im übrigen scheinen die 25 Jahre [3]), in denen Symeon dem
Mamaskloster vorstand, ohne Störung verlaufen zu sein. Nach so
langer Thätigkeit im Dienste anderer glaubte er das Recht zu haben,
wieder sich selbst zu leben. Er trat mit Erlaubnis des Patriarchen
Sergios (998—Juli 1019) [4]) von seiner Würde zurück, um als einfacher Mönch ganz der Betrachtung sich widmen zu können.

---

1) f. 14r ὅλον τὸ μοναστήριον πλὴν τοῦ ναοῦ ἐκ βάθρων φιλοτίμως ἀνοι-
κοδομεῖ, τὸν δέ γε ναόν, ὃν Μαυρίκιον λέγεται κτίσαι τὸν αὐτοκράτορα, τῶν
νεκρῶν σωμάτων ἀποκαθαίρει, πάλαι πολυάνδριον γεγονότα, καὶ τὸ ἔδαφος
αὐτοῦ μαρμάροις καταστρωννύει καὶ καλλωπίζει τοῦτον τοῖς ἀναθήμασιν,
εἰκόσιν ἱεραῖς ἁγίαις καταλαμπρύνας. Man erfährt später, dass Symeon vornehme Gönner in der Hauptstadt hatte.

2) Über die einzelnen Schriften vergl. später.

3) f. 24r ἐπὶ χρόνοις εἴκοσι καὶ πέντε, sagt er in seiner Abschiedsrede,
habe er sich um seine Mönche gesorgt.

4) Kedrenos giebt 20 Jahre für die Dauer des Patriarchats des Sergios
an Mi. 122, 207 C: ὃς ἐπὶ εἴκοσιν ὅλους ἐνιαυτοὺς τὴν τοῦ θεοῦ ποιμάνας ἐκκλησίαν Ἰουλίῳ μηνὶ ἰνδικτιῶνος β ἐν ἔτει τῷ ϛφκζ (= 1019) πρὸς
κύριον ἐξεδήμησε. Allein diese Angabe ist mit der Notiz über die Amtszeit
seines Vorgängers nicht unmittelbar vereinbar Mi. 122, 181 B: Νικολάου δὲ τοῦ
Χρυσοβέργη ἐπὶ χρόνους ιβ καὶ μῆνας η τὴν ἐκκλησίαν ἰθύναντος καὶ κατα-
λύσαντος τὴν ζωὴν χειροτονεῖται Σισίνιος μάγιστρος ... ἐν ἔτει ϛφγ ἰνδικτιῶνος η (= 995) .. καὶ οὗτος ἐπὶ τρεῖς μόνους ἐνιαυτοὺς τὴν ἐκκλησίαν

Aber die Ruhe, die er suchte, sollte ihm nicht zu teil werden [1]).
Wieder war es in letzter Linie die Pietät gegen seinen πατὴρ πνευματικὸς, die ihn in Gegensatz — diesmal zum Patriarchen — brachte.

ποιμάνας ἐξέστη τῆς ζωῆς καὶ προεβλήθη Σέργιος. Da hiernach die zwei
Daten: 995 für den Amtsantritt des Sisinnios und 1019 für den Tod des Sergios, feststehen und die Annahme eines Interstitiums der unmittelbaren Aneinanderreihung des Todes des Sisinnios und der Thronbesteigung des Sergios bei
Kedrenos widerspricht, so muss in den Angaben über die Amtsdauer der Patriarchen eine Ungenauigkeit stecken. Von vornherein ist wahrscheinlich, dass
die 20 Jahre des Sergios eine abgerundete Zahl sind, und dass den drei Jahren
des Sisinnios nach oben etwas zugesetzt ist; bem. den Wortlaut ἐπὶ τρεῖς
μόνους ἐνιαυτούς. Die 21 Jahre, die man hienach für Sergios annehmen kann,
sind aber durch die Daten in unserer vita gefordert, ja sie reichen knapp aus.
Denn nach ihr hat Sergios 16 Jahre lang das Fest des Symeon Studites mit-
gefeiert (f. 30 r); dann heisst es, es hätte zwei Jahre gedauert, bis der Patriarch den Gegnern des Kults Gehör schenkte (f. 32 r—v), und nachdem die
erste offizielle Entscheidung erfolgt ist, wird gesagt f. 36 r ἐν ὅλοις ἓξ ἔτεσιν
εἰλκέ τε (sc. Stephanos) εἰς κρίσεις τὸν δίκαιον. Wollte man alles zusammen-
rechnen, so würde man, da Sergios noch das letzte Wort im Streite spricht,
auf 24 Jahre kommen. Allein es ist nicht anzunehmen, dass der Patriarch,
sowie der erste Widerspruch sich erhob, sofort seinerseits die Beteiligung an
einer Sache einstellte, die er Jahre hindurch mitgemacht hatte. Die zwei
Jahre, die es ansteht, bis der Patriarch auf die Opposition eingeht, werden
also wohl mit den beiden letzten der 16 Jahre, in denen er sich beteiligt, zusammenfallen. (Weniger leicht ist die Annahme, dass die zwei Jahre in ὅλα
ἓξ ἔτη noch einmal mitgerechnet sind.) Da die sechs Jahre aber, die der
eigentliche Streit dauert, nicht ebenso, wie die ersten 16, eine ganz genaue
Zahl zu sein brauchen, so können die Daten der vita mit der höchsten Zahl,
die aus Kedrenos zu gewinnen ist, vereinigt werden.

1) Leider geht aus der Darstellung des Niketas nicht mit völliger Klarheit hervor, wie sich die beiden Ereignisse, die Amtsniederlegung und der
Ausbruch der Streits, zeitlich zu einander verhalten. Aus dem Tenor der Erzählung müsste man schliessen, dass der Konflikt erst in die Zeit fällt, als
Symeon zurückgetreten war. Nachdem seine schriftstellerische Thätigkeit in
der Zeit der wiedergewonnenen Musse geschildert ist, wird f. 29 r fortgefahren:
ἐχρῆν δὲ ... διὰ πυρὸς καὶ αὐτὸν διαβῆναι τῶν πειρασμῶν καὶ τὴν ὑπο-
μονὴν αὐτοῦ δοκιμασθῆναι. Andrerseits erscheint Symeon während des Streits
immer als derjenige, der für das Kloster verantwortlich ist (f. 33 v μετὰ μόνων τῶν ὑπὸ σὲ μοναχῶν τὰ τῆς μνήμης ἐκείνου ποιεῖν σε βούλομαι). Doch
war er gewiss das geistige Haupt, auch als er keine offizielle Stellung mehr
hatte. Für die Vermutung, dass sein Rücktritt nicht ganz freiwillig, sondern
durch diese Ereignisse veranlasst war, gewährt die vita keinerlei Handhabe.
Jedenfalls ist sicher, dass Symeon die Würde nicht erst niederlegte, als er aus
Konstantinopel verbannt wurde. Denn die vita sagt bestimmt, dass Symeon
unter seinem Schüler Arsenios als einfacher Mönch im Mamaskloster gelebt
habe f. 24 r.

Niketas lässt den Streit aus persönlichen Motiven sich entwickeln. Die theologische Schriftstellerei Symeon's und der Ruhm, den er damit erntete, habe den Neid des Synkellos Stephanos [1]) geweckt, der sich für eine dogmatische Grösse hielt. Arglistig habe dieser darum einmal dem nicht schulmässig Gebildeten die Frage vorgelegt (f. 31^r): $\pi \tilde{\omega} \varsigma \; \varepsilon i \pi \grave{\varepsilon} \; \chi \omega \varrho i \zeta \varepsilon \iota \varsigma \; \tau \grave{o} \nu \; v i \grave{o} \nu \; \grave{a} \pi \grave{o} \; \tau o \tilde{v} \; \pi a \tau \varrho \acute{o} \varsigma$, $\grave{\varepsilon} \pi \iota v o i \dot{a} \; \eta \; \pi \varrho \acute{a} \gamma \mu a \tau \iota$? Wie Symeon, einer sofortigen Erwiderung ausweichend, schriftlich in unangreifbarer Weise antwortete, habe der Synkellos nach einem andern Vorwand gesucht und sei schliesslich darauf verfallen, ihm die Verehrung seines $\pi a \tau \grave{\eta} \varrho \; \pi v \varepsilon \upsilon \mu a \tau \iota \varkappa \grave{o} \varsigma$ zum Vorwurf zu machen. Symeon hatte nämlich nach dem Tod des Studiten nicht bloss Loblieder auf ihn verfasst und sein Leben beschrieben, sondern auch Bilder von ihm, auf denen er als Heiliger bezeichnet war, aufgehängt und die Feier seines Jahrtags angeordnet [2]). Das Fest des Heiligen wurde mit solcher Pracht gefeiert, dass der Patriarch Sergios darauf aufmerksam wurde. Nachdem er jedoch aus der ihm vorgelegten vita Näheres über den Studiten erfahren, liess er nicht bloss die Sache gewähren, sondern übersandte selbst 16 Jahre lang Kerzen und Myrrhen zum Feste [3]). Sein Syn-

---

1) Stephanos war ein hervorragender Mann und seit langem in Konstantinopel anwesend. Schon zu Anfang der Regierung des Basileios wird er dem Bardas Skleros entgegengeschickt, um ihn zum Niederlegen der Waffen zu bewegen, vergl. Kedrenos Mi. 122, 153 A. Auch Niketas muss ihm das Zeugnis geben f. 30^r: $\Sigma \tau \acute{\varepsilon} \varphi a v o \varsigma \; \acute{o} \; \tau \tilde{\eta} \varsigma \; {'} A \lambda \varepsilon \xi \acute{\iota} v \eta \varsigma, \; \grave{a} v \grave{\eta} \varrho \; \lambda \acute{o} \gamma \omega \; \varkappa a \grave{\iota} \; \gamma v \acute{\omega} \sigma \varepsilon \iota \; \tau \tilde{\omega} v$ $\pi o \lambda \lambda \tilde{\omega} v \; \delta \iota a \varphi \acute{\varepsilon} \varrho \omega v \; \varkappa a \grave{\iota} \; \delta v v a \tau \grave{o} \varsigma \; o \grave{v} \; \mu \acute{o} v o v \; \pi a \varrho \grave{a} \; \pi a \tau \varrho \iota \acute{a} \varrho \chi \eta \; \varkappa a \grave{\iota} \; \beta a \sigma \iota \lambda \varepsilon \tilde{\iota} \; \grave{a} \lambda \lambda \grave{a} \; \varkappa a \grave{\iota}$ $\delta o \tilde{v} v a \iota \; \lambda \acute{v} \sigma \varepsilon \iota \varsigma \; \pi a v \tau \grave{\iota} \; \tau \tilde{\omega} \; \pi v v \vartheta a v o \mu \acute{\varepsilon} v \omega \; \pi \varepsilon \varrho \grave{\iota} \; \varkappa a \iota v \tilde{\omega} v \; \zeta \eta \tau \eta \mu \acute{a} \tau \omega v \; \varepsilon \grave{v} \varrho o \acute{\iota} \dot{a} \; \lambda \acute{o} \gamma o v$ $\varkappa a \grave{\iota} \; \gamma \lambda \acute{\omega} \tau \tau \eta \varsigma \; \varepsilon \grave{v} \sigma \tau \varrho o \varphi \acute{\iota} \dot{a}$. Seine Stellung als Synkellos, während er früher Bischof von Nikomedien war, ist freilich etwas dunkel. Niketas sagt f. 30^r: $\Sigma \tau \acute{\varepsilon} \varphi a v \acute{o} \varsigma \; \tau \iota \varsigma \; \grave{\varepsilon} \gamma \acute{\varepsilon} v \varepsilon \tau o \; \pi \varrho \acute{o} \varepsilon \delta \varrho o \varsigma \; \grave{\varepsilon} v \; \tau \tilde{\eta} \; \mu \eta \tau \varrho o \pi \acute{o} \lambda \varepsilon \iota \; N \iota \varkappa o \mu \eta \delta \acute{\varepsilon} \omega v \; . \, . \, ., \; \grave{o} \varsigma \; \varkappa a \grave{\iota}$ $\tau \grave{o} v \; \tau \tilde{\eta} \varsigma \; \grave{\varepsilon} \pi \iota \sigma \varkappa o \pi \tilde{\eta} \varsigma \; \pi a \varrho a \iota \tau \eta \sigma \acute{a} \mu \varepsilon v o \varsigma \; \vartheta \varrho \acute{o} v o v \; \lambda \acute{o} \gamma o \iota \varsigma \; o \tilde{\iota} \varsigma \; \grave{\varepsilon} \varkappa \varepsilon \tilde{\iota} v o \varsigma \; \varkappa a \grave{\iota} \; \vartheta \varepsilon \grave{o} \varsigma \; o \tilde{\iota} \delta \varepsilon v$ $\grave{a} \delta \acute{\eta} \lambda o \iota \varsigma, \; \sigma v v \tilde{\eta} v \; \grave{a} \varepsilon \grave{\iota} \; \tau \tilde{\omega} \; \pi a \tau \varrho \iota \acute{a} \varrho \chi \eta$. Für uns ist es doch nicht ganz unbegreiflich, dass ein politisch begabter Mann den einflussreichen Posten eines $\sigma \acute{v} \gamma$$\varkappa \varepsilon \lambda \lambda o \varsigma$ dem Sitze in Nikomedien vorzog.

2) Mit Berufung auf Symeon's $\chi \acute{a} \varrho \iota \varsigma \; \grave{a} \pi o \sigma \tau o \lambda \iota \varkappa \grave{\eta}$ (f. 29r) . . . f. 29^v $\tilde{v} \mu v o v \varsigma$ $\varepsilon i \varsigma \; a \grave{v} \tau \grave{o} v \; \varkappa a \grave{\iota} \; \grave{\varepsilon} \gamma \varkappa \acute{\omega} \mu \iota a \; . \, . \, . \; \sigma v v \varepsilon \gamma \varrho \acute{a} \psi a \tau o \; \varkappa a \grave{\iota} \; \acute{o} \lambda o v \; \tau \grave{o} v \; \beta \acute{\iota} o v \; a \grave{v} \tau o \tilde{v} \cdot \; . \, . \, . \; \grave{\varepsilon} \tau \eta$$\sigma \acute{\iota} \omega \varsigma \; \mu \varepsilon \tau \grave{a} \; \pi \acute{a} v \tau \omega v \; \lambda a \mu \pi \varrho \tilde{\omega} \varsigma \; \grave{\varepsilon} \acute{\omega} \varrho \tau a \zeta \varepsilon \; \tau \tilde{\omega} v \; \grave{a} \gamma \acute{\iota} \omega v$. Später wird erzählt, der Synkellos habe den Patriarchen bestimmen wollen (f. 37^v): $\xi \acute{\varepsilon} \sigma a \iota \; \varkappa \grave{a} v \; \tau \grave{\eta} v \; \grave{\varepsilon} \pi \iota$$\gamma \varrho a \varphi \grave{\eta} v \; \tau \tilde{\eta} \varsigma \; \grave{a} \gamma \acute{\iota} a \varsigma \; \varepsilon i \varkappa \acute{o} v o \varsigma \; \tau \grave{\eta} v \; \grave{\varepsilon} \chi o v \sigma a v \; \acute{o} \; \grave{a} \gamma \iota o \varsigma$. Die $\grave{\varepsilon} \pi \iota \gamma \varrho a \varphi \grave{\eta}$ ist ja beim Bild in der griechischen Kirche etwas Wesentliches.

3) f. 29^v $\lambda a \beta \grave{\omega} v \; . \, . \, . \; \grave{\varepsilon} \pi \grave{\iota} \; \chi \varepsilon \tilde{\iota} \varrho a \varsigma \; \tau \grave{a} \varsigma \; \beta \iota \beta \lambda o v \varsigma$ (sc. die $\tilde{v} \mu v o \iota$ und den $\beta \acute{\iota} o \varsigma$) $\varkappa a \grave{\iota} \; \acute{a} \pi a \sigma a v \; \tau \grave{\eta} v \; \pi \varrho a \gamma \mu a \tau \varepsilon \acute{\iota} a v \; \varphi \iota \lambda o \pi \acute{o} v \omega \varsigma \; \delta \iota \varepsilon \lambda \vartheta \grave{\omega} v \; \grave{\eta} \gamma \acute{a} \sigma \vartheta \eta \; \grave{\varepsilon} \pi \grave{\iota} \; \tau \tilde{\omega} \; \pi \varrho \acute{a} \gamma \mu a \tau \iota$, $. \, . \, . \; \grave{a} \pi \acute{\varepsilon} \lambda v \sigma \varepsilon v$ (sc. den Symeon), $\grave{v} \pi o \mu \iota \mu v \acute{\eta} \sigma \varkappa \varepsilon \iota v \; a \grave{v} \tau \tilde{\omega} \; \pi \varrho o \tau \varrho \varepsilon \psi \acute{a} \mu \varepsilon v o \varsigma \; \varkappa a \tau \grave{a} \; \tau \grave{o} v$

kellos aber fand in diesem Kult das geeignete Mittel, um Symeon zu verderben. Er griff den Charakter des angeblichen Heiligen an und wusste auch den Patriarchen zu einer ungünstigen Haltung zu bestimmen.

Diese Darstellung des Niketas ist offenkundig parteiisch, sowohl darin, dass sie persönliche Eifersucht des Synkellos gegen den „Theologen" zum Motiv des Ganzen macht, als auch darin, dass sie seinen Widerspruch gegen die Verehrung des Studiten nur als den künstlichen Vorwand erscheinen lässt, dessen er sich bediente, um Symeon beizukommen. — Dass eine dogmatische Verhandlung zwischen dem Synkellos und Symeon stattfand, ist gewiss. Die schriftliche Antwort, die Symeon auf die versucherische Frage des Synkellos einreichte, ist im Marc. 494 saec. XIV und Par. suppl. gr. 103 saec. XIV als Nummer 21 einer umfassenderen Sammlung der ἔρωτες τ. ϑ. ὖ. (darüber später) erhalten. Sie trägt in beiden codices die Überschrift: ἐπιστολὴ πρὸς μοναχὸν ἐρωτήσαντα, πῶς χωρίζεις τὸν υἱὸν ἀπὸ τοῦ πατρός, ἐπινοίᾳ ἢ πράγματι; ἐν ᾗ πλοῦτον εὑρήσεις θεολογίας ἀνατρεπούσης τὴν αὐτοῦ βλασφημίαν. Der Marc. fährt (f. 273ᵛa) fort: οὗτός ἐστιν ὁ παραιτησάμενος τὸν θρόνον Νικομηδείας Στέφανος ὁ τῆς Ἀλεξίνης, ᾧ καὶ ὡς μοναχῷ ἐπιστέλλων καὶ οὐ διὰ τοῦ παρόντος καθαπτόμενος λόγου ἐγείρει αὐτὸν εἰς τὸν κατ᾽ αὐτοῦ πόλεμον. Der Inhalt der Rede entspricht dieser Überschrift. Aber der Grund zu der dogmatischen Auseinandersetzung war sicherlich nicht blosser φθόνος des Synkellos. Wenn man die Stellen, an denen Symeon direkt oder indirekt das trinitarische Dogma streift oder behandelt, sich vergegenwärtigt, so begreift man sehr wohl, dass ein geschulter Dogmatiker den Verdacht haben konnte, Symeon scheide den Sohn vom Vater nur ἐπινοίᾳ. Ich verweise vorläufig nur auf die Randbemerkung, die ein Schreiber zur ersten theologischen Rede Symeon's macht, Coisl. 292 f. 86ʳ: πρόσεχε ὁ ἀναγινώσκων, ἵνα . . . μὴ . . τὸν ἅγιον κατακρίνῃς ὡς σύγχυσιν τῶν τριῶν ὑποστάσεων τῆς ὑπερουσίου θεότητος δογματίζοντα καὶ σαβελλίζοντα κτέ. Symeon wusste sich allerdings zu rechtfertigen und gewiss that er es in voller Überzeugung seiner Orthodoxie. Er lässt in der betreffenden Schrift die beiden Seiten des paradoxen Dogmas so gleichmässig zur Geltung kommen, dass er korrekt befunden werden musste.

καιρὸν τῆς τοῦ πατρὸς μνήμης ὡσὰν καὶ αὐτὸς κηροὺς καὶ μύρα παρέχῃ. f. 30ʳ ἐγένετο ταῦτα ἐπὶ χρόνοις ἑκκαίδεκα.

Wenn in diesem Fall das Vorgehen des Synkellos sich als begründet herausstellt, so ist man auch nicht mehr geneigt, in seiner Opposition gegen das Fest des Studiten einen auf nichtige Behauptungen sich stützenden Angriff zu erblicken. Niketas selbst muss zugeben, dass der Studit Eigentümlichkeiten an sich hatte, die bedenklich scheinen konnten. Hinter seinen verhüllenden Worten (f. 33ʳ) vermutet man um so Schlimmeres [1]). Auch Symeon erwähnt gelegentlich etwas, was Anstoss erregen konnte, div. am. 15; Monac. 177 S. 52 (die Stelle ist von Pontanus ausgelassen, fehlt daher bei Migne): ... ὁ Συμεὼν ὁ ἅγιος ὁ εὐλαβὴς στουδίτης. οὗτος οὐκ ἐπῃσχύνετο μέλη παντὸς ἀνθρώπου οὐδὲ γυμνούς τινας ὁρᾶν οὐδὲ γυμνὸς ὁρᾶσθαι. Man bedenke, was das für den griechischen Mönch bedeutete! Ich erinnere nur an die vita Antonii [2]). Es ist wohl verständlich, dass manche sich sträubten, diesen Mann als Heiligen anzuerkennen!

Der Patriarch gab lang seinem Synkellos nicht nach. Doch dieser war hartnäckig — zwei Jahre soll er den Patriarchen und die σύνοδος ἐνδημοῦσα bearbeitet haben (f. 32ʳ⁻ᵛ) —, bis schliesslich Symeon aufgefordert wurde, die Verehrung wenigstens einzuschränken [3]). Symeon war jetzt so wenig wie früher geneigt, sein Pietätsverhältnis dem lieben Frieden zu opfern. Niketas lässt ihn vor dem Patriarchen und der Synode eine grosse Rede halten, in der er zunächst verlangt, dass die gegen Symeon vorgebrachten Beschuldigungen von dem Synkellos wirklich bewiesen würden, und dann sein Recht, ja seine Verpflichtung, den Studiten gleich den alten Heiligen zu ehren, aus Schrift und Vätern darlegt [4]).

---

1) f. 33ʳ ἐκεῖνος δὲ προνεκρωθεὶς ἐξ ἄκρας ἀπαθείας τὴν σάρκα ἔτι περιὼν τέλεον τὰς ἐμφύτους ἀπεμαράνθη κινήσεις αὐτῆς καὶ οἷα νεκρὸς πρὸς νεκρὸν αἴσθησιν ἔχων ἐν τοῖς αὐτοῦ πλησιάζουσι σώμασιν ὑπεκρίνετο τὴν ἐμπάθειαν, τοῦτο μὲν συσκιάζειν βουλόμενος τὸν τῆς ἀπαθείας αὐτοῦ θησαυρὸν ..., τοῦτο δὲ καί τινας ... τῷ δελεάματι τούτῳ λανθανόντως τοῦ βυθοῦ τῆς ἀπωλείας ἀνελκύσαι.

2) Ich denke an vit. Ant. c. 60; Mi. 26, 929 B; indessen vergl. Palladios hist. Laus. c. 85; Mi. 34, 1187 D.

3) f. 33ᵛ mit Rücksicht auf die Anschuldigungen des Synkellos: μετὰ μόνων τῶν ὑπὸ σὲ μοναχῶν τὰ τῆς μνήμης ἐκείνου ποιεῖν σε βούλομαι.

4) Es ist beachtenswert, welche Rolle nicht blos in dieser Rede, sondern bei Niketas überhaupt, ebenso aber auch in allen Schriften Symeon's die **apostolischen Konstitutionen** (und die apostolischen Kanones) spielen. Niketas lässt den Symeon in seiner Rede argumentieren 1) aus dem Evangelium 2) aus dem, was die αὐτόπται τοῦ λόγου ἐν ταῖς αὐτῶν διατάξεσιν sagen

Es ist von Wichtigkeit festzustellen, um welchen Punkt der
Streit sich eigentlich drehte. Niketas lässt den Symeon in seinen

---

f. 34ʳ 3) aus den Kirchenvätern (Chrysost., Basil., Gregor von Naz.). Ebenso
wie hier erscheinen auch sonst die Konstitutionen nicht nur als unzweifelhaft
apostolisch, sondern neben der Bibel als die massgebende Auktorität für die
kirchliche Praxis. Andere kirchenrechtliche Normen, als die apostolischen
Konstitutionen und Kanones kennt weder Symeon noch Niketas.

Um ihrer Wichtigkeit willen führe ich die einzelnen Stellen an:

In der vita (f. 27ʳ) ermahnt Symeon bei seinem Rücktritt die Mönche,
dem Hegumenos zu gehorchen, mit den Worten: ἐν ὅσοις γὰρ οὐκ ἔστι παρά-
βασις θεοῦ ἐντολῆς ἢ τῶν ἀποστολικῶν κανόνων καὶ διατάξεων ἐν
πᾶσιν ἀνάγκη πᾶσα ὑπακούειν αὐτῷ ὀφείλετε (Coisl. ὀφείλεται) καὶ ὡς τῷ
κυρίῳ πείθεσθαι (C πίθεσθε)· ἐν ὅσοις δὲ κινδυνεύει τὸ τοῦ Χριστοῦ εὐαγγέλιον καὶ οἱ νόμοι τῆς ἐκκλησίας αὐτοῦ οὐ μόνον οὐ δεῖ πείθεσθαι τούτῳ κτέ.

f. 37ᵛ sagt Symeon ironisch zum Synkellos: ὅπως τἄλλα λελοιπὼς πάντα
καὶ τῆς οἰκείας ἐπιμελούμενος συνειδήσεως τῶν ἀποστολικῶν ἀντέχῃ σπουδαίως κανόνων καὶ διατάξεων.

f. 44ʳ erklärt Symeon sich für verurteilt οὐχ ὡς μοιχὸς ἢ κακοποιὸς ἀλλ᾿
ὡς δοῦλος Χριστοῦ καὶ τῶν ἀποστολικῶν κανόνων καὶ διατάξεων
ἀντεχόμενος.

Dass mit den διατάξεις unsere apostolischen Konstitutionen gemeint sind,
wird durch mehrere Zitate gesichert.

f. 34ʳ wird mit der Formel: τί δέ φασι καὶ οἱ αὐτόπται τοῦ λόγου ἐν ταῖς
αὐτῶν διατάξεσιν zitiert const. apost. VII, 9 τὸν λαλοῦντά σοι bis ὁ θεὸς πάρ-
εστι (ed. de Lag. 202, 22—203, 2).

An dieses Zitat wird mit καὶ αὖθις angeschlossen: II, 33 εἰ γὰρ περὶ τῶν
κατὰ σάρκα γονέων bis ἐξουσίαν εἰλήφασι (ed. de Lag. 60, 19—61, 7).

f. 54ʳ bei einer wunderbaren Bestrafung wird gesagt, es sei geschehen
εἰς ἔκβασιν .. τοῦ εἰρημένου ὑπὸ τῶν ἀποστόλων ἐν ταῖς αὐτῶν διατάξεσιν,
ἔνθα παραγγελίαν ποιοῦνται ... ἐν τῷ τριακοστῷ κεφαλαίῳ τοῦ δευ-
τέρου βιβλίου κατὰ λέξιν ἔχον οὕτως; folgt II, 33 οὗτοι παρὰ θεοῦ bis
ζωογονεῖν αὐτούς (ed. de Lag. 61, 6—9).

Aus den Schriften Symeon's selbst weise ich namentlich hin auf die in
der or. 24 sich findenden Stellen:

or. 24 (Mi. 439 B) Monac. 177 S. 254 τὴν εἴδησιν ἀκριβῶς τῶν ἀποστολικῶν κανόνων καὶ παραδόσεων (sc. soll der Hegumenos die Brüder lehren).

ib. (Mi. 439 C) Monac. 177 S. 255 οὐδὲ τοῦτο ἀπᾷδον ἐκρίθη τοῖς ἀποστόλοις ἐν ταῖς αὐτῶν διατάξεσι καὶ τοῖς θεοφόροις πατράσιν ἡμῶν, und gleich
darauf: ἐπὶ καταστροφῇ τῶν ἀποστολικῶν κανόνων καὶ διατάξεων, und ἐκ-
δίκησιν ποιοῦ τῶν ἐντολῶν τοῦ θεοῦ καὶ τῶν τεθέντων κανόνων ὑπὸ τῶν
ἀποστόλων.

ib. (Mi. 440 A) Monac. 177 S. 256 καὶ δεῖ σε τῆς ἀναγνώσεως μᾶλλον τῶν
διατάξεων καὶ κανόνων αὐτῶν ἐπιμελῶς ἔχεσθαι.

Vergl. ausserdem z. B. Coisl. 292 f. 265ᵛ τὸ κήρυγμα τῶν ἀποστόλων,
τοὺς κανόνας καὶ διατάξεις αὐτῶν.

Reden die allgemeine Pflicht, die Heiligen zu ehren, so breit beweisen, dass man meinen könnte, es habe sich um die Frage gehandelt, ob man überhaupt und ob jemand aus eigener Initiative
einen Mann der jüngsten Vergangenheit als Heiligen verehren dürfe.
Dass jedoch das prinzipielle Recht, hochgeschätzte Personen als

---

Solche Wertschätzung der apostolischen Konstitutionen ist hiermit nicht
etwa für einen Winkel der orientalischen Kirche bezeugt, sondern für eben die
Stadt, in der das Trullanum gehalten wurde, und sie ist von zwei Männern
vertreten, die beide dem Kloster Studion ihre Erziehung verdanken (weitere
Stellen aus den Schriften des Niketas siehe bei Cotelerius, patres apostolici.
Antwerpen 1698. I, 191 ff.). Gegenüber der Sicherheit, mit der der Beschluss
des Trullanum als kritischer Massstab für die Altersbestimmung gewisser
Schriften verwendet wird, mag das wohl zur Warnung dienen. Man darf sich
den Einfluss der Konstitutionen nicht zeitlich und örtlich zu beschränkt vorstellen. Der apostolische Titel, der auch 692 nicht bestritten wurde — die
διατάξεις sind nur verfälscht —, empfahl die Schriften trotz des Misstrauens,
das man gegen die dogmatischen Anschauungen hegte.

Doch will ich nicht versäumen, darauf aufmerksam zu machen, dass in
der zweiten Hälfte desselben Jahrhunderts auch ein Urteil gefällt wird, das
dem Trullanum entspricht. Die Hagioriten fragen bei dem Patriarchen Nikolaos
Grammatikos (1084—1111) darüber an (Γεδεών, ὁ Ἄθως. Ἐν Κωνσταντινουπόλει
1885, σελ. 295): εἰ δεῖ τὰ διὰ Κλήμεντος ἀποστολικὰ βιβλία ἀναγινώσκεσθαι
καὶ φυλάττεσθαι. Wenn ihre Anfrage wiederum zeigt, dass das Trullanum
die Auktorität der Konstitutionen keineswegs beseitigt hatte, so antwortet der
Patriarch im Sinn der Synode: οὐχί, διὰ τὸ ἐν διαφόροις χωρίοις νοθευ-
θῆναι. — Ebenso sprechen die Kanonisten: Zonaras, Aristenos, Blastares, Harmenopulos.

Dass man jedoch nicht annehmen darf, wenigstens im Zeitalter der Kanonisten seien die Konstitutionen ausser Geltung gekommen, dafür verweise ich
auf die Haltung des gewiss die Kirchengesetze nicht ohne Grund miss-
achtenden Balsamon. Auf die Frage (Rhalles und Potles, σύνταγμα τῶν
θείων καὶ ἱερῶν κανόνων. Athen 1852 ff. τόμος IV, 449): βιβλία διάφορα
εὑρίσκονται ἐν ταῖς ἀνατολικαῖς καὶ νοτίοις χώραις καὶ τὰ μὲν ὀνομάζονται
διδασκαλίαι τῶν ἁγίων ἀποστόλων, τὰ δὲ ὁράσεις τοῦ ἁγίου Παύλου· ἐρωτῶ
οὖν, εἰ ὀφείλομεν ἀναγινώσκειν αὐτά; erwidert er: ψηφιζόμεθα καὶ ἡμεῖς
ὅτι ἀποστολικὰς διδασκαλίας καὶ ὁράσεις καὶ διατάξεις ἢ τοῦ θεοῦ ἐκκλησία γινώσκει καὶ ὁμολογεῖ τὰ ἐν τῷ πε´ ἀποστολικῷ κανόνι
δηλούμενα βιβλία. Er ignoriert also — und das kann er nur bewusst
gethan haben — den can. 2 des Trull., resp. er erklärt stillschweigend die
apostolische Auktorität für höher, als die der Väter. Bei der Erklärung des
trullanischen Kanons (Rh.-Potl. II, 310 f.) entnimmt er diesem nur das Zeugnis,
das er für die apostolischen Kanones ablegt, und sagt kein Wort über die
Verwerfung der διατάξεις. Das von Balsamon benutzte Exemplar der Konstitutionen existiert bekanntlich noch.

Heilige zu ehren, niemandem bestritten wurde, geht aus dem Verhalten des Patriarchen unzweideutig hervor. Hätte er in dem Vorgehen Symeon's eine Missachtung seines Privilegs erblickt, so hätte er den Kult des Studiten jedenfalls, als er von der Sache hörte, zunächst unterdrückt. Statt dessen wollte er nur über die Person Symeon's Näheres hören und that selbst eifrig mit, sobald er über diesen Punkt befriedigt war. Es kann sich also nur um die question du fait gehandelt haben, um die Frage, ob der Studit wirklich dieselben Vorzüge wie die alten Heiligen besass resp. ob ihm nicht auf glaubwürdige Anschuldigungen hin die Ehrung zu versagen sei [1]. Diese Frage war nicht einfach zu entscheiden; denn hier stand Glaube gegen Glaube.

Zunächst hat Symeon's Plerophorie imponiert. Aber der Synkellos ruhte nicht und er wurde von Angehörigen des eigenen Klosters Symeon's unterstützt [2]. Nach sechs Jahren setzt er durch, dass die Bilder des Studiten im Mamaskloster zerstört werden. Symeon antwortet mit einer Verteidigungsschrift und nun wurde die Lage so gespannt, dass der Patriarch einen entscheidenden Schritt thun musste. Er stellte Symeon vor die Wahl, die Feier zu unterlassen oder aus der Stadt zu weichen. Wie Symeon sich entscheiden würde, war selbstverständlich. Die Verbannung, die feierlich von der Synode über ihn verhängt wurde, gieng freilich nicht weit. Er wurde nur über die Propontis in die Nähe von Chrysopolis gesetzt [3], ein Städtchen, das man fast noch zu Konstantinopel rechnen konnte, und es war ihm möglich, von dort aus ironische Briefe an den Synkellos gelangen zu lassen: er dankt ihm für die Gnade, die

---

1) Vergl. die Forderung, die der Patriarch bei der ersten Verhandlung an Symeon richtet, f. 33ᵛ: ἔχεις τό γε νῦν ἔχον ἀποδεῖξαι σύ, ὡς δεδογμένον τοῖς πατράσι καὶ τοῖς ἀποστόλοις ποιεῖς, οὕτω τὴν τοῦ σοῦ πατρὸς μνήμην ἴσα καὶ τῶν παλαιῶν ἀγίων ἑορτάζων. Niketas konnte in Symeon's Antwort diesen Punkt zurücktreten lassen, weil er schon bei der ersten Einführung des Kults durch Symeon dargelegt hatte, dass der Studit χάριτος ἀποστολικῆς ἠξιώθη (f. 29r–v). — Die Beschuldigung des Synkellos gegen unsern Symeon lautete f. 33r: ὡς ἁμαρτωλὸν ὄντα τὸν αὐτοῦ πνευματικὸν πατέρα μετὰ ἀγίων οἷαπερ ἅγιον ἀνυμνεῖ.

2) f. 36r: ἦσαν δέ τινες καὶ τῶν ἀπὸ τῆς αὐλῆς τοῦ Συμεὼν διάβολοι τὴν τοῦ Ἰούδα μανίαν καὶ αὐτοὶ κατὰ τοῦ διδασκάλου νοσοῦντες.

3) Der Tag war der 3. Januar; das Gedächtnis daran wurde in seinem Kloster gefeiert f. 68r: τῆς ἑορτῆς ποτε τοῦ ἀγίου τελουμένης κατὰ τὴν γ τοῦ ἰαννουαρίου μηνός, καθ᾽ ἣν ἑορτάζομεν τὴν ἐξορίαν αὐτοῦ. Die Thatsache der ἐξορία ist also nicht zu bestreiten, so auffallend sie ist.

er ihm durch die Verfolgung verschafft habe. Sofort erwies sich aber, dass es nicht so leicht war, einen Mann von der Herkunft Symeon's einfach aus der Stadt zu schaffen. Symeon hatte vornehme Beichtkinder, unter ihnen namentlich einen Patrizier Genesios [1]). Sie stellten, als sie von der Verbannung erfuhren, dem Patriarchen die Ungesetzlichkeit seines Vorgehens vor [2]) und schüchterten ihn dermassen ein, dass er zu neuer Verhandlung sich herbeiliess; ja er erbot sich sogar, Symeon zum Ersatz auf einen Metropolitanstuhl zu befördern. Symeon wird herübergeholt; der Patriarch verlangt nur Verminderung des Glanzes der Feier, allein Symeon giebt nichts nach. Trotzdem soll der Patriarch jetzt ihm nicht bloss den Aufenthalt freigestellt, sondern auch die Feier erlaubt haben [3]). Wie es sich geschichtlich mit dieser Nachgiebigkeit des Patriarchen verhalten mag, jedenfalls hat Symeon von seiner Freiheit keinen Gebrauch gemacht. Man kann sich wohl denken, das ihm das Mamaskloster, wo ein Teil seiner geistlichen Kinder sich auf die Seite seiner Gegner gestellt hatte, verleidet war. Er blieb an dem Ort seiner Verbannung und gründete dort bei einer Kirche der heiligen Marina mit dem Geld seiner Gönner ein neues Kloster [4]).

Abgesehen von kleinen Chikanen der Nachbarn blieb er dort für den Rest seines Lebens unbehelligt, unermüdlich thätig, mit immer höheren Offenbarungen begnadigt und denen, die um ihn waren, zuletzt wie ein Überirdischer erscheinend [5]).

---

1) Zuerst wird in diesem Zusammenhang genannt εἷς τῶν ἐν τέλει ἀνδρῶν Χριστοφόρος, ᾧ Φαγοῦρα ἦν τὸ ἐπώνυμον (f. 41ᵛ), dann f. 42ᵛ der schon f. 21ᵛ, 22ʳ, 23ʳ erwähnte πατρίκιος Γενέσιος; neben ihm (f. 42ᵛ) οἱ λοιποὶ ἄρχοντες, οἷς ἦν εὐσεβείας διδάσκαλος, f. 43ʳ ὅσοι περὶ τὴν σύγκλητον ἄνδρες περιφανεῖς, οἷς ἦν γνωστός.

2) f. 42ᵛ δέους πληροῦσιν αὐτοῦ τὴν ψυχὴν τὸ παράνομον ἐξελέγχοντες ... δείσας (sc. der Patriarch) μὴ καὶ μέχρι βασιλέως τὰ τοῦ δράματος ἔλθῃ καὶ εἰς μεγάλην αὐτοῦ κατάγνωσιν ἀποβῇ. Der Patriarch versichert dabei, dass die Orthodoxie Symeon's unbestritten sei.

3) f. 45ᵛ τοῦ λοιποῦ οὖν ἔσω ἔνθα καὶ βούλει ... καὶ μὴ πρὸς ἡμῶν κωλυόμενος εἴτε ἐν τοῖς ἔξω εἴτε ἐν ταύτῃ τῇ πόλει πανηγυρίζων εἶ.

4) f. 39ᵛ εὐκτήριον ἐκεῖσε τῆς ἁγίας ἐπωνομαζόμενον Μαρίνης εὑρών, f. 49ʳ μονὴ τῆς ἁγίας Μαρίνης. — f. 45ᵛ ὁ .. θεὸς .. ἀνοίγει αὐτῷ τοὺς θησαυροὺς τῶν ἀρχόντων καὶ πάντες ὁμοῦ χορηγοῦσι ... χρυσοῦ ποσότητα ἱκανήν, ἣν δεξάμενος ... ἅπτεται ... τῆς ἀνοικοδομῆς τοῦ μοναστηρίου.

5) f. 46ʳ ὅλος τῶν συνήθων θεωριῶν καὶ ἐλλάμψεων ἐν τῷ πνεύματι γίνεται ... καὶ γλῶσσα πυρὸς ἡ τούτου γίνεται γλῶττα καὶ θεολογεῖ .. f. 47ʳ ὃν εἴ τις ἄγγελον ἐπίγειον καὶ ἄνθρωπον καλέσει οὐράνιον κρίνειν οἶδεν

Wie schon erwähnt giebt die vita keine Schilderung seines Endes[1]). Daher mangelt uns das Datum seines Todes und eine bestimmte Angabe seines Alters; man muss also Genaueres über seine Lebenszeit aus den zerstreuten Notizen in der vita errechnen.

Gänzlich unbrauchbar für die chronologische Fixierung des Lebens Symeon's ist die Stelle, von der Leo Allatius ausgegangen ist, die Äusserung Symeon's in or. 13 (Mi. 120, 374 A) Coisl. 291 f. 47ᵛ: αὐτὸς (sc. der Satan) ἑξακισχιλίοις καὶ ἑξακοσίοις καὶ ἐπέκεινα τούτων ἔτεσι διαμείνας ἀεὶ πολέμιος τῶν ἀνθρώπων ἄδηλος καὶ κρύφιος. Daraus hat Allatius (de Symeonum scriptis diatriba p. 151 f.) berechnet, dass Symeon im Jahre 1092 noch gelebt haben müsse. Freilich hat es ihn etwas geniert, dass Symeon's Schüler Niketas schon 1054 eine Rolle gespielt hat; daher seine Behauptung über das ἐπέκεινα in der angeführten Stelle: quod (sc. adverbium) non tantum annos sequentes, sed praeeuntes etiam sexcentis illis innuere valet. Es braucht kaum gesagt zu werden, dass jene Stelle nur eine ganz ungefähre Zeitgrenze angiebt. Welche Zeit müsste man für Cyprian aus ad Fort. c. 2 (ed. Hartel I, 317, 21 ff.) erschliessen: sex milia annorum iam paene complentur, ex quo hominem diabolus impugnat[2])!

Den bestimmtesten Anhaltspunkt — leider führen die synchronistischen Angaben der vita immer auf Männer von langer Regierungszeit — giebt die Notiz, dass Symeon unter dem Patriarchen Nikolaos Chrysoberges (984—995) Hegumenos des Mamasklosters und zugleich Presbyter geworden sei (f. 12ʳ). Von hier aus führt nach vorwärts die Notiz, dass Symeon während der 48 Jahre seines Priesteramts den Geist auf die Elemente habe herniederkommen sehen (f. 12ᵛ); wir gewinnen dadurch als Spielraum für die Zeit seines Todes die Jahre 1032—1043.

εὐστόχως. Vgl. auch die verschiedenen Legenden, in denen seine Jünger ihn über der Erde schwebend und verklärt erblicken.

1) Geschichten aus der letzten Krankheit sind zwar erzählt, aber sie enthalten nur allgemeine Zeitbestimmungen.

2) Bedauerlicherweise hat Ehrhard, der aus Combefis die Daten der vita kannte, daneben die Berechnung des Allatius stehen lassen. So ergeben sich Zusammenstellungen, wie die (Krumbacher S. 152): Symeon wurde um das Jahr 1025 geboren — Patriarch Sergios (998—1019)*) billigte das Geschehene; er blieb fortan unter ... Eustathios und Alexios (1019—1025 und 1025 bis 1043)*) unbehelligt — sicher erlebte er noch das Jahr 1092.

*) Die Zahlen für die Patriarchen sind von mir hinzugefügt.

Um von der Zeit der Weihe aus das Datum der Geburt festzustellen, darf man sich zuerst daran erinnern, dass durch das Trullanum (can. 14) der 11. can. von Neokäsarea neu eingeschärft wurde:
πρεσβύτερον πρὸ τῶν τριάκοντα ἐτῶν μὴ χειροτονεῖσθαι, κἂν
πάνυ ᾖ ἄνθρωπος ἄξιος. Freilich gilt es zu bedenken, dass Symeon die Weihe gleichzeitig mit der Abtswürde empfing und eine
Ausnahme gut damit begründet werden konnte, dass für diese
Stellung kein Geeigneterer da sei. Rechnet man nämlich die sicheren Daten der vita zusammen, so bleibt die Summe ziemlich hinter
dem kanonisch geforderten Alter zurück: die vita giebt Symeon
14 Jahre, als er den ersten Versuch macht, ins Kloster zu treten
(f. 2ᵛ); sechs Jahre nach jener φοβερὰ θεωρία fordert ihn der Studit auf, die Welt zu verlassen; im Mamaskloster habe er nach zwei
Jahren die Reife erreicht (f. 12ʳ). Man muss also schon annehmen,
dass sein Noviziat in Studion etwa die normale Zeit von drei Jahren
gedauert habe, und man muss die Vision hinter den Tod des Oheims
verlegen (vgl. oben S. 8 Anm. 5), um ihn einigermassen dem kanonischen Alter nahe zu bringen. Indessen ist es aus einem andern
Grund wahrscheinlich, dass man wirklich so zu rechnen hat. Denn
Niketas leitet die Erzählung von Symeon's Rangerhöhung in einer
Weise ein, dass man nicht annehmen kann, es sei bei ihm eine bedeutende Ausnahme gemacht worden. Er sagt, dass Symeon's ποιμὴν καὶ
διδάσκαλος eben daran gedacht habe, den Jünger ἐπὶ τὴν λυχνίαν
θεῖναι τῆς τῶν πιστῶν ἐκκλησίας, als die Erledigung des Hegu-
menats im Mamaskloster eintrat. Mag dies auch eine geschickte
Übergangsformel sein, jedenfalls giebt Niketas den Eindruck wieder,
dass Symeon, als er geweiht wurde, etwa das richtige Alter hatte.
Dass er es noch nicht überschritten hatte, bestätigt freilich auch
diese Stelle. Darnach wäre der früheste Termin für seine Geburt
954; mit dem terminus ad quem kann man bis 970 herabgehen.

Die übrigen Daten der vita ermöglichen es, noch etwas engere
Grenzen zu setzen. Die vita giebt an, dass Symeon unter Basileios II und Konstantinos VIII d. h. zwischen 976 und 1025 an den
Hof kam[1]) und aus der nun schon oft benutzten Notiz ist zu
schliessen, dass er damals noch nicht 14 Jahre alt war. Demnach
kann er mindestens nicht vor 962 geboren sein.

Nimmt man als runde Zahl für die Zeit seiner Geburt das Jahr

---

1) Unrichtig sagt Combefis Mi. 152, 260 D natus Basilio et Constantino
Porphyrogenitis.

965 an, so harmoniert damit, was uns sonst aus seinem Leben berichtet ist; es zeigt sich jedoch, dass man über 969 auch nicht herabgehen darf. Rechnet man von 965 aus, so wäre Symeon in der Zeit zwischen 990 und 995 Hegumenos geworden. 995 ist jedenfalls der äusserste Termin; denn es ist sicher, dass er noch unter dem Patriarchen Nikolaos Chrysoberges († 995) geweiht worden ist. Der offene Aufruhr eines Teils seiner Mönche unter dem Patriarchen Sisinnios (995—998) würde somit noch in die erste Zeit seiner Amtsführung fallen, was alle Wahrscheinlichkeit der Sache für sich hat. Bei der Festlegung des Streits mit dem Synkellos bleiben zwar die S. 15 Anm. 1 berührten Dunkelheiten: der Streit hat, da der Synkellos sechs Jahre (f. 36^r) gegen Symeon unter Sergios († 1019) machinierte, spätestens im Jahr 1013 begonnen; nach unserer Rechnung müsste Symeon während dieser sechs Kampfesjahre, zwischen 1015 und 1020, die Würde des Hegumenos niedergelegt haben. Man kann auch hier nur urteilen, dass dies sehr glaubhaft ist; man sieht aber auch hier, dass man von der oberen Grenze etwas wegrücken muss; denn Symeon hat unter Sergios resigniert.

Wenn man endlich von 965 als Geburtsdatum aus den Tod Symeon's zwischen 1038 und 1043 setzen muss (25—30 Jahre bis zur Priesterwürde, 48 Jahre des Priesteramts), so empfängt diese Zeitbestimmung auch noch von anderer Seite her eine Stütze. Niketas sagt nämlich (f. 57^v—58^r), dass die Verzückung, in der die Erinnerung an Symeon so mächtig in ihm wieder aufwachte, 16 Jahre (χρόνων παρεληλυθότων ἑκκαίδεκα) nach dem Empfang des Briefes erfolgt sei, in dem Symeon das prophetische Wort (vgl. S. 5) an ihn geschrieben, und dass sie erfolgt sei (f. 57^v) τῆς ἀγαθότητος τοῦ θεοῦ ... τὴν εἴσοδον αὖθις ἀκώλυτον ἡμῖν ποιησάσης ἐν τῇ θεοσώστῳ ποίμνῃ ἡμῶν τῇ τοῦ Στουδίου, πάντων δηλαδὴ τῶν πολεμούντων ἡμᾶς ἀποσοβηθέντων παρ' αὐτῆς καὶ ἠσθενηκότων. An späterer Stelle sagt er (f. 62^r), dass er 13 Jahre lang (ἐπὶ χρόνοις τρισκαίδεκα) die Schriften Symeon's als einen Schatz verwahrt habe. Der Unterschied der 13 und 16 Jahre wird dahin auszugleichen sein, dass die 13 Jahre vom Tod Symeon's an gerechnet sind, dass also Niketas jenen Brief drei Jahre vor dem Ableben des Heiligen von ihm empfangen hat. Mittelst der weiteren Angaben, die er an der ersten Stelle macht, ist es möglich, diese Vorgänge mit der allgemeinen Geschichte in Beziehung zu setzen. Die Kämpfe, auf die angespielt ist, können kaum etwas anderes sein, als die

Wirren des Jahres 1054, in denen Niketas und das Kloster Studion eine so bedeutsame Rolle spielten. Obgleich spezielle Nachrichten über eine Vertreibung des Niketas, so viel mir bekannt, fehlen, kann man wohl glaublich finden, dass Niketas etwa bei dem erneuten Versuch des Kaisers, sich mit den Legaten ins Benehmen zu setzen, als unbequem entfernt wurde. Dann würden wir für den Tod Symeon's auf das Jahr 1041, — resp. da die Verzückung in der Fastenzeit stattfand, die erneuten Verhandlungen mit den Legaten aber in den Sommer fielen, auf das Jahr 1042 — als auf den frühesten Termin zurückgeführt.

Ich stelle die Daten, wie sie sich nun ergeben haben, zusammen:

zwischen 963 und 969 Symeon geboren,
zwischen 977 und 983 bei Hofe,
etwa 988—991 im Kloster Studion,
etwa 991—992 Mönch im Mamaskloster,
zwischen 993 und 994 Hegumenos des Mamasklosters,
zwischen 995 und 998 Konflikt mit seinen Mönchen,
spätestens 1013 Streit mit dem Synkellos,
zwischen 1018 und 1019 Symeon resigniert,
spätestens 1019 Symeon wird verbannt,
zwischen 1038 und 1039 Symeon schreibt an Niketas,
zwischen 1041 und 1042 Symeon's Tod.

Es liegt eine unverkennbare Absicht zu Grunde, wenn Niketas ausserdem, dass er im Verlauf der Erzählung die Gelegenheitsschriften Symeon's erwähnt, bei den hauptsächlichsten Einschnitten des Lebens seines Helden immer auch die Fortschritte seiner s c h r i f t s t e l l e r i - s c h e n Thätigkeit konstatiert. Es ist ihm selbst wie ein Wunder, dass ein Mann, der keine höhere Bildung besass, über die tiefsten religiösen Fragen schreiben kann [1]), und er sieht in dem Wachstum

---

1) f. 29ʳ οὕτω γὰρ καὶ ἀποστολικὴν τὴν διάνοιαν ἔχων ὡς ὑπὸ τοῦ θείου ἐνεργούμενός τε καὶ κινούμενος πνεύματος τὴν χάριν εἶχε τοῦ λόγου ἐκχυνο-μένην διὰ τῶν χειλέων αὐτοῦ καὶ ἐπίσης ἐκείνοις (sc. τοῖς προφήταις) ἀγράμ-ματος ὢν ἐθεολόγησε. Vergl. auch bei der Schilderung des Neides des Stephanos f. 30ʳ: τοὺς περὶ τῆς ἐκείνου γνώσεως λέγοντας ἐμέμφετο (sc. Stephanos) ἀμαθῆ τὸν ἅγιον ἀποκαλῶν καὶ πάντη ἄγροικόν τε καὶ ἄναυδον ... f. 30ᵛ καὶ μᾶλ-λον (sc. beneidete Stephanos den Symeon), ὅτι καὶ λογογραφεῖν αὐτὸν ἤκουσε περὶ θείων καὶ ἀνθρωπίνων πραγμάτων καὶ θεολογίας ἅπτεσθαι.

der literarischen Produktion Symeon's einen Beweis, dass die Gnade Gottes, die Ungelehrte weise macht, ihn in immer reicherem Mass erfüllte.

Ich stelle die Angaben des Niketas über die Schriften Symeon's zusammen:

Schon aus der Zeit, als Symeon noch in Studion war, hebt Niketas, nachdem er die erste, dort erfolgte Vision erzählt hat, hervor f. 9ʳ: εἰς τοσοῦτον γὰρ (f. 9ᵛ) ὕψος αὐτὸν ἡ σύντονος ἄσκησις δι' ὀλίγου ἀναδραμεῖν ἀπειργάσατο, ὡς ὑπερελάσαι ... τοὺς ἐγχρονίσαντας ... καὶ γενέσθαι τούτων ἐκεῖνον διδάσκαλον κατὰ τὸν μέγαν Δανιὴλ τὸν προφήτην καὶ τοῦτο γνώσεται πᾶς ὁ βουλόμενος ἐξ ὧν παρ' ἐκείνων ἐρωτώμενος ἀντέγραφεν αὐτοῖς καὶ ταῖς ἐπιστολαῖς κατέπληττεν ὑπερβαλλόντως αὐτούς.

Als er Hegumenos geworden ist, heisst es f. 15ʳ: ἀποστολικῆς ἀξιωθεὶς δωρεᾶς, τοῦ λόγου τῆς διδασκαλίας φημί, ὄργανον ἦν καὶ ὡρᾶτο τοῦ πνεύματος μυστικῶς κρουόμενον ἄνωθεν καὶ πῇ μὲν τῶν θείων ὕμνων τοὺς ἔρωτας ἐν ἀμέτρῳ μέτρῳ συνέταττε, πῇ δὲ τοὺς λόγους τῶν ἐξηγήσεων ἐν πυκνότητι ἔγραφε νοημάτων καὶ ποτὲ μὲν τοὺς κατηχητικοὺς συνεγράφετο λόγους, ποτὲ δὲ τισὶν ἐπιστέλλων ἐξάκουστος πᾶσιν ἐγίνετο.

f. 29ʳ in der Zeit, nachdem er die Abtswürde niedergelegt hat: οὕτως οὖν ἔχων καὶ τοιοῦτος τῷ πνεύματι ὢν ἐκτίθεται λόγους ἀσκητικοὺς κεφαλαιωδῶς περὶ ἀρετῶν καὶ τῶν ἀντικειμένων αὐταῖς κακιῶν, ἐξ ὧν αὐτὸς δι' ἐμπράκτου φιλοσοφίας ἔγνω.

f. 46ʳ während seines Aufenthaltes bei Chrysopolis: γλῶσσα πυρὸς ἡ τούτου γίνεται γλῶττα καὶ θεολογεῖ τῶν θείων ὕμνων τοὺς ἔρωτας (f. 46ᵛ) καὶ ἄκων δημοσιεύει τῇ βιαίᾳ πνοῇ τοῦ πνεύματος ἅ τε εἶδεν ἐν ἀποκαλύψει θεοῦ κτέ. ... πρὸς τούτοις ἐκτίθεται καὶ τοὺς ἀπολογητικοὺς καὶ ἀντιρρητικοὺς αὐτοῦ λόγους.

f. 59ʳ wie Niketas in der Verzückung die Persönlichkeit Symeon's sich vergegenwärtigt, erinnert er sich auch an τὰ τούτου συγγράμματα· τὰς ἑρμηνείας τῆς θείας γραφῆς, τοὺς ἠθικοὺς καὶ κατηχητικοὺς λόγους ἐκείνους, τὰς ἐπιστολὰς, τοὺς ἀπολογητικοὺς αὐτοῦ λόγους, τοὺς ἀντιρρητικοὺς, τῶν θείων ὕμνων τοὺς ἔρωτας.

Ausserdem werden gelegentlich erwähnt:

1) f. 12ᵛ seine ἀποφθέγματα (vergl. S. 13 Anm. 3).

2) f. 29ᵛ die Hymnen auf seinen πατὴρ πνευματικὸς und dessen βίος: ὕμνους εἰς αὐτὸν καὶ ἐγκώμια ἐκ θείας ἀποκαλύψεως συνεγράψατο καὶ ὅλον τὸν βίον αὐτοῦ.

3) f. 31ᵛ das Antwortschreiben an Stephanos über das trinitarische Problem: ἅπτεται τοῦ προβλήματος, ἐκ προοιμίων τὴν γενομένην ἔλλαμψιν ἐν αὐτῷ πεζῷ τῷ λόγῳ καὶ μετὰ ταπεινοῦ τοῦ φθέγματος ὑποφαίνων ¹). λεπτύνας οὖν τὴν ἔννοιαν τοῦ ῥητοῦ καὶ τῇ σαφηνείᾳ τοῦ λόγου διευκρινήσας καὶ διὰ στίχων ἀμέτρων κατὰ ποιητικὴν μέθοδον εἰς λόγον καθαρῶς συντάξας τὸ πόνημα.

4) f. 39ʳ nach der Zerstörung der Bilder Symeon's: δεῖν ἔγνω ὑπὲρ ὧν ἐγκαλεῖται ἐγγράφως ἀπολογήσασθαι .. καὶ τὸν πρῶτον ἀπόλογον σχεδιάσας αὐτοῦ κτέ.

5) f. 39ᵛ u. 41ʳ zwei von Chrysopolis aus an Stephanos gerichtete Briefe, die in die vita aufgenommen sind.

6) f. 42ᵛ eine (zweite) in Chrysopolis verfasste Verteidigungsschrift: ἵνα μὴ μόνον τοῖς προσφοιτῶσι, τοῖς μακρὰν δὲ μᾶλλον οὖσιν αὐτοῦ τοῖς νῦν τε καὶ τοῖς μετέπειτα ἐρχομένοις ἀνθρώποις ἑαυτὸν ἀποδείξῃ ἀθῷον πάσης κατακρίσεως ... ἐκτίθεται τὸν κατὰ ἑαυτοῦ λίβελλον καὶ τῷ πατριάρχῃ ἐπιστέλλει Σεργίῳ.

Daraus ergiebt sich folgende Liste von Schriften Symeon's:

1) Die ἔρωτες τῶν θείων ὕμνων (f. 15ʳ, 46ʳ, 59ʳ).

2) Schriften exegetischer Art: λόγοι τῶν ἐξηγήσεων (f. 15ʳ), ἑρμηνεῖαι τῆς θείας γραφῆς (f. 59ʳ).

3) Ethische und katechetische Schriften: κατηχητικοὶ λόγοι (f. 15ʳ), ἠθικοὶ καὶ κατηχητικοὶ λόγοι (f. 59ʳ).

4) Erbauungsschriften: κεφάλαια περὶ ἀρετῶν καὶ κακιῶν (f. 29ʳ), ἀποφθέγματα (f. 12ᵛ); ὕμνοι, ἐγκώμια auf den Studiten und dessen βίος (f. 29ᵛ).

5) Verteidigungsschriften: ἀπολογητικοὶ καὶ ἀντιρρητικοὶ λόγοι (f. 46ᵛ); ἀπολογητικοὶ, ἀντιρρητικοὶ λόγοι (f. 59ʳ); die dogmatische Antwort an Stephanos (f. 31ᵛ), der πρῶτος ἀπόλογος (f. 39ʳ), der λίβελλος (f. 42ᵛ).

6) Briefe (f. 9ᵛ, 15ʳ, 39ᵛ, 41ʳ, 59ʳ).

Es macht keine Schwierigkeit, dass Niketas dieselbe Schrift bei verschiedenen Epochen des Lebens Symeon's aufführt: dass die ἔρωτες τῶν θείων ὕμνων successiv entstanden sind, liegt in der Natur der Sache. Aber man muss sich hüten, darum die ähnlich oder fast identisch klingenden Titel voreilig als Bezeichnungen der nämlichen Schriften vorauszusetzen. Bei genauerer Überlegung stösst man auf allerlei Bedenken. Sind z. B. die κατηχητικοὶ λόγοι und die ἠθικοὶ

---

1) Dieser Teil fehlt im Marc. 494 und Par. suppl. gr. 103.

καὶ κατηχητικοὶ λόγοι wirklich identisch? Ist es Zufall, dass an der Stelle, wo der vollere Titel sich findet (f. 59ʳ), die κεφάλαια περὶ ἀρετῶν καὶ κακιῶν fehlen, obwohl hier offenbar eine möglichst vollständige Aufzählung beabsichtigt ist? Beschränkt sich der Umfang der ἀπολογητικοὶ καὶ ἀντιρρητικοὶ λόγοι auf die sonst genannten einzelnen Schriften?

Antwort auf diese und ähnliche Fragen kann nur der Thatbestand der überlieferten Werke Symeon's geben. Aber bevor man auf das uns vorliegende Material näher eingeht, ist noch eine wichtige Angabe der vita zu beachten. Niketas erzählt ja am Schluss der vita, wie er von dem Heiligen aufgefordert wird, seine Schriften der Öffentlichkeit zu übergeben, und er ist diesem Auftrag nachgekommen. Wenn hiernach Niketas als Sammler und Herausgeber der Werke Symeon's erscheint, so ist andererseits ebenso unzweifelhaft, dass Symeon selbst bei seinen Lebzeiten schon mindestens einen Teil seiner Schriften herausgegeben hat. Ich verweise nur darauf, dass der Neid des Stephanos durch den Ruhm motiviert wird, den Symeon mit seiner theologischen Schriftstellerei sich erwarb, was doch voraussetzt, dass seine Produkte im Umlauf waren; vgl. auch f. 46ʳ (siehe die Stelle oben S. 27): ἄκων δημοσιεύει, und beachte, was Niketas über seine Sammlung der Werke Symeon's sagt f. 62ʳ: er hätte erworben, was ihm unter die Hände kam, ὡς καὶ ἑνὸς βιβλίου διαπραθέντος ἀπὸ τῶν συγγραμμάτων αὐτοῦ πρὸς ἐμὲ διακομισθῆναι καὶ ἐπισυναφθῆναι τοῖς ὑπολοίποις. Darnach ist es möglich, dass unsere Überlieferung der Werke Symeon's verschiedenen Ursprungs ist, indem ein Teil der Handschriften auf Symeon's Ausgabe, ein anderer auf die Rezension des Niketas zurückgeht. Wenn man Niketas glauben darf, so wird allerdings inhaltlich kein Unterschied zwischen beiden Recensionen sein. Niketas bezeichnet seine eigene Thätigkeit nur als ein μεταγράψαι (vgl. z. B. f. 67ᵛ προτραπεὶς ... μεταγράψαι εἴχετο σπουδαίως τῆς τούτων — sc. der Werke Symeon's — ἐν μεμβράναις γραφῆς), aber in der Redaktion der Sammlungen, der Unterbringung einzelner Reden bei den verschiedenen Kategorien, kann er doch bedeutende Verschiebungen vorgenommen haben.

So lockend nun die Aufgabe wäre, die Handschriften der Werke Symeon's zu ordnen und auf diese Gesichtspunkte hin zu untersuchen, so wenig ist es möglich, sie ohne Kenntnis des gesamten Materials zu lösen. Die mir zugänglichen codices haben mich immer vor neue Probleme gestellt und die Beschreibung der mir unerreichbaren Handschriften in den Katalogen ist viel zu dürftig, als dass man damit weiterkommen könnte. Die Zahl der codices ist erstaunlich gross. Ich bin bis gegen 50 gekommen, wobei freilich auch die Miscellancodices mitgezählt sind, die nur eine oder ein paar Reden enthalten. Es hätte keinen Wert, diese Liste hier vorzulegen, doch möchte ich in Betreff des Alters der Handschriften auf die Thatsache hinweisen, dass weitaus der grösste Teil aus dem 14. Jahrhundert stammt. Das ist nicht zufällig. Denn im Hesychastenstreit ist Symeon wieder hervorgezogen worden und der Sieg der Hesychasten bedeutete zugleich eine Sanktion seiner Theologie. Wer in der Lage ist, das ganze Handschriftenmaterial zu überblicken, wird gewiss die wertvollsten Beiträge zur Geschichte der Verbreitung und Fortpflanzung des Hesychastentums liefern können.

Ich muss mich darauf beschränken, mittelst des mir zugänglichen Materials die hier vorliegenden Probleme in ihren Umrissen wenigstens zu zeigen. Den besten Überblick über die Werke Symeon's giebt unter den codices, die ich gelesen habe, der Coisl. 292 (Montfaucon, bibl. Coisl. p. 410 f.).

Die Handschrift ist ein Bombycincodex saec. XIV, in der dieser Gattung eigentümlichen, minutiösen Schrift geschrieben und enthält 294 gezählte Blätter (23,7 $\times$ 17; Schreibraum 17,5 $\times$ 12; 36 Linien à 41—46 Buchstaben). Vorn sind zwei Pergamentblätter und vier Papierblätter vorgesetzt; die moderne Paginierung begreift drei von den letzteren mit ein; f. 284—293 sind vom gleichen Papier, wie die vorausgehenden Blätter, aber vollkommen leer. Der Kern der Handschrift umfasst f. 4—283 = 35 Quaternionen; die Quaternionenzahlen stehen regelmässig, sowohl am Schluss, als am Anfang des Quaternio, in der unteren rechten, resp. linken Ecke angebracht. Der Text bricht am Ende des 35. Quaternio ab; ein nach seinem Umfang nicht zu bestimmendes Stück scheint verloren; vielleicht ist der codex aber, wie man aus den erhaltenen leeren Blättern schliessen kann, von Haus aus nicht zu Ende geschrieben gewesen. Am Anfang hat der Schreiber auf f. 4^r begonnen; aber, nachdem er ein Stück geschrieben, abgesetzt und auf f. 5^r in etwas kleinerer Schrift wieder von vorne begonnen. — Rubriziert sind die Überschriften der Kapitel, die Initiale und die am Rand stehende Zahl der Rede; teilweise auch die Randbemerkungen. Bunte Leisten stehen über den Hauptabschnitten, nicht aber zwischen den einzelnen Reden. — Randbemerkungen, wie ὅρα, ὥ͞, (μ sind nicht selten; sie sind sämtlich von erster Hand geschrieben.

Die Handschrift enthält:

1) f. 4ʳ—85ʳ: λόγοι λγ. Voran steht ein πίναξ: πίναξ σὺν
θεῷ ἐκ τῆς συγγραφῆς τοῦ ὁσίου πατρὸς ἡμῶν Συμεὼν τοῦ νέου
καὶ θεολόγου πρεσβυτέρου καὶ ἡγουμένου μονῆς τοῦ ἁγίου Μάμαντος τῆς ξηροκέρκου. Der Inhalt entspricht den 33 von Pontanus
lateinisch edierten orationes = Migne 120, 321—508. Dieselben
Reden stehen auch im Coisl. 291 (Montfaucon, bibl. Coisl. p. 407 ff.)
f. 1ʳ—158ʳ und Monac. gr. 177, Papierhandschr. saec. XVI (Hardt,
I, 2, 210 f.) S. 1—414 (der von Pontanus benutzte codex).

2) f. 85ᵛ – 179ᵛ. Die Abgrenzung dieses Teils ist äusserlich
markiert durch eine bunte Verzierung auf f. 85ᵛ oben und durch
die Freilassung der Hälfte der letzten Seite. Innerhalb des ganzen
Abschnitts findet sich keine ähnliche Abgrenzung, wie auf f. 4ʳ und
85ᵛ. Über dem Ganzen steht nur die Überschrift: Τοῦ ὁσίου καὶ
μεγάλου πατρὸς ἡμῶν Συμεὼν τοῦ νέου θεολόγου πρεσβυτέρου
καὶ ἡγουμένου μονῆς τοῦ ἁγίου Μάμαντος τῆς ξυροκέρκου. Dieser
Titel, in dem nur der Name des Autors genannt ist, geht unmittelbar in einen πίναξ über; es wird fortgefahren θεολογικὸν ā καὶ
κατὰ τῶν τιθεμένων τὸ πρῶτον ἐπὶ τοῦ πατρός: —; dann folgt
ein θεολογικὸν β und γ. Darauf kommt (immer noch innerhalb des
πίναξ), rubriziert, auf besonderer Linie, die Aufschrift: ἡ δύναμις
τῶν κεφαλαίων τῆς βίβλου τῶν ἠθικῶν; darunter stehen 15 Reden. Dann beginnt der Text. — Das Ganze zerfällt also in 18 Reden, in 3, die als θεολογικὰ, und in 15, die als ἠθικὰ bezeichnet
werden.

Diese Reden, die ebenso im Coisl. 291 f. 158ᵛ—324ʳ und Par.
1610 f. 125ʳ—318ᵛ stehen, sind nirgends gedruckt; doch hat
Allatius in seinem Nachtrag zu Pontanus (de Symeonum scriptis
p. 161 ff. = Migne 120, 290 ff.) die Titel angegeben. Die 18 Reden
finden sich innerhalb der ersten Reihe der von ihm aufgezählten
Schriften und entsprechen den Nummern LXXIII—LXXV (= die
drei theologischen) und XXXVI—LXI (= die 15 ethischen Reden;
nur dass LVIII und LIX im Coisl. umgestellt sind). Wenn Allatius
anstatt 15, vielmehr 26 ethische Reden zählt, so rührt dies daher,
dass er die Unterabschnitte, in die die erste Rede geteilt ist, als
besondere Reden aufführt. Die Überschriften, die er unter Nummer
XXXVI—XLVII angiebt, sind auch im Coisl. f. 94ʳ⁻ᵛ in einem besonderen, dem ersten Stück der ἠθικὰ vorangestellten πίναξ überliefert.

Die $\mathring{\eta}\vartheta\iota\varkappa\grave{\alpha}$ endigen im Coisl. 292 f. 172^v unten auf der Seite.
Der grosse Abschnitt (f. 179^v) ist somit noch nicht erreicht. Die
sieben letzten Blätter sind durch zwei Reden ausgefüllt, die sich
als selbständiges Stück der Überlieferung schon damit erweisen, dass
sie in dem zu Anfang des Ganzen (f. 85^v) stehenden $\pi\acute{\iota}\nu\alpha\xi$ nicht
aufgeführt sind und dass in der Überschrift der ersten der Name
des Autors wiederholt ist. Äusserlich ist im Coisl. 292 zwischen
den $\mathring{\eta}\vartheta\iota\varkappa\grave{\alpha}$ und der ersten der zwei Reden kein stärkerer Einschnitt
gemacht; der Text des 15. $\lambda\acute{o}\gamma o\varsigma$ $\mathring{\eta}\vartheta\iota\varkappa\grave{o}\varsigma$ endigt zufällig gerade auf
der letzten Linie von f. 172^v. Dagegen macht der Coisl. 291, der
die zwei Reden gleichfalls hinter den $\vartheta\varepsilon o\lambda o\gamma\iota\varkappa\grave{\alpha}$ und $\mathring{\eta}\vartheta\iota\varkappa\grave{\alpha}$ enthält,
einen Abschnitt bemerklich: am Schluss des 15. $\lambda\acute{o}\gamma o\varsigma$ $\mathring{\eta}\vartheta\iota\varkappa\grave{o}\varsigma$ sind
die letzten Linien so zugespitzt, dass f. 324^r noch bis herunter ge-
füllt ist. Nimmt man hinzu, dass im Par. 1610, der in der Über-
lieferung der 18 $\lambda\acute{o}\gamma o\iota$ mit Coisl. 291 u. 292 übereinstimmt, diese
zwei Reden fehlen, so kann man nicht daran zweifeln, dass sie erst
im Lauf der handschriftlichen Fortpflanzung an die Sammlung der
$\vartheta\varepsilon o\lambda o\gamma\iota\varkappa\grave{\alpha}$ $\varkappa\alpha\grave{\iota}$ $\mathring{\eta}\vartheta\iota\varkappa\grave{\alpha}$ angereiht wurden. — Die Überschrift der
ersten Rede lautet Coisl. 292 f. 173^r: $To\tilde{v}$ $\dot{\varepsilon}\nu$ $\dot{\alpha}\gamma\acute{\iota}o\iota\varsigma$ $\pi\alpha\tau\varrho\grave{o}\varsigma$ $\mathring{\eta}\mu\tilde{\omega}\nu$
$\Sigma v\mu\varepsilon\grave{\omega}\nu$ $\tau o\tilde{v}$ $\nu\acute{\varepsilon}o v$ $\vartheta\varepsilon o\lambda\acute{o}\gamma o v$ $\lambda\acute{o}\gamma o\varsigma$ $\pi\varepsilon\varrho\grave{\iota}$ $\dot{\varepsilon}\xi o\mu o\lambda o\gamma\acute{\eta}\sigma\varepsilon\omega\varsigma$ $\pi\varrho\acute{o}\varsigma$
$\tau\iota\nu\alpha$ $\gamma\varrho\alpha\varphi\tilde{\eta}\varsigma$ $\tau\acute{\varepsilon}\varkappa\nu o\nu$ $\alpha\dot{v}\tau o\tilde{v}$ $\varkappa\alpha\grave{\iota}$ $\tau\acute{\iota}\nu\varepsilon\varsigma$ $\mathring{\alpha}\varrho\alpha$ $\varepsilon\dot{\iota}\sigma\grave{\iota}\nu$ $o\grave{\iota}$ $\tau\grave{\eta}\nu$ $\dot{\varepsilon}\xi o v\sigma\acute{\iota}\alpha\nu$
$\lambda\alpha\beta\acute{o}\nu\tau\varepsilon\varsigma$ $\tau o\tilde{v}$ $\delta\varepsilon\sigma\mu\varepsilon\tilde{\iota}\nu$ $\varkappa\alpha\grave{\iota}$ $\lambda\acute{v}\varepsilon\iota\nu$ $\dot{\alpha}\mu\alpha\varrho\tau\acute{\eta}\mu\alpha\tau\alpha$; es ist die Rede, die
uns des Näheren beschäftigen soll = Allat. LXII. Die zweite hat
(f. 176^v Mitte) die Aufschrift: $To\tilde{v}$ $\alpha\dot{v}\tau o\tilde{v}$ $\varkappa\alpha\tau\acute{\eta}\chi\eta\sigma\iota\varsigma$ $\varepsilon\dot{\iota}\varsigma$ $\tau o\grave{v}\varsigma$
$\mathring{\alpha}\varrho\tau\iota$ $\dot{\alpha}\pi o\tau\alpha\xi\alpha\mu\acute{\varepsilon}\nu o v\varsigma$ $\tau\tilde{\omega}$ $\varkappa\acute{o}\sigma\mu\omega$. Diese Rede fehlt bei Allatius;
vielleicht hielt er sie für identisch mit or. 25 des Pontanus = Mi. 120,
440 D ff. — Mit dieser Rede schliesst der Coisl. 291.

3) f. 180^r—207^v steht die oben benutzte vita = Par. 1610
f. 1^r—69^v.

4) f. 208^r—283^v. Unter einer roten Leiste, die den Anfang eines
neuen Teils markiert, steht (nicht rubriziert) die Überschrift: $To\tilde{v}$
$\dot{o}\sigma\acute{\iota}o v$ $\pi\alpha\tau\varrho\grave{o}\varsigma$ $\mathring{\eta}\mu\tilde{\omega}\nu$ $\Sigma v\mu\varepsilon\grave{\omega}\nu$ $\tau o\tilde{v}$ $\nu\acute{\varepsilon}o v$ $\vartheta\varepsilon o\lambda\acute{o}\gamma o v$ $\mathring{\eta}\gamma o v\mu\acute{\varepsilon}\nu o v$ $\varkappa\alpha\grave{\iota}$
$\pi\varrho\varepsilon\sigma\beta v\tau\acute{\varepsilon}\varrho o v$ $\mu o\nu\tilde{\eta}\varsigma$ $\tau o\tilde{v}$ $\dot{\alpha}\gamma\acute{\iota}o v$ $M\acute{\alpha}\mu\alpha\nu\tau o\varsigma$ $\pi\varepsilon\varrho\grave{\iota}$ $\dot{\alpha}\gamma\acute{\alpha}\pi\eta\varsigma$ $\varkappa\alpha\grave{\iota}$ $\pi o\tilde{\iota}\alpha\iota$
$\varepsilon\dot{\iota}\sigma\grave{\iota}$ $\tau\tilde{\omega}\nu$ $\pi\nu\varepsilon v\mu\alpha\tau\iota\varkappa\tilde{\omega}\nu$ $\dot{\alpha}\nu\delta\varrho\tilde{\omega}\nu$ $\alpha\grave{\iota}$ $\dot{o}\delta o\grave{\iota}$ $\varkappa\alpha\grave{\iota}$ $\alpha\grave{\iota}$ $\pi\varrho\acute{\alpha}\xi\varepsilon\iota\varsigma$ $\varkappa\alpha\grave{\iota}$ $\mu\alpha\varkappa\alpha$-
$\varrho\iota\sigma\mu\grave{o}\varsigma$ $\pi\varrho\grave{o}\varsigma$ $\tau o\grave{v}\varsigma$ $\mathring{\varepsilon}\chi o\nu\tau\alpha\varsigma$ $\tau\grave{\eta}\nu$ $\dot{\alpha}\gamma\acute{\alpha}\pi\eta\nu$ $\dot{\varepsilon}\gamma\varkappa\acute{\alpha}\varrho\delta\iota o\nu$, d. h. es fehlt auch
hier ein Gesamttitel, der die $\lambda\acute{o}\gamma o\iota$ nach ihrem Inhalt charakterisierte;
die Überschrift nennt nur den Autor und geht unmittelbar über in
die der ersten Rede und damit in den $\pi\acute{\iota}\nu\alpha\xi$. — Der $\pi\acute{\iota}\nu\alpha\xi$ zählt
32 Nummern auf. Davon sind die 31 ersten Ansprachen Sy-
meon's, die man wohl als $\varkappa\alpha\tau\eta\chi\acute{\eta}\sigma\varepsilon\iota\varsigma$ bezeichnen darf. Sie sind

nicht gedruckt, aber von Allatius schon entdeckt und entsprechen seinen Nummern: I—XXXV (ausser IV, XIV, XV, XXV, XXVI, XXIX, XXX; die Reihenfolge der Reden im Coisl. ist jedoch dieselbe wie bei Allat.), dann LXIV, LXV, LXVI.

Im πίναξ folgt als 32. Nummer — auch im Text ist f. 273ᵛ mit nichts angedeutet, dass jetzt eine neue Gruppe beginne —: λβ. τοῦ αὐτοῦ κεφάλαια πρακτικὰ καὶ θεολογικὰ ἑξήκοντα καὶ ἑκατόν. Es sind also hier in der Überlieferung λόγοι und κεφάλαια aneinandergewachsen. Die 160 κεφάλαια sind in der Hauptsache die von Pontanus edierten capita, denen bei Migne 120, 603—694 aus der in Venedig 1782 erschienenen Φιλοκαλία τῶν ἱερῶν νηπτικῶν ein griechischer Text beigefügt ist. Doch war das von Pontanus übersetzte Exemplar vollständiger, als das den Herausgebern der Φιλοκαλία vorliegende. Was der Coisl. bietet, stimmt trotz einer verschiedenen Zählung mit dem griechischen Text bei Migne (also nicht mit dem lateinischen des Pontanus) überein, nur dass einige κεφάλαια umgestellt, andere, die Migne nur als eine Nummer hat, zerlegt sind. Der Coisl. schliesst mit den Worten: καὶ ἔλλαμψιν τοῦ θείου φωτὸς = Mi. 685 C, er bricht also im Satze ab (vergl. oben S. 30). Da er jedoch den Abschnitt ἠρωτήθη ποτὲ bis τὸ γὰρ ἅγιον πνεῦμά εἰμι τοῦ θεοῦ (685 C bis 688 A) schon weiter oben gebracht hat, so scheinen im Coisl. zunächst nur zwei Linien zu fehlen. Allein der Coisl. numeriert das letzte erhaltene κεφάλαιον als ρνε (= Migne ρνβ), nach der Überschrift müssen es jedoch im Ganzen 160 sein; fünf κεφάλαια sind also verloren gegangen. — Eine sehr vollständige Überlieferung der κεφάλαια findet sich im Par. 1610: f. 71ʳ—92ʳ Τοῦ ὁσίου πατρὸς ἡμῶν Συμεὼν τοῦ νέου θεολόγου ἡγουμένου μονῆς τοῦ ἁγίου Μάμαντος τῆς ξηροκέρκου κεφάλαια πρακτικὰ καὶ θεολογικὰ ἑκατόν (das letzte κεφάλαιον ist jedoch als ρα numeriert); f. 92ᵛ—117ʳ Τοῦ αὐτοῦ κεφάλαια ἕτερα θεολογικὰ καὶ πρακτικὰ ρ; f. 117ʳ—121ᵛ ἕτερα κεφάλαια τοῦ αὐτοῦ θεολογικὰ καὶ γνωστικὰ εἴκοσι πέντε. Diese Rezension steht der von Pontanus benutzten (= cod. Mon. 104?) jedenfalls sehr nahe. Beide im einzelnen zu vergleichen, bin ich freilich nicht in der Lage gewesen.

Der Coisl. 292 ist, wie man schon aus der auffallenden Stellung der vita in der Mitte des codex sieht und wie sich aus der Verwandtschaft seiner Texte mit Coisl. 291 einerseits, Par. 1610 andererseits bestätigt, schon eine Vereinigung verschiedener Sammlungen der Werke Symeon's. Dennoch enthält er nicht alle Werke Symeon's. Es fehlen namentlich die ἔρωτες τῶν θείων ὕμνων, bei Migne

p. 507—602 in der lateinischen Übersetzung des Pontanus gedruckt. Pontanus legte dabei den Monac. 177 zu Grund, der in seiner zweiten Hälfte das Werk enthält. (In der ersten Hälfte dieser Handschrift stehen die 33 orationes, vergl. oben S. 31). Seltsamer Weise reiht der codex die Hymnen in fortlaufender Zählung an die Reden an, beginnt jedoch die Paginierung beim Anfang der ἔρωτες τῶν θείων ὕμνων von vorne. Die Zahl der im Mon. 177 überlieferten Hymnen beträgt 40. Aber es existiert noch eine reichere Sammlung von 58 Hymnen im Marc. 494 bombyc., saec. XIV, Miscellancodex (vergl. Zanetti, graeca d. Marci biblioth. 1740 p. 258) f. 265ʳ—291ᵛ und im Par. suppl. gr. 103 saec. XIV (vergl. Omont, Inv. s. III, 217) f. 3ʳ—255ᵛ (der letzte Quaternio, f. 249ʳ—255ᵛ, ist verkehrt eingebunden und am Schluss etwa ²/₃ des Hymnus verloren gegangen). Die gleiche Sammlung hat auch Allatius „in italicis bibliothecis" gefunden und ihre Titel de Sym. scr. diatr. p. 161 ff. (= Migne 120, 300 ff.) vollständig angegeben. Diese Sammlung wird als die ursprüngliche dadurch empfohlen, dass ihr ein von Niketas verfasstes Proömium in beiden codd. vorangestellt ist (Überschrift: Νικήτα μονάζοντος καὶ πρεσβυτέρου μονῆς τῶν στου͘ τοῦ στηϑάτου εἰς τὴν βίβλον τῶν ϑείων ὕμνων τοῦ ὁσίου πατρὸς ἡμῶν Συμεών: ⊹). Aber andererseits ist die Subskription im Marc. f. 291ᵛ nicht zu übersehen: Τέλος τῆς στιχηρᾶς βίβλου τοῦ τρισολβίου πατρὸς ἡμῶν Συμεών: ~ εἰ δὲ ἔκδοσις τῆς πίνακος τῶν ϑείων λόγων αὐτοῦ γέγονεν παρὰ Ἀλεξίου φιλοσόφου[1]). Darnach wäre es möglich, dass bei der Rezension, die auf Alexios zurückgeht, poetische Stücke, die nicht zu den ὕμνοι im

---

1) Der Philosoph Alexios ist uns auch als Verfasser von Stichen auf Symeon überliefert, die im Marc. 494 f. 266ʳ und im Par. suppl. gr. 103 f. 15ᵛ zusammen mit Hymnen anderer Verehrer Symeon's der Vorrede des Niketas angehängt sind. Vergl. diese Stichen Allat. p. 168 = Migne 120, 307 ff.; ich bemerke jedoch, dass die verschiedenen Zeugen für die Stichen: Allatius, Marc. 494, Par. suppl. gr. 103, sowohl in der Anzahl der Verse, als in deren Zuweisung an die einzelnen Verfasser differieren. Nach der Reihenfolge der Dichter zu schliessen, muss Alexios dem Symeon zeitlich sehr nahe gestanden haben. Es erscheinen nach ihm von bekannten Männern: Niketas Chartophylax (vergl. Migne 120, 714 ff.), Nikolaos von Kerkyra und Theophylakt von Bulgarien. Die Verse der beiden letzteren sind genau datiert: Par. f. 15ᵛ στίχοι ἕτεροι Νικολάου Κερκύρων γραφέντες κατὰ τὸ ͵ϛχλδ ἔτος, f. 16ʳ ἕτεροι στίχοι τοῦ ϑεοφιλεστάτου κυροῦ Θεοφϋλάκτου τοῦ Βουλγαρίας γραφέντες κατὰ τὸ ͵ϛχλδ ἔτος. Es ist allerdings höchst verdächtig, dass für beide dasselbe Jahr angegeben wird; aber bei einem von beiden wird doch wohl die Notiz zutreffen.

engeren Sinn gehören, wie z. B. die Antwort an Stephanos, zum ursprünglichen Bestand hinzugefügt worden sind.

Eine stattliche Anzahl von Werken Symeon's ist uns somit erhalten; aber die Überlieferung bedarf erst gründlicher Sichtung.
Mit der Möglichkeit, dass eine scheinbar vollständigere Rezension
eines Werkes aus anderen Werken Symeon's bereichert ist, muss
man jedenfalls bei den λόγοι, aber wohl auch bei den κεφάλαια
ernsthaft rechnen; denn man begegnet mehrmals derselben Rede (oder
wenigstens einem Stück aus ihr) in den verschiedenen Sammlungen.
So findet sich unter den Reden, die der Coisl. 292 f. 208^r—273^v
enthält, eine Anzahl, die sich mit den f. 4^r—85^r stehenden (= Migne
120, 321—508), ganz oder doch seitenweise wörtlich decken; z. B. der
zweite λόγος (περὶ τοῦ φεύγειν τοὺς λοιμοὺς καὶ φθοροποιοὺς
τῶν ἀνθρώπων) = or. 28 (Mi. 455); vierter λόγος (περὶ μετανοίας καὶ
ὅτι οὐκ ἀρκεῖ ἡ τῶν ἐνόντων μόνων διάδοσις) = or. 33 (Mi. 493);
fünfter λόγος (περὶ ἐργασίας πνευματικῆς καὶ τίς ἦν ἡ ἐργασία τῶν
παλαιῶν ἁγίων) = or. 7 (Mi. 350); siebzehnter λόγος (περὶ ἀποταγῆς
καὶ ἐκκοπῆς θελήματος) = or. 23 (Mi. 429). Derartige Verschiebungen
von λόγοι, Ergänzungen einer Sammlung aus anderen, konnten ohne
Schwierigkeit vorgenommen werden. Denn keine Sammlung bildet
in sich ein geschlossenes Ganze von bestimmtem Inhalt und der
Charakter der λόγοι ist überall derselbe: es sind erbauliche Ansprachen, in denen Symeon dogmatische, praktische, exegetische
Fragen, so wie sie sich ihm gerade bieten, behandelt.

Dieser Charakter der Schriftstellerei Symeon's macht es andererseits möglich, seine „Theologie" darzustellen, auch ehe die literar-
kritische Frage gelöst ist. In jeder Gruppe seiner Schriften kommt
seine ganze Anschauung zu Tage und es ist darum gleichgiltig, ob
der Stoff etwas grösser oder kleiner ist. Es wäre schon möglich,
mit den 33 orationes und den 40 Hymnen des Pontanus auszukommen.
Doch ist an der Echtheit des ganzen im Coisl. 292 überlieferten
Materials nicht zu zweifeln: die Anschauung und die Gedankengänge
Symeon's sind so eigenartig, auch die Sprache ist so individuell, dass
der Eindruck der Herkunft von demselben Verfasser unwiderstehlich
ist. Kleinere Stücke, die teilweise bei Migne 693—712 gedruckt
sind — die Rede p. 687 ff. ist Doublette zu p. 397 ff. (or. 18) —, lasse
ich beiseite. Die von Allatius (de Sym. scr. diatr. 176 = Migne 120,
315) wieder aufgestöberte Rede περὶ προσευχῆς ἢ προσοχῆς wird
unten noch zu berühren sein, weil sie — sie ist sicher unecht —
den Unterschied Symeon's von den Hesychasten beleuchtet.

Ich zitiere die 33 λόγοι (Mi. 321—508) als or.; die ἔρωτες τῶν
θείων ὕμνων (Mi. 507—602) als div. am. — ich muss darauf verzichten, die poetische Form durch den Druck hervorzuheben —; die
im Coisl. 292 f. 85ᵛ—172ᵛ, Coisl. 291 f. 158ᵛ—324 stehenden Reden
als theol. (θεολογικὰ) und eth. (ἠθικὰ); die Coisl. 292 f. 208ʳ—273ᵛ
stehenden als cat. (λόγοι κατηχητικοί). Den griechischen Text sehe
ich mich genötigt, bald aus diesem, bald aus jenem codex mitzuteilen
(Coisl. 291 = C; Coisl. 292 = C¹; Monac. 177 = Mon.). Bei der
eigentümlichen Arbeitsweise, die mir auferlegt war, war dies unvermeidlich. Sachlich sind die Unterschiede zwischen den einzelnen
Handschriften belanglos. Auf eine Verbesserung des Textes, so
miserabel er teilweise ist, — mitunter fehlen sogar Worte —, habe
ich im Interesse der Konsequenz verzichtet. Nur die ganz augen-
scheinlichen Schreibfehler sind korrigiert. Um anderen eine Kontrole zu ermöglichen, habe ich mich soviel wie möglich an die von
Pontanus übersetzten Werke gehalten und den Zitaten die Seitenzahlen von Migne beigefügt. Pontanus hat treu übersetzt, jedenfalls
nichts gefälscht und nur weniges als zu anstössig weggelassen.

Der Gesichtspunkt, unter den Niketas in seiner vita die schrfit-
stellerische Thätigkeit Symeon's gestellt hat, dass nämlich in ihr zu
Tage trete, wie der Geist ihn in immer reicherem Masse erfüllte, erweist sich auch bei kühlerer Betrachtung als zutreffend. Es ist in
der That so, dass in seinen Schriften sich etwas ausspricht, was ihn
innerlich übermannte und zur Kundgebung nach aussen drängte; es
ist so, dass etwas ihm Eigentümliches, etwas Selbsterlebtes das letzte
Motiv und den Grundinhalt aller seiner Schriften bildet. Er redet,
weil er reden muss [1]), und er schöpft, was er giebt, aus den Tiefen
des eigenen Herzens. Dies eben verleiht seinen Schriften ihren
eigentümlichen Reiz; sie sind Produkte eines originalen Geistes; ihr
Pathos quillt aus wahrer, innerer Erregung und sticht sehr zum Vor-
teil ab von dem frostigen, erkünstelten Pathos anderer griechischer
Kirchenväter.

---

1) div. am. 13 (Mi. 526 D 527 A) Mon. S. 41 εὐχαριστῶ σοι, δέσποτα, ὅτι
ἠλέησάς με καὶ δέδωκας ἰδέσθαι με ταῦτα καὶ οὕτως γράψαι τοῖς μετ᾽ ἐμὲ
κηρύξαι τε τὴν σὴν φιλανθρωπίαν. div. am. 2 (Mi. 511 B) Mon. S. 7 αὐτὸς
καὶ λόγον δώρησαι καὶ ῥήματα παράσχου τοῦ πᾶσι διηγήσασθαι τὰς σὰς
τερατουργίας.

Deswegen kann man sich dem Standpunkt des Biographen auch darin aufrichtigen Herzens anschliessen, dass man den Mangel höherer Bildung bei Symeon mit Genugthuung wahrnimmt. Gelehrter Ballast hat ihn nicht gehindert, sich seine eigenen Gedanken zu machen, und man ist bei ihm verschont mit den formalistischen Künsteleien, den Häufungen von Zitaten und gelehrten Floskeln, Dinge, die die Lektüre byzantinischer Schriftsteller so unerquicklich machen. Selbst die Literatur seiner Kirche [1]) kennt Symeon nur in sehr mässigem Umfang. Er ist nur vertraut mit den Erbauungsschriften; zunächst mit den Heiligenleben: der vita Antonii, dem Leben des Euthymios und Sabas (wohl in der Darstellung des Kyrill von Skythopolis), des Arsenios und Stephanos' des Jüngeren (vergl. bes. or. 7; Mi. 350 D, 351 B, 352 A; or. 30; Mi. 471 D). Auch seine historischen Kenntnisse schöpft er aus diesen Quellen. Zum Beweis für den Satz, dass es in alten Zeiten viele Häretiker gegeben habe, sagt er or. 30 (Mi. 471 C) Mon. S. 329: καὶ τοῦτο ἐκ τῶν τοῦ πατρὸς ἡμῶν Ἀντωνίου καὶ Εὐθυμίου καὶ Σάββα βίων ἀληθὲς εἶναι εὑρήσεται (sc. wer sich dafür interessiere). Ausserdem beruft er sich auf Johannes Klimax or. 32 (Mi. 489 D) Mon. S. 372: φησὶ δὲ καὶ ὁ τῆς κλίμακος ἅγιος Ἰωάννης. Von den griechischen Kirchenvätern sind ihm nur die Predigten der grossen Lehrer bekannt; er führt sie jedoch selten an und legt keinen Wert darauf, wirklich zu zitieren. Es ist eine Ausnahme, wenn er or. 33 (Mi. 497 A) Mon. S. 390 genau die Stelle angiebt: συμμαρτυρεῖ μοι καὶ ὁ χρυσορρήμων Ἰωάννης ἐν τοῖς περὶ τὸν Δαβὶδ λόγοις τὸν πεντηκοστὸν (sc. ψαλμὸν) ἐξηγούμενος; sonst gebraucht er Formeln, wie or. 30 (Mi. 475 A) Mon. S. 336: τοῦτο καὶ ὁ μέγας Γρηγόριος εἴρηκε, or. 32 (Mi. 492 D) Mon. S. 379 D: ἀλλ' ὡς ὁ θεολόγος λέγει Γρηγόριος oder sagt er auch ganz nachlässig eth. 6 C f. 258ʳ (Χριστὸς) ψυχῇ νοερᾷ μίγνυται διὰ τὴν ἐμὴν ψυχὴν ὡς πού τις ἔφη. — Dagegen beherrscht er in grossartiger Weise die Gedankenwelt des N. Test. Ich sage absichtlich, die Gedankenwelt. Denn es kommt ihm auch hier nicht darauf an, ob etwas bei Paulus

---

1) Da Symeon häufig stark an Augustin erinnert, hebe ich hervor, dass seine ganze Kenntnis abendländischer Literatur sich auf einen Konzilskanon beschränkt, or. 6 (Mi. 347 C) C f. 24ᵛ κανὼν γάρ ἐστιν ὁ λέγων οὕτως· ὅστις δήποτε εἴπῃ τὴν χάριν τοῦ θεοῦ ᾗτινι δικαιοῦται διὰ Ἰησοῦ Χριστοῦ τοῦ κυρίου ἡμῶν πρὸς μόνην ἄφεσιν ἁμαρτιῶν ἰσχύειν τῶν ἤδη πεπλημμελημένων καὶ μὴ παρέχειν ἔτι μὴν βοήθειαν πρὸς τὸ μὴ ἑτέρᾳ πλημμελεῖσθαι, ἀνάθεμα εἴη. Es ist der dritte Kanon des afrikanischen Generalkonzils vom Mai 418, dessen Bestimmungen ins griechische Kirchenrecht übergegangen sind (Rh.-Potl. III, 563).

oder bei Jakobus steht, vergl. div. am. 15 (Mi. 530 A) Mon. S. 46: ἀκούω Παύλου λέγοντος νεκρὰν εἶναι τὴν πίστιν ἔργων χωρὶς τυγχάνουσαν — und es ist fast eine Seltenheit, wenn seine Formulierung mit dem Wortlaut des Textes übereinstimmt. Aber immer, wenn er eine Stelle zitiert oder sie in den Text einflicht, ist erkennbar, dass ihr Gedanke selbständig von ihm wiedererzeugt, zum mindesten ein sinnvoller Gedanke in sie hineingelegt ist. Dabei verwertet er eine Menge nicht blos von Stellen, sondern von biblischen Anschauungen, die das dogmatisch bestimmte Interesse ignorierte; er stellt Verknüpfungen her, deren geistreiche Kühnheit oftmals überrascht, — kurz man sieht, dass er sich in die Schrift vertieft und aus ihr sein inneres Leben zu bereichern sich bemüht hat. Er findet mehr als andere in der Schrift, weil er ihr innerlich freier gegenübersteht — er wagt es, die heiligen Bücher zu nehmen, als Zeugnisse eines Lebens, das er seinem vollen Gehalt nach in sich nacherleben kann, ja soll, — und er steht der Schrift so frei gegenüber, weil sie ihm nicht die ausschliessliche Quelle seines religiösen Lebens ist, vergl. or. 15 (Mi. 385 CD) C f. 56ʳ ὅσα δὲ θεῖα καὶ σωτήρια, χωρὶς τῆς παρὰ τοῦ ἁγίου πνεύματος φωταγωγίας νοεῖσθαι καὶ κρατεῖσθαι ἀδύνατον καὶ ὁ μὲν προσεύχεσθαι διδαχθείς, ὡς δεῖ, οὐ δεηθήσεται τοσοῦτον ἀναγνώσεως.

So hängt auch die selbständige Art, in der Symeon als Schriftsteller auftritt, mit der Bedeutung zusammen, die seine geheimnisvollen religiösen Erlebnisse für ihn besassen. Sie bezeugt in ihrem Teile, welches Selbstgefühl daraus für ihn floss. Von diesen wunderbaren Erfahrungen müssen wir ohne Frage ausgehen, wenn wir seine religiöse und theologische Anschauung verstehen wollen. Nicht erst der Biograph findet in ihnen das Bedeutsamste an Symeon's Persönlichkeit; sie bilden wirklich den Mittelpunkt seines ganzen Wesens.

Worin bestehen nun jene Offenbarungen und Gesichte, aus denen Symeon so tiefe Erkenntnis schöpft? — Symeon selbst hat oft und deutlich genug von seinen Verzückungen geredet — namentlich in den ἔρωτες τῶν θείων ὕμνων —, um uns eine Beschreibung und eine Analyse zu ermöglichen.

Das Erste und Nächste war ein wirklicher sinnlicher Eindruck, der Anblick eines wunderbaren Lichts von unsagbarem Glanze und unendlicher Ausdehnung, vergl. div. am. 2 (Mi. 510 B) Mon. S. 5: τί τὸ φρικτὸν μυστήριον, ὃ ἐν ἐμοὶ τελεῖται, λόγος ἐκφράζειν οὐδαμῶς ἰσχύει οὐδὲ γράφειν ... ἀόρατα γὰρ καθορᾷ, ἀνείδεα εἰς ἅπαν,

ἁπλᾶ, πάντη ἀσύνθετα, ἄπειρα τῷ μεγέθει· οὔτε ἀρχὴν γὰρ
καθορᾷ οὐ τέλος ὅλως βλέπει, μέσην δὲ πάντη ἀγνοεῖ καὶ πῶς
εἴποι τί βλέπει . . . ἐξανατέλλει ἐν ἐμοὶ ἔνδοθεν τῆς ταλαίνης
καρδίας μου ὡς ἥλιος ἢ ὡς ἡλίου δίσκος σφαιροειδὴς δεικνύμενος, φωτοειδὴς ὡς φῶς γάρ. eth. 5 C f. 252ʳ ὅταν γὰρ
ἀποκαλυφθέντα θεάσηταί τις αὐτόν, φῶς ὁρᾷ καὶ θαυμάζει
μὲν ὁρῶν, τίς δὲ ὁ φανεὶς οὐκ οἶδεν εὐθύς, ἀλλ᾽ οὐδὲ αὐτὸν
ἐρωτῆσαι τολμᾷ. πῶς γάρ; ὃν οὐδὲ ἀναβλέψαι τοῖς ὀφθαλμοῖς
οὐδὲ ἰδεῖν δύναται ποταπός κτὲ. eth. 2 C f. 183ʳ οἱ ἀπ᾽ αἰῶνος
ἅγιοι οἱ πάλαι τε καὶ νῦν πνευματικῶς βλέποντες οὐ σχῆμα ἢ
εἶδος ἢ ἐκτύπωμα βλέπουσιν ἀλλὰ φῶς ἀσχημάτιστον.
Die Welt entschwindet ihm vor diesem Anblick, er fühlt sich hinausgehoben über den Raum; er findet sich wie in einer anderen
Sphäre, allein mit der wunderbaren Erscheinung eth. 5 C f. 252ʳ ὡς
ὡράθη μοι . . . ἐκεῖνο τὸ φῶς, ἤρθη ὁ οἶκος τῆς κέλλης εὐθὺς καὶ
παρῆλθεν ὁ κόσμος φυγὼν ὡς οἶμαι πρὸ προσώπου αὐτοῦ,
ἔμεινα δὲ μόνος ἐγὼ μόνῳ συνὼν τῷ φωτί. Aber es bleibt
nicht bei der äusseren Wahrnehmung; plötzlich tritt spürbar das
Geschaute in ihn hinein und erfüllt ihn div. am. 17 (Mi. 537 C D)
Mon. S. 64 νεφέλης ὥσπερ εἶδος .. ἐπιπεσοῦσα ὅλη πρὸς τῇ κεφαλῇ
μου ἑωρᾶτο καθημένη .. πάλιν ἀποπτᾶσα .. αἴφνης ὅλη πάλιν ἐν
ἐμοὶ γνωστῶς εὑρέθη, ἐν καρδίᾳ μου δὲ μέσον ὡς φωστὴρ ὡς
δίσκος ὄντως τοῦ ἡλίου καθωράθη. cat. 1 C¹ f. 209ʳ ἐπειδὴ .. ἐμνή-
σθην τοῦ κάλλους τῆς ἀμωμήτου ἀγάπης καὶ αἴφνης τὸ φῶς
αὐτῆς εὑρέθη ἐν τῇ καρδίᾳ μου. Wie das zugeht, ist ihm selbst
ein Rätsel (div. am. 21, Mi. 556 C, Mon. S. 106 οὐ γὰρ ἠδυνήθην
γνῶναι οὐδὲ νῦν γινώσκω πάντως, πῶς εἰσῆλθεν, πῶς
ἠνώθη); unsagbare Freude überkommt sein Herz und unwillkürlich
bricht ein Strom von heissen Thränen aus seinen Augen eth. 5 C
f. 252ʳ ἦν μοι δὲ χαρὰ ἡ καὶ νῦν συνοῦσά μοι ἄφραστος ἀγάπη
τε καὶ πόθος πολὺς ὡς κινηθῆναί μου τὰ νάματα κατὰ ποτα-
μοὺς τῶν δακρύων.

Staunend steht Symeon dem gegenüber, was ihm geschieht.
Er muss weiter nachforschen. Ist die Erscheinung wirklich das,
was sie in ihrer überweltlichen Schönheit sein könnte, ist der wunder-
bare Lichtglanz wirklich die Herrlichkeit Christi, die δόξα θεοῦ?
Symeon weiss, was es bedeutet, wenn ein Mensch behauptet, die
Herrlichkeit Christi geschaut zu haben. Darum prüft er vorsichtig.
Er vergleicht seine Verzückung mit den Visionen der Apostel und
Propheten div. am. 20 (Mi. 549 D, 550 A) Mon. S. 90 καὶ τοὺς πάν-

τας ἐπηρώτων τούς ποτε αὐτὸν ἰδόντας. τίνας δὲ ὑπολαμβάνεις λέγειν με ὅτι ἠρώτων, τοὺς σοφοὺς τοῦ κόσμου τούτου ἢ τοὺς γνωστικούς με οἴει; οὐ με νῦν ἀλλὰ προφήτας ἀποστόλους καὶ πατέρας; er fragt seinen Beichtvater, den Studiten, (eth. 5 C f. 252ʳ Symeon redet dort zwar scheinbar allgemein, aber er berichtet von sich selbst); er zieht die Erzählungen von den alten Heiligen zu Rat, (namentlich die vita Antonii, vergl. or. 7; Mi. 350 D ff.) — überall findet er: es ist dasselbe, was sie geschaut haben und was er gesehen hat, und sie bezeugen ihm, dass der wunderbare Lichtglanz wirklich die Herrlichkeit Christi ist. Aber er sieht es doch als eine Unvollkommenheit an, dass seine Gewissheit sich nur auf die Auktorität anderer stützt. Er kommt darüber hinaus, als die Visionen sich wiederholen. Denn allmählich gewinnt er den Mut, die Erscheinung — dass es eine Persönlichkeit ist, die sich ihm zeigt, ist ihm nicht zweifelhaft — selbst zu fragen, und nun hört er aus Christi eigenem Mund die Bestätigung, dass er es ist, der sich ihm im Licht zu schauen giebt, eth. 5 C f. 252ᵛ καὶ μικρὸν μικρὸν τελείως καθαίρεται (sc. der Gläubige und Christum Suchende), καθαιρόμενος δὲ παρρησιάζεται καὶ ἐκεῖνον αὐτὸν ἐρωτᾷ καί φησιν· ὁ θεός μου εἶ σύ; καὶ ἀποκρίνεται καί φησι· ναί, ἐγώ εἰμι ὁ θεὸς ὁ διὰ σὲ ἄνθρωπος γεγονώς. Vergl. auch eth. 7 C f. 268ᵛ und den Schluss der κεφάλαια Mi. 688 A.

Weiteren Inhalt gewinnt die Offenbarung, so oft sie sich wiederholt, nicht; resp. Symeon kann ihn nicht aussprechen — übersteigt doch der Gegenstand alle menschlichen Begriffe. Aber der Gedanke, dass Christus es ist, der sich ihm zeigt und in ihn hineintritt, ist an sich gross genug, um sein Inneres tief zu erregen und eine Fülle von Anschauungen und Empfindungen in ihm wachzurufen. Wenn in jenem Licht Christus sich ihm offenbart, so erfährt er an sich selbst die Wahrheit der Verheissung Christi, dass er seinen Jüngern sich kundthun werde — Joh. 14, 21 καὶ ἐμφανίσω αὐτῷ ἐμαυτὸν ist namentlich eine von ihm vielgebrauchte Stelle —; es ist ihm deutlich, was „Wandel im Licht" heisst. Wenn das Geschaute d. h. Christus spürbar in ihn hineintritt, so hat er einen realen Eindruck von dem, was Paulus mit dem „Anziehen Christi", dem „Leben Christi in dem Gläubigen", der „Gemeinschaft des Gläubigen mit Christus", mit dem Empfangen des heiligen Geistes, der Gliedschaft Christi u. s. w. meint. Vergl. z. B. eth. 9 C f. 279ʳ ἐλάβομεν ... τὸ πνεῦμα τὸ ἐκ τοῦ θεοῦ καὶ δι' αὐτοῦ ἀπεκαλύφθη καὶ ἐπεγνώσθη ἡμῖν ἁμαρτωλοῖς οὖσι καὶ ταπεινοῖς ὁ θεὸς καὶ πατὴρ τοῦ κυρίου ἡμῶν Ἰησοῦ καὶ σωτῆρος ... αὐτός ἐστιν ὃς καὶ ἔλαμψεν ἐν ταῖς καρδίαις ἡμῶν τῶν εὐτελῶν καὶ ἀχρείων. Die Worte sind ihm zur Bezeichnung einer Sache geworden, die er aus der Erfahrung kennt, und umgekehrt sind ihm die Lehren des Paulus und Johannes das Mittel, um den Sinn seines eigenen Erlebnisses zu vertiefen. Er weiss sich, nachdem er von Christus selbst die Antwort gehört, vollkommen sicher; er scheut sich auch nicht, praktisch für sein Selbstgefühl die Folgerung aus der Thatsache zu ziehen und in solchen Momenten sich als den mit Christus physisch Geeinten, ja als Christus selbst geworden zu bezeichnen, div. am. 16 (Mi. 533 D) Mon. S. 55 ἅπαντα .. τὰ μέλη μου ἀκτίσιν καταυγάζων (sc. ist Christus in mir), ὅλος περιπλεκόμενος ὅλον καταφιλεῖ με, ὅλον τε δίδωσιν αὐτὸν ἐμοὶ τῷ ἀναξίῳ καὶ ἐμφοροῦμαι τῆς αὐτοῦ ἀγάπης καὶ τοῦ κάλλους καὶ ἡδονῆς καὶ γλυκασμοῦ ἐμπίπλαμαι τοῦ θείου. μεταλαμβάνω τοῦ φωτός, μετέχω καὶ τῆς δόξης καὶ λάμπει μου τὸ πρόσωπον ὡς καὶ τοῦ ποθητοῦ μου καὶ ἅπαντα τὰ μέλη μου γίνονται φωτοφόρα. div. am. 21 (Mi. 556 D) Mon. S. 107 ἄνθρωπός εἰμι τῇ φύσει, θεὸς δὲ τῇ χάριτι· ὅρα ποίαν χάριν λέγω, ἕνωσιν τὴν μετ' ἐκείνου, αἰσθητῶς καὶ νοερῶς τε, οὐσιωδῶς πνευματικῶς τε. div. am. 21 (Mi. 555 D) Mon. S. 105 ὅλον με θεοποιήσας καὶ Χριστὸν ἀποτελέσας. Am stärksten div. am. 15 (Mi. 532 B) Mon. S. 50 μέλη Χριστοῦ γινόμεθα, μέλη Χριστὸς ἡμῶν δέ, καὶ χεὶρ Χριστὸς καὶ ποὺς Χριστὸς ἐμοῦ τοῦ παναθλίου καὶ χεὶρ Χριστοῦ καὶ ποὺς Χριστοῦ ὁ ἄθλιος ἐγὼ δέ. κινῶ τὴν χεῖρα καὶ Χριστὸς ὅλως ἡ χείρ μου ἔστιν ... μὴ εἴπῃς ὅτι βλασφημῶ. Wie man aus den letzten Worten sieht, ist er sich dabei wohl bewusst, welchen Anstoss solche Worte bei anderen erregen können; ihn selbst fasst ein gewisses Grauen in den Augenblicken der Ekstase div. am. 3 (Mi. 514 C) Mon. S. 13 ἐκ ποίου οἷος ἐγενόμην, ὦ θαῦμα, καὶ εὐλαβοῦμαι καὶ ἐμαυτὸν αἰδοῦμαι ... καὶ ἐξαπορῶ ἐντρεπόμενος ὅλως τὸ ποῦ καθίσω καὶ τίνι προσεγγίσω καὶ ποῦ τὰ μέλη τὰ σὰ προσκλίνω, εἰς ποῖα ἔργα, εἰς ποίας ταῦτα πράξεις ὅλως χρήσομαι. Aber der Macht der Thatsache kann er sich nicht entziehen.

Ein Enthusiasmus, der das Höchste von sich selbst zu sagen wagt! Aber dieser Enthusiasmus ist kein blosser Taumel. Auch in der höchsten Erhebung ist bei Symeon das Bewusstsein seines empirischen Wesens nicht ausgelöscht; er weiss immer noch, dass er von Natur durch einen unendlichen Abstand von demjenigen geschieden ist, der sich mit ihm einigt, und er empfindet darum diese

Einigung als Gnade div. am. 21 (Mi. 556 D) Mon. S. 107 βλέπε τὴν διαίρεσιν· ἄνθρωπός εἰμι τῇ φύσει, θεὸς δὲ τῇ χάριτι, ὅρα ποίαν χάριν λέγω, ἕνωσιν τὴν μετ' ἐκείνου.

Indem Symeon aber den Kontrast zwischen seinem empirischen Wesen und zwischen dem, was ihm widerfährt, sich zum Bewusstsein bringt, vermag er seinem Erlebnis eine tiefere Bedeutung, eine Beziehung auf seinen sittlichen Zustand, abzugewinnen. Zunächst wird ihm durch diese Reflexion erst deutlich, was alles in jener Offenbarung liegt. Dass er die Herrlichkeit Christi schauen darf, setzt ja auf Seiten Christi den Willen voraus, mit ihm zu verkehren, — das Sichschauenlassen Christi ist eine Form resp. die Form, in der Christus mit dem Gläubigen verkehrt. So findet Symeon in seinen Visionen vor allem die Versicherung darüber, dass er bei Christus die παρρησία hat, dass er mit ihm verkehren und mit ihm reden darf, wie der Freund mit dem Freunde, div. am. 40 (Mi. 599 D, 600 A) Mon. S. 199 καὶ, ὦ δέσποτα, λέγοντά με τίς ποτε ἦς, τότε φωνῆς με πρῶτον τὸν ἄσωτον κατηξίωσας καὶ οὕτωσὶ προσηνῶς προσεφθέγξω μοι ἐξισταμένῳ καὶ θαμβουμένῳ καὶ τρέμοντι καὶ ἐν ἐμαυτῷ ποσῶς ἐννοοῦντι καὶ λέγοντι· τί ποτε ἄρα ἡ δόξα αὕτη καὶ τὸ τῆς λαμπρότητος ταύτης μέγεθος βούλεται. πόθεν ἢ πῶς ἐγὼ τοιούτων ἀγαθῶν κατηξίωμαι, ἐγώ φησίν εἰμι ὁ θεὸς ὁ διὰ σὲ ἄνθρωπος γεγονὼς καὶ ὅτι με ἐξ ὅλης ψυχῆς ἐπεζήτησας ἰδοὺ ὑπάρξεις ἀπὸ τοῦ νῦν ἀδελφός μου καὶ φίλος καὶ συγκληρονόμος. ib., 600 A ὁ δεσπότης πάλιν σὺ οἱονεὶ φίλος φίλῳ διαλεγόμενος διὰ τοῦ ἐν ἐμοὶ λαλοῦντός σου πνεύματος εἶπάς μοι· ταῦτα διὰ μόνην τὴν πρόθεσίν σου καὶ τὴν προαίρεσιν καὶ τὴν πίστιν ἐδωρησάμην σοι καὶ ἔτι δωρήσομαι. Also nicht ein Schauspiel nur, auch nicht eine blosse wonnevolle Überraschung ist ihm sein wundersames Erlebnis, sondern eine von Christus gewährte Gunst, die Frieden und Freude in seiner Seele schafft.

Als Quelle religiöser Kraft erweisen sich ihm aber seine Offenbarungen sofort auch darin, dass sie in ihm ein Sicherheitsgefühl gegenüber der Welt, gegenüber ihren Versuchungen und ihren Leiden, hervorrufen. In den Momenten seiner Erhebung fühlt er sich wie neu erstanden und neu belebt, der Welt entnommen und stark zum Kampfe mit ihr div. am. 36 (Mi. 589 B) Mon. S. 177 τὸ φῶς σου περιλάμπον με ζωογονεῖ, Χριστέ μου· τὸ γὰρ ὁρᾶν σε ζώωσις, ἀνάστασίς τε πέλει, τὸ πῶς εἰπεῖν οὐκ ἔχω σου φωτὸς τὰς ἐνεργείας, πλὴν τοῦτο ἔργῳ ἔγνωκα, θεέ μου, καὶ γινώσκω ὅτι κἂν νόσῳ,

δέσποτα, κἂν θλίψεσι κἂν λύπαις κἂν ἐν δεσμοῖς κἂν ἐν λιμῷ
κἂν φυλακῇ κρατῶμαι κἂν δεινοτέροις ἀλγεινοῖς συνέχομαι, Χριστέ
μου, τὸ φῶς σου λάμψαν ἅπαντα ὡς σκότος ἀπελαύνει.
Wen sollte Irdisches noch locken, der die himmlische Herrlichkeit
geschaut hat? div. am. 26 (Mi. 563 D) Mon. S. 123 ὁ πρὸς σὲ πόθος
καὶ ἡ ἀγάπη πᾶσαν ἀγάπην τῶν βροτῶν ὑπερνικᾷ καὶ πόθον.
καθόσον γὰρ ὑπέρκεισαι τῶν ὁρωμένων, σῶτερ, κατὰ τοσοῦτον ὁ
πρὸς σὲ πόθος ὑπάρχει μείζων καὶ συγκαλύπτει ἅπασαν ἀγάπην
ἀνθρωπίνην καὶ ἔρωτας τῶν σαρκικῶν ἡδονῶν ἀποτρέπει,
ἐπιθυμίας τε πάσας ἀποκρούεται τάχος. Wer, der mit Gott eins
ist, sollte den Zerstreuungen und Versuchungen der Welt unter-
liegen? eth. 5 C f. 250ᵛ οἱ δὲ ὁρῶντες αὐτὸν περιεργίας πάσης
ἀπηλλαγμένοι ὑπάρχουσιν· οὐδὲ γὰρ πρὸς τὶ τοῦ βίου ἢ πρὸς
ἕτερόν τινα τῶν ἀνθρώπων βλέπειν καὶ ἐπιστρέφεσθαι ἢ ὅλως
ἐννοεῖν τι τῶν ἀνοικείων δεδύνηνται, ἀλλὰ τοῦ πρός τι γενέσθαι
ἠλευθέρωνται ... εἰς αἰῶνας ἄτρεπτοι καὶ πρὸς τὸ κακὸν ἀν-
επίστροφοι.

Die Kehrseite dieses Hochgefühls, das aus dem Bewusstsein
der erfahrenen Gunst entspringt, bildet nun aber eine nicht minder
schroff ausgedrückte Empfindung der eigenen Unwürdigkeit. Grell
mit einander kontrastierend stehen, namentlich in den ἔρωτες τῶν
θείων ὕμνων, Lobpreisungen Gottes, in denen Symeon sich als losgelöst von der Sünde schildert, und Bekenntnisse, in denen er sich zum
ärgsten Sünder erniedrigt, beisammen. Dass er sich einen ἄσωτος,
ἀκάθαρτος, ἀνάξιος εἰς ἅπαν nennt, ist nichts Ungewöhnliches.
Man ist zunächst versucht, in diesem Auf- und Abspringen zwischen
den Gegensätzen nur eine schriftstellerische Manier, die die Höhe
der Begnadigung zeigen soll, zu erblicken, oder in der Bussstimmung
nur ein erzwungenes Gefühl zu sehen — schon ein Leser eines Vorgängers des Marc. 494 hat (f. 267ʳ) diesbezügliche Bemerkungen gemacht. Allein, auch abgesehen von der psychologischen Frage, ob
ein absichtlich herbeigeführtes Gefühl immer ein unwahres ist, man
muss bedenken, dass der jähe Wechsel der Stimmung mit der Natur
der Offenbarungen, auf die sich Symeon's religiöses Leben gründet,
zusammenhängt. Warum schaut er das Licht nicht ständig? Christus ist doch immer gegenwärtig, seine Herrlichkeit leuchtet ununterbrochen und er ist immer in Gnaden bereit, sich schauen zu lassen.
Nur an dem Menschen kann es liegen, wenn er Christum nicht sieht,
an der Blindheit seiner geistlichen Augen, an der Sünde, die seinen
Blick trübt, div. am. 1 (Mi. 509 C) Mon. S. 3 οὐδέποτε γὰρ ἀπε-

κρύβης ἀπὸ τινὸς ἀλλ' ἡμεῖς ἀεὶ κρυπτόμεθα ἀπὸ σοῦ
ἐλθεῖν πρὸς σὲ μὴ βουλόμενοι. ποῦ γὰρ καὶ κρυβήσῃ ὁ μηδα
μοῦ ἔχων τόπον τῆς καταπαύσεως ἢ διὰ τί ὁ μήτε ἀποστρεφό
μενος τῶν πάντων τινὰ μήτε τινὰ αὐτῶν ἐντρεπόμενος; div.
am. 12 (Mi. 523 C D) Mon. S. 33 πῶς ἃ ποτὲ ἠφάνισας ἐν ἐμοὶ πάλιν
ζῶσι καὶ σκότους με καὶ θλίψεως ἐμπιπλῶσι, θεέ μου, πάθη
θυμοῦ τε καὶ ὀργῆς ἐξ ὧν ἐγγίνεταί μοι ἀναθυμίασις, ἀχλὺς ἐπὶ
τὴν κεφαλήν μου, καὶ πήρωσιν τοῖς νοεροῖς ὄμμασί μου
ποιοῦσι. So erscheint es Symeon als Strafe, wenn das Licht sich
von ihm zurückzieht, div. am. 36 (Mi. 589 C) Mon. S. 177 ἐπεὶ δὲ
πταίω πάμπολλα καθ' ὥραν ἁμαρτάνων (S. 178), ἐπεὶ δὲ κατεπ
αίρομαι, ἐπεὶ δὲ παροργίζω, δέομαι τῆς εὐσπλάγχνου σου παι
δεύσεως, Χριστέ μου, ἣν καὶ σφοδρῶς αἰσθάνομαι ἐν ἐμοὶ γενο
μένην ὑποχωρήσει τοῦ φωτὸς θείου τοῦ σκέποντός με. Wenn
aus dieser Betrachtungsweise Symeon's schon hervorgeht, dass das
Gefühl der Zerknirschung bei ihm innerlich wahr ist, so zeigt dies
der Umstand noch deutlicher, dass es auch neben dem Seligkeitsgefühl bestehen, ja aus ihm hervorgehen kann. Die Erinnerung an
die eigene Sünde entschwindet ihm keineswegs, wenn aus dem
Dunkel das Licht wieder leuchtet. Im Gegenteil, das Licht erst
zeigt die eigene Unwürdigkeit ganz — daher die Thränen, die sein
Erscheinen hervorruft, — div. am. 13 (Mi. 525 B C) Mon. S. 38 κλαίω
καὶ κατανύσσομαι ὅταν τὸ φῶς μοι λάμψῃ καὶ ἴδω τὴν πτω
χείαν μου καὶ γνῶ τὸ ποῦ ὑπάρχω καὶ ποῖον κόσμον κατοικῶ
καὶ τέρπομαι καὶ χαίρομαι ὅταν κατανοήσω τὴν ἐκ θεοῦ δοθεῖσάν
μοι κατάστασιν καὶ δόξαν. Indem er seine Sünde sich vergegenwärtigt, fühlt Symeon erst recht das Erbarmen Gottes, der sich zu
ihm herablässt, div. am. 11 (Mi. 522 A) Mon. S. 30 τί τὸ καινὸν τοῦ
θαύματος τοῦ καὶ νῦν γινομένου; θεὸς καὶ νῦν ἁμαρτωλοῖς
ἆρα ὁρᾶσθαι θέλει ... τί δὲ ἂν θέλει εἶναι ἡ φοβερὰ κατάπληξις
τοῦ νυνὶ τελουμένου; τίς ὁ ἄρτι δεικνύμενος τρόπος φιλανθρω
πίας, ξένος πλοῦτος χρηστότητος, ἄλλη πηγὴ ἐλέους; er lernt
die Gnade, die ihn beseligt, zugleich als eine ihn sittlich neu
schaffende Kraft würdigen eth. 9 C f. 279ʳ τὸ δὲ μορφοῦσθαι ἐν
ἡμῖν τὸν ὄντως ὄντα θεὸν — dies geschieht aber eben durch das
Schauen, durch das Eindringen des Lichts ins Innere des Menschen —,
τί ἐστιν εἰ μὴ τὸ ἡμᾶς αὐτοὺς πάντως μεταποιεῖν τε καὶ
ἀναπλάττειν καὶ εἰς τὴν τῆς θεότητος αὐτοῦ εἰκόνα μεταμορφοῦν.
So treten für Symeon Vorkommnisse, die man pathologisch zu
beurteilen geneigt wäre, in den Mittelpunkt seines ganzen inneren

Lebens: sie geben seinem Glauben an die unsichtbare Welt den stärksten Rückhalt, sie bilden das kräftigste Motiv für ihn, die Herzensreinheit zu bewahren und sie wirken wie eine schöpferische Macht, um die erhabensten und die heiligsten Empfindungen in ihm hervorzurufen. Die höchste Steigerung religiösen Gefühls vermag er in dem Ringen um die Erleuchtung zu erreichen. In dem Auf- und Niederwogen der Stimmung, in dem steten Wechsel der Freude über das erschienene und der Sehnsucht nach dem entschwundenen Licht werden alle religiösen Gefühle — Seligkeit und Freiheit in Gott, Lust am Guten und freudiger Mut gegenüber den dunkeln Gewalten, tiefschmerzliches Innewerden des eigenen Nichts und Verlangen nach Ruhe bei Gott — in ihm entbunden und sie schwellen — weil die Befriedigung von etwas Unberechenbarem abhängt — zur Stärke von Leidenschaften an. Die ἔρωτες τῶν θείων ὕμνων, Selbstbekenntnisse reinster Art, sind Zeugnis dafür, wie sein ganzes Innere an diesem Ringen teilnimmt und wie heilig ernst ihm die Sache ist.

Eben die Beziehung, in die Symeon seine individuelle Erfahrung mit allgemein christlichen Hoffnungen und Pflichten setzt, bringt es nun aber mit sich, dass er seine Offenbarungen nicht als eine ihm ausschliesslich zuteil gewordene Bevorzuguug ansehen kann. Er hält es für seinen Beruf, andern diese Erleuchtung als Ziel vorzuhalten. So schreibt und predigt Symeon von seinen Schauungen nicht in dem Sinn, um blos von sich zu erzählen, sondern um andere zur Nachfolge zu begeistern, or. 28 (Mi. 464 B C) Mon. S. 312 πρὸς πληροφορίαν ὑμῶν ἐξ ἀγάπης πολλῆς μὴ ὑποστειλάμενος ἔγραψα τὰ λαληθέντα μοι καὶ γνωρισθέντα καὶ προσταχθέντα ὑπὸ τοῦ κυρίου ἡμῶν Ἰησοῦ Χριστοῦ διὰ τοῦ προσκυνητοῦ καὶ ἁγίου αὐτοῦ πνεύματος περὶ τῶν ὑψηλῶν δωρεῶν καὶ χαρισμάτων τοῦ συνανάρχου θεοῦ καὶ πατρὸς αὐτοῦ. ib. S. 313 ἕκαστος δὲ ὑμῶν τοῦ λοιποῦ ὃ θέλει ἐκλέξεται· ἐγὼ γὰρ τοῦ περὶ ὑμῶν ἐγκλήματος ἀπολέλυμαι. div. am. 2 (Mi. 511 B) Mon. S. 7 αὐτὸς καὶ λόγον δώρησαι καὶ ῥήματα παράσχου τοῦ πᾶσι διηγήσασθαι τὰς σὰς τερατουργίας …, ἵνα καὶ οἱ καθεύδοντες ἐν σκότει ῥαθυμίας καὶ λέγοντες ἀδύνατον ἁμαρτωλοὺς σωθῆναι καὶ ὥσπερ Πέτρον καὶ λοιποὺς ἀποστόλους ἁγίους ὁσίους καὶ δικαίους αὐτοὺς ἐλεηθῆναι γνώσωσι καὶ μαθήσονται, ὅτι εὔκολον τοῦτο τῇ ἀγαθότητι τῇ σῇ ἦν καὶ ἔστι καὶ ἔσται.

Es ist nicht anders zu erwarten, als dass Symeon, wie er mit seiner Sache vor die Öffentlichkeit trat, teilweise auf sehr lebhaften Widerspruch bei seinen Zeitgenossen stiess. Niketas deutet sowohl in der vita, als in der Vorrede zu den ἔρωτες τῶν θείων ὕμνων auf eine Opposition hin, die gegen Symeon bestand; hier begnügt er sich indes, Symeon's Gegner als ἁγιοκατήγοροι (Par. suppl. gr. 103 f. 14ʳ) oder als ἰουδαιόφρονες (Par. 1610 f. 62ʳ) zu charakterisieren, ohne Genaueres über sie mitzuteilen. Aber Symeon selbst setzt sich in seinen Schriften häufig mit solchen auseinander, die ihm seine Offenbarungen bestreiten, und diese Polemik hat für uns besonderes Interesse. In ihr tritt erst deutlich hervor, welche Anknüpfungspunkte Symeon für seine Behauptung, die Herrlichkeit des Herrn geschaut zu haben, in allgemein christlichen Gedanken findet, und welchen Wert er der Erleuchtung für das persönliche Christentum zuschreibt.

Begreiflicherweise ist Symeon in erster Linie entgegengehalten worden, was er für sich in Anspruch nehme, sei ein Vorrecht der Apostel gewesen div. am. 22 (Mi. 558 C) Mon. S. 111 ὅτι νῦν οὐδεὶς ὑπάρχει, ὃς θεὸν γνωστῶς κατεῖδεν, οὐδὲ γέγονε πρὸ τούτου παρεκτὸς τῶν ἀποστόλων. Symeon hält dies für eine ungerechtfertigte Einschränkung der Offenbarungsthätigkeit Christi. Der Gegenstand, um den es sich bei dem Schauen handle, — die Herrlichkeit Christi — sei doch immer vorhanden und sei dazu bestimmt, den Menschen offenbar zu werden. Wäre denn Christus in Wahrheit das Licht der Welt, wenn niemand dieses Licht wahrnähme? eth. 10 C f. 295ʳ εἰ τὸ φῶς τοῦ κόσμου τούτου ὁ Χριστός ἐστι καὶ θεὸς, παρὰ μηδενὸς δὲ τῶν ἀνθρώπων τοῦτον ἀδιαλείπτως ὁρᾶσθαι πιστεύομεν, τίς ἄρα ἡμῶν ἀπιστότερος. or. 28 (Mi. 461 A B) Mon. S. 304 μάθετε οὖν, ἀγαπητοὶ ἀδελφοί, ὅτι ὑπεράνω πάσης ἀρχῆς καὶ ἐξουσίας ἀνεκλάλητος θησαυρὸς ... οὐκ ἐν τῷ μέλλοντι αἰῶνι μόνον, ἀλλ' ἤδη που πρὸ ὀφθαλμῶν καὶ χειρῶν καὶ ποδῶν πρόκειται. ib. (Mi. 462 A) Mon. S. 307 καὶ ἵνα μή τινες ἐξ ὑμῶν λογίζωνται, ὅτι ἔλαμψε μὲν, ἀδύνατον δὲ τοὺς ἔτι ὄντας ἀνθρώπους ἐν σώματι καθορᾶν αὐτό. εἰ γὰρ μὴ ἦν δυνατὸν, τί ἔλαμψε καὶ λάμπει μὴ καθορώμενον ὑπ' αὐτῶν. Ist es etwas Hohes, dass man Christus schauen darf, so ist es doch nichts anderes, als eben die Gnade, die Christus den Menschen gebracht und seinen Gläubigen verheissen hat. Denn die Menschheit mit Gott zu einigen und ihr den heiligen Geist zu bringen, war der Zweck von Christi Menschwerdung. Den Geist aber empfängt man eben im Schauen der Herrlichkeit Christi. eth. 10 C f. 290ᵛ ἀποστῶμεν τῆς βλαβερᾶς καὶ αἱρεσιώδους διδασκαλίας καὶ ὑπονοίας τῶν λεγόντων μὴ ἀποκαλύπτεσθαι νῦν ἐν ἡμῖν τοῖς πιστοῖς τὴν δόξαν τῆς θεότητος τοῦ κυρίου Ἰησοῦ διὰ τῆς τοῦ ἁγίου πνεύματος δωρεᾶς.

ἡ γὰρ δωρεὰ ἐν τῇ ἀποκαλύψει δίδοται καὶ ἡ ἀποκάλυψις διὰ
τῆς δωρεᾶς ἐνεργεῖται (hier wie anderwärts schwebt ihm 2. Kor.
3, 18 vor). div. am. 32 (Mi. 583 B) Mon. S. 164 ὁ γὰρ ...
ἀδύνατον
λέγων ὑπάρχειν τοῦτο τὸ κατιδεῖν σου, δέσποτα, τὸ φῶς τῆς θείας
δόξης πάσας ἀρνεῖται τὰς γραφὰς προφητῶν, ἀποστόλων τοὺς
σούς τε λόγους, Ἰησοῦ, καὶ τὴν οἰκονομίαν. Unglauben ist es
also, Misstrauen gegen die Wahrhaftigkeit Christi (eth. 5 C f. 254ʳ;
eth. 13 C f. 316ʳ), Zweifel an seiner Gottheit (or. 30 Mi. 472 D, 473 A),
wenn man die Möglichkeit bestreitet, dass der Mensch durch ihn
und d. h. durch das Schauen seines Glanzes zum göttlichen Leben
erhoben werde. Die Gegner sind die schlimmsten Häretiker (vergl.
die eben genannte Stelle aus or. 30), sie leugnen das Geheimnis,
das den Kern des Christentums bildet.

Dieser Beweisführung liess sich jedoch entgegenhalten, es folge
nicht, dass man hier schon Christum schauen könne; die Verheissungen Christi bezögen sich auf das künftige Leben; dort erst
solle es zum Schauen Gottes kommen. So wird Symeon veranlasst,
tiefer zu graben. Warum muss in diesem Leben schon ein Schauen
Christi möglich sein? Inwiefern ist eine derartige Offenbarung, eine
persönliche Berührung mit dem Göttlichen, für jeden notwendig?
Symeon findet darauf die Antwort: das unmittelbare Schauen des
Göttlichen ist die Bedingung alles wahren christlichen Lebens. Wie
kann man von den Realitäten der religiösen Welt überhaupt eine
wirkliche Vorstellung haben, ohne sie gesehen zu haben? Die blosse
Beschreibung durch andere, auch die in der Schrift, ersetzt doch
den eigenen Eindruck nicht! or. 19 (Mi. 401 C) Mon. S. 167 οὔτε
γὰρ διὰ τοῦ κιβωτίου τὰ ἐν τῷ κιβωτίῳ οὔτε διὰ τῆς γραφῆς τὰ
ἐν τῇ γραφῇ καθίσταται. Wie kann man hoffen zum ewigen
Leben einzugehen, ohne in der ἀποκάλυψις eine αἴσθησις τῆς
αἰωνίου ζωῆς empfangen zu haben, eth. C f. 290ᵛ; div. am. 2
(Mi. 511 D) Mon. S. 10? Wie kann man zu Christus beten, ohne
eine Anschauung von ihm zu haben? Kann man doch nicht mit
jemand reden, den man nicht sieht, und kann doch niemand Christum
einen Herrn heissen, ohne durch den heiligen Geist! Des Geistes aber
wird man im Schauen teilhaftig. eth. 3 C f. 226ʳ καὶ γὰρ καὶ
αὐτὸ τοῦτο τὸ εἰπεῖν κύριε ὁρῶντος αὐτὸν καὶ λαλοῦντος
ἔχει δύναμιν. τίς γὰρ ὃν οὐ βλέπει ὡς βλέπων αὐτῷ προσομιλεῖ. or. 15 (Mi. 388 B C) C f. 58ʳ es ist für jeden unmöglich, zu
beten, εἰ μὴ πρότερον μετάσχῃ πνεύματος ἁγίου ... ἑκάστου ψυχὴ
κατὰ τὸ μέτρον τῆς πρὸς Χριστὸν πίστεως. ὅτι οὐδεὶς δύναται

εἰπεῖν κύριον Ἰησοῦν εἰ μὴ ἐν πνεύματι ἁγίῳ. Wie kann man Christo dienen, ohne den Herrn, dem man dient, aus eigener Anschauung zu kennen? eth. 7 C f. 269ᵛ εἰ δὲ οὐδὲ αὐτὸν τὸν Χριστὸν ὅλως ἰδεῖν κατηξίωσαι, τί ὅτι καὶ δοκεῖς ζῆν, τί ὅτι καὶ δουλεύειν νομίζεις αὐτῷ ὃν οὐδέπω τεθέασαι; μὴ θεασάμενος δὲ μηδὲ φωνῆς αὐτοῦ ἀκοῦσαι ἀξιωθείς, πόθεν τὸ θέλημα αὐτοῦ τὸ ἅγιον καὶ εὐάρεστον καὶ τέλειον διδαχθήσῃ.

Auch dagegen liess sich wieder einwenden, zum rechten Gebet und rechten Gehorsam gehöre wohl der Besitz des Geistes, aber es sei nicht notwendig, dass man sich dieses Besitzes auch bewusst sei, geschweige, dass Offenbarungen das Vorhandensein des Geistes im Menschen vermitteln oder bezeugen müssten. Mit dieser Behauptung, dass man den Geist auch unbewusst haben könne, hat sich Symeon besonders leidenschaftlich auseinandergesetzt. Die ganze Rede eth. 5 ist diesem Gegenstand gewidmet C f. 248ʳ ἰδοὺ πάλιν ἐγὼ πρὸς τοὺς λέγοντας ἔχειν ἀγνώστως πνεῦμα θεοῦ καὶ οἰομένους ἀπὸ τοῦ θείου βαπτίσματος τοῦτο κεκτῆσθαι ἐν ἑαυτοῖς. Wer Christum angezogen hat, der sollte von der Veränderung, die in ihm vorging, nichts merken? Das heisst ja an der Realität Gottes zweifeln! eth. 5 C f. 249ʳ ὁ οὖν θεὸν ἐνδυσάμενος οὐκ ἐπιγνώσεται νοερῶς καὶ ἴδοι, τί ἐνεδύσατο; ὁ γυμνὸς τῷ σώματι ἐνδυσάμενος ἐπαισθάνεται... ὁ δὲ γυμνὸς τῇ ψυχῇ θεὸν ἐνδυσάμενος οὐ γνώσεται; ... λοιπὸν κατὰ σὲ οὐδὲ ἔστι τί ποτε ὁ θεός· εἰ γὰρ ἦν, οἱ αὐτὸν ἐνδυόμενοι ἐγίνωσκον ἄν. Ist Christus gekommen, um uns zu neuem Leben zu führen, und wir spüren bei uns nichts von dieser Neuheit des Lebens, sind wir dann nicht tot? τί νεκρῶν διαφέρομεν ib. C f. 255ʳ. Wer nicht im deutlichen Bewusstsein das Bild Christi in sich trägt, der ist nicht wiedergeboren, ist noch Fleisch und Blut κεφ. λς (Mi. 617 C) ὁ μὴ τὴν εἰκόνα τοῦ κυρίου ἡμῶν Ἰησοῦ Χριστοῦ... ἐν τῷ λογικῷ καὶ νοερῷ ἀνθρώπῳ εὐαισθήτως καὶ γνωστῶς ἐνδυσάμενος, αἷμα μόνον ἐστὶ καὶ σάρξ, πνευματικῆς δόξης αἴσθησιν μὴ δυνάμενος διὰ τοῦ λόγου λαβεῖν· καθάπερ καὶ οἱ ἐκ γενετῆς τυφλοὶ διὰ τοῦ λόγου μόνου τὸ τοῦ ἡλίου φῶς γνῶναι οὐ δύνανται.

Symeon kann seinerseits bereitwillig zugeben, dass das Schauen der Herrlichkeit Christi eine höhere Stufe des Christentums, die Stufe der Vollkommenheit, ist. Nach Matth. 5, 8 ist ja das Schauen Gottes nur dem Herzensreinen möglich. Aber daraus darf kein Argument entnommen werden, um das Streben nach dem „Licht" für etwas Phantastisches zu erklären. Denn zur vollkommenen Herzens-

reinheit zu gelangen oder, wie Symeon nach einer geläufigeu Glei-
chung dafür auch sagen kann, die Gebote Gottes ganz zu erfüllen,
ist von jedem gefordert und muss darum auch möglich sein. Es
wäre Lästerung Gottes, ihm zuzutrauen, dass er uns Unerschwing-
liches auferlegte, eth. 10 C f. 286ᵛ εἰ δὲ λέγοι τις, ὅτι οὐδεὶς δύναται τηρῆσαι πάσας τὰς ἐντολάς, γινωσκέτω, ὅτι τὸν θεὸν ἐνδια-
βάλλει καὶ κατακρίνει ὡς ἀδύνατα ἡμῖν ἐπιτάξαντος· ὃς οὐκ
ἐκφεύξεται τὸ τῆς δίκης ἄφυκτον. So gut aber die Bedingung
hier schon erfüllbar ist, so gut muss auch die Verheissung,
dass man Gott schauen werde, schon für dieses Leben gelten. So
kann Symeon schliesslich noch das Urteil fällen, nur sittliche Schlaff-
heit sei daran schuld, wenn jemand die Möglichkeit eines Schauens
leugne, eth. 10 C f. 297ʳ διά τοι τοῦτο ὁ μὴ πρὸς ταῦτα φθάσαι
καταξιωθεὶς καὶ τῶν τοιούτων ἐν κατασχέσει γενέσθαι, ἑαυτοῦ
καταγινωσκέτω μόνου καὶ μὴ λεγέτω προφασιζόμενος προ-
φάσεις ἐν ἁμαρτίαις ὅτι ἀδύνατόν ἐστι τὸ πρᾶγμα καὶ ὅτι γίνεται μὲν ἀγνώστως δέ, ἀλλὰ γινωσκέτω πληροφορούμενος ἀπὸ
τῶν θείων γραφῶν, ὅτι τὸ μὲν πρᾶγμα δυνατὸν καὶ ἀληθές ἐστιν,
ἔργῳ γινόμενον καὶ γνωστῶς ἐνεργούμενον, τῇ δὲ ἀργίᾳ καὶ
ἐλλείψει τῶν ἐντολῶν αὐτὸς ἑαυτὸν ἕκαστος τῶν τοιούτων
κατὰ ἀναλογίαν ἀποστερεῖ ἀγαθῶν.

Symeon ist sich also über das Interesse, das seine Offenbarungen
für ihn haben, vollkommen klar geworden. Man kann es kurz dahin bezeichnen: er erlebt in seinen Erleuchtungen eine persönliche,
direkte Berührung mit Gott und er empfindet dabei, dass nur ein
eigener, unmittelbarer Eindruck von Gott dem religiösen Leben
Sicherheit und Kraft zu geben vermag. In dem Kampf um das
Schauen des Lichts streitet Symeon zugleich für den Satz, dass
wirkliche Religion eine bewusste, von der Existenz ihres Gegenstands
und von dem Recht eines Verkehrs mit ihm überzeugte sein müsse,
und für den andern, dass nur etwas Selbsterlebtes, Selbsterfahrenes
die Grundlage dieses Bewusstseins bilden könne.

Symeon will darum auch nicht in dem Sinn auf andere einwirken, dass er, gewissermassen als Prophet auftretend, einfach
Glauben an seine Worte verlangte. Er könnte dies schon aus dem
Grunde nicht, weil der Inhalt dessen, was er geschaut hat, unaussprechlich ist. Er kann nur andern den Weg zeigen, auf dem sie
selbständig zur gleichen Begnadigung kommen können. Denn wie
die Erleuchtung auf das sittliche und religiöse Leben des Menschen
zurückwirkt, so ist es andrerseits auch nicht möglich, ihrer teilhaftig

zu werden, ohne eine gewisse innere Bereitung, eine innere Entwicklung. Es giebt eine bestimmte, gottgewollte τάξις, die man einhalten muss, wenn man zum Ziel gelangen will: sie ist zugleich Heilsordnung und der Weg des Aufstiegs zum Licht or. 13 (Mi. 377 C) C f. 50ʳ αὕτη τάξις σωζομένων ... πλανηθήσεται ὁ μὴ τῇ τοιαύτῃ τάξει ἑπόμενος. eth. 10 C f. 298ᵛ οὐκ ἔστι γὰρ τὸν ὑπερβαίνοντα ταύτην (sc. τὴν ταπείνωσιν) ἐν ἑτέρᾳ (sc. ἀρετῇ) γενέσθαι ποτέ· ἐν τάξει γὰρ καὶ βαθμῷ ταύτας ἔθετο ὁ θεὸς ... τὰς ἀρετὰς ... ἀλλήλων ἀφεστηκυίας καὶ γεφύραις τισὶν οἷα δὴ συνημμένας πάντων ἀποκισμέναις τῶν γηΐνων καὶ ἐξηρτημέναις καὶ ἑτέρας τῇ ἑτέρᾳ ἀσφαλῶς ἐχομέναις. or. 1 (Mi. 327 B) Mon. S. 11 οἱ κατὰ τὴν τάξιν ταύτην τὴν ὁδὸν ὁδεύοντες τοῦ θεοῦ ... οὐ μὴ ἀποβληθῶσιν ... τοῖς δὲ μὴ κατὰ τὴν ὁδὸν ταύτην πορευομένοις κενὴ καὶ ἡ πίστις καὶ ἡ πορεία.

Symeon hat sich bemüht, die einzelnen Stufen dieser τάξις zu beschreiben. Er hat von diesem praktischen Interesse aus eine ganze Theologie entwickelt. Freilich nicht eine Theologie schulmässiger Art — das Dogma setzt er als etwas Unantastbares voraus; er deutet und beleuchtet es nur in seinem Sinn —; aber er ist auf die tiefsten theologischen Fragen geführt worden und er hat sich eine Gesamtanschauung gebildet. Wenn diese nicht vollkommen mit sich übereinstimmt, so vergegenwärtige man sich, welches komplizierte Problem er zu lösen unternahm: er will ein individuelles Erlebnis in die Beleuchtung rücken, dass es als etwas allgemein Zugängliches erscheint; er will eine Thatsache, die er selbst als Gnade auffasst, in Zusammenhang bringen mit dem sittlichen Streben und doch festhalten, dass sie reine Begnadigung ist; er will die Notwendigkeit einer persönlich an den Einzelnen ergehenden Offenbarung behaupten und doch nicht antasten, was die Kirche dem Gläubigen darreicht.

Um Verständnis für seine Auffassung des Christentums zu wecken, sieht Symeon sich zunächst zu einer Kritik der Frömmigkeit, die er in seiner Umgebung wahrnimmt, veranlasst. Er findet Eifer im Psalmensingen, Beten, Lesen in der Schrift, Fasten u. ä.; aber daneben wenig sittlichen Ernst, und was man an asketischen Übungen sich auferlegt, thut man gedankenlos, in der Erwartung, dass sie von selbst ihre Frucht tragen, vergl. bes. or. 4 u. 5; Mi. 335 ff. Symeon muss erst daran erinnern, dass man mit all dem Gott dienen will und dass man, um mit Gott überhaupt verkehren zu dürfen, über sein Verhältnis zu ihm klar sein muss. Psalmensingen z. B. — dies war eine in der griechischen Kirche recht angebrachte

Erinnerung — heisst Beten und zu Gott beten kann doch nur derjenige, der sich in der rechten Stellung zu Gott befindet. Wer es thut, ohne mit Gott versöhnt zu sein, wer daneben ruhig weitersündigt, der dient Gott nicht, sondern vergeht sich wieder ihn, or. 4 (Mi. 336 C D) C f. 16ʳ οἱ πολλοὶ τῶν Χριστιανῶν ... νομίζουσιν ὄφελος ἔχειν ψυχικὸν, ὅταν ἄδωσι τοὺς δαυϊτικοὺς ψαλμοὺς καὶ τὰ λοιπὰ ᾄσματα ... λόγος γὰρ ἅπας πράγματός ἐστι λόγος· οὐχ ἁπλῶς λόγος μόνον, die Psalmen sind entweder αἰτήσεις oder εὐχαριστίαι. or. 14 (Mi. 387 B) Mon. S. 135 πᾶσα γὰρ προσευχὴ καὶ πᾶσα ψαλμῳδία θείας γραφῆς διαλλαγή ἐστιν πρὸς τὸν θεόν. or. 4 (Mi. 338 D) Mon. S. 34 οὐαὶ ὅταν οἱ τοιοῦτοι (d. h. solche, die noch sündigen) ψάλλωσι τῷ θεῷ, οὐαὶ ὅταν ποιῶσιν ἐλεημοσύνας, οὐαὶ ὅταν προσφέρωσι δῶρα τῷ θεῷ, οὐαὶ ὅταν προσκυνοῦσι τῷ θεῷ, οὐαὶ ὅταν προσεύχωνται τῷ θεῷ· καὶ γὰρ ὁδοὶ ἀσεβῶν βδέλυγμα ἐνώπιον τοῦ θεοῦ καὶ προσευχὴ ὀργίλου καὶ μνησικάκου ῥυπαρὰ δυσωδία. — Die gedankenlose Frömmigkeit, die diese einfachen Wahrheiten missachtet, ist ein Beweis, dass es am Elementaren fehlt. Sie ist nur da möglich, wo man den eigentlichen Sinn des Christentums vergessen oder gar nicht in sich aufgenommen hat. Christus ist doch nicht bloss dazu gekommen, um Orthodoxie und Devotion unter den Menschen zu verbreiten, sondern um lebendige Gemeinschaft der Menschen mit Gott herbeizuführen, or. 2 (Mi. 330 B) C f. 11ᵛ οὐ γὰρ ἐγένετο ὁ θεὸς ἄνθρωπος ... ἕνεκεν τοῦ πιστευθῆναι καὶ προσκυνηθῆναι ἁπλῶς οὕτως θεὸς ἄνθρωπος ἀλλ᾿ ἕνεκεν τοῦ μεταλαβεῖν ἡμᾶς θείας φύσεως ὡς ἐκεῖνος ἀνθρωπίνης καὶ γνῶναι τοὺς μεταλαβόντας τοῦ μυστηρίου τὴν δύναμιν καὶ εὐχαριστεῖν καὶ ὅσοι τῆς μεταλήψεως ἐπιγνώμονες φίλοι Χριστοῦ ἐπιστεύθησαν τὸ μυστήριον, καὶ μετελεύσονται καὶ τὴν κατὰ Χριστὸν πολιτείαν. Die Form, in der Symeon das griechische Dogma über die Bedeutung der Menschwerdung wiedergiebt, ist bemerkenswert. Er legt in die geläufige Formel speziell den Gedanken hinein, dass die durch Christus zwischen Gott und den Menschen gestiftete Gemeinschaft eine bewusste und persönliche sein müsse — ein Beweis, wie sehr es ihm als selbstverständlich gilt, dass Religion ein lebendiges Verhältnis ist. Ist aber persönliche Gemeinschaft mit Gott das von Christus dem Menschen eröffnete Ziel, so lässt sich auch zeigen, dass man dieses Ziel nicht erreicht, ohne es sich bewusst zu setzen und ohne den von Gott geordneten Weg zu gehen.

Vor allem ist nötig, dass der Grund richtig gelegt wird. Es

ist für den kirchlichen Sinn Symeon's, wie für seine religiöse Anschauung bezeichnend, dass er als die Grundlage, auf der sich das
ganze geistliche Leben des Christen aufbauen muss, die Taufgnade
ansieht. In der Taufe, dem Mysterium der Wiedergeburt, hat jeder
die Frucht des Erlösungswerkes Christi empfangen: er besitzt schon
das Höchste, den heiligen Geist und die Sündenvergebung; er ist
mit Gott geeinigt und er braucht das, was ihm die Gnade geschenkt
hat, nur zu bewahren, um zu immer höheren Stufen des geistlichen
Lebens aufzusteigen und schliesslich in das Himmelreich einzugehen,
or. 1 (Mi. 323 B) Mon. S. 4 ἑτέρα γέννησις καὶ ἀνάπλασις ἡ ἐκ τοῦ
θείου βαπτίσματος, ἀναγεννῶσα τὸν ἄνθρωπον ἐν πνεύματι
ἁγίῳ καὶ οἱονεὶ κιρνῶσα πάλιν θείᾳ φύσει ... καὶ οἱονεὶ ἀναστοι-
χοῦσα πάσας αὐτοῦ τὰς ψυχικὰς δυνάμεις. or. 10 (Mi. 366 A)
C f. 40ᵛ ὁ γὰρ Χριστιανὸς ἀπ᾽ αὐτῆς τῆς ἀπορρήτου θεογενεσίας
τοῦ ἱεροῦ βαπτίσματος φωτὸς θείου ἔμπλεως γίνεται καὶ
πεφωτισμένος ἐστὶ καὶ λέγεται. Thatsächlich schafft auch die Taufe
bei allen, die sie in wahrem Glauben empfangen, eine kräftige Erkenntnis der göttlichen Gnade, so dass sie mit Lust und Willen dem
Guten sich zuwenden (εὐκίνητοι πρὸς τὰ καλὰ τοῦ μετιέναι πᾶσαν
ἐν ἀγαλλιάσει ψυχῆς τὴν θεάρεστον πολιτείαν); ja bei Einzelnen
offenbart sich das durch die Taufe geweckte geistliche Leben sofort
in Geistesgaben, or. 2 (Mi. 329 D) C f. 10ʳ.

Jedoch, es ist ebenso unleugbare Thatsache, dass bei den meisten
die Taufgnade nicht verbleibt. Es scheint sogar kaum möglich,
dass jemand sie bewahrt. Denn nicht blos die eigene Schuld des
Menschen — dass er nachher doch dem Vergänglichen sich hingiebt — bewirkt den Verlust, sondern schon die Umstände, unter
denen die Taufe gespendet wurde, bringen es mit sich, dass der Eindruck der Taufe kein nachhaltiger sein kann. Die Taufe ist (in der
Regel) Unmündigen erteilt worden, die das göttliche Mysterium
nicht zu fassen und zu würdigen vermochten. Jede Gnade aber,
die nicht verstanden wird, entschwindet wieder und während die
gottgesetzte Kraft in dem Menschen immer schwächer wird, bekommt
die Sünde über ihn Gewalt. Die πάθη löschen das Licht, das in
dem Menschen angezündet war, vollends aus, or. 14 (Mi. 380 A) C
f. 52ᵛ ἐπειδὴ τοῦτο (sc. die Befreiung von der Sünde) ἐποίησεν
(sc. ὁ Χριστὸς) ἐν τῇ καταδύσει τοῦ καθ᾽ ἕκαστον ἐν τῷ ἀχράντῳ
βαπτίσματι, ἠγνοήθη δὲ τοῖς βρέφεσιν ἡ μεγάλη καὶ ἀνυ-
πέρβλητος χάρις ἀναγκαῖον πόνῳ τοῦτο αὖθις κτήσασθαι λαβόντας αὖθις τὴν χάριν, ἥτις οὐδενὶ τῶν ἀγνοησάντων αὐτὴν

φύσιν ἔχει τοῦ παραμένειν, ἀλλ᾽ ἀφίπτασθαι διὰ τὴν ἄγνοιαν. cat. 2 C¹ f. 211ʳ ζητήσωμεν τοιγαροῦν τὸν Χριστὸν ὃν διὰ τοῦ θείου βαπτίσματος ἐνδυθέντες διὰ τῶν πονηρῶν ἐξεδύθημεν πράξεων, ἐπειδὴ ἀναισθήτως ἁγιασθέντες ἔτι νήπιοι ὄντες καὶ τοῖς φρεσὶ καὶ τῇ ἡλικίᾳ ἑαυτοὺς ἐμολύναμεν ἐν νεότητι. or. 2 (Mi. 329 B) C f. 10ʳ ἐπειδὴ δὲ τοῖς νηπίοις βαπτισθεῖσιν ὁ ἁγιασμὸς τοῦ βαπτίσματος οὐκ ἐν αἰσθήσει — νοερὰ γὰρ ἡ αἴσθησις — διὰ τὴν ἄγνοιαν, μετὰ μικρὸν προϊόντος τοῦ χρόνου γίνεται καὶ ἀλλοίωσις καὶ τοῖς μὲν σβέννυται πάντη τοῖς δὲ ζώπυρόν τι μικρὸν ὑπολείπεται.

Das Axiom, das Symeon bei dieser Gelegenheit ausspricht, der Satz, dass alle Gnade nur als bewusst angeeignete und festgehaltene in dem Menschen wirksam sein könne, ist grundlegend für seine ganze Anschauung. Symeon leugnet nicht, dass das Mysterium immer eine Wirkung hervorbringt, er hält auch daran fest, dass Gnade eine reale Kraft ist, die nur das Mysterium vermitteln kann. Aber andrerseits weiss er, dass geistliches Leben nur aus etwas geistig Angeeignetem entstehen kann. Darum ist ihm an dem Mysterium neben der real-physischen Kraft, die es mitteilt, der Gedanke, den es ausdrückt, — als Offenbarung der Barmherzigkeit Gottes an den Einzelnen — ebenso wesentlich. Man sollte daraufhin erwarten, dass Symeon sich gegen die Kindertaufe wendete. Niemals ist ihm jedoch der Gedanke gekommen, diese geheiligte Ordnung der Kirche anzutasten. Er nimmt das Entschwinden der Taufgnade bei der Mehrzahl der Christen als eine unvermeidliche Thatsache hin und folgert daraus nur die Notwendigkeit sie wiederzugewinnen. Er fordert m. a. W. die Bekehrung nach der Taufe als unerlässliche Grundlage für allen weiteren geistlichen Fortschritt or. 10 (Mi. 366 C) Mon. S. 93 τοῖς γὰρ μὴ ἠσθημένοις τῆς ἀπὸ τῆς ἁγίας κολυμβήθρας τοῦ βαπτίσματος θεουργικῆς δυνάμεως τῆς ὀνομαζομένης ἀναγεννήσεως καὶ ἀνακαινώσεως καὶ ὡς ἡ ἀλήθεια ἔχει ἀναπλάσεως ὁλοκλήρου ἡ μετὰ ταῦτα καὶ διδαχὴ καὶ τῶν τιμίων χειρῶν ἐπίθεσις ἁγίων ἀνδρῶν καὶ φωτιστικῶν χρεία. εἰ γὰρ μὴ πρότερον ἑκάστῳ τῶν χριστιανῶν αἱ φυσικαὶ ἕξεις ἀνορθωθῶσι καὶ μορφωθῶσιν ἀποκαθαιρόμεναι τοῦ ἐπιπροσθοῦντος αὐταῖς αἴσχους καὶ παγιωθῶσι στερρῶς ἀμήχανον ἄλλως καὶ ἀδύ (S. 94) νατον πάντη πάσῃ ψυχῇ τοῖς τοῦ θεοῦ θελήμασιν ἕψεσθαι. Vergl. auch die oben angeführten Stellen.

Eine Bekehrung nach der Taufe kannte auch die offizielle Kirche, aber nur als Ausnahme, bei einem Teil der Christen. Sie erklärte sie für notwendig nur bei denjenigen, die schwer gesündigt hatten, und sie pflegte die Sünder durch die ihnen auferlegten ἐπιτίμια zu heilen. Symeon geht in zweifacher Hinsicht über diesen Standpunkt hinaus. Vor allem ist für ihn — wenn er auch nicht offen sagen kann, dass jeder die Bekehrung nach der Taufe nötig hätte, — der Kreis der Besserungsbedürftigen mindestens ein sehr viel grösserer, als für die offizielle Kirche. Dort wird der Verlust der Taufgnade bei denjenigen vorausgesetzt, die eine Todsünde begangen haben. Symeon polemisiert — dies ist ihm freilich nicht eigentümlich — gegen den herrschenden engen Begriff der Todsünde, eth. 1 C f. 197ᵛ αὐτὸν δὲ τὸν μὴ ἔχοντα ἔνδυμα γάμου οἶδα ὅτι τινὲς τοὺς ἐν πορνείᾳ μόνον ἢ μοιχείᾳ καὶ φόνοις τὰ ἑαυτῶν καταρρυπώσαντας σώματα λογίζονται εἶναι. ἀλλ᾽ οὐκ ἔστι τοῦτο, οὐκ ἔστι. πάντα γὰρ τὸν ὑπὸ οἱουδηποτοῦν πάθους ἢ κακίας λέγει ῥερυπωμένον. ... ὁρᾶς .. πᾶσα πονηρία καὶ ἁμαρτία μολύνει καὶ ἡμᾶς ποιεῖ τῆς βασιλείας (sc. θεοῦ) ἐκβάλλεσθαι. Und er zieht daraus ernsthaft die praktische Konsequenz: wer irgend noch die Herrschaft der πάθη über sich empfindet, wer sich als leicht bewegbar zum Bösen weiss, der soll daran merken, dass ihm die Taufgnade entschwunden ist und er wieder von vorne anfangen muss, or. 4 (Mi. 341 C) C f. 20ᵛ εἰ ... εὐκίνητος, δῆλός ἐστιν αὖθις καταρρυπωθεὶς καὶ τοῦ λουτροῦ τῆς χάριτος γυμνὸς καὶ τὴν δικαίωσιν ἀφαιρεθεὶς καὶ διὰ ταῦτα τῆς ἐκκλησίας ἀφωρισμένος τοῦ Χριστοῦ. ... ἀναχωνευθῆναι καὶ ἀναπλασθῆναι ὀφείλει. Wie viele werden nach diesem Grundsatz übrig bleiben; die der Busse nicht bedürfen?

Zweitens aber ist die Methode, nach der Symeon den Sünder bekehren will, von der der Kirche verschieden, oder vielmehr richtiger gesagt: er fordert anstatt eines mechanischen Verfahrens eine planmässige Erziehung. Er erklärt es für verkehrt, durch einfache Auflegung von ἐπιτίμια Leute heilen zu wollen, bei denen der Schade viel tiefer liege. Die meisten, die sich Christen nennen, haben es nötig, in die Grundwahrheiten des Christentums überhaupt erst richtig eingeführt zu werden; wie sollen die, denen das Verständnis für das Elementare noch abgeht, empfinden, was eine geistliche Strafe bedeutet! or. 1 (Mi. 326 B) C f. 8ʳ τοῖς δὲ μὴ εἰδόσι τοῦ χριστιανισμοῦ τὸ μυστήριον — εἰσὶ γάρ, εἰσὶν οἱ πλείους βεβαπτισμένοι μὲν καὶ διὰ τὸ ἅγιον βάπτισμα ὀνομαζόμενοι χριστιανοί, ἀκατήχητοι δὲ τὸ παράπαν καὶ ἀδίδακτοι καὶ ὡς εἰπεῖν ἀμύητοι τοῦ μεγάλου τούτου μυστηρίου — τοῖς

τοιούτοις ἐξομολογουμένοις τὰ μετὰ τὸ ἅγιον βάπτισμα παραπτώματα οὐδὲν ὄφελος δεσμὰ καὶ φάρμακα θεραπευτικά. ἄγνοιαν γὰρ
ἔχοντες τοῦ μυστηρίου τοῦ χριστοῦ οὐδὲ τῆς ἐκ τῶν πνευματικῶν δεσμῶν καὶ φαρμάκων × δυνήσονται λαβεῖν αἴσθησιν.
ἀνοήτως γὰρ πιστεύσαντες ἀνοήτως ἥμαρτον. Man muss bei
denen, deren Lebenswandel Zeugnis davon ablegt, dass die Taufgnade in ihnen nicht mehr wirkt, dem Übel auf den Grund gehen: es
gilt den geistlichen Sinn erst zu wecken und zunächst dem Mangel
abzuhelfen, der in der ἄγνοια und ἀναισθησία liegt, or. 2 (Mi. 328 C)
C f. 9ᵛ: (allen, welche εὐκίνητοι πρὸς τὸ κακὸν sind,) τούτοις ὕδωρ
ἐπεχύθη ὡσεὶ νεκροῖς· ἀκμὴν γὰρ εἰς Χριστὸν οὐκ ἐπίστευσαν καὶ δεῖ
τούτους προσιέναι τοῖς ἀρχιερεῦσι καὶ ἱερεῦσι καὶ κατηχεῖσθαι
τὸν λόγον τῆς πίστεως καὶ πιστεῦσαι μὲν εἰς Χριστόν.
or. 12 (Mi. 372 B) Mon. S. 106 τοῖς τοιούτοις (d. h. denen, die nach
der Taufe noch sündigen) κατήχησις πρὸ ἄλλου τινὸς τοῦ
μυστηρίου τῆς πίστεως τοῦ Χριστοῦ (sc. ist nötig), ἵνα
πιστεύσαντες φωτισθῶσιν· εἰ γὰρ ἐκράτουν τὴν πρώτην
πίστιν, οὐκ ἂν ἠμβλυώπησαν καὶ ἐπειδὰν κατηχηθῶσι καὶ πιστεύ-
σωσιν ὄψονται πάντως.

Eine theoretische Belehrung mit dem Zweck, ein geistiges Verständnis, eine αἴσθησις der Glaubenswahrheiten zu wecken, muss
demnach die Grundlage bilden, wenn bewusstes und in sich ge-
festetes Christentum entstehen soll. Den Inhalt des Glaubens, in
den es einzudringen gilt, hat Symeon meist als etwas Bekanntes und
Selbstverständliches vorausgesetzt; nur zeigt sich, wo er ihn reproduziert, dass er nicht durch die Fülle theologischer Spezialkenntnis
daran gehindert ist, die grossen Gedanken, die im Dogma stecken,
zu empfinden, vergl. einfache Formulierungen, wie or. 4 (Mi. 339 A)
Mon. S. 35 δεῖ οὖν μαθεῖν πρότερον, τί ἐστι δόξα ἐν ὑψίστοις
θεῷ καὶ ἐπὶ γῆς εἰρήνη, ἐν ἀνθρώποις εὐδοκία, τίς ἡ εὐδοκία, τί
τὸ θεὸς κύριος καὶ ἐπεφάνη ἡμῖν, τίς ἡ ἐπιφάνεια. Der Nachdruck
fällt ihm nicht darauf, dass etwa eine bestimmte Lehre mit grösserem
Eifer getrieben werden soll, sondern darauf, dass von den Gegenständen des Glaubens überhaupt eine lebendige Anschauung in dem
Hörer entstehen soll, ein Eindruck, der auch praktisch bestimmend
wirkt. Mit einer an Augustin erinnernden Formulierung hat Symeon
häufig den rechten Glauben so bezeichnet, dass es sich nicht bloss
um ein πιστεύειν εἰς Χριστόν, sondern auch um das πιστεύειν
Χριστῷ handle: die Anerkennung Christi als einer den Menschen
zum Gehorsam verpflichtenden Auktorität ist erst das wahre Bekennt-

nis zu seiner Gottheit or. 3 (Mi. 333 B) Mon. S. 22 καλὸν γὰρ τὸ
πιστεύειν εἰς Χριστόν, ἀλλὰ δεῖ καὶ πιστεύειν Χριστῷ ... S. 23
πιστεύειν μὲν δεῖ εἰς Χριστὸν ὡς θεὸν, ὁμοούσιον τῷ θεῷ καὶ
πατρὶ, σεσαρκωμένον δι᾽ ἡμᾶς ... πιστεύειν δὲ δεῖ αὐτῷ καὶ ἐπὶ
πᾶσιν οἷς εἶπε τουτέστιν οἷς ἐπηγγείλατο ἀγαθοῖς καὶ οἷς ἠπείλησε
κολαστηρίοις; vergl. auch or. 22 (Mi. 419 B) Mon. S. 208 πίστιν ἐνταῦθα (Mark. 16, 16) οὐ ταύτην λέγει ὅτι ὁ θεός ἐστιν ὁ Χριστὸς
μόνον ἀλλὰ τὴν περὶ πασῶν τῶν παρ᾽ αὐτοῦ λεχθεισῶν
ἁγίων ἐντολῶν περιεκτικωτάτην πίστιν τὴν συνέχουσάν
πως ἐν αὐτῇ πάσας τὰς θείας αὐτοῦ ἐντολὰς καὶ πιστεύουσαν
μηδὲν εἶναι ἀργὸν μέχρι καὶ μιᾶς κεραίας ἐν αὐταῖς, ἀλλὰ πάντα
ἕως καὶ ἑνὸς ἰῶτα ζωὴ καὶ ζωῆς αἰωνίου πρόξενα. Beides,
der Glaube an Christus und die Willigkeit, seine Gebote zu halten,
steht jedoch nicht äusserlich neben einander. Denn die Gebote
Christi sind Anweisungen, wie man das Unvergängliche suchen und
das Vergängliche meiden soll. Von dem Unvergänglichen aber
haben wir in Christus, dem Gottmenschen, eine deutliche Anschauung
erhalten. In ihm ist die ewige Gotteswelt unter uns hereingetreten.
Wer nicht an ihn glaubt, der kann Böses und Gutes nicht unterscheiden; wer aber an ihn glaubt, der schaut in ihm das, was wahr-
haft gut ist, und er lernt erkennen, was dem Ewigen dient und was
ihm im Wege steht, or. 10 (Mi. 365 D 366 A) C f. 40ᵛ ὁ λεγόμενος
νοητὸς ἥλιος (sc. ist) Χριστὸς ὁ θεός, χαριζόμενος ταῖς νοηταῖς
ὁράσεσι τὸ νοητῶς ὁρᾷν τὴν ἀόρατον κτίσιν; die ἄπιστοι
haben keine διάκρισις καλοῦ καὶ κακοῦ; f. 40ʳ ταῖς γοῦν εἰς Χριστὸν
πιστευούσαις ψυχαῖς καὶ τὰ αὐτοῦ προστάγματα καὶ τοὺς νόμους
τηρεῖν προαιρουμέναις κατὰ τὸ μέτρον τῆς ἑαυτῶν πίστεως καὶ
ὑπακοῆς τοῦ Χριστοῦ καὶ δίδωσιν αὐταῖς τὸ ὁρᾷν· τοῦτο δὲ τὸ
ὁρᾷν γνῶσίς ἐστι τῶν κυρίως καλῶν καὶ τῶν μὴ οὕτως
ἐχόντων καὶ τῶν κυρίως κακῶν καὶ τῶν μὴ οὕτως ἐχόντων.
or. 29 (Mi. 464 D 465 A) Mon. S. 323 ὥσπερ τυφλὸς ὁδεύων ἐξ ἀνάγκης προσκόπτει, οὕτως ἄνθρωπος μὴ ἀνοιγέντων αὐτῷ πρότερον
τῶν νοερῶν ὀφθαλμῶν τῆς ψυχῆς παρὰ θεοῦ τοῦ διὰ τὸ
ἀνοῖξαι ὀφθαλμοὺς τυφλῶν ἐνανθρωπήσαντος ἐξ ἀνάγκης
ἁμαρτάνει τὴν ὁδὸν τοῦ βίου πορευόμενος· ἔτι γὰρ τυφλός ἐστι
καὶ χρείαν ἔχει θείου φωτὸς ἄνωθεν πρὸς διάκρισιν τοῦ κυρίως
καλοῦ καὶ τοῦ κακοῦ. Zu vollkommener Klarheit kann, wie man
aus den angeführten Stellen sieht, dem in den Glauben Einzuführen-
den dieser innere Zusammenhang erst auf einer höheren Stufe
kommen — dann, wenn er schauen gelernt hat; aber für die Unter-

weisung ergiebt sich daraus die Regel, dass sie vor allem darnach
trachten muss, dem Hörer von der unsichtbaren, ewigen Welt, der
er zustreben soll, einen lebendigen Eindruck zu geben or. 4 (Mi. 337C)
Mon. S. 31 εἰ μὴ γὰρ λάβοι νοερὰ ψυχὴ νοητὴν αἴσθησιν τῆς βασιλείας τοῦ θεοῦ ἁψαμένης αὐτῆς, οὐκ ἔστι σωτηρίας ἐλπίς. or. 1
(Mi. 327AB) Mon. S. 10 καλὸν γὰρ τὸ πιστεῦσαι εἰς Χριστὸν . . .
ἀλλὰ δεῖ καὶ κατηχηθῆναι τὸν λόγον τῆς ἀληθείας . . . καὶ βαπτί-
ζεσθαι· καλὸν τὸ βαπτισθῆναι ἀλλὰ δεῖ καὶ τῆς μυστικῆς ταύτης ζωῆς ἤτοι τοῦ νοητοῦ φωτὸς νοητὴν λαβεῖν αἴσθησιν.
Die Belehrung über die christlichen Grundwahrheiten soll das Ziel
erreichen, dass dem zu Unterrichtenden die Erkenntnis des Ewigen
wie eine Offenbarung aufgeht, or. 4 (Mi. 339 A) Mon. S. 34 προσελεύ-
σεται τῷ ἱερεῖ, κατηχηθήσεται δι᾽ αὐτοῦ τὸν λόγον τῆς ἀληθείας,
ἄχρις ἂν ἀποκαλυφθῇ τούτῳ τὸ εὐαγγέλιον τῆς δικαιοσύνης. or. 2 (Mi. 328C) C f. 9ᵛ δεῖ κατηχεῖσθαι . . . καὶ πιστεῦσαι
μὲν εἰς Χριστὸν . . . καὶ ὅταν ἀποκαλυφθῇ αὐτοῖς τὸ εὐαγγέλιον τῆς δικαιοσύνης[1]) κτέ. or. 12 (Mi. 372B) Mon. S. 106 τοῖς
τοιούτοις κατήχησις πρὸ ἄλλου τινὸς τοῦ μυστηρίου τῆς πίστεως
τοῦ Χριστοῦ (sc. ist nötig), ἵνα πιστεύσαντες φωτισθῶσιν.

Daraus ergiebt sich aber auch eine Forderung, die an den
Lehrer zu stellen ist. So anschaulich, wie es nötig ist, kann nur
der vom Ewigen reden, der selbst im lebendigen Besitz der Wahrheit ist. Symeon hat die der Einführung in das Christentum Bedürftigen an die berufenen Lehrer, an die Priester und Bischöfe,
gewiesen; er hat auch damit bezeugt, dass er die kirchliche Ordnung
hochhält. Aber er ist nicht geneigt, dem Amtsträger als solchem
die Befähigung zuzutrauen. So oft er den sogenannten Christen die
Weisung erteilt, erst die Elemente des Christentums verstehen zu
lernen, so oft spricht er auch nach der andern Seite hin und zwar
im schärfsten Ton die Warnung aus, dass niemand sich unterstehen
solle, des geistlichen Amts zu walten und andere zu lehren, der

---

1) Doch ist zu bemerken, dass dieser Ausdruck nicht von Symeon erst
geprägt ist; er stammt aus dem Gebet über die Katechumenen, vergl. const.
apost. VIII, 6 (ed. de Lag. 239, 23 ff.) ὑπὲρ τῶν κατηχουμένων . . . τὸν θεὸν παρα-
καλέσωμεν, ἵνα . . . ἀποκαλύψῃ αὐτοῖς τὸ εὐαγγέλιον τοῦ Χριστοῦ
αὐτοῦ und Chrysost. (hom. 2 in II ad Cor. c. 6; Mi. 61, 400) in demselben
Gebet: δεηθῶμεν . . ., ἵνα ἀποκαλύψῃ αὐτοῖς τὸ εὐαγγέλιον τῆς δικαιοσύνης. Die Bedeutung der Sache vermindert sich dadurch nicht. Was
für andere Phrase geworden ist, ist für Symeon Gegenstand ernsthaften Nach-
denkens gewesen.

nicht selbst das Göttliche geschaut habe, niemand, der bloss mit Syllogismen prunken könne, or. 1 (Mi. 326 D 327 A) C f. 8ᵛ εἰ δέ τινες ἐκ τῶν ἀμυήτων τούτων ἐκάθισαν ἐπὶ θρόνους δόξης τῆς βασιλείας αὐτοῦ καὶ διδάσκουσι περὶ ὧν ἀγνοοῦσι … καὶ μάλιστα οἱ ἐγκαυχώμενοι ἐν τοῖς εἰδώλοις αὐτῶν τοῖς διδασκαλικοῖς ῥήμασι δηλονότι κτέ. or. 2 (Mi. 329 D 330 A) C f. 11ᵛ ἀλλὰ προσεκτέον μή ποτέ τινες παρὰ τὴν τάξιν ταύτην (der Heilsordnung) ἢ λειτουργοί εἰσιν ἢ ἱερεῖς ἢ ἀρχιερεῖς καὶ καθηγεμόνες ψυχῶν … οὐ δεῖ γάρ τινα πρὸ τοῦ κοινωνῆσαι θείας φύσεως εἰς διδασκαλικὸν τοῦ πνεύματος τοῦ ἁγίου θρόνον ἀναβαίνειν. Deutlich ist also bei ihm die Einsicht vorhanden, dass nur derjenige geistliches Leben wecken kann, der es selbst in sich trägt.

Aber Symeon ist dabei doch Grieche geblieben. Neben dem Einfluss, den er der Persönlichkeit des Lehrenden zuschreibt, fordert er in der Regel noch einen andern Faktor, um den Eindruck der Predigt zu unterstützen, nämlich einen mysteriösen Akt. So tief Symeon davon durchdrungen ist, dass nur das in seinem Wert Verstandene und Empfundene den Menschen wirklich zu erheben vermag, so wenig getraut er sich, einer blossen Belehrung die das Herz umbildende Macht zuzuschreiben. Das Göttliche muss in greifbarer Weise dabei thätig sein[1]): zumal da es sich darum handelt, eine Gnade wiederzugewinnen, die das erste Mal, in der Taufe, nicht ohne die Vermittlung eines Mysteriums dem Menschen zugekommen war. Es ist schon viel, wenn Symeon nicht schlechtweg die Möglichkeit leugnet, dass man durch die blosse geistige Aneignung der Wahrheit zur Begnadigung kommen könne, or. 14 (M. 381 B C) C f. 53ᵛ εἰ δὲ καὶ χωρὶς χειρῶν ἐπιθέσεως ἦλθεν εἰς τινὰς (sc. die Begnadigung), ὀλίγοι οὗτοι λίαν, οὐκ οἶδα δύο ἢ τρεῖς καὶ οὐ νόμος τῆς ἐκκλησίας τὸ σπάνιον. Das Normale ist, dass eine durch den Priester zu vollziehende Handlung die verlorene Gnade dem Menschen wieder übermittelt. Als den erforderlichen Akt nennt Symeon

---

1) Wie stark sich Symeon über den Wert der mysteriösen Akte für die Vermittlung des Heils ausdrücken kann, dafür vergl. or. 6 (Mi. 348 A) Mon. S. 51 εἰς δὲ τὰς μετὰ τὸ ἅγιον βάπτισμα κατακρατηθείσας ὑπὸ τούτων τῶν τριῶν (sc. den Hauptlastern, dem Hang nach ἡδονή, χρήματα, δόξα) ψυχὰς ἀδύνατον ἄλλως τὴν τοιαύτην εἰσιέναι χάριν εἰ μὴ διὰ τῶν ἐπισκευαστῶν ἀγαθῶν δι᾽ ὧν μόνων ἡ σωτηρία· οἵως διὰ πόσεως τῶν ἁγιασμάτων, διὰ χρίσεως τῶν ἡγιασμένων ἐλαίων καὶ μύρων τῶν ἁγίων καὶ ἀντιλήψεως τῆς αὐτῶν εὐωδίας. διότι τὸν ἁγιασμὸν τούτοις ἐνίησι Χριστὸς καὶ ψυχῶν ταῦτα γίνεται καθαρτήρια.

in der Regel die Handauflegung, or. 2 (Mi. 330 A B) Mon. S. 17 *διὰ μεσιτείας καὶ ἐπιθέσεως χειρῶν τῶν ἐπιγνωμόνων καὶ οἰκονόμων τοῦ μεγάλου τούτου μυστηρίου καὶ τῆς ἱερᾶς γνώσεως ἐπιστημόνων.* or. 10 (Mi. 366 C) Mon. S. 93 *τοῖς μὴ ᾐσθημένοις τῆς ἀπὸ τῆς ἁγίας κολυμβήθρας τοῦ βαπτίσματος θεουργικῆς δυνάμεως ... ἡ μετὰ ταῦτα καὶ διδαχὴ καὶ τῶν τιμίων χειρῶν ἐπίθεσις ἁγίων ἀνδρῶν καὶ φωτιστικῶν χρεία.* or. 14 (Mi. 380 A B) Mon. S. 123 *ὅστις οὖν χριστιανὸς οὐκ ἐνεδυναμώθη διὰ τῆς θείας δυνάμεως τοῦ Χριστοῦ ἀπὸ ἀσθενείας πρὸς τὸ ποιεῖν τὸ θέλημα τοῦ θεοῦ, πορευθεὶς πρότερον ἐνδυναμωθήτω διὰ τῆς πίστεως καὶ χειρῶν ἐπιθέσεως τῶν οἰκονόμων τῆς χάριτος.* Seltener nennt er neben der Handauflegung noch die Salbung, or. 2 (Mi. 328 C) C f. 9ᵛ *δεῖ τούτους προσιέναι τοῖς ἀρχιερεῦσι καὶ ἱερεῦσι καὶ κατηχεῖσθαι τὸν λόγον τῆς πίστεως καὶ πιστεῦσαι μὲν εἰς Χριστὸν, ἀσφαλῆ θεμέλιον μετανοίας τῆς με*(f. 10ʳ)*γάλης ταύτης ἀγνοίας καταβαλλόμενοι πρότερον χειρῶν ἐπιθέσεως, χρίσεως ἁγίου χρίσματος.* — Welches „Mysterium" hat Symeon dabei im Auge? Da er an der zuerst angeführten Stelle sagt: *οὐ νόμος τῆς ἐκκλησίας τὸ σπάνιον,* scheint man zu der Annahme genötigt zu sein, dass ihm eine bestimmte, kirchliche Handlung vorschwebt, die man sich ganz nach Art der abendländischen Firmelung vorstellen müsste. Allein von einem derartigen Mysterium, das zur Wiedergewinnung resp. Befestigung der Taufgnade diente, weiss die griechische Kirche nichts. Näher zugesehen ist es auch trotz jenes Ausdrucks höchst unwahrscheinlich, dass Symeon einen bestehenden kirchlichen Brauch meint. So wenig als seine Aufforderung an die geistlich Toten, sich den Katechumenenunterricht noch einmal erteilen zu lassen, an etwas in der Praxis Vorkommendes anknüpft, so wenig wird die Handlung, die er für nötig hält, einen festen Bestandteil der kirchlichen Erziehungsmittel gebildet haben. Dennoch darf man sie wohl nicht für etwas rein Erfundenes und bloss in der Theorie von Symeon Gefordertes halten. Wenn Symeon gerade Handauflegung und Salbung nennt, so muss man sich daran erinnern, dass die Handauflegung auch bei den Büssern angewendet wird, um sie zum Kampf gegen die *πάθη* zu stärken; für die Salbung darf man wohl auf die Salbung am Gründonnerstag hinweisen und auf den ausgedehnten Gebrauch, den die griechische Kirche vom *εὐχέλαιον* macht. Bei der Bereitwilligkeit, mit der man dort dem individuellen religiösen Bedürfnis durch Spendung von „Mysterien" entgegenkommt, erscheint es auch als denkbar, dass jemand in freiwilliger Demütigung diese Akte an sich vollziehen lassen konnte. Unter allen Umständen ist es von Interesse zu sehen, wie Symeon von der Erwägung aus, dass das Mysterium nur da wirkt, wo es verstanden wird, dazu kommt, eine Handlung zu postulieren, die als Analogie des abendländischen Sakraments der Firmelung erscheint.

Dass Gnade die Grundlage des Heils sei und dass lebendiges Verständnis der Gnade das Grundmotiv des geistlichen Lebens bilden müsse, diese Sätze hat Symeon mit dem Bisherigen nachdrücklich vorangestellt. Aber es handelt sich nicht blos darum, den geistlich Toten zu erwecken, sondern zugleich, ihn innerlich zu erneuern, und diese, das Herz umbildende Kraft kann die Gnade am Menschen nicht erweisen, ohne zugleich auch seine Selbstthätigkeit in Anspruch zu nehmen. Der Eindruck von der ewigen Welt, den der Gläubige durch die Belehrung empfängt, ist wohl im stande, ihm die Verkehrtheit des Trachtens nach dem Irdischen zu zeigen, aber der Hang zum Vergänglichen ist in den $\pi\acute{a}\vartheta\eta$ festgewurzelt und die Wirksamkeit der Gnade findet einen hartnäckigen Widerstand beim Menschen in seiner $o\check{\iota}\eta\sigma\iota\varsigma$. Die Selbstgefälligkeit ist die Kardinalsünde, weil sie den Menschen daran hindert, sich heilen zu lassen, or. 1 (Mi. 322 D) C f 5^r $\mu\acute{\iota}a$ $o\mathring{v}\nu$ $\mathring{\eta}$ $\mathring{a}\mu a\varrho\tau\acute{\iota}a$ .. $\mathring{\eta}$ $o\check{\iota}\eta\sigma\iota\varsigma$. Sie muss der Mensch zuerst ablegen, wenn er von der Macht des Bösen los werden soll. Die $\pi\acute{a}\vartheta\eta$ definitiv in ihm zu brechen ist freilich nur Christus im stande, or. 17 (Mi. 393 A) Mon. S. 147 $\mathring{\epsilon}\pi\epsilon\acute{\iota}\tau o\iota\gamma\epsilon$ $\acute{o}$ $\delta o\nu\lambda\omega\vartheta\epsilon\grave{\iota}\varsigma$ $\mathring{\eta}$ $\tau o\tilde{\iota}\varsigma$ $\tau\varrho\iota\sigma\grave{\iota}$ $\tau o\acute{v}\tau o\iota\varsigma$ $\tau\nu\varrho a\nu\nu\iota\varkappa o\tilde{\iota}\varsigma$ $\pi\acute{a}\vartheta\epsilon\sigma\iota\nu$ (sc. $\delta\acute{o}\xi a$, $\chi\varrho\acute{\eta}\mu a\tau a$, $\mathring{\eta}\delta o\nu\acute{\eta}$) $\mathring{\eta}$ $\tau o\acute{v}\tau\omega\nu$ $\mathring{\epsilon}\nu\grave{\iota}$ $\mathring{\epsilon}a\nu\tau\grave{o}\nu$ $\mathring{\epsilon}\lambda\epsilon\nu\vartheta\epsilon\varrho\tilde{\omega}\sigma a\iota$ $o\mathring{v}$ $\delta\acute{v}\nu a\tau a\iota$ $\varkappa a\grave{\iota}$ $\vartheta\acute{\epsilon}\lambda\omega\nu\cdot$ $\mu\acute{o}\nu\omega$ $\gamma\grave{a}\varrho$ $\tau\tilde{\omega}$ $\nu\iota\tilde{\omega}$ $\tau o\tilde{v}$ $\vartheta\epsilon o\tilde{v}$ $\varkappa a\grave{\iota}$ $\beta a\sigma\iota\lambda\epsilon\tilde{\iota}$ $\mathring{I}\eta\sigma o\tilde{v}$ $X\varrho\iota\sigma\tau\tilde{\omega}$ $\tau\grave{o}$ $\mathring{\epsilon}\lambda\epsilon\nu\vartheta\epsilon\varrho o\tilde{v}\nu$ $\mathring{\epsilon}\sigma\tau\iota$ $\varkappa a\tau$ $\mathring{\epsilon}\xi o\nu\sigma\acute{\iota}a\nu$, $\mathring{\eta}\nu$ $\check{\epsilon}\lambda a\beta\epsilon$ $\pi a\varrho\grave{a}$ $\tau o\tilde{v}$ $\pi a\tau\varrho\grave{o}\varsigma$ $\delta\iota\grave{a}$ $\tau\grave{o}$ $\pi\acute{a}\vartheta\eta\mu a$ $\tau o\tilde{v}$ $\vartheta a\nu\acute{a}\tau o\nu$ $a\mathring{v}\tau o\tilde{v}$. Aber Christus will, dass der Mensch ihm einen kleinen Schritt entgegenkomme, bevor er sich mit ihm einigt, eth. 11 C f. 299^r $\delta\epsilon\tilde{\iota}$ $\gamma\grave{a}\varrho$ $\mathring{\eta}\mu\tilde{a}\varsigma$ $\mathring{a}\nu\epsilon\lambda\vartheta\epsilon\tilde{\iota}\nu$ $\mu\iota\varkappa\varrho\grave{o}\nu$ $\pi\varrho\tilde{\omega}\tau o\nu$ $\pi\varrho\grave{o}\varsigma$ $\sigma\acute{\epsilon}$, $\acute{\iota}\nu a$ $o\check{v}\tau\omega\varsigma$ $\sigma\grave{v}$ $\varkappa a\tau\acute{\epsilon}\lambda\vartheta\eta\varsigma$ $\pi o\lambda\grave{v}$ $\acute{o}$ $\varkappa a\lambda\grave{o}\varsigma$ $\delta\epsilon\sigma\pi\acute{o}\tau\eta\varsigma$ $\varkappa a\grave{\iota}$ $\mathring{\epsilon}\nu\omega\vartheta\tilde{\eta}\varsigma$ $\mathring{\eta}\mu\tilde{\iota}\nu$. Er kann keinen erlösen, der nicht seine Sünde erkennt und ihn als den Heiland weiss, or. 17 (Mi. 393 D) Mon. S. 149 $\nu\acute{o}\mu o\varsigma$ $\gamma\grave{a}\varrho$ $\varkappa\epsilon\tilde{\iota}\tau a\iota$ $X\varrho\iota\sigma\tau\tilde{\omega}$ $\mathring{a}\pi a\varrho\acute{a}\beta a\tau o\varsigma$ $\mu\grave{\eta}$ $\delta\acute{v}\nu a\sigma\vartheta a\iota$ $a\mathring{v}\tau\grave{o}\nu$ $\mu\eta\delta\acute{\epsilon}\nu a$ $\mathring{\iota}a\tau\varrho\epsilon\tilde{v}\sigma a\acute{\iota}$ $\tau\epsilon$ $\check{a}\gamma\nu o\iota a\nu$ $\check{\epsilon}\chi o\nu\tau a$ $\tau\tilde{\omega}\nu$ $o\mathring{\iota}\varkappa\epsilon\acute{\iota}\omega\nu$ $\pi a\vartheta\tilde{\omega}\nu$ $\varkappa a\grave{\iota}$ $\nu o\eta$-$\mu\acute{a}\tau\omega\nu$ $\varkappa a\grave{\iota}$ $\mathring{a}\gamma\nu o o\tilde{v}\nu\tau a$ $\tau\grave{o}\nu$ $\tau a\tilde{v}\tau a$ $\delta\nu\nu\acute{a}\mu\epsilon\nu o\nu$ $\mathring{\iota}\acute{a}\sigma a\sigma\vartheta a\iota$ $\mathring{\iota}a\tau\varrho\acute{o}\nu$. Darum ist es Aufgabe des Menschen selbst, die $o\check{\iota}\eta\sigma\iota\varsigma$ in sich niederzukämpfen und sich in der Stimmung der $\tau a\pi\epsilon\iota\nu o\varphi\varrho o$-$\sigma\acute{v}\nu\eta$ zu üben. Hier haben nun die Busswerke ihre berechtigte Stelle, als Mittel, das Hindernis der Gnade zu beseitigen und den

Wunsch nach Erlösung aus der Gewalt der Sünde zu beleben, or. 13 (Mi. 375 A) C f. 48ᵛ εἰ οὖν ἐπιγνούς τις τὰς ἑαυτοῦ ἁμαρτίας λάβῃ φῶς μετανοίας[1] . ., ποιήσει τὰ τοιαῦτα (Fasten, Nachtwachen, Almosen), ὅπως ἴδοι κύριος τὴν συντριβὴν αὐτοῦ καὶ ταπείνωσιν καὶ προθυμίαν καὶ ἐλεήσας καταλλαγῇ αὐτῷ. Symeon spornt den Eifer zu Bussübungen an; aber er hält auch für notwendig, immer wieder darauf hinzuweisen, in welchem Sinn die Busswerke gethan werden müssen. Vor allem, schärft er ein, soll im Auge behalten werden, dass es nicht auf die Fülle der Leistungen ankommt, sondern darauf, dass die Stimmung, die man durch sie erwecken und festigen will, die Stimmung der ταπεινοφροσύνη, auch wirklich im Menschen zur Herrschaft gelangt. Diese Stimmung kann da sein, auch ohne viel äusserliches Thun; sie kann in kurzer Zeit zur höchsten Steigerung gebracht werden, or. 12 (Mi. 370 D) Mon. S. 103 ὁ γοῦν ποιῶν νη- στείας καὶ προσευχὰς καὶ ἐλεημοσύνας — διὰ τούτων γὰρ τῶν τριῶν πᾶσι χριστιανοῖς ἀνάκλησις καὶ σωτηρία — μὴ πρὸς τὰς ἡμέρας τῆς νηστείας βλεπέτω μηδὲ πρὸς τὸ μέτρον τῆς ἐλεημοσύνης. Wenn man dieses Interesse Symeon's, die Intensität und die Auf- richtigkeit der Stimmung als das Entscheidende hinzustellen, be- achtet, so versteht man, welches Gewicht er, oft gerade im Gegen- satz zu äusseren Leistungen, auf die Thränen legt, cat. 29 C[1] f. 263ᵛ ἐκ ποίων ἔργων οὗτοι (David, Petrus, der Zöllner, der Schächer, der verlorene Sohn) τὴν συγχώρησιν ἔλαβον τῶν ἐσφαλμένων, σκόπησον· ἆραγε ἐκ νηστείας, ἐξ ἀγρυπνίας, ἐκ χαμευνίας ἢ τῆς τῶν ὑπαρχόντων εἰς τοὺς δεομένους κενώσεως ἢ ἐξ ἄλλης τινὸς ἐπιπόνου ἐργασίας τῆς διὰ τοῦ σώματος τελουμένης; μὴ γένοιτο· ἀλλ᾽ ἐκ μόνης τῆς μετανοίας καὶ τῶν ἀπὸ ψυχῆς δακρύων καὶ τῆς τοῦ συνειδότος καταγνώσεως. Es ist nicht zu leugnen, dass in Symeon's Lobpreis der Thränen die mönchische Weichheit — der Anfänger ist er ja nicht — einen für uns unerträglichen Ausdruck findet. Symeon hat fast eine Theologie der Thränen ent- wickelt: die Thränen sind nicht blos asketisches Mittel, sondern zugleich Gnadengabe; denn sie reinigen die Seele. Aber das Be- streben, von dem Symeon dabei geleitet war, war richtig. Die Thränen erscheinen ihm als ein sichereres Zeugnis echten Reuegefühls gegenüber körperlichen Leistungen und indem er sie preist, will er die entscheidende-Bedeutung der inneren Herzensvorgänge hervor- heben, or. 20 (Mi. 411 B) Mon. S. 190 τί γὰρ ὄφελος, ἀδελφοί, τῶν

---

1) Ich mache vorläufig auf den Ausdruck φῶς μετανοίας aufmerksam.

σωματικῶν κόπων, τῆς ἔνδοθεν ἐργασίας ἀμελουμένης. — Als Zweites, was bei den Busswerken nicht vergessen werden soll, predigt Symeon unermüdlich, dass alle Askese sich direkt nur auf den Menschen selbst bezieht: sie dient dazu, die Macht der Sünde in ihm zu dämpfen und ihm den Gedanken an seine eigene Sündhaftigkeit recht deutlich einzuprägen. Auf Gott bezieht sich die Bussübung erst indirekt: insofern er das gedemütigte und zerschlagene Herz, das der Mensch durch die Askese gewinnt, ansehen soll, or. 6 (Mi. 350 A) Mon. S. 56 ταῦτα γὰρ πάντα διὰ τὴν ἀνάκλησιν ἡμῶν εἰσι καὶ ὑγείαν καὶ ἐὰν μὴ ὑγιαίνωμεν, εἰκῇ εἰς Χριστὸν ἐπιστεύσαμεν. or. 12 (Mi. 369 D 370 A) Mon. S. 101 ὅταν ἀκούῃς τῶν ἁγίων πατέρων λεγόντων ἡμῖν ὅτι διὰ τὸν θεὸν νηστεύσωμεν ἢ ἐλεήσωμεν ἤ τι ἄλλο τῶν ἀγαθῶν ποιήσωμεν, συγκαταβαίνοντας ἡμῶν τούτους νόμιζε τῇ ἀσθενείᾳ ταῦτα φθέγγεσθαι· ὁ γὰρ θεὸς ἀνενδεὴς ὢν οὐδενὸς τούτων χρῄζει· πάντα δὲ τὰ ἀγαθὰ ὅσα ἂν ποιήσωμεν ἐν τῷ παρόντι βίῳ δι᾽ ἡμᾶς ἑαυτοὺς ποιοῦμεν οὐ διὰ τὸν μὴ χρείαν αὐτῶν ἔχοντα θεόν. or. 17 (Mi. 393 A) Mon. S. 147 ὑπὲρ τῆς ἐλευθερίας ταύτης καὶ νηστεύσωμεν καὶ ἐλεημοσύνας ποιήσωμεν, ὅπως ἴδῃ ὅτι θέλομεν τὴν ἐλευθερίαν ὁ θελητὴς τοῦ ἐλέους. or. 13 (Mi. 371 B) Mon. S. 104 μόνη γὰρ θυσία παρὰ παντὸς ἀνθρώπου θεῷ πνεῦμα συντετριμμένον.

Symeon ist also, wenn er von dem Menschen eigenes Mitthun fordert, sichtlich bemüht, der Selbstthätigkeit nicht zuviel zuzuschreiben. Sie soll nur die Bedeutung haben, die durch die Belehrung (und Handauflegung) gewonnenen Eindrücke zu vertiefen und in der Auseinandersetzung mit widerstrebenden Neigungen, vor allem mit der Selbstgefälligkeit, zu verarbeiten. Symeon verfolgt, indem er dies von dem zu Bekehrenden fordert, nur die Absicht, den Menschen nicht als bloss passiv erscheinen zu lassen. Die reale Wiedergeburt, die Erleuchtung, die Erhebung des Glaubens zum Schauen und die sittliche Neuschaffung, soll reines Werk der Gnade sein. Man erwartet darnach, vollends, wenn man sich an seine Visionen erinnert, dass Symeon auf das Anfangsstadium einen Akt folgen liesse, in dem sich plötzlich die Wandlung im Menschen vollzöge. Thatsächlich redet Symeon auch so viel von ἀναγέννησις, ἀναστοιχείωσις u. ä. (vergl. z. B. or. 6 [Mi. 349 A] C f. 25ᵛ ὁ γὰρ μὴ βλέπων τὴν βασιλείαν ἐφ᾽ ἑαυτὸν τοῦ Χριστοῦ, οὔπω γεγέννηται ἄνωθεν καὶ δεῖ πάντως γεννηθῆναι, ὥστε ἰδεῖν ἐνταῦθα τὴν βασιλείαν τοῦ θεοῦ), er stellt das Leben des Wiedergeborenen dem früheren Leben so schroff gegenüber, dass man immer wieder meint, er müsste den ganzen Umschwung in einen einmaligen, entscheidenden Akt zusammendrängen. Allein, sieht man näher zu, so bemerkt man, dass Symeon vielmehr das Bestreben hat, den Übergang vom Anfangsstadium zur Begnadigung, so viel wie möglich, als allmählichen darzustellen. Er will nicht, dass man träge auf die Erleuchtung warte, und von diesem Interesse aus sucht er Zwischenstufen einzuschieben, die zugleich auf einer immer stärkeren Wirksamkeit der Gnade, wie auf einem steten inneren Wachstum des Menschen beruhen. Die Motive, die zunächst den Menschen zur μετάνοια geführt haben, können sich noch weiter entfalten und tiefer wirken, so dass der Gläubige immer mehr seinem Ziele sich nähert und während dieses Prozesses und in diesem Prozess arbeitet die Gnade immer spürbarer an dem Gläubigen, bis sie schliesslich als Licht ihm erscheint. Wie aber im Vorbereitungsstadium Mehreres zusammenwirkt, um das Verlangen nach Gnade in dem Menschen hervorzurufen, so sind es auch verschiedene Linien, auf denen Symeon den weiteren inneren Fortschritt sich vollziehen lässt.

Wenn er Nachdruck darauf gelegt hat, dass zu allererst die christliche Wahrheit mit Verständnis aufgenommen werden muss, so eröffnet sich die Möglichkeit einer inneren Weiterentwicklung auf diesem Punkt in der Weise, dass der Glaube allmählich selbständiger wird und tiefer dringt, eth. 8 C f. 272^v ἀπὸ γὰρ τῶν εἰρημένων αὐτοῦ (sc. Christi) παθημάτων ἀκούουσα ἡ ψυχὴ καὶ κατὰ μικρὸν πιστεύουσα ἀναλόγως τῆς πίστεως αὐτῆς διανοίγεται, ὑπὸ ἀπιστίας ἐσφαλισμένη πρότερον οὖσα. Durch die Belehrung seitens der geisterfüllten ἐπιγνώμονες und durch die Handauflegung ist ja die Gnade dem Menschen realiter nahe gebracht worden und in der πίστις. hat er sich schon mit ihr resp. mit Gott geeinigt, or. 21 (Mi. 415 A B) Mon. S. 199 ὁ δέ γε θεῷ συγκραθεὶς διὰ πίστεως κτέ. Es handelt sich für den Gläubigen nur darum, dass er den Gegenstand des Glaubens allmählich immer deutlicher erkennt und gleichzeitig sich inniger mit ihm verbindet. Ein wesentliches Mittel innerer Förderung ist ernsthafte Versenkung in Schriftworte. In jedem Schriftworte liegt ein tiefer Sinn verborgen, der freilich nur heissem Mühen sich erschliesst, or. 29 (Mi. 468 A) Mon. S. 231 angedeutet: πλὴν ὅμως πολλῶν ἡμῖν δεῖ τῶν δακρύων, πολλοῦ τοῦ φόβου, πολλῆς τῆς ὑπομονῆς καὶ ἐπιμόνου εὐχῆς, ἵνα κἂν ἑνὸς δεσποτικοῦ ῥήματος δύναμις ἀποκαλυφθῇ ἡμῖν, ὅπως γνῶμεν τὸ ἐν μικροῖς λόγοις κεκρυμμένον

μέγα μυστήριον. Was er aber unter Vertiefung in Schriftworte
versteht, dafür ist lehrreich or. 26 (Mi. 448 B) Mon. S. 275 *νοερῶς*
τε καὶ αἰσθητῶς ταῦτα λογιζόμενος κτέ. Allein nie lässt Symeon
den Glauben rein durch theoretisches Nachdenken zum Schauen aus-
reifen, ja er polemisiert gegen die Meinung, als ob man in der
blossen *ἡσυχία* die *γνῶσις,* die Einigung mit Gott, erreichen könnte,
eth. 15 C f. 323ᵛ *πάντες γὰρ οἱ ἀπόστολοι καὶ οἱ ἐξ αὐτῶν θεο-*
φόροι πατέρες οὐδαμοῦ τῆς διὰ τῶν ἔργων εὐαρεστήσεως τὴν
ἡσυχίαν προέκριναν, ἀλλὰ διὰ τῆς τῶν ἐντολῶν ἐκπληρώ-
σεως τὴν πίστιν ἐπιδειξάμενοι τῆς τοῦ θεοῦ ἀγάπης
ἐν γνώσει κατηξιώθησαν. Der Glaube muss sich in der Praxis
bethätigen, wenn er sich befestigen und klären soll. Häufig hat
Symeon dies in der Form ausgesprochen, dass man durch die Befolgung der Gebote sich die Würdigkeit resp. die Fähigkeit erwirbt,
zur höheren Stufe des Schauens aufzusteigen. Doch auch wenn Symeon nur diesen, seit Klemens von Alexandrien geläufigen Gedanken
wiederholt, vertritt er ihn mit bemerkenswerten Modifikationen. Er
accentuiert die *πίστις* und rückt die Werke in das Licht, dass sie
den Glauben festigen, div. am. 21 (Mi. 552 D 553 A) Mon. S. 97 *τοῦτο*
οὖν (sc. das Feuer des Geistes) *ἐν ποίᾳ ὕλῃ ἐμβληθήσεται εἰπέ*
μοι; ἐν ψυχαῖς ἐχούσαις ἄρα ἔλαιον δαψιλεστάτως καὶ πρὸ τούτου
καὶ σὺν τούτῳ πίστιν ἔργα τε τὴν πίστιν βεβαιοῦντα
κεκτημέναις. κεφ. οδ; Mi. 645 A τοῦτο γὰρ (sc. die Erlangung der
vollkommenen Gnade) *τῶν βεβαιοπίστων καὶ ἐκ τῶν ἔργων*
ταύτην ἐπιδεικνύντων ἐστί. Noch deutlicher redet die Thatsache, dass Symeon ausdrücklich der Meinung entgegentritt, als ob
der Mensch durch eigene Leistung sich zur höheren Stufe empor-
schwänge, or. 20 (Mi. 410 B) Mon. S. 187 *γίνεται τοίνυν ἐν* (S. 188)
ἀποχῇ τῶν κακῶν καὶ ἐν τῇ ἐργασίᾳ τῶν ἀγαθῶν ὁ ἄνθρωπος
ἅγιος οὐχ ὡς ἐκ τῶν ἔργων πάντως ἁγιαζόμενος — οὐ
γὰρ δικαιωθήσεται ἐξ ἔργων νόμου πᾶσα ψυχή — ἀλλ᾽ ὡς
τῷ ἁγίῳ θεῷ διὰ τῆς τῶν τοιούτων πράξεων ἐργασίας προσοικειού-
μενος. Das Gute, das der Gläubige in diesem Stadium zustande
bringt, erreicht er nur durch die Hilfe der ihn unterstützenden
Gnade, wenn auch ihm selbst erst allmählich das deutliche Bewusstsein dieses höheren Beistands aufgeht, or. 25 (Mi. 442 A) Mon. S. 260
πρῶτον μὲν βοήθειαν λήψεται ἀνεπαισθήτως, εἶτα καὶ ἐν
αἰσθήσει καὶ μετ᾽ ὀλίγον ἐν φωτισμῷ. Wenn Symeon hiedurch
einer Überschätzung der Werke vorbeugen und den Gnadencharakter
der Erleuchtung aufrecht erhalten will, so weiss er es andrerseits

doch zu rechtfertigen, inwiefern die Praxis dazu dient, die Erkenntnis
zu fördern und den Gläubigen dem Schauen entgegenzuführen. Wer
die Gebote zu befolgen sich bemüht, der lernt ihren Sinn verstehen; er erfasst intuitiv den Unterschied zwischen Gut und Böse,
zwischen vergänglichem und unvergänglichem Wesen und diese
intuitive Erkenntnis ist schon ein Sehendwerden or. 10 (Mi. 365C)
Mon. S. 91 ταῖς γοῦν εἰς Χριστὸν πιστευούσαις ψυχαῖς καὶ τὰ
αὐτοῦ προστάγματα καὶ τοὺς νόμους τηρεῖν προαιρουμέναις κατὰ
τὸ μέτρον τῆς ἑαυτῶν πίστεως καὶ ὑπακοῆς τοῦ Χριστοῦ καὶ
δίδωσιν αὐταῖς τὸ ὁρᾶν· τοῦτο δὲ τὸ ὁρᾶν γνῶσίς ἐστι τῶν
κυρίως καλῶν καὶ τῶν μὴ οὕτως ἐχόντων καὶ τῶν κυρίως κακῶν
καὶ τῶν μὴ οὕτως ἐχόντων. Oder, in anderer Wendung: wer
Christi Willen zu thun unternimmt, der lernt ihn kennen und wird
ihm vertraut; das Verständnis für die Liebe, die ihn von vornherein
umfängt und leitet, geht ihm auf or. 20 (Mi. 410B) Mon. S. 188 τῷ
ἁγίῳ θεῷ διὰ τῆς τῶν τοιούτων πράξεων ἐργασίας προσοικειού-
μενος. or. 21 (Mi. 415AB) Mon. S. 199 ὁ δέ γε θεῷ συγκραθεὶς διὰ
πίστεως καὶ ἐπιγνοὺς αὐτὸν διὰ τῆς τῶν ἐντολῶν πράξεως
καὶ βλέπειν αὐτὸν πάντως διὰ θεωρίας ἠξίωται· διὰ τῆς εἰς
Χριστὸν γὰρ ἀδιστάκτου πίστεως Χριστὸς οἰκεῖ ἐν τούτῳ
καὶ γίνεται νοῦς ἔνθεος. or. 19 (Mi. 402B) Mon. S. 168 ἀπὸ γὰρ τῶν
ἐντολῶν αἱ ἀρεταί, ἐν δὲ ταύταις ἡ ἀποκάλυψις τῶν μυστηρίων τῶν ἐν τῷ γράμματι ἀποκεκρυμμένων καὶ κεκαλυμ-
μένων· διὰ γὰρ τῆς ἐκπληρώσεως τῶν ἐντολῶν ἡ ἐργασία τῶν ἀρετῶν ... καὶ οὕτω ... ἀνοίγεται ἡμῖν ἡ θύρα τῆς γνώσεως,
μᾶλλον δὲ οὐ διὰ τούτων ἀλλὰ διὰ τοῦ εἰπόντος· ὁ ἀγαπῶν
με τὰς ἐντολάς μου τηρήσει καὶ ὁ πατήρ μου ἀγαπήσει αὐτὸν καὶ
ἐγὼ ἐμφανίσω αὐτῷ ἐμαυτόν. Man sieht jedoch an diesen Stellen
(bem. das ἠξίωται in dem zweiten Zitat), wie unvermerkt „intuitives
Erkennen", „Schauen", „Erleuchtetwerden durch einen transscenden-
talen Akt" ineinanderschwimmen und wie Symeon an der letzten
Stelle sich geradezu aufraffen muss, um wieder zu betonen, dass das
Ziel nicht in immanentem Fortschritt, sondern durch Hilfe von
aussen her erreicht wird.

Von einer andern Seite zeigt sich der Heilsprozess, wenn Symeon
ihn unter dem Gesichtspunkt betrachtet, dass er zu einer sittlichen
Wiedergeburt des Menschen führt. Symeon nennt ihn dann gern
δικαίωσις oder καταλλαγή. Aber gleich zu Anfang befindet er sich
dabei in einer bemerkenswerten Unsicherheit darüber, ob an der
Sünde, die es aufzuheben gilt, ihr Charakter als Schuld oder als

Macht der wichtigere ist. Dies offenbart sich in seinem Schwanken über die Stelle, an der die Sündenvergebung einzureihen ist. Das eine Mal lässt er sie der Heiligung vorangehen, so κεφ. οδ; Mi. 645 A μετὰ γὰρ τὸ βαπτισθῆναι ἡμᾶς πρὸς πονηρὰς καὶ αἰσχρὰς πράξεις ἐκκλίνοντες καὶ αὐτὸν τὸν ἁγιασμὸν εἰς ἅπαν ἀποβαλλόμεθα. μετανοίᾳ δὲ καὶ ἐξομολογήσει καὶ δάκρυσι κατὰ ἀναλογίαν τὴν ἄφεσιν πρότερον τῶν ἡμαρτημένων λαμβάνομεν καὶ οὕτω τὸν ἁγιασμὸν μετὰ τῆς ἄνωθεν χάριτος. Aber anderwärts dreht er das Verhältnis um und legt gerade Wert auf diese Reihenfolge, or. 7 (Mi. 347 B C) Mon. S. 50 εἰ δὲ φθάσῃ κρατηθεὶς (sc. der Getaufte von den πάθη), ὀφείλει πολλὰ παρακαλέσαι καὶ δυσωπῆσαι τὸν Χριστὸν καὶ κρατῆσαι καὶ μεσίτας, οὐχ ἵνα ἀφεθῶσιν αὐτῷ αἱ ἁμαρτίαι αὐτοῦ, ἀλλ᾽ ἵνα ἐλευθερώσῃ καὶ ἀπολύσῃ τοῦτον ὁ Χριστὸς ἀπὸ τῆς κατασχέσεως τῶν τοιούτων, ὡς ἑαυτὸν καὶ θέλων ῥύσασθαι μὴ δυνάμενος, ὅπως ἂν ῥυσθεὶς τήν τε ἄφεσιν τῶν πεπλημμελημένων αἰτήσῃ καὶ λήψεται. Für gewöhnlich unterscheidet er jedoch überhaupt die beiden Beziehungen nicht so deutlich: die Wiedergeburt kommt zustande durch die Mitteilung des Geistes in der Gemeinschaft mit Christo; in der Mitteilung dieser Gnadengabe liegt zugleich die Versicherung von Gottes Verzeihung, wie die Kraft zur wirklichen Gerechtigkeit, or. 1 (Mi. 324 B) C f. 6^v ἡ δικαίωσις τοῦ ἁγίου πνεύματος δωρεά. eth. 8 C f. 275^v ὁπηνίκα γὰρ οὕτως (sc. gedemütigten und zerschlagenen Herzens) ἕξεις κατὰ τὰς ἀφανεῖς κινήσεις τῆς καρδίας σου, εὐθὺς εὑρήσεις αὐτὸν ἐναγκαλιζόμενόν σε μυστικῶς καὶ κατασπαζόμενον καὶ χαριζόμενόν σοι πνεῦμα εὐθὲς ἐν τοῖς ἐγκάτοις, πνεῦμα ἐλευθερίας καὶ ἀφέσεως τῶν ἁμαρτημάτων σου. or. 13 (Mi. 375 B) Mon. S. 112 ἐφάπτεται γὰρ οἱονεὶ ψυχῆς ἡ θεία χάρις ἀοράτως αὐτῇ καταλλαττομένη. or. 17 (Mi. 396 B) Mon. S. 155 καταλλαγὴ δὲ τοῦ θεοῦ ἡ πρὸς ψυχὴν νοητὴ αὐτοῦ ἐπισκίασις, vergl. auch or. 4 (Mi. 339 C) C f. 18^v μέχρι γὰρ τότε ἐχθροὶ καὶ πολέμιοι τοῦ θεοῦ καθεστήκαμεν ..., ἕως οὗ πάθεσιν ἀτιμίας δουλεύειν βουλόμεθα und or. 14 (Mi. 381 C) C f. 53^v τοῦτό ἐστι καὶ δικαιοσύνη τὸ μετέχειν καὶ κοινωνεῖν τῷ Ἰησοῦ.

Vergegenwärtigt sich nun Symeon den elenden Zustand des Menschen mehr als einen Zustand der Trennung von Gott und der Verfinsterung der sittlichen Erkenntnis, so stellt sich ihm die Entwicklung, die zur Begnadigung führt, so dar, dass der Mensch zuerst sich selbst und seine Not immer tiefer erkennen lernt. Je mehr er aber sich selbst richtig erkennt und das heisst, sich gering achtet, desto mehr gewinnt er auch die Fähigkeit, Gott und göttliche Dinge zu verstehen. Selbsterkenntnis und Gotteserkenntnis gehören zusammen und steigern sich gegenseitig, eth. 9 C f. 282ᵛ πρῶτον μὲν τὰ κατ᾽ αὐτὸν ὁ ἄνθρωπος καὶ ἑαυτὸν ὅλον ὑπὸ τῆς χάριτος ἐπιγνῶναι καταξιοῦται, εἶτα μετὰ πολλὴν καὶ ἐπίμονον κάθαρσιν καὶ βαθεῖαν ταπείνωσιν ἀμυδρῶς πως κατ᾽ ὀλίγον τὰ περὶ θεοῦ καὶ τῶν θείων νοεῖν ἄρχεται καὶ καθόσον νοεῖ καταπλήττεται καὶ πλείονα κτᾶται ταπείνωσιν ἀνάξιον ἑαυτὸν παντάπασιν τῆς τῶν τοιούτων μυστηρίων γνώσεως καὶ ἀποκαλύψεως λογιζόμενος. Wie es schliesslich zum Schauen kommt, hat Symeon auch an diesem Punkt zu vermitteln gewusst. Die Selbsterkenntnis, die sich im Gegensatz zur οἴησις einstellt, beruht schon auf einer von Gott geschenkten Erleuchtung, der andere Erleuchtungen mit innerer Notwendigkeit folgen, wenn sich der Mensch nur mit Ernst dem Zug von oben hingiebt. Ja der Gläubige darf sich schon auf Grund des ihn überwältigenden Gefühls der Sündhaftigkeit als vom Licht umstrahlt wissen, or. 13 (Mi. 370 D 371 A) C f. 45ᵛ ὁ γοῦν ποιῶν νηστείας καὶ προσευχὰς καὶ ἐλεημοσύνας ... βλεπέτω ..., εἰ προσέσχεν ὁ κύριος. εἰ γὰρ προσέσχεν, ἐξαπεστάλη ἂν ἡ χάρις αὐτῷ τοῦ θεοῦ; ist die Gnade wirklich an jemand entsendet worden, so muss er erkennen τὴν ἑαυτοῦ ἀσθένειαν καὶ τὰ ἁμαρτήματα ... ὡς δυσειδῆ, ὡς αἰσχρὰ καὶ κτηνώδη, ὡς λογικῆς ἀνάξια ψυχῆς ... τοιαύτη γὰρ ἡ πρώτη τῇ ψυχῇ παρὰ θεοῦ φωτοδοσία. or. 13 (Mi. 375 A B) Mon. S. 112 ἐὰν οὖν ἐπιγνούς τις τὰς ἑαυτοῦ ἁμαρτίας λάβῃ φῶς μετανοίας καὶ ἄρξηται μετανοεῖν, ποιήσει τὰ τοιαῦτα (sc. die Busswerke), ὅπως ἴδῃ κύριος τὴν συντριβὴν αὐτοῦ καὶ ταπείνωσιν καὶ προθυμίαν καὶ ἐλεήσας καταλλαγῇ αὐτῷ· σημεῖα δὲ καταλλαγῆς τῶν ἐνοχλούντων παθῶν ἄνεσις, ἁμαρτίας μῖσος, φόβος πανταχοῦ θεοῦ. ... ἐφάπτεται γὰρ οἱονεὶ ψυχῆς ἡ θεία χάρις ἀοράτως αὐτῇ καταλλαττομένη καὶ ἄρχεται συνίστασθαι ἡ διάνοια μέχρι τοῦδε ἄστατος οὖσα καὶ διαχεομένη. Man beachte aber auch hier namentlich die Fassung der zweiten Stelle. Symeon führt die Selbsterkenntnis auf eine Erleuchtung zurück, nicht blos um das Eindringen des Lichts in den Menschen verständlich zu machen, sondern wesentlich auch darum, weil er jeden inneren Fortschritt als durch Gnade bedingt erscheinen lassen möchte.

Sofern aber der elende Zustand als sittliche Schwäche gefasst wird, ergiebt sich auch die Betrachtungsweise des Heilsprozesses, dass die die sittliche Kraft des Menschen durch Beistand der Gnade

mehr und mehr wächst. Ein Keim sittlicher Kraft ist in ihn ge-
senkt, wenn er durch die Busse zur ταπεινοφροσύνη gelangt ist.
Denn die ταπεινοφροσύνη ist nicht bloss ein Gefühl, sondern eine
Tugend und sie kann andere Tugenden aus sich erzeugen. So schildert Symeon gern den Aufstieg zum Licht als eine Reihenfolge von
Tugenden, deren erste die ταπεινοφροσύνη, deren höchste die ἀγάπη
ist. Er hat nicht ungeschickt einen psychologischen Aufbau versucht: aus der ταπεινοφροσύνη entsteht die πραότης, die nach
Matth. 5, 5 u. 7 — er vermengt meist die Stellen — die Verheissung
der Begnadigung hat[1]), und in der πραότης liegt schon der Anfang der ἀγάπη, or. 8 (Mi. 360 A B) Mon. S. 79 ἐπίγνωσις γὰρ θεοσεβείας ἕξιν ἐμποιεῖ ταπεινώσεως, ἕξιν δὲ πραότητος ἡ ταπείνωσις, ὅθεν τὴν πρὸς θεὸν ἐγγύτητα ἡ ἐν ἕξει πραότης
καὶ ταπείνωσις ποιοῦσι. or. 14 (Mi. 381 A B) Mon. S. 135 ἡ ψυχὴ
γυμνὴ γεννᾶται πάσης ἀρετῆς καὶ προσελθοῦσα ... ἐνδύεται τὸν
Χριστὸν ... μανθάνει ζητεῖν καὶ αἰτεῖσθαι ... αἰτήσεται τὰ
πρόσφορα· πρῶτον φῶς εἰς τὸ βλέπειν; hierauf ταπεινωθεῖσα
πραϋνθήσεται καὶ πραϋνθεῖσα διδαχθήσεται ὑπὸ κυρίου
μυστικῶς τὰς ὁδοὺς κυρίου διδάσκοντος πραεῖς τὰς ὁδοὺς αὐτοῦ.
Mit Aufzählung einer längeren Reihe von Tugenden, unter künstlicher
Benutzung der Seligpreisungen, ist dieser Gedanke ausgeführt eth. 10
C f. 298[v]; etwas einfacher auch or. 14 (Mi. 383 B 384 A) C f. 54[v].
Auch bei dieser Konstruktion kann man jedoch die Bemerkung
machen, wie ganz unter der Hand transscendente Grössen in empi-
risch-psychologische übergehen. Denn man sieht mit Verwunderung,
dass Symeon, wenn er die Spitze erreicht hat, die ἀγάπη mit Chri-
stus resp. dem heiligen Geist identifiziert, eth. 4 C f. 242[r] ἡ δὲ ἀγάπη
αὕτη εἴτουν ἡ κεφαλὴ πασῶν τῶν ἀρετῶν ἐστιν ὁ Χριστὸς
καὶ θεὸς, ὃς διὰ τοῦτο κατῆλθεν ἐπὶ τῆς γῆς, ἵνα μεταδῷ τῆς
αὐτοῦ θεότητος οὐσιωδῶς ἡμῖν, vergl. div. am. 17 (Mi. 539 A) Mon.
S. 68 ἔδωκε δὲ πνεῦμα θεῖον ὅπερ ἐστιν ἡ ἀγάπη. ib. (Mi. 536 B)
Mon. S. 61 πνεῦμα θεῖον ἡ ἀγάπη, παντουργὸν φῶς καὶ φωτίζον.
Symeon versucht, wie im bisherigen gezeigt, auf verschiedenen
Wegen die innere Entwicklung, vermöge deren der Mensch zur
Begnadigung kommt, psychologisch und ethisch begreiflich zu
machen. Es könnte dadurch der Schein entstehen, als ob er die

---

1) Die πραότης und ταπεινοφροσύνη sind für Symeon auch, gemäss
Matth. 11, 29, die charakteristischen Züge in dem Bild des geschichtlichen
Christus. Wer diese Tugenden erwirbt, wird somit Christo ähnlich, hat an
seinem Leiden Teil und kann mit ihm auferstehen, vergl. z. B. or. 7; Mi. 355 A ff.

Gnade bei diesem Prozess nur als frei, je nach dem Bedürfnis und der Aufnahmefähigkeit des Menschen, wirkend voraussetzte. Deshalb ist es notwendig, daran zu erinnern, dass für Symeon die Gnade, um deren Aneignung es sich handelt, eine auch durch die Mysterien dem Menschen zugeführte, reale Potenz ist (vergl. auch S. 58). Der Augenblick, in dem der Gläubige die Eucharistie geniesst, kann für ihn ein Moment des Schauens werden eth. 10 C f. 290^r διὰ τῆς τοῦ ἀχράντου σώματος καὶ αἵματος αὐτοῦ μεταλήψεως σκηνώσαντος ὡς φῶς ἐν ἡμῖν ἐθεασάμεθα τὴν δόξαν αὐτοῦ, δόξαν ὡς μονογενοῦς παρὰ πατρός. or. 32 (Mi. 492 C) Mon. S. 379 οὐκ ἂν ἀξίως ἢ μετὰ δακρύων τῶν κατὰ θεὸν ἰσχύσαιμέν ποτε τῶν θείων μυστηρίων καθ᾽ ἑκάστην μεταλαμβάνειν ἢ τὸ συνὸν αὐτοῖς θεάσασθαι φῶς. eth. 14 C f. 320^v οἱ … καὶ τὴν ἀπο-κάλυψιν τῇ νοερᾷ προσψαύσει τῆς ἀοράτου θεότητος ἐν τῷ νοερῷ ὄμματι καὶ στόματι καταξιούμενοι ἰδεῖν καὶ φαγεῖν γι-νώσκουσιν, ὅτι Χριστὸς ὁ κύριος, οἱ οὐκ ἄρτον μόνον αἰσθη-τῶς ἀλλὰ καὶ θεὸν ὁμοῦ ἐν ταυτῷ νοητῶς ἐσθίοντες καὶ πίνοντες. Ebenso strömt aus den Mysterien dem Gläubigen sittliche Kraft und Sündenreinigung zu or. 5 (Mi. 344 A) C f. 22^v (vom Abendmahl) δύναμιν ἔχει κραταιὰν καὶ ἐξουσίαν καταλύειν τὰ ἁμαρτήματα. eth. 1 C f. 183^r ἐσθίοντες δὲ τὴν παναμώμητον αὐτοῦ σάρκα, θεῖα λέγω μυστήρια, σύσσωμοι αὐτοῦ καὶ συγγενεῖς ἐν ἀληθείᾳ γινόμεθα[1]), καθὼς καὶ αὐτὸς ὁ θεῖος Παῦλός φησιν, ὅτι ὀστοῦν ἐσμεν ἐκ τῶν ὀστέων αὐτοῦ καὶ σὰρξ ἐκ τῆς σαρκὸς αὐτοῦ καὶ πάλιν· ὅτι ἐκ τοῦ πληρώματος αὐτοῦ τῆς θεό-τητος ἡμεῖς δηλονότι πάντες ἐλάβομεν καὶ χάριν ἀντὶ χάριτος. τοῦτο δὲ γινόμενοι ὅμοιοι αὐτῷ τῷ φιλανθρώπῳ θεῷ καὶ δεσπότῃ ἡμῶν κατὰ χάριν γινόμεθα. Doch darf man nicht glauben, dass Symeon, indem er die wunderbare Einwirkung der Mysterien an-erkennt, den psychologischen Aufbau, den er sonst versucht, selbst wieder zerstört habe. Denn einmal ist die Gnade, die das Myste-rium mitteilt, der ohne dieses Vehikel dem Menschen zukommenden inhaltlich gleichartig. Dann aber, kommt es ja immer auf den Glaubensstand des Empfängers an, wie viel er an Erkenntnis und an sittlicher Kraft aus dem Mysterium herauszuziehen weiss. Was für den einen nur ein äusserlicher, auf die Dauer wirkungsloser Vorgang ist, wird für den andern eine Offenbarung und eine Quelle der Kraft; vergl. über den wertlosen Genuss eth. 14 C f. 320^v μένεις

---

1) vergl. Cyr. cat. XXII, 3; Mi. 33, 1100 A.

πάλιν μετὰ μικρὸν οἷος ἦς καὶ τὸ πρότερον, μηδεμίαν προσθήκην ζωῆς ἐν σοὶ ἢ πηγὴν βλυστάνουσαν ἢ βλέπων τὸ· οἰονοῦν φῶς. ὁ γὰρ ἄρτος οὗτος αἰσθητῶς μὲν ψωμὸς φαίνεται..., νοερῶς δὲ φῶς ἀχώρητόν ἐστι καὶ ἀπρόσιτον. ... εἰ οὖν τρώγων.. οὐκ ἔσῃ γινώσκων, εἰ ζωὴν ἔζησας τὴν ἀνώλεθρον (f. 321ʳ)..., πῶς οἴει τῆς ζωῆς κοινωνὸς γεγονέναι? Das Mysterium fördert nur einen schon vorhandenen Glauben. Es hat für den Gläubigen den hohen Wert, ihm die Gnade in greifbarer Weise nahezubringen; er ist in dem Augenblick, in dem er die Eucharistie geniesst, dessen sicher, dass das Göttliche thatsächlich in ihm ist, — man erinnere sich daran, wie in den Visionen das Licht in Symeon hineintritt, — aber es wirkt nicht in magischer Weise. Praktisch bleibt somit bestehen, dass man durch bewusste Arbeit an sich selbst ringen muss voranzukommen, und damit behält auch das, was Symeon über die psychologischen und ethischen Zusammenhänge, in denen sich die innere Entwicklung vollzieht, aufgestellt hat, seinen vollen Wert.

Was bisher vorläufig als verschiedene Linien, auf denen Symeon den inneren Fortschritt des Gläubigen verfolgt, bezeichnet worden ist, stellt in Wirklichkeit die zusammengehörigen Seiten eines und desselben Prozesses dar. Dieselbe Sache nennt Symeon bald Schauen des Lichts, bald Einigung, bald Wiedergeburt oder Versöhnung und Rechtfertigung. Das eine ist für ihn immer unmittelbar mit dem anderen gegeben, doch so, dass auf die Erleuchtung das entscheidende Gewicht fällt. Um zu verstehen, warum Symeon die verschiedenen Seiten des Heilsprozesses nicht schärfer unterscheidet und ihren gegenseitigen Beziehungen nachgeht, kann man wohl zunächst sich daran erinnern, dass der Grieche seit alten Zeiten gewohnt war, Schauen des Gegenstands, Einswerden mit ihm und Verähnlichung mit ihm als unmittelbar zusammengehörig zu betrachten; man kann auch darauf verweisen, wie unbestimmt der Begriff der χάρις in der griechischen Theologie geblieben ist. Allein der letzte Grund, warum Symeon die verschiedenen Seiten des Heilsprozesses nicht bestimmter scheidet, liegt doch nicht in einer dieser Unvollkommenheiten; er liegt überhaupt nicht in einem Mangel seiner Theologie. Symeon denkt in der That an etwas Einheitliches, um dessen Gewinnung es sich handelt, nämlich an das Verhältnis zu Christus. Alle Gnade, die dem Menschen entgegenkommt, ist, wie er es einmal prägnant ausgedrückt hat, in Wahrheit Christus or. 6 (Mi. 347 A B) C f. 24ᵛ δεῖται δὲ βοηθείας καὶ δυνάμεως ὑψηλοτέρας (sc. der von der Sünde zu Befreiende) ..., ἥτις ἐστὶ πολλὴ καὶ

ποικίλη καὶ διάφορος καὶ πᾶσα Χριστὸς μόνος. Ein Verhältnis zu Christus haben, das befasst aber Erkenntnis der Geheimnisse
der unsichtbaren Welt, Befreiung von Sünde und Schuld, Versöhnung mit Gott und sittliche Erneuerung, — alles zusammen in untrennbarer Einheit (vergl. oben S. 40 ff.) in sich. Wie der Prozess
beim Einzelnen sich näher abspielt, darüber zu reflektieren, hat Symeon kein Bedürfnis empfunden. Es bleibt bei allen Konstruktionen
schliesslich immer noch ein unaufgelöster Rest. Symeon wollte auch
nicht vollkommen auflösen: er hätte sonst wohl geglaubt, den
Gnadencharakter der Erleuchtung preiszugeben. Darum hat er keinerlei Neigung, wie sonst die Mystiker, ein inneres (natürliches) Licht
zu statuieren. Das Licht ist bei ihm immer Gnadengabe. Dass
jedoch Christus bereit ist, zu jedem in Beziehung zu treten, dass
Gott sich keinem versagt, der ihn mit Ernst sucht, diese Zuversicht
ist ihm im christlichen Glauben unbedingt gegeben. Der christliche
Glaube ruht ja auf der Thatsache der Erscheinung eines Gottmenschen, die die *φιλανθρωπία* Gottes und seinen Willen, sich mit
den Menschen wesenhaft zu vereinigen, verbürgt. Es handelt sich
nur darum, dass wir dasjenige, was wir im Dogma als unsere Bestimmung glauben, auch wirklich an uns erleben: was in Christo
geschehen ist, soll sich an uns wiederholen eth. 1 C f. 183ʳ *τὸ γοῦν
μυστήριον τοῦτο* (die Inkarnation) *οὐ μόνον τῷ ῥηθέντι τρόπῳ
γέγονεν ἀπ᾽ ἀρχῆς Χριστοῦ ἐν ὅλῳ τῷ κόσμῳ, ἀλλὰ καὶ ἐφ᾽
ἑνὶ ἑκάστῳ τῶν πάλαι ἁγίων ἐγένετο καὶ μέχρι τοῦ νῦν
ἀεὶ γίνεται.* Mit Vorliebe schildert deswegen Symeon die Einigung des Gläubigen mit Gott so, dass er die Ausdrücke des christo-
logischen Dogmas verwendet: in dem Gläubigen wird der Logos
Fleisch, der Gläubige hat die zwei Naturen in untrennbarer Einheit,
er empfängt den Logos, die Trinität wohnt in ihm, Christus steht in
ihm auf eth. 1 C f. 194ʳ *τοιγαροῦν καὶ ὁλοψύχως πιστεύοντες καὶ
μετανοοῦντες θερμῶς συλλαμβάνομεν ... τὸν λόγον τοῦ θεοῦ
ἐν ταῖς καρδίαις ἡμῶν ὡς ἡ παρθένος.* eth. 6 C f. 258ʳ *οὕτω πάλιν
ἐν θεῷ καὶ ψυχῇ καὶ σώματι ἀδιαιρέτως καὶ ἀσυγχύτως
θεὸς κατὰ χάριν ἄνθρωπος γίνεται.* div. am. 13 (Mi. 525 D)
Mon. S. 38 *ἵνα γένοισθε ὡς θεοί, θεοῦ ὅλην τὴν δόξαν ἔνδον
ὑμῶν κατέχοντες, ἐν δύο ταῖς οὐσίαις, διπλαῖς πάντως ταῖς
φύσεσιν, διπλαῖς ταῖς ἐνεργείαις.* eth. 10 C f. 296ᵛ *μακάριος
ὁ τὸ φῶς τοῦ κόσμου ἐν ἑαυτῷ μορφωθὲν θεασάμενος, ὅτι αὐτὸς
ὡς ἔμβρυον ἔχων τὸν Χριστὸν μήτηρ αὐτοῦ λογισθήσεται.*
eth. 4 C f. 242ʳ *ὅλος αὐτὸς ἐκεῖνος ὁ τοῦ λόγος μετὰ τοῦ πατρὸς*

καὶ πνεύματος οἰκεῖ ἐν αὐτοῖς. Wie man aber auf Grund des Dogmas das Vertrauen haben darf, dass die ersehnte Vereinigung mit Gott von ihm aus auch gewährt wird, so muss man andererseits um so gewisser nach diesem Ziel streben, als mit seiner Erreichung erst das vollkommene christliche Leben beginnen kann. Wer mit Gott in fühlbarer Weise eins geworden ist, der ist hinangekommen εἰς ἀνδρικὴν τελειότητα τοῦ μέτρου τῆς ἡλικίας τοῦ πληρώματος τοῦ Χριστοῦ or. 24 (Mi. 437 A) Mon. S. 249; eth. 7 C f. 264ᵛ und an vielen anderen Stellen [1]).

Aber hat nun Symeon nicht, indem er statt einer plötzlichen Versetzung in den Gnadenstand einen allmählichen, sittlich bedingten Fortschritt als das Normale statuiert und Stufen, resp. Vorstufen der Erleuchtungsgnade annimmt, etwas für ihn Wesentliches preisgegeben? Wird dann nicht der Unterschied zwischen dem Anfangsstadium und der Stufe der Vollkommenheit ein fliessender?

---

1) Es ist eine von Symeon nicht deutlich genug gefühlte Unklarheit, dass die Erreichung bewussten Christentums bald als Wiedergewinnung der Taufgnade, bald als Fortschritt über diese hinaus erscheint. Relativ am klarsten unterscheidet er κεφ. οδ; Mi. 645 A ἀπὸ μὲν τοῦ θείου βαπτίσματος τὴν τῶν ἡμαρτημένων λαμβάνομεν ἄφεσιν καὶ τῆς πρὶν κατάρας ἐλευθερούμεθα καὶ τῇ παρουσίᾳ τοῦ ἁγίου πνεύματος ἁγιαζόμεθα· τὴν δὲ τελείαν χάριν κατὰ τὸ „ἐνοικήσω ἐν αὐτοῖς καὶ ἐμπεριπατήσω" οὐ τότε· τοῦτο γὰρ τῶν βεβαιοπίστων καὶ ἐκ τῶν ἔργων ταύτην ἐπιδεικνύντων ἐστί. Aber nachdem er so scheinbar sicher zwei Stufen der Gnadenverleihung festgestellt hat, fährt er fort: μετὰ γὰρ τὸ βαπτισθῆναι ἡμᾶς πρὸς πονηρὰς καὶ αἰσχρὰς πράξεις ἐκκλίνοντες καὶ αὐτὸν τὸν ἁγιασμὸν εἰς ἅπαν ἀποβαλλόμεθα. Damit ist wieder die Auffassung nahegelegt, dass es sich nur um Gewinnung derselben Gnade handle, eine Auffassung, die durch andere Stellen noch bestimmter empfohlen wird, vergl. ausser den oben S. 52 ff. zitierten Stellen auch or. 10 (Mi. 366 A) C f. 40ᵛ ὁ γὰρ Χριστιανὸς ἀπ᾽ αὐτῆς τῆς ἀπορρήτου θεογενεσίας τοῦ ἱεροῦ βαπτίσματος φωτὸς θείου ἔμπλεως γίνεται καὶ πεφωτισμένος ἐστὶ καὶ λέγεται. — Der Grund, warum Symeon nicht zur vollständigen Klarheit kommen konnte, liegt auf der Hand. Symeon weiss, dass man von Begnadigung im eigentlichen Sinn nur da reden kann, wo der Betreffende die Gnade selbst empfindet. Will er nun nicht leugnen, dass in der Taufe auch auf die Kinder eine Gnade übergeht, so muss er die von ihm gemeinte Begnadigung für eine höhere Stufe erklären. Andererseits liegt ihm alles daran, beides als identisch zu setzen. Denn einmal ist dann erst sichergestellt, dass das Streben nach der Erleuchtung für jedermann möglich und Pflicht ist; zweitens aber hat er doch ein zu starkes Gefühl dafür, dass die Gnade, sofern sie ein Verhältnis zu Christus ist, keine quantitativ messbaren Stufen hat. Lösbar wäre der Konflikt nur gewesen, wenn Symeon aus seinem Begriff der χάρις die realistische Seite hätte ausscheiden können.

Symeon meint jedenfalls nicht, durch seine Beschreibung des Heilswegs sich das Recht verkürzt zu haben, einen ganz spezifischen Charakter des Gnadenstandes zu behaupten. Ja er legt den grössten Wert darauf, zu zeigen, wie scharf sich die religiöse und sittliche Haltung des vollkommen mit Gott Geeinten von der des Anfängers abhebe, und er kann in deutlichen Merkmalen den Unterschied der beiden Stadien beschreiben. — Vor allem ist ihm unzweifelhaft, dass der Begnadigte selbst eine deutliche Empfindung von seinem neuen Verhältnis zu Gott hat: wenn Gott mit ihm eins geworden ist, so weiss er auch, dass er von Gott erkannt ist, eth. 2 C f. 225^v λαλεῖ καὶ λαλεῖται, γινώσκει καὶ ἐπιγινώσκεται καὶ ὅτι γινώσκει νοεῖται. ὁ γὰρ παρὰ τοῦ θεοῦ γινωσκόμενος οἶδεν ὅτι γινώσκεται καὶ ὁ τὸν θεὸν ὁρῶν οἶδεν ὅτι ὁρᾷ τοῦτον ὁ θεός. Damit ändert sich aber sein ganzer religiöser Charakter. In erster Linie wandelt sich seine religiöse Stimmung: aus der Furcht vor Gott wird nun die Liebe zu ihm, die als letzte Frucht aus der ταπεινοφρο-σύνη emporwächst und überschwängliche Freude im Herzen schafft, eth. 4 C f. 242^r αὕτη ἐστὶν ἡ ἀγάπη, ἣν λέγει ὁ θεῖος ἀπόστολος, ὅτι ἐκκέχυται πλουσίως ἐν ταῖς καρδίαις ἡμῶν ἤγουν ἡ μετουσία καὶ μέθεξις τῆς θεότητος αὐτοῦ δι' ἧς ἐνούμεθα τῷ θεῷ· περὶ ταύτης καὶ ὁ Ἰωάννης φησὶν ὁ θεολόγος· ἡ τελεία ἀγάπη ἔξω βάλλει τὸν φόβον. div. am. 17 (Mi. 535 B ff.) Mon. S. 60 schildert er, wie die ἀγάπη als ξένος καρπός aus dem φόβος hervorgeht, zu dem sie doch im Gegensatz steht, φόβος γὰρ ἐν τῇ ἀγάπῃ οὐχ εὑρίσκεται οὐδ' ὅλως οὐδὲ πάλιν δίχα φόβου ἐν ψυχῇ καρποφο-ρεῖται, S. 61 ἡ ἀγάπη οὖν ὑπάρχει ὄντως πᾶσα εὐφροσύνη καὶ χαρᾶς καὶ θυμηδίας ἐμπιπλᾷ τὸν κεκτημένον καὶ τοῦ κόσμου ἐν αἰσθήσει τοῦτον ἔξωθεν ἐκβάλλει, ὅπερ φόβος οὐκ ἰσχύει ἀπεργάσασθαι οὐδ' ὅλως. or. 14 (Mi. 384 A) C f. 54^v πόδες . . . τῶν ἀρετῶν ἡ ταπεινοφροσύνη, κεφαλὴ δὲ ἡ ἀγάπη . . . ὁ δὲ τὸ κάλλος ὁρῶν τοῦ θεοῦ πῶς οὐκ ἀγαπήσει τοῦτον ὡς ὑπέρκαλον καὶ παντὸς αἴτιον καλοῦ. Am stärksten macht sich der Umschwung fühlbar im Gebetsleben. Wer Gott geschaut hat, kann erst in Wahrheit zu Gott beten; er kann ihm aufrichtig danken; er darf ihn bitten, ja, er soll ihn um alles bitten; er hat den freien Zutritt, die παρρησία, bei Gott und kann mit ihm reden, wie ein Freund mit dem Freund [1]). or. 15 (Mi. 388 A B) Mon. S. 137 χρὴ οὖν πρότε-

---

[1]) Symeon verwendet bei der Schilderung des Umgangs mit Gott häufig Bilder, die von dem Zeremoniell des Verkehrs mit dem Kaiser hergenommen

ρον πιστεῦσαι καὶ καταλλαγῆναι θεῷ καὶ τότε ψάλλειν αὐτῷ, συγγνώμην αἰτοῦντος πρότερον τοῦ ψάλλοντος, ὧν ἥμαρτεν. or. 17 (Mi. 396 B) Mon. S. 154 f. οὐδεὶς γὰρ δύναται θεῷ ᾄδειν καὶ ἄτοπα τῇ ψυχῇ μὴ διαλογίζεσθαι μὴ πρότερον καταλλαγεὶς τῷ θεῷ. or. 14 (Mi. 381 A) C f. 53ʳ ἐνδύεται τὸν Χριστόν, τρέφεται ὑπο Χριστοῦ, παιδεύεται, μανθάνει ζητεῖν καὶ αἰτεῖσθαι καὶ ἔκτοτε ἐὰν μὴ αἰτεῖται, οὐδὲν αὐτῇ (sc. der Seele des Begnadigten) δίδωσιν ὁ Χριστός. eth. 13 C f. 316ʳ κατὰ γὰρ τὴν ἀναλογίαν τῆς μετανοίας ἀναλογοῦσαν εὑρίσκει τὴν πρὸς θεὸν παρρησίαν καὶ οἰκειότητα πᾶς ἄνθρωπος καὶ ταύτην γνωστῶς καὶ ἐναργῶς καὶ ὡς εἴτις φίλος πρὸς φίλον καὶ προσομιλεῖ αὐτῷ προσώπῳ πρὸς πρόσωπον καὶ ὁρᾷ αὐτὸν νοεροῖς ὀφθαλμοῖς.

Nicht minder scharf unterscheidet sich auf sittlichem Gebiet das Leben des im Licht Wandelnden von dem des passiv Gläubigen. Für Symeon hängt, wie schon berührt, religiöser und sittlicher Fortschritt aufs innigste zusammen — je deutlicher einer das Unvergängliche schaut, um so kraftvoller kann er darnach streben —; er hat aber auch das Umgekehrte hübsch zu begründen gewusst, inwiefern nämlich neben dem Verkehr mit Gott resp. Christus eine sittliche Aufgabe existieren, ja aus diesem Verkehr herauswachsen kann. Unter den verschiedenen Gedanken, mit denen er das Problem zu lösen versucht, ist wohl der feinste der, dass die Gebote Christi die Werkzeuge sind, mittelst deren Christus die an ihn Glaubenden zum neuen Wesen ausgestaltet, eth. 1 C f. 200ʳ ἔδωκεν ἡμῖν τὰς ἐντολὰς αὐτοῦ τὰς ἁγίας, ὡς ἂν εἴποι τις ἐργαλεῖα ἡμῖν δεδωκώς, τὴν δὲ πίστιν τὴν εἰς αὐτὸν ὥσπερ τινὰ τεχνίτην, ὡς εἶναι ἡμᾶς

---

sind. Man könnte sich dabei daran erinnern, dass er alter Höfling ist. Für die Einzelheiten trifft das zu, aber der Vergleich als solcher ist alt und feststehend; vergl. nur Joh. Dam. de fide orth. κεφ. πη; Mi. 94, 1165 B; de imagg. or. 3; Mi. 94, 1352 C D 1357 A. Es gehört zur Eigentümlichkeit der griechischen Gottesvorstellung überhaupt, dass man sich Gott nach dem Typus des orientalischen Herrschers denkt und die Formen des Verkehrs mit ihm nach Analogie des Hofzeremoniells gestaltet. Die Heiligen bilden den Hofstaat. Sehr instruktiv in dieser Hinsicht ist auch der Traum des Niketas, in dem er den seligen Symeon erblickt, Par. f. 60ʳ: ὡς δ' ἐγενόμην πλησίον εἰς οἴκημά τι βασιλικὸν καὶ λαμπρότατον, ὃ κουβούκλειον οἶδε καλεῖν ἡ συνήθεια, ἐπέτρεψέ μοι εἴσοδον ὁ καλέσας διαπετάσας τὰς θύρας καὶ ἰδοὺ θεωρῶ ἐπὶ πολυτίμου κλίνης καὶ ὑψηλῆς ὕπτιόν πως τὸν ἅγιον κείμενον καὶ οἷά τινα βασιλέα περίδοξον ἀναπαυόμενον, λαμπρὸν τὸ πρόσωπον ἔχοντα. Er tritt herzu κλίνας τὸ γόνυ. — Man könnte meinen, Symeon sei Excellenz geworden.

μὲν σκεύη, τὴν δὲ πίστιν τεχνίτην, τὰς δὲ ἐντολὰς ἐργαλεῖα, δι
ὧν ὁ τεχνίτης λόγος ἀναστοιχειοῖ καὶ ἀναπλάττει καὶ
νεουργεῖ τοὺς ἐργάτας τῶν αὐτοῦ ἐντολῶν, ὡς ἂν διὰ τῆς
ἐργασίας αὐτῶν καθαιρόμενοι φωτιζόμεθα κατὰ προκοπὴν ὑπὸ
τοῦ πνεύματος τὴν γνῶσιν τῆς βασιλείας τῶν οὐρανῶν. Erst der
mit Christus Geeinte kann diesen Sinn der Gebote ganz begreifen;
er steht dem Gesetz in innerer Freiheit gegenüber, weil er es als
das wahre erkennt; ja Symeon bringt es sogar zu der Formulierung,
dass der durch den Geist Freigemachte selbst sich das Gesetz giebt,
or. 20 (Mi. 405 D—406 B) Mon. S. 177 ὅπου γὰρ φησι πνεῦμα
κυρίου ἐκεῖ ἐλευθερία, ἐλευθερία ἐκ τοῦ νόμου παντὸς δουλείας·
ὁ γὰρ νόμος ὁδηγὸς καὶ παιδαγωγὸς καὶ χειραγωγὸς καὶ διδάσκαλος δικαιοσύνης ἐστὶν ἐν τῷ λέγειν· ποιήσεις τὸ καὶ τό,
καὶ αὖθις· τὸ καὶ τὸ οὐ ποιήσεις. ἡ δὲ χάρις καὶ ἡ ἀλήθεια
οὐχ οὕτως. ἀλλὰ πῶς; καὶ ποιήσεις πάντα ... οὐ διὰ γραμμάτων
καὶ (S. 178) χαραγμάτων τὸ καλὸν ἐκμαθόντες, ἀλλ᾽ ἐν ἁγίῳ
πνεύματι τοῦτο ἐκδιδασκόμενοι οὐδὲ ἐν λόγῳ μόνῳ ἀλλ᾽ ἐν
φωτὶ λόγου φωτὸς μυστικῶς τὰ θεῖα μυούμενοι ... νομο-
θέται μᾶλλον ἢ νομοφύλακες. Symeon hat, wie man sieht,
von Paulus gelernt; aber er hat die paulinischen Gedanken selbständig reproduziert. Wie sehr er sich bemühte, in die paulinische
Anschauung wirklich einzudringen, geht noch daraus hervor, dass
ihm auch der vermittelnde Gedanke von dem νοῦς (oder wie er
gern dafür sagt χαρακτὴρ) Χριστοῦ, den der Gläubige empfängt,
geläufig ist, vergl. or. 19 (Mi. 402 D) Mon. S. 169; eth. 2 C f. 40ʳ. —
Diese freie Stellung gegenüber dem Gesetz schliesst schon in sich,
dass bei dem mit Christo Verbundenen auch die Kraft vorhanden
ist, das Gebot zu erfüllen. Es ist an früherem Ort ausgeführt worden,
mit welchem Nachdruck Symeon für den Satz eintritt, dass Gottes
Gebot vollkommen erfüllbar sei. Der Begnadigte beweist das durch
sein thatsächliches Verhalten. Er vermag die Gebote Christi zu
halten und zwar ihrem vollen Sinn nach. Blosse Unterlassung von
Sünden genügt ja nicht; positive Befolgung der Gebote ist es, was
Gott fordert, div. am. 17 (Mi. 538 C) Mon. S. 68 κἂν ἁμάρτημα μὴ
ἔχῃ (sc. τὶς), ἀρετῶν δ᾽ ὑπάρχει δίχα, ἵσταται γεγυμνωμένος.
eth. 7 C f. 264ʳ οὐδὲν ἔσται ὄφελος αὐτῷ ἐκ μόνης τῆς τῶν
παθῶν ἀλλοτριώσεως· οὐ γὰρ ὁ μὴ πλεονεκτῶν ἀλλ᾽ ὁ ἐλεῶν
ἐπαινεῖται. or. 22 (Mi. 428 D) Mon. S. 229 μὴ οὖν ἐπὶ μόναις ἄλλαις
τισὶν ἐργασίαις καὶ ἀρεταῖς θαρρήσαντες, νηστείαις λέγω καὶ
ἀγρυπνίαις καὶ ἄλλαις κακοπαθείαις ταύτης τῆς ἐργασίας τῶν

ἐντολῶν τοῦ κυρίου καταφρονήσωμεν, ὡς δι' ἐκείνου καὶ χωρὶς ταύτης σωθῆναι δυνάμενοι· ἀδύνατον γὰρ τοῦτο. Aber für den, der die Schönheit der überirdischen Welt schaut, sind die Gebote nicht schwer: für ihn bedeuten die Güter dieser Welt nichts, der Anlass zum Streit mit den Menschen fällt damit weg, die *πάθη* sind tot und die Leiden werden Freude; denn sie lösen vom Irdischen — so ist das Vermögen zu allen Tugenden, namentlich zu den Kardinaltugenden der *ταπεινοφροσύνη, πραότης, ἀγάπη* in dem Begnadigten gesetzt. Die ganze Rede eth. 15 hat Symeon der Ausführung des Gedankens gewidmet, dass blosse *ἡσυχία*, blosse *ἀπάθεια* nicht das wahre Ideal des Mönchs sei, das vielmehr positive Tugend verlange; aber aus der ungeteilten Hingabe an den Herrn fliesse auch die Kraft, im positiven Sinn sittlich vollkommen zu werden.

Es muss somit anerkannt werden, dass Symeon eine scharfe Grenze zwischen dem Leben des Begnadigten und dem des blos passiv Gläubigen zu ziehen vermocht hat. Aber der praktische Wert der Beschreibung der christlichen Vollkommenheit scheint gänzlich in Frage gestellt, wenn man sieht, in welcher Weise Symeon die empirische Thatsache würdigt, dass auch der von der Gnade Berührte immer noch sündigt. Symeon ist trotz allem, was er über die Vernichtung der *πάθη* durch das *φῶς* und über die vollkommene Gesetzeserfüllung seitens des Begnadigten gesagt hat, nicht gewillt, die Thatsache zu leugnen oder in ihrer Bedeutung abzuschwächen. Dass er von sich selbst ein wiederholtes Fallen bekennt, ja in den *ἔρωτες τῶν θείων ὕμνων* sich fast als einen, der ununterbrochen sündigt, hinstellt, ist schon oben zur Sprache gekommen. Aber Symeon hält das nicht für eine Erfahrung, die er allein an sich macht; er spricht den allgemeinen Satz aus, dass alle, die zur Vollkommenheit kamen, immer wieder gesündigt hätten und er ist über die Wahrheit dieser Behauptung um so weniger zweifelhaft, als ja sonst geleugnet werden müsste, dass der Mensch aus Gnaden gerechtfertigt wird, eth. 8 C f. 274ᵛ *διὰ δὴ τοῦτο καὶ ὁ τῶν κρειττόνων πολλάκις κατὰ ἄγνοιαν ἢ ῥαθυμίαν ἀποστὰς καὶ πρὸς τὰς φροντίδας τοῦ κόσμου γενόμενος ... δρομαῖος .. ἐπανέρχεται;* wäre aber der Herr nicht barmherzig, so würde er nicht gerettet; *διὰ τοῦτο πάντες οἱ τετελειωμένοι ἐν ἁγιωσύνῃ καὶ ἀρετῇ δωρεὰν καὶ οὐκ ἐξ ἔργων δικαιοσύνης ἐσώθησαν.* Und er nimmt es ernst mit diesen Rückfällen. Er betrachtet die Sünden nicht blos wie Schatten, die vorübergehend auf das helle Bild des Begnadigten fallen: jede Sünde hat die Folge, dass sie den Verlust des inneren

Schatzes nach sich zieht, eth. 11 C f. 300ᵛ ὁ ἔνοικον κτησάμενος ὅλον ἐν σεαυτῷ τὸν θεὸν μήποτε ἀνάξιόν τι τοῦ θελήματος αὐτοῦ ἢ πράξῃς ἢ ἐκ χείλεων προφέρῃς· εὐθὺς ἀπολέσεις τὸν ἐν σοὶ κεκρυμμένον θησαυρὸν ἀπαναστάντος αὐτοῦ ἀπὸ σοῦ. div. am. 21 (Mi. 553 B) Mon. S. 98 ἐὰν φθόνος παρεμπέσῃ ἢ μνησικακίας πάθος ἢ φιλοδοξίας ἔρως ἢ ἐπιθυμία ἄλλη ἡδονῆς τινος ἢ πάθους ..., τὸν νοῦν ... ἐν ἑαυτῷ τὸ θεῖον ἔχοντα φῶς λάμπον μέγα καταφάγει, καταπίει. So wenig verkennt Symeon die Bedeutung der Sünde, in die auch der Vollkommene immer wieder gerät, dass er nicht nur für den einzelnen Fall Busswerke und Thränen fordert, sondern meint, dass jeder wahre Christ sich in immerwährender Bussarbeit befinden müsse. In einer ganzen Rede, der or. 32; Mi. 479 ff., hat er diesen Gedanken ausgeführt. Er rechtfertigt dort das Wort des Symeon Studita: ἄνευ δακρύων μὴ κοινωνήσῃς ποτὲ — es ist täglicher Genuss der Eucharistie vorausgesetzt — und spricht dabei unter anderem aus Mi. 489 A; Mon. S. 371 μὴ οὖν λεγέτω τις ἀδύνατον εἶναι τὸ καθ᾿ ἑκάστην κλαίειν. ὁ γὰρ τοῦτο λέγων ἀδύνατον εἶναι λέγει καὶ τὸ καθ᾿ ἑκάστην μετανοεῖν καὶ ἀνατρέπει πάσας τὰς θείας γραφάς. Ständige Zerknirschung bildet die Grundstimmung bei jedem ernsten Christen. So oft Symeon die Stufenreihe der Tugenden von der ταπεινοφροσύνη bis zur ἀγάπη entwickelt, so oft hebt er auch hervor, dass die ταπεινοφροσύνη immer bleibe, wie weit auch der Mensch fortschreiten möge, vergl. z. B. or. 14; Mi. 384 B. Darum kann er sogar, während er für gewöhnlich die Herstellung der Gemeinschaft des Menschen mit Gott als Zweck der Menschwerdung Christi hinstellt, den Satz aufstellen or. 8 (Mi. 359 C vergl. 360 B) Mon. S. 78, Christus sei δι᾿ οὐδὲν ἄλλο gekommen, ἢ ἵνα κτίσῃ τοῖς πιστεύσασιν εἰς ἑαυτὶν καρδίαν συντετριμμένην καὶ τεταπεινωμένην. So wesentlich ist ihm die ταπεινοφροσύνη bei dem wahren Christen.

Aber erscheint nicht dann die Vollkommenheit als ein praktisch nie erreichtes Ideal? Oder wie reimt sich die Forderung, das Bewusstsein der Sündhaftigkeit in sich ständig wach zu erhalten, mit der Behauptung, dass der Begnadigte das Gebot Christi ganz erfüllt? — Für Symeon steht beides nicht im Gegensatz. Dass einer in sich selbst noch Sünde, ja nur Sünde entdeckt, beweist nicht, dass er die vollkommen machende Gnade noch nicht oder nur dem Scheine nach empfangen hat. Im Gegenteil! Bewusstsein der eigenen Sünde muss da sein, wenn einer vom Licht erleuchtet ist. Denn die

Gnade, die mit dem Menschen sich einigt, hat eben die doppelte
Wirkung, dass sie ihn zugleich emporhebt und ihm seinen eigenen
Zustand enthüllt. Das Licht, das ihm die hinreissende Schönheit
der Gotteswelt zeigt und ihn dadurch erneuert, offenbart ihm auch
seine eigene Hässlichkeit oder, wie Symeon sich noch prägnanter
ausdrücken kann: das Licht ist zugleich ein Feuer, das den sündigen
Menschen reinigt, or. 13 (Mi. 377 A) C f. 49^v τοῦτο δὲ τὸ φῶς ...
δύο ταῦτα δείκνυσι, κάλλος καὶ αἶσχος· κάλλος μὲν τῆς
σωτηρίας, αἶσχος δὲ καὶ δύσμορφον τοῦ σωζομένου. eth. 8 C
f. 270^v μὴ πλανᾶσθε ὁ θεὸς πῦρ ἐστι καὶ πῦρ ἦλθε καὶ ἔβαλεν
ἐπὶ τῆς γῆς, f. 271^r ψυχὴ ἡ τῷ θείῳ ἐναρξαμένη πόθῳ ἐκκαίεσθαι
πρῶτον μὲν τὸν τῶν παθῶν ζόφον ἐν τῷ πυρὶ τοῦ πνεύματος ὡς καπνὸν ἐν ἑαυτῇ ἐκπεμπόμενον καθορᾷ καὶ τὴν
προσοῦσαν αὐτῇ ἐξ αὐτοῦ μελανίαν ἐνοπτρίζεται καὶ θρηνεῖ. or. 23
(Mi. 432 B) Mon. S. 237 τούτου (sc. τοῦ φωτὸς) νῦν φανέντος πᾶς
ἐμπαθὴς λογισμὸς ἀφανίζεται καὶ πᾶν πάθος ψυχικὸν ἀπελαύνε-
ται..., οἱ ὀφθαλμοὶ τῆς καρδίας σου καθαίρονται..., τότε ὡς
ἐν ἐσόπτρῳ βλέπουσα ἡ ψυχὴ καὶ τὰ μικρὰ ἑαυτῆς σφάλ-
ματα εἰς ἄβυσσον ταπεινώσεως καταφέρεται καὶ τῆς δόξης
κατανοοῦσα τὸ μέγεθος πάσης χαρᾶς καὶ εὐφροσύνης ἐμπίπλαται.
Diese Doppelwirkung hat aber das Erscheinen des Lichts nicht blos
beim Beginn der Gnadenerfahrung. Aus Symeon's Sündenbekennt-
nissen in den ἔρωτες τῶν θείων ὕμνων muss man vielmehr entnehmen, dass seiner Meinung nach der Mensch sein Elend um so
tiefer erkennt, je heller ihm das Licht leuchtet, div. am. 13 (Mi.
525 B C) Mon. S. 38 κλαίω καὶ κατανύσσομαι, ὅταν τὸ φῶς μοι
λάμψῃ καὶ ἴδω τὴν πτωχείαν μου. So giebt das Licht die Kraft
zur vollkommenen Gesetzeserfüllung nur in der Weise, dass es zugleich die eigene Anstrengung des Menschen wachruft. — Allein
ganz ist damit die Frage noch nicht gelöst. Es ist darnach wohl
begreiflich, wie neben dem Gefühl der Erhebung sich unmittelbar
die Empfindung der eigenen Schwäche und Unwürdigkeit regen
kann, aber ist auch das Umgekehrte möglich? Kann man von der
Niedergeschlagenheit über die eigene Sünde aus zum Bewusstsein
der Vollkommenheit gelangen resp. trotzdem festhalten, dass man
begnadigt sei? Symeon hat auch diese Seite in Betracht gezogen
und einen Übergang gefunden. Wenn der Sünder durch die Empfindung seiner Unwürdigkeit zur ernsthaften ταπεινοφροσύνη getrieben wird, so ist er gerade gerechtfertigt. Nicht die Sünde, sondern der Hochmut trotz der Sünde ist es ja, was definitiv von Gott

scheidet. Das gedemütigte und zerschlagene Herz aber ist das reine
Herz, das die Verheissung hat, Gott zu schauen, or. 1 (Mi. 322 D)
C f. 5ʳ μία οὖν ἁμαρτία ἡ οἴησις καὶ μία δικαιοσύνη ἡ ἐσχάτη
ταπείνωσις. ib. (Mi. 324 B) C f. 6ᵛ καρδία ... καθαρά, ἥτις ἐστὶ
συντετριμμένη καὶ τεταπεινωμένη. ... ἀκάθαρτος παρὰ κυρίῳ
οὐχ ὁ ἁμαρτωλὸς ἀλλὰ πᾶς ὑψηλοκάρδιος — οὐδὲ γὰρ ἔστι τις
ἀναμάρτητος —. ὁ ταπεινοκάρδιος δεδικαίωται. Keine Sünde
giebt es, die die ernsthafte Reue nicht tilgte; der menschenfreund-
liche Gott will jedem Bussfertigen die alte Stellung wieder gewähren
or. 22 (Mi. 420 C) Mon. S. 210 οὐκ ἔστι πλῆθος ἁμαρτημάτων,
ὃ μὴ ἐξαλείφει ἡ μετάνοια καὶ ... ὅπου ἐπλεόνασεν ἡ ἁμαρτία
ὑπερεπερίσσευσεν ἡ χάρις. cat. 29 C¹ f. 263ᵛ οὐκ ἀποκλείει ἡμῖν ὁ
ἀγαθὸς καὶ φιλάνθρωπος κύριος οὔτε ποτὲ κλείσειε τὰ ἄχραντα
σπλάγχνα τῆς αὐτοῦ ἀγαθότητος· οὐ γὰρ ἐξ ἔργων νόμου,
ἵνα μή τις καυχήσηται, ἀλλὰ θεοῦ φιλανθρωπίᾳ καὶ χάριτι ἡ τῶν
ἁμαρτημάτων ἄφεσις γίνεται. div. am. 17 (Mi. 534 C) Mon. S. 57 ἀλλὰ
τοῦτο πάλιν οἶδα, τοῦτο πέπεισμαι, θεέ μου, ὡς οὐ μέγεθος
πταισμάτων, οὐχ ἁμαρτημάτων πλῆθος οὐδὲ πράξεων αἰσχρό-
τῆς ὑπερβήσεταί ποτέ σου τὸ φιλάνθρωπον καὶ μέγα. eth. 13
C f. 316ʳ ὁ θεὸς ... θέλων τὴν σωτηρίαν ἡμῶν τέθεικε σαφῶς
ἀνὰ μέσον ἡμῶν καὶ ἀνὰ μέσον ἐκείνου τὴν ἐξομολόγησιν καὶ
μετάνοιαν καὶ ἐξουσίαν δέδωκε παντὶ τῷ βουλομένῳ τοῦ πτώματος ἀνακαλέσασθαι ἑαυτὸν καὶ διὰ ταύτης εἰς τὴν προτέραν
εἰσελθεῖν οἰκειότητα καὶ δόξαν καὶ παρρησίαν παρὰ τῷ
θεῷ. Ich erinnere auch an den früher erwähnten Gedanken, dass
die Thränen der Reue die Seele reinigen, so dass sie Gott wieder
schauen kann, theol. 1 C¹ f. 164ᵛ ὅθεν (aus der Selbsterkenntnis)
ἡ διηνεκὴς κατάνυξις καὶ τὰ χαροποιὰ δάκρυα τίκτονται,
ἀφ' ὧν καὶ δι' ὧν ἡ κάθαρσις ἐπιγίνεται τῆς ψυχῆς καὶ ἡ τῶν
θείων μυστηρίων ἐπίγνωσις. Ja noch enger hat Symeon die
beiden entgegengesetzten Gefühle aneinanderzurücken vermocht:
ein übermächtiges Gefühl der Reue stammt von Gott und beweist,
dass er an dem Herzen arbeitet (vergl. oben S. 67); die heissen
Thränen sind von ihm geschenkt und sind somit Zeugnis seiner
Gnade; darum kann sich der durch das Gefühl seiner Sünde Ge-
drückte unmittelbar als Begnadigten wissen κεφ. ρμγ; Mi. 681 A
ἑαυτὸν τότε λογίσῃ ἐνεργούμενον ὑπὸ τῆς χάριτος, ὅταν
ἁμαρτωλότερον πάντων ἐν ἀληθείᾳ ἔχῃς. Wie gefährlich diese
Reflexion ist, ahnt Symeon; er will, dass man die Paradoxie der
Sache empfinde; denn er fügt hinzu: τοῦτο δὲ ἴπως γίνεται οὐκ

ἔχω λέγειν· ὁ ϑεὸς οἶδεν. Dass er trotzdem diese Idee ergriff, wer mag mit ihm darüber rechten? Oder hat nicht so gut wie jeder, der dem Problem ernsthaft nachging, sich dazu verstehen müssen?

Der gewonnene Gnadenstand kann also durch die Sünde wohl unterbrochen werden, aber nicht auf die Dauer entschwinden und das Gefühl der ταπεινοφροσύνη steht so wenig im Gegensatz zu dem Hochgefühl der Vollkommenheit, dass es vielmehr dessen Bedingung bildet. Nur wenn der Mensch in tiefster Demut erkennt, dass er von sich selbst nichts Gutes hat, kann er auch des Guten, das er wirklich thut, ohne inneren Schaden zu erleiden, sich bewusst werden. Denn dann bekennt er, dass Christus es ist, der das Gute in ihm gewirkt hat, or. 14 (Mi. 382 A) Mon. S. 127 γινώσκει ὅτι οὐδὲν ἔχει ἴδιον κατόρϑωμα εἰ μὴ ἐν τῇ κοινωνίᾳ τοῦ ἀγαϑοῦ Ἰησοῦ. or. 17 (Mi. 394 C) Mon. S. 150 ἀλλὰ καὶ τίς ἐκεῖνος εὑρεϑήσεται ὁ πάντα πεποιηκὼς, ὅσα ὤφειλε ποιῆσαι; εἰ δέ τις ἢ πάντα ἢ τινὰ πεποίηκέ ποτε, τίς ὁ ἰσχύσας τοῦτο μὴ πρότερον ἀντιλαμβανόμενος τῇ μυστικῇ δυνάμει τοῦ Ἰησοῦ. εἰ δὲ χωρὶς Χριστοῦ πεποίηκεν, οὐαὶ αὐτῷ καὶ τῷ ἔργῳ αὐτοῦ. Die Demut hält das Gefühl wach, dass das Heil aus Gnaden geschenkt ist, sie heisst den Gläubigen, seinen Besitz stets neu sich zu erwerben, or. 8 (Mi. 360 C) C f. 36ʳ ἡ ζωὴ καὶ ἡ ἀφϑαρσία διὰ τὴν ταπείνωσιν, ταπείνωσις ἐκ τῆς ζωῆς καὶ ἀφϑαρσίας. ἡ αὐτὴ ταπείνωσις καὶ πρώτη καὶ τρίτη, ἀφορμὴ ... καὶ συνεκτική, und sie wird dadurch das Motiv für einen stetigen, inneren Fortschritt. Denn Symeon denkt sich das vollkommene Leben nicht als ein Ruhen auf dem einmal Erreichten oder als eintönige Wiederholung desselben Eindrucks. Die grundlegenden Gnadenerfahrungen sind ja einer Steigerung ins Unendliche fähig, wenn sich gleich die Stufen im einzelnen nicht beschreiben lassen. Aber der Gegenstand des Schauens, die Herrlichkeit Christi, ist ein unermesslicher und die Fähigkeit des Menschen, sie wahrzunehmen, kann in unbegrenztem Masse wachsen. Der Fortschritt vollzieht sich in der lebendigen Wechselwirkung zwischen ϑεωρία und πρᾶξις, zwischen dem Schauen Gottes und der Verähnlichung mit Gott durch sittliches Handeln, or. 3 (Mi. 334 C) C f. 14ʳ ὁμοίωσις δὲ ϑεοῦ ἐν τῇ ἀναπληρώσει γίνεται τῶν ἐντολῶν τοῦ ϑεοῦ, ἡ δὲ τῶν ἐντολῶν τοῦ ϑεοῦ τήρησις ἐκ τῆς ἀγάπης γίνεται τοῦ Χριστοῦ. Wer die Gebote hält, der bleibt in Christo (vergl. z. B. or. 3; Mi. 333 A), oder, wie Symeon selbständig sagen kann: die praktische Anwendung hält die geistliche Kraft, die durch das Schauen in dem Gläubigen gesetzt ist, lebendig or. 21 (Mi. 415 A) Mon. S. 199 ἡ δὲ σωτηρία οὐκ ἄλλως γενέσθαι δύναται εἰ μὴ τοῦ νοὸς ἡμῶν τῇ δυνάμει τῇ θεϊκῇ ἀλλοιουμένου, ἵνα ᾖ νοῦς ἔνθεος ἤτοι ἀπαθὴς καὶ ὅγιος ..., τηρεῖται δὲ ἔνθεος ἐκ τοῦ τὰ αὐτοῦ διὰ παντὸς μελετᾶν καὶ τῷ νόμῳ τούτου προσέχειν. Indem der Mensch auf Christi Geheiss das Gute thut, lernt er sich als von Christo regiert empfinden und fühlt damit selbst seinen Zusammenhang mit ihm or. 13 (Mi. 377 C D) C f. 50ʳ σχεδὸν γὰρ ὅλη ἡ σωτηρία ἐν Χριστῷ Ἰησοῦ τῷ κυρίῳ ἡμῶν. διὰ τοῦτο καὶ βασιλεὺς καὶ κύριος λέγεται· διότι βασιλεύει καὶ κυριεύει ἐφ᾽ ἕνα ἕκαστον τῶν πιστευόντων εἰς αὐτὸν διὰ τοῦ ἁγίου πνεύματος καὶ ὡς βασιλεὺς καὶ κύριος τῶν ἰδίων πιστῶν αὐτὸς ἐνεργεῖ δι᾽ αὐτῶν τὸ εὐάρεστον ἐνώπιον αὐτοῦ. or. 4 (Mi. 337 C) Mon. S. 31 εἰδέναι δὲ χρὴ τὴν βασιλευομένην λογικὴν ψυχὴν τῆς βασιλευούσης θεότητος τὰς χάριτας καὶ ἐνεργείας τοῦ ἁγίου πνεύματος· ἀγάπην, χαρὰν, εἰρήνην, μακροθυμίαν κτέ. ὅπου γὰρ βασιλεύει ὁ θεὸς (S. 32) ἐκεῖ δουλεία τοῦ διαβόλου οὐκ ἐνεργεῖται, ἀλλὰ πᾶσα ἡ ὑπηρεσία τοῦ θεοῦ ἐστιν. So stärkt das sittliche Handeln die Einheit mit Christus und das Gefühl dieser Einheit im Gläubigen und wirkt — unmittelbar, in dem besseren Verständnis des Willens und der Kraft Christi, wie mittelbar, durch die grössere Vertrautheit mit dem Herrn des Geistes — ein Fortschreiten zu immer höheren Stufen des Schauens; vergl. besonders noch die schöne Stelle, die zugleich auch den Gedanken hervorkehrt, wie der Erleuchtete allmählich den Zusammenhang zwischen der sichtbaren und der unsichtbaren Welt durchschauen lernt, so dass auch das Gewöhnliche und Alltägliche ihm göttliche Geheimnisse verkündigt, or. 26 (Mi. 449 C D) Mon. S. 278 wer täglich die Gebote Gottes befolgt, μυστηρίων μεγάλων ἀποκαλύψεις καταξιοῦται ὁρᾶν· ... μυστήρια δὲ λέγω τὰ παρὰ πάντων ὁρώμενα μὲν, μὴ καταλαμβανόμενα δέ. καινοὺς γὰρ παρὰ τοῦ καινοποιοῦ πνεύματος φωτιζόμενος κτᾶται ὀφθαλμούς, ὦτα δὲ ὡσαύτως καινὰ καὶ τοῦ λοιποῦ οὐχ ὡς ἄνθρωπος βλέπει τὰ αἰσθητὰ αἰσθητῶς ἀλλ᾽ ὡς ὑπὲρ ἄνθρωπον γεγονὼς τὰ αἰσθητὰ πνευματικῶς καθορᾷ καὶ σωματικὰ καὶ ὡς εἰκόνας τῶν ἀοράτων.

Wie hoch Symeon die Güter schätzt, die dem Gläubigen durch die Gnade zu teil werden, das findet schliesslich darin seinen charakteristischen Ausdruck, dass er, den johanneischen Gedanken aufnehmend, den Anfang des ewigen Lebens schon in das Diesseits verlegt, eth. 10 C f. 294ʳ ψυχικῶς μὲν ἀπεντεῦθεν ἤδη κοινωνοὶ καὶ μέτοχοι τῶν μελλόντων ἀγαθῶν ἀναμφιβόλως γινόμεθα, vergl. u. a. auch or. 6; Mi. 350 B. Er hat das an der angeführten Stelle kurz und schlagend damit gerechtfertigt, dass sonst die Predigt Jesu eine Prophetie, kein Evangelium wäre, und er ist imstande von seinen eigentümlichen Voraussetzungen aus die johanneische Anschauung bis ins Einzelne nachzubilden. In der Selbsterkenntnis, die das Licht bei dem Gläubigen bewirkt, vollzieht sich an ihm das Gericht; er kommt darum nicht ins Gericht, denn er ist schon gerichtet, eth. 10 C f. 284ᵛ ἡ γὰρ ἀποκάλυψις αὐτοῦ τῆς θεότητος κρίσις ἐν οἷς ἀποκαλυφθῇ γίνεται. f. 285ʳ ὁ καθαρῶς ἀεὶ ἐλλαμπόμενος ἐν ἀληθείᾳ ἑαυτὸν οἷός ἐστι καὶ τὰ ἔργα αὐτοῦ τά τε αἰσθητῶς πραχθέντα τά τε ψυχικῶς ἐνεργηθέντα οἷά εἰσι πάντα λεπτομερῶς καθορᾷ, οὐ μόνον δὲ ἀλλὰ καὶ πυρὶ θείῳ κρίνεται καὶ ἀνακρίνεται. ... διάτοι τοῦτο καὶ ὁ τοιοῦτος ἐν τῇ μελλούσῃ κρίσει καὶ δίκῃ οὐ κρίνεται, προκέκριται γάρ. Andererseits hat der, der die Herrlichkeit Gottes schaut, schon eine αἴσθησις τῆς αἰωνίου ζωῆς ... καὶ ἐν ἡμῖν μενούσης ib. f. 291ʳ. So stark muss Symeon diesen Gedanken betont haben, dass er in den Verdacht kam, als ob er überhaupt keinen Unterschied zwischen diesem und dem künftigen Leben mehr machen könnte, eth. 5 C f. 252ᵛ οὐκ ἀπολαμβάνει δὲ ταῦτα (die Existenzweise der Seligen) νυνί, εἰ καί τινες τοῦτο λέγειν ἡμᾶς κακῶς ἐλογίσαντο. Symeon protestiert gegen diesen Vorwurf; aber es wäre wirklich für ihn nicht ganz leicht gewesen, die Grenze zwischen beiden Zuständen sicher zu ziehen. Denn, wenn er auch an der zuerst angeführten Stelle (eth. 10 C f. 294ʳ) vorsichtig sagt, dass der Gläubige ψυχικῶς die ewigen Güter verschmecke, so nimmt er anderwärts an, dass das Schauen des Lichts auch auf den Körper seine Wirkung übe, eth. 6 C f. 257ᵛ οὕτως ἔχων πυροῦται τῷ πνεύματι καὶ πῦρ ὅλος γίνεται τῇ ψυχῇ, μεταδιδοὺς καὶ σώματι τῆς οἰκείας λαμπρότητος; und noch kräftiger eth. 1 C f. 183ᵛ οὕτω δὴ καὶ τὰ σώματα τῶν ἁγίων ὑπὸ τῆς ἑνωθείσης τῇ ψυχῇ αὐτῶν χάριτος ἤτοι τοῦ θείου πυρὸς μεταλαμβάνοντα ἁγιάζονται καὶ ἐκπυρούμενα διαυγῆ καὶ αὐτὰ γίνονται καὶ πολὺ τῶν ἄλλων σωμάτων διαφορώτερα καὶ τιμιώτερα ἀποκαθίστανται[1]).

1) Einen Reflex dieser Anschauung kann man auch in den Legenden der vita finden, in denen Symeon zeitweilig über die Schranken der Körperlichkeit hinausgehoben erscheint. Doch ist die Vorstellung, dass ein Heiliger in den Momenten der Beseligung über die Erde erhoben schwebt, der Legende Symeon's nicht eigentümlich.

Aber allerdings, diese Überzeugung, dass die Gnade auch den Körper
verklärt, bildet nicht den Grund für Symeon's Anschauung, dass
das ewige Leben im gegenwärtigen schon beginne; sie ist eher als
eine Folgerung hieraus zu verstehen. Den Mut, zu sagen, dass der
vollkommene Gläubige das ewige Leben schon habe, findet Symeon
vielmehr darum, weil ihm klar geworden ist, worin ewiges Leben
und Seligkeit besteht. Seligkeit ist Gemeinschaft und ununter-
brochener Verkehr mit Gott; alles andere tritt dagegen zurück.
Daher geht ihm vollkommenes Leben hier und zukünftiges Leben
bei Gott ineinander über und anstatt dass unter dem Einfluss einer
realistischen Hoffnung die Reinheit des religiösen Strebens Schaden
leidet, ist umgekehrt zu konstatieren, dass sich ihm die Vorstellung
vom Jenseits vergeistigt. Es ist schon bezeichnend, dass sich bei
Symeon trotz aller Offenbarungen keine Ausmalung des künftigen
Zustands findet. Ganz deutlich giebt er jedoch in der Polemik gegen
eine, wie es scheint, unter den Zeitgenossen weitverbreitete Ansicht
zu erkennen, was ihm das Wesentliche am ewigen Leben ist. Merkwürdigerweise begegnet man hier auf griechischem Boden einer Anschauung, die sich, ohne dass an einen historischen Zusammenhang
gedacht werden könnte, mit einer pelagianischen Lehre berührt.
Symeon kommt mehrfach auf sie zurück, am ausführlichsten eth. 1
C f. 192ʳ *ποῦ τοίνυν εἰσὶν οἱ ἔξωθεν τῆς βασιλείας τῶν οὐρανῶν*
πολλὰς μονὰς ἀναπλάττοντες ἐν τῇ ματαιότητι τῶν διανοιῶν
αὐτῶν πρὸς ἀπώλειαν ἑαυτῶν; ποῦ εἰσιν οἱ λέγοντες· εἰς τὴν
βασιλείαν τῶν οὐρανῶν εἰσελθεῖν οὐ θέλομεν — πολὺ γὰρ
τοῦτό ἐστιν —, ἀλλ᾽ ἐν τόπῳ ἀνέσεως εἶναι βουλόμεθα καὶ
ἀρκεῖ ἡμῖν. Es war also eine Richtung, die in angeblicher Bescheidenheit mit einer Seligkeit sich begnügen zu wollen behauptete,
die nur in Erquickung bestände, ohne dass das Verweilen in Gottes
Reich d. h. in Gottes Nähe damit gesetzt wäre. Soweit diese Meinung
an die geläufige Unterscheidung von Stufen der Seligkeit anknüpfte,
hatte Symeon keine Veranlassung, ihr entgegenzutreten; auch er
glaubt an die vielen Wohnungen beim Vater in dem Sinne, dass
dem Einzelnen je nach seiner Würdigkeit ein höherer oder niederer
Rang zugeteilt wird, eth. 1 C f. 185ᵛ *καθάπερ ἐν οἴκῳ μεγάλῳ ...*
οὕτως καὶ ἐν αὐτῇ τῇ καινῇ κτίσει τὰς διαιρέσεις ποιήσει
(sc. *ὁ θεὸς) ἀπονέμων ἑκάστῳ τὴν κληρουχίαν κατὰ τὴν αὐτοῦ*
ἀξίαν καὶ τὴν ἐκ τῶν ἀρετῶν καὶ τῶν ἔργων προσοῦσαν αὐτοῦ
λαμπρότητά τε καὶ περιφάνειαν. Aber auf allen Stufen ist Seligkeit
nicht denkbar ohne Sein in der Nähe Gottes ib. f. 187ᵛ *ὡς μία τις*

ὅλη καϑόλου ἐστὶν, ὥσπερ οὖν καὶ ἔστιν, ἑστία ἡ βασιλεία τῶν οὐρανῶν καὶ τοῦτο τοῖς πᾶσι φανήσεται δικαίοις καὶ μόνον τὸν
βασιλέα ἔχουσα τοῦ παντὸς πάντη ὁρώμενον αὐτοῖς συμπα-
ρόντα ἑκάστῳ καὶ συνόντα ἕκαστον αὐτῷ καὶ ἐν ἑκάστῳ
ἐκλάμποντα καὶ ἕκαστον λάμποντα ἐν αὐτῷ. Eine Seligkeit ohne
Gemeinschaft mit Gott ist für Symeon eine unvollziehbare Vorstellung; denn Seligkeit besteht nur in dem Schauen, in dem Genuss Gottes div. am. 17 (Mi. 538 B) Mon. S. 65 βασιλείας ἐκπεσόντες,
τῆς σῆς λέγω, σῶτερ, ϑέας, ποίαν ἄλλην σωτηρίαν, ποίαν
δὲ παραμυϑίαν ἢ ἐν ποίῳ ἄλλῳ τόπῳ δυνηϑῶμεν ἐφευρέσϑαι.
div. am. 29 (Mi. 574 B) Mon. S. 145 πᾶς τόπος ἀνέσεως ὁ ϑεός
ἐστι μόνος. Der Eifer, mit dem Symeon an den verschiedenen
Stellen die Meinung der Gegner bekämpft, beweist, dass sie ihm
eben das antasteten, was ihm am ewigen Leben das Ein und Alles
war. Ist das Schauen Gottes hier schon das höchste Glück oder
vielmehr das Glück, wie könnte das künftige selige Leben etwas
anderes sein, als die Vollendung der hier begründeten Gemeinschaft?

Aber eine Frage drängt sich nun unwiderstehlich auf. Das
vollkommene Leben, wie es Symeon in den eben hervorgehobenen
Zügen geschildert hat, kann nur der führen, der ein deutliches Bewusstsein seiner Begnadigung hat, — wie vereinigt Symeon dies
damit, dass eine allmähliche innere Entwicklung der Menschen vom
Anfangsstadium zur höheren Stufe führt? Woran soll der Gläubige
selbst konstatieren, dass er zur Einigung mit Gott gelangt ist?

Nach dem, was uns die vita und Symeon selbst von seinen
visionären Erlebnissen erzählen, wäre man geneigt, einfach zu antworten: daran, dass er des deutlichen Schauens der Herrlichkeit
Gottes gewürdigt ist. Allein, ist es wirklich Symeon's Meinung,
dass nur der, der solche Offenbarungen empfängt, seiner Begnadigung sicher ist, und will er sagen, dass das Schauen an und für sich
eine absolute Gewähr gibt?

Mit Bezug auf die erstere Frage ist daran zu erinnern, in wie
weitem Sinn Symeon von φῶς, ὁρᾶν, ϑεᾶσϑαι reden kann (vergl.
oben S. 65 ff.). Das Schauen ist für ihn doch nicht eingeschränkt auf
den speziellen Gegenstand der δόξα Χριστοῦ. Auch eine plötzlich
aufleuchtende Erkenntnis, ein im Sturm den Menschen fortreissendes
Gefühl, eine unerwartet ihn überkommende innere Klarheit kann
schon als eine unzweideutige Begnadigung betrachtet werden. Das
ist selbstverständlich nicht in dem Sinn zu verwenden, als ob Symeon
seine Offenbarungen nur als seine individuelle Art und Weise des

Schauens betrachtet hätte. Er ist vielmehr gewiss, dass alle Heiligen nnd Apostel die Herrlichkeit Gottes genau so gesehen hätten, wie er, und wo er in seinen Predigten das Schauen konkret schildert, z. B. eth. 5, stellt er seine Erlebnisse als normative hin. Ebenso liegt es in der Natur der Sache, dass er dieses Schauen d. h. das deutliche Wahrnehmen der Herrlichkeit Christi als die höchste Stufe betrachtet. Aber es bleibt daneben bedeutsam, dass er Stufen des Schauens anerkennt (ὁρᾶν κατ᾽ ἀναλογίαν τῆς πίστεως resp. τῶν ἔργων, vergl. bes. noch or. 14 [Mi. 383 A B] Mon. S. 129 ὁ πνευματικὸς κατὰ τὸ μέτρον τῆς ἀρετῆς ἢ ὀλίγην χάριν ἢ πολλὴν ἔχει ἢ πεπληρωμένος ἐστὶν ἐκ τῆς χάριτος τοῦ Χριστοῦ) und nicht minder bedeutsam ist, dass er auch für Vorstufen und Analogien die gleichen Ausdrücke verwendet, wie für seine Offenbarung. Man muss daraus doch entnehmen, dass er auch denen, die nur geringere Erleuchtungen und Erschütterungen erfahren haben, wenn diese nur ἐν αἰσθήσει ψυχῆς, γνωστῶς (vergl. S. 48) vor sich giengen, das Recht zuspricht, sich als vom Geist Gottes gefasst und mit Christo geeinigt zu betrachten.

Bestimmte Versicherung, dass man bei Gott in Gnaden steht, giebt freilich erst das Schauen im eigentlichen Sinn. Jedes solche Erlebnis ist eine Gunst, die Gott nur seinen Freunden gewährt. Aber ist dem Menschen dadurch verbürgt, dass er unwiderruflich bei Gott in Gnaden steht und sicher zum Heile gelangt? — Die Erleuchtung giebt dem Gläubigen wohl in dem Augenblick, in dem sie über ihn kommt, ein Sicherheitsgefühl für Gegenwart und Zukunft, sie tröstet ihn über seine Sünde und weckt in ihm die Gewissheit, dass er ewig leben wird, or. 21 (Mi. 413 C) Mon. S. 198 ἀρραβὼν γάρ ἐστι τῆς βασιλείας τῶν οὐρανῶν ἡ ἐκ τοῦ πένθους ἐγγινομένη παράκλησις ... παράκλησις δὲ ἡ ἐκ τῆς ἐλλάμψεως γινομένη τοῦ πνεύματος ἐν ταῖς πενθούσαις ψυχαῖς. div. am. 17 (Mi. 537 D) Mon. S. 64 ἔτρεψε δαιμόνων στῖφος (sc. das Licht), ἀπεδίωξε δειλίαν, ἐνεποίησε ἀνδρείαν. div. am. 13 (Mi. 526 C) Mon. S. 40 οἶδα ὁ πάσης κτίσεως ἀποκεχωρισμένος ἔνδον αὐτοῦ λαμβάνει με ... καὶ οἶδα ὡς οὐ θνήξομαι.[1]) Aber hält dieses

---

1) Es ist nur protestantisches Vorurteil, das soeben mit Recht auch Kattenbusch Th L Z 1897 Sp. 472 korrigiert hat, als ob nur in der evangelischen Kirche Ringen nach Heilsgewissheit und persönliches Heilsbewusstsein bekannt wäre. Die landläufige Meinung ignoriert das Mönchtum völlig, das doch für beide Formen des Katholizismus das ideale Christentum darstellt. Bei der Beurteilung des abendländischen Katholizismus sollte doch auch nie

Gefühl an, darf es in dieser Stärke und Unmittelbarkeit anhalten?
In nichts zeigt sich die Selbstzucht Symeon's besser, als darin, dass
er diese Frage aufgeworfen hat. Wer im Schauen mit Christo geeinigt ist, ist darum noch nicht sicher, ob Christus auch dauernd
in ihm ist und wirkt, — πολλοὶ γὰρ εἶδον μὲν, οὐκ ἐκτήσαντο δὲ
eth. 10 C f. 291ᵛ — und dass Christus in ihm lebendig sei, ist doch
die Bedingung für das Eingehen ins Himmelreich eth. 3 C f. 228ᵛ
ἐπειδὴ ἐὰν μή τις τοιοῦτος γένηται καὶ τὸν Χριστὸν ἀπεντεῦθεν
ἤδη ὡς θεὸν ἐπενδύσηται καὶ αὐτὸν ἐκεῖνοῦ ὅλον θεάσηται καὶ
ἔνοικον ἑαυτῷ τοῦτον κτήσηται, εἰς τὴν βασιλείαν αὐτοῦ οὐκ
εἰσέρχεται. Es ist nicht die Absicht Christi, in unwiderstehlicher
Weise den Menschen zu zwingen, or. 13 (Mi. 378D) C f. 51ᵛ βασιλεύειν
ἑκόντων βούλεται. Die grösste Gnade kann wirkungslos bleiben,
wenn sie nicht auf den rechten Boden fällt, — in dieses Licht
stellt Symeon ja seine eigene Vision in der Jugendzeit; sie entschwindet,
wenn sie nicht festgehalten und verwertet wird, — das Ausbleiben
des Lichts weckt in Symeon immer wieder den Zweifel. Es wäre
gefährlich, wenn man sich allein mit dem Besitz von Offenbarungen
trösten wollte, or. 20 (Mi. 410B C) Mon. S. 189 τοῦτο δὲ καὶ πρὸς
τοὺς ἤδη λαβόντας τὴν τοῦ πνεύματος χάριν εἰπεῖν ... πείθομαι ...,
μὴ θαρρεῖν τῇ δωρεᾷ.

Man muss also weitergehen zu der Frage (eth. 10 C f. 289ᵛ):
πόθεν οὖν γνωσόμεθα, εἰ ἐν ἡμῖν ὁ Χριστός ἐστιν? — Von der
Erkenntnis aus, dass Christus es ist, der im Licht erscheint und wirkt,
giebt sich die Antwort von selbst. Dass Christus in jemand wohnt,
muss sich im sittlichen Leben des Gläubigen offenbaren. An seinem
Thun und Lassen kann also jeder konstatieren, ob er unter der
Gnade steht, und die unmittelbare Gewissheit, die aus den Erleuchtungen entspringt, muss stets durch den Schluss von der thatsächlichen Lebensführung aus kontroliert werden. Diese Kontrole hat

---

vergessen werden, dass Thomas — damit gerade über Augustin hinausschrei-
tend — das Verdienst hat, die Frage aufgeworfen zu haben (Summa, prima
secundae quaest. 112 art. 5): utrum homo possit scire se habere gratiam, und
dass er Kennzeichen angegeben hat, mittelst deren man zu einer empirischen,
wenn auch nicht absoluten Versicherung gelangen kann. Dass die Anschauung des heil. Thomas auch nach dem Tridentinum, mit dem sie übrigens in
keinem Widerspruch steht, noch giltig ist, dafür verweise ich nur auf Schell,
Kathol. Dogm. 3, 346 und Schell steht in diesem Punkt unter den neueren
katholischen Dogmatikern nicht allein. Es ist ernsthafter Überlegung wert,
ob ein reflektierter Protestantismus nicht an denselben Fragen laboriert, wie
der heil. Thomas.

freilich nur dann Wert, wenn dem Urteil ein sicherer Massstab zu
Grunde gelegt wird. Wer erkennen will, ob Christus in ihm lebt
und ihn regiert, der muss wissen τῆς βασιλευούσης θεότητος (= des
den Menschen regierenden Christus) τὰς χάριτας καὶ ἐνεργείας or. 13
(Mi 379 A) C f. 91ᵛ. Meist empfiehlt nun Symeon die Schrift, besonders die Seligpreisungen, als Spiegel für die Selbstprüfung. So
fährt er an der angeführten Stelle eth. 10 C f. 289ᵛ fort: (γνωσόμεθα) . . . ἀπὸ τῶν θείων γραφῶν λόγια ἀναλεγόμενοι καὶ ἀντι-
παρατιθοῦντες ὡς ἔσοπτρα ταῖς ψυχαῖς ἡμῶν; die Seligpreisungen legt er z. B. or. 21 (M. 414 B) Mon. S. 197 zu Grund;
hier schliesst er die Darlegung mit den Worten: ἐπέγνωτε οἱ
πιστοὶ τοῦ χαρακτῆρος αὐτοῦ (sc. τοῦ Χριστοῦ) τὰ ἰδιώματα?
Aber anderwärts nimmt er sich doch auch die Freiheit, auf Grund
der eigenen Erfahrung selbständig Kennzeichen des wahren Christen-
stands aufzustellen, z. B. or. 28 (Mi. 456 A) Mon. S. 292 ὅταν οὖν
γνῷ ἑαυτὸν μετὰ χαρᾶς καὶ εὐθυμίας προσευχόμενον καὶ
ψάλλοντα καὶ μισοῦντα τῇ διανοίᾳ πάντα τὰ τοῦ παρόντος
βίου ἡδέα καὶ τίμια, τότε καὶ πεπείσθω ὅτι ὑπὸ τὴν βασιλείαν
ἐγένετο τοῦ Χριστοῦ. τοῦτο σημεῖον ἐναργὲς τῆς ἀπολυτρώσεως,
oder etwa or. 13 (Mi. 375 A B) C f. 48ᵛ σημεῖα δὲ καταλλαγῆς τῶν
ἐνοχλούντων παθῶν ἄνεσις, ἁμαρτίας μῖσος, φόβος θεοῦ κτέ.

Wenn man sich an Symeon's Sündenbekenntnisse in den ἔρωτες
τῶν θείων ὕμνων erinnert, so könnte man glauben, er hätte durch
diese Ermahnung zur Selbstprüfung dem Gläubigen jede Sicherheit
in Betreff des eigenen Heils rauben wollen. Allein seine Erwartung
ist doch nicht, dass das Resultat der Selbstprüfung den Menschen
immer niederschmettern müsste. Sonst hätte er doch wohl schon
nicht so schreiben können, wie er eth. 1 C f. 198ᵛ thut: καὶ ἂν . . .
εὑρήσεις . . . πάντα μεθ' ὑπερβολῆς καὶ ἀπὸ ζεούσης καρδίας πράξαντα, πάντως ἔχειν ἐν φωτὶ κατανοήσεις ἑαυτὸν καὶ
ἐλπίδα ἀκαταίσχυντον. Dass das nicht bloss ein idealer Fall
sein soll, zeigt die Fortsetzung: wenn der Befund anders lautet,
οὐκέτι τελείαν ἔχεις ἐλπίδα καὶ πληροφορίαν σωθήσεσθαι[1]),
noch auch könne man dann mit Paulus sagen: Ich habe einen guten
Kampf gekämpft. Um so sicherer aber ist anzunehmen, das Symeon
auch auf ein positives Ergebnis der Selbstprüfung rechnet, als er die
Ausübung praktischer Funktionen von einem derartigen Selbst-

---

1) Man bemerke hier den Ausdruck πληροφορία σωθήσεσθαι = Heilsgewissheit.

zeugnis abhängig macht. Nur wer an sich selbst die Kennzeichen des echten Christen konstatieren kann, soll das Priesteramt bekleiden und als Beichtvater andere beraten or. 2 (Mi. 329 D 330 A) C f. 11ᵛ ἀλλὰ προσεκτέον μήποτέ τινες παρὰ τὴν τάξιν ταύτην (nämlich der Heilsordnung) ἢ λειτουργοί εἰσιν ἢ ἱερεῖς ἢ ἀρχιερεῖς καὶ καθηγεμόνες ψυχῶν ... οὐ δεῖ γάρ τινα πρὸ τοῦ κοινωνῆσαι θείας φύσεως εἰς διδασκαλικὸν τοῦ πνεύματος τοῦ ἁγίου θρόνον ἀναβαίνειν. κεφ. ρνβ; Mi. 685 C εἶναι ὀφείλει ὁ μέλλων ἱερουργεῖν τῷ θεῷ ... ἁγνὸς οὐ τῷ σώματι μόνον ἀλλὰ καὶ τῇ ψυχῇ .. ἀμέτοχος .. πάσης ἁμαρτίας .. ταπεινὸς .. καὶ αὐτὸν τὸν ἐν δώροις ἀοράτως παρόντα ἐνοικοῦντα κεκτῆσθαι χρεωστεῖ ἐν τῇ ἑαυτοῦ καρδίᾳ γνωστῶς. eth. 6 C f. 262ʳ βλέπε παρακαλῶ μὴ ἀναδέξῃ τὸ σύνολον χρέη ἀλλότρια ὑπόχρεως ὑπάρχων αὐτὸς ἐν τινὶ, μὴ ἄφεσιν δοῦναι τολμήσῃς ὁ μὴ τὸν αἴροντα τὴν ἁμαρτίαν τοῦ κόσμου ἐν τῇ καρδίᾳ κτησάμενος. Trotz der scharfen Kritik, die Symeon an der Kirche übt, ist es ihm doch nicht in den Sinn gekommen, zu behaupten, dass überhaupt niemand diese Ämter übernehmen könne. Ja mehr als das. Er hat selbst, wenngleich unter stehendem Bekenntnis seiner Unwürdigkeit (vergl. noch div. am. 14; Mi. 528 C), sowohl als Priester, wie als πατὴρ πνευματικὸς 48 Jahre lang fungiert. Thatsächlich hat er es also anerkannt, dass man den Mut haben darf, sich selbst einen gewissen sittlichen Wert zuzuschreiben.

Die Bekenntnisse tiefster Sündhaftigkeit sind darum doch nicht bloss Phrase. Symeon spricht sie aus, indem er sich auf den absoluten Standpunkt stellt. Er misst sich an Gottes Wesen, mit dem er in Gemeinschaft treten möchte, und dabei kommt ihm zum Bewusstsein, dass an diesem Mass gemessen kein Menschenwerk rein ist. Wenn nun dieses Gefühl eine relative sittliche Selbstanerkennung nicht ausschloss, so hat es doch zur Folge gehabt, dass auf die beiden Momente, von denen Symeon das persönliche Heilsbewusstsein abhängig macht, bei ihm nicht das gleiche Gewicht fällt. Die Heilshoffnung setzt sich ihm nicht zusammen aus Gnadenerfahrung einerseits und Bewusstsein der eigenen sittlichen Leistung andererseits; sie ruht im letzten Grund ausschliesslich auf der Gnade. Die Reflexion auf das sittliche Thun soll nur zur Kontrole dienen, nur ein bequemes Sichverlassen auf eine behauptete Offenbarung verhüten; vergl. noch den interessanten Übergang in der Stelle or. 32 (Mi. 492 D) Mon. S. 379 ἀλλὰ γένοιτο πάντας ἡμᾶς καθαιρομένους τε καὶ καθαρθέντας τοῦτον ἀξιωθήσεσθαι κατιδεῖν. οἱ γὰρ ἐκτὸς τῶν δύο τούτων τοῦ βίου ὑπεξερχόμενοι ἄδηλον ἔχουσι τὸ πέρας τῆς περὶ αὐτῶν ἀποφάσεως. τὸ δὲ ἄδηλον καὶ ἀβέβαιον καὶ ἀνέλπιστον καὶ ἀπληροφόρητον. ὁ γὰρ μὴ χάριτι τὴν καρδίαν βεβαιούμενος ἐξ οὐδενὸς ἑτέρου τὴν ἀκαταίσχυντον ἐλπίδα ἀδίστακτόν ποτε οἶμαι κτήσεται. ὁ δὲ ταύτην μὴ ἔχων, διὰ τίνος ἄλλου εἰς ὑπάντησιν τοῦ κυρίου‿ εἰς ἀέρα συναρπαγήσεται τοῖς ἁγίοις? Aber auch direkt hat Symeon es häufig genug (mit den Worten des Paulus) ausgesprochen, dass er seine Zuversicht nur auf das Erbarmen Gottes setzen will; am eindrucksvollsten wohl div. am. 29 (Mi. 572 B) Mon. S. 140 ἐγὼ οὖν, οἶδας δέσποτα, ὡς οὐδέποτε ἔργοις ἐπίστευσα ἢ πράξεσι ψυχῆς μου σωτηρίαν, ἀλλὰ τῷ σῷ, φιλάνθρωπε, προσέδραμον ἐλέει, θαρρήσας ὅτι σώσεις με δωρεάν, πανοικτίρμων, καὶ ἐλεήσεις ὡς θεὸς καθώς ποτε τὴν πόρνην.

Und es ist nicht bloss die Empfindung der Unvollkommenheit der Werke, was Symeon veranlasst, auf die Gnade als letzten Grund des Heils hinzuweisen — Gnade ist ihm nicht blosse Nachsicht Gottes —, er hat ernstlich darnach gerungen, die Zwiespältigkeit der ganzen Betrachtungsweise, die das eigene Werk von dem Thun der Gnade unterscheidet, zu überwinden. Er hat den Standpunkt zu gewinnen vermocht, dass das Gute, das der Mensch thut, nicht seine Leistung, sondern Wirkung der Gnade, Werk Gottes ist. Dem Griechentum war diese Anschauung nicht so ganz fremd, wie man für gewöhnlich annimmt. Die Grundstimmung der Frömmigkeit bildet doch dort das starke Gefühl, dass man auf der Gnade steht, die Christus der Menschheit gebracht hat, und die Mysterien, vor allem der Vollzug der Liturgie, halten das Bewusstsein von der immerwährenden Gegenwart und Wirksamkeit dieser Gnade lebendig. Aber allerdings, das Verhältnis der Gnade zum sittlichen Handeln bleibt in der vulgären Anschauung unsicher und die Einsicht, dass die Gnade die Grundlage bildet, auf der sich das christliche Leben aufbaut, wird in der Praxis immer durch den Grundsatz durchkreuzt, dass man rein sein müsse, um die Gnade zu empfangen. Symeon ist durch seine persönliche Erfahrung auf eine tiefere Betrachtungsweise hingewiesen worden. Die Erfahrung, dass die Erleuchtung die Kraft zum Guten giebt, und das Bewusstsein, dass es Herablassung von Seiten Christi ist, wenn er sich dem Menschen zeigt, führten ihn auf den Gedanken hin, dass das Gute, das einer vollbringt, im letzten Grund Gottes Gabe ist, der es durch seine Gnade in dem Menschen schafft. So ist für ihn, so gut wie für Augustin, Röm. 9—11 ein wichtiger Abschnitt geworden — auch über die Erwählung handelt ein langes Stück in eth. 1 — und er hat in kräftigen Bildern die Wirksamkeit Gottes bei allem Guten, das dem Menschen gelingt, geschildert. Allein ein Zweifaches hat ihn gehindert, diesen Gedanken so konsequent wie Augustin durchzuführen. [1]) Einmal fehlt ihm die erforderliche philosophische Bildung, um das metaphysische Problem, das hier vorliegt, zu erfassen. Wo er es versucht, das Verhältnis von göttlicher Allmacht und menschlicher Freiheit zu bestimmen, nimmt er populäre Bilder zu Hilfe, vergl. z. B. or. 24 (Mi. 437 A) Mon. S. 248 ἡμέτερον μὲν γάρ ἐστι τὸ πᾶσαν πρᾶξιν μετελθεῖν καὶ μετὰ κόπου καὶ πόνου σφοδροῦ τὰ σπέρματα τῶν ἀρετῶν καταβαλεῖν. θεοῦ δὲ μόνου δῶρον καὶ ἔλεος τὸ καὶ βρέξαι ὑετὸν τῆς αὐτοῦ φιλανθρωπίας (S. 249) καὶ χάριτος καὶ καρποφόρον ἀποτελέσαι τὴν ἄκαρπον τῶν καρδιῶν ἡμῶν γῆν. Dann aber, wie man schon aus der eben angeführten Stelle sieht, ist für Symeon die Freiheit des Willens ein unveräusserliches Axiom or. 32 (Mi. 480 D) Mon. S. 350 ἐκ προαιρέσεως ὁ μὲν ἀγαθῆς, ὁ δὲ φαύλης καὶ ἐξ ἐννοιῶν ὁ μὲν πονηρῶν, ὁ δὲ οὐ τοιούτων καὶ ἐκ πράξεων ὁ μὲν ἐναντίων, ὁ δὲ φιλοθέων ist der eine κατανυκτικός, der andere σκληροκάρδιος [2]). Infolge davon kann Symeon nicht von einer Alleinwirksamkeit Gottes, weder bei der Wiedergeburt, noch beim sittlichen Handeln sprechen: dort kann er nur schildern, wie dringend Christus den Sünder sucht, eth. 2 C f. 207^v κατῆλθε κλίνας τοὺς οὐρανοὺς καὶ γενόμενος ἄνθρωπος διὰ σὲ ἦλθεν ἔνθα κατάκεισαι καὶ πολλὰ καθ᾽ ἑκάστην ἐπισκεπτόμενός σε ποτὲ μὲν δι᾽ ἑαυτοῦ, ποτὲ δὲ καὶ διὰ τῶν δούλων αὐτοῦ παρακαλεῖ σε διαναστῆναι τοῦ ἐν ᾧ κατάκεισαι πτώματος; beim sittlichen Thun kann er nur von einem kräftigen Mitwirken Gottes reden. Aber offenkundig geht er darauf aus, das Schwergewicht auf den göttlichen Faktor fallen zu lassen. Besonders lehrreich für diese Tendenz Symeon's ist die Stelle eth. 2 C f. 207^v: Symeon hat

---

1) Doch darf als Vorzug Symeon's gegenüber Augustin hervorgehoben werden: er hat eine konkrete Erfahrung eines Wirkens Christi in seinem Innern besessen, während bei Augustin schwer zu unterscheiden ist, was thatsächliche religiöse Stimmung und was lediglich hohe Worte sind. Es ist nicht ganz unberechtigt, wenn Cassian, offenbar Augustin meinend, sagt conl. XIII, 18 (ed. Petschenig 394, 13 ff.): per quod evidenti ratione colligitur ab his qui non loquacibus verbis, sed experientia duce vel magnitudinem gratiae vel modulum humani metiuntur arbitrii etc.

2) Doch hat Symeon an dieser Stelle nicht den Gegensatz zwischen Gnade und Freiheit, sondern den von Natur und Freiheit im Auge.

zunächst gesagt, dass Gott sich beim Kampf des Menschen mit dem Bösen wie ein Schiedsrichter im Wettkampf verhalte, korrigiert sich aber, indem er fortfährt: ἀλλὰ καὶ αὐτὸς ἐκεῖνος συμπάρεστιν ἡμῖν καὶ μέντοιγε πολεμεῖν προαιρουμένοις συμμαχεῖ καὶ ἰσχὺν μυστικῶς ἐμπαρέχει ἡμῖν καὶ τὴν κατὰ τοῦ ἐχθροῦ νίκην αὐτὸς μᾶλλον ἢ ἡμεῖς ἐργαζόμεθα. Symeon will in dem Mass dessen, was er Gott zuschreibt, so weit gehen, als er irgend kann; or. 13 (Mi. 376 C D) C f. 49ᵛ unterbricht er sich selbst, nachdem er die Wirksamkeit Gottes stark hervorgehoben hat, mit der Frage: ἀλλ᾽ εἴποι τις ἴσως· καὶ τί τῷ σωζομένῳ λοιπὸν παραλέλειπται ἴδιον; εἰ γὰρ καὶ αὐτὸ τὸ θέλημα δυνάμεως ὑψηλοτέρας χρείαν ἔχει, πῶς σώζεται? Aber dieser Einwand ist für ihn nicht die Veranlassung, nun umzukehren und die entgegengesetzte Seite zu betonen. Er antwortet vielmehr ruhig: τοῦτό ἐστι τὸ ὑπολελειμμένον αὐτῷ μόνον, τὸ ἀκοῦσαι σωτηρίας καὶ ταύτης ἐπιθυμῆσαι καὶ γνῶναι τὸν σῴζειν δυνάμενον τὰ δ᾽ ἄλλα χαρίσασθαι δυσωπεῖν τὸν σῴζειν καὶ διασῴζειν καὶ ἀποκαταστῆσαι δυνάμενον ὅλῃ ψυχῇ; ja er hebt im weiteren noch mehr hervor, wie auch das dem Menschen Verbleibende von Gottes Gaben abhängig ist: πρῶτον μὲν γὰρ θεοῦ δῶρον τὸ ἀκοῦσαι περὶ σωτηρίας διηγουμένου τινὸς ... δεύτερον δὲ δῶρον, ὃ καὶ τῇ φύσει τῶν ἀνθρώπων προεννυπάρχει, τὸ ὑπακοῦσαι ἀκηκοότι ... ἴδιον γὰρ τὸ ὑπακοῦσαι πάσῃ λογικῇ φύσει. So kann er schliesslich, ohne leere Worte zu machen, sich auf den höchsten Standpunkt erheben und sagen, dass Christus selbst in den Gläubigen das vor ihm Wohlgefällige hervorbringt, or. 13 (Mi. 377 D) C f. 50ʳ σχεδὸν γὰρ ὅλη ἡ σωτηρία ἐν Χριστῷ Ἰησοῦ τῷ κυρίῳ ἡμῶν ... καὶ κυριεύει ἐφ᾽ ἕνα ἕκαστον τῶν πιστευόντων εἰς αὐτὸν διὰ τοῦ ἁγίου πνεύματος καὶ ὡς βασιλεὺς καὶ κύριος τῶν ἰδίων πιστῶν αὐτὸς ἐνεργεῖ δι᾽ αὐτῶν τὸ εὐάρεστον ἐνώπιον αὐτοῦ. Symeon vermag also eine einheitliche religiöse Selbstbeurteilung zu erreichen und in der Gnade die letzte Ursache alles Guten, wie den letzten Grund aller Zuversicht des Gläubigen aufzuzeigen. Allerdings, nur auf den Höhepunkten seines religiösen Lebens ist er ganz von dieser Stimmung beherrscht. Die Schranken seines Begriffs von Gnade und seiner eigentümlichen Gnadenerfahrung haben es mit sich gebracht, dass sein Heilsbewusstsein kein stetiges sein konnte und sein Vertrauen auf Gottes Gnade die Färbung eines Hoffens auf Gottes Nachsicht bekommt; es macht Symeon doch gross, dass ihn die entscheidende Frage, um die es sich im Christentum handelt, tief bewegt und dass er den richtigen Weg zu ihrer Lösung eingeschlagen hat.

Die Darstellung der „Theologie" Symeon's, die im bisherigen gegeben worden ist, hat als deren Mittelpunkt die Frage betrachtet, wie die Beziehung zwischen Christus (Gott) und der einzelnen Seele zu stande kommt und aufrecht erhalten wird. Alle theologische Reflexion Symeon's ist durch dieses praktische, persönliche Interesse bestimmt und er kann sich zumeist darauf beschränken, das Verhältnis zwischen Christus und dem Einzelnen zu behandeln, weil er ja eine fortdauernde, an jeden Einzelnen ergehende Offenbarung Christi kennt. Das hat jedoch bei ihm nicht die Folge gehabt, dass er die Bedeutung des geschichtlichen Werks Christi verkannt hätte. Vielmehr hat er diesem, eben weil ihm als Ziel des Wirkens Christi etwas Konkretes, Erlebbares vor Augen stand, neue Seiten abzugewinnen gewusst, wie er andrerseits dadurch, dass er das gegenwärtige Wirken Christi am Einzelnen mit dem historischen Werk Christi in Beziehung setzte, seine individualistisch entworfene Heilslehre zu einer christlichen Weltanschauung erweiterte. Der Begriff, mit dem er hauptsächlich operiert, um die Brücke zu schlagen zwischen dem, was Christus vollbracht hat, und zwischen dem, was der Gläubige jetzt an sich erlebt, ist der der βασιλεία τοῦ ϑεοῦ. Der sichere Instinkt, mit dem er die Fruchtbarkeit dieses Begriffs erkannte, und die Kraft, mit der er ihn zur lebensvollen Anschauung zu gestalten vermochte, hätten vielleicht auch in unserer Zeit manche bewogen, Symeon einen ϑεολόγος zu nennen.

Verwendbar um die ganze Heilsgeschichte in ihrer Einheit zu befassen, ist ihm die Idee der βασιλεία τοῦ ϑεοῦ dadurch geworden, dass er ihr die ausschliessliche Beziehung auf die Zukunft genommen hat [1]). Βασιλεία τοῦ ϑεοῦ bedeutet ihm zunächst die Herrschaft Gottes, die Macht, die er als Regent ausübt, und es ist ihm darum selbstverständlich, dass die βασιλεία τοῦ ϑεοῦ von Anfang an be-

---

1) Symeon's Lieblingsstelle ist das Wort: ἡ βασιλεία τῶν οὐρανῶν ἐντὸς ὑμῶν ἐστιν. Diese Verwertung der Stelle, um die Immanenz des Gottesreichs zu erweisen, ist freilich schon uralt; aber man vergleiche etwa vit. Ant. c. 20; Mi. 26, 873 A ἡμεῖς ... οὐ χρείαν ἔχομεν ἀποδημῆσαι διὰ τὴν βασιλείαν τῶν οὐρανῶν οὔτε περᾶσαι ϑάλατταν διὰ τὴν ἀρετήν. φϑάσας γὰρ εἶπεν ὁ κύριος· ἡ βασιλεία τῶν οὐρανῶν ἐντὸς ὑμῶν ἐστιν. οὐκοῦν ἡ ἀρετὴ τοῦ ϑέλειν ἡμῶν μόνον χρείαν ἔχει, ἐπειδήπερ ἐν ἡμῖν ἐστι καὶ ἐξ ἡμῶν συνίσταται — man vergleiche dies mit der oben entwickelten Anschauung Symeon's, um zu erkennen, wie hoch er sich über die verbreitete moralistische Auffassung erhoben hat.

steht, so gewiss als Gott Schöpfer und allmächtiger Herr ist. Symeon knüpft also die βασιλεία τοῦ θεοῦ an an die allgemeine Weltregierung; aber er lässt sie doch nicht mit ihr zusammenfallen. Die βασιλεία τοῦ θεοῦ im spezifischen Sinn erstreckt sich nur auf einen Teil der Welt, auf die vernünftigen Geschöpfe, und die Herrschaft, die Gott über sie ausübt, unterscheidet sich der Art nach von seinem Machtwirken auf die übrige Welt. Denn den vernünftigen Wesen gegenüber hat Gott sich die Beschränkung auferlegt, dass er nur mit ihrer freien Zustimmung über sie herrschen will, eth. 3 C f. 232ᵛ πρόσεχε ἀκριβῶς, ὁποία τίς ἐστιν ἡ ζητεῖσθαι ὀφείλουσα παρ' ἡμῶν βασιλεία. ὁ θεὸς κτίστης ὢν καὶ δημιουργὸς τῶν ἁπάντων ἀεὶ πάντων ἐπουρανίων βασιλεύει καὶ ἐπιγείων καὶ καταχθονίων, ἀλλὰ καὶ τῶν μήπω γεγονότων ὡς ἤδη γεγονότων ἐν αὐτῷ αὐτὸς βασιλεύει, ὅτι δι' αὐτοῦ γενήσονται καὶ εἴ τι δ' ἂν μετὰ ταῦτα γενήσεσθαι μέλλει. βασιλεύει δ' οὐχ ἥκιστα καὶ ἐφ' ἕνα ἕκαστον ἡμῶν ἐν δικαιοσύνῃ καὶ γνώσει καὶ ἀληθείᾳ. ταύτην τοιγαροῦν λέγει ζητεῖν τὴν βασιλείαν ἡμᾶς. or. 13 (Mi. 378 C) C f. 51ʳ ἐπεὶ δὲ βασιλείας ἰδίωμά ἐστιν τὸ ποιεῖσθαι πρόνοιαν, ὧν βασιλεία ἐστιν, ποιεῖται καὶ ὁ θεὸς τούτων ἁπάντων πρόνοιαν; aber weil die vernünftigen Geschöpfe dazu bestimmt sind, Gott zu erkennen und ihm zu danken, βασιλεὺς ὢν τῆς ὅλης κτίσεως ὁ θεὸς μόνων ἀνθρώπων ὥσπερ καὶ ἀγγέλων βασιλεύειν ἑκόντων αὐτῶν βούλεται. Trotz dieser Freiheit, die Gott den vernünftigen Geschöpfen gelassen hat, war jedoch die Herrschaft Gottes im Anfang verwirklicht: Adam war mit Gott eins or. 4 (Mi. 337 A) C f. 16ᵛ ἤγγικεν ἡ βασιλεία τοῦ θεοῦ. ποῦ οὖν ἀπῆλθεν ὁ πάντα ἐκ μὴ ὄντων παραγαγὼν θεὸς καὶ πάντα πληρῶν καὶ πανταχοῦ ὢν καὶ πάντων βασιλεύων καὶ νῦν ἐγγίζει ἡμῖν ἡ βασιλεία αὐτοῦ; ἄρα εἰ μὴ ἀνεχώρησεν καὶ νῦν ὑπέστρεψεν, οὐκ ἂν εἶπεν ὅτι ἤγγικεν. οὐκ ἀνεχώρησεν οὖν ἐκεῖνος ἀλλ' ἡμεῖς ἀπεσχίσαμεν ἑαυτοὺς ἀπ' αὐτοῦ· ἡνωμένος γὰρ ἦν ἡμῖν ἀπ' αὐτῆς τῆς πρώτης πλάσεως τοῦ Ἀδάμ. Aber die Menschen sind nicht im Reiche Gottes geblieben; sie sind seit dem Fall Knechte des Vergänglichen und der πάθη geworden und damit sind sie unter die Herrschaft des Satans geraten, der durch die πάθη die Menschen regiert, or. 4 (Mi. 337 A) C f. 16ᵛ nach der Verführung διέστη ἀφ' ἡμῶν ἡ βασιλεία τοῦ θεοῦ, ἥτις ἐστὶ τὸ πνεῦμα τὸ ἅγιον τοῦ θεοῦ· ἀδύνατον γὰρ τὸν ἅγιον καὶ ἀγαθὸν θεὸν πονηρίᾳ μίγνυσθαι vergl. auch die ganze or. 6; Mi. 345 B ff.

Auf diesem Hintergrund kann Symeon das historische Werk Christi plastisch hervortreten lassen. Christus ist dazu Mensch geworden, dass er die Werke des Teufels zerstöre (or. 9; Mi. 361 C) und die Menschen wieder unter die Herrschaft Gottes führe. Er ist hiefür ausgerüstet mit der ἐξουσία. Aber, sagt Symeon mit überraschender Vorwegnahme „abendländischer" Ideen, diese Macht war ihm nicht schon mit seiner Gottheit gegeben; er hat sie sich erworben, als Mensch, durch seinen Tod or. 14 (Mi. 380 C D) C f. 53r διὰ τοῦτο — vorher ist Matth. 28, 18 f. zitiert — καὶ τὸ ὄνομα αὐτοῦ καλεῖται παρὰ τῷ Ἡσαίᾳ ἐξουσιαστής, οὐχ ὡς θεὸς, ἀλλ᾽ ὡς θεάνθρωπος. ὡς γὰρ θεὸς πῶς ὢν ἐδημιούργησεν οὐκ εἶχεν ἐξουσίαν; ἀλλ᾽ ὡς ἄνθρωπος θύσας ἑαυτὸν ἑκὼν ἀντίλυτρον, ἔλαβεν ἐξουσίαν ἀπ᾽ αὐτῆς τῆς φύσεως τοῦ ἔργου οὗ εἰργάσατο. εἰ γὰρ θεὸς ἐδόθη ἀντάλλαγμα εὔδηλον ὅτι οὐκ ἦν ἀνώτερόν τι τούτου δῶρον τῇ θεότητι δοθῆναι[1]) εἰς τὸ ἀφαιρεθῆναι τὸ παράπτωμα τοῦ Ἀδάμ. Während seines Erdenwandels hat Christus für dieses Reich gewirkt, durch seine Predigt, durch sein Vorbild[2]), durch den Geist, den er bringt, und durch die Gemeinschaft mit Gott, die er herstellt. Dazu ist er den Menschen gleich geworden, um ihr Lehrer sein zu können, or. 13 (Mi. 378 D) C f. 51r διὰ τοῦτο καὶ κύριος ἡμῶν Ἰησοῦς Χριστὸς καὶ θεὸς ὁ μονογενὴς .. γέγονεν ἄνθρωπος καὶ διδάσκαλος τὸ λανθάνον καὶ ἀγνοούμενον τοῖς ὁμογενέσι καὶ ἀδελφοῖς συμβουλεύει καὶ λέγων αὐτοῖς ζητεῖτε κτἑ. Dafür, dass Christus den Geist bringt und Gemeinschaft stiftet vergl. die früher S. 45 u. 51 zitierten Stellen. Aber als Erhöhter setzt er seine Thätigkeit fort: er wirkt fortwährend, indem er jeden erleuchtet, der in den wahren κόσμος, das sittliche Reich, den κόσμος τῶν ἀρετῶν, kommt[3]), or. 15 (Mi. 388 D)

---

1) Damit geht Symeon einen bemerkenswerten Schritt über Athanasios hinaus, der nur von einem ἱκανὸν γίγνεσθαι gegenüber dem Tod redet de incarn. verb. c. 9; Mi. 25, 112 A. Mit Recht hat Kattenbusch, Lehrb. der vergl. Confessionskunde S. 298 Anm. 1, der Ansicht nicht zugestimmt, die bei Athanasios das Erlösungswerk Christi auf seine Menschwerdung reduzieren will. Die selbständige Bedeutung, die dem Tod Christi in der Anschauung des Athanasios zukommt, dürfte vielleicht noch stärker hervorgehoben werden, als von Kattenbusch geschehen ist.

2) Beiläufig mache ich darauf aufmerksam, dass auch die erbauliche Betrachtung der humilitas Christi keine „abendländische" Idee ist vergl. S. 68 Anm. 1.

3) Symeon zieht in Joh. 1, 9 nicht blos, was ja keine Singularität ist, ἐρχόμενον zu ἄνθρωπον, sondern er setzt auch fast stehend τῶν ἀρετῶν zu κόσμον hinzu.

C f. 58ᵛ (κοινωνία) μετὰ Χριστοῦ τοῦ ἀληθινοῦ φωτὸς τοῦ φωτίζοντος πάντα ἄνθρωπον τὸν κατ᾽ οἰκείαν γνώμην εἰς τὸν
ἀληθῆ κόσμον τῶν ἀρετῶν ἐρχόμενον.

In denen nun, die dem Rufe Christi folgen, ist das Reich
Gottes jetzt schon da κεφ. ρη; Mi. 661 C D ὁ υἱὸς τοῦ θεοῦ ... υἱὸς
τοῦ ἀνθρώπου ἐγένετο ... γεννῶν ἡμᾶς ἄνωθεν ἐν πνεύματι ἁγίῳ
καὶ εὐθὺς εἰσάγων ἡμᾶς εἰς τὴν βασιλείαν τῶν οὐρανῶν,
μᾶλλον δὲ ἡμῶν ἐντὸς τὴν τῶν οὐρανῶν βασιλείαν ἔχειν ἡμῖν
χαριζόμενος ὡς μὴ ἐν ἐλπίσιν εἶναι τοῦ εἰσελθεῖν ἡμᾶς ἐν αὐτῇ,
ἀλλ᾽ ἐν κατασχέσει ταύτης ὄντας βοᾶν· ἡμῶν δὲ ἡ ζωὴ κέ-
κρυπται σὺν τῷ Χριστῷ ἐν τῷ θεῷ vergl. auch eth. 10 C f. 294ʳ
ψυχικῶς μὲν ἀπεντεῦθεν ἤδη κοινωνοὶ καὶ μέτοχοι τῶν μελλόντων ἀγαθῶν ἀναμφιβόλως γινόμεθα. Der Geist, den die Gläubigen
durch Christus empfangen, ist das spezifische Gut des Gottesreichs
or. 7 (Mi. 352 A B) Mon. S. 61 ἡ δὲ βασιλεία τῶν οὐρανῶν ἡ
μετοχὴ ὑπάρχει τοῦ πνεύματος τοῦ ἁγίου· τοῦτο γάρ ἐστι
τὸ εἰρημένον, ὅτι ἡ βασιλεία τῶν οὐρανῶν ἐντὸς ἡμῶν ἐστιν, ἵνα
τὸ πνεῦμα τὸ ἅγιον ἐντὸς ἡμῶν λαβεῖν καὶ ἔχειν σπουδάσωμεν,
und wiederum ist der Geist das Mittel, durch das die Herrschaft
Gottes in ihnen verwirklicht und aufrecht erhalten wird. Denn
durch den Geist regiert Christus, der κύριος τοῦ πνεύματος, in den
Herzen der Gläubigen. Als Inhaber dieser Herrschaft heisst Christus — wieder schlägt Symeon einen uns seit Luther geläufigen Gedanken an — der κύριος or. 13 (Mi. 377 D) C f. 50ʳ σχεδὸν γὰρ ὅλη
ἡ σωτηρία ἐν Χριστῷ Ἰησοῦ τῷ κυρίῳ ἡμῶν. διὰ τοῦτο καὶ
βασιλεὺς καὶ κύριος λέγεται, διότι βασιλεύει καὶ κυριεύει
ἐφ᾽ ἕνα ἕκαστον τῶν πιστευόντων εἰς αὐτὸν διὰ τοῦ
ἁγίου πνεύματος καὶ ὡς βασιλεὺς καὶ κύριος τῶν ἰδίων πιστῶν
αὐτὸς ἐνεργεῖ δι᾽ αὐτῶν τὸ εὐάρεστον ἐνώπιον αὐτοῦ und, noch
schärfer den Unterschied zwischen der Würde Christi als Gott und
der als Herr hervorhebend, sagt er div. am. 30 (Mi. 576 B) Mon.
S. 149 τῶν βουλομένων γὰρ ἐγώ (sc. Christus) καὶ ποιμὴν καὶ
δεσπότης, τῶν δ᾽ ἄλλων κτίστης μέν εἰμι καὶ θεὸς κατὰ
φύσιν, οὐ μὴν δὲ πέλω βασιλεὺς οὐδ᾽ ἀρχηγὸς εἰσάπαν τῶν μὴ
ἀράντων τὸν σταυρὸν καὶ μοὶ ἀκολουθούντων· τοῦ ἐναντίου γὰρ
εἰσι τέκνα, δοῦλοι καὶ σκεύη.

Damit hat Symeon die Idee der βασιλεία τοῦ θεοῦ auf Gedanken hinausgeführt, an die er unmittelbar anschliessen kann, was
er als den Sinn des religiösen Lebens erfasst hat: der Gläubige, der
erleuchtet und geheiligt ist, verspürt in sich die Herrschaft Gottes,

der ihn wie an Zügeln lenkt, und fühlt sich als einen, der dazu berufen ist, Gottes Majestät in seinem Teile darzustellen, eth. 3 C f. 232ᵛ

βασιλεύει δὲ (sc. ὁ θεὸς) ... καὶ ἐφ᾽ ἕνα ἕκαστον ἡμῶν ἐν δικαιοσύνῃ καὶ γνώσει καὶ ἀληθείᾳ ... βασιλεύει δέ πως, ὡς ἐπὶ ὀχήματός τινος ἐφ᾽ ἡμᾶς ἐποχούμενος (f. 233ʳ) καὶ ὡς ἡνίας τὰ θελήματα κρατῶν ἐν τῇ χειρὶ αὐτοῦ τῶν ἡμετέρων ψυχῶν· ὃς καὶ αὔξει ἐν οἷς ἂν βούληται ἡμᾶς εὐηνίους εὑρὼν καὶ εἰς τὸ ἐκείνου θέλημα οἷα δὴ ἵπποις χρήσεται ἡμῶν τοῖς θελήμασιν ὑπείκουσιν προθύμως ταῖς αὐτοῦ νομοθεσίαις καὶ ἐντολαῖς. οὕτω δὴ βασιλεύει θεὸς, ἐν οἷς οὐδέποτε ἐβασίλευσε, καθαιρομένοις διὰ δακρύων καὶ μετανοίας καὶ τελειουμένοις διὰ σοφίας καὶ γνώσεως τῆς τοῦ πνεύματος. οὕτω καὶ Χερουβὶμ οἱ ἄνθρωποι γίνονται[1]) τὸν ἐπὶ πάντων θεὸν ἐπὶ τοῦ νώτου τῶν ψυχῶν αὐτῶν ἐν τῷδε τῷ κόσμῳ ἐπιφερόμενοι.

So hat Symeon zwar nicht ein System, wohl aber eine geschlossene religiöse Anschauung sich zu bilden vermocht, deren grossen Zug niemand verkennen wird. Sie ist mit einfachen Mitteln hergestellt und sie beschränkt sich auf das, was praktisch in Betracht kommt; gerade darum hat sie Kraft und Charakter.

Symeon's Bedeutung erschöpfend darzulegen, ist heute noch nicht Zeit. Wollte man seine religiöse Originalität genau feststellen, so wäre es nötig, bis auf Klemens von Alexandrien, ja über diesen hinaus zurückzugreifen und keiner von all' den Männern, die in der Zwischenzeit gelebt haben, ist so genau studiert, dass man sich

---

1) Das Bild ist Symeon wohl durch die Liturgie nahegelegt, durch den cherubischen Lobgesang: οἱ τὰ Χερουβὶμ μυστικῶς εἰκονίζοντες κτέ; vergl. auch das gleichzeitige Gebet des Priesters: σὺ γὰρ μόνος κύριε ὁ θεὸς ἡμῶν δεσπόζεις τῶν ἐπουρανίων καὶ τῶν ἐπιγείων ὁ ἐπὶ θρόνου χερουβικοῦ ἐποχούμενος, ὁ τῶν Σεραφὶμ κύριος καὶ βασιλεὺς τοῦ Ἰσραὴλ, ὁ μόνος ἅγιος καὶ ἐν ἁγίοις ἀναπαυόμενος (Brightman, liturgies eastern and western. Oxford 1896. p. 377). Es wäre eine Aufgabe für sich, im einzelnen die Anregungen festzustellen, die Symeon durch die Liturgie empfangen hat. Es ist nicht wenig, was von dorther stammt, — man vergegenwärtige sich nur Gebete, wie das: ἔλλαμψον ἐν ταῖς καρδίαις ἡμῶν φιλάνθρωπε δέσποια τὸ τῆς σῆς θεογνωσίας ἀκήρατον φῶς καὶ τοὺς τῆς διανοίας ἡμῶν διάνοιξον ὀφθαλμούς ... σὺ γὰρ εἶ ὁ φωτισμὸς τῶν ψυχῶν καὶ σωμάτων ἡμῶν Χριστὲ ὁ θεός (Brightman p. 371) vergl. auch oben S. 57 Anm. 1 — ein Zeugnis ebenso für den Gehalt der Liturgie, wie für Symeon's nachdenkliche Art, die sich nirgends mit „Wortschällen" begnügen kann.

hier auf Festgestelltes und allgemein Zugestandenes berufen könnte. Ebensowenig kann die Aufgabe unternommen werden, Symeon als Theologen und Prediger zu würdigen. Man müsste Züge an ihm schildern, die doch nur der lebendige Eindruck seiner Schriften anschaulich und glaublich macht. — Doch dürfen wohl auf Grund des im bisherigen Mitgeteilten einige Punkte zu seiner Beurteilung hervorgehoben werden.

Die Wärme des Gefühls, mit der Symeon seine Überzeugung vorträgt, seine hervorragende Fähigkeit, von den verschiedensten Seiten her den einen Gedanken zu erreichen, um den sich ihm alles dreht, und diesen selbst dadurch immer aufs neue zu beleuchten, diese unzweifelhaften Beweise eines regen inneren Lebens täuschen doch zunächst über den Gehalt und die Fülle dessen, was er in sich hat. So oft er auch versichert, dass dem Schauenden immer grössere Geheimnisse sich aufthun, es ist bei ihm trotzdem jedesmal nur derselbe Eindruck, den er zu schildern oder vielmehr, nicht zu schildern weiss: über den Gedanken hinaus, dass das Ewige ein unaussprechlich Schönes und Erhabenes ist, dessen Anblick mit heiligem Schauer füllt und zugleich alle Sehnsucht zur Ruhe bringt, hat er die religiöse Anschauung (inhaltlich) nicht zu entwickeln vermocht. Dies ist auf den ersten Blick um so auffallender, als bei ihm doch die Empfindung lebendig ist, dass es sich nicht bloss um etwas Schönes, sondern um eine Persönlichkeit handelt, und als bei ihm die Persönlichkeit die konkreten Züge Christi trägt. Aber reicher und lebendiger kann ja die Vorstellung vom Göttlichen nur da werden, wo das Auge für das Geschehen in dieser Welt geöffnet und der Kampf mit ihr aufgenommen ist, — Voraussetzungen, die bei dem Mönch fehlen. Ihm selbst wäre vermutlich, was wir an ihm aussetzen, — eine gewisse Eintönigkeit des Gefühls — nicht als ein Mangel erschienen. Einen Gedanken, den Gedanken an Gott, sich einzuprägen, in dem Einen Gedanken sich zu üben, das galt gerade als das Richtige und Notwendige gegenüber der Zerstreuung und der Zerfahrenheit, zu der die Seele in der Welt ständig verleitet wird.

Wenn man diese Schranke zugesteht, so darf man es Symeon nachrühmen, dass er für die tiefsten Bedürfnisse der Religion Sinn gehabt hat. Er hat vor allem — was bei einem Griechen nicht hoch genug angeschlagen werden kann — den Wert bewusster Religiosität gegenüber einer blos stimmungs- und gefühlsmässigen d. h. gedankenlosen klar erkannt und er hat des weiteren gewusst, dass eine ihrer Sache sichere, anderen Neigungen des Herzens gegenüber starke Religiosität nur aus einem eigenen, selbstgewonnenen Eindruck von dem Göttlichen entstehen kann. Was sich ihm als Offenbarung darstellte, war allerdings etwas Dürftiges und dies ist der innerste Grund, warum er neben seinen Offenbarungen die mannigfachen Mittel, die die Kirche zur Erweckung und Befestigung des Glaubens darbot, nicht entbehren konnte und wollte. Aber er hat die weihevoll gedämpfte Stimmung, die der griechische Kultus erzeugt, nicht etwa als ein Beruhigungsmittel gegenüber dem eigenen ungestümen Drang nach persönlicher Berührung mit der Gottheit verwendet, er hat auch nicht in den Mysterien stärkere Stützen seiner Hoffnung gesucht, als in den Bezeugungen, die er im eigenen Herzen erfuhr. Den Kampf um Gott hat er — davon redet jedes Blatt in den ἔρωτες τῶν θείων ὕμνων — in der Hauptsache mit sich selbst ausgemacht. Wenn er die Mysterien als Vehikel der Gnade hochschätzt, so unterscheidet sich doch seine Anschauung scharf von der vulgären. Er stellt gerade das in den Vordergrund, was sonst höchstens in zweiter Linie kam. Ihm ist das Wesentliche an den Kultformen das, dass sie bestimmte Gedanken ausdrücken und vermitteln sollen [1]); darum macht er das Verständnis des Mysteriums zur unumgänglichen Bedingung für den wirksamen Empfang der Gnade [2]). Ja so wichtig ist für ihn die Idee, die das Mysterium

---

1) Ausser dem, was im Lauf der Darstellung schon zur Sprache gekommen ist, wäre zum Beleg für den Nachdruck, den Symeon auf die geistige Feier beim Kultus legt, besonders noch auf die Rede περὶ ἑορτῶν eth. 14 C f. 316ᵛ—321ʳ hinzuweisen. Ich zitiere aus ihr nur folgende Sätze: f. 318ʳ οὐκ ἀνάψομεν κηροὺς τε καὶ λύχνους, οὐ μύρα προσενέγκωμεν καὶ θυμίαμα ... οὐ τοῦτο λέγω, μὴ γένοιτο. ἀλλὰ καὶ λίαν δαψιλῶς σοι ταῦτα ποιεῖν καὶ συμβουλεύω καὶ συναινῶ. πλὴν ἀλλὰ τὸν τρόπον εἰδέναι σε βούλομαι καὶ ἤδη ὑποτιθῶ σοι καὶ ἀπὸ τῆς ἑορτῆς τῶν πιστῶν τὸ μυστήριον. ποῖον δὴ τοῦτο; ὅπερ αὐτά σοι δηλοῦσι τυπικῶς τὰ γινόμενα παρὰ σοῦ. τὸ γὰρ νοητόν σοι φῶς αἱ λαμπάδες ὑποσημαίνουσαι δεικνύουσιν ... τοὺς δὲ φωτοειδεῖς λογισμοὺς τὸ πλῆθος ὑπογράψει σοι τῶν λύχνων. f. 319ᵛ ἑόρταζε ἀλλὰ μηδὲ οὕτως ἑορτήν σοι ἀληθινὴν εἶναι τὸ γινόμενον ὑποτόπαζε, τύπον δὲ μᾶλλον καὶ σκιὰν καὶ σύμβολον ἑορτῆς τοῦτο λογίζου. ποίαν γὰρ εἰπέ μοι κοινωνίαν σχοῖέν ποτε τὰ αἰσθητὰ καὶ ἄψυχα καὶ πάντη αἰσθήσεως ἄμοιρα πρὸς τὰ νοητὰ καὶ θεῖα καὶ ἔμψυχα ἢ πνευματικὰ μᾶλλον εἰπεῖν ., ἀντὶ λύχνων πολλῶν ἔστωσάν σοι αἱ φωτοειδεῖς ἔννοιαι. f. 321ʳ ἔσται σοι ἅπας ὁ βίος ἑορτὴ μία.

2) Dieser Punkt bezeichnet den Gegensatz am deutlichsten, in dem Symeon zum Areopagiten steht. Dionysios hat allerdings auch das Interesse, ein „Verständnis" der Mysterien herbeizuführen, richtiger gesagt, in ihre Geheim-

darstellt, so wertvoll ihre Erfassung an und für sich, dass man oftmals meinen könnte, er habe die Grenze übersprungen und erblickte
die Gnade im Mysterium nur in den Anschauungen und Gedanken,
die es dem Menschen einprägt. Jedenfalls gebührt ihm das Verdienst, in klarem Zusammenhang mit seinem Interesse an bewusster
Religiosität einer geistigen Auffassung der Mysterien das Wort geredet zu haben.

Das andere, was Symeon auszeichnet, ist der enge Zusammenhang, in den er seinen Enthusiasmus mit dem sittlichen Leben gesetzt hat. Die Erleuchtung ist ihm nicht Selbstzweck; er fasst sie
als eine Begnadigung, durch die er innerlich erneuert wird; er weiss,
dass er im Umgang mit Gott vollkommen heilig werden soll. Ein
Schema, um die Verbindung zwischen religiösem und sittlichem Leben
herzustellen, war in der griechischen Kirche längst vorhanden. Seit
Klemens von Alexandrien ist die Anschauung fixiert, dass man durch
die Reinigung zur Erleuchtung, durch Übung der Gerechtigkeit zur
tieferen Erkenntnis kommt. Aber Symeon modifiziert dieses Schema
in zweifacher Hinsicht. Zunächst gewinnt für ihn die abstrakte
Formel Leben: für ihn ist es nicht bloss eine Erkenntnis, zu der er
aufsteigen möchte, sondern das Ziel des Ringens ist die persönliche
Gemeinschaft mit einer vollkommenen Persönlichkeit; er hat von
der Persönlichkeit, der er nahen möchte, schon einen gewissen Eindruck und dieser Eindruck bildet ein stärkeres ethisches Motiv, als
das theoretische Interesse an der Vollkommenheit der Erkenntnis.
Wie sehr die Intensität des sittlichen Strebens bei ihm gesteigert
ist, das lässt sich wohl am besten daran ermessen, in welchem Sinn
er die Vorstellung von den Dämonen verwertet. Er redet — was
nicht gleichgiltig ist — mehr von dem Satan, als von den Dämonen

---

nisse einzuweihen; aber die Erkenntnis ist nicht Bedingung für den Empfang
der Gnade. Andrerseits wenn Symeon Verständnis fordert, so verlangt er es
nicht für alle möglichen Einzelheiten, sondern für den Hauptgedanken, der
in allen Mysterien im Grund derselbe ist. Von einem Interesse an dem Detail
des Ritus findet sich in seinen Schriften nichts. — Eine direkte Bekanntschaft
Symeon's mit Dionysios erscheint mir zweifelhaft: zu Symeon's Zeit ist schon
so vieles aus dem Areopagiten Gemeingut in der Kirche geworden, dass die
Berührungen zwischen beiden keinen Schluss auf direkte Abhängigkeit zulassen. Dazu kommt, dass Symeon mit den Quellen, aus denen Dionysios selber
schöpfte, auch auf anderem Wege in Verbindung stand. Zitiert hat Symeon,
so viel ich sehe, den Areopagiten nie und seine Sprache ist erfreulicherweise
von dessen Schwulst nicht beeinflusst.

und er zieht diesen Gedanken nur in dem Interesse herein, um die furchtbare Macht der Sünde dem Hörer eindringlich vorzuhalten, vergl. z. B. or. 14 (Mi. 383 A) C f. 54^v μηδεὶς οὖν οἰέσθω ἢ λεγέτω τὰ πονηρὰ ἐργαζόμενος ὅτι οὐκ ἔχω δαίμονα· κατὰ γὰρ τὸ μέτρον τῆς κακίας ἢ μικρὸν ἢ μέγαν δαίμονα ἢ καὶ πολλοὺς ἔχει. Von dem phantastischen Beiwerk, das sich an den Dämonenglauben gehängt hat und das dessen sittliche Bedeutung mindert, ist bei ihm nichts zu finden. Vielleicht ist es darum nicht zufällig, dass auch die vita in diesem Punkt Zurückhaltung übt. Während sonst die Heiligenleben das Thema der Dämonenkämpfe mit grosser Liebe behandeln, weiss Niketas nur beim Eintritt Symeon's in den Mönchsstand, wo es unumgänglich war, etwas davon zu berichten und auch hier, ohne Charakteristisches anführen zu können. Symeon selbst hält sich in seinen Ermahnungen an dasjenige, was fassbar ist: der Macht des Satans entzieht man sich, wenn man in sich die πάθη überwindet, und diese werden gebrochen durch den Geist, mit dessen Verleihung Gott von dem Herzen Besitz ergreift. Unverkennbar ist bei Symeon dasjenige zurückgedrängt, was das reine sittliche Streben ablenkt oder schwächt, und man kann dies nur darauf zurückführen, dass ihm das hohe Ziel, das es zu erreichen gilt, deutlicher, eindrucksvoller vor Augen steht. — Aber Symeon hat auch über den Moralismus des landläufigen Schemas hinauszukommen gestrebt. Er möchte die Gnade an die erste Stelle setzen; freilich — ohne der Trägheit Vorschub zu leisten. Es ist nicht am Platze, im Einzelnen grob auszustreichen, wie mangelhaft sein Versuch ist, zugleich festzuhalten, dass die Gnade freies Erbarmen Gottes ist und dennoch ein bestimmtes sittliches Verhalten gegenüber der Gnade als notwendig zu erweisen. Ein Recht ihn hierüber zu tadeln hätte nur derjenige, der das Problem theoretisch gelöst hätte, was bis jetzt noch niemand gelungen sein soll. Es muss vielmehr anerkannt werden, dass Symeon die beiden Interessen, die hiebei in Frage kommen, empfunden und sie in der richtigen Ordnung vorgeführt hat.

Aber gerade, wenn man als Vorzug bei Symeon rühmt, dass sein Enthusiasmus sittlich fruchtbar war, und dass er die Erleuchtung nicht als etwas unvermittelt den Menschen überkommendes angesehen wissen wollte, gerade dann erhebt sich die Frage, ob der Weg, den er angiebt, auch für jedermann gangbar und ob das Ideal, das er verkündigt, als allgemein giltiges gedacht ist. Wenn man unter dem ersten Eindruck seiner Schriften steht, empfindet

man dieses Problem kaum. Symeon redet allgemein von dem Χριστιανὸς, der nach der Einigung mit Gott streben müsse, vergl. z. B.
or. 14 (Mi. 382 A) Mon. S. 126 μάτην ὀνομάζεται Χριστιανὸς ὁ
μὴ κοινωνίαν ἔχων ἐν ἐπιγνώσει μετὰ τοῦ Ἰησοῦ, er macht von
der Erreichung der Vollkommenheit den Eingang ins Himmelreich
abhängig, vergl. z. B. or. 13 (Mi. 379 A) C f. 51ᵛ ἐὰν μὴ λάβῃ ἡ νοερὰ
ψυχὴ νοητὴν αἴσθησιν τῆς βασιλείας τοῦ θεοῦ ἀψαμένης αὐτῆς,
οὐκ ἔστιν σωτηρίας ἐλπίς, darnach scheint es ganz selbstverständlich, dass er die Christenheit insgesamt wachrufen möchte. Allein,
es gilt zu bedenken, dass für den griechischen Mönch die Christenheit in erster Linie durch die Mönche repräsentiert ist; es muss erst
erwiesen werden, ob einer die bestimmte Absicht hat, darüber hinaus
zu wirken, und wo soll man sich die fortwährende Übung in der
ταπεινοφροσύνη denken, wo soll man Erleuchtungen für möglich
halten, wo anders als im Kloster? Symeon teilt jedenfalls zunächst
den mönchischen Standpunkt. Er sieht, wie das seit der Zeit des
Areopagiten geläufige Redeweise ist, seinen Eintritt ins Kloster als
seine Erwählung aus der Welt an z. B. div. am. 1 (Mi. 509 D) Mon.
S. 3 ἐμνήσθης μου ὅτε ἐν τῷ κόσμῳ ἐτύγχανον καὶ ἀγνοοῦντός
μου αὐτὸς ἐξελέξω με καὶ ἀπὸ τοῦ κόσμου ἐχώρισας καὶ πρὸ
προσώπου τῆς δόξης σου ἔστησας, und er lässt sich über die Weltleute eine Äusserung entschlüpfen, wie die eth. 6 C f. 263ʳ ἀλλὰ
περὶ μὲν τῶν ἐν κόσμῳ διαγόντων καὶ ὑπὸ ζυγὸν ὄντων
τοῦ βίου οὐδεὶς λόγος ἡμῖν διαρρήδην τοῦ Παύλου βοῶντος·
ὁ ἄγαμος μεριμνᾷ τὰ τοῦ κυρίου πῶς ἀρέσει τῷ κυρίῳ.

Allerdings finden sich nun bei Symeon auch Stellen, die ganz
anders klingen. Er kann behaupten, dass das ganze Mönchsleben
nur eine Ausgeburt der Not sei, aufgebracht als Gegenmittel gegen
die sonst unüberwindliche geistliche Trägheit der Menschen, or. 33
(Mi. 497 C) Mon. S. 391 (= cat. 4 C¹ f. 216ʳ) εἰ μὴ ὀκνηροὶ ἦμεν καὶ
ῥάθυμοι καὶ καταφρονηταὶ τῶν ἐντολῶν τοῦ θεοῦ, ἀλλὰ σπουδαῖοι
καὶ διεγηγερμένοι καὶ νήφοντες, οὐδεμίαν εἴχομεν χρείαν ἀποταγῆς
ἢ κουρᾶς ἢ τῆς τοῦ κόσμου φυγῆς. Er weist seine Mönche darauf hin, dass, was sie für unerschwinglich hielten, selbst Laien [1])
möglich sei, or. 33 (Mi. 497 A) Mon. S. 389 (= cat. 4 C¹ f. 216ʳ) δυνατὸν οὖν ἐστιν, ἀδελφοί, τοῖς πᾶσιν, οὐ μόνον τοῖς μοναχοῖς
ἀλλὰ καὶ τοῖς λαϊκοῖς τὸ ἀεὶ καὶ διηνεκῶς μετανοεῖν καὶ κλαίειν

---

1) Seit Dionysios Areopagites werden die Mönche meist nicht mehr zu den
λαϊκοὶ gerechnet.

καὶ δέεσθαι τοῦ θεοῦ καὶ διὰ τῶν τοιούτων πράξεων καὶ τὰς
λοιπὰς ἀρετὰς κτήσασθαι, er beruft sich dafür auf Chrysostomos
und fährt nachher, seine erste Aussage noch verstärkend, fort: auch
wer einen Haushalt zu führen habe, könne μὴ μόνον ... κλαίειν
καθ᾽ ἑκάστην καὶ εὔχεσθαι καὶ μετανοεῖν, ἀλλὰ καὶ εἰς τὸ τέλειον φθάσαι τῆς ἀρετῆς τὸν βουλόμενον καὶ πνεῦμα λαβεῖν
ἅγιον καὶ φίλον γενέσθαι θεοῦ καὶ ἀπολαύειν τῆς θέας
αὐτοῦ. Ebenso hält er or. 22 (Mi. 420 D 421 A) Mon. S. 211 Weltleute den Mönchen als Muster vor: καὶ ὅτι τοῦτο ἀληθές ἐστι
(sc. dass es möglich sei, die Gebote Gottes ganz zu erfüllen) μαρ-
τυροῦσι πάντες οἱ πρὸ νόμου καὶ ἐν νόμῳ καὶ μετὰ τὴν τοῦ σωτῆρος παρουσίαν μετὰ παίδων καὶ γυναικῶν καὶ τῶν ἐν ἅπασι
τοῖς βιωτικοῖς φροντίδων καὶ μεριμνῶν εὐαρεστήσαντες τῷ
κυρίῳ, κεχωρισμένοι τούτων ἁπάντων τῇ ἀπροσπαθεῖ προαιρέσει
γενόμενοι καὶ ὑπὲρ (S. 212) τοὺς ἐν ὄρεσι καὶ σπηλαίοις λαμ-
πρότεροι τῇ πίστει καὶ τῷ βίῳ διὰ τῆς εἰς θεὸν ἀγάπης δια-
φανέντες.

Indes, man darf die Bedeutung dieser Stellen nicht überschätzen:
Symeon spricht vor Mönchen und hat einen pädagogischen Zweck
im Auge. Es liegt ihm fern, prinzipiell zu behaupten, das christliche Ideal sei in der Welt so gut wie im Kloster zu erreichen.
Ideale Bedingungen sind es, unter denen das Mönchtum überflüssig
wäre, es sind Ausnahmen unter den Weltleuten, die er rühmt, und
wenn er sich so ausdrücken kann, dass selbst Weltleute im stande
seien, zur Vollkommenheit zu gelangen, so liegt darin zugleich, dass er
für die Regel dies doch nur bei den Mönchen erwartet. Trotz des
grossen Fortschritts in dem Verständnis der Religion, den Symeon bedeutet, hat er demnach keinen Anspruch auf den Namen eines Reforma-
tors — ein Titel, mit dessen Anwendung man überhaupt in der griechischen Kirche sehr vorsichtig sein muss. Die Welt, die er und andere
seines Standes bessern wollen, ist zunächst das Kloster, ja man muss
wohl noch enger sagen, ist ihr Kloster. Man darf sich daran nicht
dadurch irre machen lassen, dass Symeon auch Zustände in der
grossen Kirche z. B. die Geistlosigkeit der amtlichen Lehrer und
Liturgen scharf kritisiert. Denn kritisieren ist noch nicht so viel
wie reformieren.

Die Schranke des Mönchs bleibt also auch auf diesem Punkte
bestehen. Doch soll damit nicht gesagt sein, dass Symeon gar
nicht auf die grosse Kirche hätte einwirken können und wollen. Er
hat dies nur nicht als seine direkte Aufgabe betrachtet. Aber selbst-

verständlich war es sein Wunsch, dass sein Ideal vom Christenleben auch in der grossen Kirche zur Anerkennung käme. In dem Sinne sind die angeführten Stellen zu verwerten: Symeon verzweifelt nicht an den Weltleuten; möglich ist es auch dort, das vollkommene Christenleben zu führen, und wenn gleich die Mehrzahl nicht die Energie besitzt, unter den Sorgen der Welt des Einen, was Not ist, eingedenk zu bleiben, so ist es doch um derer willen, die dazu im stande sind, nicht vergeblich, auch „Laien" das Ideal vorzuhalten. Man darf bei Symeon noch einen Schritt weiter gehen. Deswegen, weil Symeon auf die innere Umkehr gegenüber der äusserlichen Bussleistung das entscheidende Gewicht legte und weil er Stufen der Erleuchtung anerkannte, von denen die ersten für jedermann erreichbar waren, war sein Ideal geeigneter in weiteren Kreisen zu wirken, als irgend ein anderes. Und Symeon's Anschauungen haben auf die ganze Kirche gewirkt. Nicht etwa bloss durch die persönliche Anregung, die er seinen Schülern, vor allem dem Niketas Stethatos, gab, oder durch die beichtväterlichen Beziehungen, in denen er zu einzelnen Weltleuten stand, sondern auf dem Wege, auf dem das Mönchtum am nachhaltigsten das religiöse Leben in der Kirche beeinflusste, durch die Erbauungsliteratur. Wie weit Symeon's Schriften selbst vor dem 14. Jahrhundert im Umlauf waren, darüber fehlt es vorläufig an bestimmten Anhaltspunkten. Aber die Hesychasten stehen ganz auf seinen Schultern und der hervorragendste Erbauungsschriftsteller dieser Epoche, Nikolaos Kabasilas, hat sein Bestes von ihm gelernt. Bis in unser Jahrhundert wirkt Symeon noch durch Nikodemos nach.

Symeon wollte getreuer Sohn seiner Kirche sein und die offizielle Kirche ist nur wegen seiner Unbotmässigkeit gegen ihn eingeschritten, während sie ihn im übrigen als korrekt anerkannte [1]. Wären freilich die prinzipiellen Fragen über Dogma und kirchliche Ordnung gründlich geklärt gewesen und hätte im Osten ein so straffes Regiment geherrscht, wie im Abendland, so hätte Symeon

---

[1) Vergl. S. 22 Anm. 2. Der Patriarch Sergios erklärt dem Patrizier Genesios Par. f. 43ʳ: ἃ .. πέπονθε παρ᾽ ἡμῶν οὐχ ὡς παρασφαλεὶς ἐν τοῖς τῆς ἐκκλησίας δόγμασι, δι᾽ ὧν ἡ ὀρθὴ καὶ ἀμώμητος πίστις ὠχύρωται, πέπονθεν, ἀλλ᾽ ἐπειδὴ ἐκεῖνος μὲν τοῦ ἰδίου ἀμεταθέτως εἶχε σκοποῦ καὶ τιμῶν τὸν πατέρα λαμπρῶς ἑορτάζειν οὐκ ἐπαύετο, οἱ κατήγοροι δὲ αὐτοῦ ἐταράσσοντο καὶ δι᾽ ὄχλου καθ᾽ ἑκάστην ἡμῖν ἐγίνοντο.

in den schärfsten Konflikt mit der offiziellen Kirche kommen müssen. Seine Stellung dem Dogma gegenüber war nichts weniger als unanfechtbar. Gleich im Prinzip ist sein Standpunkt bedenklich. Symeon lässt nur die Gotteserkenntnis als wirkliche Erkenntnis gelten, die auf der eigenen Erfahrung beruht; er polemisiert, namentlich in den durch den Streit mit dem Synkellos hervorgerufenen theologischen Reden, gegen diejenigen, die durch Syllogismen zur Gotteserkenntnis gelangen wollen, und er verficht die religiöse Souveränetät dessen, der der Schauung gewürdigt ist, theol. 2 C f. 168^r μεταβῆναι δεῖ πρῶτον ἡμᾶς ἐκ τοῦ θανάτου εἰς τὴν ζωὴν εἶθ᾽ οὕτως δέξασθαι σπέρμα ἐν ἑαυτοῖς ἄνωθεν τοῦ ζῶντος θεοῦ καὶ γεννηθῆναι ὑπ᾽ αὐτοῦ ὡς χρηματίσαι τέκνα αὐτοῦ καὶ ἑλκύσαι πνεῦμα ἐν τοῖς ἐγκάτοις καὶ οὕτως ἐλλαμπομένους τὰ περὶ θεοῦ φθέγγεσθαι καθ᾽ ὅσον οἷόν τε. eth. 5 C f. 251^v ἄλλως γὰρ οὐκ ἔστι γνῶναί τινα τὸν θεόν, εἰ μὴ διὰ τῆς θεωρίας τοῦ ἐξ αὐτοῦ ἐκπεμπομένου φωτός, dies im Gegensatz gegen die (C f. 254^r) περὶ ὧν οὐκ εἶδον ἢ ἤκουσαν ἀπὸ οἰκείων συλλογισμῶν ἑτέρους διδάσκοντας. theol. 2 C f. 172^r ὁ δέ γε ἰδεῖν κἂν ποσῶς ἀξιωθεὶς τὸν θεὸν ἐν τῇ ἀπροσίτῳ δόξῃ τοῦ ἀπείρου καὶ θείου φωτὸς αὐτοῦ, τῷ τρόπῳ ᾧ προειρήκαμεν, διδασκαλίας ἑτέρου οὐ δεηθήσεται· ἔχει γὰρ αὐτὸν ὅλον ἐν ἑαυτῷ μένοντα. Wenn dabei auch als selbstverständlich gilt, dass die Offenbarung nichts anderes ergiebt, als was das Dogma bezeugt, — Symeon schaut die Trinität eth. 8 C f. 273^v —, so ist doch damit das Dogma als solches in der gefährlichsten Weise entwertet. Denn was bedeutet Symeon's Standpunkt anders als das: solange einer nicht selbst geschaut hat, nützt ihn das Dogma nichts, und wenn er geschaut hat, ist es für ihn überflüssig? — Indessen von der Frage, um die es sich hier handelt, hat der griechischen Kirche erst im Hesychastenstreit etwas gedämmert.

Dagegen ist nicht unbemerkt geblieben, dass sich für Symeon trotz seines guten Glaubens doch der Inhalt des Dogmas, in erster Linie des Trinitätsdogmas, eigentümlich gestaltete. In seinen theologischen Reden, deren erste mit Recht die Aufschrift trägt: κατὰ τῶν τιθεμένων τὸ πρῶτον ἐπὶ τοῦ πατρὸς polemisiert er, ohne deutlich zu wissen, gegen wen er streitet, gegen den Rest des Subordinatianismus und gegen die Tendenz zum Tritheismus, die dem griechischen Dogma immer noch anhafteten, theol. 1 C f. 160^r τὰ γὰρ ἀεὶ ἡνωμένα καὶ ἀεὶ ὡσαύτως ὄντα ἀλλήλων πρῶτα εἶναι οὐ δύνανται, ebensowenig ἀλλήλων αἴτια εἶναι δύνανται. Er

erinnert auch in interessanter Weise an Markell von Ankyra, wenn
er theol. 1 C f. 161ᵛ über Joh. 1, 1 sagt: διὰ τί δὲ οὐκ εἶπεν „ὁ υἱός"
ἀλλ᾽ „ὁ λόγος" ἢ ἵνα διδάξῃ ἡμᾶς ὅτι οὔτε υἱὸς ὑπό τινος ἐγνωρί-
ζετο πρὸ τοῦ κατελθεῖν καὶ σαρκωθῆναι τὸν θεὸν λόγον οὔτε
πατὴρ ὁ θεός. Freilich fügt er sofort hinzu: οὐχ ὅτι οὐκ ἦν ἡ τὰ
πάντα παραγαγοῦσα τρισυπόστατος τριάς, — aber, wer so oft wie
Symeon das Paulinische ὁ κύριος τὸ πνεῦμά ἐστιν zitiert, dem ist
im Punkt der Trinitätslehre nicht über den Weg zu trauen. Thatsächlich fliesst ihm die Dreiheit zu einer Einheit zusammen oder
richtiger, Christus allein ist faktisch die Gottheit. An ihn sind alle
die Gebete der ἔρωτες τῶν θείων ὕμνων gerichtet und der Wert
des Trinitätsdogmas besteht für Symeon in Wahrheit nur darin,
dass er auf Grund davon in dem Menschgewordenen zugleich seinen
Schöpfer und allmächtigen Herrn erblicken kann. Das christolo-
gische Dogma, die Thatsache der Einigung Gottes mit der Menschheit, ist für ihn wichtiger als die Trinitätslehre, deswegen nähert er
sich immer dem Modalismus. Es ist auch leicht zu sehen, wie das
mit seiner religiösen Praxis zusammenhängt. Der innige Verkehr
mit der Gottheit, der ihm den Kern der Religion ausmacht, kann
sich nur auf eine Persönlichkeit d. h. auf einen Einzigen beziehen.
Jedoch bewusst war er sich seiner Abweichung nicht. Dass man
orthodox sein muss, gilt ihm als selbstverständlich, vergl. z. B. or. 20
(Mi. 409 B) Mon. S. 185 ἅπας δὲ ὁ τῶν ἁγίων ἔπαινος καὶ μακα-
ρισμὸς διὰ τῶν δύο τούτων συνίσταται, διὰ τῆς ὀρθοδόξου
πίστεως καὶ τοῦ ἐπαινετοῦ βίου, und bei der Scheu, die jedermann
vor dem gefährlichen Dogma empfand, wird sich der Synkellos wohl
gehütet haben, ihm allzuscharf auf dem Zahn zu fühlen.

Wie zum Dogma, so stand er auch zur Ordnung der Kirche
vermöge seiner eigentümlichen Anschauungen in einem inneren Gegensatz. Es ist schon oben (S. 53) berührt worden, dass er konsequenter-
weise mit der Kindertaufe hätte brechen müssen, und wenn er das
Verlangen stellt, dass die Hierurgen und Lehrer den Geist besitzen
müssten, so war diese Forderung schwer mit den Bedingungen eines
stehenden Amts zu vereinigen. Die Institutionen seiner Kirche
waren ihm zu heilig, als dass er sie anzutasten gewagt hätte; er
begnügt sich, die Inhaber der Ämter mit scharfen Worten an die
Erfordernisse für ihre Thätigkeit zu erinnern; er bestreitet aber
nicht einmal die Giltigkeit der von geistlosen Priestern verwalteten
Mysterien. Dieser praktische Standpunkt war für ihn da möglich,
wo es sich um Riten handelte: hier wirkt unwillkürlich auf ihn der

Eindruck der Handlung selbst, die in ihrem feierlichen Vollzug etwas Objektives, von der Persönlichkeit des Spenders Unabhängiges ist. Aber anders stand es doch, wenn nicht Riten in Frage kamen, sondern eine Thätigkeit, bei der die Persönlichkeit sich selbst giebt, wie die geistliche Beratung eines Sünders. Konnte hier ein Privileg eines Amtes gelten und konnte es dann gelten, wenn andere den Geist besassen, der den Priestern fehlte?

Damit sind wir an der Frage angelangt, die die Schrift, von der wir ausgiengen, behandelt und wir können nunmehr den lang unterbrochenen Zusammenhang wieder aufnehmen.

Wie oben S. 32 erwähnt, steht die epistola de confessione im Coisl. 291 u. 292 zusammen mit einer anderen Rede am Schluss der $\eta\vartheta\iota\varkappa\grave{\alpha}$, doch so, dass sie nicht zu diesen gerechnet ist. Daraus, wie aus anderem war die Vermutung zu schöpfen, dass die beiden Reden erst im Lauf der Überlieferung an das grössere Ganze, hinter dem sie jetzt stehen, angeschoben worden sind. Sie sind also nicht gegen allen Verdacht der Unechtheit gesichert.

Indem ich für den Coisl. 292 und für den Inhalt des Coisl. 291 auf S. 30 ff. verweise, füge ich zur äusseren Beschreibung des letzteren noch bei, dass er eine Pergamenthandschrift saec. XIV ist, von 335 numerierten Blättern ($27,6 \times 19,6$; Schreibraum $19,7 \times 13,2$), die Seite zu 27—29 Linien à 39—42 Buchstaben. Rubriziert sind die Überschriften, die Initialen und die Randzahlen. Die Handschrift enthält am Rande zahlreiche Leserbemerkungen von erster Hand geschrieben, deren Übereinstimmung mit den (gleichfalls von erster Hand geschriebenen) Vermerken im Coisl. 292 für sich schon beweist, dass beide Handschriften auf einen Archetypus zurückgehen. Es ist überflüssig die Verwandschaft beider codices noch näher darzulegen: der Apparat des mitzuteilenden Textes enthält so viele gemeinsame Fehler und Auslassungen, dass die Thatsache von selbst einleuchten wird. Wir haben also in den zwei Handschriften nur einen Zeugen dafür, dass die epistola de confessione von Symeon herstammt.

Das Manuskript des Thomas Gale, aus dem Lequien seinen Text bekam, ist mit dessen übrigen Handschriften im Jahr 1738 von seinem Sohn der Bibliothek des Trinity College in Cambridge geschenkt worden, wo die Kollektion heute noch eine besondere

Abteilung bildet (vergl. R. Sinker, the library of the Trinity College, Cambridge 1891 p. 13 f.). Von der Handschrift — die Beschreibung im catal. Angl. et Hibern. II, 1, 187 ist zu dürftig — habe ich zunächst durch die Liebenswürdigkeit Mr. Henry Jackson's eine treffliche Kollation erhalten; dann, als ich in der Hoffnung, den Ursprung der hier vorliegenden Überlieferung aufklären zu können, um Übersendung bat, ist mir das Manuskript von Mr. Robert Sinker bereitwilligst und auf sehr lange Zeit hieher überlassen worden. Für ihre Güte habe ich beiden Herrn den gebührenden Dank auszusprechen.

Das Gale-Manuskript, das heute die Nummer O 2. 36 trägt (frühere Nummern: B 61 und O 15. 44), ist kein alter codex, sondern eine Sammlung von Abschriften, die sich ein Gelehrter der ersten Hälfte des 17. Jahrhunderts aus verschiedenen codices gemacht hat. Die Zeit ist gesichert durch eine Unterschrift S. 102$^\text{v}$: Oxonij 2$^\text{do}$ Martij 1647: ~; das Datum zeigt zugleich, dass nicht Gale selbst der Schreiber war. Das jetzt in einem codex Zusammengebundene besteht aus lauter kleineren Stücken, die selten die acht Blätter, welche der Schreibende für gewöhnlich zu einem Heft zusammenlegte, ganz füllen und die ursprünglich in sich numeriert waren. Der Inhalt ist sehr verschieden; doch überwiegt das Kirchengeschichtliche und Kirchenrechtliche. In vielen Fällen ist die Quelle, aus der die Abschrift genommen ist, angegeben. So beginnt das Manuskript mit Stückchen, die wie Beiträge zu einer Ausgabe der apostolischen Konstitutionen aussehen: *Παύλου ἁγιωτάτου ἀποστόλου διατάξεις περὶ κανόνων ἐκκλησιαστικῶν* (S. 1$^\text{r}$), *Πέτρου καὶ Παύλου τῶν ἁγίων ἀποστόλων διατάξεις* (S. 2 Mitte), *ἑτέρα διδασκαλία τῶν ἁγίων ἀποστόλων περὶ χαρισμάτων, ὅτι οὐ χρὴ μέγα φρονεῖν τοὺς ποιοῦντας θαύματα καὶ κατεπαίρεσθαι τῶν μὴ ποιούντων* (S. 7; am Rand: v. Hippol. opera apd Cave p. 169 v. hic 13), *ἐκκλησιαστικοὶ κανόνες* (S. 12; a. R.: ecclesiastici hi canones tractatu *περὶ χειροτονιῶν* habentur et Simoni Cananaeo adscribuntur), *διατάξεις τῶν αὐτῶν ἁγίων ἀποστόλων περὶ χειροτονιῶν διὰ Ἱππολύτου, περιέχουσαι καὶ τὰς εὐχὰς τῶν χειροτονουμένων ἐπισκόπων, πρεσβυτέρων, διακόνων* etc. (S. 13; a. R.: in aliis codicibus titulus est *διατάξεις τῶν αὐτῶν ἁγίων ἀποστόλων περὶ χειροτονιῶν* sine ulla additione: ~ v. Anim. Scal. in Euseb. 176). Während auf diesen Blättern die Herkunft des Abgeschriebenen nirgends angegeben ist, steht über den auf S. 13 folgenden Blättern, die mit einer *τάξις τῶν ἀρχιεπισκόπων* beginnen: ex cod. Th. Roe v. p. 193; am Rand: confer

cum τάξεσι Leonis et Andronici, a quibus plurimum discrepant, v.
Leunclav. p. 245 u. s. w. — Die einzelnen Teile der Sammlung vollständig aufzuzählen, ist für unsern Zweck nicht nötig. Bezüglich
der benutzten Handschriften ist zu konstatieren, dass, so viel sich
sehen lässt, nur Oxforder Handschriften herangezogen sind (S. 15 ex
codice Bodleiano edidit G. Beveregius, S. 47 inter codd. Barocc.
Oxonij). — Das uns angehende Stück bildet den Anfang einer besonderen Lage und umfasst nach heutiger Zählung Bl. 106^r—110^r.
Die letzten Sätze des Textes sind so zugespitzt, dass sie bis zum
Ende der Vorderseite von Bl. 110 reichen; die Rückseite ist leer.
Auf S. 111^r (ursprünglich als Blatt 6 gezählt) beginnen: Ἐρωτήσεις
τινὸς μοναχοῦ, ὧν τὰς λύσεις κανονικῶς ἀποδέδωκεν ὁ μακαρίτης
χαρτοφύλαξ τῆς ἁγιωτάτης ἐκκλησίας Πέτρος. Leider fehlt nun
aber eine Notiz darüber, woher der Text genommen ist. Dass eine
der bei andern Texten angegebenen Handschriften auch hier benutzt worden ist, hat von vornherein die Wahrscheinlichkeit gegen
sich und erweist sich, da die im sonstigen notierten codices leicht
zu identifizieren sind, thatsächlich als unmöglich.

Die Nachforschungen, die ich in englischen Handschriftenkatalogen
mit Bezug auf unser Stück angestellt habe, sind ohne Erfolg geblieben. Dagegen ist es mir gelungen, wenigstens eine römische
Handschrift zu finden, die nicht bloss unser Stück unter demselben
Namen enthält, sondern auch in irgend einem Zusammenhang mit
unserem Manuskript stehen muss. Der cod. Reg. Suec. 57 (vergl.
Stevenson's Katalog S. 49), ein Miscellancodex kirchenrechtlichen
Inhalts, dessen uns angehender Teil 1359 geschrieben ist, bringt
auf f. 422^v: Ioannis Damasceni epistola de confessione et quibusnam
data sit facultas peccata ligandi et solvendi. Inc. Ἐπέταξας τῇ εὐτελείᾳ ἡμῶν. Auf eine Verwandtschaft dieser Handschrift mit dem
Gale-Manuskript ist deswegen zu schliessen, weil der römische codex
auch andere Stücke mit dem Cambridger Fascikel gemeinsam hat.
Sofort auf unser Stück folgt nämlich in dem cod. Reg. Suec.: Pauli
apostoli de canonibus ecclesiasticis constitutio. Inc. οἱ πρώτως προσιόν-
τες f. 428; Petri apostoli constitutiones canonicae. Inc. Ἐγὼ Πέτρος
καὶ Παῦλος f. 428^v; vergl. oben und bemerke den Umfang der Stücke.
Ein interessantes Problem eröffnet sich hier — es ist nicht unmöglich, dass der englische Gelehrte den cod. reg. Suec. benutzt hat, —
lösbar freilich nur für den, der auch den römischen codex einsehen
könnte.

Der Titel des Stücks lautet im Gale-Manuskript unzweideutig:

Ἰωάννου μοναχοῦ καὶ πρεσβυτέρου τ ο ῦ δ α μ α σ κ η ν ο ῦ ¹) ἐπιστολὴ
πρός τινα γράψαντα αὐτῷ περὶ ἐξομολογήσεως· καὶ τίνες ἄρα
εἰσὶν οἱ τὴν ἐξουσίαν. τοῦ δεσμεῖν τε καὶ λύειν λαβόντες τὰ ἁμαρτήματα. Der Text ist zierlich und sorgfältig geschrieben. Bei bedenklichen Stellen hat sich der Schreiber in Konjekturen — selten
glücklichen — versucht, die er mit ἴσ. an den Rand setzt. Gale hat
diese Vermutungen an Lequien mitgeteilt, der sie wie eigene Ver-
besserungen aufführt.

Die Vergleichung dieses Textes (= G) mit C und C¹ zeigt,
dass die junge Abschrift durch die alten codices keineswegs entbehrlich gemacht ist. Namentlich ist der Schluss der epistola durch
CC¹ arg verkürzt worden. Aber beide Zeugen, die wir somit besitzen, CC¹ und G, reichen doch nicht hin, um einen ganz befrie-
digenden Text herzustellen. Durch Konjektur nachzuhelfen habe
ich mich nicht zu entschliessen vermocht; man müsste dann schon
die Annahme eines gemeinsamen Archetypus mit in Kauf nehmen,
eine Hypothese, die ich in solchem Fall immer für äusserst gewagt
halte. Wenn man bedenkt, dass es ein Brief ist, der hier vorliegt,
dass Symeon literarisch nicht gebildet ist, dass er immer tempera-
mentvoll, hier besonders erregt schreibt, so wird man mehr und
mehr geneigt, die Anakoluthe, Inconcinnitäten und andere Anstösse,
die der überlieferte Text bietet, Symeon selbst zuzutrauen. Da
keiner von beiden Zeugen einen entschiedenen Vorzug vor dem
andern besitzt, so blieb für die Textkonstruktion nur ein eklek-
tisches Verfahren übrig. Bei der Entscheidung habe ich mich häufig
durch den Eindruck, den ich aus der sonstigen Lektüre Symeon's
gewonnen habe, mitbestimmen lassen, ohne dass ich freilich jetzt
noch in der Lage wäre, in allen einzelnen Fällen meine Wahl exakt
zu begründen. Das Jota subscr. habe ich immer eingesetzt, obwohl es
selbst in G teilweise fehlt. Kleinigkeiten, wie Verschiedenheit in
der Accentuirung, habe ich nicht in den Apparat aufgenommen,
ebensowenig habe ich die Fehler von Lequien's Abschrift gebucht.
Die Kapiteleinteilung Lequien's habe ich teilweise durch eine andere
Gliederung ersetzen zu müssen geglaubt.

---

1) Das gesperrt Gedruckte ist von mir hervorgehoben.

Συμεὼν τοῦ νέου θεολόγου λόγος περὶ ἐξομολογήσεως.

C f. 324ᵛ
C¹ f. 173ʳ
G f. 106ʳ

1. Ἐπέταξας τῇ εὐτελείᾳ ἡμῶν, πάτερ καὶ ἀδελφέ, ἐρωτηματικῶς εἰπεῖν σοι, „εἰ ἄρα ἐνδέχεται εἰς μονάζοντάς τινας ἐξαγγέλλειν τὰς ἁμαρτίας αὐτῶν ἱερωσύνην μὴ ἔχοντας“, προσθεὶς καὶ τοῦτο· „ἐπειδὴ ἀκούομεν τὴν τοῦ δεσμεῖν καὶ λύειν ἐξουσίαν τοῖς
5 ἱερεῦσι δίδοσθαι μόνοις“. καὶ ταῦτα μὲν τῆς σῆς φιλοθέου ψυχῆς καὶ τοῦ διαπύρου πόθου καὶ φόβου τὰ ῥήματα καὶ ψυχωφελῆ ἐρωτήματα. ἡμεῖς δὲ ἀπεδεξάμεθά σου μὲν τὴν πρὸς τὰ καλὰ πρόθεσιν ὅτι ζητεῖς μανθάνειν περὶ θείων καὶ ἱερῶν πραγμάτων, ἡμεῖς δὲ οὐχ οἷοί τε τοιαῦτα διακρίνειν καὶ γράφειν ἐσμὲν καὶ διὰ
10 τοῦτο σιωπᾶν ἐβουλόμεθα· τὸ γὰρ πνευματικοῖς πνευματικὰ συγκρίνειν τῶν ἀπαθῶν καὶ ἁγίων ἐστὶν ἀνδρῶν, ὧν ἡμεῖς κατὰ πολὺ βίῳ καὶ λόγῳ καὶ ἀρεταῖς διεστήκαμεν. (2.) ἀλλ᾽ ἐπεὶ „ἐγγὺς“ ὡς γέγραπται „κύριος πᾶσι τοῖς ἐπικαλουμένοις αὐτὸν ἐν ἀληθείᾳ“ τοῦτον κἀγὼ ὁ ἀνάξιος ἐπικαλεσάμενος ἐν ἀληθείᾳ ταῦτά σοι οὐ
15 δι᾽ ἐμῶν λόγων, ἀλλ᾽ ἐξ αὐτῆς τῆς θείας καὶ θεοπνεύστου γραφῆς λέξω, οὐ διδάσκων ἀλλὰ τὰς μαρτυρίας περὶ τῶν ἐπερωτηθέντων

---

10 Vergl. 1. Kor. 2, 13. — **12** Psalm 144 (145), 18.

Überschrift CC¹ Τοῦ ἐν ἁγίοις πατρὸς ἡμῶν Συμεὼν (C¹ Συμεῶν) τοῦ νέου θεολόγου λόγος περὶ ἐξομολογήσεως πρός τινα γραφεὶς (C¹ γραφῆς) τέκνον αὐτοῦ καὶ τίνες ἄρα εἰσὶν οἱ τὴν ἐξουσίαν τοῦ δεσμεῖν καὶ λύειν ἁμαρτήματα λαβόντες (C¹ λαβόντες hinter ἐξουσίαν) G Ἰωάννου μοναχοῦ καὶ πρεσβυτέρου τοῦ δαμασκηνοῦ ἐπιστολὴ πρός τινα γράψαντα αὐτῷ περὶ ἐξομολογήσεως· καὶ τίνες ἄρα εἰσὶν οἱ τὴν ἐξουσίαν τοῦ δεσμεῖν τε καὶ λύειν λαβόντες τὰ ἁμαρτήματα: ~ | 2 C¹ ἐξαγγέλειν | 3 C¹ ἱεροσύνην | 4 ἐπειδὴ⌋ CC¹ ὡς | τὴν (nach ἀκούομεν)⌋ G < | τοῦ δεσμεῖν καὶ λύειν⌋ G τοῦ λύειν καὶ δεσμεῖν | 5 δίδοσθαι⌋ C δεδόσθαι C¹ διδόσθαι | μόνοις⌋ CC¹ < | vor τῆς CC¹ + τὰ | 6 πόθου καὶ⌋ G < | φόβου⌋ C φ auf Rasur | φόβου τὰ⌋ G φ. καὶ τὰ; dafür a. R. (von 1. H. geschr.) die Konjektur ἴσ. καλὰ, Lequien will καλὰ τὰ | καὶ ψυχωφελῆ ἐρωτήματα⌋ G < | 7 μὲν (hinter σου)⌋ G < | 9 ἡμεῖς δὲ⌋ G < | οἷοί τε⌋ G + δὲ | τοιαῦτα⌋ G πρὸς τὸ ταῦτα | 10 C¹ ἐνουλόμεθα | τὸ⌋ G τὰ | πνευματικοῖς πνευματικὰ συγκρίνειν⌋ G πνευματικὰ συγκρίνειν πνευματικῶς | 11 G ἀνδρῶν ἐστιν | 12 ἀρεταῖς⌋ CC¹ ἀρετῇ | διεστήκαμεν⌋ G μακρὰν ἀφεστήκαμεν | 13 κύριος⌋ CC¹ hinter ἐγγὺς (Z. 12) | πᾶσι⌋ CC¹ < | 14 τοῦτον κἀγὼ bis ἐν ἀληθείᾳ G < | ἐπικαλεσάμενος⌋ C ἐπικαλούμενος, von 1. H. korrigiert zu ἐπικαλεσάμενος | σοι⌋ CC¹ μοι | 15 ἐμῶν⌋ C ὧν auf Rasur, wohl korrigiert aus οὗ | θείας καὶ⌋ G < | 16 λέξω⌋ G <.

μοι φέρων ἐξ αὐτῆς σοι, ἵνα ἐξ ἀμφοτέρων τῶν κρημνῶν τῇ τοῦ
θεοῦ χάριτι ἐμαυτὸν καὶ τοὺς ἀκούοντάς μου διατηρήσω τοῦ τε
τοῦ τὸ τάλαντον κατακρύψαντος καὶ τοῦ ἀναξίως τὰ θεῖα καὶ
κενοδόξως μᾶλλον δὲ ἐσκοτισμένως ἐκτιθέντος δόγματα.

Πόθεν οὖν τὴν ἀρχὴν τοῦ λόγου ποιήσωμεν ἢ ἐκ τῆς ἀνάρχου 5
τῶν πάντων ἀρχῆς; τοῦτο γὰρ ἄμεινον, ἵν᾽ ᾖ καὶ τὰ λεγόμενα
βέβαια. οὐ γὰρ παρ᾽ ἀγγέλων ἐκτίσθημεν, οὐδὲ παρὰ ἀνθρώπων
ἐμάθομεν, ἀλλ᾽ ἐκ τῆς ἄνωθεν σοφίας εἴτ᾽ οὖν τῆς διὰ τοῦ πνεύματος χάριτος μυστικῶς ἐδιδάχθημεν καὶ καθ᾽ ὥραν ἀεὶ διδασκό-
μεθα, | ἥντινα καὶ νῦν ἐπικαλεσάμενοι λέξωμεν ὧδε, τὸν τρόπον C f. 325ʳ
πρότερον τῆς ἐξαγορεύσεως καὶ τὴν δύναμιν ἐξειπόντες.

(3.) Ἐξαγόρευσις τοίνυν οὐδὲν ἄλλο ἐστὶν ἢ χρεῶν ὁμολογία
εἴτ᾽ οὖν ἐπίγνωσις σφαλμάτων καὶ ἀφροσύνης ἰδίας ἤγουν πτω-
χείας κατάγνωσις· καθὼς ἐν εὐαγγελίοις παραβολικῶς εἶπεν ὁ κύ-
ριος· „δανειστῇ τινι“, φησίν, „ἦσαν δύο χρεωφειλέται καὶ ὁ μὲν εἷς 15
ὤφειλεν αὐτῷ δηνάρια πεντήκοντα, ὁ δὲ ἕτερος πεντακόσια· μὴ
ἐχόντων οὖν ἀποδοῦναι ἀμφοτέροις ἐχαρίσατο“. τοιγαροῦν ἅπας
πιστὸς χρεώστης ὑπάρχει τοῦ ἰδίου δεσπότου καὶ θεοῦ καὶ ὃ παρ᾽
αὐτοῦ ἔλαβε, τοῦτο δὴ καὶ ἀπαιτηθῆναι μέλλει ἐπὶ τοῦ φοβεροῦ
καὶ φρικτοῦ κριτηρίου αὐτοῦ, ὅτε γυμνοὶ καὶ τετραχηλισμένοι 20
ἅπαντες, βασιλεῖς ὁμοῦ καὶ πτωχοί, παριστάμεθα. τίνα δέ εἰσι τὰ
δοθέντα ἡμῖν παρ᾽ αὐτοῦ ἄκουσον. πολλὰ μὲν οὖν ἄλλα ἃ οὐδεὶς
ἀνθρώπων ἰσχύσει ἐναριθμῆσαι, τέως δὲ τὰ κρείττω καὶ τελεώτερα, τὴν ἐκ τῆς καταδίκης ἐλευθερίαν, τὸν ἐκ τοῦ μιασμοῦ ἁγιασ-
μόν, τὴν ἐκ τοῦ σκότους πρὸς τὸ ἀνεκλάλητον αὐτοῦ φῶς πρόσ- 25
οδον, τὸ τέκνα καὶ υἱοὺς αὐτοῦ καὶ κληρονόμους διὰ τοῦ θείου | G f. 106ᵛ
γενέσθαι βαπτίσματος, τὸ αὐτὸν τὸν θεὸν ἐπενδύσασθαι, τὸ μέλη

2 Vergl. Matth. 25, 18. 24. — 14 Luk. 7, 41 f. — 25 Vergl. 1. Petri 2, 9.

1 αὐτῆς⌋ C¹ αὐτοῖς | σοι⌋ G hinter φέρων | τῶν (hinter ἀμφοτέρων)⌋ G < |
τῇ τοῦ⌋ G < | 2 ἐμαυτὸν⌋ G hinter κρημνῶν (Z. 1) | τοῦ τε τοῦ⌋ G ἀπό τε τοῦ | 3 καὶ
τοῦ⌋ G καὶ ἀπὸ τοῦ | 4 G ἐκτιθεμένου | 5 CC¹ ποιήσομαι | 6 C¹ ἴ ἢ G ἵνα
< ᾗ | 7 C¹ βέβαια | παρ᾽⌋ CC¹ π̅ | παρὰ⌋ C π̅ C¹ π̅̅ | 8 C¹ ἐμάθωμεν | εἴτ᾽ οὖν⌋
G a. R. ἴσ. εἴτι οὖν | 10 ἥντινα⌋ G < | λέξωμεν⌋ CC¹ λέξομαι | 11 ἐξειπόντες⌋
G ἐκτιθέμενοι | 13 ἤγουν πτωχείας⌋ CC¹ < | 14 vor καθὼς G + καὶ | παρα-
βολικῶς⌋ CC¹ < | 15 φησίν⌋ G φησὶ | 16 ὤφειλεν αὐτῷ⌋ C¹ ∞ | G vertauscht
πεντήκοντα und πεντακόσια | C¹ δυνάρια | 18 χρεώστης ὑπάρχει⌋ G χρεῶν
ὑπάρχει ὑπεύθυνος | 20 C¹ τετραχιλισμένοι | 22 οὖν⌋ G + καὶ | 23 C¹ κρίττω
G κρείττονα | CC¹ ἰσχύσειεναριθμῆσαι; die beiden Worte sind so zusammen-
geschrieben, dass die Abteilung unsicher ist | 24 C¹ καταδίκεις | 25 πρὸς⌋ G εἰς |
αὐτοῦ (hinter ἀνεκλάλητον)⌋ CC¹ < | πρόοδον⌋ Lequien: forte πάροδον.

γενέσθαι αὐτοῦ καὶ τὸ ἅγιον πνεῦμα λαβεῖν ἐνοικοῦν ἐν ἡμῖν, ὅπερ
σφραγὶς ὑπάρχει βασιλική, ἐν ᾗ τὰ ἴδια πρόβατα σφραγίζει ὁ κύριος, καὶ τί πολλὰ λέγω; — τὸ ὁμοίους καὶ ἡμᾶς αὐτοῦ ποιῆσαι
καὶ ἀδελφοὺς καὶ συγκληρονόμους αὐτοῦ ἀπεργάσασθαι. ταῦτα
5 πάντα καὶ ἄλλα πλείονα τούτων τοῖς βαπτιζομένοις εὐθὺς ἀπὸ
τοῦ θείου βαπτίσματος δίδοται, ἅτινα καὶ ὁ θεῖος ἀπόστολος
θεῖον πλοῦτον καὶ κλῆρον κατονομάζει.

C¹ f. 173ᵛ   (4.) Αἱ δὲ | ἐντολαὶ τοῦ δεσπότου ὥσπερ τῶν ἀπορρήτων
τούτων χαρισμάτων καὶ δωρεῶν ἐδόθησαν φύλακες, οἷα δὴ ὥσπερ
10 τεῖχος πάντοθεν περικυκλοῦσαι τὸν πιστὸν καὶ τὸν ἐναποκείμενον
C f. 325ᵛ θη|σαυρὸν ἐν τῇ ψυχῇ ἄσυλον διατηροῦσαι καὶ πᾶσιν ἐχθροῖς καὶ
κλέπταις ποιοῦσαι ἀνεπιχείρητον. ἀλλὰ γὰρ νομίζομεν φυλάττεσθαι παρ' ἡμῶν τὰς ἐντολὰς τοῦ φιλανθρώπου θεοῦ καὶ ἐπὶ
τούτῳ ἀχθόμεθα, ἀγνοοῦντες ὅτι μᾶλλον παρ' ἐκείνων ἡμεῖς φυ-
15 λαττόμεθα· ὁ γὰρ τὰς τοῦ θεοῦ τηρῶν ἐντολὰς οὐκ ἐκείνας ἀλλ'
ἑαυτὸν διατηρεῖ καὶ φυλάττει ἀπὸ τῶν ὁρωμένων καὶ ἀοράτων
ἐχθρῶν, περὶ ὧν ὡς ἀναριθμήτων ὄντων καὶ φοβερῶν ὁ Παῦλος
ἐδήλωσε λέγων· „οὐκ ἔστιν ἡμῖν ἡ πάλη πρὸς αἷμα καὶ σάρκα ἀλλὰ
πρὸς τὰς ἀρχάς, πρὸς τὰς ἐξουσίας, πρὸς τοὺς κοσμοκράτορας
20 τοῦ σκότους τοῦ αἰῶνος τούτου, πρὸς τὰ πνεύματα τῆς πονηρίας
ἐν τοῖς ἐπουρανίοις" τὰ ἐν τῷ ἀέρι δηλονότι, τούτων ἀφανῶς ἀεὶ
παρατασσομένων καθ' ἡμῶν.

Ὁ οὖν φυλάττων τὰς ἐντολὰς φυλάττεται παρ' αὐτῶν καὶ
τὸν ἐμπιστευθέντα αὐτῷ παρὰ τοῦ θεοῦ πλοῦτον οὐκ ἀπόλλυσιν·
25 ὁ δὲ ἐκείνων καταφρονῶν γυμνὸς εὑρίσκεται καὶ εὐχείρωτος τοῖς

6 Vergl. Kol. 1, 12. Ephes. 3, 8. 2. Kor. 4, 7. — 17 Ephes. 6, 12.

3 vor πολλὰ G + τὰ | καὶ ἡμᾶς bis συγκληρονόμους (Z. 4)⌋ G < | 4 C συγ-
κληρωνόμους | CC¹ ἀπεργάζεσθαι | 5 ἄλλα⌋ C¹ ἀλλὰ | 6 θεῖον βαπτίσματος⌋ G
ἁγίου πνεύματος | ὁ θεῖος ἀπόστολος⌋ G < | 7 θεῖον bis κατονομάζει⌋ G θεῖος
κλῆρος καὶ πλοῦτος ὀνομάζονται | 9 οἷα δὴ⌋ in G δὴ von 1. H. aus δὲ herge-
stellt CC¹ αἱ δὴ | ὥσπερ τεῖχος⌋ G < | 10 G ἀποκείμενον | 11 vor ψυχῇ G +
ἑαυτοῦ | ἄσυλον⌋ C ἄσπιλον C¹ ἄσπηλον | καὶ (nach διατηροῦσαι)⌋ CC¹ < | 12 ποι-
οῦσαι⌋ CC¹ ποιοῦσι | G ἀνεπεχείρητον | 13 φιλανθρώπου⌋ CC¹ < | 14 τούτῳ
ἀχθόμεθα⌋ C¹ τοῦτο ἀχθώμεθα; Lequien zu ἀχθόμεθα: in marg. καυχώμεθα;
steht nicht in G, also Vermutung Gale's | μᾶλλον⌋ CC¹ < | C¹ π' κείνων | 16 δια-
τηρεῖ καὶ φυλάττει⌋ CC¹ ∞ | 17 ὧν⌋ G < | 18 ἐδήλωσε λ.⌋ G λέγων ἐδήλωσεν | an-
statt ἀλλὰ πρὸς bis τοῖς ἐπουρανίοις (Z. 21) G καὶ τὰ ἑξῆς | 21 τούτων⌋ CC¹
τότε | 22 CC¹ παρατατιόμενα | 23 παρ'⌋ G ὑπ' | 24 G ἐμπιστευθέντα αὐτῷ
            d   a   b   c
πλοῦτον παρὰ τοῦ θεοῦ CC¹ ἐμπ. παρὰ θεοῦ τούτῳ (C¹ τοῦτο) πλ. | 25 καὶ
εὐχείρωτος⌋ CC¹ <.

— 113 —

ἐχθροῖς καὶ τὸν πλοῦτον ἀπολέσας ἅπαντα ὑπόχρεως τῷ βασιλεῖ
καὶ δεσπότῃ γίνεται πάντων ἐκείνων ὧν εἴπομεν, ὑπὲρ ὧν ἀντα-
ποδοῦναί τι ἢ ταῦτα εὑρεῖν δυνατὸν οὐκ ἔστιν ἀνθρώπῳ. οὐράνια
γάρ εἰσι καὶ ἀπὸ τῶν οὐρανῶν ἦλθε καὶ καθ᾽ ἑκάστην ἔρχεται
κομίζων καὶ διανέμων αὐτὰ τοῖς πιστοῖς, καὶ ποῦ οἱ λαβόντες καὶ 5
ἀπολέσαντες εὑρεῖν αὐτὰ πάλιν δυνήσονται; ὄντως οὐδαμοῦ. ὡς
οὐδὲ ὁ Ἀδὰμ ἢ τὶς τῶν ἐκείνου υἱῶν ἀνάκλησιν ἑαυτοῦ ἢ τῶν
συγγενῶν ἴσχυσεν ἀπεργάσασθαι, εἰ μὴ ὁ ὑπὲρ φύσιν θεὸς καὶ
κατὰ σάρκα υἱὸς αὐτοῦ γεγονὼς ὁ κύριος ἡμῶν Ἰησοῦς Χριστὸς
ἐλθὼν κἀκεῖνον καὶ ἡμᾶς τοῦ πτώματος ἐξήγειρε θεϊκῇ δυνάμει. 10
ὁ δὲ μὴ πάσας τὰς ἐντολὰς ἀλλὰ τινὰς μὲν φυλάττειν δοκῶν,
τινὰς δὲ προδιδοὺς γινωσκέτω ὅτι κἂν μιᾶς ἀμελήσῃ καὶ οὕτω
τὸν πλοῦτον ὅλον ἀπόλλυσιν. ὑπόθου γάρ μοι δώδεκα ἄνδρας
ἐνόπλους εἶναι τὰς ἐντολὰς καὶ κυκλόθεν ἱσταμένους καὶ μέσον
αὐτῶν γυμνόν σε ὄντα φυλάττοντας· τοιούτους δὲ πάλιν ἄλλους 15
μοι νόει περιστοιχοῦντας πάντοθεν καὶ ἐπικειμένους ἀντιπάλους
πολεμιστὰς καὶ λαβεῖν σε ζητοῦντας | καὶ κατασφάξαι εὐθύς. εἰ C f. 326ʳ
οὖν εἷς ἐκ τῶν δώδεκα θελήματι οἰκείῳ καταπέσειε καὶ τῆς φυλακῆς ἀμελήσειε καὶ ὡς θύραν ἀνεῳγμένην τῷ ἀντιπάλῳ τὸν
τόπον αὐτοῦ ἐάσειε, τί τῶν λοιπῶν ἕνδεκα ἀνδρῶν τὸ ὄφελος 20
ἔσται, τοῦ ἑνὸς μέσον εἰσελθόντος αὐτῶν καί σε ἀφειδῶς κατα-
τέμνοντος, ὡς ἐκείνων μὴ ἐπιστραφῆναι δυναμένων πρὸς σὴν
βοήθειαν; εἰ γὰρ καὶ ἐπιστραφῆναι θελήσουσι κἀκεῖνοι ὑπὸ τῶν
ἀντιδίκων ἀναλωθήσονται. οὕτως δὲ πάντως ἔσται καὶ ἐπὶ σοῦ
μὴ φυλάσσοντος τὰς ἐντολάς. ὑπὸ γὰρ ἑνὸς τρωθέντος σου ἐχ- 25
θροῦ καὶ καταπεσόντος πᾶσαι αἱ ἐντολαὶ ἀφίπτανται ἀπὸ σοῦ
καὶ κατὰ μικρὸν τὴν ἰσχὺν ἀφαιρῇ, ἄλλως δὲ | ὡς ἀγγεῖον οἴνου G f. 107ʳ
πεπλησμένον ἢ ἐλαίου, εἰ καὶ μὴ πάντοθεν διατρηθῇ, ἀλλ᾽ ἐξ ἑνὸς

1 C¹ ἀπωλέσας | 3 ἢ ταῦτα εὑρεῖν⌋ CC¹< | 4 καὶ ἀπὸ bis τοῖς πιστοῖς (Z.5)⌋
CC¹ <; die ausgelassenen Worte enthalten einen Lieblingsgedanken Symeon's |
5 C¹ λαβῶντες | 6 αὐτὰ πάλιν⌋ G ταῦτα πάλιν C πάλιν αὐτὰ | 7 ὁ (vor
Ἀδάμ)⌋ G < | 8 καὶ (nach θεὸς)⌋ G < | 10 G θεϊκῇ τῇ δυνάμει ἐξήγειρεν |
12 C¹ ἀμελήσει | 13 γάρ (nach ὑπόθου)⌋ G < | 14 καὶ κυκλόθεν ἱσταμένους⌋
CC¹ < | 15 αὐτῶν⌋ G ἑαυτῶν | τοιούτους⌋ CC¹ τούτους | 17 πολεμιστὰς⌋
G παλαιστὰς | 18 οἰκείῳ⌋ C¹ οἰκίῳ G < | G καταπέσοιεν | 18—19 καὶ τῆς
φυλακῆς ἀμελήσειε⌋ G < | 19 CC¹ ἀνεωγμένον | C¹ τῷ τόπῳ | 20 G ἐάσοι
und nach ἀντιπάλῳ gestellt | 20—21 G ἔσται ὄφελος | 22 ὡς⌋ G < | πρὸς⌋
G εἰς | 23 C¹ θελήσουσιν | 24 οὕτως⌋ G οὐχ οὕτως | σοῦ⌋ CC¹ + τοῦ | 25 μὴ
(vor φυλάσσοντος)⌋ G < | G ὑπὸ ἑνὸς γὰρ | 26 αἱ ἐντολαὶ⌋ G < C¹ αἱ τολαὶ
ἀπὸ σοῦ καὶ⌋ G < | 27 C¹ ἀφαιρεῖ G ἀφαιρούμεναι | ἄλλως δὲ⌋ G + καὶ |
28 G πεπληρωμένον | C διατροθῇ C¹ τροθῇ.

Holl, Symeon.   8

μέρους μιᾶς γενομένης ὀπῆς ὅλον τὸ ἔνδον κατ᾽ ὀλίγον ἀπόλλυσιν,
οὕτω καὶ μιᾶς ἀμελῶν ἐντολῆς κατὰ μικρὸν καὶ τῶν ἄλλων ἁπα-
σῶν ἐκπίπτεις, καθώς φησιν ὁ Χριστός· „τῷ ἔχοντι δοθήσεται καὶ
περισσευθήσεται, ἀπὸ δὲ τοῦ μὴ ἔχοντος καὶ ὃ δοκεῖ ἔχειν ἀρθή-
5 σεται ἀπ᾽ αὐτοῦ", καὶ πάλιν· „ὃ λύσας μίαν τῶν ἐντολῶν τούτων
καὶ διδάξας — διὰ τῆς παραβάσεως δηλονότι — τοὺς ἀνθρώπους
οὕτω ποιεῖν, ἐλάχιστος κληθήσεται ἐν τῇ βασιλείᾳ τῶν οὐρανῶν".
καὶ ὁ Παῦλος· „ᾧ γάρ τις ἥττηται, τούτῳ καὶ δεδούλωται", καὶ
πάλιν· „τὸ δὲ κέντρον τοῦ θανάτου ἡ ἁμαρτία", καὶ οὐκ εἶπεν ὅτι
10 ἥδε ἢ ἥδε, ἀλλὰ οἵα δ᾽ ἂν καὶ εἴη ἡ ἁμαρτία, αὕτη κέντρον τοῦ
θανάτου ἐστίν. κέντρον δὲ τοῦ θανάτου τὴν ἁμαρτίαν καλεῖ, ὅτι
οἱ τιτρωσκόμενοι θνήσκουσιν. ἔστιν οὖν πᾶσα ἁμαρτία πρὸς
θάνατον. „ἅπαξ γὰρ ὁ ἁμαρτήσας, ὡς ὁ Παῦλός φησιν, ἤδη τέ-
θνηκεν", ὑπόδικος γεγονὼς χρέους καὶ ἁμαρτίας, ὑπὸ τῶν λῃστῶν
C¹ f. 174ʳ ἐαθεὶς | κείμενος.

(5.) Ὁ οὖν ἀποθανὼν τί ἄλλο εἰ μὴ τὸ ἀναστῆναι ἐπιποθεῖ
καὶ ὁ χρεωστῶν καὶ μὴ ἔχων ἀποδοῦναι εἰ μὴ τὸ λύσιν τοῦ χρέους
λαβεῖν καὶ μὴ εἰς φυλακὴν βληθῆναι, ἕως ἂν τὸ ὄφλημα ἀποδῷ,
C f. 326ᵛ ὅπερ καὶ διὰ τὸ μὴ ἔχειν οὐδέποτε | τῆς αἰωνίου φυλακῆς ἤγουν
20 τοῦ σκότους ὑπεξελεύσεται. οὕτως καὶ ὁ ὑπὸ τῶν νοητῶν λῃστῶν
συντριβεὶς πάντως ἰατρὸν ζητεῖ πρὸς αὐτὸν ἐλθεῖν συμπαθῆ τε
καὶ εὔσπλαγχνον. οὐ γὰρ ἔχει ζέοντα τὸν τοῦ θεοῦ φόβον ἐν
ἑαυτῷ, ἵνα πρὸς τὸν ἰατρὸν ἐκεῖνος μᾶλλον πορεύσηται, ἀλλ᾽
ὑπὸ τῆς καταφρονήσεως τὴν τῆς ψυχῆς δύναμιν ἐκλυθεὶς κεῖται
25 θέαμα φρικτὸν καὶ ἐλεεινὸν τοῖς ὁρῶσι καλῶς, μᾶλλον δὲ πνευμα-

---

3 Matth. 25, 29. — 5 Matth. 5, 19. — 8 2. Petri 2, 19. Symeon denkt wohl
an die von ihm häufig verwendete Stelle Rom. 6, 16 ff. — 9 1. Kor. 15, 56. —
13 Vergl. Rom. 6, 10. — 14 Vergl. Luk. 10, 30.

2 G οὕτως | die Worte οὕτω bis ἐντολῆς in C¹ wiederholt | καὶ (vor
μιᾶς)] G + ὁ | ἀμελῶν] G ἀθετῶν | καὶ (hinter μικρὸν)] G < | 3 C¹ ἐκπίπτης
G ἐκπίπτει | 4 C¹ περισενθήσεται | 5 τῶν ἐντολῶν τούτων] G τ. ἐ. μου τού-
των τῶν ἐλαχίστων | 7 G οὕτως und vor τοὺς ἀνθρώπους gestellt | 9 ὅτι ἥδε
ἢ] CC¹ < | 10 ἡ (hinter εἴη)] CC¹ < | 11 CC¹ ἐστὶ | τοῦ (vor dem zweiten θα-
νάτου)] CC¹ < | τὴν ἁμαρτίαν] G < | ὅτι] G ἐπειδὴ | 12 C¹G θνήσκουσι |
vor ἔστιν G + καὶ | ἔστιν] CC¹ ἔστω | 14 καὶ ἁμαρτίας bis κείμενος] CC¹
καὶ τραυματίας ἐσθεὶς καὶ ὑπὸ λῃστῶν κείμενος | 16 οὖν (vor ἀποθανὼν)] G < |
C¹ ἐπιποθῇ | 17 εἰ μὴ] CC¹ < | 19 τῆς αἰωνίου φυλακῆς] G < | ἤγουν]
G ἤτουν | 20 τοῦ (vor σκότους)] CC¹ < | νοητῶν] CC¹ < | καὶ (nach οὕτως)]
C¹ zuerst κἂν, aber von 1. H. korrigiert zu καὶ | 23 ἐκεῖνος] C ἐκεῖνον C¹
ἐκεῖνον.

τικῶς τὰ ψυχικὰ παραπτώματα. ὁ τοίνυν δοῦλος γεγονὼς διὰ
τῆς ἁμαρτίας τῷ διαβόλῳ — „οὐκ οἴδατε γάρ φησιν ὅτι δοῦλοί
ἐστε ᾧ ὑπακούετε εἴτε δικαιοσύνης εἰς δικαιοσύνην εἴτε ἀνομίας
εἰς ἀνομίαν" — καὶ εἰς καταγέλωτα τοῦ πατρὸς καὶ θεοῦ, κατα-
πάτημα δὲ τοῖς ἐχθροῖς τοῖς ἀποστατήσασιν ἀπὸ θεοῦ ὁ τοιοῦτος 5
γεγονὼς καὶ γυμνὸς τῆς βασιλικῆς ἁλουργίδος καὶ μεμελανωμένος
ἀπολειφθείς, ἀντὶ τέκνου δὲ θεοῦ τέκνον τοῦ διαβόλου γενόμενος,
τί διαπράξεται, ἵνα πάλιν ἐν κατασχέσει γένηται ὦνπερ ἐξέπεσεν;
πάντως ὅτι μεσίτην καὶ φίλον θεοῦ ζητήσει καὶ δυνατὸν εἰς τὸ
ἀποκαταστῆσαι αὐτὸν ὡς τὸ πρότερον καὶ τῷ θεῷ καὶ πατρὶ 10
καταλλάξαι αὐτόν. ὁ γὰρ τῷ Χριστῷ κολληθεὶς διὰ τῆς χάριτος
καὶ μέλος αὐτοῦ γεγονὼς καὶ υἱοθετηθεὶς αὐτῷ εἶτα τοῦτον ἀφεὶς
ὥσπερ κύων εἰς τὸν ἴδιον ἔμετον ἐπιστρέψει, καὶ ἢ πόρνῃ γυναικὶ
συμπλακῇ ἢ ἑτέρῳ σώματι συναφθῇ, ὡς τὸν Χριστὸν ἀτιμάσας
καὶ ἐνυβρίσας μετὰ τῶν ἀπίστων κατακρίνεται, ἐπειδὴ κατὰ τὸν 15
θεῖον ἀπόστολον „σῶμα Χριστοῦ ἐσμεν καὶ μέλη ἐκ μέρους". ὁ οὖν
συμπλεκόμενος τῇ πόρνῃ τὰ μέλη τοῦ Χριστοῦ μέλη πόρνης
ποιεῖ. ὁ δὲ τοιαῦτα πεπραχὼς καὶ οὕτω παροργίσας τὸν δεσπότην
αὐτοῦ καὶ θεὸν οὐ δύναται ἄλλως καταλλαγῆναι θεῷ, εἰ μὴ διὰ
μεσίτου ἀνδρὸς ἁγίου καὶ φίλου καὶ δούλου Χριστοῦ καὶ διὰ τῆς 20
ἀποφυγῆς τοῦ κακοῦ.

(6.) Διὰ τοῦτο φύγωμεν τὴν ἁμαρτίαν πρῶτον· εἰ γὰρ καὶ
ταύτης τῷ βέλει τρωθῶμεν, ἀλλὰ μὴ ἐγχρονίσωμεν, τῷ ἰῷ ταύτης
ὡς μέλιτι γλυκαινόμενοι, μηδὲ ὡς ἄρκτος πληγεῖσα τὸ τραῦμα
μεῖζον διὰ τῆς αὐτῆς πράξεως ἐργασώμεθα, ἀλλ᾽ εὐθὺς πρὸς τὸν 25
πνευματικὸν ἰατρὸν | δράμωμεν | καὶ τὸν ἰὸν τῆς ἁμαρτίας διὰ

G f. 107ᵛ
C f. 327ʳ

2 Rom. 6, 16. — 13 Vergl. 2. Petri 2, 22. — 16 1. Kor. 12, 27. — 17 Vergl.
1. Kor. 6, 15.

2 G φησι | 4 vor ἀνομίαν G + τήν | καὶ εἰς καταγέλ. bis καὶ θεοῦ⌋
CC¹ < | 5 δὲ (nach καταπάτημα)⌋ CC¹ < | τοῖς ἀποστατήσασιν ἀπὸ θεοῦ ὁ
τοιοῦτος⌋ CC¹ < | G ἀποστατήτασιν | 6 C ἁλουργίδος | καὶ μεμελανωμένος
ἀπολειφθείς⌋ CC¹ < | 7 G ἀντὶ δὲ τέκνον(!) | G γενόμενον, ον unterstrichen |
8 ὦνπερ⌋ G ὤν | CC¹ ἐξέπεσε | 10 ὡς τὸ πρότερον bis καταλλάξαι αὐτόν⌋
CC¹ < | 12 αὐτῷ⌋ CC¹ αὐτοῦ | 13 C¹ κύον | 14 συμπλακῇ⌋ G παλλακῇ. Das
in dem Satz vorliegende Anakoluth — Symeon fährt fort, wie wenn er mit
ἐάν begonnen hätte — darf wohl nicht beseitigt werden | 18 τοιαῦτα⌋ G ταῦτα |
19 αὐτοῦ⌋ G vor τὸν δεσπότην | θεῷ⌋ G < | εἰ μή⌋ C¹ εἰμί | 20 καὶ δούλου⌋
CC¹ <, C¹ hat ausserdem noch φίλου Χριστοῦ in φιλοχρίστου zusammenge-
zogen | 22 καί (nach εἰ γάρ)⌋ G < | 23 C¹ τροθῶμεν | C ἐγχρονίζωμεν C¹ ἐγ-
χρονήσωμεν | 25 τῆς αὐτῆς⌋ CC¹ τῆς αὐτοῦ | C¹ εὐθεὶς | G τὸν ἰατρὸν τὸν
πνευματικόν.

8*

τῆς ἐξαγορεύσεως ἐξεμέσωμεν, τὸ δηλητήριον αὐτῆς ἀποπτύσαντες,
καὶ ὡς ἀντιφάρμακον τὰ διδόμενα τῆς μετανοίας ἐπιτίμια σπουδαίως παρ' αὐτοῦ λάβωμεν καὶ μετὰ πίστεως ἀεὶ θερμῆς ταῦτα
ἐπιτελεῖν καὶ ἐν φόβῳ θεοῦ ἀγωνισώμεθα. πάντες γὰρ οἱ τὸν
5 ἐμπιστευθέντα πλοῦτον αὐτοῖς κενώσαντες ἅπαντα καὶ μετὰ πορ-
νῶν καὶ τελωνῶν τὴν πατρικὴν οὐσίαν καταναλώσαντες καὶ ὑπὸ
πολλῆς αἰσχύνης τὸ συνειδὸς αὐτῶν κάτω νεῦον καὶ μηδὲ ἀνα-
νεῦσαι δυνάμενον ἔχοντες, ἀπαρρησίαστοι ὄντες ζητοῦσιν εἰκότως
ἄνθρωπον θεοῦ ἀνάδοχον γενέσθαι τοῦ χρέους αὐτῶν, ἵνα δι'
10 αὐτοῦ προσέλθωσιν αὐτῷ, ὅπερ ὡς οἶμαι γενέσθαι ἀδύνατον ἄνευ
μετανοίας εἰλικρινοῦς καὶ ἐπιπόνου τοῦ μέλλοντος ἢ καὶ βουλο-
μένου καταλλαγῆναι θεῷ. οὐδὲ γὰρ ἠκούσθη ποτὲ ἢ ἐν ταῖς θεο-
πνεύστοις γέγραπται γραφαῖς, ἵνα τις ἀναδέξηται ἁμαρτίας ἑτέρου
καὶ ὑπὲρ αὐτῶν ἐκεῖνος ἀπολογήσηται μὴ ἀξίους τῆς μετανοίας
15 τοῦ ἡμαρτηκότος πρῶτον καὶ ἀναλόγους τοῦ εἴδους τῆς ἁμαρτίας
ἐνδειξαμένου καὶ καταβαλλομένου τοὺς πόνους καὶ πεποιηκότος
αὐτῆς τοὺς καρπούς. φησὶ γὰρ ἡ πρόδρομος τοῦ Λόγου φωνή·
C¹ f. 174ᵛ „ποιήσατε καρποὺς ἀξίους τῆς μετανοίας καὶ μὴ | δόξητε λέγειν ἐν
ἑαυτοῖς, πατέρα ἔχομεν τὸν Ἀβραάμ", ἐπειδὴ καὶ αὐτὸς ὁ κύριος
20 ἡμῶν περὶ τῶν ἀνοήτως διακειμένων οὕτως ἔφη· „ἀμὴν λέγω ὑμῖν,
κἂν Μωσῆς κἂν Δανιὴλ στήσωνται, ὥστε ἐξελέσθαι υἱοὺς αὐτῶν
καὶ θυγατέρας, οὐ μὴ ἐξέλωνται". τί οὖν ποιήσομεν ἢ τίνα τρόπον
πρὸς ἄφεσιν τοῦ χρέους καὶ ἀνάκλησιν τοῦ πτώματος οἱ μετανοῆσαι βουλόμενοι ἐπινοησόμεθα; θεοῦ διδόντος ἀκούσατε, ἵνα
25 πρὸς ἕκαστον ὑμῶν διαθήσομαι.
   (7.) Μεσίτην, εἰ βούλει, καὶ ἰατρὸν καὶ σύμβουλον ἀγαθὸν

5 Vergl. Luk. 15, 13. 30. — 17 Matth. 3, 8. — 19 Ez. 14, 14. 16. 20. Symeon schweben vielleicht Stellen wie Luk. 16, 27 Matth. 11, 24 vor.

1 αὐτῆς (nach δηλητήριον)⌋ CC¹ αὐτοῦ | 2 C¹G ἐπιτήμια | 3 ἀεὶ (nach
πίστεως)⌋ CC¹ < | ταῦτα ἐπιτελεῖν⌋ CC¹ ∽ | 4 καὶ (vor ἐν φόβῳ)⌋ CC¹ < |
CC¹ μετὰ φόβου θ. | 5 αὐτοῖς⌋ CC¹ αὐτῆς | 7 αὐτῶν⌋ CC¹ ἑαυτῶν | μηδὲ⌋ CC¹
μὴ | 8 C¹ εἰκότος | 9 ἵνα bis προσέλθωσιν αὐτῷ (Z. 10)⌋ G < | 10 vor γενέσθαι
CC¹ + καὶ | 11 CC¹ βουλόμενον | 13 γέγραπται⌋ G <; daher γραφαῖς unter-
strichen und a. R. ein Kreuz | 14 C¹ ἀπολογήσεται G ἀπολογίσηται | CC¹
ἀξίως | 15 C¹ ἡμαρτικότος | CC¹ ἀναλόγως | τοῦ εἴδους τῆς ἁμαρτίας⌋ G < |
16 G ἐνδεξαμένου | 17 αὐτῆς (nach πεποιηκότος)⌋ G < | τοῦ Λόγου⌋ G < |
19 C¹ ἔχωμεν | 20 ἀμὴν λέγω ὑμῖν⌋ G < | 21 κἂν Μωσῆς κἂν Δανιὴλ⌋ G κἂν
Δανιὴλ κἂν Νῶε | CC¹ στήσονται | ὥστε ἐξελέσθαι⌋ G < | 22 C¹ ἐξέλοντι⌋
C¹ ποιήσωμεν | 24 G ἐπινοησώμεθα | ἵνα bis διαθήσομαι (Z. 25)⌋ CC¹ < | 26
εἰ βούλει⌋ G εἰ βούλη CC¹ <.

ἐκζήτησον, ἵνα μετανοίας μὲν τρόπους τῇ ἀγαθῇ συμβουλῇ ἁρμα-
ζόντως ὑπόθηται ὡς σύμβουλος ἀγαθός, ὡς ἰατρὸς δὲ φάρμακον
ἑκάστῳ κατάλληλον τραύματι ἐπιδώσει σοι, ὡς δὲ μεσίτης δι᾽
εὐχῆς καὶ τῆς πρὸς | θεὸν ἐντεύξεως ἐνώπιον αὐτοῦ ἐκεῖνος πρόσ- C f. 327 v
ωπον πρὸς πρόσωπον παραστὰς ὑπὲρ σοῦ τὸ θεῖον ἐξιλεώσηται. 5
μὴ ουν κόλακα ἢ κοιλιόδουλον εὑρὼν σύμβουλον καὶ σύμμαχον
ἀγωνίσῃ ποιῆσαι, ἵνα μὴ τῷ σῷ συνερχόμενος θελήματι οὐχὶ ἃ ὁ
θεὸς ἀγαπᾷ, ἀλλ᾽ ἅπερ σὺ ἀποδέχῃ ταῦτα διδάξῃ σε καὶ μείνῃς
πάλιν ὄντως ἐχθρὸς ἀκατάλλακτος, μηδὲ ἄπειρον ἰατρὸν, ὡς ἂν
μὴ τῇ πολλῇ ἀποτομίᾳ καὶ ταῖς ἀκαίροις τομαῖς τε καὶ καύσεσιν 10
εἰς ἀπογνώσεως βυθὸν παραπέμψῃ σε ἢ πάλιν τῇ ὑπερμέτρῳ συμ-
παθείᾳ νοσοῦντα ἐάσῃ σε καὶ ὑγιαίνειν οἰόμενον, τὸ δεινότατον,
τῇ αἰωνίᾳ παραδώσει σε κολάσει ὡς οὐκ ἐλπίζεις. τοῦτο γὰρ ἡ
ἐνταῦθα νόσος τῆς ψυχῆς συναποθνήσκουσα ἡμῖν προξενεῖ. μεσίτην δὲ θεοῦ καὶ ἀνθρώπων οὐκ οἶμαι οὕτως ἁπλῶς εὑρίσκεσθαι. 15
„οὐ γὰρ πάντες οἱ ἐξ Ἰσραὴλ οὗτοι Ἰσραηλῖταί εἰσιν", ἀλλ᾽ οἱ κατὰ
τὸ ὄνομα καὶ αὐτὴν τὴν τοῦ ὀνόματος δύναμιν ἐναργῶς ἐπιστά-
μενοι καὶ νοῦς ὄντες ὁρῶντες τὸν θεόν, οὐδὲ πάντες οἱ τῷ τοῦ
Χριστοῦ καλούμενοι ὀνόματι ὄντως Χριστιανοί. „οὐ γὰρ πᾶς ὁ
λέγων μοι κύριε, κύριε, φησὶν ὁ Χριστός, εἰσελεύσεται εἰς τὴν βασι- 20
λείαν τῶν οὐρανῶν, ἀλλ᾽ ὁ ποιῶν τὸ θέλημα τοῦ πατρός μου",
ὥσπερ καὶ πάλιν· „πολλοί, φησίν, ἐν ἐκείνῃ τῇ ἡμέρᾳ ἐροῦσί μοι·
κύριε, οὐ τῷ σῷ ὀνόματι δαιμόνια ἐξεβάλομεν, καὶ ἐρῶ αὐτοῖς·
ἀμὴν λέγω ὑμῖν, οὐκ οἶδα ὑμᾶς, ἀπέλθατε ἀπ᾽ ἐμοῦ ἐργάται τῆς
ἀνομίας".
25

16 Rom. 9, 6. — 19 Matth. 7, 21.

1 CC¹ ἐκζητήσατε | συμβουλῇ] G < | nach συμβουλῇ CC¹ + ὑμῖν | C¹
ἁρμαζόντος | 3 G καταλλήλῳ, a. R. καταλλήλως vel κατάλληλον | σοι (nach
ἐπιδώσει)] CC¹ ὑμῖν | 4 G ἐκεῖνον | 6 G εὑρεῖν | καὶ σύμμαχον] G < | 7 C¹
ἀγωνήσῃ | ποιῆσαι] G < | συνερχόμενος θελήματι] G ∽ | 8 G καταδέχῃ | CC¹
διδάξει | G μένεις | 11 βυθὸν] CC¹ θάνατον | C¹ παραπέμψει | 12 ἐάσῃ σε] G
ἐάσηται < σε | 13 σε (nach παραδώσει)] G < | ὡς οὐκ ἐλπίζεις] G zwischen
παραδώσει und κολάσει | 14 C τῇ ψυχῇ, aber bei ψυχῇ am Schluss ein σ aus-
radiert | C¹ προξενῇ | 15 οὕτως ἁπλῶς] CC¹ ∽ | οὕτως] C¹ οὗτος | 16 Ἰσραη-
λῖται] G Ἰσραὴλ und < εἰσίν; CC¹ εἰσὶ | ἀλλ᾽ οἱ] CC¹ ἀλλ᾽ ἢ | 17 τὴν (nach
αὐτήν)] G vor δύναμιν | 18 τὸν (nach ὁρῶντες)] G < | οὐδὲ] C¹ οἱ δὲ | τῷ . .
ὀνόματι] G τὸ . . ὄνομα | 19 C¹ καλούμενοι | 20 φησὶν ὁ Χριστός] CC¹ < |
22 ὥσπερ] CC¹ ὡς | C¹ πολλὴ | ἐκείνῃ] CC¹ hinter ἡμέρᾳ | 23 σῷ ὀνόματι] C
σώματι, von sp. H. korrigiert | CC¹ ἐξεβάλλομεν | 24 ἀμὴν λέγω ὑμῖν] G < |
CC¹ ἀπέλθετε.

— 118 —

G f. 108ʳ (8.) | Διὰ τοῦτο οὖν προσέχειν δεῖ πάντας ἡμᾶς, ἀδελφοί, τούς
τε μεσιτεύοντας τούς τε ἡμαρτηκότας καὶ αὐτοὺς τοὺς βουλομένους
καταλλαγῆναι θεῷ, ἵνα μήτε οἱ μεσιτεύοντες ὀργὴν ἀντὶ μισθοῦ
ἐπισπάσωνται μήτε οἱ προσκεκρουκότες καὶ καταλλαγῆναι σπουδά-
5 ζοντες ἐχθρῷ καὶ φονεῖ καὶ πονηρῷ συμβούλῳ ἀντὶ μεσίτου ἐν-
τύχωσιν. οἱ γὰρ τοιοῦτοι μετὰ ἀπειλῆς φρικτῆς ἀκούσονται· „τίς
ὑμᾶς κατέστησεν ἄρχοντας καὶ δικαστὰς τοῦ λαοῦ μου", καὶ πάλιν·
„ὑποκριτά, ἔκβαλε πρῶτον τὴν δοκὸν ἐκ τοῦ ὀφθαλμοῦ σου καὶ
C f. 328ʳ τότε διαβλέψεις ἐκβάλλειν | τὸ κάρφος τὸ ἐν τῷ ὀφθαλμῷ τοῦ
10 ἀδελφοῦ σου". δοκὸς δέ ἐστι πάθος ἓν ἢ ἐπιθυμία τις ἐπισκοτοῦσα
τὸν ὀφθαλμὸν τῆς ψυχῆς. καὶ αὖθις· „ἰατρέ, θεράπευσον σεαυτόν",
καὶ πάλιν· „τῷ δὲ ἁμαρτωλῷ εἶπεν ὁ θεός· ἱνατί σὺ ἐκδιηγῇ τὰ
δικαιώματά μου καὶ ἀναλαμβάνεις τὴν διαθήκην μου διὰ στόματός
σου; σὺ δὲ ἐμίσησας παιδείαν καὶ ἐξέβαλες τοὺς λόγους μου εἰς
15 τὰ ὀπίσω", καὶ ὁ Παῦλός φησιν· „σὺ τίς εἶ ὁ κρίνων ἀλλότριον
οἰκέτην; τῷ ἰδίῳ κυρίῳ στήκει ἢ πίπτει· δυνατὸς δέ ἐστιν ὁ θεὸς
διὰ τοῦ πιστοῦ δούλου αὐτοῦ στῆσαι αὐτόν".

(9.) Διὰ ταῦτα τοιγαροῦν πάντα φρίττω καὶ τρέμω, ἀδελφοὶ
καὶ πατέρες μου, καὶ παρακαλῶ πάντας ὑμᾶς ἐξασφαλιζόμενος καὶ
C¹ f. 175ʳ ἐμαυτὸν | διὰ τῆς πρὸς ὑμᾶς παρακλήσεως μὴ καταφρονητικῶς
ἔχειν περὶ τὰ θεῖα ταῦτα καὶ φρικτὰ τοῖς πᾶσι μυστήρια μηδὲ
παίζειν ἐν οὐ παικτοῖς μηδὲ κατὰ τῆς ψυχῆς ἡμῶν διὰ κενοδοξίαν
ἢ φιλοδοξίαν ἢ ἐμπορίαν ἢ ἀναισθησίαν. γίνεται γὰρ διὰ τὸ ῥαββὶ
καὶ πατέρες καλεῖσθαι ἀλλοτρίους ἀναδέχεσθε λογισμούς. μὴ, πα-
25 ρακαλῶ, μὴ ἀναισχύντως οὕτως ἁπλῶς τὴν τῶν ἀποστόλων ἀξίαν
ἁρπάζωμεν, ἀπὸ τοῦ ἐπὶ γῆς ὑποδείγματος παιδευόμενοι. εἰ γὰρ τῷ
ἐκπροσωποῦντι τῷ ἐπιγείῳ βασιλεῖ ἐξομοιωθῆναί τις τολμήσει
κατὰ αὐθάδειαν καὶ τὰ ἐκείνῳ ἐμπιστευθέντα κρατεῖν καὶ ποιεῖν
λάθρα φωραθῇ ἢ καὶ φανερῶς μετεπαγγέλληται διαπράττεσθαι,

6 Vergl. Ex. 2, 14. — 8 Matth. 7, 5. — 11 Luk. 4, 23. — 12 Psalm 49 (50),
16 f. — 15 Rom. 14, 4.

1 C ἀδελφὲ | 2 τούς τε ἡμαρτηκότας⌋ CC¹ τοὺς ἁμαρτάνοντας | 3 C¹ μη-
σθοῦ | 4 C¹ ἐπισπάσονται | 8 πρῶτον⌋ G < | 9 C ἐκβαλεῖν C¹ ἐκβαλεῖν | 10 ἓν
ἢ⌋ G ἐν ἢ | 13 C¹ διαθίκην | 14 CC¹ παιδίαν, in C i aus εί von 1. H. herge-
stellt | λόγους⌋ in C auf Rasur | 15 ὁ Παῦλός φησιν⌋ G παρὰ Παύλου | C¹ κρί-
νον | 17 πιστοῦ⌋ CC¹ < | 18 G διὰ τοῦτο | 19 καὶ παρακαλῶ⌋ G παρακαλῶ
δὲ | 20 τῆς (nach διὰ)⌋ C τῶν, von 2. H. korrigiert | 21 μηδὲ παίζειν bis οὐ
παικτοῖς (Z. 22)⌋ G < | 23 nach γίνεται γὰρ CC¹ + καὶ | 25 ἁπλῶς⌋ G < |
26 C¹ ἀρπάζομεν | G ἐπιδείγματος | 27 C¹ τολμήσῃ G τολμήσειε | 28 κατὰ⌋
G κατ᾽ | C¹ αὐθάδιαν | καὶ ποιεῖν⌋ CC¹ < | 29 C¹ φοραθῇ G βουληθῇ | μετεπ-
αγγέλληται διαπράττεσθαι⌋ CC¹ <; G μετεπαγγέλλεται.

αὐτὸς καὶ οἱ αὐτοῦ συμμύσται καὶ ὑπήκοοι τιμωρίαις ἐσχάταις εἰς
φόβον τῶν ἄλλων καθυποβάλλονται καὶ ὡς ἄφρων καὶ ἀναίσθητος
παρὰ πάντων καταγελᾶται, τί πείσονται εἰς τὸ μέλλον οἱ τὴν τῶν
ἀποστόλων ἀξίαν ἀναξίως ἁρπάζοντες; (10.) ἀλλὰ γὰρ μηδὲ μεσῖται
τῶν λοιπῶν πρὸ τοῦ πλησθῆναι ὑμᾶς πνεύματος ἁγίου γενέσθαι 5
θελήσητε καὶ πρὸ τοῦ γνωρίσαι καὶ φιλιωθῆναι ὑμᾶς ἐν αἰσθήσει
ψυχῆς τῷ βασιλεῖ τῶν ἁπάντων, ἐπειδὴ οὐδὲ πάντες οἱ τὸν ἐπίγειον βασιλέα γνωρίζοντες καὶ τοὺς ἄλλους εἰς αὐτὸν δύνανται
μεσιτεύειν. ὀλίγοι γὰρ λίαν τοῦτο δύνανται ποιεῖν, οἵτινες ἐξ
ἀρετῆς καὶ ἱδρώτων ἤτοι δουλειῶν αὐτῶν τὴν πρὸς αὐτὸν παρ- 10
ρησίαν ἐκτήσαντο καὶ οὐχὶ μεσίτου κἀκεῖνοι δεόμενοι ἀλλὰ στόμα
πρὸς στόμα συλλαλοῦντες τῷ βασιλεῖ. οὐ φυλάξομεν τοιγαροῦν
καὶ ἐπὶ θεῷ ταύτην τὴν τάξιν, πατέρες καὶ ἀδελφοί, οὐ τιμήσομεν
τὸν ἐ|πουράνιον βασιλέα κἂν ἴσον τοῦ ἐπιγείου, ἀλλ᾽ ἑαυτοῖς τὴν C f. 328 v
ἐκ δεξιῶν αὐτοῦ καὶ ἐξ εὐωνύμων καθέδραν καὶ πρὸ τοῦ αἰτήσα- 15
σθαι καὶ λαβεῖν προαρπάζοντες χαρισόμεθα; ὦ τῆς τόλμης. ποία
αἰσχύνη ἡμᾶς καταλάβοι. ὅτι εἰ μὴ δι᾽ ἄλλο τι ἐγκληθησόμεθα,
ἀλλά γε διὰ τοῦτο μόνον ὡς καταφρονηταὶ μετὰ ἀτιμίας καὶ τῆς
προεδρίας στερηθησόμεθα καὶ εἰς τὸ πῦρ τὸ ἄσβεστον ἀπορριφησό-
μεθα. ἀλλ᾽ ἀρκεῖ ταῦτα πρὸς νουθεσίαν τῶν | προσέχειν ἑαυτοῖς G f. 108 v
βουλομένων· τούτου γὰρ χάριν καὶ παρεκβατικώτερον τῆς προκει-
μένης ὑποθέσεως τὸν λόγον πεποιήκαμεν. ἡμεῖς δὲ εἴπομεν ἄρτι,
ὅπερ τέκνον μαθεῖν ἐπεζήτησας. ·
(11.) Ὅτι γὰρ ἐνδέχεται εἰς μοναχὸν ἱερωσύνην μὴ ἔχοντα ἐξαγγέλλειν ἡμᾶς, τοῦτο ἀφ᾽ οὗ τὸ τῆς μετανοίας ἔνδυμά τε καὶ 25
πρόσχημα ἐκ θεοῦ ἐδωρήθη τῇ κληρονομίᾳ αὐτοῦ καὶ μοναχοὶ
ὠνομάσθησαν ἐπὶ πάντας εὑρήσεις γενόμενον, καθὼς ἐν ταῖς θεο-

1 καὶ ὑπήκοοι⌋ CC¹ < | C¹ αἰσχάταις | 2 καθυποβάλλονται⌋ G vor εἰς
φόβον (Z. 1) | καὶ ὡς bis καταγελᾶται (Z. 3)⌋ CC¹ <; die Inconcinnität: καθυπο-
βάλλονται — καταγελᾶται ist zu belassen | 3 C¹ ποίσονται | CC¹ τὴν ἀξίαν τῶν
ἀποστόλων | 6 G θελήσετε | 7 ἐπειδὴ⌋ CC¹ ἐπεί | ἐπίγειον⌋ G < | 9 G ὀλίγον |
10 C¹ δουλιῶν | 12 τῷ βασιλεῖ⌋ G αὐτῷ | 14 τὸν ἐπουράνιον βασιλέα κἂν
ἴσον τοῦ ἐπιγείου⌋ G τὴν ἐπουράνιον βασιλείαν ἀντὶ τῆς ἐπιγείου | 16 CC¹
προαρπάσαντες | ὦ τῆς bis ἐγκληθησόμεθα (Z. 17)⌋ CC¹ < | 18 ἀλλά γε διὰ⌋
G διὰ δὲ | μετὰ ἀτιμίας καὶ⌋ G < | 19 στερηθησόμεθα⌋ G ἀρθῶμεν | G ἀπορρι-
φῶμεν, und ἀπορρ. zwischen πῦρ und τὸ ἄσβεστον gestellt | 21 τούτου γὰρ
χάριν⌋ G δι᾽ ὧν καὶ | 22 ἡμεῖς⌋ C¹ εἰμεῖς | CC¹ εἴπομεν | 23 ὅπερ τέκνον⌋
CC¹ ὅτι τέκνον G ὅπερ < τέκνον | 25 τοῦτο⌋ G < | 26 τῇ (vor κληρο-
νομίᾳ) C τῷ | αὐτοῦ (hinter κληρ.)⌋ G αὐτῶν | 27 C¹ ὀνομάσθησαν | ἐπὶ
πάντας⌋ Lequien eigenmächtig ἐπὶ παντὸς | εὑρήσεις⌋ G + τοῦτο | G γινό-
μενον.

πνεύστοις τῶν πατέρων γραφαῖς ἐγγράφεται, ἐν αἷς ἐγκύψας εὑρήσεις ὡς ἀληθῆ τὰ λεγόμενα. πρὸ δὲ τούτων ἀρχιερεῖς μόνοι τοῦ
δεσμεῖν καὶ λύειν τὴν ἐξουσίαν κατὰ διαδοχὴν ὡς ἐκ τῶν θείων
ἀποστόλων ἐλάμβανον, τοῦ χρόνου δὲ προϊόντος καὶ τῶν ἀρχιερέων
5 ἀχρειουμένων εἰς ἱερεῖς βίον ἔχοντας ἄμωμον καὶ χάριτος θείας
ἠξιωμένους ἡ φρικτὴ ἐγχείρησις αὕτη προβέβηκεν· εἶτα καὶ τούτων
ἀναμὶξ γενομένων, τῶν ἱερέων ὁμοῦ καὶ ἀρχιερέων τῷ λοιπῷ ἐξ-
ομοιουμένων λαῷ καὶ πολλῶν ὡς καὶ νῦν περιπιπτόντων πνεύμασι πλάνης καὶ ματαίαις κενοφωνίαις καὶ ἀπολλυμένων, μετήχθη
10 ὡς εἴρηται, εἰς τὸν ἐκλεκτὸν λαὸν τοῦ θεοῦ, λέγω δὴ τοὺς μονα-
χούς, οὐκ ἐκ τῶν ἱερέων ἢ ἀρχιερέων ἀφαιρεθεῖσα, ἀλλὰ ταύτης
ἑαυτοὺς ἐκείνων ἀλλοτριωσάντων. „πᾶς γὰρ ἱερεὺς μεσίτης θεοῦ
καὶ ἀνθρώπων καθίσταται πρὸς τὸν θεόν, ὡς ὁ Παῦλός φησι,
καὶ ὀφείλει ὥσπερ ὑπὲρ τοῦ λαοῦ οὕτως καὶ ὑπὲρ ἑαυτοῦ προσφέ-
15 ρειν θυσίαν".

(12.) Ἀλλ' ἀνωτέρω τοῦ λόγου ἀρξόμεθα καὶ ἴδωμεν, πόθεν
καὶ πῶς καὶ τίσιν ἐξ ἀρχῆς ἡ ἐξουσία αὕτη τοῦ ἱερουργεῖν καὶ
δεσμεῖν καὶ λύειν ἐδόθη, καὶ κατὰ τάξιν ὥσπερ ἠρώτησας οὕτως
καὶ σαφὴς ἡ λύσις γενήσεται, οὐ σοὶ μόνον, ἀλλὰ καὶ πᾶσιν ἄλλοις
20 ἀνθρώποις. τοῦ κυρίου καὶ θεοῦ καὶ σωτῆρος ἡμῶν εἰπόντος
C f. 329ʳ τῷ ξηρὰν ἔχοντι τὴν χεῖρα ὅτι ἀφέωνταί σοι αἱ ἁμαρτίαι σου
ἀκούσαντες οἱ Ἑβραῖοι ἔλεγον· βλασφημίαν οὗτος λαλεῖ· τίς δύναται
C¹ f. 175ᵛ ἀφιέναι ἁμαρτίας εἰ μὴ εἷς | ὁ θεός; οὕτως οὐδέπω ἄφεσις ἐδίδοτο
ἁμαρτιῶν, οὐ παρὰ προφητῶν οὐ παρὰ ἱερέων οὐ παρὰ τῶν τότε

12 Hebr. 5, 1. 3. — 20 Matth. 12, 10 ff. gemischt mit Matth. 9, 1 ff. —
23 Vergl. auch Mark. 10, 18.

1 τῶν πατέρων γραφαῖς] G ∾ | C C¹ ἐγράφεται | G εὑρήσῃς | 2 ὡς (vor
ἀληθῆ)] G < | δὲ τούτων] G ∾ | vor ἀρχιερεῖς G + καί; Lequien vermutet
dafür οἱ | 3 τὴν ἐξουσίαν] G vor τοῦ δεσμεῖν (Z. 2) | ὡς] G < | 5 C C¹ ἔχοντος |
6 G ἠξιωμένους | C C¹ ἐγχείρισις | C¹ προβένηκεν | 7 τῷ λοιπῷ ἐξομοιουμένων
λαῷ] C C¹ τῷ λοιπῷ ἐξομοιουμένῳ λαῷ G τῶν λοιπῶν ἐξομολογουμένων
λαῶν | 8 καὶ νῦν] C C¹ καινῶν | 9 κενοφωνίαις] C ε auf Rasur, von sp. H.
(wohl aus αι) hergestellt C¹ καινοφονίαις | 10 τὸν (vor ἐκλεκτὸν)] G < | C¹
ἐκλεκτῶν λαῶν | τοῦ θεοῦ] C C¹ τοῦ χριστοῦ | 12 ἐκείνων ἀλλοτριωσάντων]
G ἐκείνοι ἀλλοτριώσαντες | 13 vor πρὸς τὸν θεὸν G + τὰ | 14 C¹ ὀφίλει |
15 G θυσίας | 16 C¹ ἀνωτέρου G ἀνώτερον | G τὸν λόγον | C¹ ἀρξόμεθα |
πόθεν καὶ πῶς] G ∾ | 17 C¹ ἀρχεῖς | 18 ὥσπερ] G ἅπερ | anstatt οὕτως καὶ
bis γενήσεται G nur σαφέστερον γένηται | 19 σοὶ (vor μόνον)] C¹ σὺ | ἄλλοις]
G < | 20 ἡμῶν] G < | 21 σοι (nach ἀφέωνται)] G σου | 22 Ἑβραῖοι] G Ἰου-
δαῖοι | 23 vor οὕτως G + ἐπειδὴ | οὐδέπω] G οὐδέποτε.

πατριαρχῶν τινος. διὸ καὶ ὡς καινοῦ τινος δόγματος καὶ πράγματος παραδόξου κηρυσσομένου οἱ γραμματεῖς ἐδυσχέραινον. ὁ δὲ
κύριος οὐκ ἐμέμψατο αὐτοὺς τούτου γε ἕνεκα, ἀλλὰ μᾶλλον ὃ
ἠγνόουν ἐδίδαξεν ὡς θεὸν ἑαυτὸν δείξας καὶ οὐχ ὡς ἄνθρωπον
τὴν ἄφεσιν τῶν ἡμαρτημένων δωρούμενον. φησὶ γὰρ πρὸς αὐτούς· 5
ἵνα δὲ εἰδῆτε, ὅτι ἐξουσίαν ἔχει ὁ υἱὸς τοῦ ἀνθρώπου ἀφιέναι
ἁμαρτίας, λέγει τῷ ξηρὰν ἔχοντι τὴν χεῖρα· ἔκτεινον τὴν χεῖρά σου
καὶ ἐξέτεινε καὶ ἀποκατέστη ὑγιὴς ὡς ἡ ἄλλη, διὰ τοῦ ὁρωμένου
θαύματος τὸ μεῖζον καὶ ἀόρατον πιστωσάμενος. οὕτως τὸν Ζα-
χχαῖον, οὕτως τὴν πόρνην, οὕτως τὸν Ματθαῖον ἀπὸ τοῦ τελωνίου, 10
οὕτως τὸν Πέτρον τρὶς ἀρνησάμενον, οὕτως τὸν παραλυτικόν,
ὃν ἰασάμενος καὶ μετὰ ταῦτα εὑρὼν εἶπεν· ἴδε ὑγιὴς γέγονας, μηκέτι ἁμάρτανε, ἵνα μὴ χεῖρόν τί σοι γένηται. τοῦτο δὲ εἰπὼν ἔδειξεν, ὅτι δι᾽ ἁμαρτίας ἐκεῖνος εἰς τὴν νόσον ἐνέπεσεν καὶ ταύτης
ἀπαλλαγεὶς ἔλαβε καὶ τὴν ἄφεσιν τῶν ἰδίων ἁμαρτημάτων, οὐ 15
χρόνων δεηθέντος τούτου τινῶν πολλῶν, οὐ νηστείας, οὐ χαμευνίας, ἀλλ᾽ ἢ μόνον ἐπιστροφῆς καὶ πίστεως ἀδιστάκτου καὶ ἐκκοπῆς
τοῦ κακοῦ καὶ μετανοίας ἀληθινῆς καὶ δακρύων πολλῶν, ὡς ἡ
πόρνη καὶ ὁ Πέτρος ὁ κλαύσας πικρῶς.
   Ἐντεῦθεν ἡ ἀρχὴ τοῦ μεγάλου τούτου δώρου | καὶ θεῷ μόνῳ G f. 109ʳ
πρέποντος, ὃ καὶ μόνος ἐκέκτητο· εἶτα τοῖς μαθηταῖς ἀντ᾽ ἐκείνου
καταλιμπάνει τὸ τοιοῦτον χάρισμα μέλλων πρὸς τὸν οὐρανὸν

6 Matth. 9, 6. — 7 Matth. 12, 13. — 9 ff. Luk. 19, 1 ff. — Luk. 7, 36 ff. —
Matth. 9, 9. — Joh. 21, 15 ff. — Joh. 5, 1 ff. — 18 f. Luk. 7, 38. 44. — Matth. 26, 75.

   1 τινος⌋ G < | καὶ πραγμάτος⌋ G < | 2 C ἐδυσχέραιναν C¹ ἐδισχέραι-
ναν | 4 G ἐδίδασκε | 4—5 anstatt ὡς θεὸν bis ἡμαρτημένων δωρούμενον G δεί-
ξας ὡς θεὸς τὴν ἰδίαν ἐξουσίαν καὶ ὡς θεὸς καὶ οὐχ ὡς ἄνθρωπος τὴν τῶν
ἁμαρτιῶν δωρούμενος ἄφεσιν | 5 φησὶ bis αὐτοὺς in C¹ wiederholt, von sp. H.
durchgestrichen | 6 δὲ (nach ἵνα) G < | εἰδῆτε⌋ G εἴδητε | nach ἀνθρώπου
G + ἐπὶ γῆς | 8 G ἀπεκατεστήθη | vor ὑγιὴς G + ἡ χεὶρ αὐτοῦ | 9 CC¹ πιστο-
σάμενος | 9—11 nach dem 1., 2., 3., 5. οὕτως G + καὶ | 10 C τελωνείου |
11 CC¹ τρεῖς | 12 ἴδε⌋ in C von sp. H. über der Linie nachgetragen | 14 δι᾽⌋
G διὰ | ἐκεῖνος⌋ CC¹ <, dafür hinter νόσον + ἐκείνην | G ἔπεσεν | 15 τῶν
ἰδίων ἁμαρτημάτων⌋ CC¹ τῶν ἁμ. αὐτοῦ | Das nähere Eingehen auf das letzte
der aufgezählten Beispiele hat es bewirkt, dass der Z. 9 begonnene Satz
nicht zu Ende geführt wurde | 15—16 G οὐ χρόνων τις τούτων δεηθέντων
πολλῶν; vielleicht ist zu lesen τούτων τινός | 18 τοῦ κακοῦ⌋ CC¹ τῆς ἁμαρ-
τίας | 19 ὁ (vor κλαύσας)⌋ G < | 20 τούτου⌋ G < und μεγαλοδώρου statt με-
γάλου δώρου | G μόνον θεοῦ πρεπόντως | 21 καὶ (vor μόνος)⌋ G < | 22 τὸ
τοιοῦτον χάρισμα⌋ G <; C¹ τοιοῦτον | μέλλων⌋ G hinter ἀνελθεῖν (122, 1) | τὸν
(vor οὐρανὸν)⌋ G <.

ἀνελθεῖν. πῶς δὲ τὴν ἀξίαν ταύτην καὶ ἐξουσίαν αὐτοῖς ἐπιδέδωκε; καταμάθωμεν καὶ τίνας καὶ πόσους καὶ πότε. τοὺς προ-
κρίτους ἕνδεκα μαθητάς, κεκλεισμένων τῶν θυρῶν καὶ συνηγμένων
ἔνδον ὁμοῦ. εἰσελθὼν γὰρ καὶ στὰς ἐν μέσῳ αὐτῶν ἐνεφύσησε καί
5 φησι· „λάβετε πνεῦμα ἅγιον, ἄν τινων ἀφῆτε τὰς ἁμαρτίας, ἀφίενται
αὐτοῖς, ἄν τινων κρατῆτε, κεκράτηνται", καὶ οὐδὲν περὶ ἐπιτιμίων
τέως αὐτοῖς ἐντέλλεται, ὡς παρὰ τοῦ ἁγίου πνεύματος μέλλοντες
διδάσκεσθαι.

C f. 329ᵛ (13.) Ὡς | οὖν εἴρηται κατὰ διαδοχὴν οἱ ἅγιοι ἀπόστολοι τὴν
10 ἐξουσίαν ταύτην μετέπεμπον πρὸς τοὺς καὶ τοὺς θρόνους ἐπέχοντας
αὐτῶν, ὡς τῶν τε λοιπῶν οὐδεὶς οὐδὲ ἐννοῆσαί τι τοιοῦτον ἐτόλμα.
οὕτως ἐφύλαττον μετὰ ἀκριβείας οἱ μαθηταὶ τοῦ κυρίου τὸ δίκαιον
τῆς ἐξουσίας ταύτης. ἀλλ᾽ ὡς εἴπομεν προϊόντος τοῦ χρόνου
συνεχύθησαν καὶ συνεφύρησαν τοῖς ἀναξίοις οἱ ἄξιοι καὶ ὑπὸ τοῦ
15 πλήθους συνεκαλύπτοντο, ἄλλος ἄλλου προέχειν φιλονεικῶν καὶ

2 Joh. 20, 19 ff.

1 δὲ⌋ CC¹ < | 2 καὶ πότε⌋ CC¹ < | Lequien, der hinter ἐπιδέδωκε ein
Komma setzt und nach πότε nicht interpungiert, bemerkt zu καταμάθωμεν
καὶ: deest hic vocabulum unum aut alterum. Der überlieferte Text ist zur
Not erträglich, wenn man, wie oben geschehen, interpungiert und annimmt,
dass Symeon bei den Akkusativen τίνας, πόσους ein Begriff wie ἐκλέγεσθαι,
προτιμᾶν vorschwebt, den er nach dem Vorhergehenden voraussetzt. Auffallend ist dabei freilich die Eröffnung des Satzes mit καταμάθωμεν. Symeon's
sonstigem Stil würde entsprechen: ἐπιδέδωκε, καταμάθωμεν καὶ ⟨ἴδωμεν⟩,
τίνας ... ⟨ἐξελέξατο⟩ vergl. in unserem Stück 120, 16. In καὶ πότε darf, wie
das Folgende zeigt, das vermisste Verbum nicht gesucht werden | 2—3 CC¹ τοὺς
ἕνδεκα καὶ προκρίτους < μαθητάς; in C τοὺς von sp. H. darübergesetzt | 5 C¹
λάβεται | 6 κρατῆτε⌋ C¹ κρατεῖται | καὶ (vor οὐδὲν)⌋ G ὡς | 7 τέως⌋ G < |
8 CC¹ διδάσκεσθαι μέλλοντας; man könnte diese Lesart daraus erklären, dass
Symeon die Akkusative von Z. 2 f. noch vorschweben | 9 εἴρηται⌋ C urspr. εἴαιται,
von sp. H. ρ über (erstes) αι gesetzt, C¹ εἴεται | nach οἱ ἅγιοι ἀπόστολοι G + εἰς
ἀποστόλους πάλιν; wenn dies nicht durch Dittographie aus dem Vorangehen-
den entstanden ist, so wäre vielleicht εἰς ἄλλους πάλιν einzusetzen | 10 nach
μετέπεμπον G + καὶ εἰς ἐκείνους μόνον | τοὺς θρόνους⌋ C τὸν θρόνον C¹
τῶν θρόνων | 10—11 G αὐτῶν ἐπέχοντας | 11 für ὡς τῶν bis ἐτόλμα⌋ G ὡς
εἴ γε οἱ λοιποὶ οὐδὲ ἐννοῆσαι τοῦτο ἐτόλμων; vielleicht ist statt τῶν τε zu
lesen: τῶν γε | 12 οὕτως⌋ G + γὰρ | ἐφύλαττον⌋ G + ταύτην, dafür < τὸ δί-
καιον τῆς ἐξουσίας ταύτης | nach ἀκριβείας G + πάσης | 13 ἀλλ᾽ ὡς⌋ G καὶ ὡς |
14 CC¹ τοῖς ἀξίοις οἱ ἀνάξιοι | καὶ ὑπὸ bis συνεκαλύπτοντο (Z.15)⌋ CC¹ < | 15 an-
statt ἄλλος ἄλλου bis φιλονεικῶν haben CC¹ καὶ ἄλλος ἀλλ᾽. προέχ. ἐφιλονείκουν
und lassen den Rest bis ὑποκρινόμενος (123, 1) weg; für ὑποκρινόμενος vermutet Lequien προκρινόμενος, was weder dem Sinn noch Symeon's Sprachgebrauch
(προκρίνω immer im Aktiv und mit Genitiv konstruiert) entspricht; der ellip-

τὴν προεδρίαν τῇ ἀρετῇ ὑποκρινόμενος. ἀφ᾽ οὗ γὰρ οἱ τοὺς θρόνους τῶν ἀποστόλων ἐπέχοντες σαρκικοὶ καὶ φιλήδονοι καὶ φιλό-
δοξοι ἀπεφάνθησαν καὶ εἰς αἱρέσεις ἐξέκλιναν, ἐγκατέλιπεν αὐτοὺς
ἡ θεία χάρις καὶ ἡ ἐξουσία αὕτη ἐκ τῶν τοιούτων ἀφήρηται. διὸ
καὶ πάντα τὰ ἄλλα, ἃ οἱ ἱερουργοῦντες ἔχειν ὀφείλουσιν, ἀφέμενοι 5
τοῦτο μόνον ἀπαιτοῦνται ἔχειν τὸ ὀρθόδοξον. οἶμαι δὲ οὐδὲ τοῦτο·
οὐδὲ γὰρ ὁ μὴ παρεισφέρων νεωστὶ δόγμα εἰς τὴν ἐκκλησίαν τοῦ
θεοῦ οὗτος ὀρθόδοξος, ἀλλ᾽ ὁ βίον τῷ ὀρθῷ λόγῳ κεκτημένος
συνᾴδοντα. τοῦτον δὲ καὶ τὸν τοιοῦτον οἱ κατὰ καιροὺς πατριάρχαι
καὶ μητροπολῖται ἢ ζητήσαντες οὐκ ἐπέτυχον ἢ εὑρόντες τὸν 10
ἀνάξιον μᾶλλον ἀντ᾽ ἐκείνου προετίμησαν, τοῦτο μόνον αὐτὸν
ἀπαιτοῦντες τὸ ἐγγράφως ἐκθέσθαι τὸ τῆς πίστεως σύμβολον καὶ
τοῦτο μόνον ἀποδεχόμενοι τὸ μήτε ὑπὲρ τοῦ ἀγαθοῦ ζηλωτὴν
εἶναι μήτε διὰ τὸ κακόν τινι ἀντιμάχεσθαι, εἰρήνην ὥσπερ ἐντεῦθεν
τῇ ἐκκλησίᾳ περιποιούμενοι, ὃ χεῖρον πάσης ἔχθρας ἐστὶ καὶ μεγά- 15
λης ἀκαταστασίας αἴτιον. ἐκ τούτου οὖν οἱ ἱερεῖς · ἠχρειώθησαν
| καὶ γεγόνασιν ὡς ὁ λαός. μὴ ὄντων γάρ τινων ἐξ αὐτῶν ἄλας, C¹ f. 176ʳ
ὡς ὁ κύριος ἔφη, ἵνα διὰ τῶν ἐλέγχων σφίγγωσι καὶ ἀναστέλλωσι
κἂν ὁπωσοῦν τὸν διαρρέοντα βίον, ἀλλὰ συγγινωσκόντων μᾶλλον
καὶ συγκαλυπτόντων ἀλλήλων τὰ πάθη ἐγένοντο χείρους μὲν 20
αὐτοὶ τοῦ λαοῦ, χείρων δὲ αὐτῶν ὁ λαός. τινὲς δὲ τοῦ λαοῦ καὶ
κρείττονες ἀπεφάνθησαν μᾶλλον τῶν ἱερέων, ἐν τῷ ἐκείνων ἀφεγγεῖ
ζόφῳ ὡς ἄνθρακες οὗτοι φαινόμενοι. εἰ γὰρ ἐκεῖνοι κατὰ τὸν
τοῦ κυρίου λόγον ἔλαμπον τῷ βίῳ ὡς ὁ ἥλιος, οὐκ ἂν ὡρῶντο

---

17 Matth. 5, 13. — 23 Matth. 5, 16.

tische Ausdruck = den Vorsitz durch erheuchelte Tugend erstrebend scheint
mir bei Symeon nicht unmöglich | 3 CC¹ κατεφάνησαν | αὐτοὺς⌋ CC¹ + καὶ |
5 für ὀφείλουσιν ἀφέμενοι bis τὸ ὀρθόδοξον (Z. 6) G nur: ὀφείλουσιν τὸ γὰρ
εἶναι τοῦτον ὀρθόδοξον. Die Auslassung ist augenscheinlich durch Abirren
von dem ἔχειν in Z. 5 zu dem in Z. 6 stehenden verursacht | 7 C¹ παρεισφέ-
ρον | G νεοστὸν | 8 C¹ βίω | λόγῳ⌋ CC¹ < | 10 ἢ⌋ G < | G ζητοῦντες | οὐκ
ἐπέτυχον⌋ G οὐχ εὕρισκον | 11 G ἐτιμήσαντο | 12 CC¹ ἀπαιτήσαντες | 13 G
ζηλωτὸν | 14 ὥσπερ ἐντεῦθεν⌋ G ἐνταῦθα < ὥσπερ | 16 αἴτιον⌋ G < | 17 μὴ
ὄντων γὰρ bis ἄλας⌋ CC¹ < (Homoioteleuton); daher das Folgende geändert
zu: ὡς ὁ κύριος ἔφη· οὐ γὰρ ἐλέγχοντες καὶ σφίγγοντες καὶ ἀναστέλλοντες,
ἀλλὰ συγγινώσκοντες μᾶλλον καὶ συγκαλύπτοντες κτέ. | 18 ὁ (vor κύριος)⌋
G < | 19 G ὁποσοῦν | μᾶλλον⌋ G < | 20 συγκαλυπτόντων⌋ G + τῶν | 21 αὐ-
τοὶ⌋ G αὐτοῦ | C χεῖρον C¹ χεῖρων G χεῖρον; in G a. R. ἴσ. χείρων | 22 μᾶλλον⌋
G < | ἐκείνων⌋ Lequien's Vermutung: quid si legas ἐκείνῳ = in illa caligine,
auf die schon CC¹ geraten sind, ist keine Verbesserung | 23 οὗτοι⌋ G οὕτω |
εἰ γὰρ⌋ C¹ οἱ γὰρ | 24 vor ἔλαμπον CC¹ + ὡς ἄνθρακες und nach τῷ βίῳ +
καὶ | οὐκ ἂν⌋ G οὐδ᾽ ἂν | ὡρῶντο⌋ G ὁρῶντο.

οἱ ἄνθρακες διαυγάζοντες, ἀλλ᾽ ὑπὸ τοῦ τρανοτέρου φωτὸς ἡμαυ-
ρωμένοι ἐδείκνυντο ἄν. ἐπεὶ δὲ τὸ πρόσχημα μόνον καὶ τὸ τῆς
ἱερωσύνης ἔνδυμα ἐν τοῖς ἀνθρώποις ἐναπελείφθη, τῆς τοῦ πνεύματος δωρεᾶς ἐπὶ τοὺς μοναχοὺς μεταβάσης καὶ διὰ τῶν σημείων
5 γνωριζομένης ὡς τὸν βίον τῶν ἀποστόλων διὰ τῶν πράξεων

C f. 330ʳ μετερχομένους |, κἀκεῖ πάλιν ὁ διάβολος | τὰ οἰκεῖα εἰργάσατο. ἰδὼν
G f. 109ᵛ γὰρ αὐτοὺς ὅτι ὡς νέοι τινὲς μαθηταὶ τοῦ Χριστοῦ αὖθις ἀνεδείχθησαν ἐν τῷ κόσμῳ καὶ τῷ βίῳ καὶ τοῖς θαύμασιν ἔλαμψαν,
τοὺς ψευδαδέλφους καὶ τὰ ἴδια σκεύη εἰσαγαγὼν τούτοις ἀνέμιξε
10 καὶ κατὰ μικρὸν πληθυνθέντες ὡς ὁρᾷς ἠχρειώθησαν καὶ γεγόνασι
μοναχοὶ πάμπαν ἀμόναχοι.

Οὔτε οὖν τοῖς τῷ σχήματι μοναχοῖς οὔτε τοῖς κεχειροτονη-
μένοις καὶ εἰς ἱερωσύνης ἐγκαταλεγεῖσι βαθμὸν οὔτε τοῖς τῷ τῆς
ἀρχιερωσύνης τετιμημένοις ἀξιώματι, πατριάρχαις φημὶ καὶ μητρο-
15 πολίταις καὶ ἐπισκόποις, (14) ἁπλῶς οὕτως καὶ διὰ μόνην τὴν χειροτονίαν καὶ τὴν ταύτης ἀξίαν τὸ ἀφιέναι ἁμαρτίας ἀπὸ θεοῦ
δίδοται — ἄπαγε· ἱερουργεῖν γὰρ μόνον αὐτοῖς συγκεχώρηται· οἶμαι
δὲ οὐδ᾽ αὐτὸ τοῖς πολλοῖς αὐτῶν, ἵνα μὴ χόρτος ὄντες ἐκεῖθεν
κατακανθήσονται, — ἀλλὰ μόνοις ἐκείνοις, ὅσοις ἐν ἱερεῦσι καὶ
20 ἀρχιερεῦσι καὶ μοναχοῖς τὸ συγκαταριθμεῖσθαί ἐστι τοῖς τῶν μαθητῶν τοῦ Χριστοῦ χοροῖς διὰ τὴν ἁγνότητα.

(15.) Πόθεν οὖν αὐτοί τε οἱ τοῖς εἰρημένοις ἐγκαταλεγέντες
ἐκεῖνο νοήσωσι καὶ οἱ αὐτοὺς ἐκζητοῦντες τούτους ἀκριβῶς ἐπι-
γνώσονται; ὅθεν ὁ κύριος ἐδίδαξεν οὕτως εἰπών· „σημεῖα δὲ τοῖς
25 πιστεύσασι ταῦτα παρακολουθήσει, ἐν τῷ ὀνόματί μου δαιμόνια

24 Mark. 16, 17 ff.

1 CC¹ αὐγάζοντες | C¹G τρανωτέρου | 2 C¹ ἐδίκνυντο | 3 C¹ ἱεροσύνης |
4 CC¹ μεταβάσεις | 5 C¹ γνωριζομένοις | 8 G θαύμασι | CC¹ ἔλλαμψαν |
9 εἰσαγαγὼν⌋ CC¹ < | 10 κατὰ μικρὸν⌋ G κατὰ καιρὸν | 11 μοναχοὶ πάμπαν
ἀμόναχοι⌋ G < | 12 οὖν (nach οὔτε)⌋ G <; diese und die vorangehende Aus-
lassung machen den Satz in G unverständlich, weswegen schon Gale durch Ein-
setzung von βελτίους nach ἐπισκόπους (Z. 15) zu bessern suchte | CC¹ καιχειρο-
τονημένοις | 13 C¹ ἱεροσύνης | C¹ ἐγκαταλεγεῖσοι | τῷ (vor τῆς)⌋ G <, und nachher
(Z. 14) ἀξιώμασι | 15 vor ἁπλῶς G + καὶ | καὶ διὰ μόνην τὴν χειροτονίαν καὶ
τὴν ταύτης ἀξίαν⌋ G τῇ χειροτονίᾳ καὶ τῇ ταύτης ἀξίᾳ (< καὶ und μόν.) | 17 C¹
δέδοται | ἱερουργεῖν γὰρ μόνον αὐτοῖς⌋ G ἱερουργοῖς γὰρ καὶ μόνοις αὐτὸ |
CC¹ ἐκκεχώρηται | 18 αὐτῶν⌋ G ἐν αὐτοῖς | 19 G κανθήσονται | 19—21 für
ὅσοις ... τὸ συγκαταριθμεῖσθαί ἐστι τοῖς ... χοροῖς⌋ G ὅσοι ... τοῖς τῶν
μαθητ. τ. Χρ. ἐγκατηριθμουμένοις χορῷ und < διὰ τὴν ἁγνότητα | 21 χοροῖς⌋
CC¹ χορεῖς | 22 τοῖς εἰρημένοις⌋ G < | 23 ἐκεῖνο νοήσωσι⌋ CC¹ < | 25 G ἀκο-
λουθήσει.

ἐκβαλοῦσι, γλώσσαις λαλήσουσι καιναῖς — ὅπερ ἐστὶν ἡ θεόπνευστος διδασκαλία τοῦ Λόγου καὶ ὠφέλιμος —, ὄφεις ἀροῦσι, κἂν
θανάσιμόν τι πίωσιν, οὐ μὴ αὐτοὺς βλάψῃ", καὶ πάλιν· „τὰ ἐμὰ
πρόβατα τῆς φωνῆς μου ἀκούει", καὶ πάλιν· „ἐκ τῶν καρπῶν αὐτῶν
ἐπιγνώσεσθε αὐτούς". ποίων καρπῶν; ὧν τὸ πλῆθος ἀπαριθμού- 5
μενος ὁ Παῦλος λέγει· „ὁ δὲ καρπὸς τοῦ πνεύματός ἐστιν ἀγάπη,
χαρά, εἰρήνη, μακροθυμία, χρηστότης, πίστις, πραότης, ἐγκράτεια"
μεθ᾽ ὧν εὐσπλαγχνία, φιλαδελφία, ἐλεημοσύνη καὶ τὰ τούτοις ἑπό-
μενα, — πρὸς τούτοις· „λόγος σοφίας, λόγος γνώσεως, χαρίσματα
θαυμάτων καὶ ἕτερα πλεῖστα, ἃ πάντα ἐνεργεῖ ἓν καὶ τὸ αὐτὸ 10
πνεῦμα, διαιροῦν ἑκάστῳ καθὼς βούλεται". οἱ γοῦν τούτων ἐν
μετοχῇ γεγονότες τῶν χαρισμάτων — ἢ πάντων ἢ ἐκ μέρους κατὰ
τὸ συμφέρον αὐτοῖς — ἐν τῷ χορῷ τῶν ἀποστόλων ἐγκατελέγη-
σαν καὶ οἱ νῦν τοιοῦτοι ἀποτελούμενοι ἐκεῖσε ἐγκαταλέγονται. διὸ
καὶ φῶς εἰσιν οὗτοι τοῦ κόσμου, ὡς αὐτός φησιν ὁ Χριστός· „οὐ- 15
δεὶς λύχνον ἅψας τίθησιν αὐτὸν ὑπὸ τὸν μόδιον ἢ ὑπὸ τὴν κλί-
νην, ἀλλ᾽ ἐπὶ τὴν λυχνίαν, ἵνα φαίνῃ πᾶσι τοῖς ἐν τῇ οἰκίᾳ". οὐκ
ἐκ τούτων δὲ μόνων οἱ τοιοῦτοι γνωρίζονται, ἀλλὰ καὶ ἀπὸ τῆς
τοῦ βίου αὐτῶν διαγωγῆς· οὕτω γὰρ καὶ οἱ ζητοῦντες αὐτοὺς καὶ
αὐτοὶ ἑαυτὸν ἕκαστος ἀκριβέστερον ἐπιγνώ|σονται, οἷον εἰ καθ᾽ C f. 330ᵛ
ὁμοιότητα τοῦ κυρίου ἡμῶν Ἰησοῦ Χριστοῦ ἀνεπαισχύντως, μᾶλλον
δὲ ὡς μεγίστην δόξαν ἡγήσαντο τὴν εὐτέλειαν καὶ ταπείνωσιν καὶ
ὡς ἐκεῖνος τὴν ὑπακοὴν ἀνυποκρίτως εἰς τοὺς ἑαυτῶν πατέρας
καὶ ὁδηγούς, ἔτι γε μὴν καὶ εἰς τοὺς πνευματικῶς ἐπιτάττοντας
ἐπεδείξαντο, εἰ ἀτιμίας καὶ ὕβρεις καὶ ὀνειδισμοὺς καὶ λοιδορίας 25
ἀπὸ ψυχῆς ἠγάπησαν καὶ τοὺς ἐπιφέροντας αὐτοῖς ταῦτα ὡς ἀγα-

3 Joh. 10, 27. — 4 Matth. 7, 16. 20. — 6 Gal. 5, 22. — 9 1. Kor. 12, 8—11.
— 15 Matth. 5, 14. — Matth. 5, 15.

1 C¹ ἐκβαλλοῦσι G ἐκβαλοῦσιν | ὅπερ bis ὠφέλιμος (Z. 2)⌟ G <; C <
καὶ ὠφέλιμος, C¹ ὀφέλιμος und ἡ θεόπνευστος hinter Λόγου gestellt | 3 C¹
ποίωσιν | καὶ πάλιν bis ἀκούει (Z. 4)⌟ CC¹ < | 4 καὶ πάλιν⌟ G < | 5 C¹ ποῖον |
τὸ πλῆθος⌟ G < | 6 ὁ Παῦλος⌟ G vor ἀπαριθμούμενος | vor λέγει G + οὕτω |
ὁ δὲ καρπὸς τοῦ πνεύματός ἐστιν⌟ G < | 9 λόγος σοφίας⌟ G < | 10 θαυμά-
των⌟ G ἰαμάτων | τὸ αὐτὸ⌟ C τὸ αὐτοῦ C¹ τὸ αὐτῷ | 11 οἱ γοῦν⌟ G οἱ γὰρ |
12 μετοχῇ⌟ C¹ μετοχοὶ|vor πάντων G + ἐκ | 13 ἐγκατελέγησαν bis ἐκεῖσε (Z.14)⌟
G < | 14 διὸ καὶ φῶς bis ἐν τῇ οἰκίᾳ (Z. 17)⌟ CC¹ < | 18 C¹ μόνον C urspr.
μόνον, von 1. H. korrigiert zu μόνων | 19 γὰρ (nach οὕτω)⌟ G < | 19—20 αὐτοὺς
καὶ αὐτοὶ ἑαυτὸν ἕκαστος ἀκριβ. ἐπιγνώσονται⌟ CC¹ αὐτὸν καὶ αὐτὸς ἑαυτὸν
ἕκαστος ἀκριβέστερον ἐπιγνώσεται G αὐτοὺς καὶ αὐτοὶ ἑαυτῶν ἕκαστος ἀκρι-
βέστερον ἐπιγνώσονται | 20 οἷον εἰ⌟ G οἶοι εἰ | 22 CC¹ ἡγήσατο | 25 CC¹ ἐπε-
δείξατο | εἰ ἀτιμίας⌟ G < | 26 CC¹ ἠγάπησε | αὐτοῖς⌟ CC¹ αὐτῷ.

θῶν μεγάλων προξένους ἀπεδέξαντο καὶ ἀπὸ ψυχῆς μετὰ δακρύων
ὑπὲρ αὐτῶν ηὔξαντο, εἰ πᾶσαν δόξαν τὴν ἐν τῷ κόσμῳ κατέπτυσαν
καὶ σκύβαλα τὰ ἐν αὐτῷ τερπνὰ ἡγήσαντο — καὶ τί τὰ πολλὰ
καὶ προφανῆ λέγων τὸν λόγον μηκύνω; ἐὰν πᾶσαν μὲν ἀρετὴν,
5 ἣν ἐν ταῖς ἱεραῖς ἀκούωσιν ὑπαναγινωσκομένην γραφαῖς, ταύτην
ἑαυτὸν ἕκαστος τῶν εἰρημένων εὑρίσκει κατωρθοκότα, πᾶσαν δὲ
πρᾶξιν τῶν ἀγαθῶν ὡσαύτως μετελθόντα καὶ ἐπὶ μιᾷ τούτων
G f. 110ʳ ἑκάστῃ τὴν προκοπὴν, τὴν ἀλλοίωσιν, τὸν βαθμὸν ἐπεγνωκότα
καὶ πρὸς τὸ ὕψος τῆς θεϊκῆς δόξης αἰρόμενον, τότε καὶ ἑαυτόν
10 τις γνώτω μέτοχον θεοῦ καὶ τῶν αὐτοῦ χαρισμάτων γεγονότα
καὶ ὑπὸ τῶν καλῶς ὁρώντων ἢ καὶ ὑπ' αὐτῶν τῶν ἀμβλυωπούν-
των γνωσθήσεται. καὶ οὕτως οἱ τοιοῦτοι εἴποιεν ἂν τοῖς πᾶσιν
ἐν παρρησίᾳ· „ὑπὲρ Χριστοῦ πρεσβεύομεν ὡς τοῦ θεοῦ παρακαλοῦν-
τος δι' ἡμῶν· καταλλάγητε τῷ θεῷ“. πάντες γὰρ οἱ τοιοῦτοι τὰς
15 ἐντολὰς τοῦ θεοῦ ἐφύλαξαν μέχρι θανάτου, ἐπώλησαν τὰ ὑπάρχοντα αὐτῶν καὶ διένειμαν τοῖς πτωχοῖς, ἠκολούθησαν τῷ Χριστῷ
διὰ τῆς τῶν πειρασμῶν ὑπομονῆς, ἀπώλεσαν τὰς ἑαυτῶν ψυχὰς
ἕνεκεν τῆς ἀγάπης τοῦ θεοῦ ἐν τῷ κόσμῳ καὶ εὗρον αὐτὰς εἰς
ζωὴν αἰώνιον. εὑρόντες δὲ τὰς ἑαυτῶν ψυχὰς ἐν φωτὶ νοητῷ
20 εὗρον αὐτὰς καὶ οὕτως ἐν τῷ φωτὶ τούτῳ εἶδον τὸ ἀπρόσιτον
φῶς, αὐτὸν τὸν θεόν, κατὰ τὸ γεγραμμένον „ἐν τῷ φωτί σου
ὀψόμεθα φῶς“. πῶς οὖν ἔστιν εὑρεῖν τινα ἣν ἔχει ψυχὴν πρόσεχε.
ἡ ἑκάστου ψυχή ἐστιν ἡ δραχμὴ ἣν ἀπώλεσεν οὐχ ὁ θεὸς ἀλλ'
ἡμῶν ἕκαστος ἐν τῷ σκότει τῆς ἁμαρτίας βυθίσας ἑαυτόν. ὁ δὲ
25 Χριστὸς τὸ ὄντως φῶς ἐλθὼν καὶ τοὺς ζητοῦντας αὐτὸν συναν-
τῶν ὡς οἶδε μόνος αὐτὸς ἰδεῖν ἑαυτὸν αὐτοῖς ἐχαρίσατο. τοῦτό
ἐστιν εὑρεῖν τὴν ψυχὴν αὐτοῦ τὸ ἰδεῖν τὸν θεὸν καὶ ἐν τῷ ἐκείνου
φωτὶ αὐτὸν γενέσθαι ἁπάσης κτίσεως τῆς ὁρωμένης ἀνώτερον καὶ
τὸν θεὸν σχεῖν ποιμένα καὶ διδάσκαλον, παρ' οὗ καὶ τὸ δεσμεῖν

13 2. Kor. 5, 20. — 21 Psalm 35 (36), 10. — 23 Vergl. Luk. 15, 8 ff.

1 CC¹ ἀπεδέξατο | 2 ὑπὲρ αὐτῶν ηὔξαντο⌋ CC¹ ὑπὲρ αὐτῶν ηὔξατο G
αὐτοῖς ηὔξαντο | κατέπτυσαν⌋ CC¹ παροῦδὲν ἡγήσατο | 3 bei Lequien steht
ὡς vor σκύβαλα, CC¹G < | anstatt τερπνὰ ἡγήσατο CC¹ πάντα (< ἡγ.) |
4 καὶ προφανῆ⌋ CC¹ < | C¹ λέγον | πᾶσαν μὲν⌋ G + τὴν | 5 in dem Satz ἣν
ἐν bis γραφαῖς⌋ CC¹ < ἣν .. ἐν ... ἀκούωσιν | ταύτην bis κατωρθοκότα (Z. 6)⌋
CC¹ < | 8 τὴν (vor προκοπὴν)⌋ G < | τὴν ἀλλοίωσιν⌋ CC¹ < | vor τὸν βαθ-
μὸν⌋ CC¹ + καὶ | 9 ἑαυτόν⌋ G αὐτὸν | 10 τις γνώτω⌋ CC¹ γνῶ und < τις |
12 γνωσθήσεται. Das Folgende bis zum Schluss des Kapitels (τοῖς χρῄζουσι
μεταδώσει 127, 2) ist in CC¹ weggelassen | 25 αὐτὸν⌋ G αὐτῶν | 27 τὸ ἰδεῖν⌋
G τοῦ ἰδεῖν.

καὶ λύειν εἰ βούλει γνώσεται καὶ γνοὺς ἀκριβῶς προσκυνήσει τὸν
δεδωκότα καὶ τοῖς χρήζουσι μεταδώσει.

(16.) Τοῖς τοιούτοις οἶδα τέκνον δίδοσθαι τοῦ δεσμεῖν καὶ
λύειν ⟨τὴν ἐξουσίαν⟩ ἀπὸ θεοῦ πατρὸς καὶ κυρίου ἡμῶν Ἰησοῦ
Χριστοῦ διὰ τοῦ ἁγίου πνεύματος, τοῖς θέσει οὖσιν υἱοῖς καὶ ἁγίοις 5
δούλοις αὐτοῦ. τοιούτῳ καὶ αὐτὸς ἐγὼ ἐμαθήτευσα πατρὶ χειροτονίαν ἐξ ἀνθρώπων μὴ ἔχοντι, ἀλλὰ χειρί με θεοῦ εἴτ᾽ οὖν πνεύματι εἰς μαθητείαν ἐγκαταλέξαντι καὶ τὴν ἐξ ἀνθρώπων χειροτονίαν διὰ τὸν παρακολουθήσαντα τύπον καλῶς λαβεῖν με κελεύσαντι,
πάλαι ὑπὸ τοῦ ἁγίου πνεύματος ἐπὶ τοῦτο σφοδρῷ πόθῳ κινού- 10
μενον.

(17.) Τοιγαροῦν γενέσθαι πρῶτον τοιοῦτοι εὐξώμεθα, ἀδελφοὶ καὶ
πάτερες, καὶ οὕτως τοῖς ἄλλοις περὶ παθῶν ἀπαλλαγῆς καὶ ἀναδοχῆς
λογισμῶν ὁμιλήσωμεν καὶ τοιοῦτον πνευματικὸν ζητήσωμεν. μᾶλλον
μὲν οὖν τοιούτους ἐμπόνως ζητήσωμεν ἄνδρας τοὺς ὄντας μαθη- 15
τὰς τοῦ Χριστοῦ καὶ μετὰ πόνου καρδίας καὶ δακρύων πολλῶν
ἐπὶ ῥητὰς ἡμέρας ἱκετεύσωμεν τὸν θεόν, ἵνα ἀποκαλύψῃ τοὺς
ὀφθαλμοὺς τῶν καρδιῶν ἡμῶν πρὸς τὸ ἐπιγνῶναι, εἴ που καὶ
τοιοῦτός τις ἐν τῇ πονηρᾷ ταύτῃ γενεᾷ ὢν εὑρεθήσεται, ὅπως
εὑρόντες αὐτὸν ἄφεσιν λάβωμεν δι᾽ αὐτοῦ τῶν ἁμαρτιῶν ἡμῶν, 20
τοῖς προστάγμασιν αὐτοῦ καὶ ταῖς ἐντολαῖς ὅλῃ ψυχῇ ὑπακούοντες,
καθάπερ ἐκεῖνος ἀκούσας τὰς τοῦ Χριστοῦ γέγονε μέτοχος τῆς
χάριτος καὶ τῶν δωρεῶν αὐτοῦ καὶ τὴν ἐξουσίαν τοῦ δεσμεῖν καὶ
λύειν τὰ ἁμαρτήματα παρ᾽ αὐτοῦ ἔλαβε τῷ ἁγίῳ πνεύματι πυρω-
θείς, ᾧ πρέπει πᾶσα δόξα, τιμὴ καὶ προσκύνησις σὺν τῷ πατρὶ 25
καὶ τῷ μονογενεῖ υἱῷ εἰς τοὺς αἰῶνας. ἀμήν.

1 εἰ βούλει] G εἰ βούλη | 2 G δεδοκότα | 3 CC¹ beginnt wieder | τοῖς
τοιούτοις] G οὕτω τοιούτοις | 4 λύειν] G a. R. suppl. ἴσ. τὴν ἐξουσίαν; viel-
leicht ist aber mit CC¹ τὸ δεσμεῖν anstatt τοῦ δεσμεῖν zu lesen | 5 C¹ θέσιν |
6 ἐγὼ (nach αὐτὸς)] CC¹ < | G ἐμαθητεύθην | G πατέρι | 7 χειρί με] C¹ χειρὶ μὲν |
8 G ἐγκαταλέξας | 9 με (nach λαβεῖν)] G < | G κελεύσας | 10 πάλαι bis κινο-
μενον (Z. 11)] CC¹ <; G κινούμενος | 12 An Stelle des ganzen Kapitels 17
haben CC¹ nur: τοιοῦτοι καὶ ἡμεῖς (C¹ ὑμεῖς) εὐξώμεθα γενέσθαι, ἀδελφοί,
ὅπως μέτοχοι τῆς χάριτος αὐτοῦ γενόμενοι τὴν ἐξουσίαν τοῦ δεσμεῖν τε καὶ
λύειν τὰ ἁμαρτήματα λάβωμεν ἐν Χριστῷ Ἰησοῦ τῷ κυρίῳ ἡμῶν, ᾧ πρέπει
πᾶσα δόξα, τιμὴ καὶ προσκύνησις (C¹ + νῦν καὶ ἀεὶ καὶ) εἰς τοὺς αἰῶνας
(C¹ + τῶν αἰώνων). ἀμήν. | 14 τοιοῦτον πνευματικὸν] G τούτων πνευματι-
κῶν, Lequien will nur τούτων in τοιούτους ändern | 15 G ἐμπόνους.

Die ihm vorgelegte Frage: εἰ ἄρα ἐνδέχεται εἰς μονάζοντάς τινας ἐξαγγέλλειν τὰς ἁμαρτίας αὐτῶν ἱερωσύνην μὴ ἔχοντας hat der Verfasser — die Herkunft des Stücks bleibe zunächst dahingestellt — in einem offenen Brief[1]) zu beantworten unternommen, der eine streng methodisch durchgeführte Abhandlung darstellt. Er giebt selbst die Gliederung an: um beurteilen zu können, ob der Mönch an und für sich das Recht hat, ein Sündenbekenntnis entgegenzunehmen, muss man vorher wissen, was der Sinn eines Sündenbekenntnisses ist, und um dies zu verstehen, ist es nötig, dass man sich über die Bedeutung von Sünde und Sündenschuld klar ist.

Wie gerät der Mensch in den Zustand, dass er überhaupt eine Schuld bekennen muss? Wie kommt ein Schuldverhältnis zwischen ihm und Gott zu stande? — Jedem Gläubigen hat Gott bei der Taufe Güter anvertraut, die er im jüngsten Gericht von ihm zurückfordern wird: die Befreiung von der Verdammnis, den Zugang zum Licht, die Kindschaft Gottes u. s. w. Zur Wahrung dieser hohen Güter aber hat Gott dem Menschen seine Gebote gegeben; denn, wie der Verfasser fein verknüpfend sagt: wir meinen wohl, dass wir die Gebote halten, während in Wahrheit sie uns den Halt geben. Wer sich nun an die Gebote hält, der bleibt im Besitz des ihm anvertrauten Schatzes; wer sie übertritt, der fällt in die Gewalt des Satans und wird seines Reichtums beraubt. Und zwar zieht schon die Übertretung eines einzigen Gebots den Verlust aller Güter nach sich. Die Blösse, die der Mensch sich durch eine Sünde giebt, verschafft dem Feind die Gelegenheit, ihn ganz zu überwältigen, oder, wie unter Benutzung von 1. Kor. 15, 56 gesagt wird: jede Sünde ist eine Todsünde.

Mit dieser Erkenntnis der Sünde als einer todbringenden Schuld gegenüber Gott und als eines Verfallens in die Macht des Satans ist auch die weitere Einsicht gegeben, in welch' hilflosem Zustand sich der Sünder befindet. Er kann wohl wünschen, geistig wiederaufzuerstehen, aber es fehlt ihm die Kraft dazu. Denn die Furcht Gottes ist nicht mehr lebendig in ihm. Wer Gott und Christus entehrt und erzürnt hat, dem steht bevor, dass er mit den Ungläubigen gerichtet wird.

---

1) Der Brief ist zwar wirklich an einen Einzelnen geschrieben, vergl. ausser dem Eingang auch 119, 23; 120, 19; aber der Verfasser bestimmt ihn von vornherein für weitere Kreise, vergl. im Eingang 111, 2, dazu 120, 19 und endlich die wiederholte Ermahnung an die ἀδελφοὶ καὶ πατέρες.

So braucht der Sünder, wenn ihm überhaupt geholfen werden soll, einen Mittler, der ihn zu Gott führt und Gott wieder mit ihm aussöhnt. Der Verfasser wehrt das Missverständnis ab, als ob er damit den Sünder von seiner Verpflichtung, selbst ernsthaft Busse zu thun, entbinden wollte; aber die Hauptsache, den richtigen Weg der Busse zu finden und seiner Bitte um Vergebung bei Gott Gehör zu schaffen, das zu thun ist der Sünder selbst nicht im stande. Das muss ein Mittler übernehmen und es ergiebt sich aus der Kennzeichnung der Situation, welche Erfordernisse er haben muss. Er muss selbst ein Freund Gottes[1]) sein und er muss die Fähigkeit zur richtigen Beurteilung des speziellen Falls bei dem Sünder besitzen.

In einer langen Paränese an die ἀδελφοὶ καὶ πατέρες wird noch besonders hervorgehoben, wie hoch und verantwortungsvoll die Stellung dessen ist, der die Leitung eines Sünders übernimmt und damit das Recht zu binden und zu lösen ausübt. Es ist apostolische Würde, die er beansprucht, und niemand soll sich unterstehen, diese Würde sich anzumassen, bevor er nicht mit dem heiligen Geist erfüllt ist und es in sich selbst spürt, dass er Freund Gottes geworden ist.

Nun erst geht der Verfasser auf die konkrete Frage ein. Wenn also das Sündenbekenntnis eines andern annehmen so viel heisst wie eine Mittlerrolle zwischen ihm und Gott übernehmen, kraft der eigenen Freundschaft mit Gott diesen wieder mit ihm aussöhnen und mittelst der eigenen geistlichen Erkenntnis dem Sünder den rechten

---

1) Der Terminus φίλος θεοῦ, der in der griechischen asketischen Literatur eine beliebte Bezeichnung des besonders bei Gott in Gnaden Stehenden ist, ist uralt. Ich führe nur einige Hauptstellen an: 1. Clem. 10, 1 Ἀβραὰμ ὁ φίλος προσαγορευθείς; ib. 17, 2 ἐμαρτυρήθη δὲ μεγάλως Ἀβραὰμ καὶ φίλος προσηγορεύθη τοῦ θεοῦ (vergl. Jak. 2, 23). Justin dial. c. Tryph. c. 8; Mi. 6, 492 C ἔρως εἶχέ με τῶν προφητῶν καὶ τῶν ἀνδρῶν ἐκείνων, οἵ εἰσι Χριστοῦ φίλοι. Clem. Alex. strom. VII, 11; Mi. 9, 496 A ὁ ἄρα γνωστικὸς τοῦ ἑνὸς ὄντως θεοῦ ἀγαπητικὸς ὑπάρχων τέλειος ὄντως ἀνὴρ καὶ φίλος τοῦ θεοῦ ἐν υἱοῦ καταλεγεὶς τάξει. Hippol. Philos. X, 33; Mi. 16, 3450 C ἔπειτα δίκαιοι ἄνδρες γεγένηνται φίλοι θεοῦ. Orig. c. Cels. IV, 2; Mi. 11, 1032 C ἀεὶ γὰρ ὁ θεὸς τῷ ἑαυτοῦ λόγῳ κατὰ γενεὰς εἰς ψυχὰς ὁσίας μεταβαίνοντι καὶ φίλους θεοῦ καὶ προφήτας κατασκευάζοντι κτὲ. Tertullian de paenit. 9; ed. Öhler I, 660 caris dei adgeniculari. Cyprian de cath. eccl. un. c. 20; ed. Hartel I, 228, 7 deo carior non est (sc. der Konfessor); ep. 15, 3; Hartel II, 515, 10 an die Konfessoren: petentium desideria ponderetis, utpote amici domini; ep. 31, 3; Hartel II, 532, 2 Celerinus an Lucianus: estis amici, sed et testes Christi. — Es ist bezeichnend, wer der Reihe nach diesen Titel vorzugsweise geführt hat: die Propheten, die Märtyrer und Asketen, die Mönche.

Weg zur Busse weisen, ist dann ein blosser Mönch dazu berechtigt, diese Rolle zu übernehmen?

Unzweifelhaft! Das Recht dazu liegt schon in dem Wesen des Mönchtums als des Standes der μετάνοια[1]) und in seiner geschichtlichen Mission begründet. Zunächst allerdings hatten die Bischöfe, von den Aposteln her, das Recht zu binden und zu lösen; aber sie sind dazu untauglich geworden. Das Recht ging über auf die Priester; aber auch diese sind gesunken und so wurde das Recht

---

1) Mit den Worten ἀφ᾽ οὗ τὸ τῆς μετανοίας ἔνδυμά τε καὶ πρόσχημα ἐκ θεοῦ ἐδωρήθη τῇ κληρονομίᾳ αὐτοῦ spielt der Verfasser auf eine Legende an, wonach dem Pachomios das Mönchsgewand von einem Engel gezeigt wurde. In den Viten des Pachomios ist immer nur erzählt, dass seine Regel ihm von einem Engel übergeben wurde, und doch bildet gerade die Verleihung des Gewandes einen Punkt, auf dessen Bedeutung die Kontroverse in unserer Frage häufig zurückkommt und dessen Thatsächlichkeit, wie es scheint, von den Gegnern nie bestritten wurde. Am ausführlichsten, so viel mir bekannt, redet über diese Legende Michael Glykas ep. 25; Mi. 158, 944 C: διὰ τὸ εὐόλισθον ἡμῶν ἡ τοιαύτη περιβολὴ καὶ πάνυ θαυμασίως τῷ μεγάλῳ Παχωμίῳ δι᾽ ἀγγέλου ἐδείκνυτο. τίνος ἕνεκεν; ὥστε τοὺς προσερχομένους τῇ μετανοίᾳ χαλινοῦ δίκην ἀναχαιτίζειν καὶ μὴ συγχωρεῖν ὅλως ἐπιμεμνῆσθαι παλινῳδίας αὐτούς. καὶ τοῦτο πάντως ἀριδηλότερον ὧδέ πως ἐκεῖνος εἰπών· μοναχέ, ἴδε τὸ σχῆμα ὃ ἠμφίεσαι καὶ ἐπίγνωθι, ὡς ἐξιστᾷ μὲν τούτου τοῦ κόσμου ἐπὶ δὲ τὴν πνευματικὴν ἐργασίαν ὅλως ἀνθέλκεται. Vergl. dazu Balsamon, ἀποκρίσεις εἰς τὰς κανονικὰς ἐρωτήσεις Μάρκου κβ; Rhall. und Potl. IV, 465: οἱ θεῖοι κανόνες οἱ τοῖς ἱερεῦσι τὴν ἐξαγορείαν τῆς καταλλαγῆς μετὰ προτροπῆς ἐπισκοπικῆς ἀναθέμενοι κατὰ πολὺ προγενέστεροι τοῦ ἁγίου Παχωμίου εἰσίν, ἀξιωθέντος ἰδεῖν δι᾽ ὀπτασίας ἀγγελικῆς τὸ σχῆμα τῶν μοναχῶν. Wann diese Legende entstanden ist resp. wann die Legende des Pachomios um diesen Zug bereichert wurde, dafür weiss ich kein Zeugnis. Goar (Euchol. p. 517) redet davon als von etwas Bekanntem: Pachomius ... ex quo ... conscripsit regulam, cuncti angelici sunt vocati διότι ἠξιώθη ἰδεῖν δι᾽ ὀπτασίας ἀγγελικῆς τὸ σχῆμα τῶν μοναχῶν; aber er kennt wohl nur die angeführte Stelle aus Balsamon. Dass die Mönche des Pachomios durch ihre Tracht auffielen, sagt schon Soz. h. e. III, 14; Mi. 67, 1069 B σχῆμα δὲ τούτοις ἦν καὶ πολιτεία ἔν τισι παρηλλαγμένη τῆς ἄλλης μοναχικῆς. Pachomios ist erst im Mittelalter der griechischen Kirche als ein, wenn nicht als der Hauptpatron des Mönchtums angesehen worden, wohl im Zusammenhang mit der Entstehung unserer Legende, über die später eine Vermutung ausgesprochen werden kann. Wie man dann mit seinem Namen alles Mögliche deckte, zeigt Balsamon ep. de rasophoris c. 5; Mi. 138, 1364 CD: ἐπεὶ δέ τινες λέγουσιν ὡς ὁ μέγας Παχώμιος ὑπὸ ἀγγέλου χρηματισθεὶς τὴν τοῦ μονήρους βίου διαγωγὴν ἔμαθε μετὰ τῶν ἄλλων ὡς ἐπὶ τριετίαν οἱ ῥασοφοροῦντες γυμνάζονται, ... αἱ .. βίβλοι τούτου ἀνελιχθεῖσαι μὴ παρὰ μόνων ἡμῶν, ἀλλὰ καὶ παρ᾽ ἑτέρων πολλῶν περὶ τὰ θεῖα δεινῶν ἄλλα μὲν τῇ μοναχικῇ εὐλαβείᾳ κατάλληλα θεσπίζουσαι φαίνονται, δοκιμασίας δὲ πέρι ... οὐδὲν ταύταις ἐγγέγραπται.

auf die Mönche übertragen — freilich, wird gleich hinzugefügt,
nicht dass es den Priestern genommen worden wäre, sondern sie selbst
haben sich dieser Würde entfremdet. — Doch der Verfasser sieht,
dass er das eingehender darlegen muss. Er greift zurück und zeigt,
dass das Recht Sünden zu vergeben von Christus zuerst ausgeübt
wurde. Es war damals etwas Unerhörtes: das erkennt man aus
dem Entsetzen der Juden, das sein Thun hervorrief. Christus hat
aber diese Befugnis zu einer dauernd auf Erden vorhandenen gemacht, indem er sie bei seinem Scheiden auf seine Jünger übertrug.
Der Verfasser legt jedoch den Finger darauf, dass den Jüngern zugleich mit dieser Vollmacht auch der Geist verliehen wurde: der
Geist sollte sie lehren, welche $\dot{\epsilon}\pi\iota\tau\iota\mu\iota\alpha$ sie aufzulegen hätten.

Nun wiederholt er, was er schon gesagt hat, wie von den Aposteln die Gewalt auf die Bischöfe, von diesen auf die Priester und
von da auf die Mönche übergieng. Immer ist der Grund für den
Verlust des Rechts der, dass die Heiligkeit des Wandels schwand.
Dass thatsächlich an die Mönche das Recht zu binden und zu lösen
gekommen war, erwies sich an den Wundern, die sie thaten und die
den in ihnen wohnenden Geist bezeugten, erwies sich aber auch an
ihrem Wandel, der dem Wandel der Apostel entsprach.

Jedoch der Verfasser ist nicht gewillt, seine Geschichtsbetrachtung darauf hinauszuführen, dass jetzt der Stand der Mönche als
solcher das alleinige Recht auf die Binde- und Lösegewalt hätte.
Auch die Mönche sind heute nicht mehr, was sie waren: der Satan
hat auch unter sie falsche Brüder gemischt und auch sie sind, als
Stand, zu der Verwaltung des hohen Rechts untauglich geworden.

Soweit geht nun aber der Pessimismus doch nicht, dass das
völlige Verschwinden des Rechts behauptet würde. Das Resultat des
Gangs der Geschichte soll nach des Verfassers Sinn nur das sein,
dass jetzt kein Stand als solcher mehr das Privilegium der Binde-
und Lösegewalt für sich beanspruchen könne. Ausdrücklich aber
wendet er sich noch einmal dazu, mit Bezug auf die ihm vorgelegte
konkrete Frage die runde Summe aus seiner Betrachtung zu ziehen:
keineswegs also ist den Priestern auf Grund ihrer Weihe das Recht
verliehen; heilige Handlungen zu vollziehen sind sie vor andern berechtigt und auch das — setzt er bedenklich hinzu — gilt in Wahrheit nicht von vielen. Das Recht zu binden und zu lösen aber ist
— das ergiebt sich sowohl aus der analytischen, wie aus der historischen Untersuchung — persönlicher Vorzug aller derer und nur
derer, die wahre Jünger Christi sind.

Wie ernst es dem Verfasser aber doch mit seiner Überzeugung ist, dass solche Mittler auf Erden nötig sind, und wie wenig er daran zweifeln kann, dass immer noch einige da sind, das erkennt man daraus, dass er nun sich zu der Frage gedrängt fühlt, woran man denn jetzt einen zu erkennen im stande sei, dem diese Befugnis zukomme. — Der Herr selbst hat die Kennzeichen angegeben, durch die seine wahren Jünger sich ausweisen: Wunder und Gnadengaben und über das, ein gottgewirkter heiliger Wandel machen auch dem blöden Auge den Freund und Beauftragten Christi kenntlich. Die Hoffnung, solche Persönlichkeiten zu finden, kann der Verfasser noch stärken durch den Hinweis auf einen Mann der Gegenwart, auf seinen geistlichen Vater, der, obwohl er keine Weihe hatte, doch unzweifelhaft die Macht von oben besass.

Bevor wir auf die Tragweite der hier ausgesprochenen Anschauungen eingehen, ist es nötig, die Verfasserfrage zu Ende zu führen.

Wenn man die Schrift in ihrer konkreten Gestalt auf sich wirken lässt, so springt die Ähnlichkeit mit Symeon's ganzer Art so sehr in die Augen, dass der durch das Gale-Manuskript empfohlene Name gar nicht ernstlich in Frage kommen kann. Es würde ja auch auf Johannes Damascenus zutreffen, dass er Mönch und Presbyter war, wie nach 127, 6 ff. der Verfasser unseres Briefs; auch Johannes verehrte seinen πατὴρ πνευματικὸς hoch vergl. seine vita c. 24 ff.; Mi. 94, 464 ff. und es liesse sich wohl aus seinen Schriften zeigen, dass wenigstens die Voraussetzungen zu der hier vertretenen Ansicht bei ihm vorhanden sind. Anderes freilich passt zu Johannes Damascenus ganz und gar nicht. Der geistreich-nachlässige Schriftgebrauch in unserem Brief — man beachte 114, 8; 116, 19 — ist der schulmässigen Art des Damasceners ebenso fremd, wie er mit der Symeon's übereinstimmt. Und mit welchem Aufwand patristischer Gelehrsamkeit hätte wohl Johannes Damascenus dieses Thema behandelt, während unser Brief nur einen einzigen Hinweis auf die Väter und auf die Väter, die Symeon kennt d. h. die Hagiographen, enthält (120, 1). Doch es wäre Zeitverschwendung, die Möglichkeit, ob Johannes Damascenus der Verfasser sein könnte, im Einzelnen zu erwägen, enthält doch unser Brief das Eigentümlichste vom Eigentümlichen Symeon's. Ich beschränke mich darauf, das Wichtigste und an der vorstehenden Darstellung Kontrollierbare vorzuführen.

Die ganz spezielle Frage unseres Briefs, ob das Recht zu binden und zu lösen dem Mönch auch ohne Weihe zustehe, hat Symeon, so viel ich sehe, sonst nirgends behandelt; sie ist ihm, wenn er der Verfasser ist, wirklich erst durch den Brief seines Freundes nahegelegt worden. Aber die Zustände, von denen unser Schreiben ausgeht, setzt Symeon allenthalben als bestehend voraus; er weiss es nicht anders, als dass seine Standesgenossen, die von ihm so vielfach angeredeten ἀδελφοὶ καὶ πατέρες, Sündenbekenntnisse entgegennehmen. Und nicht bloss das: er hat sich über diese Gewohnheit seine Gedanken gemacht und oft Gelegenheit genommen, seinen Standpunkt darzulegen. Was in unserem Brief prinzipiell über die Binde- und Lösegewalt gesagt wird, die Ermahnungen, die an die ἀδελφοὶ καὶ πατέρες gerichtet werden, ist nichts anderes, als was Symeon — und teilweise wörtlich ebenso — in unzweifelhaft echten Schriften ausgesprochen hat.

Wenn in der epistola de confessione so nachdrücklich darauf hingewiesen wird, dass es apostolische Würde ist, die der als Mittler Auftretende beansprucht, so hat Symeon eben dies immer als eindrucksvollste Seite der Sache hervorgehoben de conf. 119, 3 f.; 120, 3 f.; 122, 9 vergl. Sym. or. 24 (Mi. 434 A B) Mon. S. 242 ἡμεῖς δὲ τὴν τῶν ἀποστόλων ἀξίαν ἐπιζητοῦμεν ἢ καταδεχόμεθα, μήπω τὴν χάριν τῶν ἀποστόλων λαβόντες. ib. (Mi. 434 CD) Mon. S. 243 οὐ φρικτόν ἐστι καὶ δοκεῖ τὸ ἀναλαβέσθαι ἀποστολικὸν ἀξίωμα προπετῶς, ἀδελφοί, καὶ πλησιάσαι τῷ ἀπροσίτῳ φωτὶ καὶ μεσίτας θεοῦ καὶ ἀνθρώπων γενέσθαι vergl. weiter z. B. eth. 1 C f. 200ʳ; cat. 31 (Überschrift: τοῦ αὐτοῦ πρὸς ἕνα τῶν αὐτοχειροτονήτων διδασκάλων καὶ τὸ ἀποστολικὸν ἀξίωμα δίχα τῆς ἄνωθεν χάριτος περιτιθεμένων).

Ganz in Symeon's Sprache sind aber auch in der epistola die Bedingungen formuliert, an die das Recht, die apostolische Würde sich zuzuschreiben, geknüpft wird: das Schauen des Lichts, der deutlich verspürte Empfang des heiligen Geistes geben die Gewissheit, dass man bei Gott in Gnaden stehe und darum auch für andere eintreten könne, 119, 4 ff. μηδὲ ... πρὸ τοῦ πλησθῆναι ὑμᾶς πνεύματος ἁγίου .., πρὸ τοῦ γνωρίσαι καὶ φιλιωθῆναι ὑμᾶς ἐν αἰσθήσει ψυχῆς τῷ βασιλεῖ τῶν ἁπάντων. 126, 19 ff. εὑρόντες δὲ τὰς ἑαυτῶν ψυχὰς ἐν φωτὶ νοητῷ εὗρον αὐτὰς καὶ οὕτως ἐν τῷ φωτὶ τούτῳ εἶδον τὸ ἀπρόσιτον φῶς, αὐτὸν τὸν θεόν, κατὰ τὸ γεγραμμένον· ἐν τῷ φωτί σου ὀψόμεθα φῶς .., παρ' οὗ καὶ τὸ δεσμεῖν καὶ λύειν εἰ βούλει γνώσεται ... καὶ τοῖς χρήζουσι μεταδώσει vergl. Sym. eth. 5 C f. 255ᵛ ὡς ἀναπεπτωκότες τῇ συνειδήσει πνευματικοὺς ἑαυτοὺς εἶναι πρὸ τοῦ τὸ πνεῦμα τοῦ θεοῦ τὸ ἅγιον λαβεῖν οἴεσθε καὶ διὰ τοῦτο εἰς τὸ ἀναδέχεσθαι λογισμοὺς ἀλλοτρίους ἀσυνέτως ἐπείγεσθε. eth. 6 C f. 261ᵛ εἰ δὲ ὁμολογεῖς — καλὸν ποιῶν — μὴ μετασχεῖν τοῦ χαρίσματος μηδὲ αἰσθανθῆναι σαυτὸν νεκρὸν τῷ κόσμῳ γενόμενον μηδὲ εἰς οὐρανοὺς ἔγνως ἑαυτὸν ἀνελθόντα ὡς κρυβῆναι μόνον ἐκεῖ ... καὶ πνεῦμα οἱονεὶ γενόμενον ἐν τῇ τῆς σαρκὸς ἀποθέσει, ... τί ... ἅγιος τούτων χωρὶς καλεῖσθαι φιλεῖς καὶ ὡς ἤδη σεσωσμένος διάκεισαι λογισμοὺς τολμῶν ἀλλοτρίους ἀναδέχεσθαι. eth. 15 C f. 322ʳ φωτισθήσεται (sc. ὁ αὐτὸν τὸν θεὸν μόνον ὁρῶν) καὶ ἄλλους τῷ φωτὶ φωτίσει τῆς γνώσεως, ἐλεηθήσεται ἔπειτα ἐλεήσει, οὗτος αἰτεῖ καὶ λαμβάνει (d. h. er hat die παρρησία) καὶ λαβὼν μεταδίδωσι τοῖς αἰτοῦσιν αὐτόν, λύεται τοῦ δεσμοῦ τῶν κακῶν καὶ λύει ἄλλους.

Es ist Symeon, wenn er so oft die ἀδελφοὶ καὶ πατέρες an diese Erfordernisse erinnert, niemals in den Sinn gekommen, zu sagen, dass zu der inneren Ausrüstung noch die Weihe hinzukommen müsse; er steht also jedenfalls auf dem gleichen Standpunkt, wie unser Verfasser, dass beim Binden und Lösen die Weihe nichts zur Sache thue. Umgekehrt teilt aber auch unser Verfasser Symeon's Ansicht über das Priesteramt, wenn er durchblicken lässt, dass zur Verwaltung des Amtes, auch der liturgischen Funktionen, noch etwas anderes als die χειροτονία erforderlich sei, vergl. 124, 17 ff.

Auch die eigentümliche Geschichtsbetrachtung, mittelst deren unser Verfasser das Recht der Mönche stützt, ist Symeon nicht fremd. Denn auch er schreibt dem Mönchtum einen göttlichen, dem des Priesterstandes analogen Beruf in der Kirche zu cat. 30 C¹ f. 265ᵛ ἐπειδὴ δὲ τὰ ποίμνια τοῦ Χριστοῦ ἐπληθύνθησαν καὶ ὁ λαὸς αὐτοῦ ἐγένετο ὑπὲρ ἀριθμόν, ᾠκονόμησεν ἡ χάρις τοῦ ἁγίου πνεύματος τοῖς ἀρχιερεῦσι καὶ ἱερεῦσι προστεθῆναι καὶ μοναχοὺς τοὺς ἐξ ἔργων τὴν εἰς Χριστὸν τὸν ἀληθινὸν ἡμῶν ⟨θεὸν⟩ πίστιν βεβαίαν ἐνδεικνυμένους καὶ τὴν τοῦ ἁγίου πνεύματος χάριν ἐν ἑαυτοῖς κεκτημένους (vergl. 124, 3 ff.) συμποιμαίνοντας καὶ συνεργοῦντας αὐτοῖς εἰς τὴν τῶν μελλόντων σώζεσθαι σωτηρίαν. Und unmittelbar darauf beklagt es auch Symeon, dass durch des Teufels List das Mönchtum verderbt worden sei, f. 266ᵛ τίς γὰρ οὐκ οἶδεν, ὅτι ἐξ ἀρχῆς ὁ διάβολος τοῖς προφήταις ψευδοπροφήτας, τοῖς ἀποστόλοις ψευδαποστόλους, τοῖς ἁγίοις διδασκάλοις ψευδαγίους καὶ ψευδοδιδασκάλους ἐξήγειρεν ἀπατᾶν σπουδάζων διὰ μεθόδων καὶ πειθανολογίας τοὺς ἀμελεστέρους.

So ist denn auch die Frage, mit der unsere epistola sich zuletzt beschäftigen muss, woran man den zum πατὴρ πνευματικὸς Befähigten zu erkennen vermöge, immer ein wichtiges Anliegen für Symeon gewesen. Es genügt zu sagen, dass die cat. 30 die Überschrift trägt: τοῦ αὐτοῦ πρὸς ἕνα τῶν αὐτοῦ μαθητῶν περὶ τοῦ ποίῳ τρόπῳ τις δύναται ἅγιον ἄνδρα γνωρίσαι καὶ πῶς, τί ποιῶν εὕρῃ αὐτόν, καὶ μετὰ τὸ τυχεῖν τὸν τοιοῦτον, πῶς χρὴ διακεῖσθαι πρὸς αὐτόν.

Es hat sich im Bisherigen gelegentlich schon ergeben, dass nicht bloss die Anschauung und die Gedankengänge, sondern auch der Ausdruck bei beiden Schriftstellern übereinstimmt. Ich hebe zum Beleg dafür noch einiges hervor. Es sind zunächst mehrere für die schriftstellerische Art charakteristische Formeln, wie: 111, 5 f. πόθεν οὖν τὴν ἀρχὴν τοῦ λόγου ποιήσωμεν ἢ ἐκ τῆς ἀνάρχου τῶν πάντων ἀρχῆς; τοῦτο γὰρ ἄμεινον = eth. 2 C f. 209ᵛ ἄρξομαι δὲ ἄνωθεν καὶ ὅθεν ἄμεινον ἄρξασθαι; 120, 16 ἀλλ᾽ ἀνωτέρω τοῦ λόγου ἀρξώμεθα = eth. 10 C f. 289ʳ ἀλλ᾽ ἀνωτέρω τὸν λόγον ἀγάγωμεν; 111, 22 πολλὰ μὲν οὖν ἄλλα ἃ οὐδεὶς ἀνθρώπων ἰσχύσει ἐναριθμῆσαι = cat. 30 C¹ f. 264ʳ ἵνα μὴ πάντα ἀπαριθμεῖν θέλων μηκύνω τὸν λόγον. Weiter sind eine Reihe von Bildern und Beispielen gemeinsam. Am bezeichnendsten ist das nicht sehr geschmackvolle Bild, das zur Veranschaulichung des Gedankens verwendet wird, dass jede Sünde eine Todsünde sei, 113, 13 ff. ὑπόθου γάρ μοι δώδεκα ἄνδρας ἐνόπλους εἶναι τὰς ἐντολὰς κτέ. = Sym. cat. 4 C¹ f. 221ᵛ ἀρκεῖ γὰρ εἰς ἀπώλειαν καὶ ἓν μόνον ἡμῖν πάθος ... ὁ γὰρ πρὸς δέκα ἄνδρας ἔχων τὴν μάχην ἢ καὶ πρὸς δώδεκα κτέ. (Dasselbe or. 29; Mi. 468 A B, Mon. S. 321). Der Gedanke, dass das kleinere Licht von dem grösseren verdunkelt wird, 123, 23 = div. am. 25 (Mi. 563 A) Mon. S. 121 ὡς γὰρ ἡλίου λάμποντος οὐ φαίνονται τὰ ἄστρα; die Ausführung darüber, dass eine innige Reue mit Thränen sofortige Vergebung herbeiführt 121, 9 ff. οὕτως τὸν Ζακχαῖον, οὕτως τὴν πόρνην, οὕτως τὸν Ματθαῖον ἀπὸ τοῦ τελωνίου .. τὸν Πέτρον ... τὸν παραλυτικὸν ... οὐ χρόνων δεηθέντος τούτου τινῶν πολλῶν, οὐ νηστείας, οὐ χαμευνίας ἀλλ᾽ ἢ μόνον ... μετανοίας ἀληθινῆς καὶ δακρύων πολλῶν, ὡς ἡ πόρνη καὶ ὁ Πέτρος = cat. 30 C¹ f. 263ᵛ (Δαβὶδ, Πέτρος, ὁ τελώνης, ὁ λῃστὴς ἢ πόρνη) ... ἐκ ποίων ἔργων οὗτοι τὴν συγχώρησιν ἔλαβον; ... ἆρά γε ἐκ νηστείας, ἐξ ἀγρυπνίας, ἐκ χαμευνίας ... μὴ γένοιτο· ἀλλ᾽ ἐκ μόνης τῆς μετανοίας καὶ τῶν ἀπὸ ψυχῆς δακρύων; die geistreiche Deutung von Matth. 10, 39 126, 22 = or. 33; Mi. 506 C D; die

Vergleichung des Sünders mit einem Schuldner, des Mittlers mit einem Bürgen 111, 12 = eth. 6 C f. 262ʳ μὴ ἀναδέξῃ τὸ σύνολον χρέη ἀλλότρια ὑπόχρεως ὑπάρχων αὐτὸς ἐν τινὶ — lauter Ideen, die man nicht zum Gemeingut rechnen kann und die ganz verschiedenen Anschauungsgebieten zugehören, machen es, vollends durch die übereinstimmende Form, in der sie hier und dort sich finden, augenscheinlich, dass derselbe Mann das eine wie das andere geschrieben hat. — Der Hervorhebung ist endlich noch wert, dass auch der Verfasser unseres Briefs sich bewusst ist, unter der Eingebung des heiligen Geistes zu schreiben, 111, 7 ff. οὐδὲ παρὰ ἀνθρώπων ἐμάθομεν, ἀλλ᾽ ἐκ τῆς ἄνωθεν σοφίας, εἴτ᾽ οὖν τῆς διὰ τοῦ πνεύματος χάριτος μυστικῶς ἐδιδάχθημεν καὶ καθ᾽ ὥραν ἀεὶ διδασκόμεθα vergl. Sym. eth. 1 C f. 194ᵛ ὑπὸ τοῦ ἄνωθεν κινοῦντος καὶ φωτίζοντος τὰς καρδίας ἡμῶν κινηθεὶς πνεύματος διὰ γραφῆς ὑμῖν δῆλα ταῦτα πεποίηκα τὰ μυστήρια. div. am. 2 (Mi. 511 A) Mon. S. 7 καὶ ἤθελον τοῦ σιωπᾶν, εἴθε καὶ ἐδυνάμην, ἀλλὰ τὸ θαῦμα τὸ φρικτὸν κινεῖ μου τὴν καρδίαν καὶ ἐξανοίγει τὸ στόμα μου τὸ κατεσπιλωμένον καὶ μὴ βουλόμενον ποιεῖ λαλεῖν μέ τε καὶ γράφειν.

Zur Charakteristik Symeon's trägt unser Brief nichts Nennenswertes bei. Man erkennt nur die Eigenschaften wieder, die alle seine Schriften auszeichnen: den tiefen Ernst, der stets der Heiligkeit der Sache sich bewusst ist, das Pathos der Rede und die Häufung des Ausdrucks und doch dabei eine innere Zucht in der Gedankenentwicklung.

Aber der Brief eröffnet einen Einblick in historische Zustände, die das Interesse in hervorragender Weise in Anspruch nehmen Man glaubt sich zunächst, wenn man das Schreiben liest, in die ältesten Zeiten zurückversetzt, in die Zeiten, in denen es sich noch darum handelte, ob das Amt oder der Geist die Kirche regieren solle. Kaum dass dem Priestertum das ausschliessliche Recht, die liturgischen Funktionen zu vollziehen, zugestanden wird. Aber in der wichtigen Befugnis zu binden und zu lösen ist das Recht des Amts nicht bloss bestritten, sondern das Priestertum, mindestens das Weltpriestertum, ist völlig aus dem Besitz verdrängt und erst jetzt erhebt sich eine Opposition, die das Vorrecht des Amts zur Anerkennung bringen will. Diesen frappanten historischen Thatbestand lässt die epistola mit aller Deutlichkeit erkennen. Symeon weiss, dass es früher anders war; er erkennt in seiner Geschichtsbetrachtung an, dass das Recht zu binden und zu lösen von

Haus aus ein priesterliches resp. bischöfliches ist; er wahrt theoretisch die Möglichkeit, dass es immer noch von Priestern ausgeübt werden kann (120, 11; 124, 19). Aber er hätte seine ganze Geschichtskonstruktion von einem ständigen Übergehen· der Gewalt, bis sie schliesslich an die Mönche kam, nicht entwerfen können, wenn zu seiner Zeit das Priestertum noch in bemerkenswerter Weise das Recht ausgeübt hätte. Nicht einmal so viel ist aus dem Eingang unseres Briefs sicher zu schliessen, dass die sich erhebende Opposition das Ziel verfolgte, den Boden für das Priestertum überhaupt d. h. auch für das Weltpriestertum zu erobern. Die Meinung der Gegner kann auch so gedeutet werden, dass nur Mönchspriester das fragliche Recht haben sollten. — Dabei ist noch der Punkt zu beachten: der Brief redet vom Binden und Lösen ganz im allgemeinen, er macht keinen Unterschied innerhalb der Sünden, um deren Lösung es sich handelt; ja, wenn er die ursprünglich bischöfliche Gewalt auf die Mönche übergehen lässt, so setzt er unstreitig voraus, dass alle Sünden (also auch sogenannte Todsünden) von den Mönchen gelöst werden konnten. — Wie hat sich ein solcher Zustand der Bussdisziplin entwickeln können?

Die Beantwortung dieser Frage ist nicht möglich, ohne dass zugleich die andere aufgeworfen wird: wie hat das Mönchtum in den Besitz des Privilegs, das es in Symeon's Zeit hatte, gelangen können? Symeon begründet das Recht der Mönche — denn an Mönche denkt er, auch wo er scheinbar allgemeine Kriterien aufstellt — vornehmlich auf den Geistesbesitz (vergl. 119, 5; 122, 7; 124, 3). Wir werden damit auf eine Vermutung hingeführt, die schon Symeon's kühne religiöse Ansprüche und deren Aufnahme bei seinen Zeitgenossen uns nahelegten: der Enthusiasmus kann nicht tot gewesen sein, das Mönchtum muss ihn gepflegt haben und es muss auf seinen Geistesbesitz gepocht haben. — Gehört das von Haus aus zum Charakter des Mönchtums und wie hat dieser Zug sich geschichtlich entwickelt?

Der Natur der Sache nach muss die Beantwortung dieser zweiten Frage dem Versuch, das zuerst aufgestellte Problem zu lösen, vorangehen.

II. Der Enthusiasmus im griechischen Mönchtum.

Für die Lösung der Aufgabe, die wir uns gestellt haben, bedeutet es ein grosses Hindernis, dass noch keine Gesamtdarstellung der Geschichte des griechischen Mönchtums existiert. Die landläufige Kirchengeschichtschreibung schliesst dieses Kapitel, nachdem es kaum recht begonnen hat, und so wertvoll der Beitrag ist, den Ph. Meyer in der Einleitung seiner „Haupturkunden für die Geschichte der Athosklöster. Leipzig 1894", geliefert hat, so ist doch seine Darstellung nicht vollständig und nicht eingehend genug, um uns eine genügende Unterlage zu bieten. Vorerst ist jeder, der über einen speziellen Punkt Näheres wissen möchte, genötigt, das ganze Gebiet daraufhin durchzuarbeiten. Doch ist es für die Beantwortung der uns interessierenden Frage nicht nötig, auf die äussere Geschichte des Mönchtums tiefer sich einzulassen. Das Problem, das sich uns aufgedrängt hat, ob der Enthusiasmus, den wir bei Symeon fanden, etwas — vom Mönchtum aus betrachtet — Zufälliges oder in dessen Wesen Begründetes ist, fordert nur eine Untersuchung über das Ideal des griechischen Mönchtums und seine Entwicklung. Die äussere Geschichte des Mönchtums kommt für uns nur insoweit in Betracht, als etwa historische Ereignisse fördernd und hemmend auf den Geist des Mönchtums eingewirkt haben, oder insofern, als an Thatsachen konstatiert werden muss, in welcher Schätzung das Mönchtum innerhalb der Kirche stand.

Wenn wir demnach zunächst uns die Frage stellen, in welchem Verhältnis der Enthusiasmus zum ursprünglichen Ideal des Mönchtums steht, so ist kein Zweifel, dass wir einzusetzen haben bei der vita Antonii. Weiter zurückgehen, hiesse das Problem verdunkeln. Nicht bloss deswegen, weil die Vorgeschichte kompliziert und umfangreich ist, — es wäre vor allem nötig, das Verhältnis darzulegen, in dem Klemens von Alexandrien zu Origenes, Methodios,

Hierakas, Eusebios steht: Klemens, als der Schöpfer des Ideals vom
vollkommenen Gnostiker hat das erste Recht auf den Namen eines
geistigen Vaters des Mönchtums — sondern deswegen, weil dann zu
leicht die Epoche in ihrer Bedeutung herabgesetzt wird, die das Auftreten des Mönchtums als einer eigenen geschichtlichen Grösse darstellt. In wie weitem Umfang man auch das Ideal des Mönchtums
durch die eben genannten Männer vorbereitet finden mag, — der Entschluss, das Ideal ins Leben überzuführen, ist erst die entscheidende
That, bei der es sich erprobt, ob das Ideal auch nur Ideal ist resp.
wie viele Abzüge es sich bei dem Versuch, es zu verwirklichen, gefallen lassen muss. Und dieser Entschluss, der von den ersten Vertretern des Mönchtums gefasst wurde, verliert nicht viel an seiner
Grösse dadurch, dass vorher schon Asketen da waren; denn vom
Asketen zu dem Mönch nach dem Ideal der vita Antonii ist noch
ein bedeutender Schritt.

Wenn wir die Epoche in dieser Weise bestimmen, so scheint
dabei die Voraussetzung gemacht zu sein, dass die vita Antonii ein
historisch treues Bild vom Ursprung des Mönchtums gebe. Das Recht
unserer Betrachtungsweise hängt jedoch nicht von dieser Voraussetzung ab. Allerdings bin ich zwar geneigt, der v. A. mehr Glauben
zu schenken, als ihr für gewöhnlich zuteil wird. Man ist von Weingarten's Zweifel an der Echtheit der Schrift fast allerseits zurück-
gekommen, aber der Ton, in dem er seine Kritik geübt hat, wirkt
immer noch nach. Und doch kann man Geist und Charakter der
vita nicht stärker verkennen, als wenn man in ihr, wie Weingarten,
eine Art von christlichem Roman sieht. Die Schilderungen der
Kämpfe mit dem Satan und den Dämonen, die bei modernen Menschen diesen Eindruck hervorrufen können, sind wahrlich nicht der
Freude an Abenteuern entsprungen und zu dem Zweck erzählt, ein
gewisses behagliches Gruseln hervorzurufen. Sie sind — worüber
die vita keinen Zweifel lässt c. 21; Mi. 26, 873 C 876 A, c. 22; Mi.
876 B, c. 28; Mi. 884 B u. s. w. — durchaus ernsthaft gemeint, als
Belehrungen über die unsichtbare Welt der Geister, die den Menschen überall umgiebt, als Anleitung, die Geister zu scheiden und
zu bekämpfen. Diese Belehrung hatte guten Sinn: denn für die
Menschen von damals war eben die Welt voller Teufel. Man darf
es sich ersparen, dies im Einzelnen zu erweisen; haben wir doch,
um nur an eins zu erinnern, in den Akten der Perpetua und Feli-
citas ein fast protokollarisches Zeugnis darüber, wie intensiv sich
die Phantasie mit den Dingen jener unsichtbaren Welt beschäftigte

und wie wenig für die alten Christen Ausdrücke, wie „den Satan
unter die Füsse treten" blasse Redensarten waren. — Ebenso ist es
eine Verkennung einer ganz geläufigen altchristlichen Ideenassozia-
tion, wenn Weingarten (Der Ursprung des Mönchtums. Gotha 1877.
S. 11 ff.) an den „spekulativen Gesprächen mit den griechischen
Sophisten" so grossen Anstoss nimmt. Der Sprung vom Dämonen-
bestreiter zum Apologeten ist nicht so gross, wie er anzunehmen
scheint, und die vita hat zum Überfluss selbst angegeben, wie sich
beides zusammenreimt: die Dämonen, die Antonios bekämpft, sind
ja zugleich die Mächte, die hinter dem heidnischen Götzendienst
stehen; wer sie praktisch besiegt, der kann auch mit Recht vor den
von den Dämonen Verführten die Nichtigkeit ihrer Götter verfechten
vergl. c. 78; Mi. 952 C ἡμεῖς . . . ὀνομάζοντες τὸν ἐσταυρωμένον
Χριστὸν πάντας διώκομεν δαίμονας, οὓς ὑμεῖς φοβεῖσθε ὡς
θεούς. c. 94; Mi. 976 A der zweite Zweck der vita neben der Erbauung ist, zu illustrieren, ὅτι καὶ οἱ τούτῳ (sc. Χριστῷ) λατρεύ-
οντες καὶ πιστεύοντες εἰς αὐτὸν εὐσεβῶς τοὺς δαίμονας, οὓς
αὐτοὶ οἱ Ἕλληνες νομίζουσιν εἶναι θεούς, τούτους οἱ Χριστιανοὶ ἐλέγχουσιν οὐ μόνον μὴ εἶναι θεοὺς ἀλλὰ καὶ πατοῦσι
καὶ διώκουσιν. Man braucht darum selbstverständlich nicht anzunehmen, dass Athanasios diese und andere Reden aus dem steno-
graphischen Bericht schöpfte, nicht einmal, dass Antonios überhaupt
jemals apologetische Gespräche führte; aber soviel ist offenkundig,
dass nach der Empfindung des Autors damit der Gestalt des Antonios kein ihr fernliegender Zug angedichtet, sie nicht in eine
fremde Sphäre versetzt war. An der Absicht des Athanasios in der
vita Antonii ein ernsthaftes, zur Nachahmung bestimmtes und be-
folgbares Ideal aufzustellen, ist somit jedenfalls nicht zu zweifeln.
Man muss aber wohl noch weitergehen und ihm zugestehen, dass
er auch die Züge dieses Ideals nicht frei erfunden, sondern der Wirklichkeit entnommen hat. Was er über die Entstehung des Ideals
bei Antonios und über dessen innere Entwicklung berichtet, ist doch
keineswegs unglaublich. Es ist noch keinem Historiker eingefallen,
die psychologische Möglichkeit der Bekehrungsgeschichte des Waldez
und des Franciskus zu bezweifeln. Wenn man diese beiden Erzählungen mit der vita Antonii vergleicht, so überrascht die Ähnlichkeit und es wäre mir viel eher begreiflich, dass einer von der vita
Antonii aus die später entstandenen Darstellungen verdächtigte.
Dass Athanasios aktenmässige Geschichte schreibt, wird niemand
behaupten wollen; aber wenn er von Antonios nicht viel mehr als

den Namen gewusst und eine ganz andersartige Gestalt zu dem Bild, das er in der vita entwirft, umgeschaffen hätte, so hätte er hier eine poetische Kraft bewiesen, von der man sonst bei ihm nichts wahrnimmt.

Doch es würde uns ablenken, tiefer auf diese kritische Frage einzugehen. Sie kommt für unser Problem nicht in Betracht. Denn selbst wenn nichts in der vita Antonii aus dem Leben entnommen wäre, so ist das Ideal doch zweifellos ins Leben übergegangen. Diese vita hat nicht bloss für die späteren Heiligenleben das Muster gebildet[1]), sondern sie ist Grundregel für das Mönchtum selbst geworden. Mag vorausgegangen sein, was will: es gab jedenfalls Männer, die in dem Antonios, den Athanasios gezeichnet hatte, ihr Vorbild sahen, die es auf sich nahmen, dieses Ideal zu verwirklichen, und das Mönchtum, das sich an der vita Antonii gebildet hat, ist die geschichtlich bedeutsame Erscheinung geworden. Darin liegt das Recht und die Pflicht, zunächst diese Quelle über das ursprüngliche Ideal des Mönchtums zu befragen.

Vergegenwärtigen wir uns, wie die vita das innere Werden des Antonios schildert. Sie zeichnet ja das Ideal, indem sie den Antonios vor unsern Augen wachsen lässt, und sie markiert deutlich die Stufen seiner inneren Entwicklung.

Das Vorbild der Apostel, die alles verlassen, der ersten Gläubigen, die alles zum Besten der Bedürftigen hingegeben haben, hat den Antonios schon innerlich bewegt, als es sich trifft, dass in der Kirche das Evangelium vom reichen Jüngling verlesen wird. Das Wort schlägt bei ihm ein, er fasst den Entschluss, dem Ruf des Herrn zu folgen, und verschenkt seine Habe. Aber die Hingabe der Güter ist nur das zunächst Erforderliche; nach dem beginnt erst die eigentliche Nachfolge, das Trachten nach der Vollkommenheit, c. 3; Mi. 844 A ἐσχόλαζε λοιπὸν τῇ ἀσκήσει, προσέχων ἑαυτῷ καὶ καρτερικῶς ἑαυτὸν ἄγων. Um diese zu gewinnen, geht Antonios zuerst bei älteren Asketen in die Schule und lernt ihnen ihre Tugenden ab

---

1) Auch die Verfasser der griechischen vita Pachomii sind schon mit der vita Antonii bekannt, was für die Beurteilung des historischen Werts dieser vita von Wichtigkeit ist, vergl. A S Mai III Anh. S. 35 F καὶ ἄρτι δὲ γράφοντες οὐχ ὡς γραφὴν ἀλλ᾽ ὡς μνήμην τινὰ ἐγράψαμεν ... ὡς ὁ βίος τοῦ μακαρίου Ἀντωνίου πρὸς τοὺς ἐν τῇ ξένῃ μοναχοὺς καὶ ἀδελφούς, αἰτοῦντας τοῦτο τὸν ἁγιώτατον πατέρα Ἀθανάσιον.

c. 4; Mi. 845 A *τοῦ μὲν τὸ χαρίεν, τοῦ δὲ τὸ πρὸς τὰς εὐχὰς σύντονον ἐθεώρει καὶ ἄλλου μὲν τὸ ἀόργητον, ἄλλου δὲ τὸ φιλάνθρωπον κατενόει κτὲ.* Er bringt es soweit, dass er als Asket schon
einen Namen bekommt, c. 4; Mi. 845 B *πάντες μὲν οὖν οἱ ἀπὸ τῆς
κώμης καὶ οἱ φιλόκαλοι ... οὕτως αὐτὸν ὁρῶντες ἐκάλουν θεο-
φιλῆ.* Aber nicht nur die Leute, auch der böse Feind wird auf ihn
aufmerksam und sucht ihn von seinem Vorhaben abzubringen. Als
er ihn aus der Ferne nicht überwinden kann, erscheint ihm der
Dämon der *πορνεία* unmittelbar. Aber Antonios schlägt ihn zurück.
Die vita macht hier einen Einschnitt c. 7; Mi. 852 A *τοῦτο πρῶτον
ἆθλον Ἀντωνίου γέγονε κατὰ τοῦ διαβόλου.*

Der Schule gleichsam entwachsen und im ersten Zusammen-
treffen mit dem Gegner erprobt, stellt sich Antonios selbständig
grössere Aufgaben. Er zieht sich zurück in ein Grab. Dort über-
fällt ihn der Satan selbst mit einem ganzen Heer von Dämonen,
aber Antonios lässt sich nicht vertreiben und wie er auch in diesem
Kampf siegreich geblieben ist, erhält er seine erste Offenbarung
c. 10; Mi. 860 A *ἀναβλέψας ... εἶδε τὴν στέγην ὥσπερ διανοιγο-
μένην καὶ ἀκτῖνά τινα φωτὸς κατερχομένην πρὸς αὐτόν.* Die
vita vermerkt hier sein Alter ib.; Mi. 860 B *ἦν δὲ τότε λοιπὸν ἐγγὺς
τριάκοντα καὶ πέντε ἐτῶν.*

Beides, der Sieg über den Widersacher und die Offenbarung,
weckt in ihm noch grösseren Eifer: er wagt es nun, sich ganz in
die Wüste zurückzuziehen[1]). 20 Jahre lebt er in einem verlassenen
Kastell, in ständigem Ringen mit dem Satan, aber auch mit immer
häufigeren Offenbarungen begnadigt. Nach dieser Zeit ist er innerlich fertig. Wie seine Thüre gewaltsam erbrochen wird: *προῆλθεν
ὁ Ἀντώνιος ὥσπερ ἐκ τινὸς ἀδύτου μεμυσταγωγημένος καὶ
θεοφορούμενος* c. 14; Mi. 864 C.

Dass er fertig ist, zeigt sich sofort. Denn nun beginnt auch
ein Wirken von ihm auf andere: er heilt Kranke, treibt Dämonen

---

1) Bei diesem Hinausgehen in die Wüste handelt es sich nicht bloss
darum, dass er einen Ort sucht, wo er ungestört der Betrachtung obliegen
kann; vielmehr ist auch noch die altorientalische Vorstellung lebendig, dass
die Wüste der Aufenthaltsort der Dämonen ist, vergl. c. 13; Mi. 861 C die Dämonen rufen: *ἀπόστα τῶν ἡμετέρων· τί σοι καὶ τῇ ἐρήμῳ; οὐ φέρεις ἡμῶν
τὴν ἐπιβουλήν;* ebenso noch vit. Sab.; Cot. eccl. gr. monum. III, 254 B ein wüster
Ort ist gefährlich *διὰ τὸ πλῆθος τῶν εἰς αὐτὸν ἐμφωλευόντων δαιμόνων;* auch
sie rufen, von Sabas vertrieben, 255 B *ὢ βία ἀπὸ σοῦ Σάβα· οὐκ ἀρκεῖ σοι ὁ
χείμαρρος ὁ πολισθεὶς ὑπὸ σοῦ, ἀλλὰ καὶ τῷ τόπῳ ἡμῶν ἐπέβης; ἰδοὺ ὑπο-
χωροῦμεν τῶν ἰδίων ἡμῶν.*

aus, tröstet Betrübte und Angefochtene und bewegt durch seine Ermahnungen viele, seinem Beispiel nachzufolgen. Die vita legt, um sein geistliches Wirken zu charakterisieren, eine lange Rede an die Mönche ein, in der er ihnen seine Erfahrungen im Kampf mit den Dämonen mitteilt.

Er spürt indes die sittliche Gefahr, die in dieser Thätigkeit liegt, und sucht sich ihr zu entziehen c. 49; 913 B ὡς δὲ εἶδεν ἑαυτὸν ὀχλούμενον ὑπὸ πολλῶν καὶ μὴ ἀφιέμενον κατὰ γνώμην ἀναχωρεῖν ὡς βούλεται, εὐλαβηθεὶς μὴ ἐξ ὧν ὁ κύριος ποιεῖ δι᾽ αὐτοῦ ἢ αὐτὸς ἐπαρθῇ ἢ ἄλλος τις ὑπὲρ ὅ ἐστι λογίσηται περὶ αὐτοῦ, ἐσκέψατο καὶ ὥρμησεν ἀνελθεῖν εἰς τὴν ἄνω Θηβαΐδα πρὸς τοὺς ἀγνοοῦντας αὐτόν. Eine göttliche Stimme weist ihm den Weg zu einem Ort, wo er ganz in der Stille sein kann. Unfruchtbar soll dieses Leben in der Einsamkeit trotzdem nicht sein. Ohne dass er es will, dringt sein Ruf immer weiter, selbst bis zum kaiserlichen Thron; er wird aufgesucht von solchen, die in geistlicher und leiblicher Not sind, und der Herr giebt es ihm, dass er nicht bloss durch geistlichen Zuspruch aufrichten, sondern auch Wunder des Geistes und der Kraft thun kann.

Er stirbt, nachdem ihm Gott das Herannahen seines Todes angekündigt (c. 89; Mi. 968 A προσμαθὼν παρὰ τῆς προνοίας περὶ τῆς ἑαυτοῦ τελευτῆς) und ihn durch mehrere Gesichte auf den Ernst dieser Stunde vorbereitet hat (c. 65; 66).

Man sieht, wie kunstvoll diese vita aufgebaut ist, — auch dies ein Beweis, dass nicht ein gewöhnlicher Skribent sie verfasst haben kann: immer geht ein inneres Wachstum und eine Veränderung in den äusseren Umständen Hand in Hand: je weiter Antonios fortschreiten will, desto weiter wird er von den Menschen weg in die Wüste hineingetrieben und doch, wie paradox! je weiter er sich entfernt, desto mehr wirkt er c. 93; 973 C κἂν γὰρ αὐτοὶ (sc. die ἄνθρωποι τοῦ θεοῦ) κεκρυμμένως πράττωσι, κἂν λανθάνειν ἐθέλωσιν, ἀλλ᾽ ὁ κύριος αὐτοὺς ὡς λύχνους δείκνυσι πᾶσιν.

Aber in welcher Weise vollzieht sich der innere Fortschritt? — Das Ziel des Antonios ist das einfach christliche, die Seligkeit zu erlangen [1]); aber ihm ist zum Bewusstsein gekommen, wie gross das

---

1) Der Satz c. 2; Mi. 841 C τίς δὲ καὶ πόση τούτοις (vorher sind die ἀπόστολοι und οἱ ἐν ταῖς πράξεσιν genannt) ἐλπὶς ἐν οὐρανοῖς ἀπόκειται darf nicht so gedeutet werden, als ob Antonios nach dem besonderen Lohn der Apostel strebte. Denn überall, wo der Inhalt der Hoffnung, auch der vom Mönch erstrebten, angegeben wird, ist nur die βασιλεία τῶν οὐρανῶν oder die

Gut ist, das er begehrt. Eine mächtige Empfindung des unvergleichlichen Wertes des ewigen Lebens erscheint als das letzte Motiv seines Handelns. Matth. 19, 21 zeigt den Weg, wie der Schatz im Himmel am sichersten zu gewinnen ist: es gilt vollkommener Jünger zu werden. Wenn dies also die Aufgabe des sein Seelenheil Suchenden ist, so wird die Nachfolge Christi doch nicht äusserlich verstanden. Vollkommener Jünger Christi sein, heisst nicht bloss die Habe hingeben, sondern innerlich frei und rein werden, sich los machen von den schmutzigen und unruhigen Gedanken, wie von der Macht der Begierden, vergl. schon c. 3; Mi. 844 A ἐσχόλαζε λοιπὸν τῇ ἀσκήσει, προσέχων ἑαυτῷ καὶ καρτερικῶς ἑαυτὸν ἄγων. c. 14; 865 A (als Antonios fertig ist) ἐθαύμαζον .. τῆς .. ψυχῆς .. καθαρὸν τὸ ἦθος· οὔτε .. συνεσταλμένον .. οὔτε.. διακεχυμένον, οὔτε .. συνεχόμενον· οὔτε .. ἐταράχθη .. οὔτε .. ἐγεγήθει· ἀλλ' ὅλος ἦν ἴσος .. καὶ ἐν τῷ κατὰ φύσιν ἑστώς. c. 20; Mi. 873 B εἰ μὲν οὖν ἔξωθεν ἦν ποριστέον τὸ πρᾶγμα (sc. das Gewinnen der ἀρετή), δυσχερὲς ὄντως ἦν· εἰ δὲ ἐν ἡμῖν ἐστι, φυλάξωμεν ἑαυτοὺς ἀπὸ ῥυπαρῶν λογισμῶν καὶ ὡς παρακαταθήκην λαβόντες, τηρήσωμεν τῷ κυρίῳ τὴν ψυχήν [1]). — Aber wer es ernsthaft unter-

---

ζωὴ αἰώνιος genannt vergl. c. 16; Mi. 868 A ὥστε καὶ πάντα τὸν χρόνον ἡμῶν μηδὲν εἶναι πρὸς τὴν αἰώνιον ζωήν. c. 17; Mi. 868 C εἰ .. ἀπετασσόμεθα τῇ γῇ πάσῃ, οὐδὲν ἄξιον ἦν πάλιν πρὸς τὴν βασιλείαν τῶν οὐρανῶν. c. 45; Mi. 908 C 909 A ἐπέτεινε (sc. Ἀντώνιος) τὴν ἄσκησιν, καθ' ἡμέραν τε ἐστέναζεν ἐνθυμούμενος τὰς ἐν οὐρανῷ μονὰς τόν τε πόθον ἔχων εἰς αὐτάς. Die erstgenannten Kapitel sind auch darum bemerkenswert, weil in ihnen gerade der Gedanke ausgeführt wird, ein wie hohes Gut die ewige Seligkeit schon an sich ist.

1) Wenn Athanasios das Ideal hier so formuliert, dass es sich nur um eine Bewahrung resp. Wiederherstellung des natürlichen Zustands der Seele handle, so kommt darin eine Unklarheit zu Tage, die die griechische Theologie nie überwunden hat. Sie schwankt stets darüber, ob die Erlösung Wiederherstellung des Natürlichen oder Erreichung einer höheren Stufe ist, vergl. z. B. Joh. Dam. de fide orth. c. 88; Mi. 94, 1164 B ὡς τῶν παθῶν βασιλεύσαντας (sc. verehren wir die Heiligen) ... καὶ τὴν τῆς θείας εἰκόνος ὁμοίωσιν καθ' ἣν καὶ γεγένηνται ἀπαραχάρακτον φυλάξαντας ... καὶ ὡς ἐνωθέντας θεῷ κατὰ προαίρεσιν ... καὶ γεγονότας χάριτι ὅπερ αὐτός ἐστι φύσει. Die oben teilweise zitierte Stelle berührt sich ausserordentlich nahe mit einem Passus aus contra gentes c. 30; Mi. 25, 60 C πρὸς δὲ τὴν ταύτης (sc. der ἀλήθεια) γνῶσιν καὶ ἀκριβῆ κατάληψιν οὐκ ἄλλων ἐστὶν ἡμῖν χρεία, ἀλλ' ἡμῶν αὐτῶν οὐδ' ὥσπερ ἐστὶν αὐτὸς ὁ θεὸς ὑπεράνω πάντων οὕτω καὶ ἡ πρὸς τοῦτον ὁδὸς πόρρωθεν ἢ ἔξωθεν ἡμῶν ἐστιν, ἀλλ' ἐν ἡμῖν ἐστι. An beiden Stellen wird zum Beweis Luk. 17, 21 zitiert. Überhaupt finden sich bei genauerer Prüfung noch eine ziemliche Anzahl bisher nicht beachteter Berührungen zwischen der vita Antonii, c. gent. und de inc. verbi.

nimmt, sein Herz zu reinigen, der sieht bald, dass er nicht bloss mit Fleisch und Blut streitet. Hinter den ῥυπαροὶ λογισμοὶ und den πάθη steht die unsichtbare Macht des Bösen [1]). Mit ihr gilt es fertig zu werden, wenn man definitiv frei sein will, vergl. bes. c. 23; Mi. 876 B 877 A οὗτοι μὲν οὖν (sc. οἱ δαίμονες) ἐὰν ἴδωσι καὶ πάντας μὲν Χριστιανούς, μάλιστα δὲ μοναχοὺς φιλοπονοῦντας καὶ προκόπτοντας, πρῶτον μὲν ἐπιχειροῦσι καὶ πειράζουσιν ἐχόμενα τρίβου τιθέντες σκάνδαλα· σκάνδαλα δὲ αὐτῶν εἰσιν οἱ πονηροὶ λογισμοί. ib.; 878 B ἐὰν δὲ καὶ οὕτως εὕρωσι τὴν ψυχὴν ἠσφαλισμένην τῇ πίστει καὶ τῇ ἐλπίδι τῆς διανοίας, λοιπὸν ἐπάγονται τὸν ἄρχοντα ἑαυτῶν. Darum muss Antonios den Feind, nachdem er sich ihm gezeigt[2]), gewissermassen im eigenen Lager, in der Wüste, aufsuchen. — Vollkommen hören die Kämpfe niemals auf; jedoch — diese sieghafte Zuversicht geht durch das Ganze hindurch — es ist eine Stufe erreichbar, wo die Sache prinzipiell entschieden ist und der Jünger Christi sich gegenüber den Anfechtungen der Dämonen sicher fühlt; vergl. den immer wiederholten Rat des Antonios c. 27; 884 B οὐ δεῖ δὲ φοβεῖσθαι αὐτοὺς (sc. τοὺς δαιμο-

---

1) Vergl. schon Valentin bei Clem. strom. II, 20; Mi. 8, 1057 B C δύναιτο ἂν ἡ καρδία καθαρὰ γενέσθαι παντὸς πονηροῦ δαίμονος ἐξωθουμένου τῆς καρδίας· πολλὰ γὰρ ἐνοικοῦντα αὐτῇ πνεύματα οὐκ ἐᾷ καθαρεύειν· .. ἐπειδὰν δὲ ἐπισκέψηται αὐτὴν ὁ μόνος ἀγαθὸς πατήρ, ἡγίασται καὶ φωτὶ διαλάμπει.

2) Erst der, der schon eine gewisse Höhe erreicht hat, hat es mit den Dämonen unmittelbar zu thun; nur er vermag sie zu sehen, vergl. schon Tatian or. c. 15; ed. Schwartz 16, 27 δαίμονες δὲ πάντες σαρκίον μὲν οὐ κέκτηνται, πνευματικὴ δέ ἐστιν αὐτοῖς ἡ σύμπηξις ὡς πυρὸς καὶ ἀέρος· μόνοις γοῦν τοῖς πνεύματι θεοῦ φρουρουμένοις εὐσύνοπτα καὶ τὰ τῶν δαιμόνων ἐστὶ σώματα, τοῖς λοιποῖς δὲ οὐδαμῶς, λέγω δὲ τοῖς ψυχικοῖς. Mac. Aeg. hom. 14 c. 6; Mi. 34, 574 C οὔτε ἡ σκοτεινὴ γῆ τοῖς ὀφθαλμοῖς τούτου τοῦ σώματος ὁραθῆναι ἢ ψηλαφηθῆναι δύναται οὔτε ἡ γῆ τῆς θεότητος ἡ φωτεινὴ ψηλαφᾶται ἢ ὁρᾶται τοῖς σαρκικοῖς ὀφθαλμοῖς. τοῖς δὲ πνευματικοῖς φαίνεται τῷ ὀφθαλμῷ τῆς καρδίας καὶ ἡ σατανικὴ τοῦ σκότους καὶ ἡ φωτεινὴ τῆς θεότητος. hom. 21 c. 5; Mi. 34, 657 D wer den Kampf mit der sichtbaren Welt durchgekämpft hat, ἐκεῖνος εὑρίσκει ἐναντιότητα καὶ πάθη κρυπτὰ καὶ δεσμοὺς ἀοράτους καὶ πόλεμον ἀφανῆ καὶ ἀγῶνα καὶ ἄθλησιν κρυπτήν, nämlich nach 660 A πρὸς τὰς ἀρχὰς καὶ ἐξουσίας καὶ κοσμοκράτορας. — Vergl. aber auch noch Luther Cat. maj. P. III, 7. Bitte (libri symb. ed. Müller p. 482): fühlen müssen wie sie alle (sc. die Anfechtung), wiewohl nicht alle einerlei .., die Jugend fürnehmlich vom Fleisch; darnach, was erwachsen und alt wird, von der Welt; die andern aber, so mit geistlichen Sachen umgehen, das ist die starken Christen, vom Teufel.

νας), *κἃν ἐπέρχεσθαι δοκῶσι, κἂν θάνατον ἀπειλῶσιν· ἀσθενεῖς γάρ εἰσιν καὶ οὐδὲν δύνανται ἢ μόνον ἀπειλεῖν.*

Was zunächst an diesem Ideal ins Auge fällt, ist der grosse Fortschritt, den es nach der sittlichen Seite hin gegenüber den bislang herrschenden Anschauungen darstellt. Man stellt jetzt gern die Sache so dar, als ob sich das Ideal des Mönchtums durch Häufung der vorher schon vorhandenen asketischen Motive wie von selbst ergeben hätte. Allein das sittliche Ideal der vita Antonii ist mehr als ein Aggregat einzelner asketischer Anschauungen; es ist ein geschlossenes Ganze, in dem ein Zug den andern fordert: nicht eine Reihe von einzelnen Tugenden und Kraftleistungen wird hier verlangt, sondern die *ἀρετή,* die Reinigung des Herzens, die Heiligung der ganzen Persönlichkeit[1]). Von diesem Gesichtspunkt aus tritt aber auch die Askese, die der Mönch auf sich nimmt, in eine neue Beleuchtung: sie hat nicht Selbstwert, sondern ist nur Mittel zum Zweck; sie dient dazu, den Menschen frei zu machen. Vollends die Hingabe der Güter, die äussere Loslösung hat nur die Bedeutung, dass die Bedingungen für die Erreichung der Vollkommenheit hergestellt werden. Nachdrücklich wird immer gesagt, welche Kleinigkeit das, was der Mönch hingiebt, im Vergleich mit dem ist, was er erhofft, c. 17; 868 C *μηδὲ εἰς τὸν κόσμον βλέποντες νομίζωμεν μεγάλοις τισὶν ἀποτετάχθαι· καὶ γὰρ καὶ αὐτὴ πᾶσα ἡ γῆ βραχυτάτη πρὸς ὅλον τὸν οὐρανόν ἐστιν.* Und — was damit zusammenhängt — die ganze Leistung der Askese gilt nicht als Verdienst, sondern als Pflicht dessen, der das Himmelreich ernsthaft sucht. Der Mönch soll wissen, dass er als Knecht seinem Herrn gegenübersteht; deswegen soll er nicht berechnen, was er schon gearbeitet hat, sondern jeden Tag sich zu neuem Anfangen verpflichtet fühlen c. 18; Mi. 869 B C *λογίσηται δοῦλον ἑαυτὸν εἶναι τοῦ κυρίου καὶ ὀφείλοντα τῷ κυρίῳ δουλεύειν. ὥσπερ οὖν ὁ δοῦλος οὐκ ἂν τολμήσῃ λέγειν· ἐπειδὴ χθὲς εἰργασάμην, οὐκ ἐργάζομαι σήμερον ..., οὕτω καὶ ἡμεῖς καθ᾽ ἡμέραν ἐπιμένωμεν τῇ ἀσκήσει εἰδότες ὅτι ἐὰν μίαν ἡμέραν ἀμελήσωμεν, οὐ διὰ τὸν παρελθόντα*

---

1) In diesem Punkte hat Klemens zuerst gegenüber dem alten asketischen Ideal, das eine einzelne Tugend zur Virtuosität ausbildet, den wichtigsten Schritt nach vorwärts gethan. Doch wie weit ist es noch von seinen abstrakten Ausführungen, auch von Methodios' Symposion aus, zu dem einfach-anschaulichen, lebensvollen Bild der vita Antonii! Konnte dieser Fortschritt, die Darstellung des Ideals in einer konkreten Persönlichkeit, gemacht werden, ohne dass inzwischen Männer aufgetreten waren, die das Ideal in sich verkörperten?

χρόνον ἡμῖν συγχωρήσει, ἀλλὰ διὰ τὴν ἀμέλειαν ἀγανακτήσει καθ'. ἡμῶν vergl. auch c. 7; Mi. 853 B [1]).

Bei dieser Fassung des sittlichen Ideals, dem das Mönchtum nachstrebte, ergab sich allerdings eine grosse Schwierigkeit in der Beurteilung derer, die in der Welt zurückblieben. Wenn wirklich um des Himmelreichs willen solche Askese als unbedingt notwendig erschien, so musste folgerichtig den Weltleuten der Christenname abgesprochen werden. Die vita Antonii empfindet dieses Problem gar nicht; man sieht daraus, wie gründlich die Christenheit schon daran gewöhnt war, es als unvermeidlich anzusehen, dass nicht alle das thun, was sie eigentlich sollten. Aus dem Widerspruch, der hier vorliegt, ist die griechische Kirche in der ganzen Zeit ihrer Entwicklung nicht herausgekommen. Im Vergleich mit dem Abendland hat das sein Gutes wie sein Schlimmes gehabt. Weil der Mönch, der das grösste Opfer brachte, nichts anderes sein wollte, als wahrer Jünger Christi, der nach dem Himmelreich trachtet, deswegen konnten hier die Begriffe Verdienst und Genugthuung nicht wuchern [2]). Andrerseits aber war es hier nicht möglich, das Weltchristentum so rund anzuerkennen, wie man es im Abendland vermochte. Wer das Christentum ernst nehmen, der christlichen Hoffnung möglichst

---

1) Vergl. auch noch Mac. Aeg. hom. 10 c. 4; Mi. 34, 541 D 544 A ψυχὴ ἡ ἀληθῶς φιλόθεος καὶ φιλόχριστος κἂν μυρίας δικαιοσύνας ποιήσῃ ὡς μηδὲν ἐργασαμένη οὕτως ἔχει παρ' ἑαυτῇ διὰ τὸν πρὸς τὸν κύριον ἀκόρεστον πόθον.

2) Von μισθός redet man auch in der morgenländischen Kirche im Anschluss an das N. Test. Aber μισθός ist etwas anderes als meritum. Vollends der terminus satisfactio für eine Leistung des Menschen ist hier unbekannt (vergl. auch oben S. 62 u. 94 Anm. 1). Wie wenig ein Grieche sich in diese abendländischen Anschauungen finden konnte, lehrt am besten Gabriel von Philadelphia. Bei seinem Versuch, die abendländisch-scholastische Sakramentslehre der griechischen Kirche zu übermitteln, stösst er im Busssakrament auf den Terminus satisfactio. Er übersetzt ihn mit ἱκανοποίησις und erklärt (Morinus, comment. hist. de disc. etc. Antwerpen 1682. Anhang S. 144 B): τὸ δὲ τρίτον μέρος τῆς μετανοίας ἐστὶν ἡ ἱκανοποίησις, ἥτις ἐστὶν ἔμπρακτος πλήρωσις καὶ τελείωσις τοῦ κανόνος, ὃν ὁ ἔχων τὴν ἐξουσίαν πνευματικὸς ἔδωκε τῷ ἁμαρτήσαντι ὑπὲρ τῶν αὐτοῦ ἁμαρτιῶν κατὰ τὴν τῆς ἁγίας ἐκκλησίας παράδοσιν καὶ τὴν τῶν ἱερῶν κανόνων πνευματικὴν ποινήν. C ὁ μὴ πεισθεὶς .. λόγον δώσει .. ὡς τοὺς θεσμοὺς τῆς ἁγίας ἐκκλησίας ἀθετήσας. Also ἱκανοποίησις ist die Erfüllung einer von der Kirche zur Strafe auferlegten Leistung. Die Idee, dass satisfactio eine Genugthuung gegenüber Gott ist, ist völlig zu Boden gefallen. Dies gilt heute noch, vergl. Makarius, Handbuch zum Studium der christl., orth.-dogm. Theol. übers. von Blumenthal. Moskau 1875. S. 359.

sicher sein will, wird Mönch; man darf freilich Gott zutrauen — damit bekommt die φιλανϑρωπία Gottes ihren bedenklichen Nebensinn —, dass er keinen allzurigorosen Massstab anlegt[1]). — Aber man hat — und dies scheint mir ein Mangel der bisherigen Betrachtungsweise zu sein — das Ideal des Mönchtums noch nicht vollkommen geschildert, wenn man es nur nach seiner sittlichen Seite hin beschreibt. Die vita Antonii rühmt allerwärts auch religiöse Vorzüge an ihrem Helden. Mit den sittlichen Fortschritten, die Antonios macht, geht ein stetes Kraftgewinnen aus Gott Hand in Hand, vergl. die erste Vision c. 10 und die Schilderung, als Antonios reif ist, c. 14; 864 C προῆλϑεν ὁ Ἀντώνιος ὥσπερ ἐκ τινὸς ἀδύτου μεμυσταγωγημένος καὶ ϑεοφορούμενος. Sind die Offenbarungen und Wunder, die von Antonios erzählt werden, nur dekorativer Schmuck oder gehören sie wesentlich in dieses Bild?

Im Sinn des Verfassers sind sie jedenfalls nicht bloss eine erbauliche Zuthat. Er setzt sie in einen inneren Zusammenhang mit den sittlichen Leistungen, die Antonios vollbringt. Die Ideen, die er dabei verwertet, sind nicht neu. Schon längst hatte sich ja der Glaube festgesetzt, dass mit einer besonderen sittlichen Leistung eine höhere religiöse Befähigung verbunden sei. Der altchristliche Gedanke, dass ein Charisma die Fähigkeit zur Askese verleiht, hatte auf heidenchristlichem Boden die Umdrehung erfahren, dass eine asketische Leistung ein Charisma oder wenigstens Offenbarungen zur Folge hat, vergl. z. B. Tert. de an. c. 10; ed. Reiff.-Wiss. I, 315, 24 ff. primo enim anima id est flatus populo in terra incedenti id est in carne carnaliter agenti, postea spiritus eis qui terram calcant id est opera carnis subigunt. de ieiun. c. 6; ed. R.-W. I, 281, 19 ff. tanta est circumscripti victus praerogativa, ut deum praestet homini contubernalem, parem revera pari. si enim deus aeternus non esuriet, ut testatur per Esaiam, hoc erit tempus, quo homo deo adaequetur, cum sine pabulo vivit. ib. c. 7; 283, 7 etiam sacramentorum agnitionem ieiunia de deo merebuntur. Verfeinert ist die Anschauung bei den Alexandrinern Clem. strom. IV, 19; Mi. 8, 1316 A ὅσῳ τις δικαιοπραγῶν γνωστικώτερος γίνεται, προσεχέστερον τούτῳ τὸ πνεῦμα τὸ φωτεινόν. οὕτως ἐγγίζει τοῖς δικαίοις

---

1) Hierakas war konsequenter. — Innerhalb des Protestantismus ist übrigens beim Auftreten des Pietismus ganz dieselbe Situation entstanden, wie die geschilderte in der griechischen Kirche. Denn auch die Pietisten sind „die Christen".

ὁ κύριος. strom. VII, 11; Mi. 9, 496 A B ταυτὶ γὰρ ὀνόματα εὐγενείας (sc. die ὀνόματα τέλειος ἀνὴρ, φίλος τοῦ θεοῦ, υἱὸς) καὶ γνώσεως καὶ τελειότητος κατὰ τὴν τοῦ θεοῦ ἐποπτείαν, ἣν κορυφαιοτάτην προκοπὴν ἡ γνωστικὴ ψυχὴ λαμβάνει, καθαρὰ τέλεον γενομένη · . . πνευματικὴ γὰρ ὅλη γενομένη πρὸς τὸ συγγενὲς χωρήσασα . . μένει εἰς τὴν ἀνάπαυσιν τοῦ θεοῦ. Orig. de princ. I, 8. 4; Mi. 11, 180 AB ex quibus (sc. animis hominum) ragen hervor: qui mortificantes membra sua quae sunt super terram et transscendentes non solum corpoream naturam, verum etiam animae ipsius ambiguos fragilesque motus adiunxerint se domino facti ex integro spiritus, ut sint cum illo unus spiritus semper, cum ipso singula quaeque discernentes usquequo perveniant in hoc, ut perfecte effecti spiritales omnia discernant per hoc quod in omni sanctitate illuminati sensu per verbum et sapientiam dei a nullo penitus possint discerni. — Diesen Gedanken hat auch die vita Antonii aufgenommen: wenn sie dem Christen das Ziel steckt, reines Herzens zu sein, so schliesst sich daran auf Grund des evangelischen Worts auch die Erwartung, dass der Reingewordene Gott schauen, überhaupt Dinge wahrnehmen wird, die dem gewöhnlichen Auge verborgen sind, vergl. c. 34; Mi. 893 B ἐγὼ γὰρ πιστεύω ὅτι καθαρεύουσα ψυχὴ πανταχόθεν καὶ κατὰ φύσιν ἑστῶσα δύναται, διορατικὴ γενομένη, πλείονα καὶ μακρότερα βλέπειν τῶν δαιμόνων ἔχουσα τὸν ἀποκαλύπτοντα κύριον αὐτῇ. c. 60; 932 A als Antonios die Seele des Amun hat zum Himmel fahren sehen, heisst es: καὶ πάνυ καὶ οὗτοι κἀκεῖνοι τὸ καθαρὸν τῆς ψυχῆς ἐθαύμαζον Ἀντωνίου[1]). Auch andere Organe sind bei Antonios so fein entwickelt; er riecht sofort die δυσωδία eines Dämons, als er ein Schiff betritt, c. 63; Mi. 933 A [2]).

---

1) Vergl. Athan. c. gent. c. 2; Mi. 25, 8 B ἱκανὴ δὲ ἡ τῆς ψυχῆς καθαρότης ἐστὶ τὸν θεὸν δι᾽ ἑαυτῆς κατοπτρίζεσθαι, καθάπερ καὶ ὁ κύριός φησι (folgt Matth. 5, 8). — Es ist sehr interessant, dass Makarios ausdrücklich unter den Gegenständen, die der erleuchtete Christ sieht, die menschliche Seele nennt, Mac. Aeg. hom. 7; Mi. 34, 528 A Ἐρώτησις. εἰ βλέπει τις δι᾽ ἀποκαλύψεως καὶ φωτὸς θεϊκοῦ τὴν ψυχήν; Ἀπόκρισις. ὥσπερ οἱ ὀφθαλμοὶ οὗτοι βλέπουσι τὸν ἥλιον, οὕτω καὶ οἱ φωτισθέντες βλέπουσι τὴν εἰκόνα τῆς ψυχῆς, ἀλλὰ ταύτην ὀλίγοι ὁρῶσι Χριστιανοί. Man erinnere sich an Tert. de an. c. 9; ed. Reiff. — Wiss. 310, 19 ff., wo dies einer montanistischen Prophetin als besondere Begnadigung zu teil wird.

2) Den Moralismus, der in der ganzen Anschauung steckt, hat der Autor der vita Antonii gefühlt. Als Antonios nach seinem Sieg über den Satan die erste Offenbarung erhält, ist sein nächstes Wort die schmerzliche Frage an den

Diese Begnadigungen sind jedoch im Sinn der vita nicht bloss Auszeichnungen, mit denen Gott die Jünger Christi ehrt, sondern es sind Gaben, mit denen er sie zur Erfüllung ihrer Lebensaufgabe ausstattet; anders gesagt: die Charismen sind nicht bloss Blüten, die sich beim Mönch entwickeln können, sondern Kräfte, die er zur Erreichung seines Ziels notwendig braucht. Nicht jedem wird freilich die Gnade in ihren höchsten Erweisungen verliehen. Die Gabe des Vorauswissens, der Wunderheilungen, d. h. die Fähigkeiten, vermöge deren man in die unsichtbare Welt selbst eingreifen kann, teilt Gott nach seinem Wohlgefallen aus, c. 38; Mi. 897 B C *οὐ δεῖ δὲ ἐπὶ τῷ δαίμονας ἐκβάλλειν καυχᾶσθαι οὐδ' ἐπὶ ταῖς θεραπείαις ἐπαίρεσθαι οὐδὲ τὸν .. μὴ ἐκβάλλοντα ἐξουθενεῖν* (folgt Luk. 10, 20), obwohl auch diese Gaben unter Umständen für jeden als notwendig erscheinen c. 34; Mi. 893 A *εἰ δὲ ἅπαξ καὶ τοῦ προγινώσκειν ἡμῖν μέλει κτέ.* Aber ein Charisma ist für jeden Mönch unentbehrlich, das *χάρισμα τῆς διακρίσεως.* Den Kampf, der sein Leben füllt, den Kampf mit den unruhigen Gedanken des eigenen Herzens, den Kampf mit dem Satan, der sich gern in einen Engel des Lichts verwandelt, kann der Mönch nicht führen, wenn er nicht zwischen versucherischen und heiligen Gedanken, zwischen guten und bösen Geistern zu unterscheiden vermag. Nach dieser Gabe muss jeder trachten. Während Antonios daher davon abmahnt, um die Gabe des Vorauswissens ausdrücklich zu bitten, c. 34; Mi. 893 A *εὔχεσθαί τε χρὴ οὐχ ἵνα προγινώσκωμεν ..., ἀλλ' ἵνα συνεργὸς ἡμῖν εἰς τὴν κατὰ τοῦ διαβόλου νίκην ὁ κύριος γένηται,* so fordert er andrerseits dazu auf, nach der Gabe der Geisterscheidung zu streben, c. 38; Mi. 900 A *καθόλου δὲ εὔχεσθαι δεῖ ... λαμβάνειν χάρισμα διακρίσεως πνευμά-*

Herrn c. 10; Mi. 860 A *ποῦ ἦς; διὰ τί μὴ ἐξ ἀρχῆς ἐφάνης, ἵνα μου τὰς ὀδύνας παύσῃς.* Er erhält die Antwort: *Ἀντώνιε, ὧδε ἤμην, ἀλλὰ περιέμενον ἰδεῖν τὸ σὸν ἀγώνισμα. ἐπεὶ οὖν ὑπέμεινας καὶ οὐχ ἡττήθης, ἔσομαί σοι ἀεὶ βοηθός.* Ganz im Sinn dieser Antwort sagt Mac. Aeg. hom. 28; Mi. 34, 708 C *ἡμεῖς δὲ τοῦτό φαμεν, ὅτι ὁ ἀκούων λόγον ἔρχεται εἰς κατάνυξιν καὶ μετὰ τοῦτο ὑποστελλούσης τῆς χάριτος κατ' οἰκονομίαν πρὸς τὸ συμφέρον τῷ ἀνθρώπῳ εἰσέρχεται εἰς γυμνασίαν καὶ παιδείαν πολέμου καὶ ποιεῖ πάλην καὶ ἀγῶνα πρὸς τὸν σατανᾶν καὶ μετὰ πολλοῦ δρόμου καὶ ἀγῶνος ἀποφέρεται τὰ νικητήρια καὶ γίνεται Χριστιανός.* — Aber bei den Wundern des Antonios hebt Athanasios immer hervor, dass nicht er, sondern der Herr sie durch ihn vollführt, vergl. bes. c. 56; Mi. 925 A *τοὺς δὲ πάσχοντας παρεκάλει .. εἰδέναι* (sc. Ἀντώνιος), *ὅτι οὔτε αὐτοῦ οὐδ' ὅλως ἀνθρώπων ἐστὶν ἡ θεραπεία, ἀλλὰ μόνου τοῦ θεοῦ τοῦ ποιοῦντος ὅτε θέλει ... οἱ θεραπευόμενοι δὲ ἐδιδάσκοντο μὴ τῷ Ἀντωνίῳ εὐχαριστεῖν ἀλλὰ τῷ θεῷ μόνῳ.*

τ ων, ἵνα ... μὴ παντὶ πνεύματι πιστεύωμεν, vergl. c. 22; Mi. 876 B
π ο λ λ ῆ ς ε ὐ χ ῆ ς κ α ὶ ἀ σ κ ή σ ε ω ς ἐστι χρεία, ἵνα τις λ α β ὼ ν δ ι ὰ τ ο ῦ
π ν ε ύ μ α τ ο ς χ ά ρ ι σ μ α δ ι α κ ρ ί σ ε ω ς π ν ε υ μ ά τ ω ν γ ν ῶ ν α ι δ υ ν η θ ῇ
τ ὰ κ α τ ᾿ α ὐ τ ο ύ ς (sc. τοὺς δαίμονας). Dass das Problem, wie man
böse und gute Geister unterscheiden könne, thatsächlich im Leben
eine Rolle spielte, davon zeugt der Umstand, dass man auch empirische
Kennzeichen beider festzustellen suchte, und wie wenig man dabei
das Gefühl hatte, auf einem fernliegenden, nur die Neugier reizenden
Gebiet sich zu bewegen, geht daraus hervor, dass man die Kennzeichen nicht in phantastischen Äusserlichkeiten, sondern in den
psychologischen Wirkungen, in den verschiedenen Zuständen des
eigenen Herzens, fand, c. 35; Mi. 893 C 896 A τ ὴ ν τ ῶ ν ἀ γ α θ ῶ ν κ α ὶ
τ ῶ ν φ α ύ λ ω ν (sc. δαιμόνων) παρουσίαν εὐχερὲς καὶ δυνατόν ἐστι
διαγνῶναι τοῦ θεοῦ διδόντος οὕτως· ἡ μὲν γὰρ τ ῶ ν ἁ γ ί ω ν ὀ π-
τ α σ ί α ο ὐ κ ἔ σ τ ι τ ε τ α ρ α γ μ έ ν η ... ἡ σ ύ χ ω ς δ ὲ κ α ὶ π ρ ά ω ς γίνεται οὕτως ὡς εὐθὺς χαρὰν καὶ ἀγαλλίασιν καὶ θάρσος
ἐγγίνεσθαι τῇ ψυχῇ· ἔστι γὰρ μετ᾿ αὐτῶν ὁ κύριος ὅς ἐστιν ἡμῶν
μὲν χαρά, τοῦ δὲ θεοῦ πατρὸς ἡ δύναμις, οἵ τε λογισμοὶ αὐτῆς
ἀ τ ά ρ α χ ο ι κ α ὶ ἀ κ ύ μ α ν τ ο ι διαμένουσιν ὥστε καταυγαζομένην
αὐτὴν ὑπ᾿ αὐτῆς τοὺς φαινομένους θεωρεῖν. καὶ γὰρ π ό θ ο ς τ ῶ ν
θ ε ί ω ν καὶ τῶν μελλόντων αὐτῇ ἐπεισέρχεται καὶ θελήσει πάντως
συναφθῆναι τούτοις. c. 36; Mi. 896 B ἡ δ ὲ τ ῶ ν φ α ύ λ ω ν ἐ π ι δ ρ ο μ ὴ
κ α ὶ φ α ν τ α σ ί α τ ε τ α ρ α γ μ έ ν η μετὰ κτύπου καὶ ἤχου καὶ κραυγῆς ...,
ἐ ξ ὧ ν ε ὐ θ ὺ ς γ ί ν ε τ α ι δ ε ι λ ί α ψ υ χ ῆ ς , τ ά ρ α χ ο ς κ α ὶ ἀ τ α ξ ί α λ ο γ ι-
σ μ ῶ ν , κ α τ ή φ ε ι α , μ ῖ σ ο ς π ρ ὸ ς τ ο ὺ ς ἀ σ κ η τ ά ς , ἀ κ η δ ί α , λ ύ π η , μ ν ή μ η
τ ῶ ν ο ἰ κ ε ί ω ν κ α ὶ φ ό β ο ς θ α ν ά τ ο υ κτέ.[1]).
Diesen inneren Zusammenhang, der zwischen der Lebensaufgabe
des Mönchs und bestimmten geistlichen Fähigkeiten hergestellt ist,
muss man bedenken, um die Erzählungen der vita von den Offenbarungen und Wundern des Antonios richtig zu würdigen. Man
wird dann nicht mehr daran zweifeln, dass der Glaube an die charismatische Begabung des Mönchs thatsächlich bestand. Um die
Wirklichkeit der vollbrachten Wunder handelt es sich nicht, sondern

---

1) Vergl. Mac. Aeg. (der seinem ganzen Standpunkt nach noch mehr spiri-
tualisiert) hom. 7; Mi. 34, 525 A Ἐρώτησις. ἐπειδὴ ἡ ἁμαρτία μεταμορφοῦται
εἰς ἄγγελον φωτὸς καὶ παραμοία τῆς χάριτός ἐστι, πῶς ἂν νοήσῃ ὁ ἄνθρωπος
τὰς μεθοδείας τοῦ διαβόλου καὶ πῶς δέξηται καὶ διακρινεῖ τὰς τῆς χάριτος;
Ἀπόκρισις. τὰ τῆς χ ά ρ ι τ ο ς χ α ρ ὰ ν ἔ χ ε ι , ε ἰ ρ ή ν η ν ἔ χ ε ι , .. ἀ λ ή θ ε ι α ν ἔ χ ε ι.
αὕτη ἡ ἀλήθεια ἀναγκάζει τὸν ἄνθρωπον ἀλήθειαν ἐπιζητεῖν. τὰ δὲ τῆς ἁμαρ-
τίας εἴδη ἐστὶ τεταραγμένα καὶ οὐκ ἔχει ἀγάπην καὶ χαρὰν πρὸς τὸν θεόν.

um das Bewusstsein des Mönchtums, übernatürliche Dinge schauen
und wirken zu können, und um das Vertrauen, das man ihm in
dieser Hinsicht entgegenbrachte. Dieses Bewusstsein ist ein mäch-
tigerer geschichtlicher Faktor, als einzelne Wunderthaten und es
musste entstehen gleich in dem Augenblick, als das Mönchtum sich
das Ziel setzte, im Kampf mit der feindseligen Geisterwelt das
Himmelreich zu erobern [1]). So gewiss der Mönch daran glaubt,
dass jene unsichtbare Welt existiert, so gewiss muss er auch, wenn
er hoffen soll, sie überwinden zu können, überzeugt sein, dass ihm
die Fähigkeiten verliehen werden, mittelst deren er ihrer Herr
werden kann.

So bezeugt uns denn auch die vita Antonii, da wo sie nur als
historische Quelle in Betracht kommt, dass das Mönchtum thatsächlich eine Verehrung genoss, die es ungescheut den höchsten Offen-
barungsträgern früherer Zeiten zur Seite stellte. Es ist in dieser
Hinsicht schon bedeutsam, dass sie sagt, Antonios hätte den Elias
sich zum Muster genommen, c. 7; Mi. 853 B ἔλεγε δὲ ἐν ἑαυτῷ δεῖν
τὸν ἀσκητὴν ἐκ τῆς πολιτείας τοῦ μεγάλου Ἠλίου καταμανθάνειν
ὡς ἐν ἐσόπτρῳ τὸν ἑαυτοῦ βίον ἀεί. Aber sie gebraucht auch
mehrmals für den Mönch den Namen ἄνθρωπος τοῦ θεοῦ und sie
setzt voraus, dass dieser Titel ein gewöhnlicher war, c. 70; Mi. 941 C
ἀξιοῦμεν ἰδεῖν τὸν τοῦ θεοῦ ἄνθρωπον· πάντες γὰρ αὐτὸν
οὕτως ἐκάλουν. c. 93; Mi. 973 A ὁ τοῦ θεοῦ ἄνθρωπος Ἀντώνιος,
973 C οἱ τοῦ θεοῦ ἄνθρωποι, vergl. c. 85; Mi. 964 A ἔλεγεν ἀληθῶς
εἶναι τοῦτον δοῦλον τοῦ θεοῦ .., εἰ μὴ ἦν ἀγαπώμενος ὑπὸ τοῦ
θεοῦ. c. 71; 944 A bei der Erzählung einer Geschichte, die Athanasios selbst miterlebt hat: ὄπισθέν τις ἐβόα γυνή· μεῖνον, ἄνθρωπε
τοῦ θεοῦ. Dem gegenüber erscheint es als etwas Geringeres, dass
die vita die Askese des Mönchs dem Leiden des Märtyrers vergleicht,
c. 47; Mi. 912 B πάλιν εἰς τὸ μοναστήριον ἀνεχώρει καὶ ἦν ἐκεῖ
καθ᾽ ἡμέραν μαρτυρῶν τῇ συνειδήσει καὶ ἀγωνιζόμενος τοῖς τῆς
πίστεως ἄθλοις [2]).

---

1) Dass das Verrichten von Wundern als spezifische Gabe des Mönchtums betrachtet wurde, dafür vergl. auch Athan. ep. ad Dracont. c. 9; Mi. 25,
533 A οἴδαμεν δὲ καὶ σημεῖα ποιοῦντας ἐπισκόπους, μοναχοὺς δὲ μὴ
ποιοῦντας. Mac. Aeg. hom. 15; Mi. 34, 601 A ἐὰν δὲ ἴδῃς τινὰ ἐπηρμένον καὶ
τετυφωμένον ὡς μέτοχον ὄντα τῆς χάριτος, οὗτος ἐὰν καὶ σημεῖα ποιήσῃ καὶ
νεκροὺς ἐγείρῃ, μὴ ἔχῃ δὲ τὴν ψυχὴν αὐτοῦ ἄτιμον κτέ.
2) Der Ausdruck „apostolisches Leben" findet sich in der vita Antonii
nicht; die Sache aber liegt in c. 2; Mi. 841 B vor, wenn gesagt wird, dass das

Das Mönchtum hat also nicht bloss die Bedeutung gehabt, dass es das sittliche Ideal auf eine höhere Stufe hob, sondern es hat auch den Enthusiasmus in der Kirche wieder geweckt. Seit der Zurückweisung des Montanismus, vollends seit der Entrechtung der Märtyrer in den Tagen Cyprian's war er in der Kirche zurückgetreten. Nun brach er mächtig wieder hervor[1]). Ein Erbteil aus der alten Kirche ist somit auf das Mönchtum übergegangen; es konnte noch übergehen, weil in den Kreisen der Asketen der Glaube an den Besitz geistlicher Gaben nicht ganz erloschen war. Aber in der neu erstehenden Gemeinschaft der „Stürmer des Himmelreichs" hat der Enthusiasmus erst seine Kraft wiedergewonnen.

Revolutionär, wie der alte Enthusiasmus, konnte diese Geisteskraft allerdings zunächst nicht wirken. Denn der Mönch sucht in erster Linie sein eigenes Seelenheil. Wie es andere treiben wollen, überlässt er ihnen selbst. Dennoch — und es zeigt sich darin, dass das Charisma des Mönchs als echtes Charisma im alten Sinn gilt, — die Gabe, die er hat, muss und darf wirken. Es wird von der vita Antonii geflissentlich betont, wie Gott eben den, der in der Stille sein Leben führen will, zur Leuchte für andere setzt. Gott selbst führt ihm diejenigen zu, die seiner Hilfe bedürfen, c. 93; Mi. 973 B C πόθεν γάρ . . . ἐν ὄρει κεκρυμμένος καὶ καθήμενος ἠκούσθη, εἰ μὴ ὁ θεὸς ἦν ὁ πανταχοῦ τοὺς ἑαυτοῦ γνωρίζων ἀνθρώπους .. κἂν γὰρ αὐτοὶ κεκρυμμένως πράττωσι, κἂν λανθάνειν ἐθέλωσιν, ἀλλ᾽ ὁ κύριος αὐτοὺς ὡς λύχνους δείκνυσι πᾶσιν. c. 94; Mi. 976 A ὁ κύριος . . . τοὺς δουλεύοντας αὐτῷ μέχρι τέλους οὐ μόνον

Beispiel der Apostel auf Antonios Eindruck machte. Es ist jedoch beachtenswert, dass die vita, obwohl sie dem Antonios unmittelbare Christuserscheinungen zu teil werden lässt, doch ausdrücklich den Unterschied zwischen Antonios und Paulus betont, c. 65; Mi. 936 B nach der Erzählung einer Vision des Antonios: ἡμεῖς δὲ τοῦτο μαθόντες μνημονεύωμεν τοῦ ἀποστόλου λέγοντος· εἴτε ἐν σώματι οὐκ οἶδα, εἴτε ἐκτὸς τοῦ σώματος οὐκ οἶδα· ὁ θεὸς οἶδεν. ἀλλ᾽ ὁ μὲν Παῦλος ἕως τρίτου οὐρανοῦ ἡρπάγη καὶ ἀκούσας ἄρρητα ῥήματα κατῆλθεν. ὁ δὲ Ἀντώνιος ἕως τοῦ ἀέρος ἑαυτὸν εἶδε φθάσαντα καὶ ἀγωνισάμενον ἕως ἐλεύθερος φανῇ. Später ist man nicht mehr so zurückhaltend, obwohl immer eine, freilich nie definierte Grenze bleibt.

1) Sehr lehrreich für das Erstaunen, das das Mönchtum hervorrief, ist der Eindruck, den Augustin bei der Lektüre der vita Antonii hatte, confess. VIII c. 6; ed. Knöll p. 181, 22: stupebamus autem audientes tam recenti memoria et prope nostris temporibus testatissima mirabilia tua in fide recta et catholica ecclesia. Sowohl das „recenti memoria", als das „in catholica ecclesia" will beachtet sein.

εἰς τὴν βασιλείαν ἄγει τῶν οὐρανῶν, ἀλλὰ καὶ ἐνταῦθα κρυπτο-
μένους καὶ σπουδάζοντας ἀναχωρεῖν φανεροὺς καὶ διαβοή-
τους διά τε τὴν ἀρετὴν αὐτῶν καὶ τὴν τῶν ἄλλων ὠφέλειαν
πανταχοῦ ποιεῖ. c. 87; Mi. 965 A καὶ ὅλως ὥσπερ ἰατρὸς ἦν δοθεὶς (sc. Ἀντώνιος) παρὰ τοῦ θεοῦ τῇ Αἰγύπτῳ.

Der Dienst, den der Mönch andern zu leisten im stande ist, besteht nun aber nicht bloss in Krankenheilungen, Dämonenaustrei-
bungen und ähnlichen Wundern — derartige Thaten springen freilich
am meisten in die Augen und die Fähigkeit hierzu kann dem Mönch
an und für sich zugetraut werden: Krankheiten werden ja durch die
Dämonen erregt, über die der Mönch Herr ist, — aber der vita
Antonii ist etwas anderes mindestens ebenso wichtig. Sie hebt bei
den allgemeinen Schilderungen der Wirksamkeit des Antonios neben
den Wundern immer auch eine umfassende seelsorgerliche
Thätigkeit des Antonios stark hervor c. 14; Mi. 865 A χάριν τε ἐν
τῷ λαλεῖν ἐδίδου (sc. ὁ κύριος) τῷ Ἀντωνίῳ καὶ οὕτω πολλοὺς
μὲν λυπουμένους παρεμυθεῖτο, ἄλλους δὲ μαχομένους διήλλαττεν
εἰς φιλίαν, πᾶσιν ἐπιλέγων μηδὲν τῶν ἐν τῷ κόσμῳ προκρίνειν
τῆς εἰς Χριστὸν ἀγάπης, vergl. c. 56; Mi. 925 A und bes. die Beispiele, an denen c. 87; Mi. 965 A B der Satz καὶ ὅλως ὥσπερ ἰατρὸς
ἦν δοθεὶς παρὰ τοῦ θεοῦ τῇ Αἰγύπτῳ veranschaulicht wird: τίς
γὰρ λυπούμενος ἀπήντα..., τίς ὀργιζόμενος..., τίς πένης ἀκη-
διῶν..., τίς μοναχὸς ὀλιγωρήσας..., τίς νεώτερος..., τις.. ὑπὸ
δαίμονος πειραζόμενος..., τίς δὲ ἐν λογισμοῖς ἐνοχλούμενος κτέ.
Es leuchtet von selbst ein, wie gerade diese seelsorgerliche Thätigkeit dem eigentümlichen Charisma des Mönchtums entspricht. Der
Mönch ist der berufene Ratgeber für die Angefochtenen: denn er
hat die Erfahrung in geistlichen Kämpfen, er hat die Gabe der διάκρισις τῶν πνευμάτων, er ist ein Herzenskündiger; darum ist er
im stande, die λογισμοὶ richtig zu beurteilen und für die Bekämpfung
der πάθη die rechten Mittel anzugeben, vergl. c. 88; Mi. 965 B καὶ
γὰρ καὶ τοῦτο ἦν μέγα τῆς ἀσκήσεως τοῦ Ἀντωνίου ὅτι.. χάρισμα
διακρίσεως πνευμάτων ἔχων ἐπεγίνωσκεν αὐτῶν τὰ κινήματα
καὶ πρὸς ὅ τις αὐτῶν εἶχε τὴν σπουδὴν καὶ τὴν ὁρμὴν τοῦτο οὐκ
ἠγνόει. καὶ οὐ μόνον αὐτὸς οὐκ ἐπαίζετο παρ' αὐτῶν, ἀλλὰ καὶ
τοὺς ἐνοχλουμένους ἐν λογισμοῖς παρακαλῶν ἐδίδασκε,
πῶς ἂν δύναιντο τὰς ἐκείνων ἐπιβουλὰς ἀνατρέπειν, διη-
γούμενος τῶν ἐνεργούντων τὰς ἀσθενείας καὶ τὰς πανουργίας.
ἕκαστος γοῦν ὥσπερ ἐπαλιφεὶς παρ' αὐτοῦ κατήρχετο καταθαρρῶν
τῶν νοημάτων τοῦ διαβόλου καὶ τῶν δαιμόνων αὐτοῦ. Diese

Gabe des Mönchtums konnte um so bedeutsamer werden, als es sich hier um eine Hilfe handelte, deren zu bedürfen jedermann in die Lage kommen mochte, und als gerade dieser Vorzug jedem Mönch ohne Unterschied zukommen sollte. Auf diesem Charisma beruht hauptsächlich die Rolle, die das Mönchtum in der Kirche zu spielen berufen war.

Das Ideal der vita Antonii ist das des Anachoreten. Es kann seiner Natur nach nur in völliger Zurückgezogenheit verwirklicht werden. Bloss derjenige, der mit niemand zu verkehren gezwungen ist, findet die innere Sammlung, die dazu gehört, um die eigenen Gedanken ständig zu überwachen, nur ihm entschwindet die äussere Welt so vollständig, dass er ununterbrochen in der höheren, unsichtbaren Welt leben kann. Es ist daher mindestens in der Sache begründet, wenn die vita dem Antonios die Entdeckung der ἔρημος zuschreibt, c. 5; Mi. 844 B *οὔπω γὰρ ἦν οὕτως ἐν Αἰγύπτῳ συνεχῆ μοναστήρια οὐδ᾽ ὅλως ᾔδει μοναχὸς τὴν μακρὰν ἔρημον, ἕκαστος δὲ τῶν βουλομένων ἑαυτῷ προσέχειν οὐ μακρὰν τῆς ἰδίας κώμης καταμόνας ἠσκεῖτο* vergl. die spätere Angabe c. 14; Mi. 865 B *οὕτω λοιπὸν γέγονε καὶ ἐν τοῖς ὄρεσι μοναστήρια καὶ ἡ ἔρημος ἐπολίσθη ὑπὸ μοναχῶν.* Wenn die vita von *μοναστήρια* redet, die unter der Anregung des Antonios entstanden und ihm unterstellt waren (c. 15; Mi. 865 C *ἕλκοντος τοῦ λόγου πλεῖστα γέγονε μοναστήρια καὶ πάντων αὐτῶν ὡς πατὴρ καθηγεῖτο*), so liegt darin nicht schon der Anfang einer über das anachoretische Ideal hinausführenden Entwicklung. Das Ideal ist für die in Lauren zusammenlebenden Mönche dasselbe, wie für den Eremiten im strengen Sinn: die persönliche Vollkommenheit. Die Gemeinschaft erscheint nicht als etwas Notwendiges, Höheres, sondern eher als das Niedrigere, für diejenigen Passende, die noch *μαθηταὶ* sind.

Es ist auch sehr zweifelhaft, ob Pachomios in der Auffassung des Ideals einen Fortschritt bedeutet. Wenn man von demjenigen ausgeht, was über ihn feststeht, dass er nämlich die lose Gemeinschaft organisierte und das Zusammenleben einem Gesetz unterwarf, so ist damit wohl verbürgt, dass er praktischen Blick für die Bedingungen besass, unter denen allein das Mönchtum breiteren Raum gewinnen konnte, und dass er die Gefahr erkannte, die das selbständige Leben für die meisten hat. Aber aus dem Unternehmen an und für sich geht nicht mit genügender Deutlichkeit hervor, in

welches Verhältnis er die von ihm geschaffene Form des Mönchslebens zum anachoretischen Ideal setzte. Die ihm zugeschriebene
Regel enthält recht wenige Bestimmungen, die das Zusammensein
für die Förderung des geistlichen Leben ausnützen sollen, dagegen
viele, die darauf berechnet sind, die Einzelnen in Entfernung von
einander zu halten. Es liesse sich wohl denken, dass er in seiner
Organisation nur die Schutzwehr sah, deren die grosse Masse be-
durfte, um das Ideal zu verwirklichen, ohne dass er darum das Leben
in der Gemeinschaft als das sittlich Höhere betrachtete und ohne
dass er solchen, die wirklich auf sich selbst stehen konnten, das
Recht bestreiten wollte, für sich zu leben. Auf einzelne Aussprüche
über das anachoretische Leben, die ihm in den Viten zugeschrieben
werden, wage ich nicht zu bauen: sie können ihm, da die Viten erst
nach der Zeit des Basileios verfasst zu sein scheinen, sehr wohl
später in den Mund gelegt worden sein. Auch sie würden übrigens
nur Thesen enthalten, ohne uns in die Motive des Pachomios tieferen
Einblick zu gewähren [1]).

Dagegen steht die Kritik, die Basileios von Käsarea an dem
anachoretischen Ideal übte und die Absicht, die er bei der Gründung

---

1) Ich vermag Grützmacher (Pachomius und das älteste Klosterleben. 1896)
in seiner Beurteilung der Quellen für das Leben des Pachomios nicht zuzustim-
men. Innere Gründe lassen mir durchgängig die griechische Überlieferung
gegenüber der koptischen und arabischen als die getreuere erscheinen und
Grützmacher's Ausführungen S. 18 ff. haben mich hiervon vom Gegenteil überzeugt. Nicht ohne Verwunderung habe ich dort S. 20 gleich das Argument
gelesen: „Vorstellungen, die der Grieche als naiv empfand, wie z. B. die Vision
des Pachomius, in der die Engel die sündige Seele des Toten mit Zangen aus
dem Leibe herausziehen, hat er (sc. der Grieche) fortgelassen". Warum setzt
Grützmacher bei dem Verfasser dieser vita ein so besonderes Mass von Bildung
und von Rücksicht auf feiner fühlende Leser voraus? Jedenfalls haben andere
Griechen genau dasselbe griechischen Mönchen zu glauben zugemuthet vergl.
den nüchternen Kyrill von Skythopolis vita Euthymii (Anal. graeca der Mauriner I, 48). Aber auch über das Selbstzeugnis der vita geht Grützmacher
S. 18 f. viel zu leicht hinweg. — Die geschichtliche Bedeutung des Pachomios
im Einzelnen festzustellen, scheint mir unmöglich ohne eine vorausgehende
eindringende Vergleichung der ihn betreffenden Überlieferung mit anderen
Heiligenleben. Es finden sich eine Anzahl auffallender Übereinstimmungen
der vita Pachomii schon mit der vita Antonii, aber auch mit anderen Legenden.
Daher muss zuerst festgestellt werden, wo einzelne Züge original und wo sie
übertragen sind, und zu diesem Zweck muss auch die zeitliche Entstehung der
einzelnen Überlieferungen über Pachomios bestimmter fixiert werden, als bis
jetzt geschehen ist.

von Könobien verfolgte, im hellsten Lichte [1]). Wir müssen sein Ideal
in den Grundzügen wenigstens darstellen, da nur von einem Gesamt-

---

[1] Es war meine Absicht, in der Beilage eine ausführliche Kritik der
Regeln des Basileios vorzulegen. Die Abhandlung ist mir jedoch zu
solchem Umfang angeschwollen, dass ich hierauf verzichten muss. Ich kann
dies vorläufig thun, weil Garnier's Resultate sich mir durchweg bestätigt haben.
Von dem ganzen corpus asceticum des Basileios sind nur die den regulae brevius tractatae angehängten poenae (Garnier, Basilii opera II, 526—531, — ich
benutze die 2. Aufl. Parisiis 1839, zitiere jedoch nach den dort angegebenen
Seitenzahlen der 1. Aufl.) und die sog. constitutiones monasticae (ib. p. 531—582)
für unecht zu erklären. Wie mir scheint, haben auf die weitergehende moderne
Kritik abendländische Analogien störend eingewirkt. Wenn man es von vornherein für unwahrscheinlich hält, dass mehrere Regeln — man muss aber die
beiden sermones ascetici, Garnier 318—323 und 323—327 mit zu den „Regeln"
rechnen — auf Basileios selbst zurückgehen, so schwebt dabei bewusst oder
unbewusst etwa die Geschichte der Franciskanerregel vor. Allein keine der
Regeln ist mit der Absicht verfasst, vollständig die Bestimmungen anzugeben,
durch die das Leben in allen Einzelheiten festgelegt sein soll: die sermones
ascetici enthalten Anordnungen, die man in den Regeln nicht findet, umgekehrt
kommen zwischen den verschiedenen Stücken vielfache Wiederholungen vor
oder wird, wie mehrmals in der regulae brevius tractatae, auf die weiteren
Ausführungen in den regulae fusius tractatae verwiesen und in einzelnen Punkten
z. B. in der Ordnung des Stundengebets ist eine Änderung der ersten Verfügung
zu konstatieren. Man sieht in ein Werden der „Regel" im Einzelnen hinein,
das sich bei Basileios selbst auf Grund fortschreitender Erfahrung vollzog.
Man geht bei der Kritik am besten von den moralia II, 230—318 und
deren prooemium (p. 213—230) aus, die sich leicht — namentlich auch wegen
ihrer dogmatischen Haltung — als echt erweisen lassen. Von hier aus sind
vermöge zahlreicher, teilweise wörtlicher Übereinstimmungen mit den moralia,
aber auch mit anderen zweifellos echten Schriften des Basileios die regulae
fusius tractatae (p. 327—401) sicherzustellen. Bei den regulae brevius tractatae
(p. 401—526) könnte wegen der losen Aneinanderreihung der Verdacht eher
berechtigt sein, dass hier Ursprüngliches und Späteres mit einander versetzt sei,
und diese Vermutung gewinnt eine gewisse Handhabe durch die handschrift-
liche Notiz, die Garnier p. 412 zwischen $\overline{\sigma\pi\varepsilon}$ und $\overline{\sigma\pi\zeta}$ mitteilt: ἕως τούτου
μόνον εἶχε τὸ ἀπὸ τοῦ Πόντου κομισθὲν ἀντίγραφον. τὰ δὲ ἐφεξῆς κζ
κεφάλαια καὶ τὰ ἐπιτίμια ἐκ τῆς βίβλου τῆς ἀπὸ τῆς Καισαρείας προσετέθη.
Indessen hat schon Garnier auf die ep. 22 (III, 98 ff.) hingewiesen, die sich wie
ein erster Entwurf annimmt und den Hauptbestand als echt sichert. Die
Möglichkeit, dass zu dem hiedurch Gedeckten im Laufe der Zeit von andern
Zusätze gemacht worden sind, lässt sich nicht bestreiten; aber aus inneren
Gründen ausscheiden kann man, soviel ich sehe, nicht: die Art der Definition,
der Beweisführung, der Schriftverwertung ist überall gut basilianisch. Jedenfalls ist hier ohne eine Untersuchung der handschriftlichen Überlieferung nicht
auszukommen. Die den moralia vorausgehenden Predigten: der sermo de

bild aus beurteilt werden kann, wie weit er den Enthusiasmus, den wir beim Anachoretentum fanden, billigt.

Basileios knüpft zunächst an das Ideal der vita Antonii an, sofern auch er dem Einzelnen zuerst zum Bewusstsein bringen will, dass die Erlangung des Himmelreichs nicht von selbst dem Christen zufalle. Auch er sieht in dem Mönch nur den wahren Χριστιανὸς, der ganzer Jünger Christi sein und nach den Vorschriften des Evangeliums leben will, reg. fus. tract. prooem. 328 B ἡμεῖς δὲ βασιλείας μὲν οὐρανῶν ἐπιθυμεῖν λέγομεν, ἐξ ὧν δέ ἐστιν αὐτῆς ἐπιτυχεῖν οὐ φροντίζομεν, ἀλλὰ μηδένα πόνον ὑπὲρ ἐντολῆς κυρίου καταδεχόμενοι τῶν ἴσων τιμῶν τεύξεσθαι τοῖς μέχρι θανάτου πρὸς τὴν ἁμαρτίαν ἀντικαταστᾶσιν ἐν τῇ ματαιότητι τοῦ νοὸς ἡμῶν ὑποτιθέμεθα. interr. 8; 350 D τῆς κατὰ τὸ εὐαγγέλιον τοῦ Χριστοῦ πολιτείας ἐφάψασθαι. interr. 20; 363 D τοῖς Χριστιανοῖς ἀπηγόρευται. ib.; 365 A μονότροπός ἐστιν ὁ τοῦ Χριστιανοῦ βίος. reg. fus. tract. interr. 22 τί τὸ πρέπον ἔνδυμα τῷ Χριστιανῷ. sermo asc. II; 323 D ὁ ἀσκητικὸς βίος ἕνα σκοπὸν ἔχει τὴν τῆς ψυχῆς σωτηρίαν καὶ δεῖ πᾶν τὸ δυνάμενον πρὸς αὐτὴν συνεργῆσαι τὴν πρόθεσιν ὡς θείαν ἐντολὴν οὕτω μετὰ φόβου παραφυλάττειν. — Aus dem Inhalt der Gebote des Evangeliums, den er nach Matth. 22, 36—39 bestimmt, folgt für ihn ebenso, dass zu ihrer vollkommenen Erfüllung die Lossagung von der Welt erforderlich ist. Denn wenn Gottesliebe das erste Gebot ist (reg. fus. tract. interr. 1 u. 2) und dieses Gebot in sich schliesst, dass man sich unablässig mit dem Gedanken an Gott beschäftigt (interr. 5; 342 C πάσῃ φυλακῇ τηρεῖν προσήκει τὴν ἑαυτῶν καρδίαν, ὡς μήποτε τὴν περὶ θεοῦ ἔννοιαν ἐκβαλεῖν ἢ τὴν μνήμην τῶν θαυμασίων αὐτοῦ φαντασίαις τῶν ματαίων καταρρυπαίνειν, ἀλλὰ διὰ τῆς διηνεκοῦς καὶ καθαρᾶς μνήμης ἐντετυπωμένην ταῖς ψυχαῖς ἡμῶν ... τὴν ὁσίαν τοῦ θεοῦ ἔννοιαν περιφέρειν), so ist die Stetigkeit dieser Sinnesrichtung nicht erreichbar in dem Gewühl und den Zerstreuungen

---

renuntiatione saeculi (p. 202—211), de ascetica disciplina (p. 211—213) und die zwei sermones ascetici (p. 318—323 und 323—327) sind nicht zu beanstanden. Bedenken habe ich nur gegen die praevia institutio ascetica (p. 199—202) gehabt. Es war mir auffallend, dass der bilderreiche Basileios hier in der ganzen Predigt ein Bild durchführt. Auch der Stil hebt sich etwas vom gewöhnlichen ab. Er ist dem Bild, das den Mönch als στρατιώτης Χριστοῦ vorführt, vorzüglich angepasst: die Worte klingen wie militärische Kommandorufe. Sonst liebt Basileios längere Perioden und ein wuchtiges Pathos. Aber ausschlaggebend können diese Gründe bei einem Meister der Rede wie Basileios nicht sein, zumal da das Bild des στρατιώτης Χριστοῦ bei ihm häufig ist.

der Welt reg. fus. tract. interr. 6; 344 A συντελεῖ δὲ πρὸς τὸ
ἀμετεώριστον τῇ ψυχῇ καὶ τὸ ἰδιάζειν κατὰ τὴν οἴκησιν.
τὸ γὰρ ἀναμεμιγμένην ἔχειν τὴν ζωὴν τοῖς ἀφόβως καὶ καταφρο
νητικῶς πρὸς τὴν ἀκριβῆ τήρησιν τῶν ἐντολῶν διακειμένοις βλα
βερόν. 344 D ἄρνησις δέ ἐστιν ἑαυτοῦ ἡ παντελὴς τῶν παρελθόν
των λήθη καὶ ἡ τῶν θελημάτων ἑαυτοῦ ἀναχώρησις, ἣν ἐν τῇ
ἀδιαφόρῳ συνηθείᾳ ζῶντα κατορθῶσαι δυσκολώτατον
ἵνα μὴ λέγω, ὅτι παντελῶς ἀνεπίδεκτον. 345 A ὑπὸ τῶν
θορύβων καὶ τῶν ἀσχολιῶν, ἃς ὁ κοινὸς βίος πέφυκεν ἐμποιεῖν,
τῆς ἀξιολογωτέρας μνήμης τοῦ θεοῦ ἀποσπωμένη (sc. ἡ
ψυχὴ) οὐ μόνον τὸ ἐναγαλλιᾶσθαι καὶ ἐνευφραίνεσθαι τῷ θεῷ
ζημιοῦται ... ἀλλὰ καὶ εἰς καταφρόνησιν καὶ λήθην τῶν κριμάτων
αὐτοῦ παντελῆ συνεθίζεται. Basileios nimmt aber auch die Gedanken, mit denen sich das Ideal der vita Antonii über das alte
asketische erhebt, auf: die ἄσκησις besteht nicht in einer einzelnen
„asketischen" Leistung, sondern in der Heiligung der ganzen Persönlichkeit; die äussere Entsagung ist nur der Anfang, nur die Voraussetzung der eigentlichen Aufgabe, der Reinigung des Herzens, sermo
asc. II; 324 A τὸ μὲν οὖν προηγούμενόν ἐστι καὶ οὐ μάλιστα
προσήκει τὸν Χριστιανὸν ἐπιμελεῖσθαι, γυμνωθῆναι τὰ κατὰ
τὴν κακίαν πάθη τὰ ποικίλα τε καὶ διάφορα, δι᾽ ὧν μολύνεται
ἡ ψυχή· χρὴ δὲ κατὰ δεύτερον λόγον καὶ τὴν τῶν ὑπαρχόν
των ἀποταγὴν κατορθωθῆναι τῷ πρὸς τὸν ὑψηλὸν ἀποβλέ
ποντι βίον, διότι πολὺν παρέχει περισπασμὸν τῇ ψυχῇ ἡ τῶν
ὑλικῶν πραγμάτων φροντίς τε καὶ ἐπιμέλεια. reg. fus. tract. interr. 8;
348 E 349 A ἡ μὲν τελεία ἀποταγή ἐστιν ἐν τῷ τὸ ἀπροσπα
θὲς κατορθῶσαι καὶ πρὸς αὐτὸ τὸ ζῆν καὶ τὸ ἀπόκριμα τοῦ
θανάτου ἔχειν, ὥστε μὴ ἐφ᾽ ἑαυτῷ πεποιθέναι. ἄρχεται δὲ ἀπὸ
τῆς τῶν ἔξωθεν ἀλλοτριώσεως, οἷον κτημάτων, δόξης ματαίας,
συνηθείας βίου, προσπαθείας τῶν ἀνωφελῶν, vergl. auch sermo
asc. I; 319 D E; reg. fus. tract. interr. 16; 359 A B u. a. St. In den Grundzügen stimmt also das Ideal des Basileios mit dem der vita Antonii
überein; nur dass Basileios diese Gedanken kraftvoller auszusprechen
und tiefer zu begründen weiss, indem er die ἀποταγὴ als Kehrseite
des positiven Zieles der Gottesliebe erscheinen lässt (vergl. z. B. reg.
fus. tract. interr. 5)[1].

---

1) Den Unterschied von der abendländischen Anschauung kann man bei
Basileios daran illustrieren, dass er den Begriff der θυσία immer im korrekten
neutestamentlichen Sinn verwendet, vergl. prooem. in reg. fus. tract. 331 C;
moral. reg. 80; 314 B C.

Aber Basileios findet nun, dass das Ideal, das sich auf diese Aufgabe beschränkt, hinter der Forderung Christi zurückbleibt. Neben der Gottesliebe hat Christus die Nächstenliebe zur Pflicht gemacht. Diese Pflicht versäumt der Anachoret; sein Leben entspricht daher dem vollen evangelischen Ideal nicht interr. 7; 345 E ὁ ...
ἀφιδιαστικὸς βίος ἕνα σκοπὸν ἔχει τὴν οἰκείαν ἑκάστου τῶν χρειῶν θεραπείαν· τοῦτο δὲ προδήλως μαχόμενόν ἐστι τῷ τῆς ἀγάπης νόμῳ, ὃν ὁ ἀπόστολος ἐπλήρου, μὴ ζητῶν τὸ ἑαυτοῦ συμφέρον ἀλλὰ τὸ τῶν πολλῶν, ἵνα σωθῶσιν. Basileios hat sich aber nicht begnügt, vom Boden des positiven Gebots aus das Anachoretentum zu bekämpfen; er weist nach, dass unter der unvollständigen Auffassung des Ideals beim Anachoreten sein eigenes geistliches Leben Not leidet: die Gaben, die er besitzt, bleiben für andere unfruchtbar und er selbst, da doch einer nicht alle Gaben besitzt, geniesst nicht die Früchte der ganzen Fülle des Geistes reg. fus. tract. interr. 7; 346 E ὁ μὲν οὖν καθ᾽ ἑαυτὸν ζῶν ἓν τυχὸν ἔχει χάρισμα καὶ τοῦτο ἄχρηστον ποιεῖ διὰ τῆς ἀργίας κατορύξας ἐν ἑαυτῷ, ὅπερ ἡλίκον ἔχει κίνδυνον, ἴστε πάντες οἱ ἀνεγνωκότες τὰ εὐαγγέλια. ἐν δὲ τῇ τῶν πλειόνων συμβιώσει καὶ τοῦ ἰδίου ἀπολαύει πολυπλασιάζων αὐτὸ τῇ μεταδόσει καὶ τὰ τῶν ἄλλων ὡς ἑαυτοῦ καρποῦται. Weiter aber fehlt dem, der für sich allein lebt, die notwendige Kritik seiner Mängel reg. fus. tract. interr. 7; 345 E ἔπειτα ἐν τῷ καταχωρισμῷ οὐδὲ τὸ ἐλάττωμα ῥᾳδίως ἕκαστος τὸ ἑαυτοῦ ἐπιγνώσεται οὐκ ἔχων τὸν ἐλέγχοντα αὐτὸν καὶ ἐν πραότητι καὶ εὐσπλαγχνίᾳ ἐπανορθούμενον; daraus erwächst Selbstzufriedenheit, das Gegenteil der geforderten ταπεινοφροσύνη, ib.; 347 B κίνδυνος δὲ παρέπεται .. πρῶτος καὶ μέγιστος ὁ τῆς αὐταρεσκείας. οὐδένα γὰρ ἔχων, ὃς δυνήσεται δοκιμάσαι αὐτοῦ τὸ ἔργον, εἰς τὸ τέλειον οἰήσεται τῆς ἐντολῆς ἐφθακέναι.

Also, wenngleich ausserhalb der Welt, so kann doch das Ideal der wahren Jüngerschaft nur in einer Gemeinschaft Gleichgesinnter erreicht werden. Nur eine Gemeinschaft ist das Subjekt, das — wie es der Fall sein soll — immer alle Gebote Christi erfüllt, reg. fus. tract. interr. 7; 346 A αἱ ἐντολαὶ .. δὲ ὑπὸ μὲν τῶν πλειόνων ἐπὶ τὸ αὐτὸ ῥᾳδίως γίνονται πλείους, ὑπὸ δὲ τοῦ ἑνὸς οὐκέτι· ἐν γὰρ τῇ ἐργασίᾳ τῆς μιᾶς ἐμποδίζεται ἡ ἄλλη· οἷον ἐν τῇ ἐπισκέψει τοῦ ἀσθενοῦντος ἡ ὑποδοχὴ τοῦ ξένου καὶ ἐν τῇ μεταδόσει καὶ κοινωνίᾳ τῶν χρειῶν ... ἡ περὶ τὰ ἔργα σπουδή, ὥστε ἐκ τούτου τὴν μεγίστην καὶ σύντονον πρὸς σωτηρίαν ἐντολὴν ἐλλιμπάνεσθαι. In der Gemeinschaft sind alle Gaben des Geistes vorhanden und dienen zu jedermanns Nutzen ib. 346 DE ᾧ μὲν γὰρ δίδοται λόγος σοφίας, ἑτέρῳ δὲ λόγος γνώσεως, ἄλλῳ πίστις, ἄλλῳ προφητεία, ἄλλῳ χαρίσματα ἰαμάτων καὶ τὰ ἑξῆς· ὧν ἕκαστον οὐ μᾶλλον δι᾽ ἑαυτὸν ἢ διὰ τοὺς ἄλλους ὁ λαμβάνων ἔχει. ὥστε ἀνάγκη ἐν τῷ κοινωνικῷ βίῳ τὴν ἐν τῷ ἑνὶ τοῦ ἁγίου πνεύματος ἐνέργειαν εἰς πάντας ὁμοῦ διαβαίνειν. Aus dieser Begründung erkennt man zugleich, in welch' tiefem Sinn Basileios die herzustellende Gemeinschaft versteht. Nicht bloss die Not, nicht bloss die eigenen Mängel zwingen zum Zusammenleben: im Wesen des christlichen Ideals selbst, das ein lebendiges Ganze als das von uns Anzustrebende meint, liegt es enthalten, dass es nur von einer Gemeinschaft verwirklicht werden kann.

Seine Auffassung des mönchischen Ideals hat Basileios dadurch noch eindrucksvoller zu machen gewusst, dass er in ihr die wahre Erneuerung der Ideale der Urzeit zeigte. Wenn auf Antonios das Beispiel der Apostel und der ersten Jünger einwirkte, so liebt es auch Basileios, seine Mönchsgemeinde als ein Abbild der Urgemeinde, wie sie in der Apostelgeschichte geschildert wird, hinzustellen; am Schluss der Auseinandersetzung mit dem anachoretischen Ideal (reg. fus. tract. interr. 7; 348 A) rühmt er seine Gemeinde als χαρακτῆρα .. σώζουσα τῶν ἐν ταῖς πράξεσι ἱστορουμένων ἁγίων, περὶ ὧν γέγραπται· πάντες δὲ οἱ πιστεύοντες ἦσαν ἐπὶ τὸ αὐτὸ καὶ εἶχον ἅπαντα κοινά. καὶ πάλιν· τοῦ δὲ πλήθους τῶν πιστευσάντων ἦν ἡ καρδία καὶ ἡ ψυχὴ μία καὶ οὐδὲ εἷς τι τῶν ὑπαρχόντων αὐτῷ ἔλεγεν ἴδιον εἶναι, ἀλλ᾽ ἦν αὐτοῖς ἅπαντα κοινά, vergl. ib. interr. 19; 362 D; interr. 32; 375 B; interr. 34; 377 B; interr. 35; 380 D u. a. St. Noch fruchtbarer ist für ihn der paulinische Gedanke, dass die Jünger Christi in sich eine Einheit, das σῶμα τοῦ Χριστοῦ, darstellen müssen, reg. fus. tract. interr. 7; 346 BC εἰ δὲ καὶ πάντες οἱ ἐν μιᾷ ἐλπίδι τῆς κλήσεως προσληφθέντες ἓν σῶμά ἐσμεν κεφαλὴν ἔχοντες τὸν Χριστόν, ὁ δὲ καθεῖς ἀλλήλων μέλη .., ἕκαστος δὲ ἡμῶν τὴν μόνωσιν αἱρῆται, .. πῶς δυνάμεθα ἀπεσχισμένοι καὶ διῃρημένοι σώζειν τὴν τῶν μελῶν πρὸς ἄλληλα σχέσιν τε καὶ ὑπηρεσίαν ἢ τὴν ὑποταγὴν πρὸς τὴν κεφαλὴν ἡμῶν, ἥτις ἐστὶν ὁ Χριστός? Von dieser Idee des σῶμα Χριστοῦ aus begründet Basileios die wichtigsten Vorschriften für das Zusammenleben: ein προεστὼς [1]) muss da sein, der die Stelle des Auges im

---

1) Mit dem Titel προεστὼς wechselt namentlich in den reg. brev. tract. der Name πρεσβύτερος. Dass dies Ehrenname ist und nicht etwa — wie auf

Leibe versieht (ib. interr. 24; 369 C); aber auch die übrigen Ämter und Rechte, wie umgekehrt die Pflicht der Unterordnung unter die mit einem speziellen Dienst der Verwaltung Betrauten (ib. interr. 45; 392 B) erhalten durch den Hinweis auf diesen Gedanken ihre ideale Bedeutung.

Schon aus dem Gebrauch des Bildes vom σῶμα Χριστοῦ lässt sich entnehmen, dass das Ideal des Basileios den Enthusiasmus ebenso in sich begreift, wie das der vita Antonii. Er ist nicht bloss insofern darin mitgesetzt, als auch Basileios dem Mönch, dem Streiter Christi, geistliche Kämpfe zur Aufgabe macht (vergl. dafür bes. die praevia institutio ascetica), und als die Gottesliebe, die die oberste Pflicht ist, sich zur Sehnsucht nach dem Anblick Gottes steigern soll, (vergl. z. B. reg. fus. tract. interr. 2; 337 BC ποῖος πόθος ψυχῆς οὕτω δριμὺς καὶ ἀφόρητος ὡς ὁ ἀπὸ θεοῦ ἐγγινόμενος τῇ ἀπὸ πάσης κακίας κεκαθαρμένῃ ψυχῇ καὶ ἀπὸ ἀληθινῆς διαθέσεως λεγούσῃ· ὅτι τετρωμένη ἀγάπης ἐγώ εἰμι ..· τοῦτο τὸ κάλλος — sc. θεοῦ — σαρκίνοις μὲν ὀφθαλμοῖς ἀθεώρητον, ψυχῇ δὲ μόνῃ καὶ διανοίᾳ καταληπτὸν εἶπον τινὰ περιέλαμψε τῶν ἁγίων, καὶ ἀφόρητον τοῦ πόθου τὸ κέντρον αὐτοῖς ἐγκατέλιπεν), sondern gerade auch die eigentümliche Fassung des Ideals bei Basileios enthält Motive für den Enthusiasmus. Der die Idee des σῶμα τοῦ Χριστοῦ ergänzende Gedanke des πνεῦμα, das den Körper belebt und die Glieder regiert, fehlt bei ihm nicht reg. fus. tract. interr. 7; 346 C εἰ .. ἓν σῶμά ἐσμεν, ... ἐὰν μὴ ἐκ συμφωνίας πρὸς ἑνὸς σώματος ἁρμολογίαν ἐν πνεύματι ἁγίῳ συναρμοσθῶμεν κτέ. D κατὰ τὴν ἀναλογίαν τῆς ἐν ἑκάστῳ πίστεως τῆς ἐπιχορηγίας τοῦ πνεύματος γινομένης ἐν τῇ τῆς ζωῆς κοινωνίᾳ τὸ ἑκάστου ἴδιον χάρισμα κοινὸν τῶν συμπολιτευομένων γίνεται. Geistesgaben sind es, die zu der Verwaltung der verschiedenen Ämter im Könobion befähigen: vor allem zu dem des προεστὼς vergl. reg. fus. tract. interr. 43; 390 C ἱκανὸν δὲ (sc. χρὴ τὸν προεστῶτα εἶναι), τρόπον τῆς θεραπείας τῷ πάθει οἰκεῖον ἐξευρεῖν (d. h. er muss die Gabe der διάκρισις haben), ... προορατικὸν τῶν μελλόντων,

---

katholischer Seite immer vorausgesetzt wird — die Priesterwürde bezeichnet, geht allein schon daraus hervor, dass auch die Vorsteherin des Nonnenklosters πρεσβυτέρα heisst, vergl. bes. reg. brev. tract. interr. 109—111; 453 A—D. In der Übertragung dieses Namens auf den Vorsteher hat sich ein Stück der Urgeschichte wiederholt; ebenso auch darin, dass dem πρεσβύτερος die ἀδελφοὶ προέχοντες τήν τε ἡλικίαν καὶ τὴν σύνεσιν (reg. fus. tract. interr. 27; 371 D) zur Seite stehen, die allein das Recht haben, ihn an seine Pflicht zu erinnern.

ἱκανὸν ... τοῖς ἰσχυροῖς συναθλεῖν. interr. 35; 378 E προορατικὸν καὶ ἐν λόγῳ τὸ αὔταρκες ἔχοντα ... τὸν προεστῶτα τῆς ἀδελφότητος ἐπιζητεῖ ἡ ἀκρίβεια; bezeichnend ist auch der Ausdruck: wenn zwei Vorsteher sich um das Regiment streiten, soll einer sich unterordnen — εἴτε γὰρ ἴσοί εἰσιν ἐν τοῖς πνευματικοῖς χαρίσμασι, κάλλιόν ἐστιν ἡ συνάθλησις. Mit dem Vorrecht des χάρισμα wird es aber auch z. B. begründet, dass nicht jeder Beliebige mit Fremden, die ins Kloster kommen, eine Unterredung führen soll, reg. fus. tract. interr. 45; 392 CD παρ᾽ οἷς γὰρ οὐδὲ ἄρτου μετάδοσις τοῖς τυχοῦσιν ἐφίεται, ἀλλ᾽ ἑνὶ προσήκει ἡ τοιαύτη διακονία τῷ μετὰ δοκιμασίας[1] πεπιστευμένῳ, παρὰ τούτοις πῶς οὐχὶ πολὺ πλέον τὴν πνευματικὴν τροφὴν ἐξειλεγμένως καὶ παρατετηρημένως ὑφ᾽ ἑνὸς τῶν δυνατωτέρων προσάγεσθαι χρὴ τοῖς αἰτοῦσιν vergl. interr. 32; 375 E εἰ δὲ χρεία γένοιτο λόγου πρὸς τοὺς ἅπαξ συνεμπεσόντας παρὰ τῶν πεπιστευμένων τὸ τοῦ λόγου χάρισμα γινέσθω, ὡς ἐχόντων δύναμιν μετ᾽ ἐπιστήμης εἰπεῖν καὶ ἀκοῦσαι πρὸς οἰκοδομὴν τῆς πίστεως, σαφῶς τοῦ ἀποστόλου διδάσκοντος μὴ πᾶσι παρεῖναι τὴν τοῦ λόγου δύναμιν, ἀλλ᾽ ὀλίγοις ὑπάρχειν τὸ χάρισμα, δι᾽ ὧν φησιν (folgt 1. Kor. 12, 8). Wenn man diesen geistlichen Charakter der Vorsteher und der übrigen Beauftragten im Könobion bedenkt, so versteht man die Forderung, dass der Mönch in ihnen Gott (resp. Christus) repräsentiert sehen und ihren Geboten den unweigerlichen Gehorsam leisten soll, den man Gottes Geboten schuldig ist, reg. brev. tract. interr. 38; 427 D πληροφορείσθω δὲ ὅτι οὐκ ἀνθρώπῳ ἀντιλέγει ἢ ὑπακούει, ἤδη δὲ καὶ αὐτῷ τῷ κυρίῳ τῷ εἰπόντι· ὁ ἀκούων ὑμῶν ἐμοῦ ἀκούει καὶ ὁ ἀθετῶν ὑμᾶς ἐμὲ ἀθετεῖ. Daher kann dem, der bei einem Befehl murrt, vorgeworfen werden, dass es ihm am Glauben gebreche, reg. brev. tract. interr. 39; 427 E ὁ γογγύζων .. φανερός .. ἐστιν νοσῶν τήν τε ἀπιστίαν καὶ τῆς ἐλπίδος τὴν ἀμφιβολίαν vergl. auch reg. fus. tract. interr. 28; 372 D. Deshalb wird aber auch die Gehorsamspflicht so weit ausgedehnt, dass selbst das Gute nicht nach eigenem Ermessen, sondern auf Befehl hin geschehen (sermo asc. II; 324 E ἡ δὲ ἀληθὴς καὶ τελεία ὑπακοὴ τῶν ὑποχειρίων πρὸς τὸν καθηγούμενον ἐν τούτῳ δείκνυται, ἐν τῷ μὴ μόνον τῶν ἀτόπων κατὰ τὴν συμβουλὴν τοῦ προεστῶτος ἀπέχεσθαι, ἀλλὰ μηδὲ αὐτὰ τὰ ἐπαινετὰ χωρὶς τῆς ἐκείνου γνώμης ποιεῖν) und auch berechtigte Bedenken unterdrückt werden sollen (reg. brev.

---

1) Man beachte, dass auch dieser altchristliche Terminus wieder erscheint.

11*

tract. interr. 132; 466 BC ἐάν τις .. ὑπὲρ δύναμιν κάμῃ ..., οὐ τὸν μέντοιγε ἐπιτεταγμένον χρὴ ἀντιλέγειν vergl. ib. interr. 117—119).

Dies scheint nun freilich gerade für die Mehrzahl der Könobiten, für die gewöhnlichen Mönche, es auszuschliessen, dass sich in ihnen ein geistliches Selbstbewusstsein regt. Aber Basileios rückt die Unterordnung, die er von dem πλῆθος fordert, in eine Beleuchtung, vermöge deren auch der geringste Könobit als zu hoher geistlicher Würde erhoben erscheint. Wer alles nach dem Befehl von Oberen, die an Gottes Stelle stehen, thut, der bringt auch mit der kleinsten Handlung Gott ein Opfer dar reg. fus. tract. interr. 29; 373 A B τοῦ μέντοι γογγύσαντος ἢ ἐπὶ ἐπάρσει ἐφευρεθέντος δεῖ τὴν ἐργασίαν μὴ καταμίγνυσθαι τῇ παρὰ τῶν ταπεινῶν ... γινομένη ἐργασία ..., διότι τὸ ὑψηλὸν ἐν ἀνθρώποις βδέλυγμά ἐστιν ἐνώπιον τοῦ θεοῦ .. · ἀπρόσδεκτον οὖν τὸ τῶν τοιούτων ἔργον ὡς θυσία ἐπί᷎ μωμος ὅπερ ἐγκαταμιγῆναι τῇ τῶν λοιπῶν ἐργασίᾳ οὐκ εὐαγές; sein Leben ist die λογικὴ λατρεία (reg. brev. tract. interr. 230; 492 D), es ist ein ständiges Leben im Geiste (reg. fus. tract. interr. 17; 360 D πνευματικὴ ζωή). Ja gerade die Unbedingtheit des geforderten Gehorsams, die den Mönch zwingt, alles Ungemach, auch das Schwerste, auf sich zu nehmen, wird sein besonderer Ehrentitel. Denn der Gehorsam, den er so Gott leistet, ist kein anderer, als der Gehorsam Christi, die ὑπακοὴ μέχρι θανάτου reg. fus. tract. interr. 28; 372 D κἂν ὑπὲρ δύναμιν τὸ ἐπίταγμα εἶναι δοκῇ, ἐπιρρίψας τὸ κρίμα τῷ παρὰ δύναμιν ἐπιτάσσοντι τὸ εὐπειθὲς καὶ ὑπήκοον ἄχρι θανάτου ἐπιδεικνύσθω, μεμνημένος τοῦ κυρίου ὅτι ἐγένετο ὑπήκοος μέχρι θανάτου, θανάτου δὲ σταυροῦ. reg. brev. tract. interr. 116; 455 CD μέχρι πόσου ὑπακούειν δεῖ ἐν τῷ κανόνι τῆς πρὸς θεὸν εὐαρεστήσεως; Ὁ ἀπόστολος ἔδειξε προθεὶς ἡμῖν τὴν τοῦ κυρίου ὑπακοὴν, ὃς ἐγένετο ὑπήκοος μέχρι θανάτου, θανάτου δὲ σταυροῦ, vergl. noch 390 E, 439 E, 456 C, 466 C u. a. St. Damit ist dann auch die Gleichstellung des Mönchs mit dem Märtyrer von einer neuen Seite her begründet und man mag daran das Selbstgefühl ermessen, das auch den einfachen Könobiten erfüllte [1]).

1) Unter der Fülle von Stellen, die den Gehorsam des Mönchs mit dem Christi vergleichen, erscheint mir besonders bemerkenswert Symeon Thess. de sacr. c. 53; Mi. 155, 200 C τῇ πολιτείᾳ τῶν μοναχῶν ..., ἣν καὶ αὐτὸς πεπολίτευται ὁ σωτὴρ .., αὐτὸς μὲν παρθενεύων καὶ πτωχὸς ὢν ... καὶ προσευχόμενος ... καὶ ὑποτασσόμενος ἄχρι θανάτου σταυροῦ τῷ πατρί. So sehr ist also die Bezeichnung ὑπακοὴ μέχρι θανάτου zum Charakteristikum des

Den Wert dieser ganzen idealen Auffassung, wonach die Mönchsgemeinde ein σῶμα Χριστοῦ ist und jedes einzelne Glied an den das
Ganze durchwaltenden geistlichen Kräften teilhat, darf man nicht her-
untersetzen wollen durch die Behauptung, dass diese Darstellung nur
Form, nur erbauliche Einkleidung einer in Wirklichkeit viel nüchter-
neren Sache sei. Dagegen wäre schon daran zu erinnern, dass diese
Anschauung nicht in einer Predigt über das Mönchtum oder in einem
erbaulichen Traktat, sondern in einer Regel vorgetragen wird d. h. in
einer Schrift, die die Grundlage für eine Erziehung bildet. Das hätte
für sich schon, auch wenn dies nicht der Absicht des Basileios ent-
sprochen hätte, dazu führen müssen, dass in denen, die nach dieser
Regel lebten, das Selbstgefühl, geistliche Menschen zu sein, sich entwickelte. Aber Basileios war es ernst mit dieser Anschauung. Er
hätte dem Anachoretentum gegenüber nicht das Argument verwenden
können, dass ein Einzelner nicht alle χαρίσματα besitze, wenn er
nicht aufrichtig an den Besitz von Geistesgaben bei seinen Mönchen
geglaubt hätte. Und die Regeln legen auch ganz bestimmtes Zeugnis
dafür ab, dass man in den Könobien wirklich nach dem Besitz des
Geistes strebte, und dass man davon durchdrungen war, jeder wahre
Mönch müsse den Geist haben. In den reg. brev. tract. wird direkt
die Frage aufgeworfen interr. 204; 483 D: πῶς καταξιοῦταί τις
πνεύματος ἁγίου γενέσθαι μέτοχος? Die Antwort, die darauf
erfolgt: ὁ κύριος ἡμῶν Ἰησοῦς Χριστὸς ἐδίδαξεν εἰπών· ἐὰν ἀγαπᾶτέ
με, τὰς ἐντολὰς τὰς ἐμὰς τηρήσατε καὶ ἐγὼ ἐρωτήσω τὸν
πατέρα καὶ ἄλλον παράκλητον δώσει ὑμῖν ... τὸ πνεῦμα τῆς ἀληθείας, ὃ ὁ κόσμος οὐ δύναται λαβεῖν, nennt mit nichten eine uner-
füllbare Bedingung. Denn auch Basileios ist — er stimmt darin nicht
bloss mit Symeon, sondern mit seiner ganzen Kirche überein — der
Meinung, dass die Gebote erfüllt werden können [1]. Er weist bei den
zwei Hauptgeboten, der Gottes- und Nächstenliebe, in längerer Ausführung nach, dass wir die Kraft zu ihrer Erfüllung haben (reg. fus.
tract. interr. 2 u. 3), und in den reg. brev. tract. erscheinen auch die zwei
Fragen: interr. 280. τίς ἐστιν ὁ καθαρὸς τῇ καρδίᾳ und 296.
πῶς πληροφορηθῇ ψυχὴ ὅτι τῶν ἁμαρτημάτων καθαρεύει. So
gewiss aber der Mönch an sich selbst die Frage richten durfte, ja

---

Mönchsgehorsams geworden, dass Symeon jetzt daraus beweisen kann, Christus
sei Mönch gewesen.

1) Vergl. auch die vita Antonii c. 93; Mi. 26, 973 C man soll an Antonios
sehen δυνατὰς εἶναι τὰς ἐντολὰς εἰς τὸ κατορθοῦν.

musste, ob er von Sünden rein sei, so gewiss durfte er es sich auch
sagen, dass er den Geist besitze [1]).

Allerdings, im Vergleich mit der vita Antonii erscheint der
Enthusiasmus im Ideal des Basileios gedämpft. Man kann sagen,
die Anschauungen der beiden Gesetzgeber des Mönchtums über den
Geist verhalten sich zu einander, wie die der Urgemeinde zu der des
Apostels Paulus. Basileios denkt bei den Fähigkeiten, die der Geist
verleiht, in erster Linie an sittliche Kräfte und an Gaben, die zur
Förderung der Gesamtheit dienen, vergl. bes. reg. fus. tract. interr. 37;
383 C in der dritten Stunde ist es Pflicht, ὑπομνησθέντας τῆς τοῦ
πνεύματος δωρεᾶς τῆς κατὰ τὴν τρίτην ὥραν τοῖς ἀποστόλοις
δεδομένης προσκυνῆσαι πάντας ὁμοθυμαδὸν εἰς τὸ ἀξίους γενέσθαι
καὶ αὐτοὺς τῆς ὑποδοχῆς τοῦ ἁγιασμοῦ καὶ αἰτοῦντας τὴν παρ᾿
αὐτοῦ ὁδηγίαν καὶ διδασκαλίαν πρὸς τὸ συμφέρον. Von ausserordentlichen Wirkungen, von Offenbarungen und Heilungen, redet er
fast nur, wenn er Bibelstellen zitiert, in denen sie unter den χαρίσματα
genannt werden; interessant in dieser Hinsicht ist auch, wie er sich
reg. fus. tract. interr. 55 über die Zuziehung von Ärzten ausspricht
(bes. 398 A). Diese Abschwächung des Enthusiasmus ergab sich mit
Notwendigkeit aus dem Ideal des Basileios: eine Gemeinschaft mit so
strenger Zucht konnte nicht bestehen, wenn einer ausser den durch
die δοκιμασία Anerkannten und mit einem Amt Betrauten die Rechte
eines χάρισμα hätte geltend machen wollen. Doch war es nicht
bloss das Interesse der Disziplin, was Basileios zu dieser Einschränkung
des Geistes veranlasste, — Basileios hatte genug von Jesus und Paulus
gelernt, um zu wissen, was in Wahrheit die höchsten Gaben sind.

Aber schreibt nun auch Basileios den Charismen der Mönche
ein Recht und eine Pflicht zu, auf andere d. h. auf Nichtmönche zu
wirken? Man muss sich, um diese Frage zu beantworten, vergegenwärtigen, in welchem Licht dem Basileios die Kirche und das Welt-
leben erscheint.

Unter dem niederschmetternden Eindruck der Zustände seiner Zeit
hat Basileios der Kirche in den moralia [2]) einen Spiegel vorgehalten:

---

1) Vergl. auch noch die ohne diese Voraussetzung unverständliche Frage
reg. brev. tract. interr. 248: εἰ κύριος δίδωσι σοφίαν καὶ ἀπὸ προσώπου αὐτοῦ
γνῶσις καὶ σύνεσις καὶ εἰ διὰ τοῦ πνεύματος ᾧ μὲν δίδοται λόγος σοφίας,
ἄλλῳ δὲ λόγος γνώσεως, πῶς ἐγκαλεῖ τοῖς μαθηταῖς ὁ κύριος, ὅτι ἀκμὴν καὶ
ὑμεῖς ἀσύνετοί ἐστε?

2) Diese Schrift darf man nicht übersehen, wenn man die Zurückhaltung
des Basileios in den Glaubensstreitigkeiten und sein Bestreben, eine Einigung
herbeizuführen, richtig würdigen will.

die durch die Glaubensstreitigkeiten zerrissene Kirche mahnt er daran, dass sie ein σῶμα Χριστοῦ sein sollte, prooem. de iud. dei 216 B παρ᾽ οἷς δὲ οὐχ ὁμόνοια κατορθοῦται, οὐχ ὁ σύνδεσμος τῆς εἰρήνης τηρεῖται, οὐχ ἡ ἐν πνεύματι πραότης φυλάσσεται, ἀλλὰ καὶ διχοστασία καὶ ἔρις καὶ ζῆλος εὑρίσκεται, πολλῆς μὲν τόλμης ἂν εἴη μέλη Χριστοῦ τοὺς τοιούτους ὀνομάζειν ἢ ὑπ᾽ αὐτοῦ ἄρχεσθαι λέγειν; der Christenheit, die meinte, mit der Ausbildung des Dogmas die Pflicht gegen ihren Herrn erfüllt zu haben, predigte er mit heiliger Entrüstung, dass der Herr Befolgung seiner Gebote verlange, prooem. de fide 228 D E διόπερ παρακαλῶ καὶ δέομαι παυσαμένους τῆς περιέργου ζητήσεως καὶ ἀπρεποῦς λογομαχίας ἀρκεῖσθαι τοῖς ὑπὸ τῶν ἁγίων καὶ αὐτοῦ τοῦ κυρίου εἰρημένοις, ἄξια δὲ τῆς ἐπουρανίου κλήσεως φρονεῖν καὶ ἀξίως τοῦ εὐαγγελίου τοῦ Χριστοῦ πολιτεύεσθαι ἐπ᾽ ἐλπίδι τῆς αἰωνίου ζωῆς καὶ ἐπουρανίου βασιλείας. — Der Massstab, den Basileios an die Kirche im Ganzen anlegt, ist derselbe wie der, der in den Regeln für die Mönche verwendet wird: auch hier ist sein Gesichtspunkt die Forderung der Durchführung des evangelischen Lebens. Deswegen stellt er in den moralia die evangelischen Gebote zusammen und der Hauptbegriff, den er zur Beschreibung des Ideals der Kirche verwertet, ist der Begriff des σῶμα Χριστοῦ vergl. die Zusammenfassung der moralia am Schluss in der reg. 80; 313 A ff. ποταποὺς εἶναι βούλεται ὁ λόγος τοὺς Χριστιανούς; ὡς μαθητὰς Χριστοῦ .., ὡς πρόβατα Χριστοῦ .., ὡς κλήματα Χριστοῦ .., ὡς μέλη Χριστοῦ .., ὡς νύμφην Χριστοῦ .., ὡς ναοὺς θεοῦ ἁγίους .., ὡς θυσίαν θεοῦ .., ὡς τέκνα θεοῦ u. s. w. Denn — wie er gestehen muss — auch in der Welt ist es nicht unmöglich, das Ideal zu verwirklichen. Möglich freilich nur durch ein Zugeständnis Gottes, der denen, die nicht imstande sind, die Jungfräulichkeit auf sich zu nehmen, die Ehe gewährt hat; möglich ist es, auch unter den Versuchungen der Welt Gott zu dienen, möglich, wenn gleich viel schwerer, sermo de renunt. saec. 202 E 203 A ὁ φιλάνθρωπος θεὸς κηδόμενος τῆς ἡμῶν σωτηρίας εἰς δύο διεῖλε βίους τὴν τῶν ἀνθρώπων διαγωγήν, συζυγίαν λέγω καὶ παρθενίαν, ἵνα ὁ μὴ δυνάμενος ὑπενεγκεῖν τὸ τῆς παρθενίας ἄθλον ἔλθοι ἐπὶ συνοίκησιν γυναικός, ἐκεῖνο εἰδὼς ὡς ἀπαιτηθήσεται λόγον σωφροσύνης καὶ ἁγιασμοῦ καὶ τῆς πρὸς τοὺς ἐν συζυγίαις καὶ τεκνοτροφίαις ἁγίους ὁμοιώσεως. 203 C ἀρκέσει γὰρ τῷ ἐπὶ γάμον ἐλθόντι ἡ συγγνώμη τῆς ἀκρασίας καὶ τῆς πρὸς τὸ θῆλυ ἐπιθυμίας τε καὶ συνουσίας, τὰ δὲ λοιπὰ τῶν ἐντολῶν πᾶσιν ὁμοίως νενομοθετημένα οὐκ ἀκίνδυνα τοῖς παραβαίνουσι. 203 D πλειόνων

*γάρ σοι πόνων καὶ φυλακῆς χρεία πρὸς τὴν τῆς σωτηρίας ἐπι-
τυχίαν, ἅτε δὴ καὶ ἐν μέσῳ τῶν παγίδων καὶ τοῦ κράτους τῶν
ἀποστατικῶν δυνάμεων οἰκεῖν ἐκλεξαμένῳ.* Und Basileios denkt
trotz seines Pessimismus' doch so hoch von der Weltkirche, dass er
auch in ihr — wenn sie ein *σῶμα Χριστοῦ* ist — das Walten des
Geistes und Geistesgaben voraussetzt, vergl. moral. reg. 58 *κεφ. β*;
278 C *ὅτι κατὰ ἀναλογίαν τῆς πίστεως ἑκάστῳ δίδοται παρὰ θεοῦ
χαρίσματα πρὸς τὸ συμφέρον. κεφ. γ*; 279 B *ὅτι ὁ τὴν πρώτην παρὰ
θεοῦ δωρεὰν εὐγνωμόνως δεξάμενος καὶ σπουδαίως κατεργασά-
μενος εἰς τὴν δόξαν τοῦ θεοῦ καὶ ἑτέρων καταξιοῦται.* Ja er
möchte es allen zum Bewusstsein bringen, dass die Wirksamkeit des
Geistes in der Kirche für sie unentbehrlich sei; denn er fordert die
Gläubigen auf, ihre Lehrer darauf hin zu prüfen, ob sie geistlich
seien, moral. reg. 72; 233 *ὅπως δεῖ τοὺς διδασκομένους διακρίνειν
τοὺς πνευματικοὺς τῶν διδασκάλων ἀπὸ τῶν μὴ τοιούτων καὶ
ὅπως πρὸς αὐτοὺς διατίθεσθαι ἢ τὰ παρ᾽ αὐτῶν δέχεσθαι.* Er
kann nicht daran gezweifelt haben, dass es thatsächlich in der Welt
vom Geist geleitete Persönlichkeiten gebe, wenn er davor warnt, in
heiligen Männern den heiligen Geist zu lästern, moral. reg. 35; 261 C D
*ὅτι οἱ τὸν καρπὸν τοῦ ἁγίου πνεύματος ἔν τινι ὁρῶντες πανταχοῦ
τὸ ὁμαλὸν τῆς θεοσεβείας σώζοντα καὶ μὴ τῷ ἁγίῳ πνεύματι
ἀνατιθέντες ... εἰς αὐτὸ τὸ ἅγιον πνεῦμα βλασφημοῦσιν.* Mit so
starken Worten Basileios oft, da wo er zu Mönchen redet, das Mönchtum als den einzig sicheren Weg des Heils empfiehlt, so vergisst er
doch nie ganz, dass er Bischof ist, und hütet sich, seine Sätze so
scharf zu formulieren, dass es geradezu als unmöglich hingestellt
würde, in der Welt ein Jünger Christi zu sein; am weitesten geht
er reg. fus. tract. interr. 6; 344 D *ἄρνησις δέ ἐστιν ἑαυτοῦ ἡ παντελὴς τῶν παρελθόντων λήθη καὶ ἡ τῶν θελημάτων ἑαυτοῦ
ἀναχώρησις, ἣν ἐν τῇ ἀδιαφόρῳ συνηθείᾳ ζῶντα κατορθῶσαι
δυσκολώτατον, ἵνα μὴ λέγω ὅτι παντελῶς ἀνεπίδεκτον.*
Wenn Basileios demnach der grossen Kirche ebenso wie seiner
Mönchsgemeinde das Ideal, ein *σῶμα Χριστοῦ* darzustellen, vorhält,
so wird man unwillkürlich an den pietistischen Gedanken der eccle-
siola in ecclesia erinnert und man erwartet, dass Basileios das Mönchtum und die Kirche in ein inneres Verhältnis zu einander gesetzt
hätte. Allein dies ist nur in sehr beschränktem Masse der Fall.
Weder hat Basileios die Mönchsgemeinde in ihrem Bestand von der
grossen Kirche abhängig gedacht: diese ecclesiolae bedürfen des Rück-
halts der ecclesia nicht; sie haben in ihrer Mitte die ganze Fülle

der geistlichen Kräfte und bilden ein in sich geschlossenes Ganze [1]).
Ja vielmehr, sie können nur gedeihen und ihren Zweck erfüllen,
wenn sie sich so streng wie möglich in sich abschliessen: diesen
Zweck verfolgen die rigorosen Bestimmungen über den Besuch von
Verwandten (reg. fus. tract. interr. 32) und über die πρόοδοι der
Mönche (ib. interr. 44). Noch auch hat Basileios seinen Mönchen eine
Einwirkung auf die Kirche, sei es eine religiös-reformatorische oder
eine sozial-caritative, als ein Stück ihres Berufes zur Pflicht gemacht [2]).
Man darf es ihm in dieser Beziehung nicht zu hoch anrechnen, dass
er die Nächstenliebe in sein Ideal aufgenommen hat. Denn er folgert ja aus diesem Gebot nicht, dass der Mönch an den Weltleuten
Pflichten erfüllen, sondern dass er sich mit Gleichgesinnten vereinigen
müsse. Die Liebe, die geübt werden soll, haben die Mönche vornehmlich unter sich zu üben; wo in den Regeln vom Nächsten geredet wird, da ist immer an den Klostergenossen gedacht. Weltleute
erfahren die Nächstenliebe der Mönche nur, wenn sie als Hilfs-
bedürftige ins Kloster kommen [3]).

1) Wie wenig Basileios daran denken konnte, dass das Mönchtum aus
der grossen Kirche geistige Nahrung ziehen müsste, verrät am besten die ep. 42.
Basileios redet dort dem Freund den versucherischen Gedanken aus, als ob er
etwas entbehrte, wenn er in der Einsamkeit den kirchlichen Gottesdienst, die
Predigt und die Erbauung in der Gemeinde nicht hätte, und sagt mit bitterer
Ironie III, 1, 128 E παραγενόμενος γάρ ποτε ἐν ταῖς „πνευματικαῖς πανηγύ-
ρεσιν“ ἐνὶ μὲν ἀδελφῷ μόλις ποτὲ περιέτυχον τὸ μὲν δοκεῖν φοβουμένῳ τὸν
θεόν, κρατουμένῳ δὲ ὑπὸ τοῦ διαβόλου . . . 129 A καὶ πολλῶν μὲν ἀκήκοα
λόγων ψυχωφελῶν πλὴν παρ᾽ οὐδενὶ τῶν διδασκάλων εὗρον ἀξίαν τῶν λόγων
τὴν ἀρετήν . . . 129 B εἶδον καὶ ἰδοὺ οὐκ ἦν πανήγυρις πνευματικὴ ἀλλὰ θά-
λασσα ἀνεμιζομένη καὶ ταραττομένη πάντας ὁμοῦ τοῖς αὑτῆς κύμασι καλύψαι
σπουδάζουσα . . . 129 D τίς οὖν ὠφέλεια ἐμοὶ ἢ δηλονότι τῆς ψυχῆς ἡ
βλάβη; διὰ τοῦτο οὖν ἐγὼ μεταναστεύω ἐπὶ τὰ ὄρη ὡς στρουθίον.

2) Das Urteil des Gregor von Nazianz or. in laud. Bas. c. 62; Mi. 36, 577 B
τούτους (sc. den ἐρημικὸς und den μιγὰς βίος) ἄριστα κατήλλαξεν ἀλλήλοις
καὶ συνεκέρασεν (sc. Βασίλειος), ἀσκητήρια καὶ μοναστήρια δειμάμενος μέν,
οὐ πόρρω δὲ τῶν κοινωνικῶν καὶ μιγάδων οὐδὲ ὥσπερ τειχίῳ τινὶ μέσῳ
ταῦτα διαλαβὼν καὶ ἀπ᾽ ἀλλήλων χωρίσας, ἀλλὰ πλησίον συνάψας καὶ
διαζεύξας, ἵνα μήτε τὸ φιλόσοφον ἀκοινώνητον ᾖ μήτε τὸ πρακτικὸν ἀφι-
λόσοφον entspricht dem Geist der Regeln des Basileios nicht. In den herben
Ernst des Freundes hat ja Gregor sich nie ganz zu finden vermocht; zudem
bedenke man, dass die Worte in einer Lobrede stehen und dass man teilweise
die Einführung des Mönchtums durch Basileios nicht gerne sah, vergl. ep. 207;
III, 2, 310 D.

3) Es ist auch dann nur Pflicht des Klosters, nicht des einzelnen Mönchs,
die Bedürftigen zu unterstützen, vergl. reg. brev. tract. interr. 87 u. 91. Ausser-

Dennoch hat Basileios nicht verhindern wollen, dass in der Welt Stehende, denen es darum zu thun war, von dem geistlichen Leben im Kloster Nutzen ziehen konnten. Die Frage reg. brev. tract. interr. 97; 449 C: ἐὰν λέγη τις· θέλω παρ' ὑμῖν ὀλίγον χρόνον ὠφεληθῆναι, εἰ δεῖ αὐτὸν προσδέχεσθαι bejaht er unter Hinweis auf Joh. 6, 37 und wider Willen legt seine Regel Zeugnis davon ab, dass Weltleute nicht selten ins Kloster kamen, um sich Erbauung zu holen. Denn die Notwendigkeit, einen Vertreter des προεστὼς aufzustellen, begründet Basileios wesentlich auch damit, dass in Abwesenheit des Vorstehers einer da sein müsse, um den Fremden die gewünschte geistliche Belehrung zu erteilen, reg. fus. tract. interr. 45; 392 A (εἰς τὸ) τοῖς ἐπιδημοῦσι .. τῶν ξένων εἶναι τὸν ἀποκρινόμενον συνετῶς, ἵνα οἵ τε τὸν λόγον ἐπιζητοῦντες οἰκοδομῶνται τῆς ὑποθέσεως ἐπαξίως καὶ τὸ κοινὸν τῆς ἀδελφότητος μὴ καταισχύνηται; die hierzu notwendige Fähigkeit wird unmittelbar darauf (392 B) χάρισμα τῆς διδασκαλίας genannt, vergl. auch interr. 32; 375 E εἰ δὲ χρεία γένοιτο λόγου πρὸς τοὺς ἅπαξ συνεμπεσόντας, παρὰ τῶν πεπιστευμένων τὸ τοῦ λόγου χάρισμα γινέσθω ὡς ἐχόντων δύναμιν μετ' ἐπιστήμης εἰπεῖν καὶ ἀκοῦσαι πρὸς οἰκοδομὴν τῆς πίστεως. Es handelt sich, wie man sieht, nicht bloss um die Erbauung, die der Anblick des Lebens im Kloster dem Fremden gewährt, sondern um geistliche Förderung durch seelsorgerlichen Zuspruch.

Auch in der gemilderten Form, die der Enthusiasmus in den Könobien annimmt, übt er demnach eine solche Anziehungskraft aus, dass er sich einem Wirken auf die in der Welt Lebenden nicht entziehen kann.

Wenn man bedenkt, wie scharf Basileios das anachoretische Ideal verurteilt, so ist man darauf gespannt, dass die Folgezeit uns einen Kampf zwischen den zwei Idealen, die das 4. Jahrhundert hervorgebracht hat, zeigte, und man möchte vermuten, dass in diesem Kampf auch der Gegensatz eines ungebundeneren und eines gemässigten

---

dem gestattet es Basileios, Unwürdigen die Wohlthat zu entziehen, vergl. ib. interr. 155; 467 AB. Damit lockert er den in den griechischen Kirche in Betreff der Wohlthätigkeit herrschenden Grundsatz. Denn in ihr gilt und bis heute noch (vergl. Conf. orth. III, 9 ed. Kimmel S. 264) die Regel der Didache (I, 5) und des Hermas (mandat. 2, 4): πᾶσιν ὑστερουμένοις δίδου ἁπλῶς, μὴ διστάζων τίνι δῷς ἢ τίνι μὴ δῷς.

Enthusiasmus eine Rolle spielte. Die Geschichte zeigt uns ein anderes Bild.

Wie thatsächlich die Dinge verlaufen sind, dafür sind die Verhältnisse in Palästina im 5. und 6. Jahrhundert typisch. Man darf die Entwicklung in diesem Lande als massgebend betrachten; denn es ist kein Zweifel darüber, dass im 5. Jahrhundert der Schwerpunkt der ganzen mönchischen Bewegung sich hierher verlegt hat. Sowohl durch die Zahl als durch das Ansehen seiner Mönche überstrahlt Palästina in dieser Zeit die übrigen Provinzen. Der Grund für diese Verschiebung liegt vornehmlich in dem mächtigen Aufschwung des religiösen Lebens in Palästina, den die zunehmenden Wallfahrten nach den heiligen Stätten hervorbrachten. Die erhöhte Bedeutung des Landes [1]) ist auch dem Mönchtum, das sich dort entwickelte, direkt und indirekt zu gut gekommen. Viele, die als Pilger dorthin gegangen waren, blieben für immer da. Welche Massen nach Jerusalem strömten, sieht man z. B. aus Cyr. vita Euthymii; Analecta Graeca der Mauriner I p. 32 συνέβη πλῆθος Ἀρμενίων ἀνδρῶν ὡσεὶ τετρακοσίων τὸν ἀριθμὸν ἀπὸ τῆς ἁγίας πόλεως ἐπὶ τὸν Ἰορδάνην κατερχομένων ἐκκλῖναι ἐκ τῆς ὁδοῦ, und wie zahlreich

---

1) Die Steigerung des Ansehens von Palästina infolge der Wallfahrten macht sich in kirchen- und dogmengeschichtlichen Thatsachen bemerklich. Wie Jerusalem sich wieder als μήτηρ τῶν ἐκκλησιῶν zu fühlen begann, dafür ist der Eingang des Briefs der jerusalemischen Mönche an den Kaiser Anastasios anlässlich seines Versuchs, das Chalcedonense zu beseitigen, sehr interessant vergl. Cyr. vit. Sab.; Cotelerius, ecclesiae gr. monum. III, 314: ὁ ... θεὸς καὶ δεσπότης Ἰησοῦς Χριστὸς ... τὰ σκῆπτρα ... τῷ θεοφιλεῖ ὑμῶν κράτει κατεπίστευσε τὸ μέγα τῆς εἰρήνης ἀγαθόν ... πάσαις μὲν ταῖς ἁγιωτάταις αὐτοῦ ἐκκλησίαις, ἐξαιρέτως δὲ τῇ μητρὶ τῶν ἐκκλησιῶν βραβεῦσαι βουλόμενος..., ἐν ᾗ τὸ μέγα τῆς εὐσεβείας ... τελειωθὲν μυστήριον ἀρχόμενον ἀπὸ Ἱερουσαλὴμ ... εἰς πάντα τὰ πέρατα τῆς γῆς τὸ φῶς τῆς ἀληθείας ἀνέτειλε. τούτου τοῦ τιμίου.. μυστηρίου διὰ τοῦ νικοποιοῦ καὶ τιμίου σταυροῦ καὶ τῆς ζωοποιοῦ αὐτοῦ ἀναστάσεως ἔτι μὴν καὶ πάντων τῶν ἁγίων καὶ προσκυνουμένων τόπων τὴν ἀληθῆ καὶ ἀφαντασίαστον ὁμολογίαν καὶ πίστιν ... οἱ τῆς ἁγίας γῆς ταύτης οἰκήτορες ἄτρωτον καὶ ἀπαρεγχείρητον ἐν Χριστῷ διεφυλάξαμεν. Dieses neu erwachte Selbstbewusstsein bildet aber auch den Hintergrund für die Bestrebungen Juvenal's, sich von der durch das Nicänum bestätigten Metropolitangewalt des Patriarchen von Antiochia zu befreien, und ebenso wird auf die Väter von Chalkedon das Gefühl der veränderten Situation eingewirkt haben, als sie dem Vertrag zwischen Juvenal und Maximos von Antiochien zustimmten. Endlich bezeugt auch Justinian's Religionspolitik, namentlich die Verurteilung des Origenismus', dass Palästina jetzt so gut wie Ägypten berücksichtigt werden musste.

in einzelnen Klöstern die verschiedenen Nationen vertreten waren, lehrt die Thatsache, dass im Könobion des heil. Theodosios besondere Kirchen für die Armenier und die Besser neben der für die griechisch Redenden bestimmten vorhanden waren (Theodor vita Theodos. ed Usener 45, 4 ff.; dazu die Anm. S. 150. 154). Aber auch an innerer Bedeutung überragt das palästinensische Mönchtum in dieser Zeit das des übrigen Ostens. Es hat Männer wie Euthymios und Sabas zu Führern gehabt, die als Persönlichkeiten einem Basileios und Antonios würdig zur Seite treten konnten und die sich einen bleibenden Namen als Sterne erster Grösse in der griechischen Kirche erworben haben.

Es ist nun ein besonders glücklicher Zufall, dass gerade diese Periode in der Geschichte des Mönchtums durch die Schriften des Kyrill von Skythopolis uns in der anschaulichsten Weise geschildert ist. Kyrill hat mit den letzten Männern dieser Blütezeit noch persönlich verkehrt; über die früheren hat er mit der Gewissenhaftigkeit eines die Wahrheit liebenden Menschen seine Nachrichten gesammelt und sie in schlichter Darstellung dargeboten vergl. die warme Würdigung bei Usener, der heilige Theodosios p. XI ff. Kyrill's Schriften sind jetzt sämmtlich veröffentlicht. Ich benutze folgende Ausgaben: 1) vita Euthymii, Analecta graeca der Mauriner. Paris 1688. I p. 1—99. 2) vita Sabae, Cotelerius ecclesiae graecae monumenta. Paris 1686. III p. 220—376. 3) vita Theodosii, mit ebenso feinsinnigen wie gelehrten Anmerkungen herausgegeben von Usener: Der heilige Theodosios. Leipzig 1890. S. 103—113. 4) vita Iohannis Silentiarii, Acta sanctorum Mai III, Anhang p. 14—18. 5) vita Cyriaci, Acta sanctorum September VIII p. 147—158. 6) vita Theognii, Analecta Bollandiana X (1891) p. 113—118. — Neben den lebensvollen Schilderungen dieses Autors bieten andere Schriften, wie: Theodor's Lobrede auf den heiligen Theodosios (von Usener zusammen mit Kyrill's vita ediert), die Rede des Paulos von Elusa auf Theognios (Anal. Boll. X, ebenfalls mit Kyrill's Nachträgen vereinigt), vollends die historia Lausiaca, Theodoret's historia religiosa, Johannes Klimax, Johannes Moschos und Antiochos Pandektes, wenig Neues. Diese Schriften werden nur beigezogen werden, um zu zeigen, dass das, was aus Kyrill entnommen werden kann, die allgemeine Anschauung war.

Die geographischen Verhältnisse schon haben es bedingt, dass auf dem Boden von Palästina der Einfluss von den beiden Ländern her, die bisher die hauptsächlichsten Impulse für die Entwicklung des Mönchtums gegeben hatten, sich begegnete. Die hervorragendsten Heiligen Palästinas sind geborene Kappadokier — Sabas stammt aus Mutalaske in Kappadokien vita p. 222 A, Theodosios aus Garissos Cyr. vit. S. 105, 7; Theognios aus Ararathia Cyr. vit. S. 114, 1; Euthymios aus Melitene vit. p. 6 — und die Regel des Basileios bildet die Grundlage der Unterweisung in den palästinensischen Klöstern Theod. vit. Theodos. S. 50, 13 πολλάκις δὲ καὶ τοῦ ἀνυπερβλήτου τὴν πολιτείαν καὶ ἀκαταγωνίστου τοῖς τῆς ἀληθείας δόγμασιν τοῦ μεγάλου Βασιλείου τῶν διατάξεων ἐποιεῖτο (sc. Theodosios) τὴν πρὸς ἡμᾶς διδαχὴν οὐ κατατρυφῶν τῇ μνήμῃ; darauf folgt ein langes Zitat aus dem prooem. der reg. fus. tract. Aber ebenso ist dort die vita Antonii bekannt (vergl. Cyr. Sab. 255 A ὁ τῷ μεγάλῳ ἀββᾷ Ἀντωνίῳ ἐπιφανεὶς ποτε καὶ τούτῳ ἐπεφάνη) und die Erzählungen und Sprüche der ägyptischen Einsiedler gehören zum Bestand der in den Klöstern fortgepflanzten Überlieferung vit. Euthym. p. 38 ἀκούσατέ τινων γερόντων Αἰγυπτίων διήγημα ὅπερ μοι διηγήσαντο. ib. p. 47 ἀκούσατε δὲ ψυχωφελὲς καὶ ἀληθέστατον διήγημα ὅπερ διηγήσαντό μοί τινες γέροντες Αἰγύπτιοι παραβαλόντες μοι. vit. Sab. p. 260 A als Wort des Theodosios: ἀπρεπές ἐστι ... τὸ τὴν τοιαύτην λαύραν ἀγένειον ἔχειν τινά. τοῦτο καὶ οἱ ἀρχαῖοι τῆς Σκήτεως πατέρες ἐνομοθέτησαν.

Wenn irgendwo so kann man hier erwarten, dass eine Auseinandersetzung der beiden Ideale des Mönchtums stattfand, und diese Erwartung scheint um so mehr berechtigt, als wir in Palästina beide Formen des Mönchtums nicht bloss zahlreich vertreten, sondern auch gewissermassen korporativ zusammengefasst finden. Die Anachoreten und Laurenbewohner Palästinas stehen unter einem Oberhaupt, einem ἀρχιμανδρίτης (ἔξαρχος); an der Spitze der Könobien steht gleichfalls ein Vorsteher mit dem nämlichen Titel. Aber schon der Wahlmodus zeigt, dass hier kein Kampf, sondern Eintracht herrscht: die zwei Vorsteher mit ihren Stellvertretern werden von der Gesamtheit der Mönche aufgestellt und von dem Patriarchen in Jerusalem bestätigt, ja zeitweise sind sogar beide Ämter in einer Hand vereinigt vergl. Cyr. vit. Theod. S. 110, 8 ff. τοῦ ἐν ἁγίοις ἀββᾶ Μαρκιανοῦ ἐν Χριστῷ κοιμηθέντος, πάντες οἱ τῆς ἐρήμου μοναχοὶ συναθροισθέντες παρὰ τῷ πατριάρχῃ Σαλουστίῳ ἀρρωστοῦντι καὶ μιᾶς γνώμης γεγονότες κοινῇ ψήφῳ προεβάλοντο τὸν μέγαν τοῦτον Θεοδόσιον ἀρχιμανδρίτην τῶν ὑπὸ τὴν ἁγίαν πόλιν κοινοβίων εἰς τὸν τόπον τοῦ κατὰ τὴν μακαρίαν Μελάνην Γεροντίου, δευτερεύοντα αὐτοῦ καταστήσαντες τὸν ἐν ἁγίοις

Παῦλον τὸν τῆς μονῆς τοῦ ἀββᾶ Μαρτυρίου ἡγούμενον. εἰς τὸν τόπον δὲ τῶν μακαρίων πατέρων Πασσαρίωνος καὶ Ἐλπιδίου κατέστησαν τὸν ἐν ἁγίοις πατέρα ἡμῶν Σάβαν ἀρχιμανδρίτην τε καὶ νομοθέτην πάντων τῶν ὑπὸ Παλαιστίνην λαυρῶν τε καὶ ἀναχωρητῶν καὶ δευτερεύοντα αὐτοῦ τὸν μακαρίτην Εὐγένιον τὶν τῆς λαύρας τοῦ ἐν ἁγίοις ἀββᾶ Γερασίμου ἡγούμενον (fast wörtlich stimmt mit dieser Stelle überein vit. Sab. p. 261 BC). Diese Organisation lässt sich bis in den Anfang des 5. Jahrhunderts — also noch vor den 4. Kanon des Chalcedonense — zurückverfolgen[1]) und beweist für sich schon, dass man innerhalb des Mönchtums mehr die Zusammengehörigkeit als den Gegensatz empfand.

Ja noch mehr. Die beiden Formen stehen nicht bloss friedlich neben einander, sondern sie erscheinen auch in organischer Verbindung. Aus der Laura, die sich zunächst um das *κελλίον* eines grossen Einsiedlers bildet, kann beim Anwachsen der Jünger ein Könobion werden oder kann ihr ein Könobion angeschlossen werden vit. Euthym. p. 30 *αὐτὸς δὲ ὁ μέγας Εὐθύμιος οὐκ ἠβούλετο κοινόβιον τὸν ἑαυτοῦ τόπον συστήσασθαι οὔτε λαύραν‥ ὁρᾷ τῇ νυκτὶ ἐκείνῃ τινὰ λέγοντα αὐτῷ· δέξαι τοὺς ἀδελφοὺς τούτους... καὶ μηκέτι ἀποστρέψῃς τινὰ θέλοντα σωθῆναι.* p. 31 *δεξάμενος ἐπέτρεψε τῷ ἐπισκόπῳ Πέτρῳ κτίσαι αὐτοῖς μικρὰ κελλία* (unmittelbar darauf = *λαύρα*). p. 80 f. *καὶ τοῦτο πρῶτον γίνωσκε ὅτι εὐδόκησεν ὁ θεὸς κοινόβιον ταύτην γενέσθαι τὴν λαύραν.* p. 88 *σὲ δὲ πρὸς τὴν ἐμὴν ἀφικέσθαι λαύραν χρὴ καὶ τὰ μὲν κελλία τῶν ἀδελφῶν ἐκ βάθρων αὐτῶν καθελεῖν, κοινόβιον δὲ ἀνοικοδομῆσαι... οὐδὲ γὰρ λαύραν, ἀλλὰ κοινόβιον μᾶλλον εἶναι τῷ θεῷ δοκεῖ.* Aber ebenso können umgekehrt Könobiten, die den Drang und die Kraft zum Anachoretenleben in sich verspüren, Eremiten werden vergl. z. B. den Lebensgang des heil. Sabas: er ist zuerst Mönch im Kloster *Φλαβιαναὶ* in Kappodokien vit. Sab. p. 223 A; verlässt es, zwar mit Zustimmung des Hegumenos, aber doch heimlich; ist dann 12 Jahre im Theoktistoskloster und erhält nach dieser Zeit von Euthymios[2]) auf Empfehlung

---

1) Markianos, der unmittelbare Vorgänger des Sabas und Theodosios, war vom Patriarchen Salustios mit der Aufsicht über beide Zweige des Mönchtums betraut worden (vergl. Usener S. 195 f.), hatte jedoch diese Würde nur kurz innegehabt. Von dessen zwei Vorgängern, Elpidios und Gerontios, war Gerontios zur Zeit des Chalcedonense schon in dieser Stellung (vergl. vit. Euthym. p. 56) und Elpidios war der Nachfolger eines Passarion, dessen ganze Amtszeit vor 451 fällt.

2) Euthymios muss gefragt werden, weil er der *ἀρχιμανδρίτης* ist; das

seines Abtes Longinos die Erlaubnis (p. 232 B) τὰς πέντε τῆς ἑβδομάδος ἡμέρας ἡσυχάζειν ἐν τῷ πρὸς νότον σπηλαίῳ. Mit 35 Jahren [1] (p. 234 A) löst er den Verband mit dem Kloster völlig und zieht sich in die Wüste Kutila zurück. Und es ist nicht etwa Ausnahme, dass einer, der Anachoret wird, vorher in einem Könobion gewesen ist; vielmehr gilt es als korrekt, die Schule des Könobion durchzumachen, bevor man in eine Laura eintritt: nach der vit. Euthym. p. 68 sagt Euthymios zu Sabas: οὐκ ἔστι δίκαιον, τέκνον, νεώτερόν σε ὄντα εἰς λαύραν μένειν· μᾶλλον γὰρ νεωτέροις ἐν κοινοβίῳ λυσιτελεῖ. Theod. vit. Theodos. S. 12, 12 ff. ἀπείρῳ γε ὄντι μοι τέως καταστάσεως μοναχικῆς οὐκ ἀσφαλὲς τοῖς τῆς πονηρίας κατὰ μόνας προσπαλαίειν πνεύμασιν, ... λείπεται οὖν ἁγίοις με πρότερον μαθητευθέντα πατράσιν εἶθ᾽ οὕτως τοὺς ἐκ τῆς ἡσυχίας φυομένους κατὰ μόνας δρέψασθαι καρπούς.

In dieser Ordnung, dass man von dem könobitischen Leben in reiferem Alter zum Anachoretenleben übergehen kann, liegt schon ein deutlicher Fingerzeig, welches Rangverhältnis sich zwischen den beiden Formen des Mönchtums herausgebildet hat: das Könobion ist die Elementarschule, das Anachoretenleben ist die Stufe der Vollkommenheit. Dieser Primat des Anachoretentums wird auch überall direkt bezeugt: Theod. vit. Theodos. S. 14, 13 Theodosios tritt aus aus dem Kloster τοῖς τελεωτέροις τῆς ἀσκήσεως προσβαίνειν βουλόμενος πόνοις, ὅπως ἀναβάσεις ἐν τῇ καρδίᾳ αὐτοῦ διατιθέμενος ἀπὸ δόξης εἰς δόξαν μετιὼν μὴ λήξει τὴν θείαν ἀεὶ ἀλλοιούμενος ἀλλοίωσιν. Cyr. vit. Sab. p. 226 C ἀπὸ δόξης τοίνυν εἰς δόξαν προκόπτειν ἐπειγόμενος καὶ ἀναβάσεις ἐν τῇ καρδίᾳ διατιθέμενος δέκα χρόνους πληρώσας ἐν ταυτῷ τῷ μοναστηρίῳ ἐπιθυμίαν θεάρεστον εἰσδέχεται τὸ τὴν ἁγίαν πόλιν καταλαβεῖν καὶ ἡσυχάσαι ἐν τῇ περὶ αὐτὴν ἐρήμῳ. Bezeichnend in dieser Hinsicht ist auch das Scherzwort, das Sabas, der Vorsteher der Anachoreten, an seinen Kollegen Theodosios, den Archimandriten der Könobien, gerichtet haben soll, vit. Sab. p. 332 C κῦρι ἀββᾶ, σὺ μὲν παιδίων ὑπάρχεις ἡγούμενος, ἐγὼ δὲ ἡγούμενός εἰμι τῶν ἡγουμένων· ἕκαστος γὰρ τῶν ὑπ᾽ ἐμὲ αὐτεξούσιος ὢν τοῦ ἰδίου κελλίου ἡγού-

---

Gesuch hat also den vorgeschriebenen Instanzenzug durchlaufen und ist offiziell genehmigt worden.

1) Es ist wohl nicht zufällig, dass dies gerade das Alter ist, in dem Antonios seine erste Offenbarung erhält, nach der er sich in die Wüste zurückzieht. — Es ist dies einer der Beweise dafür, wie man die vita Antonii als Norm betrachtete.

μενός ἐστι. Theodosios soll ganz beifällig erwidert haben: οὐ τραχύτερος ἐμοὶ ὁ λόγος φανήσεται, ἀλλὰ καὶ λίαν ἡδύτατος.

Die Absicht des Basileios, das könobitische Mönchsideal als das höhere zur Geltung zu bringen, hat sich also nicht durchzusetzen vermocht. Die Könobien haben sich darein gefunden, an zweiter Stelle zu stehen, und wie es scheint, hat sich diese Ordnung ganz von selbst, ohne allen Kampf, ergeben. Dieses Resultat verliert bei näherer Überlegung das Überraschende, das es zunächst hat. Das Ideal des Basileios war im Grund widerspruchsvoll. Basileios feierte als das höchste Ziel die Sammlung aller Gedanken in Gott, als das höchste Glück die entzückte Betrachtung der göttlichen Schönheit. Allein wie konnte sich das vereinigen mit der Aufgabe der Arbeit im Dienst der andern, wie mit der Vorschrift, bis in den Tod sich in den strengsten Gehorsam zu fügen? Die ewige Leitung und Kontrole durch andere konnte doch nur das Selbstgefühl zerstören, das dazu gehört, um den Aufschwung zum Höchsten zu wagen. Es macht Basileios alle Ehre, dass er das gedankenarme anachoretische Ideal durch sittliche Pflichten, die er damit verband, zu bereichern unternahm, aber man darf wohl fragen, ob Basileios selbst, der vornehme, kraftbewusste Mann, es als Mönch in einem seiner Könobien ausgehalten hätte. Der Konflikt, in den Symeon der Theologe durch sein zurückgezogenes Wesen mit seinen Klosterbrüdern geriet, ist nicht zufällig. Den Könobiten, der es mit seiner religiösen Aufgabe ernst nahm, musste es aus einer Gemeinschaft hinausdrängen, die ihn ständig in Anspruch nahm und mit ihrem Treiben ihn zerstreute, während er sich sammeln wollte. Das Ziel, das doch auch Basileios als höchstes anerkannte, die ununterbrochene Hingabe an Gott, konnte nur der Anachoret ganz zu erreichen hoffen und wenn man einmal die Nachfolge Christi im mönchischen Sinn verstand, so war es nur folgerichtig, dass man trotz Basileios erst in dem Eremiten den ganzen Jünger Christi erblickte.

Um so weniger konnte das Könobitentum im Ernst mit dem Anachoretentum um den Vorrang kämpfen, als der eigentümliche Vorzug, den dieses Ideal der Absicht des Basileios nach besitzen sollte, in der Wirklichkeit nicht rein zur Erscheinung kommen konnte. So wie Basileios das Ideal seiner Mönchsgemeinschaft schildert, — ein Abbild der ersten Gemeinde, ein Kreis von Gleichgesinnten, die in brüderlicher Liebe verbunden nach dem Höchsten streben, für die nichts existiert, was ausserhalb ihres Klosters vorgeht, — so verwirklicht hätte dieses Ideal seinen besonderen Reiz ausüben müssen.

Allein die Durchführung dieses Ideals stiess auf viel grössere Schwierigkeiten als die des anachoretischen. Wir sehen bei Kyrill und bei
den übrigen Schriftstellern, wie man in den Klöstern für den andern
Morgen sorgen muss, welche Wirtschaft nötig ist, um die Könobiten
zu erhalten, wie man sich freut über Geld- und Naturaliengeschenke,
wie die Mönche den Aufenthalt in Konstantinopel benutzen, um bei
dem Kaiser, selbst bei dem sonst so bitter gehassten Anastasios zu
betteln — Anastasios erwartet, dass Sabas auch mit etwas derartigem
kommen wird, vit. Sab. p. 299 C —, wo blieb da das idyllische Leben
in der Abgeschlossenheit? In Palästina kam noch besonders die
Pflicht hinzu, fremde Pilger zu beherbergen und zu bewirten: Gast-
freundlichkeit ist ein Ruhmestitel eines Abts neben seinen asketischen
Tugenden Theod. vit. Theodos. S. 99, 22 τρία ἐστὶν τοῦ πατρὸς ἡμῶν
κατορθώματα παρὰ τὰ λοιπὰ γνωριμώτερα· ἄσκησις ἀκριβὴς
μετὰ πίστεως ἀληθοῦς μέχρι βαθυτάτου γήρους παραμείνασα καὶ
ἡ πρὸς τοὺς ξένους τε καὶ πτωχοὺς δαψιλής τε καὶ ἀδιάκριτος
φιλοφροσύνη καὶ τῆς πνευματικῆς λειτουργίας τὸ σύντονον καὶ
μικροῦ δεῖν ἀδιάλειπτον. Doch auch in andern Provinzen muss
diese Seite der Klosterverwaltung sehr entwickelt gewesen sein. Denn
immer wieder begegnet man in der staatlichen und in der kirchlichen
Gesetzgebung dem Verbot, ein Kloster in eine Herberge zu verwandeln
(vergl. die Zusammenstellung bei W. Nissen, die Regelung des Klosterwesens im Rhomäerreich S. 10 ff.). Es ist deshalb kein Wunder, wenn
die Aussicht, Hegumenos zu werden, für manchen ein Grund ist, das
Kloster zu verlassen, Theod. vit. Theodos. S. 14, 10, vergl. auch Paul. vit.
Theogn. S. 83, 10 μετὰ ταῦτα (d. h. nachdem er kurze Zeit Abt gewesen
war) θεωρήσας ἑαυτὸν περισπώμενον, τάχα δὲ ἀποσπώ-
μενον ἐκ τῆς πρὸς θεὸν ἀμερίμνου εὐχῆς ... ἐφοβήθη μήποτε τῇ τοῦ θορύβου πυκνότητι καὶ τῷ πλήθει τῶν χρειῶν ...,
ἀνάξιόν τι τῆς ἄνω κλήσεως δράσῃ ἢ ἐννοήσῃ κτέ.
So hat das Ideal der vita Antonii gegenüber dem des Basileios
das Feld behauptet: nicht in dem Sinn freilich, als ob nun nach der
Anschauung der Zeit der Könobit eine Zwischenstufe zwischen dem
Anachoreten und den Weltleuten eingenommen hätte, — zwischen
dem Anachoreten und dem Könobiten besteht nur ein gradueller
Unterschied, während beide zu der Welt in grundsätzlichem Gegensatz sich befinden [1]), — aber doch so, dass das Anachoretentum die

---

1) Wie bestimmt man damals schon das Mönchtum überhaupt als einen
besonderen Stand von den Laien unterschied, erhellt am besten daraus, dass

Richtung angab und den Geist bestimmte. Hat sich aber der Geist im Mönchtum ungeschwächt erhalten?

Wenn man das Bild des vollkommenen Mönchs, wie es uns aus Kyrill und den andern Schriftstellern in einer Reihe von Gestalten entgegentritt, mit der vita Antonii vergleicht, so ist der stärkste Eindruck, den man erhält, der einer vollkommenen Übereinstimmung in allen entscheidenden Charakterzügen.

Als letztes Ziel erstrebt der Mönch auch jetzt nichts anderes, als die σωτηρία (vergl. Theod. vit. Theodos. S. 92, 20 Mönche = οἱ σώζεσθαι βουλόμενοι) und festgehalten ist, dass nur der gegründete Hoffnung auf das Heil hat, der es ernst nimmt mit der Reinigung des Herzens, der sich, wie man mit Vorliebe sagt, müht um das καθαιρεῖν der λογισμοὶ und das ἐκκόπτειν der πάθη, vit. Euth. p. 14 πάσης γηίνης φροντίδος ἑαυτὸν ἐλευθερώσας μίαν μόνην ἔσχε φροντίδα τὸ πῶς ἀρέσει τῷ θεῷ ἐν προσευχαῖς καὶ νηστείαις. οὐ μὴν ἀλλὰ καὶ πάσης ἀρετῆς ἐπιμελούμενος ὡς ἄριστος γεωργὸς τῶν παθῶν τὰς ἀκάνθας προρρίζους ἐξέτεμε, λογισμοὺς καθαιρῶν καὶ πᾶν ὕψωμα ἐπαιρόμενον κατὰ τῆς γνώσεως τοῦ θεοῦ. Theod. vit. Theodos. S. 5, 6 τοῖς ἱδρῶσι τῆς οἰκείας ἀσκήσεως καὶ τῇ πρὸς θεὸν πεποιθήσει τὸ τῆς θείας χάριτος ἐδιπλασίασε τάλαντον, ὥστε ἄξιον ἑαυτὸν τῆς θείας καὶ μακαρίας ἐκείνης ποιῆσαι φωνῆς τῆς λεγούσης· εὖ δοῦλε ἀγαθὲ κτέ. ib. S. 16, 15 τοιγαροῦν πολλῶν οὐσῶν καὶ μεγάλων τῶν παρὰ θεοῦ δοθεισῶν ἡμῖν ἐντολῶν, δι᾽ ὧν καθαίρεται μὲν ψυχὴ περιαιρουμένη τῆς λύμης τῶν παθῶν, φωτίζεται δὲ νοῦς τῇ πρὸς τὴν θείαν ἔλλαμψιν ἑνώσει, ἀρέσκεται δὲ θεὸς ὁρῶν τῶν ἰδίων κτισμάτων τὴν ἐπανόρθωσιν, ἑκάστης μὲν ὁ τοῦ Χριστοῦ θεράπων προθύμως εἴχετο κατὰ δύναμιν ὑπὲρ δὲ πάσας τῷ θείῳ ἔρωτι τῆς ἀγάπης κάτοχος ἦν. 17, 8 ἑκάστην (sc. τῆς ψυχῆς ἐνέργειαν) ἐν ἰδίῳ καιρῷ προσφόρως κινῶν μέχρις αἵματος πρὸς τὴν ἁμαρτίαν ἀντηγωνίζετο, ὅπως ἡ αὐτοῦ καθαρὰ καρδία καθαρῶς ἐποπτεύσῃ τὸν θεόν. In unverminderter Stärke hat sich aber auch die Vorstellung erhalten, dass der, der in die Tiefe dringt und die πάθη mit den Wurzeln ausrotten will, von den Dämonen daran gehindert wird und mit ihnen den entscheidenden Kampf ausfechten

---

Dionysios Areopagites ein besonderes Mysterium der Mönchsweihe aufstellt. Ein derartiger Ritus findet sich allerdings in den historischen Schriften dieser Zeit, soviel ich sehe᾽, nicht bezeugt; denn gewirkt hat damals der Areopagite noch nicht.

muss: Theodosios getraut sich nicht, sofort Anachoret zu werden, weil er zuerst lernen muss, die bösen Geister zu bestehen, Theod. vit. Theodos. S. 12, 10 ff., von Sabas heisst es vit. p. 234 B τῇ τε ἡσυχίᾳ καὶ τῇ ἀσιτίᾳ καὶ ταῖς ἀπαύστοις προσευχαῖς σχολάζοντος ... φθονήσας ὁ διάβολος πολλοὺς ἐπενόει κατ᾽ αὐτοῦ πειρασμοὺς βουλόμενος αὐτὸν τῆς τοιαύτης ἀποστῆσαι διαγωγῆς. Auch in der konkreten Ausgestaltung dieses Gedankens finden sich Übereinstimmungen mit der v. A. Selten begegnet man zwar der Idee, dass die Dämonen sich in allerhand kriechendes Gewürm verwandeln, (doch vergl. z. B. vit. Sab. p. 234 B ὁ διάβολος ... μετασχηματισθεὶς εἰς ὄφεις καὶ σκορπίους ἐπειρᾶτο ἐκφοβεῖν αὐτόν); aber dafür nehmen andere ähnliche Kämpfe um so breiteren Raum ein: an Stelle der Bedrohungen durch Spukgestalten treten hier Abenteuer mit Löwen und Sarazenen; Furchtlosigkeit vor wilden Tieren ist auch ein Stück der ἀπάθεια, ein χάρισμα Gottes, wie in der vita Antonii die Furchtlosigkeit vor den Dämonen Probe des Glaubens ist, vit. Sab. p. 235 C καὶ ἀπὸ τότε ὑπέταξεν αὐτῷ ὁ θεὸς πᾶν ἰοβόλον τε καὶ σαρκοβόρον θηρίον καὶ τοῖς τοιούτοις ἐν ταῖς ἐρήμοις συναναστρεφόμενος οὐκ ἠδικεῖτο. So kann man sagen, die Kämpfe, die der Asket zu bestehen hat, haben nur die Lokalfarbe gewechselt.

Eben dieser Übereinstimmung wegen könnte man freilich gegen unsere Darstellungen misstrauisch werden. Das Bedenken regt sich, ob nicht auf Grund der vita Antonii — Nachahmung im strengen Sinn ist durch die Verschiedenheit des Details und durch die Anschaulichkeit unserer Schilderungen ausgeschlossen — sich ein fester Typus des Heiligen herausgebildet habe, nach dessen Muster diese Gestalten gezeichnet wären. Daran ist wohl richtig, dass gewisse Dinge — namentlich die Schilderung der Jugend und der Lehrzeit des Helden — stereotyp sind, auch dass die Sprache ziemlich viel fixes Ausdrucksmaterial aufweist. Aber andererseits: unsere Autoren sind keine Hagiographen, die nur für ein lesendes Publikum, das erbaulich unterhalten sein will, schreiben; sie schreiben noch unter dem frischen Eindruck der von ihnen geschilderten Persönlichkeiten: Kyrill berichtet vieles als Augenzeuge, für anderes kann er bekannte Personen als Gewährsmänner nennen; Theodor hält seine Lobrede kurz nach dem Tode des Theodosios und in dessen eigenem Kloster. Sie wenden sich ferner an ein Publikum, das selbst ein gewisses Bild von den betreffenden Heiligen hat, und auch der praktische Zweck, den sie verfolgen, die Absicht, zur Nachahmung anzufeuern, nötigt sie, bei ihren Schilderungen innerhalb

12*

der Grenzen dessen zu bleiben, was man für möglich und praktisch erreichbar hielt. Wenn man einräumen muss, dass sie bei der Darstellung die einzelnen Züge des Lebens ihrer Helden nach einem gewissen Schema zum Bild zusammenfügten, so folgt daraus nicht, dass der Typus, der ihnen vorschwebte, bloss im Kopf der Schriftsteller existierte; der Typus war ein Ideal, dem man thatsächlich nachstrebte und das auch verwirklicht wurde.

Die Übereinstimmung der von diesen Männern beschriebenen Musterheiligen mit dem Antonios des Athanasios ist vielmehr nach einer andern Seite hin lehrreich: es zeigt sich darin, dass es unmöglich war, dieses Ideal inhaltlich weiter zu bilden. Der Grund liegt hauptsächlich in der mangelnden Fassbarkeit der Eindrücke, in denen man den Erfolg des Strebens zu erleben dachte. Wohl sind es kräftige Gefühle und überwältigende Erlebnisse, in denen der Einzelne persönlich inne wird, dass er dem Ziele[1]) sich nähert — aber es sind keine Empfindungen, die weiter ausgestaltet oder die direkt übertragen werden könnten. Ein Fortschritt kann höchstens in der Methode gemacht werden, wie man für diese Empfindungen den Sinn weckt und bildet. Auch dazu zeigen sich jedoch nur Ansätze. Das Bewusstsein, dass man nur schrittweise das Ziel erreichen könne, ist sehr lebhaft in der Zeit vorhanden: ein stehender Ausdruck für die innere Entwicklung der Heiligen ist $\dot{\alpha}\nu\alpha\beta\dot{\alpha}\sigma\epsilon\iota\varsigma$ $\tau\dot{\iota}\vartheta\epsilon\sigma\vartheta\alpha\iota$ $\dot{\epsilon}\nu$ $\tau\tilde{\eta}$ $\varkappa\alpha\varrho\delta\dot{\iota}\alpha$ (vergl. z. B. Cyr. vit. Sab. p. 226 C, Theodoret hist. rel. c. 12; Mi. 82, 1396 C) und Johannes hat in seiner $\varkappa\lambda\tilde{\iota}\mu\alpha\xi$ den Versuch gemacht, den Weg im Einzelnen darzustellen. Aber eine bestimmte Methode hat sich noch nicht herausgebildet, geschweige, dass man sie theoretisch darzulegen vermöchte: bei Johannes Klimax ist zwar der Anfang ($\pi\epsilon\varrho\dot{\iota}$ $\dot{\alpha}\pi\sigma\tau\alpha\gamma\tilde{\eta}\varsigma$) und der Schluss ($\pi\epsilon\varrho\dot{\iota}$ $\dot{\alpha}\gamma\dot{\alpha}\pi\eta\varsigma$) wohl verständlich, aber dazwischen steht eine Reihe von Tugenden und Tugendmitteln, innerhalb deren kein rechter Fortschritt stattfindet. Als das Gegebene erscheint daher, dass der Anfänger sich zu einem erfahrenen „Athleten" begiebt, und ihm praktisch die Kunstgriffe ablernt. Selbstverständlich ist, dass sich vieles austauschte und sich eine gewisse Gewohnheit darüber bildete, wie man sich disziplinieren und was man als Minimum von einem Asketen verlangen könne. Insofern

---

1) Bei Cassian findet sich ein sicherer Sprachgebrauch, um das Ziel, sofern es ein diesseitiges ist, von dem jenseitigen zu unterscheiden, conl. I, 4; ed. Petschenig 10, 5: finis quidem nostrae professionis . . regnum dei seu regnum caelorum est, destinatio vero, id est scopos, puritas cordis, sine qua ad illum finem impossibile est pervenire.

konnte man von einem κανὼν der ἔρημος reden Cyr. Theodos. S. 107,3
καὶ πρῶτον μὲν ἔρχεται εἰς τοὺς περὶ τὰ Μέτωπα τόπους πρός
τε τὸν μακαρίτην Μαρῖνον τὸν ἀναχωρητὴν καὶ πρὸς τὸν ἀββᾶν
Λουκᾶν τὸν Μετωπινὸν καὶ τὸν τῆς ἐρήμου κανόνα παρ᾽
αὐτῶν ἐκμανθάνει, οὓς ἐν πρώτοις ὁ ἐν ἁγίοις Εὐθύμιος τὴν
μοναχικὴν ἐπαίδευσεν ἀκρίβειαν [1]). Aber der höher Strebende muss
auch in der Methode seine eigenen Wege suchen. Jeder der grossen
Asketen hat seine Spezialität: Theodosios hat 30 Jahre lang kein
Brod gegessen (Theod. S. 20, 4), Euthymios nie auf der Seite liegend
geschlafen (vit. Euth. p. 43) u. s. f.[2]) Die gute Kehrseite der Unde-
finierbarkeit des Ideals war jedoch, dass es dem individuellen Streben
ausserordentlichen Spielraum liess und kein Ausruhen bei einem
bestimmten Punkte verstattete, auch dann nicht, wenn der Asket die
Herrschaft über sich selbst errungen hat.

Die Leistung, die jene Männer vollbrachten, ist, auch wenn das
Ideal nicht fortgebildet wurde, gross genug. Die Kunst war, das
Ideal auf der Höhe zu halten, und diese Aufgabe haben sie gelöst.
Darum finden wir bei ihnen aber auch das volle Selbstbewusstsein,
im Besitz der höheren Gaben zu sein, mit denen Gott seine Heiligen
in ihren Kämpfen unterstützt und für ihre Siege belohnt. Keine vita
versäumt, wenn sie das Wachsen ihres Helden schildert, zugleich
hervorzuheben, wie mit der fortschreitenden Überwindung des Bösen
ein Zunehmen an geistlicher Kraft Hand in Hand ging: vit. Euthym.
p. 14 f. ὑπερενίκα δὲ ὁ μέγας Εὐθύμιος ἁπλότητι ἤθους καὶ πραότητι τρόπων καὶ ταπεινοφροσύνῃ καρδίας. διὸ καὶ τὴν τοῦ
ἁγίου πνεύματος χάριν ἐδέξατο καθὼς ὁ θεῖος λόγος ἔφησεν·
ἐπὶ τίνα ἐπιβλέψω κτέ. ἐντεῦθεν ἡ πρὸς τὸν θεὸν παρρησία ηὔξανεν αὐτῷ καθ᾽ ἑκάστην ἡμέραν. p. 44 ἐπειδὴ τοίνυν
πάσῃ σπουδῇ τὴν ἐκείνου ἐμιμήσατο πολιτείαν καὶ τῶν ἐκείνου προσόντων χαρισμάτων ἠξιώθη ἐν ἀπολαύσει γενέσθαι τῆς τε τοῦ παναγίου πνεύματος μετουσίας καὶ τῆς τοῦ

---

1) Von Sabas wird vit. p. 353 B ausdrücklich bezeugt, dass er παραδόσεις
für seine Klöster begründet habe: παραγγείλας αὐτῷ (sc. seinem Nachfolger)
τὰς παραδόσεις τὰς παραδοθείσας ἐν τοῖς ὑπ᾽ αὐτὸν μοναστηρίοις ἀτρώτους
διαφυλάξαι δοὺς αὐτῷ ταύτας ἐγγράφως. Vergl. auch Antiochos Pandektes Mi. 89, 1425 B C. — Wie weit das sog. Typikon des Sabas auf ihn
zurückgeht, ist eine noch ungelöste Frage.

2) Teilweise sind das freilich Leistungen, die nicht sie erst erfunden haben,
wie Kyrill selbst in der vita Euthymii hervorhebt. — Vergl. über diese Dinge
O. Zöckler, Askese und Mönchtum[2]. 1897.

θείου φωτὸς ἐλλάμψεως καὶ τοῦ διορατικοῦ χαρίσματος. vit. Sab. p. 239 B ἐποίησε δὲ ἐν τῷ χειμάρρῳ τούτῳ μόνος ἔτη πέντε καθ᾽ ἑαυτὸν ἐν ἡσυχίᾳ ὁμιλῶν μόνῳ θεῷ καὶ τὸν τῆς διανοίας ὀφθαλμὸν ἐκκαθαίρων πρὸς τὸ ἀνακεκαλυμμένῳ προσώπῳ τὴν δόξαν κυρίου κατοπτρίζεσθαι ἡττηθέντων ἤδη τῶν πονηρῶν πνευμάτων, vergl. auch Joh. Clim. scala par. gr. 26; Mi. 88, 1033 A B ἐν μὲν γὰρ ἡμῖν τοῖς νηπιωδεστέροις αὕτη ἡ τοῦ κυριακοῦ θελήματος πληροφορία, ἐν δὲ μέσοις ἡ τῶν πολέμων ἴσως ἀναχώρησις, ἐν δὲ τελείοις ἡ τοῦ θείου φωτὸς προσθήκη καὶ περιουσία, D οἱ μὲν τῇ ψυχῇ ἀσθενεῖς ἐκ τῶν τοῦ σώματος περιστάσεων καὶ κινδύνων καὶ τῶν ἐκτὸς περισπασμῶν τὴν πρὸς αὐτοὺς ἐπίσκεψιν τοῦ κυρίου γνωριζέτωσαν, οἱ δὲ τέλειοι ἐκ τῆς τοῦ πνεύματος παρουσίας καὶ τῆς τῶν χαρισμάτων προσθήκης. Es ist ein Axiom bei allen diesen Schriftstellern, dass die Seele, die doch Gottes Ebenbild ist, Gott muss schauen können, wenn nur die durch die Sünde hervorgerufenen Trübungen des Spiegels entfernt sind; die göttlichen Kräfte im Menschen müssen sich regen und äussern, sowie die Sünde, die uns anklebt und uns träge macht, abgestreift ist, Theod. vit. Theodos. S. 17, 6 ταύτας γοῦν τὰς νοερὰς τῆς ψυχῆς ἐνεργείας ὡς καλὸς τεχνίτης ὁ τοῦ θεοῦ φίλος Θεοδόσιος συναρμόσας καὶ ἑκάστην ἐν ἰδίῳ καιρῷ προσφόρως κινῶν μέχρις αἵματος πρὸς τὴν ἁμαρτίαν ἀντηγωνίζετο ὅπως ἡ αὐτοῦ καθαρὰ καρδία καθαρῶς ἐποπτεύσῃ τὸν θεὸν τὸν πρὸς αὐτὴν τὴν καθαρότητα τοῦ θείου φωτισμοῦ μετροῦντα τὴν ἀντίδοσιν. vit. Euthym. p. 26 θεοῦ ἐνοικοῦντος καὶ ἐπαναπαυομένου ἀνθρώπῳ τινὶ πάντα αὐτῷ ὑποτάσσεται ὡς τῷ Ἀδὰμ πρὶν ἢ παραβῇ τὴν ἐντολὴν τοῦ θεοῦ· οὐ μόνον δὲ τὰ θηρία, ἀλλὰ καὶ αὐτὰ τὰ στοιχεῖα τῷ τοιούτῳ ὑποτάσσεται, vergl. auch Theodoret hist. rel. c. 1; Mi. 82, 1293 D οὕτω τὸ σῶμα κατατρύχων καὶ τὴν πνευματικὴν τροφὴν διηνεκῶς προσέφερε τῇ ψυχῇ καὶ τὸ τῆς διανοίας ὀπτικὸν ἐκκαθαίρων καὶ κάτοπτρον διαφανὲς τοῦ θείου παρασκευάζων πνεύματος ἀνακεκαλυμμένῳ προσώπῳ κατὰ τὸν θεῖον ἀπόστολον τὴν δόξαν κυρίου κατοπτριζόμενος τὴν αὐτὴν εἰκόνα μετεμορφοῦτο ἀπὸ δόξης εἰς δόξαν. Wunder des Geistes und der Kraft werden daher von jedem grossen Mönch erzählt; sie werden teilweise von Augenzeugen uns berichtet, so dass gar kein Zweifel darüber möglich ist, dass der Glaube an derartige Fähigkeiten des Asketen schon die Auffassung der Ereignisse selbst beherrschte. Wir erhalten hier anstatt der der summarischen Angaben der vita Antonii konkrete Bilder — Schilderungen, die uns deutlich den inneren Zusammenhang dieses Glaubens mit der ganzen Weltanschauung erkennen lassen. Man erwartet überall, wo ein berühmter Asket auftritt, etwas Aussergewöhnliches und auch das natürlichste Eintreffen von Erfolgen erscheint durch die Mitwirkung übernatürlicher Kräfte herbeigeführt oder doch mit bedingt: die Welt, die das leibliche Auge wahrnimmt, ist ja nur ein Ausschnitt des Ganzen, in dem wir in Wirklichkeit leben; jeden Augenblick, bei jedem Ereignis kann der Zusammenhang der sichtbaren Welt mit dem νοητὸς κόσμος mitspielen und es ist vorauszusetzen, dass er mitspielt, wenn ein Mann handelt, dem die Geheimnisse jener Welt offenbar sind und der mit den dort herrschenden Mächten in Beziehung steht (vergl. auch die treffenden Bemerkungen von Usener, der heilige Theodosios, S. XXff.). Es wäre zwecklos, diese Wundererzählungen in ihren einzelnen Kategorien vorzuführen; ich hebe nur hervor, dass unter den Wunderkräften die Fähigkeit, διορατικὸς zu sein, — was ebenso das Vermögen in die Tiefe zu blicken, wie in die Zukunft zu schauen bedeutet — besonders hoch geschätzt ist, vergl. vit. Euthym. p. 61 f. καὶ τοῦτο τὸ χάρισμα ἐδέξατο παρὰ θεοῦ ὁ πεφωτισμένος Εὐθύμιος ὥστε ἐκ τῆς ὄψεως τοῦ φαινομένου σώματος θεωρεῖν αὐτὸν τὰς ψυχικὰς κινήσεις καὶ ἐγίνωσκε ποίοις λογισμοῖς παλαίει ἕκαστος καὶ ποίων μὲν περιγίνεται, ὑπὸ ποίων δὲ κατακυριεύεται. Theod. vit. Theodos. S. 87, 11 (wie Theodosios ein Erdbeben in Antiochia geschaut hat): ὢ νοερῶν ὀμμάτων καθαρότητος ἐσόπτρου δίκην τηλαυγεῖς τὰς τῆς θείας ἐνεργείας τρανῶς εἰσδεχομένης ἀκτῖνας· ὢ νοερῶν ὀμμάτων καθαρότητος μὴ διαμαρτούσης τῆς μακαριότητος ἐκείνης τῆς διὰ τοῦ τὸν θεὸν ὄψεσθαι τοῖς καθαροῖς ἐπηγγελμένης τῇ καρδίᾳ.

Aber ein Zug an diesen Wundererzählungen ist besonderer Beachtung wert — die Höhenlage, auf der sich die berichteten Thaten bewegen. Unbefangen werden den grossen Asketen Wunder zugeschrieben, in denen sich die von den Propheten vollbrachten, ja auch die Christi und der Apostel wiederholen, vergl. z. B. Theod. vit. Theodos. S. 70, 25 ff. die Heilung einer kranken Frau, die der Geschichte vom blutflüssigen Weibe nachgebildet ist, vergl. auch vit. Sab. p. 328; vit. Euthym. p. 32 eine wunderbare Brotvermehrung und Speisung; ib. p. 51 erbittet Euthymios Regen u. ä.; vergl. bes. auch Theodoret's hist. rel. Es steht auf derselben Linie, wenn Kyrill die Asketen ihre Wahrsprüche ganz im Stil der alten Propheten aussprechen lässt, vit. Theod. S. 108, 1 ἰδοὺ ἡμέραι ἔρχονται λέγει κύριος. vit. Euthym. p. 33 πορεύου ὡς εἶπόν σοι, ὅτι τάδε λέγει τὸ πνεῦμα τὸ ἅγιον· φάγονται καὶ καταλείψουσιν; beachte auch die letzten Worte des Euthymios vit. p. 81 ἐὰν εὕρω παρρησίαν πρὸς τὸν θεὸν ταύτην πρώτην αἴτησιν αἰτῶ παρ' αὐτοῦ εἶναί με τῷ πνεύματι μεθ' ὑμῶν ἕως τοῦ αἰῶνος. Das ist nicht bloss eine literarische Form, die man halb spielend verwendete. Man ist sich der Tragweite einer derartigen Schilderung wohl bewusst und man verfolgt dabei eine bestimmte Absicht. Die Schriftsteller konstatieren häufig selbst ausdrücklich die Übereinstimmung der zu ihrer Zeit geschehenen Wunder mit den biblischen vergl. Theod. vit. Theodos. S. 76, 10 τοῦτο τῶν Ἐλισσαίου θαυμάτων οὐ δεύτερον ... οὐ ταῦτα προέλεγεν ὁ Χριστὸς ὡς ὁ πιστὸς ἴσα καὶ μείζονα ποιήσει τῶν αὐτοῦ θαυμάτων? Man findet kein Arg darin, die Männer der Gegenwart so hoch zu rühmen, weil man in ihren Thaten eine Erfüllung der Verheissungen Christi sieht. Theodoret, der in seiner historia religiosa mit Vorliebe die Wunder der Mönche mit denen der Apostel und Propheten vergleicht, setzt sich direkt mit der Frage auseinander, ob jetzt noch solche Zeichen geschehen könnten, und er hält denen, die die Wunder der Mönche bezweifeln, entgegen, sie müssten auch die der früheren Grössen in Frage ziehen, hist. rel. praef.; Mi. 82, 1292 C ἡ γὰρ ἐν ἐκείνοις ἐνεργήσασα χάρις, αὕτη καὶ διὰ τούτων ἐνεργηκέναι πεποίηκεν. ἀένναος δὲ ἡ χάρις καὶ τοὺς ἀξίους ἐκλεγομένη οἷον διὰ τινῶν κρουνῶν ἀναβλύζει διὰ τούτων τῆς εὐεργεσίας τὰ νάματα. Noch deutlicher sagt Palladios hist. Laus. c. 52; Mi. 34, 1146 D τί γάρ; οὐκ ἄνθρωποι ἦσαν οἱ ἅγιοι προφῆται καὶ ἀπόστολοι οἱ ταῦτα ἡμῖν ποιεῖν παραδώσαντες ἢ τότε παρῆν μὲν ὁ θεός, νῦν δὲ ἀπεδήμησεν; δύναται ὁ θεὸς ἀεὶ ποιεῖν ταῦτα καὶ οὐδὲν ἀδυνατήσει αὐτῷ. ib. c. 150; Mi. 34, 1252 D πᾶν ὅτι ἂν ὁ σωτὴρ διὰ τῶν ἁγίων ἀποστόλων ἐπετέλεσεν, ταῦτα καὶ νῦν διατελεῖ vergl. auch Paul. vit. Theogn. S. 79, 6 ff. ἀλλ' οὐκ ἄρα μόνοις τοῖς ἀποστόλοις διδόμενον ὑπῆρχε τὸ πιστεύειν εἰς θεὸν καὶ τὰς ἐντολὰς ποιεῖν τῶν τε ἰδίων ἀγώνων καὶ ἱδρώτων τὰς ἀμοιβὰς παρὰ τῆς παντοκρατορικῆς κομίζεσθαι δεξιᾶς, ἀλλὰ καὶ τοῖς μετ' αὐτοὺς μαθηταῖς καὶ μιμηταῖς γενησομένοις τοῦ Λόγου. Wenn man demnach mit vollem Bewusstsein die Wunder der grossen Heiligen denen der alten Heroen gleichstellte, so geht daraus — und dies ist für uns das Wichtige an der Sache — aufs deutlichste hervor, dass

dieses Geschlecht der Überzeugung war, Männer unter sich zu
haben, in denen Geist und Kraft der Apostel in ungeschwächtem
Masse fortlebte; vergl. noch vita Theogn. S. 92, 19 nach der Erzählung eines Wunders παραχρῆμα δὲ θάμβος ἅπαντας τοὺς
παρόντας κατέσχεν καὶ ... ὡς ἕνα τῶν ἐνδόξων ἀποστόλων
ἐμφόβως ἠσπάζοντο καὶ δῶρα προσέφερον. vit. Sab. p. 260 BC von
dem Freundespaar Sabas und Theodosios: γεγόνασι γὰρ ὁμόψυχοι
.., ὥστε ... τοὺς Ἱεροσολυμίτας καλεῖν νέαν ἀποστολικὴν
ζυγὴν Πέτρου καὶ Ἰωάννου. ib. 331 B sagt der Erzbischof von
Jerusalem von Sabas οὗτος ὁ τοῦ θεοῦ ἄνθρωπος, τοῦ ἀποστο-
λικοῦ μετέχων χαρίσματος. Theodoret hist. relig. c. 1; Mi. 82,
1301 B ἤδεισαν γὰρ αὐτὸν ἀποστολικοῖς χαρίσμασι λάμποντα,
1360 C ἑνὸς τοίνυν (sc. θαύματος) μνησθεὶς καὶ οἷόν τινα χαρακτῆρα τῆς ἀποστολικῆς αὐτοῦ καὶ προφητικῆς θαυματουργίας προ-
θείς. Pall. hist. Laus. c. 52; Mi. 34, 1138 A γέγονεν οὖν εὐθὺς δια-
βόητος ὁ ἀνὴρ ὡς ἂν νέος τις προφήτης καὶ ἀπόστολος
τῇ ἡμετέρᾳ γενεᾷ ἐπιφοιτήσας [1]).
Es sind vorwiegend die grossen Mönche, die mit diesen Ehrennamen ausgezeichnet und von denen Beispiele ihres übernatürlichen
Vermögens erzählt werden, aber man darf doch nicht übersehen,
dass nicht nur ihnen, sondern dem Stand an sich die Befähigung
hiezu zukommt. Nur ein gradueller Unterschied trennt den gewöhnlichen Mönch von dem hochgefeierten Heiligen. Denn sowohl der
Geistesbesitz, als das Recht, von Gott etwas Aussergewöhnliches zu
erbitten, (die παρρησία bei Gott), wird in allmählichem Fortschritt
und in abgestuftem Masse erlangt vergl. vit. Euthym. p. 15 ἐντεῦθεν
ἡ πρὸς τὸν θεὸν παρρησία ηὔξανεν αὐτῷ καθ᾽ ἑκάστην
ἡμέραν. Theodoret hist. rel. c. 1; Mi. 82, 1296 A ἐντεῦθεν ἡ πρὸς
τὸν θεὸν αὐτῷ παρρησία καθ᾽ ἑκάστην ηὔξετο τὴν ἡμέραν καὶ
αἰτῶν ἃ τὸν θεὸν αἰτεῖν ἔδει παραυτίκα ἐλάμβανεν. Da ferner
die Bedingungen, unter denen der Geistesbesitz zu stande kommt,
bei jedem Mönch vorhanden sind, so kann jeder das werden, was
die grossen Heiligen waren, wenn er nur ernstlich will, Theod. vit.
Theodos. S. 73, 4 μάθωμεν ἐντεῦθεν, ἡλίκα θαυματουργεῖν ἡ τοῦ
ἀνθρώπου δύναται εἴπερ ἐθέλει φύσις διὰ τῆς τοῦ παναγίου
καὶ προσκυνητοῦ πνεύματος χάριτος. λάβωμεν ὑπογραμμὸν ἐν πᾶσι

---

1) Sehr bezeichnend sind auch die Ausdrücke, in denen man von der
Aufnahme des Asketen in den Himmel redet, Theod. vit. Theodos. S. 96, 20 εἰς
αὐτὸν ἀναβὰς τὸν οὐρανόν. Paul. vit. Theogn. 80, 4 f. τῶν δεσμῶν τοῦ σώματος μετ᾽ εὐφροσύνης ἀπολυθεὶς εἰς οὐρανὸν ἀνέστη.

τὰ τοῦ πανευφήμου τούτου κατορθώματα καὶ ὁμοιωθῆναι τούτῳ κατὰ δύναμιν σπουδάσωμεν. Jedem Mönch an und für sich wird daher das Vorurteil entgegengebracht, dass er ein Geistesträger im spezifischen Sinn ist und dass seine Fürbitte bei Gott besonderes Gewicht hat, Theod. vit. Theodos. S. 86, 26 ἡ ὑπ' αὐτὸν θεόπνευστος ποίμνη. Cyr. vit. Sab. p. 240 BC ἔφθασε τῇ τοῦ θεοῦ χάριτι ἡ αὐτοῦ συνοδία μέχρις ἑβδομήκοντα ὀνομάτων πάντων θεοπνεύστων, πάντων χριστοφόρων, οὓς ἐάν τις καλέσειε χορὸν ἀγγέλων ἢ δῆμον ἀθλητῶν ἢ πόλιν εὐσεβῶν ἢ ἑβδομήκοντα ἀποστόλων ἕτερον νέον χορὸν οὐ διαμαρτήσῃ τοῦ πρέποντος. Ob in einem Kloster gute Zucht herrscht, lässt sich daran konstatieren, dass viele sich dort befinden, die sichtbarlich Geistesgaben besitzen, Joh. Clim. scal. par. gr. 4; Mi. 88, 688 A πολλοὶ γὰρ παρ' αὐτοῖς τοῖς ὁσίοις ἀνεδείχθησαν πρακτικοί τε καὶ διορατικοί, διακριτικοί τε καὶ ταπεινόφρονες. Pall. hist. Laus. c. 52; Mi. 34, 1137 BC ὀγδοηκοστοῦ γὰρ ὢν ἔτους μέγα μοναστήριον ἑαυτῷ συνεκρότησεν τελείων ἀνδρῶν πεντακοσίων δυναμένων σχεδὸν πάντων σημεῖα ποιεῖν. Wie sehr man es von jedem rechtschaffenen Mönch erwartete, dass er Wunder thun könne, zeigt die Aufforderung Pall. hist. Laus. c. 59; Mi. 34, 1161 A εἰ κατὰ ἀλήθειαν ἀσκεῖτε, τὰ σημεῖα λοιπὸν τῆς ἀρετῆς ἐπιδείξασθε; ebenso erkennt man es aus der Erinnerung, zu der sich Johannes Klimax veranlasst sieht, scal. par. gr. 25; Mi. 88, 1000 AB ἄνευ μὲν προρρήσεων καὶ ἐλλάμψεων καὶ σημείων καὶ τεράτων πολλοὶ τῆς σωτηρίας τετυχήκασιν, ἄνευ δὲ ταύτης (sc. τῆς ταπεινοφροσύνης) οὐδεὶς ἐν τῷ νυμφῶνι εἰσελεύσεται.

Die Legenden geben uns aber auch ein Bild davon, in welchem Masse der Glaube an die höhere Befähigung der Mönche für das religiöse Leben der Weltleute von Bedeutung war. Überall ist ersichtlich, dass die πίστις zu einem gottbegnadeten Mönch in dem Kreise, in dem er bekannt ist, ein wichtiges Stück der Frömmigkeit bildet. Nur gegenüber einem schwer zu überwindenden Vorurteil ist es nötig hervorzuheben, dass die Verehrung nicht erst nach dem Tode des Heiligen begann: so gewiss die Gaben bei seinen Lebzeiten schon in ihm vorhanden waren, so gewiss fühlte man sich auch veranlasst und berechtigt, ihn aufzusuchen und um seine Hilfe anzurufen. Der schlagende Beweis dafür, dass noch lebende Mönche als Wunderthäter und Propheten verehrt wurden, liegt darin, dass mehrere Legendenschreiber Leute der Gegenwart schon als Heilige geschildert haben. Kyrill von Skythopolis schreibt seine vita des Johannes Hesychastes, während dieser noch lebt, und erzählt darin schon das entscheidende Zeichen, aus dem sich ergeben hat, dass er die παρρησία bei Gott besitzt. Auch in der vit. Sab. weist er auf ihn mit den Worten hin p. 248 B νῦν δὲ ἡγιασμένον σκεῦος τοῦ παναγίου πνεύματος γεγονότα καὶ τοῖς θείοις κομῶντα χαρίσμασι, φωτοφόρον τε ὑπάρχοντα καὶ μέχρι τοῦ νῦν ἐν σαρκὶ ὄντα καὶ ἀγγελικῶς βιοῦντα καὶ φωτίζοντα ἡμῶν τὰ κατὰ θεὸν διαβήματα. Ebenso hat aber auch Theodoret eine Anzahl noch lebender Asketen in seine historia religiosa aufgenommen; er rüstet sogar für einen Namens Jakobos, jetzt schon die θήκη c. 21; Mi. 82, 1449 A. So sehr erscheint der Heilige schon als eine Art übernatürliches Wesen, dass man ihm zutraut, auch da wirken zu können, wo er nicht persönlich zugegen ist. Nicht nur, dass die Heiligen auch aus räumlicher Entfernung angerufen werden, vergl. z. B. vit. Sab. p. 254 A κύριε ὁ θεὸς τοῦ ἀββᾶ μου Σάβα μή με ἐγκαταλίπῃς; ib. p. 267 B C beschwören (ὤρκωσαν) zwei Räuber zwei Löwen, die ihnen begegnen, mit den Worten: τὰς εὐχὰς τοῦ ἀββᾶ Σάβα, οὗτινος τὴν ἀρετὴν νῦν ἐθαυμάσαμεν, ἀπόστητε τῆς ὁδοῦ, und als die Löwen ὡς ὑπὸ μάστιγος ἐλαυνόμενοι fliehen, οἱ λῃσταὶ . . . ἐλογίσαντο ὅτι ὄντως δοῦλος τοῦ θεοῦ ἐστιν ὁ γέρων, ὅστις καὶ μὴ παρὼν θαυματουργεῖ. Darüber hinaus geht der Glaube, dass der lebende Heilige andern erscheinen kann, selbst Unbekannten, die dann, nachdem sie ihn aufgesucht haben, bezeugen, er sei der Mann Gottes, den sie im Traum oder im Gesicht gesehen hätten: Theodosios erscheint Theod. vit. 77, 21 einem Kind in Alexandrien; ib. 84, 18 einem General, dem er sein Wams als Nothemd geschenkt hatte; von Theognios erzählt Paulos von Elusa S. 101, 3 ff., dass er einem Dux Antipatros erschien, der allgemein bekannt war (ὑμεῖς πάντες οἴδατε), u. s. w.

Aber — und darin liegt der stärkste Beweis, wie ernsthaft dieser Glaube war — die Verehrung war doch keine ganz blindgläubige. Man war sich bewusst, wie sehr man sich in einem Menschen täuschen kann: ein Heiliger in Ägypten, von dem die ganze Stadt glaubt, er sei ihr Schutzpatron (Cyr. vit. Euth. p. 48 die Leute sagen: ὅτι ἐὰν οὗτος ὁ ἅγιος τελευτήσῃ, οὐκ ἔστιν ἡμῖν λοιπὸν ἐλπὶς σωτηρίας· διὰ γὰρ τῆς αὐτοῦ πρεσβείας πάντες ἡμεῖς σωζόμεθα), hat in Wirklichkeit Gott nie gefallen. Die Heiligen selbst sind trotz aller Gnadenerfahrungen bis zu ihrem Tod im Ungewissen, ob sie definitiv die παρρησία bei Gott haben; Euthymios z. B. sagt, wie er sein Ende nahen sieht, vit. p. 81 ἐὰν εὕρω παρρησίαν πρὸς τὸν θεὸν, . . . αἰτῶ παρ᾽ αὐτοῦ εἶναί με τῷ πνεύματι μεθ᾽

ὑμῶν, obwohl vorher von ihm erzählt ist, wie seine παρρησία wuchs und sich bekundete.[1]) So hat man ein starkes Interesse daran, irgendwie festzustellen, ob der dafür Angesehene thatsächlich die παρρησία hat, ob seine πρεσβεῖαι bei Gott etwas vermögen. Es ist darum nicht zufällig, dass Antiochos in seinem Pandektes (hom. 102; Mi. 89, 1741 D) auch die Stelle aus Hermas (mandat. 11, 5 ff.) über die Kennzeichen des wahren πνευματοφόρος mit überliefert: denn man stand in der That wieder vor dem alten Problem. Sicher zu beantworten wusste man freilich die Frage so wenig wie damals. Die Schwierigkeit liegt in der Natur der Sache; göttliche Gaben sind etwas Inkommensurables. Es lassen sich höchstens empirische Merkmale für den falschen Propheten angeben, den wahren kann nur der sicher erkennen, der selbst διορατικὸς ist. In der Praxis entschied, so lang der Mönch lebte, neben dem Erfolg — dem Eintreffen seiner Vorhersagungen und der Erfüllung seiner Bitten — der unmittelbare Eindruck seiner ganzen Persönlichkeit darüber, ob man πίστις zu ihm hatte oder nicht.

In ihrer ganzen Schwere empfand man die Frage aber erst beim Tode des Heiligen, wenn es sich darum handelte, das Verhältnis zu ihm fortzusetzen und auch andern zu empfehlen. Dann galt es unzweideutige Beweise für die παρρησία beizubringen. In dieser Hinsicht spielt ausser den Zeichen, auf die man später das einzige Gewicht legte, — Wunder, die an der θήκη geschehen, Wohlgeruch der Gewänder, Farbe der Gebeine u. s. w. — in damaliger Zeit ein Merkmal die grösste Rolle, das uns schon in der vita Antonii begegnet ist, der Umstand nämlich, ob der Heilige seinen Tod vorausgewusst hat. Die Hagiographen versäumen deswegen nicht, diesen Punkt hervorzuheben: Sabas z. B. (vit. p. 352 C 353 A) und Theodosios

---

1) Von dieser Ungewissheit sind übrigens auch die grössten Heiligen, die Apostel, nicht frei vergl. Mac. Aeg. hom. 17 c. 7; Mi. 34, 628 D λέγω δέ σοι, ὅτι καὶ οἱ ἀπόστολοι ἔχοντες τὸν παράκλητον, ὁλοτελῶς οὐκ ἦσαν ἀμέριμνοι. Diese Anschauung wirkt heute noch nach, sofern in der Liturgie auch für die Heiligen, selbst für die Gottesmutter gebetet wird; am bestimmtesten in der Liturgie des Chrysostomos vergl. Brightman, liturgies eastern and western p. 387 ἔτι προσφέρομέν σοι τὴν λογικὴν ταύτην λατρείαν ὑπὲρ τῶν ἐν πίστει ἀναπαυσαμένων προπατόρων πατέρων πατριαρχῶν προφητῶν ἀποστόλων κηρύκων εὐαγγελιστῶν μαρτύρων ὁμολογητῶν ἐγκρατευτῶν καὶ παντὸς πνεύματος δικαίου ἐν πίστει τετελειωμένον, ἐξαιρέτως τῆς παναγίας ἀχράντου ὑπερευλογημένης ἐνδόξου δεσποίνης ἡμῶν θεοτόκου καὶ ἀειπαρθένου Μαρίας. Die rühmenden Prädikate lassen den Widerspruch nur um so greller hervortreten.

(Theodor. vit. S. 94, 7) sind durch eine Offenbarung vorher von ihrem bevorstehenden Ende in Kenntnis gesetzt worden. Welcher Wert auf diese Sache gelegt wurde, ist daraus zu erkennen, dass z. B. ein vom heiligen Sabas eingesperrter Todsünder, der eine Woche vorher seinen Tod angekündigt erhält, sofort als seiner Schuld ledig gilt und sein Leichnam in der Gruft besonders gelegt wird, damit man ihm προσκύνησις erweisen kann (vit. Sab. p. 287 C—290 A). Nicht minder bezeichnend ist, dass Kyrill dieses Merkmal vermisst, wenn er es bei einem notorischen Heiligen nicht überliefert findet. Seine vita Theognii schliesst Kyrill (Anal. Boll. X, 117 f.) mit den Worten: περὶ τὸ τέλος τῆς ἑαυτοῦ ζωῆς ἀνελθὼν ἐν τῇ ἑαυτοῦ μονῇ τῇ εἰς τὴν ἔρημον, ἴσως τοῦ θεοῦ τὸν τῆς κοιμήσεως καιρὸν αὐτῷ ἀποκαλύψαντος ... εἰς τὸν ἄλυπον ... μετέστη βίον: der Heilige ist einsam gestorben; niemand konnte ihn in der kritischen Zeit beobachten und da Kyrill zu ehrlich ist, um keck auszusprechen, was er nicht weiss, so bezeugt er wenigstens seinen guten Glauben. Sehr geschickt hat Theodor bei Theodosios dieses Erfordernis herausgebracht. Theodosios stirbt gerade an dem Tage, auf den er ein Kapitel der ihm unterstellten ἡγούμενοι angesetzt hat. Das wird nun von Theodor dahin gedeutet, er habe das Kapitel angeordnet, um sie zu seinem Leichenbegängnis zu versammeln, — also muss Theodosios von seinem Ende Kunde gehabt haben. Der Grund, warum man diesem Umstand so grossen Wert beilegte, liegt wohl in dem Glauben, dass die so von Gott Gemahnten dann sicher in der rechten Verfassung aus dem Leben geschieden sind; denn: ἐν οἷς ἂν εὕρω ὑμᾶς, ἐπὶ τούτοις καὶ κρινῶ. Wenn Gott selbst es sich hat angelegen sein lassen, sie auf den Tod vorzubereiten, so ist auch gewiss, dass sie bei ihm die παρρησία haben.

Subsidiär kann auch anderes für dieses untrügliche Merkmal eintreten resp. zu ihm hinzutreten. Häufig giebt der Heilige selbst kurz vor seinem Tod ein Zeichen an, an dessen Eintreffen man seine παρρησία erkennen soll: Theodosios nennt ein grösseres Wachstum seines Klosters Theod. vit. S. 91, 20 σημεῖον δὲ τούτου δίδωμι ὑμῖν· ἐὰν μετὰ τὴν ἐμὴν ἀποβίωσιν τόνδε τὸν τόπον ἐπὶ πλεῖον αὐξανόμενον θεάσησθε, γινώσκετε δὴ ὡς παρρησίαν ἔχω πρὸς τὸν θεόν; Sophronios sagt, dass sein Lieblingsschüler ihm unmittelbar im Tode folgen werde, Cyr. vit. Theodos. S. 113, 6 ἐὰν εὕρω παρρησίαν, τῇ ἑβδόμῃ ἡμέρᾳ λαμβάνω σε, vergl. auch Joh. Clim. scal. par. gr. 4; Mi. 88, 689 C ἐὰν τύχω παρρησίας πρὸς κύριον, ἀχώριστός μου γενήσῃ κἀκεῖ διὰ τάχος. Oder gilt als Beweis, dass ein anderer

Heiliger die Seele gen Himmel fahren sieht, wie schon Antonios die des heiligen Amun. Es ist nur eine andere Form derselben Idee, wenn Sabas z. B. himmlischen Lobgesang hört und daraus merkt, dass ein Einsiedler in seiner Nähe gestorben ist, den er am nächsten Tag in seinem κελλίον tot findet (vit. Sab. p. 286 B—287 C) [1]). Interessant ist auch eine auf Sabas selbst sich beziehende Erzählung. Dass er in den Himmel eingegangen ist, wird unter anderem dadurch festgestellt, dass ein anderer Heiliger sich einem zu ihm Betenden fünf Tage lang versagt, und, wie er schliesslich erscheint, sich damit entschuldigt, er sei zum Empfang des heiligen Sabas befohlen gewesen, vit. Sab. 356 A ἐκελεύσϑημεν γὰρ συνδραμεῖν καὶ τῇ ἁγία τοῦ ἀββᾶ Σάβα ψυχῇ ἀπαντῆσαι καὶ ὁδηγῆσαι ταύτην εἰς τὸν τῆς ἀναπαύσεως τόπον.

Auf die Dauer hing natürlich die Verehrung des Heiligen von anderem ab: davon, ob er einen Biographen fand, der ihm ein Denkmal setzte, oder ob ein Kloster ein Interesse daran hatte, seinen Namen nicht untergehen zu lassen. Demungeachtet ist es von Bedeutung, welche Mühe die Legende darauf verwendete, die παρρησία des Heiligen festzustellen; es regt sich darin eine Empfindung von der sittlichen Verantwortung, die derjenige auf sich nimmt, der einem Menschen als seinen Führer und Fürsprecher bei Gott vertraut.

Der Enthusiasmus, den wir als natürliche Begleiterscheinung einer Ungeheures kühn sich zum Ziel setzenden sittlichen Energie in der vita Antonii aufleben sahen, hat also ebenso Wurzel geschlagen, wie die sittliche Anregung, die vom Mönchtum ausging. Wie das Mönchtum durch sein sittliches Streben imponierte, so hat es durch die hohen geistlichen Gaben, in deren Besitz es sich fühlte, das Zutrauen des Volkes gewonnen [2]). Von den grossen Anachoreten, die

---

1) Ähnlich wird später in der vita Pauli iun. c. 44 (Anal. Boll. XI S. 162) das Eingehen einer Seele in den Himmel daran konstatiert, dass das Wehklagen der Geister der Luft vernommen wurde: ὥραν δὲ τὴν αὐτὴν ἅπασι τοῖς παροῦσιν οἰμωγαὶ καὶ ϑρῆνοι.. πονηρῶν πνευμάτων ἠκούσϑησαν πλητομένων τῇ ἀνόδῳ τῆς μακαρίας τοῦ Παύλου ψυχῆς. Zu der Anschauung, dass die Seele bei ihrer Himmelfahrt mit den Geistern der Luft kämpfen muss, vergl. vit. Ant. c. 65.

2) Jedoch hat gerade der Anspruch des Mönchtums auf Charismen naturgemäss immer auch Widerspruch hervorgerufen. Lehrreich ist in dieser Beziehung die vita Pachomii: es erregt Anstoss, dass Pachomios διορατικός sein will AS Mai III Anhang S. 37. — Andererseits dauert auch auf Seiten des Mönchtums die Abneigung gegen das kirchliche Amt fort. Sabas duldet es

auf sich selbst sich zurückziehend den Geist lebendig erhielten, geht
ein Einfluss auf das ganze Mönchtum aus — es ist ihr Enthusiasmus,
der Enthusiasmus der vita Antonii, den wir auch in den Könobien
finden, — und ihr Ruhm strahlt auch zurück auf den einfachen
Mönch, der wenn gleich in bescheidenerem Masse doch demselben
Ziele nachstrebt.

Die Zeit, die uns Kyrill von Skythopolis beschreibt, war die
Blütezeit des griechischen Mönchtums. Die Veränderungen der
politischen Lage des Reichs, die das folgende Jahrhundert brachte,
bilden auch in der Geschichte der Kirche wie in der des Mönchtums
einen tiefen Einschnitt [1]). Die Lage der Kirche wird dadurch gekennzeichnet, dass das Trullanum im can. 37; Rhall.-Potl. II, 388 Bestimmungen trifft, in denen der Keim des Episkopats in partibus
infidelium liegt. Aber auch innerhalb des Mönchtums verspürt man
den gewaltigen Umschwung der Zeit. Bis zu dieser Epoche rechnete
man in den späteren Jahrhunderten die ἀρχαῖοι πατέρες (vergl. z. B.
Symeon iun. or. 7; Mi. 120, 350 ff.: er zählt als Repräsentanten der
alten Zeit auf: Antonios, Arsenios, Euthymios, Sabas, und die Novelle
des Nikephoros Phokas, Zachariae Jus Graeco-Rom. III, 293 τὸν
βίον ὅρα μοι τῶν θείων πατέρων, τῶν ἐν Αἰγύπτῳ φημί, τῶν ἐν
Παλαιστίνῃ, τῶν ἐν Ἀλεξανδρείᾳ). Äusserlich schon machte sich
die Veränderung fühlbar. Es war speziell für das Mönchtum ein
schwerer Verlust, als im 7. Jahrhundert das Land, in dem sich das
Mönchsleben am reichsten und am freiesten entwickelt hatte, in die
Hände der Araber fiel. Das Mönchtum besteht zwar in Palästina
fort — wie ja überall die Klöster die festen Burgen des Christentums

nicht, dass einer seiner Mönche geweiht wird, und unterlässt lieber manches,
als dass er sich an einen Priester gewendet hätte, vit. p. 244 A τὸ μέντοι εἰρημένον ἄντρον τουτέστι τὴν θεόκτιστον ἐκκλησίαν ἐγκαινίσαι ὑπερέθετο, διὰ
τὸ μὴ βούλεσθαι χειροτονηθῆναι πρεσβύτερον ἢ ὅλως κληρικὸν προβαλέσθαι.
ἔλεγεν γὰρ ὅτι ἀρχὴ καὶ ῥίζα ἐστὶ τῶν τῆς φιλαρχίας λογισμῶν ἡ τοῦ κλη-
ρωθῆναι ἐπιθυμία. Seine Gegner machen gegen ihn geltend, das er es unter-
nehme, eine so grosse Laura geistlich zu leiten, ohne selbst eine Weihe zu
besitzen, vit. p. 245 C οὔτε αὐτὸς χειροτονίαν ἔχει οὔτε ἄλλον κληρικὸν γενέσθαι
συνεχώρησε καὶ ἑκατὸν πεντήκοντα ὀνομάτων συνοδίαν πῶς δυνήσεται κυ-
βερνῆσαι.
    1) Wie man in der Auffassung der politischen Geschichte den Abstand
der Zeit vor und nach der Araberinvasion empfand, darüber vergl. C. Neumann,
Die Weltstellung des byz. Reichs S. 1 ff.

in den eroberten Ländern gewesen sind —, aber in kümmerlichen
Verhältnissen und namentlich hören die Wallfahrten, die einst so
viel zum Einfluss des palästinensischen Mönchtums beigetragen hatten,
fast ganz auf. Auch im Innern von Kleinasien war der Friede des
Mönchtums gestört vergl. schon die Einleitung zum Pandektes des
Antiochos Mi. 89, 1421 B. So verschiebt sich von selbst innerhalb
des Mönchtums das Schwergewicht nach den dem Ansturm des Feindes
weniger ausgesetzten Gegenden.

Die Stellung des Mönchtums im Reich und in der Kirche hat
jedoch unter der Bedrängnis der Zeit nicht gelitten. Im Gegenteil!
Wie schon beim Aufkommen des Mönchtums das Elend der wirt-
schaftlichen und politischen Zustände viele bewog, im Kloster Zu-
flucht zu suchen, so wirkten jetzt diese Motive in noch stärkerem
Masse. Ja die inneren Wirren, die mit der äusseren Bedrängnis
im Zusammenhang stehen, bringen es mit sich, dass durchaus nicht
bloss solche, die nichts mehr zu verlieren hatten (vergl. die bissige
Schilderung bei Eustathios von Thessalonich de emend. vit. mon.
c. 26; Mi. 135, 749 A B), dem Mönchsleben sich zuwenden: es erscheint
für die Jahrhunderte, in denen das oströmische Reich seinen Todes-
kampf kämpft, geradezu als charakteristisch, wie viele Männer, die die
höchsten Stellungen bekleidet hatten, ins Kloster treten. Bei denen,
die in der Welt zurückbleiben, äussert sich der Drang, das Seelenheil zu sichern, in zahlreichen Klosterstiftungen und zwar werden
die Klöster nicht etwa in einsamen Gegenden, sondern gerade im
fruchtbarsten Land gestiftet (vergl. die eben zitierte Novelle des
Nikephoros Phokas S. 293 γῆς πλέϑρα μυρία, φιλοτίμους οἰκοδο-
μὰς, ἵππων ἀγέλας, βοῶν, καμήλων ἄλλων κτηνῶν ἀριϑμοῦ κρειττόνων ὅσαι ὦραι κτᾶσϑαι σπουδάζοντες und die fein ironische Stelle
bei Eustathios de emend. vit. mon. c. 178; Mi. 135, 886'A B). So sehr
wächst der Landsitz der Klöster, dass daraus für den Staat eine ernsthafte Gefahr entsteht.

Es ist hier nicht der Ort, auf diese äussere Entwicklung näher
einzugehen. Es wäre auch höchst ungerecht, wenn man urteilen
wollte, dass hauptsächlich das Verlangen nach einem gesicherten
Dasein oder der Ekel an der Intrigue, die die vornehmste Kunst der
byzantinischen Politik ist, den Zudrang zum Mönchsleben hervorgebracht hätte. Selbst Eustathios von Thessalonich lässt hinter
seiner Kritik — und dieses Moment erhebt seine Kritik über eine
blosse Satire — deutlich erkennen, dass das Mönchtum noch ideale
Kräfte in sich barg. Das Mönchtum vermochte es, sich in den neuen

Verhältnissen wiederum zu sammeln. Zwei neue Zentren erhoben sich: Konstantinopel und — freilich ziemlich später[1]) — der Athos. Die Reorganisation von Studion durch Theodoros machte dieses Könobion zu einem Musterkloster (vergl. über die Bedeutung von Studion Ph. Meyer, Die Haupturkunden für die Geschichte der Athosklöster. Leipzig 1894. S. 15 ff.) und stellte das konstantinopolitanische Mönchtum, von dem man bis dahin kaum etwas hört, in die erste Linie.

Wie hat sich aber in diesen veränderten Verhältnissen das innere Leben des Mönchtums gestaltet? Hat sich das Selbstgefühl des Mönchtums, den Geist zu besitzen, behauptet? — Ph. Meyer hat in dem angeführten Buche, indem er die Bedeutung von Justinian's Klostergesetzgebung hervorhob, eine Seite an ihr in den Vordergrund gerückt, die mit der aufgeworfenen Frage in der engsten Beziehung steht. Auf Grund von Meyer's Darstellung müsste man annehmen, dass derselbe Justinian, der die schwierigen Verhältnisse des Reichs in der Folgezeit wesentlich mitverschuldet hat, auch den freien Geist im Mönchtum empfindlich geschädigt hätte. Ph. Meyer bezeichnet S. 12 als das Epochemachende in Justinian's Anordnungen, „dass er das Anachoretenleben in den Lauren verbot und die κοινόβια zur einzig gesetzmässigen Form des Zusammenlebens für Mönche erhob" und er nimmt an, dass die dahin zielenden Verfügungen Justinian's von Erfolg gewesen seien, wenn er ib. Anm. 1 sagt: „Zu Lauren wie in alter Zeit traten diese (nämlich die Anachoreten) aber nicht mehr zusammen". Wäre dies richtig, so hätte der Enthusiasmus im Mönchtum, dessen Träger in erster Linie die Anachoreten sind, durch Justinian einen starken Stoss erlitten.

Leider hat Meyer seine Auffassung für so unmittelbar im Wortlaut der Gesetze J.'s begründet gehalten, dass er es hier und an den verschiedenen Orten, wo er seitdem seine Ansicht wiederholt hat, unterliess, sie ausführlich zu begründen. Wer anderer Meinung ist, ist daher genötigt, sich in Vermutungen darüber zu ergehen, an welche Stellen der Novellen — denn um diese handelt es sich ausschliesslich — Meyer wohl vornehmlich gedacht haben möge.

---

1) Mit Recht findet Th. L. Fr. Tafel (Betrachtungen über den Mönchsstand. Berlin 1847. S. 114) bemerkenswert, dass Eustathios von Thessalonich die Athosklöster nie erwähnt. Wo er das von ihm verhöhnte Mönchtum auf ideale Repräsentanten des Standes hinweisen will, da nennt er die konstantinopolitanischen Mönche.

Sätze, wie nov. 5 c. 3; CJCiv. vol. III ed. Schöll-Kroll. Berlin 1895 p. 32, 4 ff.: ἐπείτοιγε τοὺς ἄλλους, ὅσοις εἰς πλῆθος ἡ ἄσκησίς ἐστιν, ἐν τοῖς καλουμένοις κοινοβίοις εἶναι βουλόμεθα, oder wie nov. 133 praef.; ib. p. 666, 25 ff.: ἤδη μὲν οὖν ἐγράψαμεν διάταξιν βουλομένην τοὺς εἰς πλῆθος ὄντας μοναχοὺς ἐν κοινῷ διαιτᾶσθαι κατὰ τὸ τῶν καλουμένων κοινοβίων σχῆμα, oder endlich nov. 133 c. 1; ib. p. 667, 15 ff.: θεσπίζομεν μηδένα παντελῶς ἰδίαν ἔχειν οἴκησιν μηδὲ τὸ καλούμενον κελλίον ... ἀλλ' ὅλως ὄντων πλειόνων ἀνδρῶν μίαν εἶναι τὴν αὐτῶν συνέλευσιν —

diese Sätze können, wenn man sie ausserhalb des Zusammenhangs liest, so klingen, als ob Justinian die losen Verbände der Anachoreten in Lauren verboten und allen Mönchen befohlen hätte, das könobitische Leben zu führen d. h. entweder zu einem κοινόβιον zusammenzutreten oder sich in die vorhandenen Klöster aufnehmen zu lassen.

Allein dieser Schein ist doch nur vorhanden, wenn man die Sätze aus dem Kontext herausnimmt.

Meyer hat schon die Absicht der justinianischen Gesetzgebung mindestens zu schroff charakterisiert, wenn er als das Bedeutsamste an ihr Verfügungen erscheinen lässt, die gegen das nichtorganisierte Mönchtum, gegen die Anachoreten, gerichtet seien. Um die Sache in das richtige Licht zu rücken, muss man zunächst hervorheben, dass ausgesprochenerweise Justinian's Gesetze sich lediglich mit den μοναστήρια d. h. den κοινόβια beschäftigen. Nur bei dem speziellen Punkt seiner Bestimmungen, dass in den μοναστήρια keine Einzelzellen, noch weniger einzelne Häuschen, sondern gemeinsame Räume für alle vorhanden sein sollen, finden sich Sätze, denen man eine Tragweite auch in Bezug auf das Anachoretentum zuschreiben könnte.

Allein überblickt man das ganze 3. Kapitel der Novelle 5, in dem die zuerst angeführte Stelle steht, so hat Justinian zunächst geboten, dass in den Klöstern, d. h. selbstverständlich in den schon bestehenden Klöstern, keiner für sich in einem ἴδιον οἴκημα leben solle, dann aber doch für die Gereifteren, für die τὸν ἐν θεωρίᾳ τε καὶ τελειότητι διαζῶντες βίον, als τῆς κοινότητος ἐπὶ τὸ κρεῖττον ἐξῃρημένοι, eine Ausnahme gestattet. Hierauf fährt er mit den Worten fort: ἐπείτοιγε τοὺς ἄλλους, ὅσοις εἰς πλῆθος ἡ ἄσκησίς ἐστιν, ἐν τοῖς καλουμένοις κοινοβίοις εἶναι βουλόμεθα. Wer sind die ἄλλοι, um die es sich hier handelt? Nach dem Zusammenhang kann der Satz nur so verstanden werden: abgesehen von den Wenigen, die nicht bloss eigene κελλία, sondern sogar ein ἰδιάζον οἴκημα (ausserhalb des Klosters) haben dürfen, sollen die übrigen (d. h. Klosterleute), sobald es eine Mehrzahl ist, die dort der Askese sich hingiebt, in den darum sogenannten Könobien (d. h. in Häusern, die für ein gemeinsames Leben bestimmt sind und deswegen allen gemeinsame Räume haben) sich aufhalten; wie das Authenticum, die Pointe ganz richtig hervorhebend, paraphrasiert: in his quae vocantur coenobia (id est in communi vita) esse volumus. Mit keiner Silbe deutet Justinian an, dass er hier etwas anderes im Auge hat, als eben vorher, nämlich die schon bestehenden Klöster und das Leben in ihnen. Die Hinzufügung dieses Satzes hat lediglich den Zweck, nach der gestatteten Ausnahme die Regel — gemeinsame Räume, wie es der Idee des κοινόβιον entspricht! — noch einmal einzuschärfen. Auf Anachoreten und Lauren d. h. Leute, die mit einem κοινόβιον gar nichts zu thun haben, bezieht sich die Bestimmung nicht; man müsste denn die Folgerung ziehen, dass Justinian noch weniger als κελλία in den Könobien das unkontrolierte Leben in den Lauren dulden wollte. Aber das hätte der Gesetzgeber Justinian doch wohl aussprechen müssen, wenn er es wirklich hätte nicht dulden wollen.

Vier Jahre nach der Novelle 5 hat Justinian zur Ergänzung und Verdeutlichung der früheren Vorschriften die Novelle 133 erlassen, die die zwei andern oben angeführten Sätze enthält. Die Absicht Justinian's ist auch bei diesen Stellen unzweideutig. Wenn Justinian in der praefatio sagt, p. 666, 25 ff.: ἐγράψαμεν διάταξιν βουλομένην τοὺς εἰς πλῆθος ὄντας μοναχοὺς ἐν κοινῷ διαιτᾶσθαι, so zeigt hier der Wortlaut ganz deutlich, dass Justinian mit seinen Bestimmungen nur das Leben der in (oder bei) einem Könobion sich aufhaltenden Mönche treffen resp. getroffen haben will. Von solchen, bei denen die Bedingung für ein gemeinsames Leben gar nicht vorhanden ist, von Fällen, in denen ein κοινόβιον erst hergestellt werden müsste, verlautet auch hier nichts und von der Pflicht, ein Könobion zu gründen, könnte Justinian doch nicht schweigen. Noch klarer ist die Ausführung in c. 1. In dem Satz p. 667, 15 ff. θεσπίζομεν μηδένα παντελῶς ἰδίαν ἔχειν οἴκησιν μηδὲ τὸ καλούμενον κελλίον, εἰ μὴ μόνος εἴη κατὰ τὸ μοναστήριον ἑνὶ τυχὸν ἢ δύο χρώμενος ὑπουργοῖς ... ἀλλ᾽ ὅλως ὄντων πλειόνων ἀνδρῶν μίαν εἶναι τὴν αὐτῶν συνέλευσιν könnten höchstens die letzten Worte missverständlich sein. Wenn man diese Worte für sich nimmt, könnte man sie als generelles Verbot fassen, dass eine grössere Anzahl von Asketen anders als im *κοινόβιον* zusammenlebt. Aber hier geht ja unmittelbar voran: *εἰ μὴ μόνος εἴη κατὰ τὸ μοναστήριον*, ein Satzglied, das gar keinen Zweifel darüber lässt, dass Justinian nur die Ordnung in den bestehenden Klöstern regeln will. Das *ὅλως* ist somit nur im eingeschränkten Sinn zu verstehen: wenn überhaupt in einem *μοναστήριον* sich ein *πλῆθος* — was das ist, sagt Justinian hier präzis = mehr als einer, mit höchstens zwei Dienern — findet, so sollen sie ein gemeinschaftliches Leben führen.

Meiner Meinung nach ist also von den freien Anachoreten und von Lauren in der ganzen Gesetzgebung Justinian's überhaupt nicht die Rede. Justinian kümmert sich nur um die *κοινόβια* und will, dass dort der *κοινὸς βίος* wirklich durchgeführt werde.

Wenn man sich die thatsächlichen Verhältnisse vergegenwärtigt, so erscheint es auch ganz undenkbar, dass Justinian eine so einschneidende Massregel, wie das Verbot der Lauren in ein paar beiläufigen Sätzen ausgesprochen hätte. Müsste man nicht irgend welche weitere Anordnung erwarten, was die bisherigen Laurenbewohner anfangen sollten, so etwa wie der Kaiser bei der Aufhebung der Doppelklöster nov. 123 c. 36 gleich Näheres bestimmt? Sollten die Laurioten ein Kloster bauen? Der Wunsch, aus der Laura ein Kloster zu machen resp. ein solches mit ihr zu verbinden, war in in der Regel vorhanden; das brauchte niemand zu befehlen; es fehlte immer nur an einem — nämlich am Geld. Oder sollten sie suchen in Könobien unterzukommen? Das war nicht so einfach. Oder sollten sie schlimmstenfalls sich zerstreuen? — Über all diese Fragen, meint man, sei Justinian so leichten Herzens hinweggegangen, während gleichzeitig in Palästina das Laurenleben in so hoher Blüte stand, dass ein eigener Exarch für die Lauren nötig war? Derselbe Justinian, der in Sachen des Origenismus dem palästinensischen Mönchthum entgegenkam?

Wenn Justinian's Gesetzgebung den von Meyer ihr untergelegten Sinn gehabt hätte, so wäre sie jedenfalls gänzlich ohne Wirkung geblieben. Denn wir treffen in der Folgezeit genau die Zustände, die aus Kyrill von Skythopolis bekannt sind: um einen berühmten Eremiten bildet sich ein Kreis von solchen, die sich unter seine Leitung begeben und in einzelnen *κελλία* wohnen; wenn der Kreis noch mehr wächst, kann man unter Umständen an die Gründung eines *κοινόβιον* denken. Ich führe nur einige Beispiele an: die *μονὴ τῶν Ἀγαύρων* auf dem Olymp in Bithynien war im 8. Jahrhundert.

noch eine Laura alten Stils; der Neuling Ioannikios wird dort nicht angenommen mit der Begründung: δεῖ γάρ σε ἐν κοινοβίῳ μονα- χῶν πρότερον εἰσελθόντα τὴν τῆς πρὸς θεὸν ὑμνῳδίας γνῶσιν λαβεῖν μαθεῖν τε ... πολέμους δαιμόνων εἶθ' οὕτως ἡσυχαστι- κῶς καὶ ἐμπείρως εἰς τὴν κατὰ τῶν ἐχθρῶν πάλην χωρῆσαι. Acta S. Joannicii AS Nov. II, 1 p. 339 C. — Ebenso entsteht um Paulos den Jüngeren († 956) herum eine Laura vit. Pauli iun. c. 17; Anal. Boll. XI, 51 οὕτως οὖν ὀνομαστοῦ γενομένου, καὶ ἀστέρος οὐδὲν ἧττον ἀνὰ τὸ σπήλαιον διαλάμποντος πάντες ὅσοι εὔπλαστοι καρδίαι ... παρ' αὐτὸν ἐφοίτων. ... ἔκτιζον δὲ οἱ μὲν καλύβας, οἱ δὲ σπήλαια, οἱ δὲ σκέπην ἄλλως ἰδίαν ἕκαστος ὅπως εἶχε γνώμης τε καὶ χειρὸς καὶ οὕτω κατὰ μικρὸν αἱ θεοφιλεῖς ψυχαὶ προσετίθεντο. p. 52 ἔπειτα διαιρεῖ (sc. Παῦλος) καλῶς καὶ ἐπιστη- μόνως μεταξὺ τῶν τε ἰδιάζειν καὶ καθ' ἑαυτοὺς ζῆν αἱρου- μένων καὶ τῶν τὸ κοινὸν μᾶλλον καὶ συναγελαστικὸν ἀσπαζομένων; in derselben vita ist c. 13; p. 42 noch eine Laura τοῦ σωτῆρος auf dem Latros erwähnt, vergl. auch c. 9; p. 35. — Sogar mit Nennung des Namens beschreibt Christodulos in seiner ὑποτύ- πωσις eine Anachoretensiedelung auf dem Latros; Miklosich-Müller, Acta et diplomata graeca medii aevi VI p. 61: κατὰ συσκηνίας γὰρ ἦμεν ἐν τούτῳ (sc. τῷ ὄρει) ἀσκούμενοι καὶ πῆ μὲν δύο καὶ τρεῖς ἐν τῷ ὀνόματι κυρίου ... ἐτύγχανον προσκαθήμενοι, πῆ δὲ καὶ πλείονες ἐπὶ τὸ αὐτὸ τὸν κοινοβιακὸν βίον εἵλοντο καὶ ἀλλαχοῦ δὲ πολυάριθμον στῖφος διῃρημένον ἅμα καὶ ἡνωμένον ἐφαίνετο, ὡς φέρε εἰπεῖν λαύραν ἀποσώζειν τούτους, κατὰ τὴν τῶν πατέρων ἀρχαίαν παράδοσιν, καθ' ἑκάστην κυριακὴν ἑνου- μένους ... καὶ αὖθις οἴκοι ὑπονοστοῦντας καὶ καθ' ἡσυχίαν ... τὴν ἑκάστης ἑβδομάδος διανύοντας ἑξαήμερον. — Anstatt die ein- zelnen Beispiele zu vermehren scheint es mir schlagender, noch darauf hinzuweisen, dass auch die kaiserliche Gesetzgebung der Folgezeit den Bestand von Lauren nicht bloss voraussetzt, sondern — und aus guten Gründen — die Lauren gegenüber den Könobien bevorzugt. Nikephoros Phokas gebietet in seiner berühmten Novelle de monasteriis, in der er den Versuch macht, der Vermehrung des Landbesitzes der Klöster entgegenzutreten, Zach. Jus Graeco-Rom. III p. 295 ἀπὸ τοῦ νῦν μηδενὶ ἐξέστω μὴ ἀγροὺς, μὴ τόπους μονα- στηρίοις ... παραπέμπειν; aber nicht ohne eine gewisse Ironie fügt er hinzu: κελλία δὲ καὶ τὰς καλουμένας λαύρας ἐν ἐρή- μοις οἰκοδομεῖν μὴ πρὸς κτήσεις καὶ ἀγροὺς ἑτέρας ἐκτεινομένας, ἀλλὰ τῇ περιοχῇ μόνῃ τῇ ἰδίᾳ ὁριζομένας τοσούτῳ τοὺς βουλομένους οὐκ εἴργομεν ὅσῳ καὶ δι᾿ ἐπαίνου μᾶλλον τὸ πρᾶγμα τίθεμεν. Und Manuel Komnenos, noch mit der Zurücknahme der Bestimmungen des Nikephoros beschäftigt, nennt 1158 unter den mönchischen Siedelungen ausdrücklich auch Lauren nov. 61; Zach. Jus Graeco-Rom. III p. 451: ἡ βασιλεία μου ... θεσπίζει καὶ διορίζεται πάντα τὰ σήμερον νεμόμενα ἀκίνητα παρὰ τῶν ἄνωθεν ἀριθμηθέντων μοναστηρίων ἢ καὶ ἡσυχαστηρίων ἢ καὶ ἀναχωρητικῶν κελλίων ἢ λαυρῶν καὶ ἁπλῶς κατοικητηρίων μοναχικῶν .. καὶ οἱονδηποτοῦν δίκαιον .. παρ᾿ αὐτῶν κατεχόμενον νῦν ... ἔχειν τὰς ῥηθείσας μονάς.

Dass das Anachoretentum bis in die letzten Zeiten des Reichs fortbestanden hat[1]), darf hiernach als sicher gelten. Und es existiert nicht etwa bloss spärlich weiter. Wenn man die Verhältnisse in Kleinasien, auf den Inseln, auf dem Athos überblickt, so ist man nicht geneigt, anzunehmen, dass die Lauren numerisch gegen früher zurückgegangen seien. Als Massstab dafür, wie die Hinneigung zum Eremitentum sich eher gesteigert, als vermindert hat, mag es dienen, dass die abenteuerliche Form des Anachoretenlebens, das Stylitentum, sich besonderer Beliebtheit erfreute (vergl. über die Styliten Hippolyte Delehaye, Les stylites. Compte rendu du 3. congrès scientifique international des catholiques. 1894). Die Zunahme der Säulenheiligen bezeugt Eustathios von Thessalonich ausdrücklich de simul. c. 38; Mi. 136, 405 C σεσημείωνται παρὰ τοῖς ἀνέκαθεν ἁγίοις ὀλίγοι μεγάλοι στυλῖται, οἱ οὐρανοβάμονες, οἳ ὅσα καὶ διὰ κλιμάκων τῶν στύλων προσέσχον τῷ οὐρανῷ. ἡ δὲ νῦν γενεὰ οἷα καὶ δένδρα συχνὰ ἐν ξυλόχῳ πολλαχοῦ γῆς τὸ στυλιτικὸν φῦλον ἀναδίδωσιν.

Nicht bloss in seiner Existenz hat aber das Anachoretentum sich behauptet, es hat auch den Vorrang vor dem Könobitenleben unbestritten festgehalten. In direktem Gegensatz zu dem, was Ph. Meyer herauslesen möchte, muss man urteilen: eben Justianian hat dafür gesorgt, dass auch in den Könobien die Hochschätzung des Anachoretentums als des höchsten Ideals für den Mönch sich erhielt. Justinian hat sich dazu verstanden, von seinem Verbot der κελλία in den Könobien Ausnahmen zuzulassen, mit der bezeichnenden Motivierung nov. 5 c. 3; CJ Civ. III p. 31, 38 ff. πλὴν εἰ μή τινες αὐτῶν τὸν ἐν θεωρίᾳ τε καὶ τελειότητι διαζῶντες βίον ἰδιάζον ἔχοιεν

---

1) Nur hingewiesen sei darauf, dass auch in Russland Lauren entstanden.

οἰκημάτιον, οὓς δὴ καλεῖν ἀναχωρητάς τε καὶ ἡσυχαστὰς [1]) εἰώθασιν ὡς κοινότητος ἐπὶ τὸ κρεῖττον ἐξῃρημένους vergl. nov. 133 c. 36 p. 619. So unbedingt galt also das zurückgezogene Leben in der Betrachtung als das höhere, dáss selbst ein Bureaukrat wie Justinian es nicht aus dem Kloster verbannen wollte, und seine gesetzliche Anerkennung eines Anachoretentums innerhalb des Könobion — wenngleich in beschränktem Umfang — drückt einem Brauch, der sich schon seit längerer Zeit entwickelt hatte, das Siegel auf. Indem Justinian dem hesychastischen Leben im Könobion einen gewissen Raum gewährte und den Erprobten diese Lebensweise vorbehielt, hat er den Könobiten ständig daran erinnert, dass es über dem gemeinsamen Leben noch ein höheres Ideal gebe. Wenn Basileios das erlebt hätte, dass in seinen Könobien das Anachoretentum durch eine gesetzliche Bestimmung für die höhere Stufe des Mönchslebens erklärt würde!

Und diese Verfügung Justinian's hat thatsächlich Bestand gehabt. In einer Reihe von Klosterregeln der Folgezeit finden wir, Justinian's Verordnung entsprechend, das Anachoretentum in gewissem Mass geduldet, ja gepflegt. Ich hebe nur das τυπικὸν des Athanasios und die ὑποτύπωσις des Christodulos hervor. Athanasios erlaubt in seinem τυπικὸν (ed. Phil. Meyer, die Haupturkunden für die Geschichte der Athosklöster S. 102 ff.) 5 Laurioten sich in die ἡσυχία zurückzuziehen. Wenn er gleich im Gedanken an die Schwäche des Durchschnittsmenschen die Zahl der Hesychasten beschränkt, so hebt er doch so nachdrücklich wie möglich hervor, dass ihr Leben das vollkommene Mönchsleben sei. Er fängt den Abschnitt über die Hesychasten mit den Worten an 116, 10: εἰ δὲ καί ποτέ τις βουληθείη θεοῦ ἀντιλήψει καὶ συνεργείᾳ τὸν δι' ὑπακοῆς σκυλμὸν ἡσυχίᾳ καὶ μονώσει καὶ καθέδρᾳ κελλίου ἀμείψασθαι, so soll er von dem Vorsteher geprüft werden und die Prüfung soll sich darauf erstrecken: εἰ μετέχει δυνάμεώς τε καὶ ἐργασίας τῶν ἐν κελλίοις καθεζομένων ὡς ἤδη προγυμνασθείς. So wenig Athanasios die Erlaubnis missbraucht haben will, so beschwört er doch seinen Nachfolger, diese κελλία nicht veröden zu lassen (116, 29), und sagt dabei unter anderem 117, 4: πολλάκις γὰρ εὐξάμην ἔγωγε τῷ θεῷ καὶ εὔχομαι τοιούτους πάντας γενήσεσθαι. Ja, er giebt auch entferntere κελλία für solche, die noch einsamer leben wollen, her mit der Mo-

---

1) Es ist vielleicht nicht überflüssig, bei dieser Gelegenheit daran zu erinnern, wie alt der Name „Hesychast" ist.

tivierung: 117, 20 *εἰ δὲ καί τισι δῴη ἰσχὺν ὁ θεὸς ὡς πρὸς ἀναχωρητικωτέραν καὶ μεμονωμένην ἡσυχίαν διὰ μείζονας ἀγῶνας καθίσαι ἢ καὶ δοκιμασίαν πρὸς τοῦτο ποιήσασθαι, μὴ κωλυέσθωσαν,* und er schliesst den Abschnitt, indem er den segensreichen Einfluss von Hesychasten auf das ganze Klosterleben hervorhebt, 118, 4 *πιστεύω δὲ τῷ θεῷ ὡς εἴ γε πέντε εὑρεθεῖεν τοιοῦτοι δι' αὐτῶν καὶ τὴν λαύραν συνίστασθαι καὶ τοὺς ἀδελφοὺς προκόψαι διὰ τάχους ἐπὶ τὰ ἔμπροσθεν εὐχαῖς αὐτῶν, συμβουλίαις καὶ νουθεσίαις πνευματικαῖς*[1]). — Ganz ähnlich spricht sich Christodulos in *ὑποτύπωσις* aus c. 23; Miklosich-Müller, Acta et diplom. gr. VI p. 76: *εἴ τινα ἴδοι ὁ καθηγούμενος ταῖς τοῦ κοινοβίου πρότερον ἀγωγαῖς καὶ τοῖς τῆς ὑποταγῆς ἀθλήμασι στερρῶς ἐνευδοκιμήσαντα, ἔπειτα μέντοι καὶ πρὸς τὸ τῆς ἡσυχίας στάδιον προθύμως ἀποδύσασθαι προαιρούμενον, ἐφεῖναι μὲν αὐτῷ καὶ μὴ ἐμποδὼν γενέσθαι πρὸς κτῆσιν μείζονος ἀγαθοῦ· φθόνος γὰρ οὐδεὶς παρὰ πατρὸς υἱοῖς νουνεχῶς εἰς νοερὰν ἐπειγομένοις ἀνάβασιν.* Er gestattet es Zwölfen.

Noch eine andere Institution in den Könobien, die in der Zeit des Bilderstreits entstanden zu sein scheint, zeigt, dass man innerhalb der Könobien selbst die Tendenz hatte, so viel wie möglich dem Anachoretentum sich zu nähern, — die Einführung des Unterschieds zwischen *μικρόσχημοι* und *μακρόσχημοι.* Die erste Stelle, an der, so viel mir bekannt, von dieser Abstufung die Rede ist, steht in der *διαθήκη* des Theodoros Studites, in den *ἐντολαὶ τῷ καθηγουμένῳ κεφ. ιβ*; Mi. 99, 1820 C *οὐ δοίης ὅπερ λέγουσι μικρὸν σχῆμα, ἔπειτα ὡς μέγα· ἓν γὰρ τὸ σχῆμα ὥσπερ καὶ τὸ βάπτισμα καθὼς οἱ ἅγιοι πατέρες ἐχρήσαντο* (wörtlich übereinstimmend in der ep. ad Nicol.; ib. 941 C). Leider sagt Theodor nichts über die Motive der Unterscheidung, so dass über den ursprünglichen Sinn ein gewisses Dunkel bleibt. Die Sache selbst konnte der Widerspruch Theodor's so wenig aufhalten, dass sogar in den unter seinem Namen laufenden *ἐπιτίμια* auf die verschiedenen Stufen Rücksicht genommen wird: Mi. 99, 1753 D *ἐὰν μοναχὸς μεγαλόσχημος πέσῃ εἰς πάθος .., εἰ δὲ μικρόσχημος κτέ.* 1756 A, *ἐὰν περιπατήσῃ μεγαλόσχημος ἄνευ τοῦ κουκουλλίου αὐτοῦ κτέ.* Ein deutliches Bild erhalten wir dagegen aus Eustathios' von Thessalonich de

---

[1]) Es ist mir unverständlich, wie Ph. Meyer S. 28 angesichts solcher Stellen schreiben konnte: „Das Leben derselben (der Hesychasten) aber schätzt Athanasios geringer, als das Leben in der Gemeinschaft und beweist sich dadurch als einer, der den Geist des grossen Basileios aufgenommen hatte".

emend. vit. mon. bes. c. 6 ff.; Mi. 135, 733 ff. Aus seinen Schilderungen ist zu ersehen, dass der Unterschied so getroffen war, dass
den *μικρόσχημοι* vorwiegend die Geschäfte der Wirtschaft zufielen;
sogar der Abt wurde aus ihnen gewählt und Eustathios kann nicht
genug spotten über die sachkundige, landwirtschaftliche Unterhal-
tung, die dieser *ἡγούμενος* zur Erbauung der Brüder führt. Den
μικρόσχημοι gegenüber repräsentieren die *μεγαλόσχημοι* die Aristo-
kratie im Könobion; sie sind die Vollmönche, die der Welt ganz
abgesagt haben. Hiernach wäre der Sinn der Institution der gewesen, wenigstens einen Teil der Mönche von der Beschäftigung
mit den irdischen Dingen, deren man doch auch im *κοινόβιον* nicht
ganz entraten konnte, zu entlasten und ihnen zu ermöglichen, das
Ideal ohne Abzug durchzuführen. Freilich eine andere Seite der
Sache zeigt uns z. B. Nikephoros Blemmydes in seinem *τυπικὸν*
κεφ. ϑ (Nicephori Blemmydae curriculum vitae ed. Heisenberg 1896
p. 96, 3): *σχήματος δὲ μοναδικοῦ κατὰ τὸν τῆς ἀληθείας λόγον οὐκ*
ἔστι διαφορά, κᾶν ἡ τῶν ὑστερογενῶν ἐπίνοια τὴν ἀρχαίαν πα-
ράδοσιν ὑπενόθευσεν. εἴ τινες μέντοι τοὺς τῆς ἀποταγῆς ὑπο-
δειλιῶντες ἄθλους ὀκνοῦσιν ἀποδύσασθαι διὰ τῶν συν-
θηκῶν πρὸς αὐτούς, ῥακενδυτοῦντες μενέτωσαν ἐς ὃ τὴν ὅλην
συντείνειαν εὐθαρσῶς ὁρμὴν τῆς ψυχῆς πρὸς τοὺς πνευματικοὺς
ἀγῶνας καὶ ἱεροὺς ἐπ’ ἐλπίδι τῶν ἐπάθλων καὶ τὰ τῶν συνθη-
κῶν ἐκπληροῖεν καὶ πρὸ τῶν συνθηκῶν. Aus dieser Stelle sieht man,
dass die Abstufung mindestens auch dazu benutzt wurde, um solchen,
die sich nicht getrauten, die ganze Schwere der Verpflichtung auf
sich zu nehmen, den Eintritt ins Kloster zu ermöglichen. Es ist
wohl anzunehmen, dass beide Motive von Anfang an neben einander wirksam waren. Dass das erstgenannte, das edlere, überwog,
darf man aber doch wohl aus der Bereitwilligkeit schliessen, mit
der den *μικρόσχημοι* die Abtsstelle eingeräumt wurde. Wie sich
die Einrichtung allmählich durchsetzte, wie weit sie überhaupt Eingang fand, — Veranlassung, sie einzuführen, hatten nur Klöster
mit grossem Wirtschaftsbetrieb, städtische dagegen kaum — das ist
hier nicht weiter zu verfolgen (vergl. über die heutigen Zustände
auf dem Athos Ph. Meyer, ZKG XI, 545 ff.); uns genügt, an dem Aufkommen dieser Unterscheidung festzustellen, was sich daraus für
den Geist, der im Mönchtum herrschte, ergiebt: man erkannte die
Gefahr der Verweltlichung, von der das könobitische Mönchtum,
namentlich bei dem zunehmenden Besitz, bedroht war, und man
wollte sich nicht dazu verstehen, das Ideal herunterzusetzen; ein

Teil wenigstens sollte in der Lage sein, das Ideal im höchsten Sinn zu verwirklichen.[1])

Eine wesentliche Voraussetzung für den mönchischen Enthusiasmus: die Hochschätzung des Lebens in der Stille, wo der Sinn für die Welt erstirbt und das Auge sich öffnet für die Geheimnisse des κόσμος νοητός, ist also bestehen geblieben, und zwar sowohl im Anachoretentum selbst, als auch innerhalb der Könobien. Es fanden sich aber auch in allen Jahrhunderten Männer, denen es mit ihrem Mönchtum ernst war, und die den Glauben an den besonderen Geistesbesitz der Mönche immer wieder stärkten. Man darf sich dabei nicht täuschen lassen durch die nicht seltenen Ergüsse über den Niedergang des Mönchtums: es sind die bekannten Lobpreisungen der guten alten Zeit und ebenso zu beurteilen wie diese. Geht man die Urkunden durch, so sieht man, dass nicht bloss der alte Glaube an das Mönchtum unerschüttert war, sondern auch Persönlichkeiten da waren, die der früheren Grössen sich würdig zeigten. — Ich greife nur einzelne Beispiele heraus.

Von dem aus der Geschichte des Bilderstreits bekannten Stephanos dem Jüngeren sagt sein 42 Jahre nach seinem Tod schreibender Biograph Mi. 100, 1149 A B ὁ μέγας πατὴρ ἡμῶν Στέφανος, ὁ ἀληθῶς τοῦ θεοῦ ἄνθρωπος, ὁ τίμιος τῇ ψυχῇ καὶ τῷ σώματι, ὁ τὸν ἀκτήμονα βίον ποθήσας .., ὁ εἰς θεὸν πλουτήσας καὶ τῆς πολυτελοῦς καταξιωθεὶς χάριτος οὗτος λαβὼν παρευθὺ ἐξουσίαν πατεῖν ἐπάνω ὀφεων καὶ σκορπίων καὶ ἐπὶ πᾶσαν τὴν δύναμιν τοῦ πονηροῦ ἐχθροῦ, θεραπεύειν τε πᾶσαν νόσον καὶ πᾶσαν μαλακίαν ἔδειξεν ἡμῖν τὰ τοῦ παραδοξοποιοῦ θεοῦ θαυμάσια, τὴν ἄφθονον χάριν, τὴν βρύουσαν πηγήν, τὰ μελίρρυτα νάματα. — Noch lehrreicher für die Stimmung innerhalb des Mönchtums selbst ist die kurz nach dem Tod des Heiligen geschriebene vita Paulos' des Jüngeren. In ihr wird direkt die Anschauung verhandelt, dass das Mönchtum nicht mehr auf der alten Höhe stehe; sie wird einem

---

1) Es ist mir sehr wahrscheinlich, dass das Abendland seine ganz ähnliche Unterscheidung zwischen den eigentlichen Mönchen und den fratres conversi vom Orient gelernt hat, obwohl ich nicht in der Lage bin, die Mittelglieder nachzuweisen. Es liegt aber nahe anzunehmen, dass diese Institution auf dem Weg über Italien ins Abendland gekommen ist. Die Bedeutung, die Italien für den Austausch zwischen Orient und Occident im Mittelalter hatte, ist sehr zum Schaden der Kirchengeschichtsschreibung noch viel zu wenig studiert worden.

Demetrios in den Mund gelegt Anal. Boll. XI, 59 f. *Δημήτριος τῶν ἐγγυτέρω τούτων χρόνων κατήγορος ἦν σφοδρότατος ἅτε δὴ μεγάλων ὡς πρότερον καὶ θεῷ μεμελημένων ἀπορούντων ἀνδρῶν καὶ ὅτι τὰ θεῖα καὶ μέγιστα τῶν πάλαι χαρισμάτων ἀπέσβη νῦν καὶ οὐδαμοῦ δείκνυται. ποῦ γὰρ ἄρτι τὶς οὕτω θεῷ κεχαρισμένος κτὲ.* Aber Paulos verweist dem Demetrios seine Meinung als Unglaube: wenn Gott lebt, muss er dann nicht gerade so gut bei den Männern der Gegenwart sein wie bei denen der Vorzeit? p. 60 *οὐδὲ γὰρ ἔμαθες ὁμοίως τῷ θεοπνεύστῳ Δαυῒδ καὶ αὐτὸς λέγειν τό· σὺ εἶ αὐτὸς ὁ βασιλεύς μου καὶ ὁ θεός μου, ὃς εὐδόκησας ἐν αὐτοῖς. τίσι δὴ τούτοις; τοῖς προγεγενημένοις πατράσιν ἄντικρυς. ἐπεὶ γὰρ εἷς καὶ αὐτός ἐστιν ὁ καὶ νῦν καὶ τότε θεός .., οὐδένα οὗτος τῶν καθ᾽ ἑκάστην γενεὰν φοβουμένων αὐτὸν ἀποστέργει ..., ἀλλὰ καὶ λίαν μεταποιεῖται καὶ κήδεται καὶ θείων ἀξιοῖ χαρισμάτων.* Auf den Biographen hat die Persönlichkeit des Paulos so erhebend gewirkt, dass er im Eingang der vita mit Selbstbewusstsein sagt, p. 20 *Παῦλος, ὃς τῷ χρόνῳ πολλοστὸς ὢν ἐν τοῖς πρὸς ἀρετὴν εὐδοκιμηκόσιν, οὐδενὸς ἐκείνων εὑρίσκεται δεύτερος. μᾶλλον μὲν οὖν ὅσον ὑστερεῖ τοῖς χρόνοις τοσοῦτον ἐν πόνοις πρωτεύων δείκνυται.* vergl. p. 51 *κρείττων γὰρ αὐτὸς ἑαυτοῦ γινόμενος ἀκολούθως καὶ χαρίτων ἠξιοῦτο μειζόνων ἐπεὶ καὶ ἐλλάμψεσι τρανοτέραις ἐνεφαιδρύνετο καὶ ἐπιστασίαις ἀγγέλων ὡμίλει καὶ ὕμνους αὐτῶν θείους ᾀδόντων ἤκουεν.* — Dafür dass auch das Selbstgefühl des Mönchs gegenüber dem Priesterstand sich erhielt, weise ich hin auf jenes Wort des Johannes Xiphilinos, als er Patriarch werden soll. Wie Psellos, der es selbst uns erzählt, ihn auf die hohe Würde hinweisen will, zu der er nun emporsteige, da erwidert Xiphilinos (Sathas, *Μεσαιωνικὴ βιβλιοθήκη* IV, 448): *κατάβασις ἔφησε τοῦτο ἄντικρυς. τί γὰρ ἂν εἴη τοῦ θεοῦ ἐπέκεινα, οὗ ἐτελούμην ἐγὼ τὰ ἀπόρρητα.*

Aber auch in den Urkunden, in denen die Lebensordnung des Mönchtums festgesetzt und weiter entwickelt wurde, in den *τυπικὰ*, wird der alte Ton von dem geistlichen Charakter der Mönche fortgeführt. Athanasios beginnt sein *τυπικὸν* mit den bezeichnenden Worten (ed. Ph. Meyer 102, 5 ff): *οἱ τὸν μονότροπον τοῦ μονήρους βίου δρόμον εὐστόχως καὶ κατὰ θεῖον σκοπὸν ἐξασκούμενοί τε καὶ ἐξανύοντες καθαριότητί τε νοῦ καὶ ψυχῆς καὶ σώματος ἐπιτηδείους ἑαυτοὺς πρὸς ἔλλαμψίν τε καὶ φωτισμὸν τὸν παρὰ τοῦ ἁγίου πνεύματος εὐτρεπίσαντες οὐ μόνον αὐτοὶ φωτοειδεῖς ἢ θεοειδεῖς εἰπεῖν μᾶλλον ἀποτελοῦνται, ἀλλὰ καὶ*

τοὺς οἱστινοῦν τῶν ἐν κόσμῳ προσομιλοῦσιν. Das ist in
seinem Munde nicht bloss erbauliches Gerede. Dass Athanasios in
vollem Ernst an die Geistesausrüstung jedes Mönchs glaubt, ersieht
man aus der Stelle seines τυπικὸν, an der es sich um die Abtswahl
handelt. Er verwahrt sich dagegen, als ob er durch Festsetzung
einer beschränkten Zahl von Wählern den übrigen Mönchen die
geistliche Qualität absprechen wollte, 128, 19: οὐδὲ γὰρ τοὺς ἄλλους
ὡς μὴ ὄντας πνευματικοὺς καὶ λογίους κωλύομεν τῆς συμβου-
λῆς· πάντες γὰρ θεοῦ χάριτι καὶ πνευματικοὶ καὶ χρήσιμοι καὶ
φρόνιμοι ὑπάρχουσιν.

Aus vielen Beispielen wäre zu belegen, wie dem Selbstbewusstsein des Mönchs der Glaube des Volks entsprach und wie vielfach
man immer noch an den Mönch als an den Verwalter höherer Kräfte
sich wendete. Anstatt Einzelnes vorzuführen, scheint es mir jedoch
richtiger auf den Spötter Eustathios von Thessalonich hinzuweisen,
der durch seine Kritik am deutlichsten zur Anschauung bringt, was
man von dem Mönch zu erwarten sich berechtigt glaubte. Die
Styliten, die nicht imstande sind, geistliche Belehrung zu erteilen,
verhöhnt Eustathios de simul. c. 38; Mi. 136, 405 CD: εἰ δὲ καὶ διδασκαλίαν ἐν τοῖς ἄρτι στυλίταις ἐπιζητοίη τις, πρόφασις τῷ ἰδιώτῃ
στυλίτῃ γίνεται τοῦ μὴ ἔχειν λαλεῖν ἢ καταπνέων ἄνεμος λιγυρὸς
καὶ σκεδάζων τὸ τῆς φωνῆς ἔναρθρον ἢ ἀσκητική τις ἰσχνότης...,
τῆς δὲ κατὰ θεωρίαν ἀρετῆς οὕτω διεκπίπτων κτέ. Dass
Mönche Wunderthäter sein wollen, sagt er de emend. vit. mon. c. 154;
Mi. 135, 857 C: ἀλλ' ὅτε τις τῶν ἁπάντων τολμήσει μὴ ἐπαι-
νεῖν τοὺς τοιούτους ὡς καὶ ἁγίους καὶ λογίους καὶ καὶ θαυμα-
τουργοὺς μηδὲ κατατείνῃ ῥήσεις μακρὰς ἐγκωμίων κτέ. Nicht,
dass Eustathios die Wunder und die Geistesgaben der Mönche überhaupt bezweifelte. Er weiss von Wundern, die bei gottgeliebten
Männern jetzt noch vorkommen; mutet er uns doch sogar — wie
Kyrill in alten Zeiten — zu, ein Wunder von einer immer sich
füllenden Vorratskammer zu glauben, nur dass in seiner Geschichte
wie bei den Krügen des getreuen Eckart, der Segen aufhört, wenn
man das Geheimnis ausschwatzt, de emend. vit. mon. c. 64; Mi. 135,
784 C. Er kann in den begeistertsten Worten die hohe Würde des
Mönchs preisen de emend. vit. mon. c. 10; Mi. 135, 736 BC ἔστι δὴ
τάγμα τι καὶ τὸ μοναχικόν..., στρατὸς ἱερός, θεοῦ παρεμβολή..
στρατιῶται κατὰ τοῦ ἀποστάτου καὶ ἀντάρτου δαίμονος,
ἀγγέλων μιμηταὶ καὶ δι' αὐτὸ φύλακες ἀνθρωπίνων οὐ μόνον
ψυχῶν, ἀλλὰ καὶ σωμάτων, οἷς ὑγιάζουσιν ἀπαλλάττοντες

ἁμαρτιῶν, αἳ καὶ τὴν ἐν ἡμῖν πολλάκις εὐάρμοστον στοιχειακὴν ἁρμονίαν παραλύουσιν .., μύρου θείου ἀγγεῖα ..., ἀποστολικὰ ἐκμαγεῖα ..., παράδεισοι σωτήριοι. Er fordert vom Mönch, dass er mit seinen Gaben andern diene; er soll — so wird sein schwarzes Gewand gedeutet — eine Wolke sein, die das Land befruchtet, de emend. vit. mon. c. 97; Mi. 135, 808 C: ἐὰν δὲ μὴ φαιδρὰ (sc. die Wolke) καὶ φῶς κρύπτουσα καὶ ἐκτινάσσουσα εἰς λάμψιν, τέως γοῦν ὕδωρ ὠδίνουσα, δι᾽ οὗ πιαίνεται γῆ, οὐ μόνον ἡ αἰσθητή, ἀλλὰ καὶ ἡ νοουμένη κατ᾽ ἄνθρωπον .· ἔσται γὰρ καὶ σοὶ καταβρέξαι ὑετῷ τὴν γῆν κατὰ τὸν Θεσβίτην λόγῳ θεοῦ, ὃς ἐν τῷ οὐρανῷ καὶ ἐν τῇ γῇ ποιῶν πάντα ὅσα ἐθέλει, δίδωσι καὶ τοῖς αὐτοῦ θεραπευταῖς ποιεῖν ὅμοια.

Indessen der Enthusiasmus in dieser Zeit hat doch eine andere Färbung, als der der früheren Periode. Es hat sich ein Element eingedrängt, dass sowohl dem Selbstbewusstsein des Mönchtums, als dem Nimbus, der diesen Stand umgiebt, einen etwas anderen Charakter verleiht: der Einfluss des Dionysios Areopagites macht sich auch auf unserem Gebiet bemerklich und die Ideen, die von von ihm ausgehen, greifen ins Innerste der Anschauung vom Mönchtum ein.

Gleich die Grundlage, auf die sich das Mönchtum stellt, ist seit Dionysios in bedeutsamer Weise verändert. Aus einem Versprechen, das der Mönch beim Eintritt in seinen Stand ablegt, ist ein μυστήριον geworden [1]), neben die Verpflichtung tritt damit ein Gnadenakt und die Vorstellung von der Bedeutung dieser Weihe hat sich rasch weiterentwickelt: die Mönchsweihe gilt als eine zweite Taufe, die ebenso wie die erste vollkommen von Sünden reinigt. Der Erste, der die Dionysische Zählung von 6 Mysterien aufnimmt, Theodoros Studites, vertritt zugleich auch schon die fortgebildete Anschauung von der Mönchsweihe. Dass die Mönchsweihe ein μυστήριον ist, so gut wie Taufe und Abendmahl, ist dem Theodoros schon eine Wahrheit, deren Anfechtung einer Erschütterung der Grundlagen des Christentums gleichkommt, vergl. ep. 165 ad Gregorium; Mi. 99, 1524 A B τὸ λέγειν τινὰς τό· πόθεν παρεδόθη τὸ ἀποτάσσε-

---

1) Ich möchte dahingestellt sein lassen, ob der Areopagite an einen irgendwo schon vorhandenen Brauch anknüpft oder selbständig ein Mysterium schafft. Denn bezüglich dieser Schriften scheint mir immer noch alles im Dunkeln zu liegen. Wie langsam sie sich durchsetzten, hat Joseph Stiglmayr (4. Jahresbericht des öffentlichen Privatgymnasiums an der Stella matutina. Feldkirch 1895) gezeigt. Ich verwende deswegen Dionysios erst an dieser Stelle.

σϑαι καὶ γίνεσϑαι μοναχὸν, οὐδὲν ἕτερόν ἐστιν εἰπεῖν ἢ ὅτι·
πόϑεν παρεδόϑη γίνεσϑαί τινα Χριστιανόν; ὁ γὰρ τὸ πρότερον
ϑεσμοϑετήσας ἀποστολικῇ παραδόσει καὶ τὸ δεύτερον ἐξέδωκεν
ἐξ μυστήρια ἐκτεϑεικώς· ... πέμπτον περὶ μοναχικῆς τελειώσεως;
wer eins von diesen Mysterien bestreite, müsse alle, müsse das
ganze Christentum bestreiten. Aus der Art seiner Polemik gegen
die Erteilung des μιχρὸν σχῆμα (vergl. die Stelle oben S. 200) geht
aber noch das weitere hervor, dass er schon die Mönchsweihe als ein
Analogon zur Taufe betrachtet, und bestimmt hat er in seinem
Testament die sündentilgende Kraft des Mönchsgewands hervorgehoben Mi. 99, 1816 C συνομολογῶ δὲ πρὸς τούτοις καὶ τὸ μονα-
δικὸν σχῆμα ὑψηλόν τε εἶναι καὶ ἐπηρμένον καὶ ἀγγελικόν, κα-
ϑαρτικόν τε πάσης ἁμαρτίας διὰ τελείας ἐπιβιώσεως (die
letzten Worte sind wegen einer sofort zu berührenden Frage nicht
zu übersehen). — Zur Ergänzung und Veranschaulichung des aus
Theodoros zu Erschliessenden dient die Schilderung des Aktes, die
sich nicht lange nachher in der vita Stephani findet. Die Szene,
in der Stephanos das Gewand erhält, wird folgendermassen beschrieben Mi. 100, 1089 A B καὶ συνήϑους ὑπηρεσίας γεγονυίας
καὶ τῆς ἀγρύπνου δοξολογίας τῆς ἕωϑεν ἐπιστάσης μετὰ
τὴν τοῦ κανόνος συνήϑη συμπλήρωσιν λαβὼν αὐτὸν ὁ
ϑεοφόρος πατὴρ ἡμῶν Ἰωάννης ἔμπροσϑεν τοῦ ἁγίου σπηλαίου
διὰ τὸ ἀπρόϊτον αὐτὸν εἶναι καὶ κατηχήσας αὐτὸν πλεῖστα ἔφη·
μακάριος εἶ, τέκνον Στέφανε, ὅτι τὴν τήμερον τὴν δευτέραν
κολυμβήϑραν ἀναλαμβάνεις, φωτὶ φῶς προσενδυόμενος καὶ
τὴν δευτέραν τῆς πρώτης τὸ φρούριον. Hier ist also bestimmt
die Weihe als zweite Taufe bezeichnet und wie sehr diese Idee
damals schon ins Einzelne entwickelt war, sieht man an einer späteren Stelle, wo bei der Taufe Namenwechsel stattfindet und ein
Taufpathe erwähnt wird, ib. 1108 A δέδωκεν αὐτῇ τὸ ἅγιον σχῆμα
μετονομάσας αὐτὴν Ἄνναν καὶ γίνεται αὐτῆς ἐν κυρίῳ πατὴρ καὶ
ἀνάδοχος.

Damit dass aus dem Gelübde eine mysteriöse Weihe wurde,
war das Mönchtum zugleich in eine Abhängigkeit von der Kirche
gesetzt und in eine um so bedeutungsvollere, je reicher der kul-
tische Akt, in dem das Mönchsgewand erteilt wurde, sich entwickelte.
An der angeführten Stelle der vita Stephani ist die Feier an einen
Gottesdienst, den Morgengottesdienst, angeschlossen. Stephanos erhält allerdings das Gewand nicht im Gottesdienst selbst, aber die
vita deutet an, dass das mit Rücksicht auf Johannes, der ἔγκλειστος

war, geschah; dass es schon damals Regel war, aus den Händen des Priesters das Gewand zu empfangen, beweist eine Anfrage an den Patriarchen Nikephoros (Rh.-Potl. IV, 431 ε) περὶ τῶν λαβόντων τὸ μοναχικὸν σχῆμα ἐκ τῶν κοινωθέντων ἱερέων, πῶς τούτους δέχεσθαι δεῖ. Über den liturgischen Akt, der dabei stattfand, giebt die vita Stephani nichts Genaueres: sie berichtet nur, dass der ἔγκλειστος Johannes vor der κουρά eine freie κατήχησις hielt; doch wird bei der Einkleidung ein fester Ritus vollzogen 1089 C ἀπέκειρεν αὐτὸν ... καὶ ἐνδιδύσκει αὐτὸν τὸ ἀγγελικὸν σχῆμα καὶ τῆς ἐπακολού- θου συνηθείας διαδραμούσης κτέ. Eingehendere Mitteilungen über die Liturgie finden sich dagegen bei Eustathios von Thessa- lonich. Schon Tafel hat auf die Bedeutung der von Eustathios an- geführten Stellen des Formulars hingewiesen; er hat bereits be- merkt, dass sie mit den Anspielungen bei Symeon von Thessalonich übereinstimmen, während sie von der bei Goar gedruckten Liturgie abweichen. Es würde uns zu weit abführen, auf dieses interessante Problem näher einzugehen; ich hebe nur, um die Konstanz des Hauptgedankens zu belegen, aus Eustathios und Symeon von Thessa- lonich diejenigen Stellen aus, in denen sie die Mönchsweihe als zweite Taufe, die von Sünden reinigt, bezeichnen, Eustath. de emend. vit. mon. c. 22; Mi. 135, 745 B ἐμὲ δὲ πλέον παράγει εἰς φρίκην καὶ ἐκεῖνο τοῦ θειοτάτου βιβλίου τῆς ἀποταγῆς, ὅτι ὡς οἷα κατηχούμενος ὁ τοιοῦτος ἀπολαμβανόμενος ἀκούει βάπτισμα λαμβάνειν αὐτίκα τότε εἰς καταρχὴν ζωῆς ἑτέρας καὶ βίου μετάθεσιν, προσφυέστερον δὲ εἰπεῖν παλιγγενεσίαν σωτήριον καὶ τῶν ἁμαρτιῶν αὐτοῦ καθαίρεσθαι καὶ υἱὸς φωτὸς γίνεσθαι. Sym. Thess. de poenit. c. 170; Mi. 155, 493 A μεγίστη ἡ δωρεὰ καὶ δεύτερον βάπτισμα λαμβάνει καὶ καθαίρεται τῶν ἁμαρτιῶν καὶ υἱὸς φωτὸς δείκνυται, vergl. noch Johannes von Antiochien de discipl. mon. c. 4; Mi. 132, 1124 A ἔστιν οὖν ἡ δηλω- θεῖσα τῶν μοναχῶν ἱερὰ τελετὴ ... κατὰ μίμησιν τοῦ θείου βαπτίσματος ἐν ἀποταγαῖς καὶ συνταγαῖς κατὰ πολὺ ἐργωδεστέ- ραις καὶ φοβερωτέραις συγκειμένη, ἥντινα δεύτερον βάπτισμα καὶ τοῦ πρώτου ἀνακαινιστικὸν οἱ θεῖοι πατέρες ἡμῶν ἐπωνόμασαν.

Die Elemente, aus denen diese Anschauung sich bildete, sind leicht aufzuzeigen: das Mönchtum ist ja der spezifische Stand der μετάνοια — dies ist nur ein anderer Name für die Askese — und die μετάνοια war man schon längst gewöhnt, als zweite Taufe zu bezeichnen (vergl. zuletzt noch Joh. Damasc. de fide orth. κεφ. πβ.; Mi. 94, 1124 C, der indes unter den acht Taufen, die er aufzählt, das

Mönchtum nicht erwähnt). Wenn dadurch zunächst das ganze Mönchsleben als zweite Taufe hingestellt war, so erinnerte weiter die ἀποταγὴ, die der Mönch leistete, sowie diese zu einem feierlichen Gelübde ausgebildet war, deutlich an die Absage bei der Taufe und es lag nahe, dann schon den Eintritt in den Mönchsstand d. h. die Übernahme des Gewandes als zweite Taufe zu bezeichnen. Damit war auch das Motiv gegeben, um aus dem Gelübde eine Weihehandlung zu machen [1]).

Einzelne Männer haben sich übrigens doch immer dagegen gesträubt, die Mönchsweihe ganz der Taufe gleichzustellen und ihr eine magische Kraft der Sündentilgung zuzuschreiben. Am bestimmtesten — anlässlich eines später zu behandelnden Brauchs — Michael Glykas ep. 25; Mi. 158, 937 B οὐκ οἶδα δὲ εἰ καὶ τῆς αὐτῆς ἐστι (sc. das σχῆμα) τῷ βαπτίσματι κατὰ πάντα δυνάμεως ἢ καὶ συγχώρησιν αὐτίκα τῶν ἁμαρτημάτων τοῖς αὐτῷ προσερχομένοις χαρίζεται. τὸ μὲν γὰρ θεῖον λουτρὸν καὶ ἄνευ δακρύων πάσης τε ἄλλης ἐπιπόνου διαγωγῆς ἁμαρτίας ἀφιέναι δύναται καὶ οὐ τοῦτο μόνον, ἀλλὰ καὶ πνεύματος ἁγίου μετόχους τοὺς φωτιζομένους αὐτίκα ποιεῖ .. C εἰ δὲ καὶ τὸ μοναχικὸν ἄμφιον καὶ τῶν τριχῶν ἡ ἀποβολὴ τοιαῦτα ποιεῖν δύναται, λεγέτωσαν οἱ τῶν τοιούτων ἀκριβεῖς ἐπιστήμονες. ἡμεῖς γὰρ ἐπὶ τούτοις διαμφιβάλλομεν. D εὔδηλον οὖν ὅτι τὸ σχῆμα τὸ μοναχικὸν αὐτὸ καθ᾽ αὑτὸ λύσιν ἁμαρτημάτων οὐ δίδωσιν, εἰ μὴ καὶ πόνοι τούτῳ συνέψονται. 940 B ὅτι μὲν γὰρ αὕτη (sc. die τελετὴ) θείας ἀξιοῖ συνέσεως .. θάρσους τε πολλοῦ κατὰ τῶν νοητῶν ἐχθρῶν ἐμπιπλᾷ καὶ αὐτὸς ἤδη συντίθεμαι. εἰ δὲ καὶ ἁμαρτίας ἀφιέναι τῷ τελουμένῳ δύναται, συνιδεῖν ὅλως οὐκ ἔχω. Doch die Skepsis des Michael Glykas ist durch die Rücksicht auf eine bestimmte praktische Frage bedingt und sie ist in den angeführten Worten stärker ausgedrückt, als seiner eigentlichen Meinung entsprach.

Die Bedeutung, die das Aufkommen dieser Anschauung für die ganze Stellung des Mönchtums hatte, liegt auf der Hand. Wie der Glaube an die mysteriöse Kraft des Mönchsgewands einer staunenden Verehrung für das Mönchtum entsprang, so hat durch die Fixierung dieser Idee die spezifische Würde des Mönchs erst ihren bestimmten Ausdruck bekommen. Als solche, die eine zweite Taufe empfangen

---

1) In diese Zeit möchte ich die oben (S. 130) behandelte weitere Ausgestaltung der Legende des Pachomios verlegen. Sie erscheint wie die historische Begründung des Kultes des σχῆμα.

hatten, erschienen die Mönche nun erst recht als ein besonderer
Stand, als das auserwählte Volk Gottes, als eine höhere Stufe unter
den Christen. Die Meinung, dass der Mönch, der das engelgleiche
Leben führte, etwas wie ein Wesen höherer Art sei, war jetzt nicht
mehr bloss eine vage Anschauung, sie konnte sich auf einen konkreten Vorgang stützen, bei dem die Neugeburt des Mönchs erfolgte.
Auch das Selbstbewusstsein des Mönchs erhielt einen festeren Halt.
Das Moralistische, das dem Streben des Mönchs von Haus aus an-
haftet, erscheint nun zurückgedrängt. Er steht nicht mehr bloss auf
seinem eigenen Entschluss, das Himmelreich zu erobern; er weiss
sich beim Trachten nach seinem hohen Ziel von vornherein ausgerüstet mit einer Gnade, die ein Neues aus ihm gemacht hat.

Aber die Sache hat auch ihre Kehrseite. Sie ist deutlich genug
dadurch charakterisiert, dass derselbe Dionysios, der durch die
Statuierung des Sakraments der Mönchsweihe den Mönch über den
Laien erhob, zugleich das Mönchtum gegenüber dem Priestertum
recht energisch in seine Schranken weist. Sehr entschieden wird
de eccles. hier. c. VI, 3, 1; Mi. 3, 533 C dem Mönch ans Herz gelegt,
dass er durch seine Weihe wohl hohen persönlichen Vorzug, aber
nicht das Recht, andere zu leiten, empfange; das Licht kommt ihm
nur zu durch Vermittlung der über ihm stehenden Ordnung, der
der Priester: τὸ μηδένα τοῖν ποδοῖν κλίνειν μηδ' ἐπὶ κεφαλῆς ἔχειν
τὰ θεοπαράδοτα λόγια, παρεστάναι δὲ τῷ ἱερεῖ τὴν ἐπίκλησιν
ἱερολογοῦντι, δηλοῖ τὴν μοναχικὴν τάξιν οὐκ εἶναι προσ-
αγωγικὴν ἑτέρων, ἀλλ' ἐφ' ἑαυτῆς ἑστῶσαν ἐν μοναδικῇ καὶ
ἱερᾷ στάσει, ταῖς ἱερατικαῖς ἑπομένην τάξεσι καὶ πρὸς
αὐτῶν ὡς ὀπαδὸν ἐπὶ τὴν θείαν τῶν κατ' αὐτὴν ἱερῶν
ἐπιστήμην εὐπειθῶς ἀναγομένην. Ganz unverblümt aber
redet Dionysios in der epistola ad Demophilum, wo der Fall angenommen ist, dass ein Mönch einen Priester zurechtgewiesen hat.
Hier wird dem Demophilos bedeutet, dass er, als ein das göttliche
Licht nicht unmittelbar Empfangender, kein Recht habe, einen Angehörigen des Standes der Erleuchtenden zu kritisieren, der, wenn
er sich verfehle, nur von seinen eigenen Standesgenossen gerichtet
werden könne, ep. 8 ad. Demoph. c. 2; Mi. 3, 1092 B καὶ γὰρ ἑκάστη
τῶν περὶ θεὸν διακόσμησις θεοειδεστέρα τῆς μᾶλλον ἀφεστηκυίας
ἐστὶ καὶ φωτεινότερα ἅμα καὶ φωτιστικώτερα τὰ μᾶλλον
τῷ ἀληθεῖ φωτὶ πλησιαίτερα· .. εἰ τοίνυν ἡ τῶν ἱερέων
διακόσμησίς ἐστιν ἡ φωτιστικὴ κτέ. c. 3; Mi. 1092 D καὶ ἁπλῶς
εἰπεῖν ἐν πᾶσι τοῖς οὖσι διὰ τῶν πρώτων τοῖς δευτέροις ἀπονέ-

μεται τὰ κατ᾽ ἀξίαν ὑπὸ τῆς πάντων εὐτάκτου καὶ δικαιοτάτης προνοίας. οἱ μὲν ουν καὶ ἄλλων ἐπάρχειν ὑπὸ θεοῦ ταχθέντες ἀπονείμωσι μεθ᾽ ἑαυτοὺς καὶ τοῖς ὑπηκόοις τὰ κατ᾽ ἀξίαν. Δημόφιλος δὲ λόγῳ καὶ θυμῷ καὶ ἐπιθυμίᾳ τὰ κατ᾽ ἀξίαν ἀφοριζέτω καὶ μὴ ἀδικείτω τὴν ἑαυτοῦ τάξιν ἀλλ᾽ ἐπαρχέτω τῶν ὑφειμένων ὁ ὑπερκείμενος λόγος. c. 4; Mi. 1093 C καὶ εἴ πού τις ἐν ἐκείνοις τοῦ προσήκοντος ἀποσφαλείη, παρὰ τῶν ὁμοταγῶν ἁγίων ἐπανορθωθήσεται καὶ οὐ περιστραφήσεται τάξις ἐπὶ τάξιν, ἀλλ᾽ ἕκαστος ἐν τῇ τάξει αὐτοῦ καὶ ἐν τῇ λειτουργίᾳ αὐτοῦ ἔσται [1]).

Man erkennt aus diesen Worten, welches Danaergeschenk die Würde war, die der Areopagite dem Mönchtum verlieh. Das Trachten des Mönchs in alten Zeiten ging dahin, in heissem Ringen Gott immer näher zu kommen, bis er unmittelbar die Strahlen des göttlichen Lichts aufnehmen konnte (vergl. oben S. 181 f.); nun sollte gelten, dass er vermöge seines Standes überhaupt nicht befähigt sei, in die nächste Nähe des Lichts zu kommen und andere zu erleuchten.

Der Areopagitismus enthielt aber auch noch etwas anderes, was für den Enthusiasmus des Mönchtums gefährlich war. Dionysios zeigt in den Mysterien, in den kirchlichen Handlungen Sinnbilder tiefer Geheimnisse und Vehikel göttlicher Kräfte [2]). Das hiess an Stelle des freien Suchens nach Gott eine an bestimmte Gegenstände gebundene Kontemplation setzen und anstatt sittlicher Anspannung quietistische Devotion empfehlen. Das Mönchtum besass zu viel lebendige Kraft, um sich ganz in diesen Bannkreis zu begeben; aber entziehen konnte es sich diesem Einfluss nicht und so entsteht jene eigentümliche

---

1) Beiläufig will ich jedoch nicht versäumen hervorzuheben, mit welcher Energie der Areopagite auch betont hat, dass der Priester das Licht, das er andern mitteilt, persönlich besitzen müsse, ep. 8 ad Demoph. c. 2; Mi. 3, 1092 B εἰ τοίνυν ἡ τῶν ἱερέων διακόσμησίς ἐστιν ἡ φωτιστική, παντελῶς ἀποπέπτωκε τῆς ἱερατικῆς τάξεως καὶ δυνάμεως ὁ μὴ φωτιστικὸς ἤ πού γε μᾶλλον ὁ ἀφώτιστος. ... οὐκ ἔστιν οὗτος ἱερεύς, οὐκ ἔστιν, ἀλλὰ δυσμενής, δόλιος, ἐμπαίκτης ἑαυτοῦ καὶ λύκος ἐπὶ τὸν θεῖον λαὸν τῷ κωδίῳ καθωπλισμένος. Symeon der Theologe hat also, wenn er von dem Priester verlangt, dass er ein Begnadigter sei, nichts Unerhörtes ausgesprochen. Den Standpunkt, den sich die abendländische Kirche im donatistischen Streit erkämpfte, hat sich die orientalische thatsächlich erst angeeignet, als sie die sieben Sakramente von der lateinischen Kirche übernahm.

2) Es soll selbstverständlich nicht behauptet werden, dass er der Erste war, der das that; aber ihre Macht hat diese Anschauung erst entfaltet, seitdem der Areopagite sie in ein System gebracht hatte.

Form des Enthusiasmus, die in den späteren Jahrhunderten herrscht: die Verbindung einer Mystik, die in die Mysterien sich versenkt, und einer frei zum Göttlichen sich erhebenden Begeisterung [1]). Beides geht zusammen, weil man glaubt, in beiden Fällen dasselbe zu haben, nur das eine Mal mittelbar, das andere Mal unmittelbar, und man konnte sich dieser Täuschung hingeben, weil dasjenige, was man schaute, sich nicht in bestimmten Begriffen fassen liess. Ebensowenig wie sich das Mönchtum den freien Enthusiasmus rauben liess, hat es sich aber auch sein Recht, vermöge seiner Gaben andere zu leiten, nehmen lassen (vergl. S. 202 ff.). Wenn zu konstatieren ist, dass der Enthusiasmus dieser Zeit eine Tendenz zum Quietismus hat, so muss man gleichzeitig hervorheben, dass dieser Quietismus nicht auf praktisches Wirken verzichten wollte.

An die einschläfernde Wirkung, die die areopagitische Stimmung ausübt, muss man sich erinnern, um die Bedeutung zu verstehen, die bei Symeon, dem neuen Theologen, ein inhaltlich so ärmliches Erlebnis, wie das Schauen des Lichts, gewinnen konnte. Hier ist individuelle Erfahrung im Unterschied von einer bloss bei der Betrachtung von Mysterien, Bildern u. ä. gemachten und hier ist wirkliche Erfahrung d. h. persönliche Berührung mit der unsichtbaren Welt. Mit Recht fühlt sich daher Symeon den Alten verwandt. Aber er hat doch auch aus der zwischen ihm und ihnen liegenden Entwicklung Nutzen gezogen. Die starke Empfindung dafür, dass es Gnade ist, durch die der Mensch zum Himmel kommt, verdankt er doch zunächst der Anregung, die vom Areopagiten ausging.

Symeon ist jedoch nicht der Erste, der die Gabe besass, das göttliche Licht zu schauen. Er selbst ist (vergl. oben S. 40) der Meinung, dass jeder von den Alten das Licht ebenso wie er gesehen habe, und in der That kann man geneigt sein, die Sache sehr weit hinauf zu datieren. Zwar dass bei Makarios, so viel bei ihm vom φῶς die Rede ist, doch nie ein sinnliches Schauen vorausgesetzt ist, scheint mir sicher. Aber nicht ebenso bestimmt lässt es sich abweisen, ob Symeon sich nicht mit Recht auf die vita Antonii beruft, und wenn z. B. bei Theodoret hist. rel. c. 3; Mi. 82, 1328 B C gesagt

---

[1] Es ist eines der Verdienste von Gass, in der Einleitung zu seinem „Nicolaus Cabasilas" (Beiträge zur kirchlichen Literatur- und Dogmengeschichte des Mittelalters II. Greifswald 1849) die zwei Richtungen der griechischen Mystik, die kirchlich-spekulative und die mönchisch-praktische, wie er sagt, zuerst bestimmt unterschieden zu haben. Mit seinen Ausführungen im Einzelnen kann ich mich freilich nicht durchweg einverstanden erklären.

wird: καὶ παρακύψας ὁρᾷ φῶς οὐ λυχνιαῖον οὐδὲ χειροποίητον, ἀλλὰ θεόσδοτον καὶ τῆς ἄνωθεν χάριτος ... ἀπαστράπτον, — wäre der Hagiograph wohl auf eine derartige Beschreibung verfallen, wenn es nicht zu seiner Zeit schon Leute gegeben hätte, die ähnliche Visionen, wie Symeon hatten? Doch scheint es mir unmöglich, in der älteren Literatur deutlich zu erkennen, ob nur sinnlich-anschauliche Bezeichnungen für lebhafte Gefühlserregungen gebraucht sind, oder ob in diesen Ausdrücken thatsächliche Vorgänge einer sinnlichen Wahrnehmung nachklingen. Dagegen hat Symeon ausser seinem Beichtvater, dem Studiten, einen unzweifelhaften Vorgänger in Paulos vom Latros († 956). Symeon erwähnt diesen Mann nie, aber in dessen vita [1]) werden Erlebnisse beschrieben, die überraschend mit denen Symeon's übereinstimmen. C. 38; Anal. Boll. XI S. 152 sagt dieser Paulos: ἡνίκα μηδεὶς .. παρελθὼν ἐμποδίσει μοι καὶ τὸ τῆς ἡσυχίας ἐπιταράξει καλόν, ὁρῶ ... κύκλῳ περὶ ἐμὲ φῶς ἥδιστόν τε καὶ χαριέστατον καὶ τούτου κατατρυφῶν ἐγὼ καὶ τούτῳ καθαρῶς ἐνηδόμενος εἰς λήθην ἔρχομαι .. τοῦ κόσμου παντός, ἱλαρὸς ὅλως καὶ εὔθυμος γίνομαι. Wie ihm das Bedenken entgegengehalten wird:· μήποτέ σοι τὸ φῶς τοῦτο οὐ φῶς ἐστι θεῖον ἀλλ᾽ ἀντικειμένης δυνάμεως, da erwidert er, er könne beides wohl unterscheiden: das göttliche Licht allein habe den Vorzug, dass es ἁγιάζει, φωτός τε καὶ χαρᾶς καὶ ἱλαρότητος πληροῖ τὴν ψυχὴν καὶ ἡπίαν αὐτὴν καὶ φιλάνθρωπον ἀπεργάζεται. τοῦτο φεῦ ἀπελαύνουσι λογισμῶν φαύλων συγκαταθέσεις, αἰχμαλωσία νοὸς καὶ κοσμικαὶ μάλιστα ὁμιλίαι [2]).

Jedenfalls sind also Symeon's Visionen schon zu seiner Zeit, wenn auch etwas Seltenes, doch nichts Unerhörtes gewesen. Aber niemand sonst haben diese wundersamen Widerfahrnisse so tief innerlich bewegt wie Symeon, bei niemand sonst vermochten sie so viel inneren Reichtum hervorzulocken, wie bei ihm. Man könnte

---

1) Die Abfassung der vita fällt noch vor die Blütezeit Symeon's.

2) Auch in anderen Zügen stimmt das, was von Paulos berichtet wird, merkwürdig mit dem bei Symeon Bezeugten überein; ich hebe hervor c. 7 S. 30: ἐπεὶ δὲ τὸ φρικτὸν τοῦτο καὶ πρᾶγμα καὶ θέαμα (er sieht den Baum, auf dem er sich befindet, brennen und sich selbst vom Feuer erfasst) παυσάμενον ἦν, οἰμωγαὶ τὸν ἅγιον καὶ δακρύων εἶχον πηγαὶ καὶ ἐδίψα οὐ τοῦ παρόντος κόσμου μόνον, ἀλλὰ καὶ αὐτοῦ ἐκστῆναι τοῦ σώματος. πῦρ γὰρ ἀληθὲς καὶ ἄϋλον τοῦ πρὸς Χριστὸν ἔρωτος ἀνῆπτεν αὐτοῦ τὴν καρδίαν καὶ ἐζήτει ὀπίσω κολληθῆναι Χριστοῦ. c. 36 S. 150 διεβεβαίου δὲ (sc. einer, der Paulos besucht hat,) φιλαλήθης ὢν ὁτὲ μὲν ἕνα πῆχυν, ὁτὲ δὲ καὶ δύο εἰς ἀέρα ὥσπερ ἀνιπτάμενον, εἶτ᾽ αὖθις ἐπὶ τῆς πέτρας ἱστάμενον.

über das Missverhältnis zwischen dem Inhalt seiner Offenbarung und den tiefen Gedanken, auf die er dadurch geführt wird, erstaunt sein, wenn das hier Vorliegende nicht eine Thatsache wäre, der man in der Geschichte der Religion auf Schritt und Tritt begegnet: ein Sturm von Empfindungen, eine Fülle von Ideen wird in den Vertretern lebendiger Frömmigkeit durch Eindrücke geweckt, die dem objektiven Beobachter unbedeutend, wenn nicht kleinlich erscheinen. Von der Fähigkeit des Menschen, das Zeichen zu deuten, von der Kraft, mit der er es auf sich selbst bezieht, hängt es ab, welchen Wert es für ihn gewinnt. — In der Geschichte des Enthusiasmus hat Symeon die Bedeutung, dass er dem Ringen um Gott ein bestimmtes Ziel gegeben hat: das Schauen des Lichts, ein konkretes Erlebnis, in dem das Gefühl ausruhen und Kraft schöpfen kann, soll den Gegenstand des Trachtens bilden. Wenn es wahr ist, dass die Anstrengung um so grösser wird, je bestimmter sie auf ein deutliches Ziel gelenkt wird, so darf man sagen, dass Symeon dem Enthusiasmus neues Leben eingehaucht hat. Aber die Steigerung des Enthusiasmus hat bei ihm kein Erlahmen des sittlichen Interesses bewirkt. Im Gegenteil! Ihn haben die Fragen: welche sittliche Rückwirkung die Offenbarungen haben müssen und durch welches sittliche Verhalten sich der Mensch der Offenbarungen würdig mache, viel ernsthafter bewegt, als einen der früheren. Man könnte meinen, dass die Wendung aufs Persönliche, die Symeon dem Enthusiasmus gab — μόνος σὺν μόνῳ zu sein, ist ja das Ziel —, zugleich die Bereitwilligkeit, an andern zu wirken, vermindert hätte. Aber dagegen ist nicht nur darauf hinzuweisen, mit welchem Eifer Symeon predigt und als Beichtvater wirkt, sondern auch auf die Legenden der vita, die eine Reihe von Wunderthaten von ihm erzählt. Auch von dem Geist, der im Schauen empfangen wird, erwartet man, so gut wie ehemals, dass übernatürliche Wirkungen von ihm ausgehen.

Der Schritt, den Symeon und seine speziellen Vorgänger über den alten Enthusiasmus hinaus thaten, war vom Standpunkt der griechischen Kirche aus nicht anzufechten. Wenn man von jeher überzeugt war, dass der Mönch von Gott besonders begnadigt wird, dass ihm Dinge gezeigt werden, die kein Auge geschaut und kein Ohr gehört hat, so war man auch nicht in der Lage zu bestreiten, dass Einzelnen der Anblick der göttlichen Herrlichkeit vergönnt sein könnte. Der Umstand, dass die ἀγιοκατήγοροι (vergl. oben S. 46) den Offenbarungen des Symeon keinen Glauben schenkten, kann daran nicht irre machen. Man konnte Symeon für einen hochmütigen Phantasten erklären, aber prinzipiell ihm etwas anzuhaben und ihn zum Häretiker zu stempeln, war nicht möglich. Es musste doch Gott überlassen bleiben, wie es ihm gefiel, sich seinen Lieblingen zu offenbaren. Die Anerkennung, die Symeon bei einem Niketas Stethatos und einem Theophylakt von Achrida (vergl. S. 34 Anm. 1) fand, beweist, dass sehr kirchlich gesinnte Männer auch einen kühnen Enthusiasmus nicht bloss billigten, sondern mit Freuden begrüssten.

Allerdings ist gerade in Symeon's Jahrhundert und in den folgenden die griechische Kirche auf die Gefahr, die vom Enthusiasmus drohte, hingewiesen worden. Die Sekte der Bogomilen und die mit ihr zusammenhängenden Richtungen, die so grosse Verbreitung gewannen[1]), machten es sehr fühlbar, dass man dem Enthusiasmus gegenüber keinen sicheren Masstab besass. Der Enthusiasmus in diesen Sekten ist kein anderer, als der des griechischen Mönchtums. Bei den Bogomilen lehrt dies schon der Name, der nur die Übersetzung von φίλοι θεοῦ, des beliebten Ehrennamens für den Mönch, ist. Sieht man von den dogmatischen Anschauungen dieser Richtungen und von demjenigen, was sie aus älteren Sekten übernommen haben, ab, so erscheint in ihnen ein Mönchtum, das die Konsequenz des Anspruchs auf den Besitz des Geistes und auf das ἀποστολικὸν ἀξίωμα gezogen und mit der Verfassung der Kirche und ihren Mysterien gebrochen hat. Aber wie wollte man sich dagegen wehren, wenn der Enthusiasmus diese Folgerung zog? Nur an ihren dogmatischen Abweichungen konnte man diese Sekten bestimmt fassen. Aber hatte man ein prinzipielles Recht, den Propheten am Dogma zu messen?

Es ist möglich, dass gerade diese ketzerischen Richtungen dazu beigetragen haben, einen prononcierten Enthusiasmus in der Kirche zu diskreditieren. Sonst wäre es nicht wohl erklärbar, dass, wie es den Anschein hat, Symeon's Name eine Zeitlang in der Kirche fast vergessen wurde. Aber der Enthusiasmus hat in dieser Zeit höchstens geschlummert, in den Hesychasten des 14. Jahrhunderts ist er wieder erwacht.

Ich stehe nicht an, den im Abendland verrufenen hesychastischen Streit für eine der interessantesten Episoden der griechischen

---

1) Sie bezeugen daher in ihrem Teile das Fortleben des Enthusiasmus, wie des Glaubens an den Enthusiasmus.

Kirchengeschichte zu erklären: hier erst ist der griechischen Kirche
etwas davon aufgegangen, was es mit dem mönchischen Enthusiasmus, den sie in ihrer Mitte hegte, auf sich habe; man ahnt die
dogmatischen Konsequenzen und all' die vermeintlich längst abge-
machten Streitigkeiten tauchen vor den Männern jener Tage wieder
auf. Es sind geschulte Theologen, die auf beiden Seiten den Kampf
führen, und ihrer gewandten Dialektik merkt man es an, dass die
Philosophie eben eine Renaissance erlebt hatte.[1])

In ihren grossen Zügen ist die Theologie der Hesychasten —
denn eine vollständige Theologie ist schon von Gregorios Sinaites
entwickelt worden — eine Rekapitulation der Gedanken Symeon's[2]).
Sie setzen ein mit den alten Sätzen, dass die reine Seele Gott schaue,
dass der Mensch sich zur Natur zurückzubilden habe, um des An-
blicks Gottes teilhaftig zu werden. Greg. Sin. capita per acrost. κεφ.
κγ; Mi. 150, 1245 D ὥσπερ ὁ αἰσθητὸς ὀφθαλμὸς εἰς τὸ γράμμα
ἀφορᾷ καὶ ἐκ τοῦ γράμματος λαμβάνει τὰ αἰσθητὰ νοήματα,
οὕτως ὁ νοῦς ὅταν καθαρθῇ καὶ εἰς τὸ ἀρχαῖον ἐπανέλθῃ
ἀξίωμα εἰς θεὸν ὁρᾷ καὶ ἐξ αὐτοῦ λαμβάνει τὰ θεῖα νοήματα (vergl. tom. hagiorit.; ib. 1228 A τὰ μόνοις ἐγνωσμένα τοῖς δι᾽
ἀρετὴν κεκαθαρμένοις μυστήρια τοῦ πνεύματος). Die Methode der
Gewinnung der Herzensreinheit ist die althergebrachte; aber nicht ohne
psychologische Feinheit entwickelt Gregorios Sinaites den Zusammenhang der λογισμοὶ und der πάθη mit der ἐνέργεια des Satans cap.
per acrost. κεφ. o; Mi. 150, 1257 C σημείωσαι ὅτι προβέβληνται τῶν
μὲν λογισμῶν αἱ αἰτίαι, τῶν δὲ φαντασιῶν οἱ λογισμοί, τῶν
δὲ παθῶν αἱ φαντασίαι, τῶν δὲ δαιμόνων τὰ πάθη, ὡς σειρά
τις καὶ τάξις ἐν ἀτάκτοις πνεύμασι δολίως ἐν τοῦ ἑνὸς ἐχόμενον
ἤρτηνται· πλὴν οὐδὲν ἐνεργεῖ καθ᾽ αὐτὸ ἀλλ᾽ ὑπὸ δαιμόνων ἐνεργεῖται οὔτε φαντασία εἰδωλοποιεῖται οὔτε πάθος ἐνεργεῖ χωρὶς
τῆς λεληθότως κρυφίας δαιμονικῆς δυνάμεως. — Dann jedoch
beginnt unter dem Einfluss von (Dionysios Areopagites und) Symeon

---

1) Für den äusseren Verlauf des Streits kann ich auf die ausgezeichnete
Darstellung von J. G. V. Engelhardt (Die Arsenianer und Hesychasten. Zeitschr.
für die hist. Theol. 1838) verweisen; F. J. Stein (Studien über die Hesychasten.
Wien 1874) steht nicht auf der Höhe seiner Aufgabe. Ich freue mich, dass
die Gesichtspunkte, unter denen mir der hesychastische Streit erscheint, sich
z. T. mit denjenigen decken, die Ehrhard (bei Krumbacher) geltend gemacht hat.

2) Bei Gregorios Sinaites macht sich jedoch daneben stark der Einfluss
des Makarios bemerklich, wie bei den Athoiten der des Areopagiten und des
Maximos.

die Abweichung von der alten Anschauung. Es wird nicht als selbstverständlich angenommen, dass die reine Seele Gott sofort erblickt. Was der Mensch thut, ist nur eine Vorbereitung. Damit es wirklich zum Schauen kommt, dazu bedarf es eines weiteren: dessen, dass Gott sich ihm zeigt, es bedarf mit andern Worten eines Gnadenaktes Gottes tom. hagiorit.; Mi. 150; 1229 D ἀρετὴ μὲν γὰρ πᾶσα καὶ ἡ ἐφ᾽ ἡμῖν τοῦ θεοῦ μίμησις πρὸς τὴν θείαν ἕνωσιν ἐπιτήδειον ποιεῖται τὸν κεκτημένον, ἡ δὲ χάρις αὐτὴν τελεσιουργεῖ τὴν ἀπόρρητον ἕνωσιν. 1229 Β ὅστις μόνῃ τῇ μιμήσει τε καὶ σχέσει χωρὶς τῆς θεοποιοῦ χάριτος τοῦ πνεύματος τὴν πρὸς τὸν θεὸν τελείαν ἕνωσιν ἀποφαίνεται τελεῖσθαι ... καὶ τὴν θεοποιὸν χάριν τοῦ θεοῦ ἕξιν τῆς λογικῆς φύσεως διὰ μόνης μιμήσεως προσγινομένην, ἀλλ᾽ οὐκ ἔλλαμψιν ὑπερφυᾶ καὶ ἀπόρρητον, .. οὗτος ... C μανθανέτω .. ὡς ἄσχετός ἐστι παντάπασιν ἡ τῆς θεότητος χάρις οὐκ ἔχουσα τὴν οἱανοῦν δεκτικὴν ἑαυτῆς ἐν τῇ φύσει δύναμιν· ἐπεὶ οὐκ ἔτι χάρις ἐστὶν, ἀλλὰ τῆς κατὰ τὴν φυσικὴν δύναμιν ἐνεργείας φανέρωσις· .. φύσεως γὰρ ἂν εἰκότως ἔργον, αλλ᾽ οὐ θεοῦ δῶρον ἡ θέωσις εἴη. Ganz im Anschluss an Symeon's Gedanken wird dann weiter ausgeführt, dass durch die Einigung mit Gott im Schauen eine höhere Kraft der Erkenntnis und der Sittlichkeit in dem Menschen gesetzt werde, Greg. Sin. cap. per acrost. κεφ. κγ; Mi. 150, 1245 D ἐμβάπτων οὖν (sc. ὁ νοῦς) τὴν διάνοιαν ἐν τῷ φωτὶ καὶ φῶς ἀποτελῶν διαγράφει τοὺς λόγους ἐν πνεύματι. κεφ. κα; 1245 Β ὁ τὸ σῶμα τῶν ἐντολῶν αὐξάναι θέλων τὸ λογικὸν καὶ ἄδολον γάλα τῆς μητρικῆς χάριτος ἐπιποθεῖν σπουδαζέτω. ἐκεῖθεν γὰρ γαλουχοτροφεῖται πᾶς ὁ τὴν ἐν Χριστῷ ζητῶν καὶ θέλων αὔξησιν αὐξηθῆναι. — Die grossen Ideen Symeon's sind also von den Hesychasten aufgenommen worden und aus ihnen schöpft das Hesychastentum seine innere Kraft.

Ein wesentlicher Unterschied zwischen Symeon und den Hesychasten ist freilich vorhanden. Er besteht jedoch nicht darin, dass die Hesychasten das göttliche Licht, das sie schauten, mit dem Thaborlicht identifizierten und dieses für unerschaffen erklärten. Dies ist ein Punkt, der erst im Lauf des Streits hervortrat. Gregorios Palamas führt zunächst das Thaborlicht nur unter anderen Beispielen an vergl. Joh. Kantakuzenos, hist. lib. II c. 39; Mi. 153, 669 AB ἄλλους τε γὰρ περιήστραψε πολλοὺς τὸ θεῖον τοῦτο φῶς ἐν τοῖς τοῦ διωγμοῦ καιροῖς ... οὐ μὴν ἀλλ᾽ εἰ δεῖ καὶ ταῦτα πάντα παραδραμόντας πρὸς τὸ πρῶτον παράδειγμα ἀναδραμεῖν κτέ., und die

Verklärungsszene scheint ihm bloss deshalb besonders lehrreich, weil aus ihr unzweifelhaft hervorgehe, dass schwache und unvollkommene Menschen, wie die Jünger damals noch waren, das göttliche Licht zu schauen vermöchten, ib. 669 B εἰ ουν κἀκεῖνοι ἄνθρωποί τε ὄντες καὶ ἔτι ἀτελέστερον διακείμενοι τὸ περιαστράψαν αὐτοὺς θεῖον καὶ ἄκτιστον φῶς ἠδυνήθησαν ἰδεῖν, τί θαυμαστὸν εἰ καὶ νῦν τοὺς ἁγίους φαίημεν φῶς ὁρᾶν ἄνωθεν ἐλλαμπομένους ἐκ θεοῦ. Auch der Ausdruck φῶς ἄκτιστον, den Palamas bei dieser Gelegenheit gebraucht, hat nach griechischer Gewohnheit nichts auf sich. Es ist schon oben (S. 211) eine Stelle aus Theodoret angeführt worden, in der eine wunderbare Lichterscheinung ein φῶς ἀχειροποίητον heisst. Wie freigebig man aber schon in alter Zeit mit dem Prädikat ἄκτιστος war, dafür ist eine Stelle aus Makarios interessant. Hom. 6; Mi. 34, 521 A sagt er: τινὲς λέγουσιν ὅτι οἱ θρόνοι καὶ οἱ στέφανοι (sc. der Seligen) κτίσματά εἰσιν; im Gegensatz dazu wird entschieden: ib. 524 A τὰ διαδήματα ἅπερ λαμβάνουσιν οἱ Χριστιανοὶ οὐκ εἰσι κτίσματα. Und schien es nicht aus der Ewigkeit Gottes zu folgen, dass auch seine Herrlichkeit von Ewigkeit her leuchte? Musste dieses Licht nicht als etwas real Existierendes betrachtet werden, wenn man doch seit alten Zeiten, um die hypostatische Existenz des heiligen Geistes zu erweisen, gewohnt war, zu sagen, dass, was von Gott ausgehe, nicht wie ein Hauch sich verflüchtige?

Das einzig wirklich Neue bei den Hesychasten war die bekannte Methode, mittelst deren sie sich zum Schauen des Lichts vorbereiteten [1]). Symeon weiss von derartigen Kunstgriffen nichts, ja sie stehen im stärksten Widerspruch mit seiner ganzen Art. Er führt nur sittliche Bedingungen an, durch die der Mensch sich disponiert, und erwartet dann ein wunderbares Eintreten des Erlebnisses; es lässt sich nicht erzwingen, nicht künstlich herbeiführen. Wenn die

---

1) Dies darf jedoch nicht in dem Sinn verstanden werden, als ob die Hesychasten nur diese Methode der Vorbereitung gekannt hätten. Vergessen haben sie Symeon's Ideen über den Heilsweg nicht; ich weise ausser dem schon (S. 215 f.) Gesagten besonders hin auf Nikolaos Kabasilas' περὶ τῆς ἐν Χριστῷ ζωῆς, wo Symeon's Gedanken in einem Masse verarbeitet sind, dass die hohe Meinung von der Originalität dieses Autors nicht mehr festzuhalten ist. Eigentümlich gegenüber Symeon ist ihm fast nur die Konzeption, den Heilsweg und das Heilsleben ganz im Anschluss an die Mysterien zu schildern. Darin zeigt sich jedoch nur, dass er stärker vom Areopagiten abhängig ist, als Symeon. Das Merkwürdige ist gerade das, dass die Hesychasten neben der Forderung einer innerlichen Bereitung ein so mechanisches Verfahren empfahlen.

Vision ausbleibt, so ist dies für Symeon ein Anlass, in sich zu gehen und seinen seelischen Zustand zu prüfen, ebenso wie umgekehrt das Erscheinen des Lichts ihn darum mit so grosser Freude erfüllt, weil es so plötzlich, so unverdient ihm zu Teil wird. Schon aus diesen inneren Gründen ist die unter Symeon's Namen laufende Schrift περὶ προσευχῆς καὶ προσοχῆς, in der die hesychastische Methode dargelegt wird, als unecht zu beurteilen. Aber auch der Stil und Sprachgebrauch ist selbst in den wenigen Sätzen, die Leo Allatius aus ihr mitteilt (vergl. Mi. 120, 315 Cff.), von dem der ächten Schriften Symeon's so verschieden, dass an Identität des Verfassers nicht gedacht werden kann. Ich mache nur auf folgende Differenzen des Sprachgebrauchs aufmerksam: τὴν ἐκ πάντων θνῆσιν, Symeon sagt ständig νέκρωσις; ἀπροσπάθειαν, Symeon immer ἀπάθειαν; einen Gedanken wie den 316 A: ἐντεῦθεν ὁ νοῦς μνησικακῶν δαίμοσιν ἐγείρει τὴν κατὰ φύσιν ὀργὴν καὶ διώκων βάλλει τοὺς νοητοὺς πολεμίους hat Symeon niemals an die Erscheinung des Lichts angeknüpft; die Rückwirkung der Vision auf den Menschen besteht nach ihm immer darin, dass dem Menschen sein eigener sündiger Zustand voll offenbar wird; von den anatomischen und physiologischen Kenntnissen endlich, die der ganzen Anweisung zu Grunde liegen, findet sich bei Symeon keine Spur. Ob die Schrift von Haus aus eine Fälschung war oder ob sie erst im Lauf der Überlieferung unter Symeon's Namen gestellt wurde, kann nur auf Grund handschriftlicher Studien entschieden werden. Eine Unterschiebung seitens der Hesychasten anzunehmen liegt nahe; denn die Hesychasten haben mit Vorliebe auf Symeon als auf ihren Vorgänger hingewiesen, vergl. z. B. Greg. Palamas de hesychastis Mi. 150, 1115 C Συμεῶνος γὰρ τοῦ νέου θεολόγου τὸν βίον οἶσθα, θαῦμά τε ὄντα πάντα σχεδὸν καὶ δι᾽ ὑπερφυῶν θαυμάτων ὑπὸ θεοῦ δεδοξασμένον τά τε συγγράμματα αὐτοῦ συγγράμματα ζωῆς εἰπών τις οὐκ ἂν ἁμάρτοι τοῦ προσήκοντος.

Wo und wann die hesychastische Methode aufgekommen ist, darüber sind nur Vermutungen möglich. Sie braucht nicht erst nach Symeon erfunden worden zu sein, da er ja nicht der Erste war, der das Licht schaute. Einen Anhaltspunkt gewährt nur die Thatsache, dass Gregorios, der die Kunst des hesychastischen Gebets zuerst wieder verbreitete, vom Sinaikloster herkam. Erinnert man sich dazu noch an Makarios (auch schon an Klemens von Alexandrien und an die Neuplatoniker), so kann man wohl annehmen, dass in Ägypten das Geheimnis entdeckt wurde. Es ist mit der Her-

leitung des Hesychasmus aus dieser Provinz auch vereinbar, dass
wir auf dem Latros bei Paulos etwas wenigstens Symeon's Visionen
sehr Verwandtes gefunden haben. Denn nach der Überlieferung
ist das Mönchtum auf dem Latros von Flüchtlingen, die aus dem
Sinaikloster und von Raithu stammten, begründet worden vergl. Anal.
Boll. XI, 14 f.

Man ist leicht geneigt, in dieser Methode der Hesychasten nur
eine grobe Veräusserlichung der Religion zu erblicken. Wenn man
die Sache in ihrem geschichtlichen Zusammenhang betrachtet, so
lernt man wenigstens erkennen, dass es sich nicht um eine blosse
Spielerei, sondern um eine aus Not geübte Kunst handelte. Stand
es fest, dass Gott sich dem Dringen des Gläubigen nicht entziehe,
und war man mit Symeon überzeugt, dass es ohne Erleuchtung kein
vollkommenes Christenleben gebe, wie wollte man sich dann mit der
Thatsache abfinden, dass nicht jeder zur Schauung gelangte? Visionen, wie Symeon und andere sie hatten, sind doch Sache indivi-
dueller Disposition. Die Methode der Hesychasten räumte diese
Schwierigkeit hinweg: sie zeigte den Weg, auf dem man jederzeit
die Erleuchtung herbeiführen konnte. So wenig bedeutet der Hesychasmus einen Abfall vom dem dem Mönchtum vorschwebenden
Ideal, dass man vielmehr sagen muss: je ernster und tiefer das religiöse Interesse, das Verlangen nach persönlicher Berührung mit Gott,
war, desto freudiger musste eine Methode begrüsst werden, die es
jedermann ermöglichte, in den Besitz von Offenbarungen zu kommen.
Das Hesychastentum ist die letzte Konsequenz des mönchischen
Enthusiasmus und die Handwerksmässigkeit seiner Methode ist nur
die Kritik, die die Geschichte an diesem vollzieht.

Eben seiner Methode wegen konnte aber der Enthusiasmus der
Hesychasten viel eher zum Widerspruch reizen, als der Symeon's.
Die äusserliche Art, in der sie sich zur Schauung bereiteten, brachte
es mit sich, dass sie bestimmter behaupteten, mit leiblichen Augen
die Herrlichkeit Gottes zu sehen; was zu dem Anstoss hin, den es
an sich erregen musste, als die Häresie der Messalianer verdammt
worden war (vergl. Euthymios Zigabenos, Panoplia tit. 26; Mi. 130,
1284 C D ἀλλὰ καὶ τὸ λέγειν αἰσθητῶς ὁρᾶν τὴν ἁγίαν
τριάδα τὴν ἀόρατον καὶ ἀνείδεον τουτέστι κατὰ τὴν φύσιν αὐτῆς, ἀναισθήτων πάντη. ... ὅσοι δὲ τὸν θεὸν ἰδεῖν μεμαρτύρην-
ται, οὐ κατὰ τὴν αὑτοῦ φύσιν εἶδον αὐτόν, ἀλλὰ κατὰ διαφόρους ἰδέας συγκαταβαίνοντος ταῖς ὀπτικαῖς δυνάμεσιν αὐτῶν καὶ
ἄλλως ἄλλοτε σχηματιζομένου καὶ παρεικαζομένου). Doch — was

hiess eigentlich in solchem Falle, mit leiblichen Augen sehen, wenn
der Betreffende ja in Ekstase war? (vergl. darüber tom. hagiorit.
Mi. 150, 1229 D). Es ist sehr fraglich, ob die Sache zu mehr als zu
einzelnen Reibereien geführt hätte, wenn die Griechen sie rein unter
sich auszumachen gehabt hätten. Erst als Barlaam d. h. ein in
abendländischen Anschauungen Erzogener sich darein mischte, hat
der Streit die Wendung zu den prinzipiellen Fragen genommen.
Barlaam's schneidende Kritik, die die Behauptungen der Hesychasten als etwas a limine Abzuweisendes hinstellte, hat auch die griechischen Theologen gezwungen, ihre Grundanschauungen auszusprechen. Darum eben ist der Streit in hervorragender Weise für
den Unterschied abendländischer und morgenländischer Betrachtungsweise lehrreich.[1]) Für Barlaam ist es unbegreiflich, dass man glauben
kann, das Wahrnehmen Gottes in einem Licht sei etwas Höheres,
dem Wesen Gottes Entsprechenderes, als die Erfassung Gottes im
Denken, vergl. das Zitat aus seiner Schrift κατὰ Μασσαλιανῶν im
τίμος συνοδικὸς κεφ. ή; Mi. 151, 682 D πάντα γὰρ τά τε νοήματα
καὶ τὰ νοούμενα σεμνότερά ἐστι τοῦ φωτὸς ἐκείνου ὡς
τῇ ὄψει διὰ τοῦ ἀέρος προσπίπτοντος καὶ αἰσθητικῇ δυνάμει
ὑποπίπτοντος καὶ τὰ αἰσθητὰ μόνα δεικνύντος τοῖς
ὁρῶσιν, ὑλικοῦ τε ὄντος καὶ ἐσχηματισμένου καὶ ἐν τόπῳ καὶ
ἐν χρόνῳ φαινομένου καὶ τὸν ἀέρα χρωματίζοντος. Den Griechen
hinwiederum erscheint Barlaam als der profane Rationalist[2]), als
einer, der von göttlichen Dingen redet, wie der Blinde von der
Farbe; denn man muss doch Gott sehen, um etwas von ihm zu
wissen, und um ihn schauen zu dürfen, muss man praktisch eine gewisse Stufe erreicht haben, vergl. Symeon Thessal. dial. contra hae-
res. c. 31; Mi. 155, 145 B C ὁ μὲν γὰρ Βαρλαὰμ ὡς ἐν ὀλίγῳ φάναι
πλάναις ἑλληνικαῖς κατεχόμενος καὶ μηδὲν περαιτέρω εἶναι τῶν
ἐν αἰσθήσει οἰόμενος, φωτισμὸν μὲν θεοῦ καὶ γνῶσιν μόνην καὶ

---

1) Es ist möglich, dass Barlaam nicht der Erste und nicht der Einzige
ist, der auf die im Hesychastenstreit hervortretende Differenz abendländischer
und morgenländischer Anschauungsweise aufmerksam geworden ist. Vergl. den
Vorwurf, der in der bei Cotel. eccles. gr. mon. III p. 495 ff. gedruckten Streit-
schrift gegen die Lateiner erhoben wird, κεφ. μβ p.503 C: τοὺς εὐσεβεστάτους
τῶν Γραϊκῶν Βογομίλους καλοῦσι (sc. οἱ Λατῖνοι).

2) Die Abneigung gegen den Syllogismus und rationales Erkennen ist
dem griechischen Mönchtum von Haus aus eigen vergl. vita Ant. c. 77; Mi. 26,
949 C εἴπατε πρῶτον ὑμεῖς· τὰ πράγματα καὶ μάλιστα ἡ περὶ τοῦ θεοῦ γνῶσις
πῶς ἀκριβῶς διαγινώσκεται, δι' ἀποδείξεως λόγων ἢ δι' ἐνεργείας πίστεως?

σοφίαν ἡγεῖτο ὁ ἄθλιος τὴν περὶ τὰ ὁρώμενα καὶ ποιήματα κατανόησιν· ... ἐν τούτοις (sc. τοῖς ἔξωθεν μαθήμασιν) οὖν ἔλεγεν ἐκεῖνος ὁ λίαν ἄσοφος τήν τε θεολογίαν εἶναι καὶ τὴν σοφίαν καὶ τὴν κατάληψιν αὐτῶν ἔντευξιν εἶναι θεοῦ καὶ ὄντως φωτισμὸν ... καὶ θεωρίαν ἀληθεστάτην ὠνόμαζε τὴν καὶ δυνατὴν τῷ βουλομένῳ σκέψασθαι καὶ ἀκαθαρτοτάτῳ τῶν ἀνθρώπων νοΐ. tom. syn. 1; Mi. 151, 679 B μέγα φρονῶν (sc. ὁ Βαρλαάμ) ἐπὶ τῇ τῆς θύραθεν ἐπιστήμῃ φιλοσοφίας κατὰ τῆς ὑπερφυοῦς καὶ ὄντως φιλοσοφίας ἐχώρησεν, ἐπιστρατεύσας τῇ διδασκαλίᾳ τοῦ πνεύματος τὴν μηδὲ χωρεῖν ὅλως τὰ τοῦ πνεύματος δυναμένην ψυχικὴν καὶ ἀποδεδοκιμασμένην φιλοσοφίαν. 680 A ἀκούσας γὰρ ἐκείνων λεγόντων ..., ὅτι οἱ διὰ τῶν ἐντολῶν τοῦ θεοῦ κεκαθαρμένοι τὰς καρδίας ἐλλάμψεις θείας μυστικῶς καὶ ἀπορρήτως ἐγγινομένας αὐτοῖς δέχονται, κατηγόρησεν αὐτῶν ὡς τὴν οὐσίαν τοῦ θεοῦ μεθεκτὴν λεγόντων. Indem man in der griechischen Kirche die Hesychasten verteidigt, wehrt man sich für die Überzeugung, dass Gottes Geist immer noch[1], so gut wie in der Zeit der Apostel[1]), in der Kirche lebendig sei, und kämpft man für das Recht, ja für die Unentbehrlichkeit einer selbständigen Religiosität in der Kirche. Vergl. für letzteres namentlich den tomus hagioriticus Mi. 150, 1225 ff.; ich zitiere nur die Worte 1228 C: τοὺς λόγους τῆς ὁμολογίας ... ⟨οὐκ⟩ ἀγνοοῦμεν, .. οἱ μὲν αὐτῇ τῇ πείρᾳ μεμνημένοι, .. οἱ δὲ τῇ πρὸς τοὺς τοιούτους αἰδοῖ καὶ πίστει καὶ στοργῇ.

---

1) Eben in diesem Punkt, wie das Verhältnis der apostolischen Zeit zur Folgezeit beurteilt wird, unterscheiden sich die beiden Kirchen charakteristisch. In der abendländischen Anschauung gilt die apostolische Zeit als die klassische, die produktive Zeit; in der Folgezeit hat der Geist, der von der Kirche ja nie weicht, nur die Aufgabe, das Erbe ungeschmälert und rein zu erhalten. (Prinzip des Fortschritts will der Katholizismus trotz Schell der Theorie nach nicht sein.) Griechisch ist dagegen die Anschauung, dass nicht bloss ein gewisser Bestand von Erkenntnissen und Instituten, sondern auch der Geist als schaffender sich forterbt. Von Generation zu Generation wird das Erbe gewissermassen neu erzeugt. Diese Differenz bildet auch den Kern der Frage in dem gegenwärtig viel verhandelten Streitpunkt über die Notwendigkeit der Epiklese des Geistes bei der Eucharistie. Für den Griechen ist die ἐπίκλησις wesentlich: der Geist muss immer von neuem kommen; für den abendländischen Katholiken ist sie entbehrlich: es handelt sich nur um die Ausübung einer Befugnis, zu der Recht und Kraft ein und für alle mal der Kirche verliehen ist. — Ist es zufällig, dass die Hesychasten ebenso Gegner der Union waren, wie Symeon's begabtester Schüler, Niketas Stethatós?

Mit dem Sieg der Hesychasten, der freilich nicht bloss durch die innere Kraft dieser Bewegung errungen worden ist, hat der Enthusiasmus des Mönchtums seine definitive Anerkennung seitens der griechischen Kirche erlangt. Der abschliessende Dogmatiker der byzantinischen Zeit, Symeon von Thessalonich, der auf den Ergebnissen des hesychastischen Streits fusst, andererseits auch die Periode hinter sich hat, in der der Osten Wesentliches vom Abendland übernahm, zeigt noch einmal deutlich, welche Stellung der mönchische Enthusiasmus in der griechischen Kirche gewonnen und behauptet hat.

Symeon bemüht sich viel um den Nachweis, dass das Mönchtum nicht erst von Pachomios, der nur einiges Äusserliche zur Vollendung des σχῆμα hinzufügen durfte, sondern von Christus und den Aposteln eingesetzt, ja von den Propheten schon weissagend dargestellt worden sei, responsa ad Gabr. Pentapol. ἐρώτ. ξ; Mi. 155, 912 C *περὶ τοῦ ἀγγελικοῦ καὶ θείου μοναχικοῦ σχήματος πρῶτον μὲν ὁ θεῖος ἔγραψε Διονύσιος, τὸ περὶ τούτου δὲ καὶ αὐτὸς παρέδωκεν ὁ σωτήρ· .. οὐ γὰρ ἀπὸ τῶν ὁσίων μόνον Παχωμίου τε καὶ Θηβαίου Παύλου καὶ Ἀντωνίου τοῦτο ἤρξατο, ἢ νενομοθέτηται ..., ἀλλ᾽ ἀπ᾽ αὐτοῦ τοῦ σωτῆρος καὶ εἰς τοὺς ἀποστόλους ἐλθὸν ... καὶ εἰς τοὺς μετ᾽ ἐκείνους ηὐξήθη, .. προετύπωσαν δὲ τοῦτο καὶ οἱ προφῆται.* de sacr. κεφ. νε; Mi. 155, 201 D *ὅτι δὲ καὶ τῷ ἱερῷ Παχωμίῳ ἐν τοῖς τῶν πατέρων γέγραπται λόγοις ὕστερον τὸ σχῆμα παρ᾽ ἀγγέλου δοθῆναι, καλῶς καὶ ἀληθῶς γέγραπται. καὶ γὰρ τοῦ σχήματος σημεῖά τινα τελεωτέραν διδασκαλίαν ἔχοντα παρὰ τὸ πρότερον σχῆμα δέδοται,* vergl. ib. 201 B. Darin liegt, dass das Mönchtum eine wesentliche Institution der christlichen Kirche ist, und dass es, weil ebenso unmittelbar, wie das Priestertum, auf Christus und die Apostel zurückgehend, eine diesem gegenüber selbständige Institution ist. Im Abendland ist das Mönchtum reines Organ der auf dem Priestertum ruhenden Kirche geworden. Im Orient war eine derartige Unterwerfung des Mönchtums nicht möglich. Bis zuletzt schätzt man hier die eigentümlichen Vorzüge des Mönchtums im Vergleich mit dem Priestertum. Das Mönchtum hatte im Orient schon vermöge seiner παρθενία einen gewaltigen Vorsprung vor dem Priestertum vergl. resp. ad Gabrielem Pent. ἐρώτ. λγ; Mi. 155, 881 C D *τί ἄρα μεῖζον, ἡ ἱερωσύνη ἢ τὸ σχῆμα τοῦ μοναχοῦ; — κατὰ μὲν τὴν τάξιν μείζων ἡ ἱερωσύνη τοῦ μοναχικοῦ σχήματος ὑπὲρ λόγον, .. μείζων δὲ .. ἡ μοναχικὴ τάξις τοῦ κατὰ κόσμον ἱερέως, ὥς φησι Διονύσιος, οὐ κατὰ τὴν ἱερωσύνην ἀλλὰ κατὰ τὸν βίον.* Dann aber liessen die Geistesgaben, deren der Mönch im Zusammenhang mit seinem apostolischen Leben sich rühmen durfte, in ihm auch einen Nachfolger der Apostel erblicken, de sacr. *κεφ. νε;* Mi. 201 B *εὑρίσκομεν ἄρα, ὡς καὶ ἔζησεν ὁ κύριος τὴν κατὰ μοναχοὺς ὁδὸν καὶ παρέδωκε. καὶ ἐν τοῖς ἀποστόλοις αὕτη ἡ ζωὴ ἦν.* C *δύναμιν παρεῖχεν* (sc. *ὁ κύριος τοῖς ἀποστόλοις) ἐξαποστέλλων κατὰ πνευμάτων ἀκαθάρτων καὶ θεραπεύειν πᾶσαν νόσον καὶ πᾶσαν μαλακίαν ὅπερ οὐ μόνον ἐν τοῖς ἀποστόλοις τότε ἦν, ἀλλὰ καὶ ἐν τοῖς ἁγίοις ὕστερον καὶ μᾶλλον τοῖς ἀσκηταῖς,* vergl. *κεφ. σξε;* Mi. 489 B. Zugleich kann man aus Symeon entnehmen, dass bis zum Schluss der Anachoret seinen Vorrang vor dem Könobiten behauptet hat: denn Christus selbst ist das Urbild des Anachoreten, die Apostel das der Könobiten, resp. ad Gabr. Pentapol. *ἐρώτ. ξ;* Mi. 913 A *τετελείωκε δὲ καὶ παρέδωκεν* (sc. *τὸ μοναχικὸν σχῆμα) ... ὁ σωτὴρ ... ἀναχωρῶν πολλάκις καὶ κατ᾽ ἰδίαν προσευχόμενος τὰ τῆς ἡσυχίας τυπῶν· ὅτι καὶ τὰ τελεώτερα ἐν τῷ ὄρει ἐδίδαξε καὶ τὴν δόξαν αὐτοῦ τῆς θεότητος ἔδειξεν ἣν ἀεὶ τοῖς καθαιρομένοις δι᾽ αὐτὸν καὶ ποθοῦσιν αὐτὸν ὁλοκαρδίως φανεροῖ καὶ μᾶλλον τοῖς ζητοῦσι δι᾽ ἡσυχίας. καὶ κοινοῦ δὲ βίου τάξιν ὑπέδειξε διὰ τῶν αὐτοῦ μαθητῶν.*

In der Gestalt, die der Enthusiasmus zuletzt im Hesychastentum erhielt, ist er bis heute noch nicht erloschen. Ph. Meyer teilt (ZKG XI, 542) mit, dass das hesychastische Gebet immer noch auf dem Athos im Brauche sei, und aus seinen weiteren Angaben ist ersichtlich, dass auch die tieferen Gedanken, die der Enthusiasmus produziert hat, noch fortleben. Wenn man sich den eigentümlichen Charakter der griechischen Kirche, den Reichtum ihrer Formen, die den Geist zu ersticken drohen, vergegenwärtigt, so muss man es als ein Glück für sie betrachten, dass sie den Geist im Mönchtum nicht gedämpft hat. Hier war wenigstens eine Stelle, wo freie, lebendige Frömmigkeit sich erhielt, und so weit dieser Einfluss reichte, so weit ist auch der Sinn für das, worin die Religion eigentlich besteht, wach gehalten worden.

Die Schrift, von der wir ausgingen, hat es uns nahe gelegt, die Rolle, die das Mönchtum im Lauf der Geschichte gespielt hat, an einem Punkt noch speziell zu verfolgen. Dasjenige Recht, das dem

Priestertum erst die wirkliche Herrschaft über die Gemeinde giebt,
das Recht zu binden und zu lösen, hat das Mönchtum für .sich
in Anspruch nehmen können. Die Untersuchung, die darüber zu
führen sein wird, dient zugleich dazu, den Grundgedanken dieses
Teiles neu zu beleuchten: so stark war der Glaube an das Charisma
der Mönche, dass ihnen auf Grund davon Rechte in der Kirche
eingeräumt wurden; das Mönchtum selbst behauptet diese Rechte als
etwas ihm Zustehendes: als sie ihm bestritten wurden, hat es mit
Berufung auf seinen Geistesbesitz sich des Angriffs erwehrt.

III. Die Binde- und Lösegewalt des Mönchtums[1]).

Auch die zweite Frage, vor die uns die epistola de confessione gestellt hat, die Frage, wie das Mönchtum in den Besitz des Rechts zu binden und zu lösen kam, lässt sich nicht lösen, ohne dass weiter ausgeholt und auf die Anfänge der Idee von der Schlüsselgewalt im Osten zurückgegangen wird. Stimmt die orientalische Anschauung auch in den wesentlichen Punkten mit der abendländischen überein, so unterscheidet sie sich doch von Haus aus von der occidentalischen durch gewisse Nuancen, die die Anknüpfungspunkte für eine Thätigkeit des Mönchtums auf diesem Gebiete gebildet haben.

---

1) Aus der älteren, die moderne an Gediegenheit weit übertreffenden Literatur hebe ich neben dem neuerdings wieder bekannt gewordenen commentarius Morin's hervor die zwei einander ebenbürtigen Schriften des Protestanten Daillé (Johannis Dallaei de sacramentali sive auriculari Latinorum confessione disputatio. Genevae 1661) und des Katholiken Boileau (historia confessionis auricularis ex antiquis scripturae, patrum, pontificum et conciliorum monumentis cum cura et fide expressa. Lutetiae Parisiorum 1684). — Das Verdienst von Steitz (Die Bussdisziplin in der morgenländischen Kirche Jd Th 1863) besteht hauptsächlich in seiner gründlichen Erörterung der Anschauung des Origenes; im übrigen war ihm durch Daillé in unübertrefflicher Weise vorgearbeitet. Die heftige, wenn auch recht begreifliche Polemik von Steitz hat es wohl verschuldet, dass der doch manches Richtige enthaltene Aufsatz von Zezschwitz (Z f P u K 1862) unbeachtet geblieben ist. Am meisten seit Morin und Daillé hat Hinschius in seinem Kirchenrecht die Sache gefördert. Von neueren katholischen Arbeiten sind ausser den grösseren Werken von Frank (Die Bussdisziplin der Kirche von den Apostelzeiten bis zum 7. Jahrhundert. Mainz 1867) und Schmitz (Die Bussbücher und die Bussdisziplin. Mainz 1863) die Aufsätze von Funk (Th Qu Schr 1884 u. 1886, jetzt: Kirchengesch. Abh. Paderborn 1897. I, 155 ff. 182 ff.) und Bickell (ZKTh 1877) besonders wertvoll.

Das uns interessierende Problem ist freilich fast nur denjenigen noch bekannt, die die Alten unselbständig abschreiben. Doch haben Steitz und namentlich Kattenbusch (Confessionskunde S. 432 ff.), der auch hier sein Feingefühl nicht verleugnet hat, einige richtige Andeutungen gegeben.

Schon die Grundfragen: wie die Sünden der Gläubigen zu beurteilen und in welcher Weise sie zu behandeln seien, stellen sich
beiden Kirchen in etwas verschiedener Beleuchtung dar. Leichter
als die abendländische Kirche hat sich die orientalische in den Gedanken gefunden, dass die christliche Gemeinde nicht aus vollkommenen Heiligen, sondern aus immer wieder sündigenden Menschen
besteht. So prinzipiell und leidenschaftlich wie im Westen ist im
Osten weder die durch Kallist's Edikt hervorgerufene Frage noch
der novatianische Streit durchgefochten worden. Das geht jedoch
nicht darauf zurück, dass der sittliche Ernst hier geringer gewesen
wäre, vielmehr war eine tiefere Einsicht dabei mindestens mit im
Spiele. Früher und bestimmter als anderswo ist in der einfluss-
reichsten Kirche des Ostens, in Alexandria, die Erkenntnis zum Durch-
bruch gekommen, dass der Gläubige nicht ein Fertiger, sondern ein
Werdender ist. Wenn sonst die Anschauung galt, dass der Getaufte
eine Höhe erreicht habe, die er nur zu behaupten brauche, so wird
hier ausgesprochen, dass der Gläubige noch ein Ziel vor sich hat;
es giebt noch eine höhere Stufe, die Stufe der Vollkommenheit, zu
der womöglich jeder fortschreiten soll. Darin lag sofort das andere:
die Vollkommenheit fällt keinem mühelos in den Schoss; sie kann
nur durch eigene Anstrengung und durch weitere Erziehung erreicht werden. Von dieser Anschauung aus erscheinen auch die
Sünden des Gläubigen in etwas anderem Lichte.

Klemens von Alexandrien hat in seiner Trilogie diese Ideen in
die Anschauung der griechischen Kirche eingeführt. Er ist mit ihnen
durchgedrungen: speziell sein $\lambda\acute{o}\gamma o\varsigma$ $\pi\alpha\iota\delta\alpha\gamma\omega\gamma\grave{o}\varsigma$ ist für die Gestaltung der Ethik im Osten ebenso massgebend geworden, wie die
$\sigma\tau\varrho\acute{\omega}\mu\alpha\tau\alpha$ für die religiöse Stimmung [1]). Um ihres ethischen Ge-
halts willen sind die Schriften des Klemens immer noch gelesen
worden und sie haben das Andenken an ihn lebendig erhalten zu
einer Zeit, in der die Alexandriner längst als Häretiker gebrandmarkt oder doch verdächtigt waren.

Klemens selbst verdankt die wichtigsten Anregungen der antiken
Philosophie; mit ihren Begriffen hat er das sittliche Ideal des Christen
geschildert. Freilich gebrach es ihm an der Fähigkeit, die von ihm

---

1) Es scheint mir, dass der Einfluss des Klemens auf die griechische Kirche
neben dem des Origenes unterschätzt wird. Klemens ist nicht bloss überhaupt
der originellere, sondern von ihm rührt namentlich die Gesamtanschauung vom
Christentum her, die im Orient gilt, und seine (direkte) Einwirkung hat die des
Origenes überdauert.

aufgenommenen Gedanken gründlich zu verarbeiten und sie mit verwandten christlichen (paulinischen) Ideen auseinanderzusetzen, aber
er hat doch eine Reihe von Kombinationen vollzogen. die feste Bestandteile des griechischen Denkens geworden sind. Für die uns
beschäftigende Frage ist es von epochemachender Bedeutung gewesen,
wie er mit Hilfe philosophischer Begriffe die Anschauung von dem
sittlichen Zustand des Menschen präzisiert hat. Die allgemeine Vorstellung von der Macht des Bösen über den Menschen hat er konkreter gestaltet, indem er die fasslichere philosophische [1]) Idee damit
verband, dass im Innern des Menschen widerstrebende Neigungen,
die πάϑη, sich dem Willen zum Guten widersetzen. Diese Triebe
konnten nicht als durch die Taufe weggefegt gelten: das richtige
Verhältnis zu ihnen zu gewinnen, erschien als die grosse sittliche Aufgabe, die der Gläubige zu lösen hat. Von hier aus ergiebt sich für
Klemens aber auch über die Rückfälle im Christenleben ein von dem
vulgären sich abhebendes Urteil: sie sind nicht bloss Schuld, sondern
Symptome eines nicht überwundenen πάϑος; wenn es für sie Vergebung giebt, so können sie nicht durch blosse Reue, blosses Bitten
um Vergebung wieder gut gemacht werden; die Hauptsache ist,
dass die Macht der Sünde gebrochen wird, strom. II, 13; Mi. 8, 996 A
ἔδωκεν οὖν ἄλλην ἐπὶ τοῖς κᾶν τῇ πίστει περιπίπτουσί τινι
πλημμελήματι, πολυέλεος ὤν, μετάνοιαν δευτέραν. B αἱ δὲ συνεχεῖς
καὶ ἐπάλληλοι ἐπὶ τοῖς ἁμαρτήμασι μετάνοιαι οὐδὲν τῶν καϑάπαξ
μὴ πεπιστευκότων διαφέρουσιν ἢ μόνῳ τῷ συναισϑέσϑαι ὅτι
ἁμαρτάνουσιν. C δόκησις τοίνυν μετανοίας οὐ μετάνοια τὸ πολλάκις
αἰτεῖσϑαι συγγνώμην ἐφ᾽ οἷς πλημμελοῦμεν πολλάκις. δικαιοσύνη
δὲ ἀμώμους ὀρϑοτομεῖ ὁδούς, κέκραγεν ἡ γραφή. 997 AB ὁρμὴ
μὲν οὖν φοβερὰ διανοίας ἐπὶ τὶ ἢ ἀπό του, πάϑος δὲ πλεονά
ζουσα ὁρμὴ ἢ ὑπερτείνουσα τὰ κατὰ τὸν λόγον μέτρα ἢ ὁρμὴ
ἐκφερομένη καὶ ἀπειϑὴς λόγῳ. Ein Anlass, die Sünde in sich zu
bekämpfen, entsteht jedoch für den Menschen nicht erst dann, wenn
er gefallen ist: es gilt womöglich dem Falle vorzubeugen.

Je bestimmter sich nun aber dem Klemens die Grösse dieser
sittlichen Aufgabe darstellte, desto mehr empfand er auch das Bedürfnis, der Frage nahezutreten, wie sie in den praktischen Verhältnissen gelöst werden könne. Er hat in dieser Beziehung An-

---

1) Es soll natürlich nicht behauptet werden, dass er der Erste war, der
diese Kombination vollzog. Aber für die Anschauung der Kirche ist sein Vorgang erst massgebend geworden.

weisungen gegeben, die nicht minder folgenreich geworden sind, als seine theoretischen Aufstellungen über das sittliche Ideal und über die Sünde. Die Erziehung, deren der Gläubige immer noch bedarf, denkt er sich nicht bloss als Selbsterziehung. Er rechnet darauf, dass der weiter Fortgeschrittene den Schwächeren unterstützt; er hält es für die Pflicht des Gnostikers, mit seinen Gaben anderen zu dienen, strom. VI, 13; Mi. 9, 328 A ἔξεστιν ουν καὶ νῦν ταῖς κυριακαῖς ἐνασκήσαντας ἐντολαῖς κατὰ τὸ εὐαγγέλιον τελείως βιώσαντας καὶ γνωστικῶς εἰς τὴν ἐκλογὴν τῶν ἀποστόλων ἐγγραφῆναι· οὗτος πρεσβύτερός ἐστι τῷ ὄντι τῆς ἐκκλησίας καὶ διάκονος ἀληθὴς τοῦ θεοῦ βουλήσεως, ἐὰν ποιῇ καὶ διδάσκῃ τὰ τοῦ κυρίου. strom. VII, 1; Mi. 9, 405 A ταύτας ἄμφω τὰς διακονίας (sc. die βελτιωτικὴ und die ὑπηρετικὴ, erfüllt)... καὶ αὐτὸς ὁ γνωστικός, θεῷ μὲν διακονούμενος, ἀνθρώποις δὲ τὴν βελτιωτικὴν ἐνδεικνύμενος θεωρίαν, ὅπως ἂν καὶ παιδεύειν ἢ τεταγμένος εἰς τὴν τῶν ἀνθρώπων ἐπανόρθωσιν. Klemens meint, wie man aus der letzten Stelle deutlich sieht, nicht bloss eine gegenseitige Förderung im Gebiet des Erkennens; er hat auch praktische Anleitung im Auge und wenn er es hier als Recht und Pflicht des Gnostikers hinstellt, sich anderer anzunehmen, so hat er auf der andern Seite auch solchen, die besonderen Beistands bedürfen, es zur Pflicht gemacht, diese Unterstützung zu suchen. Den Reichen, der schwerlich ins Himmelreich kommt, ermahnt er in der Homilie quis dives salvetur, sich durch Almosen einen στρατὸς ἄοπλος, ἀπόλεμος κτέ. von γέροντες θεοσεβεῖς, ὀρφανοὶ θεοφιλεῖς, χῆραι πραότητι ὡπλισμέναι, ἄνδρες ἀγάπῃ κεκοσμημένοι zu werben (c. 34; ed. Köster 29, 8 ff.), die im Gebet bei Gott für ihn eintreten und ihm geistliche Hilfe gewähren können, c. 35; 29, 19 ff. ὁ μὲν ἐξαιτήσασθαί σε δύναται παρὰ θεοῦ, ὁ δὲ παραμυθήσασθαι κάμνοντα..., ὁ δὲ διδάξαι τι τῶν πρὸς τὴν σωτηρίαν χρησίμων, ὁ δὲ νουθετῆσαι μετὰ παρρησίας, ὁ δὲ συμβουλεῦσαι μετ' εὐνοίας. Der Verkehr zwischen dem Reichen und denen, die ihn geistlich unterstützen, soll aber nicht bloss ein zufälliger sein; Klemens legt dem Reichen ans Herz, mit mindestens einem ἄνθρωπος τοῦ θεοῦ, einem von den ἐκλεκτότεροι τῶν ἐκλεκτῶν, ein intimeres Verhältnis einzugehen und ihn als Auktorität anzuerkennen c. 41; 34, 6 ff. δεῖ πάντως σε τὸν σοβαρὸν καὶ δυνατὸν καὶ πλούσιον ἐπιστήσασθαι ἑαυτῷ τινα ἄνθρωπον θεοῦ καθάπερ ἀλείπτην καὶ κυβερνήτην. αἰδοῦ κἂν ἕνα, φοβοῦ καν ἕνα, μελέτησον ἀκούειν κἂν ἑνὸς παρρησιαζομένου καὶ στύφοντος ἅμα καὶ θεραπεύοντος. — Es ist kaum nötig hervorzuheben, dass Klemens bei dem geistlichen Berater nicht an eine von Amtswegen dazu berufene Persönlichkeit denkt. Er charakterisiert den ἀλείπτης καὶ κυβερνήτης nur mit allgemeinen Ausdrücken als ἄνθρωπος θεοῦ (34, 7), er kennt eine ganze Kategorie von solchen, die ἐκλεκτῶν ἐκλεκτότεροι, φῶς τοῦ κόσμου und ἅλας τῆς γῆς sind (c. 36 30, 5. 11), und er verwendet dieselben Ausdrücke anderwärts, wo er zweifellos den Gnostiker meint (strom. VI, 13; Mi. 9, 328 C τῶν ἐκλεκτῶν . . ἐκλεκτότεροι οἱ κατὰ τὴν τελείαν γνῶσιν καὶ τῆς ἐκκλησίας αὐτῆς ἀπηνθισμένοι καὶ τῇ μεγαλοπρεπεστάτῃ δόξῃ τετιμημένοι), so dass gar kein Zweifel darüber bestehen kann, dass er die durch persönliche Vorzüge hervorragenden Christen meint.

Um die Bedeutung dieser Ratschläge zu ermessen, gilt es zunächst festzuhalten, dass Klemens sie auch in einer Predigt ausspricht. Es handelt sich also nicht bloss um „geistreiche Ideen", sondern um Gedanken, die er ernsthaft ins Leben überzuführen wünscht. Wenn man dies im Auge behält, so ergiebt sich von selbst die Tragweite der Idee von dem geistlichen Beruf des Gnostikers an seinen schwächeren Brüdern. Klemens hat damit einer schon im Absterben begriffenen Anschauung neue Kräfte zugeführt, der Anschauung von dem Recht der persönlichen Auktorität in der Gemeinde. Ein Rest der Stellung, die die Charismatiker innegehabt hatten, hatte sich erhalten in der Befugnis, die man den Märtyrern einräumte. Das Recht, das man ihnen zuschrieb, das Recht zu binden und zu lösen (Eus. V, 2; ed. Bright S. 145 ἔλυον μὲν ἅπαντας ἐδέσμευον δὲ οὐδένα), war schwer zu missen, so lange man in der Kirche nicht wagte, schwere Sünden, die nach der Taufe begangen wurden, zu vergeben. Aber schon der Montanist Tertullian wehrt sich dagegen; Cyprian hat die Befugnis der Märtyrer praktisch aufgehoben und gleichzeitig ist man auch im Orient an ihrem Recht irre geworden, vergl. Dion. Alex. bei Eus. h. e. VI, 42; ed. Bright S. 212 τί ἡμῖν πρακτέον; ... τοῖς ἐλεηθεῖσιν ὑπ᾽ αὐτῶν (sc. τῶν θείων μαρτύρων) χρηστευσώμεθα ἢ τὴν κρίσιν αὐτῶν ἄδικον ποιησώμεθα. Die Gegner der Konfessoren konnten gegen sie ins Feld führen, dass jene keineswegs immer sittlich hochstehende und vertrauenswürdige Personen seien, vergl. ausser der bekannten Schilderung bei Tertullian de ieiun. 12 Cypr. de cath. eccl. un. c. 20; ed. Hartel I, 228, 1 neque enim confessio immunem facit ab insidiis diaboli aut contra temptationes et pericula et incursus adque impetus saeculares adhuc in saeculo positum perpetua securitate defendit: ceterum numquam in confessoribus fraudes et stupra et adulteria postmodum videremus quae nunc in quibusdam videntes ingemescimus et dolemus. Im Abendland ist, nachdem die Auktorität der Märtyrer gebrochen war, von einer geistlichen Wirksamkeit des Charisma nicht mehr die Rede. Im Morgenland aber eröffnete Klemens ein neues grosses Gebiet, auf dem die persönliche Befähigung eine Rolle spielen konnte, das der Seelsorge. Hier liess die offizielle Kirche, auch nachdem die Alleinberechtigung des Amts zu öffentlicher Wirksamkeit festgestellt war, noch Raum für freie Thätigkeit und in dieser Sache mochte man niemand das Recht bestreiten, sich an denjenigen zu wenden, zu dem er Vertrauen hatte.

Drei Grundsätze, so darf man zusammenfassen, hat Klemens der griechischen Kirche eingeprägt; sie bilden den Rahmen für die dort geltende Anschauung von Busse (und Beichte): Die Sünde ist nicht bloss in ihrer Schuld anzuerkennen, sondern in ihrer Macht zu bekämpfen; es giebt besondere Fälle, in denen ein Gläubiger des Beistands anderer bedarf; der Beistand wird dem Schwachen naturgemäss von denen geleistet, die fertiger sind als er.

Wie viel war freilich an diesen allgemeinen Sätzen noch zu verdeutlichen! In welchen Fällen ist es unumgänglich, fremde Hilfe zu suchen? Wer ist in praxi der Vollkommene, der Gnostiker? In welcher Weise kann und muss er eingreifen?

Origenes ist auch auf diesem Gebiete in die Erbschaft seines Lehrers eingetreten, aber seine Anschauung deckt sich nicht einfach mit der des Klemens. — Die Entwicklung der Idee des kirchlichen Amtes und die Ausbildung der Bussdisziplin haben für ihn die Fragen verwickelter gemacht und der Standpunkt, den er einnimmt, erscheint verschiedener Deutung fähig. Die Stellen, an denen er sich über Busse und Schlüsselgewalt ausspricht, sind seit dem 17. Jahrhundert umstritten.

In der Zeit des Origenes ist die Frage brennend geworden, wie es mit den Todsündern zu halten sei. Bestimmte schwere Fälle von Thatsünden stehen also jetzt im Vordergrund des Interesses, Fälle, in denen nach allgemeinem Urteil der Christenstand des Betreffenden' nicht nur geschädigt oder bedroht, sondern aufgehoben war. Es fragte sich, ob man überhaupt annehmen durfte, dass Gott Willens sei, solchen Sündern das geistliche Leben wiederzuschenken und sie in den Genuss der christlichen Güter wieder einzusetzen.

Origenes scheint — Bigg, the christian Platonists of Alexandria p. 217 ff. ist wohl darin beizustimmen — in der prinzipiellen Frage eine Wandlung durchgemacht zu haben. In seinen älteren Schriften erklärt er es für eine Rechtsüberschreitung, wenn Priester sich die Befugnis anmassen, auch für Todsünden Vergebung zu erteilen, vergl. bes. de orat. c. 28; Mi. 11, 529 B οὐκ οἶδ᾽ ὅπως ἑαυτοῖς τινες ἐπιτρέψαντες τὰ ὑπὲρ τὴν ἱερατικὴν ἀξίαν, τάχα μηδὲ ἀκριβοῦντες τὴν ἱερατικὴν ἐπιστήμην αὐχοῦσιν ὡς δυνάμενοι καὶ εἰδωλολατρείας συγχωρεῖν μοιχείας τε καὶ πορνείας ἀφιέναι ὡς διὰ τῆς εὐχῆς αὐτῶν περὶ τῶν ταῦτα τετολμηκότων λυομένης καὶ τῆς πρὸς θάνατον ἁμαρτίας. Später dagegen erkennt er die inzwischen herrschend gewordene Praxis an c. Cels. c. 51; Mi. 11, 988 B οὗτοι δὲ (sc. οἱ Χριστιανοὶ) ὡς ἀπολωλότας καὶ τεθνηκότας τῷ θεῷ τοὺς ὑπ᾽ ἀσελγείας ἤ τινος ἀτόπου νενικημένους ὡς νεκροὺς πενθοῦσι, καὶ ὡς ἐκ νεκρῶν ἀναστάντας ἐὰν ἀξιόλογον ἐνδείξωνται μεταβολήν, χρόνῳ πλείονι τῶν κατ᾽ ἀρχὰς εἰσαγομένων ὕστερόν ποτε προσίενται. Aber immer ist ihm ein Zweifaches fest geblieben: erstens, dass die Verantwortung, die bei der Wiederaufnahme eines Todsünders übernommen wird, eine ausserordentlich grosse ist (bem. in der angeführten Stelle aus de orat. das τὰ ὑπὲρ τὴν ἱερατικὴν ἀξίαν); die Befugnis, von der man dabei Gebrauch macht, ist die apostolische Gewalt des Bindens und Lösens; zweitens: das Lösen ist nicht bloss Verkündigen eines Urteils, sondern zugleich Wiedererwecken zum geistlichen Leben; man kann nicht freisprechen, ohne zugleich den Sünder zu heilen, eine Aufgabe, die schwieriger ist, als die Erziehung eines Katechumenen vergl. in der Stelle aus c. Cels.: ὡς ἐκ νεκρῶν ἀναστάντας, χρόνῳ πλείονι τῶν κατ᾽ ἀρχὰς εἰσαγομένων.

Aus dieser Natur der Sache ergeben sich die Eigenschaften, die derjenige besitzen muss, der die Binde- und Lösegewalt ausüben will. Wer die apostolische Befugnis für sich in Anspruch nimmt, der muss wie die Apostel, als sie diese Gewalt von Christus erhielten, den Hauch des Geistes Christi verspürt haben; er muss ein πνευματικὸς sein de orat. 28; Mi. 11, 528 C (die gewöhnlichen Christen haben nur das Recht, die gegen sie selbst begangenen Sünden zu vergeben) ὁ δὲ ἐμπνευσθεὶς ὑπὸ τοῦ Ἰησοῦ ὡς οἱ ἀπόστολοι καὶ ἀπὸ τῶν καρπῶν γινώσκεσθαι δυνάμενος ὡς χωρήσας τὸ πνεῦμα τὸ ἅγιον καὶ γενόμενος πνευματικὸς τῷ ὑπὸ τοῦ πνεύματος ἄγεσθαι τρόπον υἱοῦ θεοῦ ἐφ᾽ ἕκαστον τῶν κατὰ λόγον πρακτέων ἀφίησιν ἃ ἐὰν ἀφῇ ὁ θεὸς καὶ κρατεῖ τὰ ἀνίατα τῶν ἁμαρτημάτων, ὑπηρετῶν ὥσπερ οἱ προφῆται ἐν τῷ λέγειν οὐ τὰ ἴδια, ἀλλὰ τὰ τοῦ θείου βουλήματος τῷ θεῷ οὕτω καὶ *αὐτὸς τῷ μόνῳ ἐξουσίαν ἔχοντι ἀφιέναι θεῷ.* Das Urteil des Menschen darüber, ob eine Sünde überhaupt heilbar resp. als wie schwer sie anzusehen ist, kann nur dann das richtige sein, wenn ihm durch den Geist Gottes Urteil geoffenbart ist. — Aber der Besitz des Geistes ist auch dazu notwendig[1]), um den Sünder vollkommen zu heilen: die gleich den Aposteln Begnadigten wissen auch allein, in Gottes Sinn den Gefallenen zu behandeln, de orat. 28; Mi. 11, 529 A *οἱ ἀπόστολοι καὶ οἱ τοῖς ἀποστόλοις ὡμοιωμένοι, ἱερεῖς ὄντες κατὰ τὸν μέγαν ἀρχιερέα, ἐπιστήμην λαβόντες τῆς τοῦ θεοῦ θεραπείας ἴσασιν ὑπὸ τοῦ πνεύματος διδασκόμενοι, περὶ ὧν χρὴ ἀναφέρειν θυσίας ἁμαρτημάτων καὶ πότε καὶ τίνα τρόπον, καὶ γινώσκουσι περὶ ὧν οὐ χρὴ τοῦτο ποιεῖν.*

Wenn es also Leute in der Kirche giebt, die die Binde- und Lösegewalt auszuüben vermögen, so können sie nur durch persönliche Befähigung hierzu berufen sein. Sie erlangen die Gabe auf Grund ihres Wandels; sie müssen selbst — so deutet Origenes namentlich Matth. 16, 16 — die Pforten der Hölle, die Versuchungen der Sünde und die finsteren Gewalten, überwunden haben, dann empfangen sie Offenbarungen wie Petrus, comm. in Matth. tom. XII c. 14; Mi. 13, 1012 AB *ἄξιος γὰρ ἀπὸ τοῦ αὐτοῦ λόγου λαβεῖν ἐστι τὰς κλεῖδας τῆς τῶν οὐρανῶν βασιλείας ὁ φραξάμενος πρὸς τὰς τοῦ ᾅδου πύλας, ἵνα μὴ κατισχύσωσιν αὐτοῦ, οἱονεὶ ἆθλα λαμβάνων τοῦ μηδὲν*

---

1) Darin unterscheidet sich Origenes von dem Montanisten Tertullian. Tert. sagt auch de pudic. c. 21; ed. Reiff.-Wiss. 271, 1 ff.: secundum enim Petri personam spiritalibus potestas ista conveniet aut apostolo aut prophetae. Nam et ipsa ecclesia proprie et principaliter ipse et spiritus. Aber der Geist ist nach ihm nur dazu nötig, um den Fall zu beurteilen, resp. um die (Schuld der) Sünde zu vergeben, ib.; 271, 8 ecclesia quidem delicta donabit, sed ecclesia spiritus per spiritalem hominem, non ecclesia numerus episcoporum. Dem Geist auch die Aufgabe zuzuweisen, das erstorbene geistliche Leben wiederzuerwecken, lag ausserhalb von Tertullian's Horizont ib.; 269, 24 ipsum paracletum in prophetis novis habeo dicentem: potest ecclesia donare delictum, sed non faciam ne et alia delinquant. Auch er hat freilich die Busse zugleich als eine Heilung des Sünders angesehen vergl. schon Tert. de paenit. c. 10; ed. Öhler I, 662 quae per insuavitatem medentur, et emolumento curationis offensam sui excusant und später, vergl. nam. Cyprian, fehlt dieser Gesichtspunkt nie. Aber der vorwaltende Gedanke blieb im Abendland doch der, dass Gott zu versöhnen und die Schuld der Sünde wieder aufzuheben sei. Um das richtige Mass der Bussleistung aufzuerlegen, dazu schien keine spezifische geistliche Befähigung erforderlich; höchstens hielt man gemeinsame Beratung der Bischöfe für am Platze.

δεδυνῆσθαι κατ᾽ αὐτοῦ τὰς τοῦ ᾅδου πύλας τὰς κλεῖδας τῆς τῶν οὐρανῶν βασιλείας. Wie sehr Origenes das Recht zu binden und zu lösen von der Persönlichkeit abhängig denkt, das erkennt man am besten daraus, dass er je nach der Würdigkeit des Betreffenden ihm auch ein verschiedenes Mass der Gewalt zuschreibt, comm. in Matth. tom. XIII c. 31; Mi. 13, 1181 A ὅσῳ οὖν βελτίων ὁ δεσμεύων, τοσοῦτον μακαριώτερος ὁ λελυμένος, ὡς καὶ πανταχοῦ τῶν οὐρανῶν εἶναι αὐτοῦ τὸ λελύσθαι[1]). Daraus ergiebt sich aber auch ein Massstab, um zu beurteilen, ob einer diese Befugnis hat: der Charakter seines Lebens muss den Geistesträger ausweisen de orat. 28; Mi. 11, 529 C ὁ δὲ ἐμπνευσθεὶς ὑπὸ τοῦ Ἰησοῦ ὡς οἱ ἀπόστολοι καὶ ἀπὸ τῶν καρπῶν γινώσκεσθαι δυνάμενος. Schon hier (vergl. aber auch die S. 228 zitierte Stelle aus Klemens) tritt uns also die Idee entgegen, dass die apostolische Gewalt denen zukommt, die apostolischen Geist haben und apostolisches Leben führen; vergl. (ausser der sofort anzuführenden Stelle) auch de orat. 28; Mi. 11, 529 A οὕτω τοιγαροῦν καὶ οἱ ἀπόστολοι καὶ οἱ τοῖς ἀποστόλοις ὡμοιωμένοι,[2]) ἱερεῖς ὄντες κατὰ τὸν μέγαν ἀρχιερέα. Man glaubt bereits die Männer der Zukunft zu erblicken.

Origenes hat nun aber daraus nicht, wie man erwarten könnte, die Konsequenz gezogen, dass diese Gewalt nicht von einem bestimmten Amt ausgeübt werden könne. Er will sich nicht dagegen sträuben, dass die Bischöfe das Recht für sich in Anspruch nehmen, wenn sie nur wie Petrus sich von den Pforten der Hölle nicht überwältigen lassen, comm. in Matth. tom. XII c. 14; Mi. 13, 1013 B ἐπεὶ δὲ οἱ τὸν τόπον τῆς ἐπισκοπῆς ἐκδικοῦντες χρῶνται τῷ ῥητῷ ὡς Πέτρος καὶ τὰς κλεῖδας τῆς τῶν οὐρανῶν βασιλείας ἀπὸ τοῦ σωτῆρος εἰληφότες διδάσκουσί τε τὰ ὑπ᾽ αὐτῶν δεδεμένα τουτ-

---

1) In dieser Anschauung tritt der Unterschied zwischen Orient und Occident am schärfsten hervor. Im Abendland wäre die Idee, dass eine Sünde in abgestuftem Mass gelöst werden könnte, unmöglich gewesen, weil man dort bei der Sünde in erster Linie an ihre Schuld denkt. Die Sünde kann daher nur entweder gelöst oder nicht gelöst, entweder vergeben oder nicht vergeben werden. Im Orient erscheint ein verschiedenes Mass der Vergebung denkbar: die Sünde wird resp. ist soweit vergeben, als der Mensch von ihrer Macht befreit ist; je nach der Stufe, die er erreicht hat, gelangt er, wie Origenes hier sagt, in den einen oder den andern Himmel, oder wie man später sich ausdrückt, in ein näheres oder ferneres Verhältnis zu Gott.

2) Das Komma nach ὡμοιωμένοι übersieht man namentlich auf katholischer Seite gerne.

ἐστι καταδεδικασμένα καὶ ἐν οὐρανοῖς δεδέσθαι καὶ τὰ ὑπ' αὐτῶν
ἄφεσιν εἰληφότα καὶ ἐν οὐρανοῖς λελύσθαι, λεκτέον ὅτι ὑγιῶς λέγουσιν εἰ ἔχουσιν ἔργον δι' ὃ εἴρηται ἐκείνῳ τῷ Πέτρῳ κτέ.
Er hält nur für nötig, sie immer wieder an die Bedingungen dieser
Befugnis zu erinnern: sie sollen lernen, was es heisst, einen Sünder
mit Gott zu versöhnen, hom. 5 in Lev. c. 4; Mi. 12, 454 A discant
sacerdotes domini, qui ecclesiis praesunt!... quid autem est repro-
pitiare delictum? si assumpseris peccatorem et monendo, hortando,
docendo, instruendo adduxeris eum ad paenitentiam, ab errore
correxeris, a vitiis emendaveris et effeceris eum talem, ut ei converso
propitius fiat deus, pro delicto repropitiasse diceris. Sie sollen eingedenk sein, dass derjenige, der die Sünden anderer hinwegnehmen
will, selbst rein und vollkommenen Glaubens sein muss, hom. 5 in
Lev. c. 3; Mi. 12, 451 C consequens enim est, ut secundum imaginem
eius, qui sacerdotium ecclesiae dedit, etiam ministri et sacerdotes
ecclesiae peccata populi accipiant et ipsi imitantes magistrum remis-
sionem peccatorum populo tribuant. Wie die alttestamentlichen
Priester das Sündopferfleisch nur an heiliger Stätte essen durften,
so muss auch der christliche Priester, der die Sünde des Volkes
tilgen will, stehen in fides perfecta, caritas de corde puro et con-
scientia bona. Wo diese Bedingungen fehlen, hat das Urteil des
Priesters keine Kraft comm. in Matth. tom. XII c. 14; Mi. 13, 1013 B
πύλαι .. ᾅδου οὐκ ὀφείλουσι κατισχύειν τοῦ θέλοντος δεσμεῖν καὶ
λύειν. εἰ δὲ σειραῖς τῶν ἁμαρτημάτων αὐτοῦ ἔσφιγκται, μάτην
καὶ δεσμεῖ καὶ λύει.

Origenes hat also mit seiner Zeit den Fortschritt gemacht, dass
er Fälle von Sünden kennt resp. anerkennt, in denen es nicht bloss
als wünschenswert, sondern als unbedingt notwendig erscheint, dass
der Betreffende sich einer durch andere an ihm geübten Disziplin
unterwirft, und Origenes hat sich darein gefügt, dass das kirchliche
Amt die Behandlung dieser Fälle übernahm.

Aber damit, dass für diese schwersten Fälle eine Ordnung begründet wurde, blieb doch noch Spielraum genug für diejenige Thätigkeit, die Klemens in quis dives salvetur befürwortet hatte. Origenes hat die Anregung des Klemens nicht fallen lassen, dass es
auch im sonstigen Christenleben Situationen giebt, in denen der
Gläubige geistlichen Beistands bedarf. Er führt diesen Gedanken
weiter. Nicht jede Sünde zwingt freilich dazu, fremde Hilfe in Anspruch zu nehmen. Die gewöhnlichen kleineren Sünden, die Sünden
des Tages, werden auch ohne weiteres von Gott vergeben hom. 16

in Lev. c. 2; Mi. 12, 561 A in gravioribus enim criminibus semel tantum paenitentiae conceditur locus; ista vero communia, quae frequenter incurrimus, semper paenitentiam recipiunt et sine intermissione redimuntur. Aber zwischen diesen kleinsten und jenen allerschwersten Sünden lag noch ein unbestimmt grosses Gebiet und die Frage konnte nicht umgangen werden, wie es mit schwereren Sünden, die doch noch keine Todsünden waren, stünde. Man empfand doch, dass auch für sie irgend eine Sühne geleistet werden sollte, und man mochte wohl denken, dass die Leute im A. Test. besser daran gewesen seien, als die des neuen Bundes, weil ihnen eine ausreichende Zahl von Sühnemitteln zu Gebote stand. Auf diese Frage hat Origenes in der berühmten Stelle hom. 2 in Lev. c. 4; Mi. 12, 418 A geantwortet, wo er die 7 Mittel der Sündenvergebung im neuen Testament schildert. Origenes giebt, indem er den Reichtum der Gnade des neuen Bundes schildert, dem Gläubigen zugleich auch Mittel an, durch die er sich selbst helfen kann.[1]) Erst beim letzten weist er ihn bestimmt auf fremden Beistand hin, wenn er sagt: cum non erubescit (sc. peccator) sacerdoti domini indicare peccatum suum et quaerere medicinam. Origenes nennt hier den Priester als denjenigen, an den der Gläubige in seiner Not sich wenden soll. Denn wenn er so ohne weiteres von dem sacerdos domini redet, kann er nur den Priester von Amtswegen meinen. Man kann daraus entnehmen, dass er den Priester als den gegebenen Berater betrachtet.

Eine andere Stelle zeigt jedoch, dass Origenes nicht Willens ist, auch auf diesem Gebiet den Priester als den einzig Berechtigten anzusehen. Die Stelle gehört freilich seit alten Zeiten zu den am heissesten umstrittenen. Es ist darum nötig, sie ausführlich mitzuteilen. Hom. 2 in ps. 37; Mi. 12, 1386 A sagt Origenes: vide ergo quid edocet nos scriptura divina, quia oportet peccatum non celare in-

---

1) Dass Origenes jedem einzelnen Mittel selbständige Bedeutung geben will, hat Daillé (p. 223 ff.) gegenüber Bellarmin zur Genüge nachgewiesen; ebenso hat Daillé schon gezeigt, wie an dieser Stelle die Annahme scheitert, dass eine Beichte d. h. ein pflichtmässiges und regelmässiges Sündenbekenntnis schon existiert hätte. Bickell (ZKTh 1877 S. 423 Anm. 1) sagt freilich trotzdem plerophorisch: „Es versteht sich von selbst, dass die Angabe der sechs anderen Mittel keineswegs die Beichte als entbehrlich hinstellen soll; denn diese Mittel beziehen sich entweder auf die Sünden vor der Taufe oder auf lässliche Übertretungen oder auf den Notfall oder endlich sollen sie die Beichte nicht ersetzen, sondern mit ihr verbunden werden".

trinsecus. Fortassis enim sicut ii, qui habent intus inclusam escam indigestam aut humoris vel phlegmatis stomacho graviter et moleste immanentis abundantiam, si vomuerint relevantur, ita etiam hi, qui peccaverunt, siquidem occultant et retinent intra se peccatum, intrinsecus urgentur et propemodum suffocantur a phlegmate vel humore peccati. Si autem ipse sui accusator fiat, dum accusat semetipsum et confitetur, simul evomit et delictum atque omnem morbi digerit causam. Tantummodo circumspice diligentius, cui debeas confiteri peccatum tuum. Proba prius medicum, cui debeas causam languoris exponere, qui sciat infirmari cum infirmante, flere cum flente, qui condolendi et compatiendi noverit disciplinam, ut ita demum, si quid ille dixerit, qui se prius et eruditum medicum ostenderit et misericordem, si quid consilii dederit, facias et sequaris, si intellexerit et praeviderit, talem esse languorem tuum, qui in conventu totius ecclesiae exponi debeat et curari, ex quo fortassis et ceteri aedificari poterunt et tu ipse facile sanari. Multa hoc deliberatione et satis perito medici illius consilio procurandum est. — Origenes empfiehlt also an diesem Orte eindringlich das Bekenntnis der Sünde vor einem vertrauenswürdigen Mann, zunächst als ein privates, aber mit der Möglichkeit, dass auf den Rat des Vertrauensmanns hin die Sünde auch öffentlich bekannt werden muss. Daraus dass Origenes überhaupt mit dieser Möglichkeit rechnet, ergiebt sich schon, dass er nur an schwerere Sünden denkt. Aber nicht minder ernst macht Origenes dem Christen die Prüfung des Arztes, dem er sich eröffnen soll, zur Pflicht: er will den Gedanken nicht aufkommen lassen, als ob man selbst aller Verantwortung enthoben wäre, wenn man einem Bestimmten sich unterwirft. Ist nun — das ist die kardinale Frage — der von Origenes gemeinte Vertrauensmann eine offizielle Persönlichkeit oder nicht? — Schon Daillé hat (de aur. conf. disp. p. 230 f.) die Entscheidung richtig getroffen. Daraus, dass lediglich persönliche Erfordernisse bei dem Vertrauensmann hervorgehoben werden, während ein Hinweis auf eine amtliche Stellung fehlt, hat er den Schluss gezogen, dass jedenfalls nicht ausschliesslich an einen Priester gedacht sei. Er bestreitet nicht, dass auch Priester gemeint seien; er behauptet nur, dass sie nicht allein in Betracht kämen: nihil autem vetat vel in clericorum vel in monachorum vel etiam in laicorum ordine huiusmodi hominem inveniri, qui tamen sacerdos non sit. Trotzdem, dass auch auf protestantischer Seite Zezschwitz dafür eingetreten ist, unter dem Vertrauensmann eine amtliche Persönlichkeit zu verstehen, wird Daillé wohl mit seinen Gründen Recht behalten. Man kann ausser den von ihm angeführten Argumenten noch darauf hinweisen, dass die gründliche Prüfung des Vertrauensmanns, die Origenes dem Gläubigen zur Pflicht macht, schwerlich von ihm so eindringlich gefordert worden wäre, wenn er nur an Priester gedacht hätte. Es ist doch etwas sehr anderes, ob Origenes sonst die Priester an ihre Pflicht erinnert oder ob er, wie er hier thäte, Laien aufforderte, ihren Priestern nicht so ohne weiteres zu vertrauen. Er hätte dann hier direkt Misstrauen gegen den Klerus zu wecken beabsichtigt. Und war denn der Klerus von Käsarea oder einer andern Stadt überhaupt so gross, dass Origenes, wenn er nur Priester meinte, die Wahl des Vertrauensmanns vollkommen freistellen, ja sogar noch grosse Vorsicht in der Prüfung anraten konnte? Wenn Origenes davor warnt, sich dem nächsten Besten zu offenbaren, wenn er annimmt, dass jeder — auch bei der peinlichsten Auswahl — in der Lage sei, einen ihm vertrauenswürdigen Ratgeber zu finden, so muss ihm ein unbestimmt grosser Kreis vorgeschwebt haben; er kann nur an die in geistlichen Dingen erfahrenen Christen überhaupt gedacht haben.

Die Argumente, mit denen Zezschwitz erweisen wollte, dass Origenes bei dem Vertrauensmann einen Amtsträger im Auge habe, sind in der Hauptsache von Steitz (J d Th 1863) gründlich widerlegt worden. Doch verdienen einige wohl noch eine besondere Entgegnung. Am bestechendsten ist der Hinweis darauf, dass doch in den Händen des Vertrauensmanns die Entscheidung darüber liegen soll, ob der Fall in die Öffentlichkeit kommen müsse oder nicht. „Welches Gemeindeglied — meint Zezschwitz Z f P u K 1862 S. 364 — wäre wohl imstande gewesen, eine Überlegung wie die, welche Origenes auf des Vertrauensmannes Schultern legt, für sich und auf eigene Verantwortung zu übernehmen"? Unglaublich erscheint dies doch nur, wenn man sich dabei moderne „Gemeindeglieder" vorstellt. Den Zeitgenossen Tertullian's und Novatian's darf man wohl so viel Verständnis und Interesse für das Ganze zutrauen, dass sie zu einer Überlegung darüber befähigt waren, ob ein Fall geheim bleiben dürfe oder nicht. Man erinnere sich nur an das Verhalten der Konfessoren, namentlich der römischen im novatianischen Streit! Zezschwitz glaubt weiter, die Meinung, dass es sich auch um Laien handeln könne, sei dadurch schon ad absurdum zu führen, dass man einfach frage, wie es dann stünde, wenn der Arzt nicht für öffentliche Busse entscheide. „Wird

dann nach Origenes' Meinung der Sünder auch mit jenem Bekenntnis den Arzt und die Heilung, der er bedarf, gefunden haben?
Darauf ist ruhig mit Ja zu antworten. Wenn „nach Origenes'
Meinung" das Recht zu binden und zu lösen nicht prinzipiell an
einem Amt hängt, sondern daran, ob einer vom Geist Christi erfüllt
ist, so wird er auch wohl glauben, dass der Sünder sich bei demjenigen beruhigen dürfe, was der Geist ihm durch einen seiner Brüder
bezeugt. — Origenes wahrt auch an dieser Stelle die kirchliche Ordnung, indem er die schwersten Fälle öffentlich behandelt wissen will,
aber andererseits ist ihm das allgemeine Priestertum auch nicht eine
blosse Theorie und dass die Unterstützung der Schwächeren durch
die Gereifteren neben den Privilegien des Amts noch ihr Recht habe,
setzt er als selbstverständlich voraus.

Aber man darf über der Frage, die immer den Hauptstreitpunkt
gebildet hat, wer unter dem Vertrauensmann gemeint sei, den sonstigen
Gehalt der Stelle nicht zu kurz kommen lassen. Es ist sehr bemerkenswert, mit welchem Eifer Origenes den Christen überhaupt
ein Bekenntnis ihrer Sünden anrät. Der Gedanke, mit dem er den
Wert des Bekenntnisses hervorhebt: es wirke befreiend, ist — leider
freilich auch das hässliche Bild — der Kirche nicht wieder verloren
gegangen. Er bildet das stets wiederholte Argument zur Begründung
der Beichte. Aber nicht minder hat die Warnung des Origenes,
sich nicht dem nächsten Besten anzuvertrauen, eingeschlagen. Seine
Mahnung: proba prius medicum, hallt ständig in der griechischen
Kirche wieder, auch bei Leuten, die sich entsetzt hätten, wenn ihnen
eine Ahnung darüber aufgestiegen wäre, dass sie in den Fussstapfen
des Erzketzers wandelten.

So liegen in der Anschauung des Origenes schon bestimmt entwickelt Gedanken nebeneinander, die, in ihren Konsequenzen unver-
einbar, den späteren Konflikt erzeugt haben. Wohl erkennt Origenes
die faktische Verwaltung der Busse durch die Priester an, aber er
untergräbt die Auktorität des Amts, indem er die persönliche Ausrüstung mit dem Geist für eine giltige Ausübung der Schlüsselgewalt fordert, und er beschränkt die Allmacht der offiziellen Repräsentanten der Kirche, indem er eine freie seelsorgerliche Thätigkeit
erfahrener Christen befürwortet. Diese letztere konnte der Bedeutung
des Amtes um so gefährlicher werden, als Origenes kein objektives
Merkmal kennt, das schwerere Sünden von den anerkannten Todsünden schiede: bei dem Vertrauensmann soll ja die Entscheidung
liegen, ob eine Sünde öffentlich zu büssen ist. Wer aber schwere Sünden

lösen konnte, warum sollte der nicht auch Todsünden lösen können, zumal wenn auch der Priester keine weitere Schlüsselgewalt besass, als die, die jeder Christ haben konnte? Und wie stand es vollends dann, wenn man in der Gemeinde zu andern Leuten mehr Vertrauen hatte, als zu dem Priester? Musste da nicht der Rat: proba prius medicum so befolgt werden, dass man in allen Angelegenheiten sich lieber an sie wandte ais an die Priester? — Doch vorläufig waren dies alles nur Ideen, die dem Priestertum gefährlich werden konnten; es fehlte noch die Hauptsache — die Männer, die diese Gedanken aufgenommen und in ihrer kritischen Schärfe vertreten hätten. Die vertrauenswürdigen Ärzte bei Origenes sind zunächst eine ebenso unfassbare Grösse, wie die ἐκλεκτότεροι τῶν ἐκλεκτῶν bei Klemens. Man könnte sich denken, dass die Asketen, die Charismatiker alten Schlages, diese Gedanken ergriffen hätten. Allein dieser Stand war im Niedergehen. Aus den pseudoklementinischen Briefen de virginitate empfängt man alles eher als den Eindruck, dass man diesem Stand mit Vertrauen entgegenkam. Und wenn von gewöhnlichen Gemeindegliedern, die persönliche Auktorität besassen, eine seelsorgerliche Thätigkeit geübt wurde, so war diese ihrer Natur nach vereinzelt und zufällig, so dass sie die Macht des Amtes nicht beeinträchtigen konnte.

In der Auseinandersetzung mit dem Novatianismus ist auch die orientalische Kirche in der Überzeugung sicher geworden, dass es keine Sünde gebe, die nicht auf Erden schon wieder gelöst werden könnte. Aber wenn die Kirche damit der Macht der empirischen Thatsachen sich fügte, so wollte sie doch keineswegs darauf verzichten, eine Gemeinde von Heiligen zu sein. Sie wahrte diesen ihren Charakter, indem sie die Todsünder zunächst aus ihrer Mitte ausstiess und ihnen erst dann die Wiederaufnahme gewährte, wenn angenommen werden konnte, dass sie von ihrer Sünde rein geworden seien. Das Interesse, das der Novatianismus vertrat, erschien dadurch vollkommen gesichert; aber im Gegensatz zum Novatianismus erkannte die Kirche es zugleich als ihre Pflicht an, womöglich niemand verloren gehen zu lassen. Man hielt beides für vereinbar, weil man von der Wirksamkeit der richtig aufgelegten Busse d. h. von ihrer Kraft, die Folgen der Sünde bei dem Menschen zu beseitigen, überzeugt war. Der Standpunkt, den die Kirche einnahm, war unstreitig der dem Geist des Christentums entsprechende; es kam nur darauf an, wie sich die Vereinigung beider Prinzipien in der Praxis machte.

Ob es der Kirche gelang, trotz ihres Zugeständnisses an die menschliche Schwäche den sittlichen Ernst und das religiöse Sicherheitsgefühl bei ihren Gliedern aufrecht zu erhalten, das hing davon ab, wie die Busszucht gehandhabt wurde. Darum handelte es sich, mit welchem Eifer die Sünden in der Gemeinde gerügt wurden und welches Vertrauen sich die Repräsentanten der Kirche erwarben.

Die Ausgestaltung der Bussdisziplin zeigt, in welchem Masse die offizielle Kirche sich ihrer Pflicht bewusst wurde. Der Ausbau dieses Instituts erfolgte jedoch nicht überall gleichmässig. Bemerkenswerte Unterschiede bestehen nicht bloss zwischen Occident und Orient, sondern auch innerhalb des Orients selbst. Man darf nur nicht die Nuancen dadurch verwischen, dass man die Quellen willkürlich kombiniert. Gegenüber der immer noch weitverbreiteten Annahme, dass die kirchliche Bussdisziplin wesentlich auf den sogenannten Bussstationen beruhe, hat zuerst Funk (vergl. jetzt Ges. Abh. I, 199 ff.) kräftig darauf hingewiesen, dass die Bussstationen im Occident ganz unbekannt und auch im Orient nicht überall eingeführt gewesen sind (zu letzterem vergl. auch Duchesne, origines du cult chrétien, 2. éd. Paris 1898. p. 420 Anm. 1). Aber es ist noch eine Aufgabe, ein Gesamtbild zu geben, wie im Orient die Busszucht gehandhabt wurde. — Beachtet man den Bereich, dem die einzelnen Quellen zugehören und trägt man nicht Fremdes in sie ein, so heben sich innerhalb des Ostens deutlich verschiedene Spielarten eines Typus' der Bussdisziplin von einander ab. Von einer Grundform lassen sich zwei Weiterbildungen unterscheiden.

Das einfachste Bild einer geordneten Bussdisziplin — wir gehen bis rund um 400 herab — bieten uns die apostolischen Konstitutionen[1]). Wir stellen deswegen dieses System voran. Aus inneren Gründen erweist es sich als der Ausgangspunkt der Entwicklung. Dass die Quelle, aus der wir schöpfen, verhältnismässig spät fällt, steht natürlich damit nicht im Widerspruch.

Als einziger und als souveräner Inhaber der Schlüsselgewalt erscheint in den apostolischen Konstitutionen der Bischof. Den Bischöfen, heisst es, gilt das Wort: was ihr auf Erden binden werdet u. s. w. Darum richtet der Bischof an Gottes Statt II, 11 f.; ed. Lag. 23, 3 ff.: ἐν ἐκκλησίᾳ καθέζου τὸν λόγον ποιούμενος ὡς ἐξουσίαν ἔχων κρίνειν τοὺς ἡμαρτηκότας. ὅτι ὑμῖν τοῖς ἐπισκόποις εἴρηται· ὃ ἐὰν δήσητε κτέ. κρῖνε οὖν, ὦ ἐπίσκοπε,

---

1) Auf die Quellen der apostolischen Konstitutionen einzugehen, ist für unsern Zweck nicht nötig.

μετ᾽ ἐξουσίας ὡς θεός. Presbyter und Diakonen sollen zwar dabei sein, wenn er das Urteil spricht, (II, 47; 75, 3 ff. συμπαρέστωσαν δὲ τῷ δικαστηρίῳ καὶ οἱ διάκονοι καὶ οἱ πρεσβύτεροι, ἀπροσωπολήπτως κρίνοντες ὡς θεοῦ ἄνθρωποι μετὰ δικαιοσύνης); aber die Verantwortung trägt nur der Bischof: denn an ihn allein wendet sich die Ermahnung, wie das Gericht zu halten sei. — Seiner Aufsicht unterliegt das ganze sittliche Verhalten der Gemeindeglieder, in Wort und That, in grossen und kleinen Dingen, II, 48; 75, 22 ff. μετὰ πολλῆς φρονήσεως κρίνοντες ἕκαστα τῶν πλημμελουμένων, τά τε σμικρὰ καὶ τὰ μεγάλα, καὶ ἄλλως ἔργου καὶ λόγου πάλιν ἑτέρως καὶ προθέσεως ἢ λοιδορίας ἢ ὑπολήψεως διαφόρως. Kenntnis der Verfehlungen erhält der Bischof teils durch die Diakonen, die als seine Organe die Gemeinde überwachen, (II, 44; 73, 7 πλὴν ἔστω ὁ διάκονος τοῦ ἐπισκόπου ἀκοὴ καὶ ὀφθαλμὸς καὶ στόμα, καρδία τε καὶ ψυχή. 73, 3 πάντα μὲν ὁ διάκονος τῷ ἐπισκόπῳ ἀναφερέτω ... ἀλλ᾽ ὅσα δύναται εὐθυνέτω δι᾽ ἑαυτοῦ), teils auch durch die Anklagen, die die Gemeindeglieder vor ihm gegeneinander erheben, (II, 47; 75, 12 εἰ δέ τινες ἐν βλασφημίαις τοῦ μὴ καλῶς ὁδεύειν ἐν κυρίῳ ἐλέγχοιντο ὑπό τινος κτέ.). — Jede Sünde, auch die kleinste, muss von dem Bischof, wenn schon nicht immer persönlich, gerügt werden, aber er darf auch jede, selbst die schwerste, lösen, vergl. bes. II, 7 ff. Klar wird die doppelte Aufgabe, die ihm dabei zufällt, auseinandergehalten: das Aussprechen des Urteils, die Bestrafung, und die Bekehrung und Wiedergewinnung des Sünders II, 13; 24, 16 ff. πρῶτον οὖν ἀπ᾽ ἐξουσίας τὸν ἔνοχον καταδίκαζε, ἔπειτα μετὰ ἐλέους καὶ οἰκτιρμοῦ καὶ προσλήψεως οἰκειοῦ κτέ. Über die Strafen, die er verhängen soll, ist ihm nur vorgeschrieben, dass sie der Grösse der Sünde entsprechend abgestuft sein sollen, II, 48; 75, 21 μὴ πάσης δὲ ἁμαρτίας τὴν αὐτὴν ποιεῖσθε ἀπόφασιν, ἀλλ᾽ ἑκάστης ἰδίαν, ... καὶ τοὺς μὲν ὑποβαλεῖς μόναις ἀπειλαῖς, τοὺς δὲ πενήτων χορηγίαις, ἄλλους δὲ νηστείαις στιβώσεις καὶ ἑτέρους ἀφορίσεις, πρὸς τὸ μέγεθος τοῦ ἐγκλήματος αὐτοῦ. Bei den schweren Sünden erfolgt zunächst wirkliche Ausschliessung II, 16; 30, 9 ff. ἰδὼν δὲ σὺ τὸν ἡμαρτηκότα πικρανθεὶς κέλευσον αὐτὸν ἔξω βληθῆναι καὶ ἐξελθόντι αὐτῷ κρινέσθωσαν οἱ διάκονοι καὶ ἐπιζητοῦντες κατεχέτωσαν αὐτὸν ἔξω τῆς ἐκκλησίας καὶ εἰσελθόντες ὑπὲρ αὐτοῦ ἐρωτάτωσαν; aber die Fernhaltung des Sünders von der Gemeinde ist keine definitive und die Strafzeit wie das Strafmass ist äusserst gering II, 16; 30, 16 ff. τότε σὺ κελεύσεις εἰσελθεῖν αὐτὸν καὶ ἀνακρίνας εἰ μετανοεῖ καὶ ἄξιός ἐστιν ὅλως εἰς ἐκκλησίαν παραδεχθῆναι στιβώσας αὐτὸν ἡμέρας νηστειῶν κατὰ τὸ ἁμάρτημα, ἑβδομάδας δύο ἢ τρεῖς ἢ πέντε ἢ ἑπτά, οὕτως αὐτὸν ἀπόλυσον).

Was an diesem Bild charakteristisch ist, ist einmal die Konzentration des ganzen Busswesens in der Hand des Bischofs; von den Presbytern ist kaum die Rede, und die Diakonen erscheinen nur als seine Organe; zweitens aber die grosse Freiheit, die ihm bei der Ausübung der Disziplin gelassen ist. Es ist nichts gesetzlich geregelt, keine Kategorie von Sünden besonders gekennzeichnet oder eine bestimmte Strafe für sie festgesetzt. Nur gewisse Grundlinien sind angegeben. Da die Gemeinde rein sein soll, ist vorgeschrieben, dass schwere Sünden durch positive Ausschliessung geahndet werden müssen [1]); aber der Bischof soll daran denken, dass er nicht bloss die Macht zu binden, sondern auch die zu lösen hat. Für das Verfahren bei der Wiederaufnahme ist die Direktive gegeben, dass die Sünder wie Neuaufzunehmende zunächst nur zum Hören des Worts wieder zugelassen werden sollen, II, 39; 66, 13 ff. ὡς τοὺς ἐθνικοὺς, ὁπόταν θέλωσι μετανοεῖν καὶ ἐπιστρέφειν ἐκ τῆς πλάνης, εἰς ἐκκλησίαν προσδεχόμεθα, ὅπως τοῦ λόγου ἀκούωσιν, οὐ μὴν κοινωνοῦμεν αὐτοῖς, ἄχρι τὴν σφραγῖδα λαβόντες τελειωθῶσιν, οὕτως καὶ τοῖς τοιούτοις μέχρις οὗ μετανοίας καρπὸν ἐπιδείξωσιν, ἐπιτρέπομεν εἰσέρχεσθαι, ὅπως τοῦ λόγου ἀκούοντες μὴ τελείως ἄρδην ἀπόλωνται. μὴ κοινωνεί-τωσαν δὲ ἐν τῇ προσευχῇ. Diese Idee hat auch in der Liturgie (VIII, 6 ff.) ihren Ausdruck gefunden, sofern die Büsser unmittelbar nach den Katechumenen vor Beginn der missa fidelium entlassen werden. Der Gesichtspunkt, unter den die Zulassung der Büsser zum Lehrgottesdienst gestellt wird, ist sehr beachtenswert. Die gewährte Erlaubnis wird nicht etwa schon als halbe Wiederaufnahme betrachtet — die Büsser haben die κοινωνία nicht —; sie soll nur dem Ausgeschlossenen die Möglichkeit geben, die Bedingung, von der seine Wiederaufnahme abhängt (d. h. die Besserung des Lebens), zu erfüllen. Der Grundsatz, dass die Gemeinde nur aus Reinen bestehen soll, wird also in aller Strenge aufrecht erhalten.

Bei dem notorischen Charakter der apostolischen Konstitutionen muss man die Frage erheben, wie viel an diesem Bilde Tendenz

---

1) Zu der Strenge, die sich darin kundgiebt, steht die Geringfügigkeit der dem Reuigen auferlegten asketischen Leistungen in einem auffallenden Gegensatz.

ist und was wirklichen Zuständen entspricht. Letzteres gar nicht
in Rechnung zu nehmen und die ganze Darstellung der Bussdisziplin in den Konstitutionen als auf rein fingierten Verhältnissen be-
ruhend bei Seite zu schieben, wäre sehr voreilig. Mindestens wäre
zu bedenken, dass die Fiktion, die hier vorliegt, geglaubt worden
ist; wo die Schriften als apostolisch galten, da konnten sich, jedenfalls später, entsprechende Zustände auch in der Bussdisziplin entwickeln. Das ist nicht bloss eine leere Vermutung. Sie kann sich
stützen auf die apostolischen Kanones und auf das unbestrittene
Ansehen, das diese in der griechischen Kirche genossen. Diese Kanones aber schärfen auf der einen Seite ebenso die Souveränetät
des Bischofs gegenüber den Presbytern und Diakonen ein (c. 39;
Rh.-Potl. II, 54), wie sie andrerseits bei den schwereren Sünden nur
von ἀφορίζειν [1]) und ἐκβάλλειν reden, ohne Stufen der Busse zu
nennen, geschweige dass die Zeitdauer des Verweilens auf einzelnen
Stufen festgesetzt wäre.[2]) Was hätte den Verfasser hindern sollen,
genauere Vorschriften zu geben, wenn er ein detaillierteres System
gekannt hätte? Und hätten die Kanones so grosse praktische Bedeutung gewinnen können, wenn man überall in der Kirche das
Bedürfnis nach speziellerer Regelung des Verfahrens gefühlt hätte?

Jedoch es giebt bestimmtere Anhaltspunkte aus früherer Zeit
dafür, dass eine derartige freie, alles Einzelne dem Ermessen des
Bischofs anheimstellende Praxis in verschiedenen Gegenden thatsächlich geherrscht hat. Zunächst die Kanones von Antiochia (341;
doch vergl. Loofs RE[3] II, 24 f.) und Laodikea. In den Bestimmungen
beider Synoden kommt als Strafe immer nur der Ausschluss aus
der Gemeinde vor, sogar bei so geringen Verfehlungen, wie bei vor-
zeitigem Verlassen des Gottesdienstes Ant. can. 2. Dieser Strafe
entspricht als Rehabilitation nur die Verzeihung, d. h. die volle
Wiedereinsetzung in die kirchlichen Rechte; die Büsser bilden eine
Klasse (= ἀκροώμενοι, vergl. Hinschius IV, 720 Anm. 2) und die
Dauer ihrer Busszeit wird nur von dem Verhalten des Sünders abhängig gemacht Ant. can. 2; Rh.-Potl. III, 126 ἕως ἂν ἐξομολογησάμενοι καὶ δείξαντες καρποὺς μετανοίας καὶ παρακαλέσαντες τυχεῖν δυνηθῶσι συγγνώμης. Laodic. can. 2; Rh.-Potl. III, 173 περὶ
τοῦ τοὺς ἐξαμαρτάνοντας ἐν διαφόροις πταίσμασι καὶ προσκαρ-

---

1) Über die Bedeutung dieses Ausdrucks vergl. Hinschius IV, 706 Anm. 3.
2) Auch betreffs der Dauer der Ausschliessung findet sich nur einmal
(can. 24) eine bestimmte Vorschrift.

τεροῦντας τῇ προσευχῇ τῆς ἐξομολογήσεως καὶ μετανοίας καὶ τὴν
ἀποστροφὴν τῶν κακῶν τελείαν ποιουμένους κατὰ τὴν ἀναλογίαν
τοῦ πταίσματος καιροῦ μετανοίας δοθέντος τοῖς τοιούτοις . . .
προσάγεσθαι τῇ κοινωνίᾳ. Wenn dies ganz den apostolischen Konstitutionen entspricht, so bestätigen beide Synoden auch sonst Zustände, wie sie dort vorausgesetzt sind. Aus den Akten der Synode
von Antiochien stammt der apostolische Kanon über die Vollgewalt
des Bischofs und der can. 19 von Laodikea bezeugt den liturgischen Brauch[1]), dass die zur Busse Zugelassenen am Schluss des
Lehrgottesdienstes die Kirche verliessen, Rh.-Potl. III, 187 περὶ τοῦ
δεῖν ἰδίᾳ πρῶτον μετὰ τὰς ὁμιλίας τῶν ἐπισκόπων καὶ τῶν
κατηχουμένων εὐχὴν ἐπιτελεῖσθαι καὶ μετὰ τὸ ἐξελθεῖν τοὺς
κατηχουμένους τῶν ἐν μετανοίᾳ τὴν εὐχὴν γίνεσθαι καὶ τούτων
προσελθόντων ὑπὸ χεῖρα καὶ ὑποχωρησάντων οὕτω τῶν πιστῶν
τὰς εὐχὰς γίνεσθαι. Nimmt man hinzu, dass auch Chrysostomos
keine Stufenunterschiede unter den Büssern kennt, so darf man nicht
mehr daran zweifeln, dass im Heimatland der apostolischen Konstitutionen die dort geschilderte Praxis der Bussdisziplin thatsächlich bestand. Aber auch für andere Provinzen hat man keinerlei
Beweis, dass die Praxis entwickelter war: Kyrill von Jerusalem
deutet nichts von Bussstationen oder Ähnlichem an und in Alexandrien setzt der Bischof Petros in seinem kanonischen Brief nur die
verschiedenen Fristen für die Probezeit d. h. für die Dauer der Ausschliessung fest, ohne Gradationen der Busse irgendwie zu berühren. Wenn man bedenkt, wie sehr Petros ins Detail geht, und
wenn man sich erinnert, dass Bussstufen, da wo sie üblich waren,
damals schon seit geraumer Zeit bestanden, so kann man das Schweigen des Petros über diese Institution nicht für zufällig halten.

Für einen grossen Teil des Orients wird man also anzunehmen
haben, dass nur gewisse Grundsätze, ohne gesetzliche Regelung des
Details, für die Handhabung der Bussdisziplin feststanden: es galt
als unumgänglich, dass schwere Sünden durch Ausschluss aus der
Gemeinde bestraft werden müssten; man war entschlossen, den Sünder
erst aufzunehmen, wenn er sichere Beweise aufrichtiger Besserung
gegeben hatte, und man kam ihm nur dadurch entgegen, dass man
ihm — und wohl erst nach Verlauf einer gewissen Zeit — die
moralische Unterstützung durch die Zulassung zum Lehrgottesdienst
gewährte. Alles weitere: die Beurteilung der Schwere des konkreten

---

1) Man erinnere sich auch an Euseb. h. e. VI, 34.

Falls, die Zubilligung mildernder Umstände, die Bemessung der Busszeit, war der Erwägung des Bischofs anheimgestellt. Doch ist wohl
selbstverständlich, dass sich an den grösseren Kirchen über diese
Dinge allmählich eine Gewohnheit bildete.

Zu dieser freien Praxis bildet das System der Bussdisziplin,
das auf der Unterscheidung verschiedener Stufen unter den
Pänitenten beruht, einen gewissen Gegensatz. Der Gedanke, von
dem man dabei ausging, war offenbar der, die Wiederannäherung
des ausgeschlossenen Sünders an die Gemeinde in ihren einzelnen
Stadien zu fixieren, um dadurch den Erfolg, den man im Lauf der
Busszeit bei dem Sünder erwartete, desto sicherer herbeizuführen.
Die allmähliche Wiedereinsetzung in gewisse Rechte auf Grund der
Bewährung in verschiedenen Graden der Demütigung sollte dem
Sünder selbst die Höhe des Ziels, das er wieder zu erreichen hatte,
zum Bewusstsein bringen. Deutlich erweist sich dieses System als
eine Fortbildung der in den apostolischen Konstitutionen vorgezeichneten Ordnung. Der dort sich findende Ansatz zu einer Unterscheidung von Stufen — erst Ausschluss des Sünders, dann Zulassung
zum Lehrgottesdienst — ist hier weiter entwickelt worden. Man
kann noch wahrnehmen, dass zuerst vor die definitive Wiederaufnahme die Stufe der ὑπόπτωσις eingeschoben und später, in der
zweiten Hälfte des 4. Jahrhunderts, auch für die Bitte um Zulassung
zur Busse eine bestimmte Frist festgesetzt wurde (vergl. über das
Einzelne Funk, Ges. Abh. I, 182 ff.; Hinschius, Kirchenrecht IV, 715 ff.).
Schon die Idee, aus der dieses System entsprang, zeigt, dass man
hier strenger vorgehen wollte. Demgemäss sind auch die Zeiten, die
für das Verweilen auf den einzelnen Stufen bestimmt werden, ausserordentlich lang, ein Rigorismus, der zu den milden Strafen der
apostolischen Konstitutionen in starkem Kontrast steht.

Sicher bezeugt ist uns die Anwendung dieses Systems jedoch
nur für ein kleines Gebiet: wir finden es — nicht überall vollständig!
— bei Gregorios Thaumaturgos, Basileios und Gregor von Nyssa,
auf der Synode von Neokäsarea und Ankyra, in der Hauptsache also
in Kappadokien. Darüber hinaus führt nur die Bezugnahme auf
Bussstationen in den Kanones von Nikäa. Allein es wäre höchst unvorsichtig, daraus zu schliessen, die Bussstationen seien in der ganzen
östlichen Kirche bekannt gewesen. Wollte man dafür geltend machen,
dass diese Kanones von einem ökumenischen Konzil beschlossen
worden sind, so müsste man auch für das Abendland dieselbe
Folgerung ziehen, während uns dort nirgends eine Spur von Buss-

stufen begegnet. Der wirkliche Geltungsbereich der nikänischen Kanones begrenzt sich von selbst schon dadurch, dass sie erlassen sind mit Rücksicht auf das, ὃ γέγονεν ἐπὶ τῆς τυραννίδος Λικινίου. Einen Anlass sie anzuwenden hatte man nur in den von der „Verfolgung" des Licinius faktisch betroffenen Provinzen und selbst für dieses Gebiet erscheint fraglich, ob Bussstationen etwa an solchen Orten jetzt eingeführt wurden, wo sie bis dahin nicht bestanden. Konnten sie eingeführt werden auf Grund von Kanones, die diese Einrichtung nur voraussetzen, nicht anbefehlen? Man kann aus den Kanones von Nikäa höchstens schliessen, dass das Gebiet, in dem Bussstationen bestanden, doch grösser war, als uns die sicheren Zeugnisse erkennen lassen; wie gross es faktisch war, dafür geben sie uns keinen bestimmten Anhalt.

Das System der Bussstationen hat unstreitige Vorzüge vor der Bussdisziplin der apostolischen Konstitutionen: es setzte der laxen Beurteilung der Sünden einen Damm entgegen, es entzog die Behandlung der Fälle der Willkür des einzelnen Bischofs und es schuf, dadurch dass verschiedene Grade der Entfernung von der Gemeinschaft dabei statuiert wurden, die Möglichkeit, auch leichtere Sünden einer angemessenen Disziplin zu unterwerfen. Aber es hat auch einen ebenso unleugbaren Schaden im Gefolge: es bedeutete einen verhängnisvollen Schritt zu einer äusserlichen Bemessung der Schwere der einzelnen Sünden. Wie grell steht doch der can. 4 von Neokäsarea; Rh.-Potl. III, 75 ἐὰν πρόθηταί τις ἐπιθυμήσας γυναικὸς συγκατευδῆσαι μετ᾿ αὐτῆς, μὴ ἔλθῃ δὲ εἰς ἔργον αὐτοῦ ἡ ἐνθύμησις, φαίνεται ὅτι ὑπὸ τῆς χάριτος ἐρρύσθη, — wie grell steht dieser Kanon mit Matth. 5, 28 in Widerspruch!

Nach einer andern Seite hin erscheint die einfache Grundform der Bussdisziplin fortgebildet durch eine berühmte Institution, durch die Einrichtung eines besondern Busspriesteramts. Man muss dieses Amt auf dem Hintergrund der Disziplin der apostolischen Konstitutionen betrachten, um seine Bedeutung zu würdigen; dann erhellt auch sofort, dass nicht erst seine Aufhebung, sondern vielmehr schon seine Einführung ein Ereignis war. Es kann hier nicht meine Absicht sein, die vielverhandelte Frage eingehend zu erörtern; dazu wäre ja vor allem eine gründliche Vergleichung und Kritik der beiden Berichte nötig; ich darf für das Allgemeine auf die neueste, gute Darstellung bei G. Rauschen, Jahrbücher der christl. Kirche unter dem Kaiser Theodosius dem Grossen. Freiburg 1897 S. 537 ff. verweisen.

Um den Sinn dieser Institution klarzustellen, ist es am besten, von demjenigen auszugehen, was die beiden Berichterstatter als den durch die Abschaffung herbeigeführten Zustand zu ihrer Zeit schildern. Darin sind sie jedenfalls zuverlässige Zeugen. Sokrates sagt h. e. V, 19; Mi. 67, 617 A, der Rat des Presbyters Eudämon, der die Aufhebung empfahl, habe gelautet: περιελεῖν μὲν τὸν ἐπὶ τῆς μετανοίας πρεσβύτερον, συγχωρῆσαι δὲ ἕκαστον τῷ ἰδίῳ συνειδότι τῶν μυστηρίων μετέχειν, und er erzählt, er selbst hätte bedenklich zu Eudämon geäussert, ib. 620 A: ἡ συμβουλή σου, ὦ πρεσβύτερε, εἰ συνήνεγκε τῇ ἐκκλησίᾳ ἢ εἰ μή, θεὸς ἂν εἰδείη. ὁρῶ δὲ ὅτι πρόφασιν παρέσχε τοῦ μὴ ἐλέγχειν ἀλλήλων τὰ ἁμαρτήματα μηδὲ φυλάττειν τὸ τοῦ ἀποστόλου παράγγελμα τὸ λέγον· μηδὲ συγκοινωνεῖτε τοῖς ἔργοις τοῖς ἀκάρποις τοῦ σκότους κτέ. Übereinstimmend, freilich in der Hauptsache von ihm abhängig, sagt Sozomenos h. e. VII, 16; Mi. 67, 1461 B C: συμβουλευσάντων δέ τινων συγχωρεῖν ἕκαστον, ὡς ἂν ἑαυτῷ συνειδείη καὶ θαρρεῖν δύναιτο κοινωνεῖν τῶν μυστηρίων, ἔπαυσε τὸν ἐπὶ τῆς μετανοίας πρεσβύτερον· ... πρότερον ὡς ἡγοῦμαι μείω τὰ ἁμαρτήματα ἣν ὑπό τε αἰδοῦς τῶν ἐξαγγελλόντων τὰς σφῶν αὐτῶν πλημμελείας καὶ ὑπὸ ἀκριβείας τῶν ἐπὶ τούτῳ τεταγμένων κριτῶν. Wenn beide Historiker betonen, dass es von jetzt an dem Gewissen des Einzelnen überlassen gewesen sei, ob er an den Mysterien teilnehmen wollte oder nicht, so ergiebt sich, dass vorher der πρεσβύτερος ἐπὶ τῆς μετανοίας darüber zu wachen hatte, dass kein Unwürdiger sich einfand. Ein Mittel, durch das er zur Kenntnis von Verfehlungen der Gemeindeglieder kam, deutet Sokrates mit den Worten an: πρόφασιν παρέσχε τοῦ μὴ ἐλέγχειν ἀλλήλων τὰ ἁμαρτήματα. Der Busspriester war also die Instanz, vor der sich die Gemeindeglieder gegenseitig denunzieren konnten. Daraus sieht man schon, dass er eine Funktion ausübt, die in den apostolischen Konstitutionen als eine der Hauptobliegenheiten des Bischofs erscheint. Damit harmoniert auch der weitere Zug, dass ihm ebenso Diakonen unterstellt gewesen zu sein scheinen, wie nach den apostolischen Konstitutionen die Diakonen dem Bischof bei der Aufsicht über die Gemeinde speziell zur Hand gehen sollten. Direkt sagt allerdings keiner der beiden Historiker etwas davon, dass dem Busspriester Diakonen zugeteilt waren, aber die Geschichte, die sie erzählen, legt — wie schon Morin empfunden hat — diese Vermutung ausserordentlich nahe. Hält man sich an den abrupten, aber primären Bericht des Sokrates, so ist der Busspriester abgeschafft worden, weil eine Frau von einem Diakonen geschändet wurde. Der Zusammenhang zwischen dem angegebenenen Grund und der Folge ist nicht unmittelbar einleuchtend. Warum musste der Busspriester die Folgen der That des Diakonen tragen? Wenn ein gewöhnlicher Diakon einen Skandal beging, so konnte sich die dadurch hervorgerufene Entrüstung wohl gegen die Geistlichkeit überhaupt richten, aber warum gerade gegen den Busspriester? Dass die Frau ihm gebeichtet hatte, gab doch keinen Anlass, sich über ihn zu beklagen. War er denn daran schuld, dass der Diakon sich mit ihr verging? — Dass wegen der Schandthat des Diakonen das Busspriesteramt aufgehoben wurde, lässt sich nur verstehen, wenn der Busspriester wirklich in gewisser Weise an dem Vergehen schuld trug, d. h. wenn etwas, was er von Amtswegen angeordnet hatte, die Gelegenheit gab, bei der das Verbrechen verübt wurde. Will man sich dies konkret vorstellen, so gerät man von selbst auf den Gedanken, dass die von dem Busspriester auferlegte Askese kirchlicherseits kontroliert wurde, und so erscheint ganz glaublich, was Sozomenos sagt, dass die Frau sich in der Kirche aufhielt, um die ihr vorgeschriebenen Übungen zu absolvieren, ib.; Mi. 67, 1461 B προσταχθεῖσα παρὰ τούτου τοῦ πρεσβυτέρου νηστεύειν καὶ τὸν θεὸν ἱκετεύειν, τούτου χάριν ἐν τῇ ἐκκλησίᾳ διατρίβουσα ἐκπεπορνεῦσθαι παρ' ἀνδρὸς διακόνου κατεμήνυσεν. Dann wird man aber wohl auch vermuten dürfen, dass der Diakon nicht gerade zufällig in die Kirche kam, sondern dass er mit der Überwachung der Büssenden beauftragt war.

Aber welche Sünden fielen in den Bereich der Thätigkeit des Busspriesters? — Mit Recht hat Steitz (JdTh 1863 S. 131) darauf Gewicht gelegt, dass Sokrates (Mi. 613 A) die Entstehung des Amts zeitlich an das novatianische Schisma anknüpft. Mag das historisch richtig sein oder nicht, jedenfalls geht daraus hervor, dass nach der Meinung des Sokrates der Busspriester, mindestens in erster Linie, es mit denjenigen Sünden zu thun hatte, um die es sich dem Novatianismus gegenüber handelte, d. h. mit den Todsünden. Dass zeigt auch die von Sokrates angegebene Bestimmung des Amts. Wenn er sagt (Mi. 616 A), der Busspriester sei eingeführt worden, ὅπως ἂν οἱ μετὰ τὸ βάπτισμα πταίσαντες ἐπὶ τοῦ προβληθέντος τούτου πρεσβυτέρου ἐξομολογῶνται τὰ ἁμαρτήματα, so ist klar, dass οἱ μετὰ τὸ βάπτισμα πταίσαντες nicht alle Christen, sondern nur ein Teil sind, und gemeint müssen dabei zunächst die Todsünder sein.

Dasselbe bezeugt auch Sozomenos. Das Motiv, das er nennt, Mi. 1460 A φορτικὸν ὡς εἰκὸς ἐξ ἀρχῆς τοῖς ἱερεῦσιν ἔδοξεν ὡς ἐν θεάτρῳ ὑπὸ μάρτυρι τῷ πλήθει τῆς ἐκκλησίας τὰς ἁμαρτίας ἐξαγγέλλειν, passt doch nur auf die schwersten Sünden — man erinnere sich an Origenes, oben S. 236 — und die Schilderung der römischen Praxis hätte Sozomenos nicht einflechten können, wenn er nicht gemeint hätte, dass der Busspriester es vornehmlich mit Todsündern zu thun gehabt hätte. — Aber es besteht kein Grund, die Vermutung abzuweisen — auch Daillé hat das nicht in Abrede gestellt —, dass der Busspriester zugleich der gegebene Berater für jedermann war, der sich von Sünden bedrückt fühlte. Nicht mit Unrecht haben die katholischen Historiker in ihm den Vertrauensmann des Origenes wiedergefunden. Einen thatsächlichen Beweis dafür darf man vielleicht in der ersten Beichte jener Frau erblicken. Wenigstens klingen die Worte: κατὰ μέρος [1]) ἐξομολογεῖται τὰς ἁμαρτίας, ἃς ἐπεπράχει μετὰ τὸ βάπτισμα, nicht so, als ob sie gerade durch eine Todsünde zu ihrer Generalbeichte veranlasst gewesen wäre, und auch die ihr auferlegten Bussen (παρήγγειλε ... νηστεύειν καὶ συνεχῶς εὔχεσθαι, ἵνα σὺν τῇ ὁμολογίᾳ καὶ ἔργον τι δεικνύειν ἔχῃ τῆς μετανοίας ἄξιον) sprechen dafür, dass sie keine Todsünde bekannt hatte [2]). Ja, wenn man sich die Wendungen vorhält: πρόφασιν παρέσχε τοῦ μὴ ἐλέγχειν ἀλλήλων τὰ ἁμαρτήματα (620 A), συγχωρῆσαι δὲ ἕκαστον τῷ ἰδίῳ συνειδότι τῶν μυστηρίων μετέχειν (617 A), συγχωρεῖν ἕκαστον ὡς ἂν ἑαυτῷ συνειδείη καὶ θαρρεῖν δύναιτο κοινωνεῖν τῶν μυστηρίων (1461 B), und sich gleichzeitig daran erinnert, dass es kein objektives Merkmal der Todsünde gab, so darf man vermuten, dass der Presbyter nicht bloss freiwillig um sein Urteil angegangen wurde. Das Vorhandensein dieses Sittenwächters, der Anklagen entgegennahm und unter Umständen von den Mysterien zurückweisen konnte, musste einen Druck auf alle diejenigen ausüben, die sich schwerer Sünden bewusst waren. So mag es, auch

---

1) Es scheint mir unmöglich, obwohl Steitz diese Übersetzung acceptiert, Rauschen sie wenigstens für berechtigt erklärt hat, diese Worte mit Zezschwitz (Z P u K 1862 S. 351) so wiederzugeben: „sie bekannte zum Teil, teilweise, was sie seit der Taufe begangen". Wollte Sokrates sagen, dass sie nur einen Teil bekannte, so musste er das „nur", das ja das Folgende vorbereitete, durch eine Partikel ausdrücken oder μέρος und ἁμαρτίαι so zusammenrücken, dass die Aufeinanderbeziehung deutlich war.

2) Doch bedenke man, wie leicht die Strafen in den apostolischen Konstitutionen sind.

wenn die Sünde keine der schwersten Thatsünden war, ratsam erschienen sein, sich an ihn zu wenden. Aber — dies ist der katholischen Deutung entgegenzuhalten — es galt als Ausnahme, wenn
jemand sich an ihn wenden musste; eine Pflicht, sich ihm zu stellen,
kann der Ordnung gemäss nur für die μετὰ τὸ βάπτισμα πταίσαντες
d. h. für Todsünder bestanden haben.

Die Einführung dieses Amts hat aber zugleich in der Bussleistung eine Veränderung in sich geschlossen, die Neuerung nämlich,
dass das öffentliche Bekenntnis der Todsünden vor der Gemeinde,
das exponere peccatum in conventu totius ecclesiae, wie Origenes
sagt, wegfiel.[1] Mit runden Worten sagt allerdings nur Sozomenos,
dass die Beichte vor dem Busspriester an die Stelle des öffentlichen
Bekenntnisses trat, 1460 A φορτικὸν ... ἔδοξεν ὡς ἐν θεάτρῳ ὑπὸ
μάρτυρι τῷ πλήθει τῆς ἐκκλησίας τὰς ἁμαρτίας ἐξαγγέλλειν, πρεσβύτερον δὲ τῶν ἄριστα πολιτευομένων, ἐχέμυθόν τε καὶ ἔμφρονα
ἐπὶ τοῦτο τετάχασιν. Aber auch die unbestimmtere Aussage des
Sokrates 616 A: ὅπως ἂν οἱ μετὰ τὸ βάπτισμα πταίσαντες ἐπὶ τοῦ
προβληθέντος τούτου πρεσβυτέρου ἐξομολογῶνται τὰ ἁμαρτήματα,
kann nur in diesem Sinn verstanden werden. Wenn Sokrates sich
so ausdrückt, dass die Todsünder vor ihm ihre Sünden bekannten,

---

1) Es gilt vielfach als etwas Feststehendes, dass die griechische Kirche die
im Abendland seit Augustin übliche Unterscheidung, nur öffentliche schwere
Sünden öffentlich, geheime privatim zu büssen, nicht gekannt habe. Für die
Zeit, in der wir stehen, ist das zutreffend, als allgemeiner Satz nicht vergl.
can. 28 des Nikephoros, des Bekenners; Rh.-Potl. IV, 429 τοὺς ἄδηλα πταίσματα
ἐξομολογουμένους τῆς μὲν κοινωνίας ἀπείργειν δεῖ τὸν δεχόμενον τὴν ἐκείνων
ἐξομολόγησιν, εἰς δὲ τὴν ἐκκλησίαν αὐτοὺς εἰσέρχεσθαι μὴ κωλύειν μηδὲ θριαμβεύειν τὰ κατ᾽ αὐτούς, ἀλλ᾽ ἐπιεικῶς τούτους νουθετεῖν τῇ μετανοίᾳ προσέχειν
καὶ προσευχῇ καὶ οἰκονομεῖν τὰ προσήκοντα τούτοις ἐπιτίμια κατὰ τὴν
ἑκάστου προαίρεσιν. can. 29; Rh.-Potl. IV, 430: μοιχοὶ καὶ κτηνοβάται καὶ
ἀνδροφόνοι καὶ οἱ τοιοῦτοι ἐὰν οἴκοθεν τὴν ἰδίαν ἐξομολογήσωνται ἀνομίαν,
ἄδηλον τοῖς πολλοῖς ἔτι τυγχάνουσαν, τῆς κοινωνίας μὲν κωλύονται καὶ τὰ
ἐπιτίμια δέχονται, εἰς τὴν ἐκκλησίαν δὲ εἰσερχόμενοι ἵστανται μέχρι τῆς τῶν
κατηχουμένων εὐχῆς. ἐὰν δὲ δῆλα τὰ τούτων ὦσι πταίσματα, τότε λοιπὸν κατὰ
τὸν ἐκκλησιαστικὸν θεσμὸν ἐκπληροῦσι τὰ ἐπιτίμια. Die Unterscheidung müsste
in noch frühere Zeit verlegt werden, wenn ein dem Timotheos von Alexandrien zugeschriebener Kanon wirklich von diesem herrührte, Pitra iur. eccles.
graec. hist. et mon. I, 637: ἐάν τις κρυπτῶς ἁμαρτίαν ποιήσῃ καὶ ἐντρεπόμενος
οὐκ ἐξαγγέλλει, τί ἁρμόζει αὐτῷ; Ἀπόκρισις. ἄκουσον, ὥσπερ ἐν τῷ κρυπτῷ
τὴν ἁμαρτίαν εἰργάσατο, ὄντως πάλιν καταγινώσκων τὴν ἁμαρτίαν αὐτοῦ,
ἵνα ἐπιτελεῖ τὰς ἐντολὰς θεοῦ διὰ ἐλεημοσύνης, καὶ συγχωρεῖ αὐτὸν ὁ θεός.
Doch stünde Timotheos damit in seiner Zeit ganz vereinsamt.

so muss er gemeint haben, dass dies das ganze Bekenntnis war. Hätte er angenommen, dass das private Bekenntnis nur ein vorläufiges gewesen wäre, so hätte er dies nicht unausgedrückt lassen können. Aber nicht nur dass die begangene Sünde, wenn sie nicht öffentlich geschehen war, Geheimnis des Busspriesters blieb, er hat auch aus freier Machtvollkommenheit die Zeit und das Mass der Busse festgesetzt und die Sünder nach vollbrachter Busse absolviert. Wiederum sagt Sozomenos dies bestimmt 1460 A: ὁ δὲ πρὸς τὴν ἑκάστου ἁμαρτίαν ὅτι χρὴ ποιῆσαι ἢ ἐκτίσαι ἐπιτίμιον θεὶς, ἀπέλυε παρὰ σφῶν αὐτῶν τὴν δίκην εἰσπραξαμένους [1]). Aber auch bei Sokrates ist auf Grund des oben zitierten Satzes dieselbe Anschauung vorauszusetzen. Sokrates bezeichnet die Massnahmen, die die Kirche im Gegensatz zum Novatianismus traf, mit den Worten: οἱ ἐπίσκοποι τῷ ἐκκλησιαστικῷ κανόνι τὸν πρεσβύτερον τὸν ἐπὶ τῆς μετανοίας προσέθεσαν, ὅπως ἂν οἱ μετὰ τὸ βάπτισμα πταίσαντες ἐπὶ τοῦ προβληθέντος τούτου πρεσβυτέρου ἐξομολογῶνται τὰ ἁμαρτήματα. Er kann damit nur sagen wollen, dass alles, wozu sich die Kirche hinsichtlich der Büsser verpflichtet und berechtigt fühlte, diesem Presbyter, der darum ὁ πρεσβύτερος ὁ ἐπὶ τῆς μετανοίας hiess, übertragen wurde. Ganz im Verborgenen blieb darum der Büsser doch nicht. Es musste, vollends wenn sich die Busse durch lange Zeit hindurchzog, auffallen, dass er nicht an den Mysterien teilnahm [2]);

1) Dass das durch παρὰ σφῶν αὐτῶν τὴν δίκην εἰσπραξαμένους näher bestimmte ἀπέλυε nur heissen kann: „er absolvierte sie“, nicht „er entliess sie“, scheint mir unzweifelhaft.

2) Steitz glaubt (Jd Th 1863 S. 114), mit Berufung darauf, dass auch manche von den Gläubigen den Gottesdienst nach Schluss des ersten Teils zu verlassen pflegten, annehmen zu dürfen, dass das Wegbleiben von den Mysterien nicht mehr den Büsser habe kennzeichnen können. Die letztere Behauptung ist doch stark übertrieben. Als ob es nicht, auch wenn viele weggingen, doch auffallen musste, wenn einer permanent und namentlich bei den Festen wegging! Und wie wenig bedenkt Steitz, was der Genuss und das Schauen der Mysterien für den Griechen bedeutete. Aber man hat in der Kirche sehr darauf gehalten, dass die Gläubigen bis zum Schluss dablieben, vergl. den scharfen can. 2 von Antiochia 341; Rh.-Potl. III, 125 f. πάντας τοὺς εἰσιόντας εἰς τὴν ἐκκλησίαν καὶ τῶν ἱερῶν γραφῶν ἀκούοντας μὴ κοινωνοῦντας δὲ εὐχῆς ἅμα τῷ λαῷ ἢ ἀποστρεφομένους τὴν ἁγίαν μετάληψιν τῆς εὐχαριστίας κατά τινα ἀταξίαν, τούτους ἀποβλήτους γίνεσθαι τῆς ἐκκλησίας, ἕως ἂν ἐξομολογησάμενοι καὶ δείξαντες καρποὺς μετανοίας καὶ παρακαλέσαντες τυχεῖν δυνηθῶσι συγγνώμης, ein Kanon, der auch unter die apostolischen Kanones (can. 9) aufgenommen ist. Dass das wirkte, dafür vergleiche aus viel späterer Zeit Sym. iun. or. 5 (Mi. 120, 343 CD) C f. 22ᵛ τοιοῦτοι πολλοὶ κατὰ κόσμον

es war ihm nur erspart, dass jedermann wusste, wodurch er sich ver-
gangen hatte [1]).

So finden wir hier das Bild, das wir aus den apostolischen
Konstitutionen gewonnen haben, nur in dem einen, allerdings wichtigen
Zuge verändert, dass die Verwaltung des Busswesens aus der Funktion
des Bischofs ausgeschieden und zu einem besonderen Amt gemacht
wurde. Der Grund für die Massregel liegt auf der Hand. Es war
für den Bischof, zumal in einer Stadt wie Konstantinopel, unmöglich,
dieser Sache neben seinen sonstigen Obliegenheiten die nötige Aufmerksamkeit zu widmen. Wenn die Zucht in der Gemeinde aufrecht
erhalten werden sollte, so empfahl es sich, jemand aufzustellen, der
seine ganze Kraft dieser Aufgabe widmete.

Ist man sich über diesen Charakter des Busspriesteramts klar,
so wird man es für ausgeschlossen halten, dass Busspriesteramt und
Bussstationen in derselben Gemeinde zusammenbestanden. Denn mit
beiden Institutionen ist die Bussdisziplin der apostolischen Konstitutionen in ganz verschiedener Richtung fortgebildet: da wo das
Busspriesteramt besteht, hat eine Persönlichkeit die souveräne Verfügung; dort ist durch Einrichtung von Stufen, die in bestimmten
Zwischenräumen durchlaufen werden müssen, der individuellen Beurteilung der Sünden und der freien Bestimmung der Busszeiten eine
feste Schranke gesetzt. Noch schärfer tritt der Gegensatz darin
hervor, dass im ersteren Fall die Absicht besteht, den Büsser nicht
allzusehr zu beschämen; dort aber scheut man sich nicht, ihn aufs
Stärkste zu brandmarken, es wird als Ausnahme zugelassen, dass
Frauen nicht öffentlich blossgestellt werden sollen, Bas. can. 34;
Rh.-Potl. IV, 177. — Sokrates und Sozomenos wollen uns allerdings
glauben machen, dass der Busspriester bis auf Nektarios überall
eingeführt war. Allein — auch abgesehen von den bisherigen Resultaten — es fragt sich sehr, wie weit der Horizont der beiden
Historiker über Konstantinopel hinausreichte. Bei Sokrates hat man
keinen Grund anzunehmen, dass er über die Zustände ausserhalb der
Hauptstadt unterrichtet war, vergl. sein eigenes Geständnis V, 24;

ὄντες διὰ τὴν τῶν ἀνθρώπων αἰσχύνην, ὅπως μὴ φανῶσιν ἀνάξιοι,
κατατολμῶσι τῆς θείας μεταλήψεως καὶ εἴ τις αὐτοὺς κωλύει τῆς τόλμης, κα-
κίζεται παρ' αὐτῶν καὶ βαρὺς φαίνεται.

1) Das Motiv, dass man die Sünde nicht öffentlich bekanntmachen solle,
spricht auch Aphraates aus, hom. 7 von der Busse; ed. Bert TU III S. 116):
und wer ihn (seinen Schaden) euch (den Priestern) offenbart, den stellt nicht bloss
(ܡܣܘܝܕ ܪܠ Patrol. syr. I, 320).

Mi. 649 A: *ἐγὼ δὲ ἐν τῇ Κωνσταντίνου πόλει τὰς διατριβὰς ποιούμενος, ἐν ᾗ ἐτέχϑην τε καὶ ἀνετράφην τὰ ἐν αὐτῇ γενόμενα
πλατύτερον διηγοῦμαι, ὅτι τινὰ τούτων καὶ αὐτοψίᾳ ἱστόρησα καὶ
ὅτι λαμπρότερα τὰ ἐν αὐτῇ γενόμενα καὶ ἄξια μνήμης καϑέστηκε*
(V, 22 beweist nicht dagegen, zeigt vielmehr, dass seine Kenntnis
der übrigen Kirchen, soweit sie überhaupt original ist, zufällig und
oberflächlich ist, und die zusammengerafften Notizen dieses Kapitels
kontrastieren in bezeichnender Weise mit den vagen Sätzen in unserem
Abschnitt: aus beidem geht hervor, dass Sokrates nicht gewohnt
ist, regelrechte Induktion anzustellen). Sozomenos brüstet sich zwar
mit seiner Schilderung der Szene in Rom, allein gerade hierbei
diskreditiert er seine Urteilsfähigkeit auf's Stärkste: zum Beweis,
dass in Rom die alte Sitte noch herrsche, beschreibt er einen Auftritt, bei dem der Busspriester gar nicht vorkommt, und nicht einmal den Unterschied hat er gemerkt oder für wichtig erachtet, dass
im Abendland alle Büsser dem ganzen Gottesdienst, auch dem eucha-
ristischen, beiwohnten, 1460 B *ἤδη δὲ πληρωϑείσης τῆς τοῦ ϑεοῦ
λειτουργίας μὴ μετασχόντες ὧν μύσταις ϑέμις*[1]). Das Urteil
dieser beiden Historiker kann also unserem Resultat nicht gefährlich
werden. Thatsächlich findet man auch nirgends in den Quellen
einen Beweis für die Existenz des Amts ausserhalb Konstantinopels;
man hat den Busspriester überall erst eintragen müssen, ebenso wie
man in den Bericht des Sokrates-Sozomenos Bussstationen hinein-
interpretiert und damit nur Verwirrung gestiftet hat[2]).

Das Gesammtergebnis, zu dem wir geführt werden, hat sachlich
nichts Befremdliches: wir finden in einem grossen Teil des Orients
eine von der des Abendlands nicht wesentlich abweichende Praxis,
während anderwärts, in Kleinasien und Konstantinopel, in verschiedener
Weise der Versuch gemacht ist, die Bussordnung weiter zu führen,
auf der einen Seite so, dass das System statutarisch ausgebaut, auf
der andern so, dass für die Verwaltung dieser Aufgabe ein besonderes
Amt geschaffen wurde.

---

1) Wäre Sozomenos ein zuverlässigerer Zeuge, so könnte man diesem Punkt
ein sicheres Argument dafür entnehmen, dass in Konstantinopel Bussstufen
nicht bekannt waren. Denn das Recht, dem ganzen Gottesdienst anzuwohnen,
hat da, wo Bussstationen eingeführt sind, nur die höchste Klasse der Büsser, die
der consistentes.

2) Ich denke dabei namentlich an die Darstellung von Schmitz, der die
Quellen aufs willkürlichste kombiniert hat.

Die Kirche hat durch die Einführung dieser Disziplin sich gegen den Vorwurf geschützt, dass sie mit Sündern Gemeinschaft halte, und sie hat den Gefallenen den Weg gezeigt, wie sie ihrer Sünden ledig werden könnten. Aber was die Kirche bot, war zunächst nur ein Mittel, um für Todsünden Vergebung zu erlangen. Wie stand es mit den übrigen Sünden, mit den Sünden der Gemeindeglieder? Die Kirche wollte sie nicht ganz ignorieren: ich erinnere daran, dass nach den apostolischen Konstitutionen der Bischof auch kleine Sünden rügen soll, sowie an die Gelegenheit zu geistlicher Beratung, die jedem von seiner Sünde bedrückten Gläubigen in dem Amt des Buss-priesters eröffnet war. Die Möglichkeit einer erzieherischen Ein-wirkung der offiziellen Kirche auf die Gesamtheit der Gläubigen war somit da. Aber damit diese Möglichkeit praktisch und die gebotene Gelegenheit von den Gläubigen selbst benützt wurde, dazu wäre nötig gewesen, dass die Kirche ihren Gliedern das Gewissen schärfte und sie antrieb, auch kleine Sünden nicht zu übersehen. Was hat die Kirche dafür gethan, um ihre Glieder darauf hinzuweisen, dass „läss-liche" Sünden auch Sünden seien?

Von der Wirksamkeit einzelner Prediger muss man bei der Beant-wortung dieser Frage zunächst absehen; es handelt sich darum, was die Kirche als solche that, um das, was sie sei es durch direktes Gebot oder durch ihre Einrichtungen den Gläubigen insgesamt zur Pflicht machte. Fasst man dies ins Auge, so kann man nur zwei Ordnungen namhaft machen, bei denen die Kirche Anlass nahm, ihre Glieder ohne Unterschied daran zu erinnern, dass sie Sünde hätten, und sie aufzufordern, Vergebung dafür zu suchen.

Die eine Gelegenheit war die Feier der Eucharistie. Seitdem die Eucharistie als Opfer galt, hatte die Kirche ein entschiedenes Interesse daran, darauf zu halten, dass nur Reine zum Genuss dieses Mahles herzutreten, und es ist darum nicht zufällig, dass in der Didache, wo der Opfergedanke zum ersten Mal klar ausgesprochen wird, zugleich auch bezeugt ist, dass die Gemeinde, bevor sie die Feier beginnt, sich durch ein Sündenbekenntnis reinigt, c. 14, 1 κατὰ κυριακὴν δὲ κυρίου συναχθέντες κλάσατε ἄρτον καὶ εὐχα-ριστήσατε προεξομολογησάμενοι τὰ παραπτώματα ὑμῶν, ὅπως καθαρὰ ἡ θυσία ὑμῶν ᾖ.[1]) Daraus ist vielleicht das Sündenbe-

---

1) In die Auffassung der Bedeutung des Abendmahls ist allerdings durch die Voranstellung des Opfergedankens ein Widerspruch gekommen. Sofern das Abendmahl ein Opfer ist, müssen die Teilnehmer rein, ihre Sünden also

kenntnis hervorgegangen, das sich noch in manchen griechischen Liturgien findet. Wäre die Forschung über die griechischen Liturgien weiter vorangeschritten, so liesse sich wohl sagen, wann dieser Teil entstanden ist, und wie er sich zu dem Anfang der römischen Messe, sowie zu dem von Basileios (ep. 207; ed. Garn. III, 311 B ὀρθρίζει παρ' ἡμῖν ὁ λαὸς ἐπὶ τὸν οἶκον τῆς προσευχῆς καὶ ἐν πόνῳ καὶ θλίψει καὶ συνοχῇ δακρύων ἐξομολογούμενοι τῷ θεῷ κτέ.) bezeugten Teil des Frühgottesdienstes verhält. Ich unterdrücke meine Vermutungen, da meine Studien nicht tief genug gehen konnten. So viel aber wird man behaupten dürfen, dass die Kirche durch einen gottesdienstlichen Akt gemeinsamen Sündenbekenntnisses, dessen Ursprung bis in die ältesten Zeiten zurückgeht, allsonntäglich den Gläubigen aufforderte, seine Sünden vor Gott zu bekennen und um Vergebung zu bitten.

Die andere Gelegenheit, bei der die Kirche den Gläubigen seiner Sünden gedenken hiess und ihm ans Herz legte, sich von ihren Flecken zu reinigen, war die Zeit der grossen Fasten vor Ostern. Die τεσσαρακοστή ist nicht bloss eine Zeit der Kasteiung, sie soll zugleich der inneren Sammlung, der Selbstprüfung, gewidmet sein. Die Kirche will, dass man sie nütze, um sich von der Last der das Jahr hindurch begangenen Sünde zu befreien: dann erst hat der Genuss der Mysterien seinen vollen Segen. Am eindringlichsten hat Chrysostomos diese Bedeutung der Fastenzeit hervorgehoben, vergl. z. B. ad popul. Antioch. hom. 20 c. 1; Mi. 49, 197 διὰ τοῦτο νηστεία καὶ τεσσαρακοστὴ καὶ τοσούτων ἡμερῶν συνάξεις καὶ ἀκροάσεις καὶ εὐχαὶ καὶ διδασκαλίαι, ἵνα παντὶ τρόπῳ τὰ παρὰ

---

vergeben sein. Aber nach den Einsetzungsworten ist das Abendmahl doch ein Mahl zur Sündenvergebung. Diesen Widerspruch hat weder die abendländische, noch die anatolische Kirche beseitigt; selbst nach Einführung der Beichte ist er geblieben. Obwohl in der Beichte die Sünden vergeben werden, wird in den Messgebeten beider Konfessionen gebetet, dass der Genuss des Sakraments den Teilnehmern zur Sündenvergebung gereiche. Der einzige katholische Dogmatiker, bei dem ich eine Empfindung für diese Schwierigkeit finde, ist Schell; er definiert (Katholische Dogmatik III, 2 S. 564) präzis: (das Abendmahl bewirkt) ... die Tilgung der Sünde, insofern sie aus der Schwäche entspringt und Schwäche ist, also der lässlichen oder Schwachheitssünden". Logisch ist so die Sache in der Ordnung, aber mit den Messgebeten harmoniert das nicht und auch das Tridentinum (das Sakrament ist ein antidotum, quo liberemur a culpis quotidianis et a mortalibus praeservemur) ist damit korrigiert. Doch ist auch der Protestantismus, der dem Abendmahl eine Absolution vorangehen lässt, diesen Widerspruch nicht losgeworden.

πάντα τὸν ἐνιαυτὸν ἡμῖν ἁμαρτήματα προστριβέντα διὰ
τῆς σπουδῆς ταύτης τῶν θεϊκῶν ἐνταλμάτων ἀποσμη-
ξάμενοι μετὰ παρρησίας πνευματικῆς μετάσχωμεν εὐλαβῶς τῆς
ἀναιμάκτου ἐκείνης θυσίας. hom. in eos qui primo pascha ie-
iunant c. 4; Mi. 48, 867 τίνος οὖν ἕνεκεν νηστεύομεν .. τὰς τεσσαράκοντα ταύτας ἡμέρας; πολλοὶ τὸ παλαιὸν τοῖς μυστηρίοις προσῄε-
σαν ἁπλῶς καὶ ὡς ἔτυχε καὶ μάλιστα κατὰ τὸν καιρὸν τοῦτον,
καθ᾽ ὃν ὁ Χριστὸς αὐτὰ παρέδωκε. συνειδότες οὖν οἱ πατέρες
τὴν βλάβην τὴν γινομένην ἐκ τῆς ἠμελημένης προσόδου συνελθόντες ἐτύπωσαν ἡμέρας τεσσαράκοντα νηστείας, εὐχῶν, ἀκροάσεως, συνόδων, ἵν᾽ ἐν ταῖς ἡμέραις ταύταις καθαρθέντες
μετ᾽ ἀκριβείας ἅπαντες καὶ δι᾽ εὐχῶν καὶ δι᾽ ἐλεημοσύνης καὶ
διὰ νηστείας καὶ διὰ παννυχίδων καὶ διὰ δακρύων καὶ δι᾽ ἐξομολογήσεως καὶ διὰ τῶν ἄλλων ἁπάντων οὕτω κατὰ δύναμιν
τὴν ἡμέραν μετὰ καθαροῦ συνειδότος προσίωμεν. Chrysostomos spricht jedoch damit nur aus, was allgemeine Anschauung
seiner Kirche war, vergl. z. B. die sog. responsa can. des Timotheos
von Alexandrien Pitra iuris eccles. graec. hist. et monum. Rom. 1884.
t. I p. 636; ἐρώτησις κθ. Πῶς ὀφείλει ὁ κοσμικὸς ἄνθρωπος ἤτε
γυνὴ ἐν ταῖς ἡμέραις τῆς ἁγίας τεσσαρακοστῆς νηστεύειν καὶ
εὔχεσθαι; Ἀπόκρισις· ὀφείλει πᾶς Χριστιανὸς τὴν ἡμέραν εὔχεσθαι ἑπτάκις, .. καὶ ἐὰν καὶ ἁμαρτίαν διεπράξατο ἐν τῷ
ἐνιαυτῷ ἐκείνῳ, συγχωρεῖται ὑπὸ τοῦ ἐλεήμονος θεοῦ.
Ἐρώτ. λ. ἐάν τις δύναται νηστεύειν διπλᾶ, ἔχει μισθὸν ἢ οὔ;
Ἀπόκρ. ὁ νηστεύων ὄντως, διπλᾶς καὶ τριπλᾶς ἁμαρτίας
ἐκδύεται ἐκ τοῦ σώματος. Die Idee lässt sich zurückverfolgen
soweit als die vierzigtägige Fastenzeit vor Ostern selbst. Aus den
Festbriefen des Athanasios, einem der ersten Zeugnisse, die wir für
die τεσσαρακοστὴ besitzen, ist zu ersehen, dass gerade die Absicht,
die Gläubigen insgesamt an die Pflicht der Busse zu erinnern, eines
der treibenden Motive bei der Festsetzung dieser Vorbereitungzeit
gewesen sein muss. Das Osterfest, erinnert Athanasios immer wieder, das Fest, an dem das Gedächtnis des die Sünde tilgenden Leidens
und Auferstehens Christi begangen wird, kann nur der recht feiern,
der vorher in sich gegangen ist und den Entschluss gefasst hat,
die Sünde abzuwerfen, vergl. z. B. ep. 3 c. 5; ed. Mai nov. patr. bibl.
VI, 47: denique praevia nostra intra quadragesimam purifica-
tione per preces ieiunia bonosque mores et opera sanctum quoque
intra Hierusalem pascha comedere nobis licebit. ep. 5, 5; p. 59 ceteris
vero diebus virtutis cursum teneamus patratorum flagitiorum

paenitentes uti par est, ep. 6 c. 7; p. 69 u. a. St. — Athanasios
setzt dabei voraus, dass jeder Gläubige, durch die Zeit gemahnt, von
selbst erkennen werde, was ihm besonders not thue. Nirgends hat er
darauf hingewiesen, dass man gerade in dieser Zeit auch spezielle
geistliche Beratung, etwa bei einem Priester, suchen solle. Trium-
phierend hat zwar Mai eine Stelle angestrichen, die einzige, die eine
Handhabe für das, was er erwartet, zu bieten scheint, ep. 19 c. 8;
p. 143 f. ‎ܟ݁ܬ݂ܐ ... ‎ܟ݁ܬ݂ܐ. Er über-
setzt: pascha manducemus ... paenitente animo et confessione,
und macht dazu die Anmerkung: animadvertamus Athanasii testi-
monium de peccatorum confessione paschali. Allein ‎ܟ݁ܬ݂ܐ
ist nichts anderes als die Übersetzung von ἐξομολόγησις; dass aber
das absolut hingestellte ἐξομολόγησις notwendig das vor dem Priester abgelegte Bekenntnis der Sünden bedeuten müsse, ist eine der
Voraussetzungen mancher katholischer Theologen, die immer aufs
Neue zu widerlegen zwecklos ist. Die Vermutung als solche ist gestattet, dass ernste Christen in dieser Zeit sich auch an ihren Seel-
sorger wendeten; aber wenn dies geschah, so geschah es aus freien
Stücken.

Man kann also der Kirche zwar nicht nachsagen, dass sie sich
wohl die Heilung der Todsünder durch die Bussdisziplin angelegen sein
liess, die Sünden hingegen, die jeder Christ begeht, ganz ignorierte.
Aber wie billig war doch die Befreiung von der Sünde, die man
das Jahr hindurch begangen hatte, zu erlangen! Und selbst das, was
die Kirche dem Gläubigen in Betreff seiner Sünden ans Herz legen
wollte, vermochte sie nicht mit ganzem Ernst geltend zu machen.
Denn daneben blieb die Voraussetzung bestehen, dass der Christ nach
der Taufe frei von Sünden bleiben könne und solle, und die Kirche
hielt den Anspruch aufrecht, dass sie eine Gemeinschaft der Reinen
und Heiligen sei. So konnte sie den Gedanken, dass jeder ihrer
Angehörigen sündige, nur inkonsequenterweise zulassen; sie war
durch die Rücksicht auf ihr eigenes Selbstbewusstsein gezwungen,
ihn immer selbst wieder abzuschwächen[1]), und die grosse Kluft, die

---

1) Von einer Beichte als Pflicht für jeden konnte darum keine Rede
sein. Beichte in diesem Sinn als Pflicht und als Pflicht aller Christen
müssten die katholischen Theologen nachweisen, wenn sie den heutigen Brauch
an das Altertum anknüpfen wollten. Wie weit die alte Kirche von der jetzigen
Anschauung entfernt war, sofern sie die Busse und das Bekenntnis als möglichst zu vermeidende Ausnahme betrachtet, dafür soll nur Aphraates ange-

die Praxis der Kirche zwischen den sogenannten Todsünden und den gewöhnlichen Sünden befestigte, musste doch den Eindruck erwecken, dass nur die schweren Thatsünden wirklich ernst zu nehmende Sünden seien. Dass die Bussdisziplin wirklich diese schädliche Folge hatte, dafür ist Basileios ein klassischer Zeuge. Im Eingang seiner moralia schildert er, wie ihm selbst erst das Licht darüber aufging. In der Beklemmung über die sittlichen Zustände seiner Zeit fühlt er sich gedrungen (de iud. dei ed. Garn. II, 217 A), ἐξετάσαι λοιπὸν, ποῖα μὲν ἄρα συγγνώμην τῶν ἁμαρτημάτων ἔχειν δύνανται παρὰ τῷ θεῷ, πόσα δέ τις καὶ πηλίκα ἁμαρτήσας ὑπεύθυνος γίνεται τῷ κρίματι τῆς ἀπειθείας; aber ein gründliches Studium der Schrift überzeugt ihn, dass jede Sünde Ungehorsam sei und den Menschen des Gerichts schuldig mache (217 B). Da ruft er in leidenschaftlicher Erregung aus (220 C): ἄραγε ἠπάτησεν ἡμᾶς ἡ κακίστη συνήθεια, ἄρα κακῶν αἰτία ἡμῖν μεγάλων γέγονεν ἡ διεστραμμένη τῶν ἀνθρώπων παράδοσις, τὰ μὲν παραιτουμένη δῆθεν τῶν ἁμαρτημάτων, τὰ δὲ ἀδιαφόρως αἱρουμένη καὶ κατὰ μὲν τινῶν σφοδρῶς ἀγανακτεῖν προσποιουμένη, οἷον φόνου καὶ μοιχείας καὶ τῶν τοιούτων, τὰ δὲ οὐδὲ ψιλῆς γοῦν ἐπιτιμήσεως ἄξια κρίνουσα, οἷον ὀργὴν ἢ λοιδορίαν ἢ μέθην ἢ πλεονεξίαν καὶ ὅσα τοιαῦτα, καθ᾽ ὧν ἁπάντων καὶ ἀλλαχοῦ ἔδωκε τὴν αὐτὴν ἀπόφασιν ὁ ἐν Χριστῷ λαλῶν Παῦλος εἰπὼν ὅτι οἱ τὰ τοιαῦτα πράσσοντες ἄξιοι θανάτου εἰσίν. Was ist das für eine κακίστη συνήθεια, die sich stellt, als ob sie es mit der Sünde so sehr ernst nähme, weil sie φόνος, μοιχεία und Ähnliches streng bestraft, und die andere Sünden nicht einmal einer Zurechtweisung für wert hält? Wenn man nicht geradezu sagen will: die Bussdisziplin — das hiesse dem Verfasser dreier kanonischer Briefe unbedachten Eifer zutrauen —, so muss man mindestens sagen: die sittliche Anschauung, die sich unter dem Einfluss der Bussdisziplin gebildet hatte. Ernsthafte Männer empfanden also die verderblichen Folgen der kirchlichen Bussordnung wohl.

---

führt werden. Ich zitiere gerade ihn, weil Bickell (ZKTh 1877 S. 427 ff.) merkwürdigerweise auch aus ihm Beweise für die Existenz der „Beichte" entnehmen zu können glaubt. Hom. 7 von der Busse (ed. Bert. TU III, S. 122) sagt er: „Ich bitte dich, dass du nicht ... nachlässest in deinem Eifer und werdest der Busse bedürftig. Allein für die, welche es bedürfen, ist die Busse gegeben. So aber soll es bei dir stehen, dass du der Busse nicht bedarfst". .... „Komme nicht in die Lage, dass du Arznei suchen und mühsam zum Arzt gehen musst."

Aber während in der offiziellen Kirche den gewöhnlichen Sünden der Christen so wenig Aufmerksamkeit geschenkt wurde, hatte ein Kreis seitab stehender Männer die Anregungen, die Klemens und Origenes gegeben hatten, aufgenommen und ihre Gedanken konsequent durchgeführt. Das Mönchtum ist es gewesen, das die sittliche Anschauung, die der Bussdisziplin teils zu Grund lag, teils durch sie befestigt wurde, durch eine tiefere ersetzte und im Zusammenhang damit auch die Busszucht umbildete.

Es ist oben skizziert worden, wie nach dem Ideal der vita Antonii der Mönch seine Aufgabe darin erblicken soll, die λογισμοί und die πάϑη in sich zu bekämpfen, um aus der Unruhe zum Frieden, aus dem Zustand der Befleckung zur Reinheit des Herzens zu gelangen. Dieses Ideal ruht auf Voraussetzungen, die mit der vulgären kirchlichen Betrachtungsweise im Widerspruch standen. Sowohl die Anschauung von der Aufgabe des Menschen, als die von der Sünde ist gründlich verschieden. Man erinnere sich an Ermahnungen, wie die in der vita Antonii c. 16 ff., an die Schilderungen des rastlosen inneren Kampfes, der jeden Tag von neuem anhebt. Das ist andere Stimmung als die des naiven Optimismus, der meint, es handle sich für den Getauften nur darum, dass er nicht wieder in grobe Sünden zurückfällt. In jedem Menschen schlummern die πάϑη, sie sind nicht erloschen, damit dass einer Christ wird; sie müssen direkt bekämpft werden. Der nach der offiziellen Anschauung durch die Taufe Gereinigte muss doch erst rein werden[1]) und kann es nur durch ernstes Mühen werden. Damit ist aber auch der Unterscheidung der Sünden in Todsünden und leichtere Sünden der Boden entzogen. Es erscheint als Oberflächlichkeit, wenn man die Schwere der Sünde nur nach ihrem Hervortreten in der äusseren That bemisst und denjenigen, der keine groben Thatsünden begeht, für rein hält, vergl. Mac. Aeg. hom. 3; Mi. 34, 469 D εἰ δὲ λέγεις ὅτι ἐν τοῖς φαινομένοις οὐ πορνεύω, οὐ μοιχεύω, οὐκ εἰμὶ φιλάργυρος, λοιπὸν δίκαιός εἰμι, πεπλάνησαι ἐν τούτῳ, νομίσας ὅτι πάντα ἐξετέλεσας. Οὐκ εἰσι μόνον τρία μέρη τῆς ἁμαρτίας, εἰς ἃ ὀφείλει τις ἀσφαλίσασϑαι, ἀλλὰ μυρία· ἡ τύφωσις, ἡ ἀφοβία, ἡ ἀπιστία, τὸ μῖσος, ὁ φϑόνος, ἡ δολιότης, ἡ ὑπόκρισις, πόϑεν ἐστίν; οὐκ ὀφείλεις πρὸς ταῦτα

---

1) Ich erinnere daran, dass einzelne Formen des Mönchtums konsequent dazu fortgeschritten sind, den Wert der Taufe zu bestreiten oder herabzusetzen, Theodoret haer. fab. 4, 11; Mi. 83, 429 B C.

ἔχειν τὴν πάλην καὶ τὸν ἀγῶνα ἐν τοῖς λεληθόσιν, ἐν τοῖς λογισμοῖς; 472 A εἰ δὲ … λέγει τις· οὐ πορνεύω, οὐ μοιχεύω, οὐ φιλαργυρῶ, ἀρκεῖ μοι, οὕτως εἰς τρία μέρη ἠγωνίσατο καὶ εἰς ἄλλα εἴκοσι ἅπερ ἔχει ἡ ἁμαρτία κατὰ τῆς ψυχῆς οὐκ ἠγωνίσατο, ἀλλ' ἡττήθη. An die Stelle der in der Kirche üblichen Auszeichnung gewisser Thatsünden als Todsünden hat das Mönchtum seine Lehre von den Hauptsünden gesetzt und damit am bestimmtesten seinen eigentümlichen Standpunkt fixiert: es giebt mächtige, sündige Neigungen, die jedem innewohnen, deren Bekämpfung die Aufgabe seines Lebens bilden muss, deren Ignorierung ihn dem Verderben überliefert. [1])

Diese Vertiefung der Anschauung von der Sünde und vom sündigen Zustand des Menschen bedingte aber auch einen Fortschritt in der Art, wie man der Sünde entgegentrat. Während man in der Kirche nur in gewissen Fällen, dann, wenn eine schwere Thatsünde dem Menschen die Augen über seinen inneren Zustand aufriss, und sonst höchstens zu gewissen Zeiten sich mit sich selbst beschäftigte, so ist dem Mönch eine ständige, angespannte Selbstbeobachtung zur Pflicht gemacht. Schon in der ersten Urkunde des Mönchtums erscheint als spezifische Aufgabe des Mönchs das προσέχειν ἑαυτῷ (vergl. vit. Ant. c. 3; Mi. 26, 844 A ἐσχόλαζε .. τῇ ἀσκήσει προσέχων ἑαυτῷ καὶ καρτερικῶς ἑαυτὸν ἄγων, ib. B ἕκαστος τῶν βουλομένων ἑαυτῷ προσέχειν). Hier ist man darauf ausgegangen, die Selbstreflexion zu wecken und zu schulen, und der

---

1) Die Frage, wer der Urheber der Zählung von acht Hauptsünden gewesen ist, erscheint mir noch nicht völlig spruchreif, obwohl Zöckler (Biblische und kirchengeschichtliche Studien, München 1893) die Wahrscheinlichkeit, dass Euagrios Pontikos diese Klassifizierung erfunden habe, sehr verstärkt hat. — Aus der Vermengung dieser von einem ganz andern Gesichtspunkt aus entworfenen Einteilung der Sünden in Hauptsünden und symptomatische Sünden mit der altkirchlichen Unterscheidung von Todsünden und vergebbaren Sünden ist die Unsicherheit entstanden, die heutzutage im Katholizismus über den Begriff der Todsünde herrscht. Zum Beleg dafür, dass auch in der griechischen Kirche diese Unklarheit entstanden ist, verweise ich auf Symeon von Thessalonich resp. ad Gabr. Pent. ἐρώτησις λδ; Mi. 155; 884 A: τίνα τὰ πρὸς θάνατον ἁμαρτήματα; Ἀπόκρισις. πρὸς θάνατον ἁμαρτήματα ὀκτώ φασιν εἶναί τινες, ἐπεὶ καὶ ὀκτὼ τὰ πάθη, ἐξαιρέτως δὲ εἶναι ταῦτα· ἄρνησιν θεοῦ, φόνον, πορνείαν καὶ τὰ σὺν αὐτῇ, φιλαργυρίαν καὶ τὰ αὐτῆς, ἐπιορκίαν, ψεῦδος, ὑπερηφανίαν καὶ οἴησιν. οὐδὲν δὲ τούτων πρὸς θάνατον φιλανθρωπίᾳ θεοῦ τοῖς μετανοοῦσι γνησίως, εἰ μὴ τὸ ἑαυτὸν θανατῶσαι καὶ τὸ ἀπογνῶναι ἑαυτοῦ καὶ τὸ ὑπερηφανίᾳ καὶ οἰήσει ἐκστῆναι τοῦ νοῦ καὶ κατὰ θεοῦ βλασφημεῖν.

moderne Leser sieht mit Überraschung, wie früh man innerhalb des Mönchtums darauf kam, durch Anwendung gewisser Hilfsmittel die Selbsterkenntnis und Selbstüberwindung zur Virtuosität zu steigern: Antonios schon giebt seinen Mönchen den Rat, ein journal intime zu führen, um sich von der Macht geheimer sündiger Regungen zu befreien, vit. Ant. c. 55; Mi. 924 B ἔστω δὲ καὶ αὕτη πρὸς ἀσφάλειαν τοῦ μὴ ἁμαρτάνειν παρατήρησις· ἕκαστος τὰς πράξεις καὶ τὰ κινήματα τῆς ψυχῆς ὡς μέλλοντες ἀλλήλοις ἀπαγγέλλειν σημειώμεθα καὶ γράφωμεν καὶ θαρρεῖτε ὅτι πάντως αἰσχυνόμενοι γνωσθῆναι παυσόμεθα τοῦ ἁμαρτάνειν καὶ ὅλως τοῦ ἐνθυμεῖσθαί τι φαῦλον. τίς γὰρ ἁμαρτάνων θέλει βλέπεσθαι ἢ τίς ἁμαρτήσας οὐ μᾶλλον ψεύδεται λανθάνειν θέλων; ὥσπερ οὖν βλέποντες ἀλλήλους οὐκ ἂν πορνεύσαιμεν, οὕτως ἐὰν ὡς ἀπαγγέλλοντες ἀλλήλοις τοὺς λογισμοὺς γράφωμεν, μᾶλλον τηρήσομεν ἑαυτοὺς ἀπὸ λογισμῶν ῥυπαρῶν αἰσχυνόμενοι γνωσθῆναι. ἔστω οὖν ἡμῖν τὸ γράμμα ἀντὶ ὀφθαλμῶν τῶν συνασκητῶν.[1])

Auf dieser Grundlage baut sich der weitere Fortschritt, der durch Basileios gemacht worden ist, auf. Basileios hat die vom Mönchtum neu gewonnene sittliche Erkenntnis in selbständiger Weise und mit dem vollen Bewusstsein über ihre Tragweite sich zu eigen gemacht: er wird nicht müde zu predigen, dass jede Sünde eine Todsünde ist; schon oben ist die Stelle zitiert worden, an der er, auf die Schrift gestützt, die in der Kirche herrschende Anschauung von der Sünde kritisiert, vergl. bes. noch die oben ausgelassenen Worte (de iud. dei ed. Garn. II, 217 B): εὑρίσκω τοίνυν ἀναλαβὼν τὰς θείας γραφὰς ἐν τῇ παλαιᾷ καὶ καινῇ διαθήκῃ οὔτε ἐν τῷ πλήθει τῶν ἁμαρτανομένων οὔτε ἐν τῷ μεγέθει τῶν ἁμαρτημάτων, ἐν μόνῃ δὲ τῇ παραβάσει οὑτινοσοῦν προστάγματος

---

1) Die Stelle zeigt zugleich deutlich, dass der Gedanke an eine Beichte noch ganz ausserhalb des Horizonts des Antonios liegt; er könnte sonst nicht sagen, man solle die Gedanken aufschreiben, als ob man sie bekennen wollte, und nicht darauf hinweisen, dass der Sünder unwillkürlich leugnet; bem. auch dass das Tagebuch die Stelle der Augen der Mitmönche vertreten soll. — Die Idee des Antonios ist übrigens von eifrigen Mönchen später wirklich ausgeführt worden vergl. Joh. Clim. sc. par. gr. 4; Mi. 88, 701 CD τὸν δὲ ἐστιάτορα τοῦτο ποιοῦντα κατέλαβον πολυπραγμονήσας μικρὸν γὰρ πτύχιον ἐν τῇ ζώνῃ κρεμάμενον ἔχοντα ὁρῶν ἔμαθον ὡς τοὺς ἑαυτοῦ καθ᾽ ἡμέραν σημειούμενος λογισμοὺς τούτους πάντας τῷ ποιμένι ἐξαγγέλλει· οὐ μόνον δὲ ἀλλὰ καὶ ἑτέρους πλείστους τῶν αὐτόθι τοῦτο ποιοῦντας ἐθεώμην. ἦν δὲ καὶ αὕτη ἐντολὴ τοῦ μεγάλου ὡς ἀκήκοα.

σαφῶς κρινομένην τὴν πρὸς θεὸν ἀπείθειαν καὶ κοινὸν κατὰ πάσης παρακοῆς τοῦ θεοῦ τὸ κρίμα. Seine Selbständigkeit zeigt sich in der Klarheit, mit der er die Betrachtung der Sünde hinsichtlich ihrer Schuld und die hinsichtlich ihrer Macht auseinanderhält. Basileios will nicht jeden Unterschied zwischen den Sünden leugnen; er ist ein zu guter Psycholog, um nicht zu wissen, dass die eine Sünde von grösserer, die andere von geringerer Bedeutung für den Gesamtcharakter des Menschen ist; aber andererseits weiss er auch, dass das religiöse Urteil über die Sünde durch diese psychologische Reflexion nicht beeinflusst werden darf. Deswegen liegt ihm daran, in erster Linie die Erkenntnis einzuprägen, dass jede Sünde Ungehorsam gegen Gott und insofern Todsünde sei, vergl. reg. brev. tract. interr. 293; II, 518 B C πῶς δεῖ προσφέρεσθαι τοῖς τὰ μείζονα τῶν ἁμαρτημάτων παραιτουμένοις, τὰ δὲ μικρὰ ἀδιαφόρως ποιοῦσιν; Ἀπόκρισις. Πρῶτον μὲν εἰδέναι χρὴ ὅτι ἐν τῇ καινῇ διαθήκῃ ταύτην τὴν διαφορὰν οὐκ ἔστι μαθεῖν. μία γὰρ ἀπόφασις κατὰ πάντων ἁμαρτημάτων κεῖται ... τῆς ἀπειθείας οὐκ ἐν τῇ διαφορᾷ τῶν ἁμαρτημάτων, ἀλλ' ἐν τῇ παρακοῇ τὴν ἀπειλὴν ἐχούσης. ὅλως δὲ εἰ ἐπιτρεπόμεθα λέγειν μικρὸν καὶ μέγα ἁμάρτημα ἀναντίρρητον ἔχει τὴν ἀπόδειξιν, ἑκάστῳ μέγα εἶναι τὸ ἑκάστου κρατοῦν καὶ μικρὸν τοῦτο, οὗ ἕκαστος κρατεῖ.[1])

Aber Basileios hat auch weitergeführt. Er hat für die Bekämpfung der verborgenen Sünden das wichtigste Mittel geschaffen in dem Institut der Beichte.[2]) Ganz natürlich wächst bei ihm

---

1) Nicht spezifisch basilianisch ist die Voraussetzung, die doch nicht unerwähnt bleiben darf, dass es keine unvergebbare Sünde giebt, vergl. z. B. ep. 227; III, 328 B C, auch die Verleugnung Christi ist nicht ausgeschlossen. Es sind also beide Seiten des Begriffs da: jede Sünde ist eine Todsünde; jede Sünde ist eine vergebbare Sünde.

2) Auch in der vita Pachomii wird die Beichte als Sitte in den Klöstern des Pachomios erwähnt. Vergl. AS Mai III, Anh. S. 40 E καὶ οὐδεὶς ἀδελφῶν ἐφείδετο ἐξομολογήσασθαι κατ' ἰδίαν αὐτῷ τὴν διάνοιαν αὐτοῦ ἕκαστος ὡς πολεμεῖ τὸν ἐχθρόν. Ein Grund, diese Notiz zu bezweifeln, liegt nicht vor, obwohl man, solange die Legende des Pachomios nicht kritisch untersucht ist, sie mit Vorsicht aufnehmen muss. Aus den im Text angeführten Gründen liesse es sich wohl erklären, dass auch innerhalb des von Pachomios begründeten Gemeinschaftslebens die Gewohnheit der Beichte sich von selbst erzeugte, zumal da der Rat, den Klemens und Origenes gegeben hatten, bei mönchischer Selbstbeurteilung besonders befolgenswert erscheinen musste. Aber man bemerke, dass die vita Pachomii dies als einen Beweis des persönlichen Vertrauens, das sich Theodoros erworben hatte, erzählt. Um eine Vorschrift kann es sich also nicht

dieses Institut aus seinem Mönchsideal hervor; es ergab sich ihm aus denselben Motiven, die ihn bestimmten, an Stelle des anachoretischen Ideals das könobitische zu setzen. Wie er überzeugt war, dass der Einzelne nur als Glied eines Ganzen die Vollkommenheit erreichen könne, so schien ihm das Gemeinschaftsleben vor allem auch darum wertvoll, weil hier jeder sich die geistliche Erfahrung aller andern zu Nutze machen könne. Sollte aber die Gesamtheit auf den Einzelnen erfolgreich einwirken können, so gab es keinen andern Weg, als den, dass jeder angehalten wurde, die Geheimnisse des Herzens zu enthüllen.

Basileios schreibt seinen Mönchen zweierlei Beichte vor. Einmal soll jeder verpflichtet sein, ein (regelmässiges) Bekenntnis der Herzensgedanken, der guten wie der schlimmen, vor älteren und erfahrenen Brüdern ablegen, mit dem Zweck, dass die guten Regungen erkannt und befestigt, die bösen gleich im Entstehen unterdrückt werden. Wer ausserdem, wenn er das Werk des Tages überdenkt, sich einer Sünde bewusst wird, der soll sie des Abends im Kreise der Brüder offenbaren, damit durch gemeinsame Fürbitte der Schaden geheilt werde. Vergl. reg. brev. tract. interr. 227; II, 491 D Ἐρώτησις. εἰ χρὴ ἕκαστον ἀνατίθεσθαι καὶ ἑτέροις ἃ φρονεῖ ἢ ἐν πληροφορίᾳ τοῦ ἀρέσκειν τῷ θεῷ τὸ γενόμενον παρ᾽ ἑαυτῷ κατέχειν; Ἀπόκρισις. μεμνημένοι τῆς τοῦ θεοῦ ἀποφάσεως εἰπόντος διὰ τοῦ προφήτου· οὐαὶ οἱ συνετοὶ ἐν ἑαυτοῖς ... λογιζόμεθα ἀναγκαῖον εἶναι ἀνατίθεσθαι ἡμᾶς τοῖς ὁμοψύχοις καὶ ἀπόδειξιν δεδωκόσι πίστεώς τε καὶ συνέσεως, ἵνα ἢ τὸ πεπλανημένον διορθωθῇ ἢ τὸ ἠκριβωμένον βεβαιωθῇ καὶ ἡμεῖς φύγωμεν τὸ προειρημένον κρίμα τὸ κατὰ τῶν ἐν ἑαυτοῖς συνετῶν. sermo asc. I; II, 323 CD τῆς ἡμέρας παρελθούσης ... πρὸ τῆς ἀναπαύσεως ἀνακρίνεσθαι προσήκει τὸ συνειδὸς ἑκάστου ὑπὸ τῆς ἰδίας καρδίας. καὶ εἴτι γέγονε παρὰ τὸ δέον ἢ ἐνθύμημα τῶν ἀπηγορευμένων ἢ λόγος ἔξω τοῦ καθήκοντος ἢ περὶ τὴν προσευχὴν ῥαθυμία .., μὴ ἐπικρυπτέσθω τὸ πλημμέλημα ἀλλὰ τῷ κοινῷ ἐξαγγελλέτω ὡς ἂν διὰ κοινῆς προσευχῆς θεραπευθῇ τὸ πάθος τοῦ συνενεχθέντος τῷ τοιούτῳ κακῷ (vergl. auch die Beichte der Kinder reg. fus. tract. interr. 15; II, 357 A und die der Heimkehrenden ib. interr. 44; II, 391 B). Davon ist offenbar das Bekenntnis der gröbern Sünden zu unterscheiden, das der Mönch nur im engsten

---

handeln und für Basileios bleibt unter allen Umständen das Epochemachende, dass er die Beichtpflicht einführte.

Kreise vor einem dazu Aufgestellten resp. allein vor dem Vorsteher abzulegen hat. Dass er jedes ἁμάρτημα bekennen und dass der Vorsteher von jeder begangenen Sünde Kenntnis haben muss, wird oft aufs nachdrücklichste betont. Wie könnte sonst der προεστὼς für die Seelen der Könobiten verantwortlich sein, wie könnte er diese auf den rechten Weg leiten, wenn er nicht um ihre Fehltritte wüsste, reg. brev. tract. interr. 229; II, 492 BC Ἐρώτησις. εἰ χρὴ τὰς ἀπηγο-ρευμένας πράξεις ἀνεπαισχύντως ἐξαγορεύειν πᾶσιν ἢ τισί, καὶ ποίοις τούτοις; Ἀπόκρισις. ἡ ἐξαγόρευσις τῶν ἁμαρτημάτων τοῦτον ἔχει τὸν λόγον, ὃν ἔχει ἡ ἐπίδειξις τῶν σωματικῶν παθῶν. ὡς οὖν τὰ πάθη τοῦ σώματος οὐ πᾶσιν ἀποκαλύπτουσιν οἱ ἄνθρωποι οὔτε τοῖς τυχοῦσιν ἀλλὰ τοῖς ἐμπείροις τῆς τούτων θεραπείας, οὕτω καὶ ἡ ἐξαγόρευσις τῶν ἁμαρτημάτων γίνεσθαι ὀφείλει ἐπὶ τῶν δυναμένων θεραπεύειν. ib. interr. 288; II, 516 D ἐπεὶ ... τῆς ἐπιστροφῆς ὁ τρόπος οἰκεῖος ὀφείλει εἶναι τοῦ ἁμαρτήματος καὶ καρπῶν δὲ χρεία ἀξίων τῆς μετανοίας ..., ἀναγ-καῖον τοῖς πεπιστευμένοις τὴν οἰκονομίαν τῶν μυστηρίων τοῦ θεοῦ ἐξομολογεῖσθαι τὰ ἁμαρτήματα. reg. fus. tract. interr. 26; II, 371 A B Ἐρώτησις. περὶ τοῦ πάντα καὶ τὰ κρυπτὰ τῆς καρδίας ἀνατίθεσθαι τῷ προεστῶτι. Ἀπόκρισις. δεῖ δὲ καὶ τῶν ὑποτε-ταγμένων ἕκαστον, εἴγε μέλλοι ἀξιόλογον προκοπὴν ἐπιδείκνυσθαι, ... ἀπογυμνοῦν τὰ κρυπτὰ τῆς καρδίας τοῖς πεπιστευμένοις τῶν ἀδελφῶν εὐσπλάγχνως καὶ συμπαθῶς ἐπιμελεῖσθαι τῶν ἀσθενούν-των. — Wie man aus diesen Stellen sieht, ist der Vorsteher nicht der Einzige, der die Beichte entgegennehmen kann; neben ihm sind unter Umständen (vergl. reg. fus. tract. interr. 45) auch andere Brüder mit dieser Aufgabe betraut, die οἱ πεπιστευμένοι τὴν οἰκονομίαν τῶν μυστηρίων τοῦ θεοῦ heissen. Wenn man auf katholischer Seite voraussetzt, dass unter diesen Brüdern Priester gemeint seien, so ist zu betonen, dass von dem Erfordernis einer Weihe niemals bei ihnen die Rede ist und dass die Bezeichnungen, die für sie und für ihre Befugnis gebraucht werden, in keiner Weise diese Würde involvieren. Den Ausdruck οἰκονομία τῶν μυστηρίων τοῦ θεοῦ hat Basileios natürlich aus 1. Cor. 4, 1 entnommen (vergl. seine Er-mahnung reg. brev. tract. interr. 184; II, 477 CD: der τὶς (!), welcher παρακαλεῖ und ἐλέγχει, soll sich an 1. Cor. 4, 1 erinnern) und, was denen, die mit der Verwaltung der Geheimnisse Gottes betraut sind, das Recht giebt, die Befugnis auszuüben, ist die δοκιμασία der (er-fahrenen) Brüder, die das Vorhandensein des Charisma bei ihnen feststellt, vergl. bes. reg. fus. tract. interr. 45; II, 391 E (für Fälle der

Behinderung des Vorstehers) ἔστω τις καὶ ἕτερος μετὰ δοκιμα-σίας αὐτοῦ (des Vorstehers) τε καὶ ἄλλων τῶν ἱκανῶν δοκιμάζειν εἰς τοῦτο ἐξειλεγμένος; nachher heisst dieser ein ἐγκεχειρισμένος τὴν τοῦ λόγου οἰκονομίαν, ὃς διὰ τὸ πιστὸς εἶναι πάντως καὶ φρόνιμος οἰκονόμος ἐπελέγη εἰς τὸ διαδιδόναι μὲν ἐν καιρῷ τὴν πνευματικὴν τροφήν, οἰκονομεῖν δὲ τοὺς λόγους αὐτοῦ ἐν κρίσει [1]). Es sind Brüder aus dem Kreise der πρόκριτοι gemeint, die ihre geistliche Erfahrung für diesen Vertrauensposten empfahl.

Der hochsinnige Basileios war nicht der Meinung, dass er mit seiner Forderung dem Einzelnen einen peinlichen Zwang auferlegte. Er setzte voraus, dass in dem kleinen Kreise, für den er die Ein-richtung schuf, aufrichtige brüderliche Gesinnung herrsche, und er glaubte wohl, dass es niemand schwer fallen könne, sich zu etwas zu entschliessen, das geistliche Förderung verhiess. Die Einführung der Beichte scheint auch keine Schwierigkeiten gemacht zu haben; sie muss in seinen Klöstern von Anfang an mit Ernst und Eifer gepflegt worden sein. Man sieht dies namentlich aus den kurzen Regeln, aus den Fragen, die dort gestellt, und aus der Art, wie sie beantwortet werden. Man wundert sich, wie rasch sich das Geschick entwickelte, psychologische Zustände von einander zu unterscheiden und zu fixieren. Die hierbei entfaltete Kunst ist um so achtungs-werter, als sie nicht aus natürlicher Freude an der Selbstzergliederung geübt wird; man behält vielmehr den praktischen Zweck, sich zur Reinheit des Herzens zu erziehen, fest im Auge. Darum sucht man nach psychologischen Merkmalen, um geheime Regungen der Seele ans Licht ziehen zu können, vergl. z. B. die Fragen: 33. πῶς ἐλέγ-χεται ὁ ἀνθρωπάρεσκος, 35. πῶς γνωρίζεται ὁ ὑπερήφανος ἢ πῶς θεραπεύεται; man bemüht sich aber auch, die sekundären Motive bei sich selbst auszuscheiden, um es dahin zu bringen, dass man das Gute rein um des Guten willen thut, vergl. z. B. die 184. Frage: πῶς δυνηθῇ τις καὶ ὅτε παρακαλεῖ καὶ ὅτε ἐλέγχει μὴ μόνον σπουδάζειν ἐπιστημόνως λαλῆσαι, ἀλλὰ καὶ τὴν διάθεσιν τὴν ὀφειλομένην σώζειν πρός τε τὸν θεὸν καὶ πρὸς ἐκείνους οἷς λαλεῖ. Wenn man in den ἐρωτήσεις spürt, wie das sittliche Gefühl sich verfeinert, so

---

1) Dass man bei dem Ausdruck οἰκονομεῖν τοὺς λόγους speziell an seel-sorgerliche Beratung denkt, zeigt Gregor von Nyssa ep. can.; Rh.-Potl. IV, 295 ἔστι δὲ οὐ μικρὸν ἔργον τὸ τοὺς περὶ τούτων (sc. τῶν μετανοούντων) λόγους οἰκονομῆσαι ἐν τῇ ὀρθῇ τε καὶ δεδοκιμασμένῃ κρίσει κατὰ τὸ παράγγελμα τοῦ προφήτου τὸ κελεῦον, δεῖν οἰκονομεῖν τοὺς λόγους ἐν κρίσει.

hat man auf der andern Seite Grund, den gesunden Sinn anzuerkennen, der sich in den Entscheidungen kundgiebt. Basileios muss empfunden haben, dass man die Lust an der Sünde nur nährt, wenn man den von einer schlimmen Neigung Beherrschten die Reflexion gerade auf diese selbst richten heisst. Er ermahnt dazu, das positive Gebot sich vorzuhalten, und erwartet, dass, wenn nur jemand sich mit Ernst in das Rechte denkt, dann der Trieb zum Bösen von selbst abstirbt[1]).

Aus dem Zweck, dem die Beichte dient, als Mittel, um die Weisung und Unterstützung anderer zu gewinnen, ergiebt sich auch die Art, in der hier dem Sünder Vergebung zu Teil wird. Ein Akt, bei dem ein ego te absolvo ausgesprochen würde, findet nicht statt. Aber eine Bürgschaft für die Vergebung liegt schon darin, dass einer, der das Charisma hierzu besitzt, das Mass und die Art der Busse festsetzt (vergl. noch die S. 162 zitierte Stelle). Die Sicherheit der Hoffnung auf Verzeihung leidet auch nicht darunter Not, dass der Vorsteher resp. die Brüder nur fürbittenderweise für den Sünder eintreten. Denn da Gott prinzipiell die Sünde vergeben hat (reg. brev. tract. interr. 12; II, 418 C ὁ .. θεὸς ὑπὲρ τῆς ἀφέσεως τῶν ἡμετέρων ἁμαρτημάτων καταπέμψας τὸν μονογενῆ αὐτοῦ υἱὸν τὸ ὅσον ἐφ’ ἑαυτῷ προλαβὼν πᾶσιν ἀφῆκεν), so darf das Gebet der Erhörung sicher sein (reg. brev. tract. interr. 261; II, 504 BC τοῦ θεοῦ μὴ θέλοντος τὸν θάνατον τοῦ ἁμαρτωλοῦ ὡς τὸ ἐπιστρέψαι καὶ ζῆν αὐτόν, ἐὰν ὁ ἐλεγχθεὶς κατανυγῇ τὴν ψυχὴν καὶ συνέλθῃ τῷ σκοπῷ τοῦ ἐλέγχοντος, περὶ παντὸς πράγματος τουτέστι περὶ παντὸς ἁμαρτήματος οὗ ἐὰν αἰτήσωνται τὴν ἄφεσιν δο-

---

1) Dass damit keine moderne Reflexion eingetragen ist, dafür vergleiche man (ausser später zu zitierenden Stellen aus Chrysostomos u. a.) z. B. die treffliche Ermahnung des Asketikers Markos in de iis qui putant se ex operibus iustificari c. 140; Mi. 65, 952 C ἂν θέλῃς θεῷ προσφέρειν ἀκατακρίτως ἐξομολόγησιν, μὴ μνημόνευε κατ’ εἶδος τὰς παρατροπάς. λίαν γὰρ μολύνεις τὴν διάνοιαν, ἀλλ’ ὑπόμενε γενναίως τὰς τούτων ἐπαγωγάς . c. 142 ὁ γνωστικὸς καὶ εἰδὼς τὴν ἀλήθειαν οὐ διὰ μνήμης τῶν πραχθέντων ἀλλὰ δι’ ὑπομονῆς τῶν ἐπερχομένων ἐξομολογεῖται τῷ θεῷ. — Ähnlich sagt Basileios, der ἡγούμενος λαύρας τοῦ μαλείνου, in seiner Schrift περὶ ἀσκητικῆς ὑποτυπώσεως, die im cod. Mon. gr. 25 überliefert ist, S. 98: tägliche Pflicht des Mönchs sei ἐξαγόρευσις καθαρὰ τῶν τε λογισμῶν καὶ τῶν ἄλλων τῶν ἑξῆς ἄχρι καὶ παροράματος καὶ πόσεως ὕδατος .., πλὴν τῶν σωματικῶν κατὰ λεπτὸν μὴ ποιεῖσθαι χρὴ τὰς ἐξαγορεύσεις μήτε μελετᾶν εἰς αὐτὰ δῆθεν κατανυσσόμενοι. ἀναμνηστικὰ γὰρ ταῦτα πέφυκε τῆς ἡδονῆς. Wie sticht das ab gegen den im Abendland üblichen Ton!

θήσεται αὐτοῖς παρὰ τοῦ φιλανθρώπου θεοῦ). Allerdings
nur unter der Voraussetzung, dass der Sünder sich bekehrt und nach
dem ihm erteilten Rat erfolgreich gegen seine Sünde kämpft. Die
göttliche Vergebung tritt erst dann wirklich ein, wenn der Mensch
frei geworden ist [1]). Es ist in dieser Hinsicht nicht ohne Bedeutung,
dass der Lieblingsspruch, den man für die Gewissheit des göttlichen
Erbarmens verwendet, die Verheissung ist: „ich will deine Sünde
tilgen, wie einen Nebel": allmählich, wie die Bande der Sünde sich
lösen, verschwindet auch die göttliche Ungnade und die Entfremdung
zwischen Gott und dem Menschen. Man darf jedoch darum nicht
denken, dass man aus der Sünde, sofern sie Schuld ist, sich wenig
gemacht und nicht ein positives Gefühl der Vergebung erstrebt hätte.
Das Gegenteil bezeugt die Frage reg. brev. tract. interr. 12; II, 418 B: *πῶς
πληροφορηθῇ ἡ ψυχὴ, ὅτι ἀφῆκεν αὐτῇ ὁ θεὸς τὰ ἁμαρ-
τήματα?* Die Antwort darauf lautet: *ἐὰν θεωρήσῃ ἑαυτὴν ἐν τῇ
διαθέσει τοῦ εἰπόντος· ἀδικίαν ἐμίσησα καὶ ἐβδελυξάμην.* Das
neu gewonnene Kraftgefühl, mit dem einer die Sünde von sich stossen
kann, ist ihm zugleich eine persönliche Versicherung, dass er bei
Gott wiederum in Gnaden steht.

Diese Anordnung des Basileios muss, wenn man nicht mit Worten
spielen will, als die Begründung des Beichtinstituts bezeichnet werden.
Hier erst findet sich Beichte im wahren Sinn d. h. nicht bloss ein
durch eine bestimmte (That-)Sünde veranlasstes Geständnis oder ein
freiwilliges Ausschütten des Herzens in besonderer Not, sondern ein
regelmässiges und pflichtmässiges Bekenntnis auch der ge-
heimsten Gedanken, das jedem zugemutet wird. Es ist nicht zufällig, dass uns dieses Institut zuerst innerhalb des Mönchtums,
speziell innerhalb des könobitischen Mönchtums, begegnet. Nur auf
diesem Boden konnte die Einrichtung entstehen. Sie ruht ja auf
einer doppelten Voraussetzung: einmal auf der Erkenntnis, dass der
Mensch immer, in Gedanken wenigstens, sündigt, und zweitens auf
der Überzeugung, dass er, um in der Selbstzucht nicht lässig zu werden,
der ständigen Überwachung und Unterstützung durch andere bedarf.
Die Wahrheit, dass jeder, auch der Getaufte, immer wieder Sünden
begeht und dass auch geheime Herzensregungen vollwichtige Sünden
sind, hat aber erst das Mönchtum die Kirche wieder lehren müssen

---

1) Vergl. schon Clem. Alex. strom. II, 15; Mi. 8, 1009 A *συγγνώμην μετάνοια
πέφυκε γεννᾷν, ἡ συγγνώμη δὲ οὐ κατὰ τὴν ἄφεσιν, ἀλλὰ κατὰ τὴν ἴασιν
συνίσταται.*

und innerhalb des Mönchtums ist es der könobitische Zweig, der die Bedeutung der Gemeinschaft auch für das geistliche Leben würdigt; speziell bei Basileios ist diese Idee am konsequentesten vertreten.

Welch' radikale Umwälzung der Bussdisziplin bedeutete aber dieses Institut! Sünde und Sünder, Bekenntnis und Inhaber der Schlüsselgewalt, — alle Begriffe sind hier andere, als in der kirchlichen Disziplin. Die Ideen des Origenes, die dem kirchlichen System widerstreben und die die Kirche fallen liess, fallen lassen musste, sind hier zur vollen Geltung gekommen. Und man bedenke, dass die Könobien des Basileios sich als σῶμα τοῦ Χριστοῦ, als Gemeinde im vollen Sinn, fühlten! Ihre Bussdisziplin ist eine Gemeindedisziplin, die als solche der in der Kirche üblichen an die Seite tritt. Sie war bestimmt für kleine geschlossene Kreise — sollte man es für möglich halten, dass die Kirche ein Institut wie die Beichte übernehmen konnte? Konnte sie die Bedingungen dafür schaffen? vermochte sie es, eine Beichtpflicht durchzusetzen?

Man darf nicht erwarten, dass Basileios das, was er für Mönche anordnete, sofort auch Weltleuten hätte zur Pflicht machen müssen. Er unterschied zu scharf zwischen dem Leben im Kloster mit seiner ἀκρίβεια und dem Leben der μιγάδες, als dass er nicht gewusst hätte, dass die Anforderungen hier und dort verschiedene sein müssen. Es muss daher katholischen Theologen überlassen bleiben, die Mönchsregeln des Basileios immer wieder zum Beweis dafür anzuführen, dass durch ihn die Beichte den Christen überhaupt geboten worden sei. Wir haben die Schriften, in denen Basileios sich bestimmt an weitere Kreise wendet, darauf hin zu prüfen, wie weit er mönchischen Ideen auch in der Kirche Eingang zu verschaffen suchte.

Basileios hat das Seinige gethan um die Schäden des sittlichen Lebens in der Kirche zu bessern. Es ist ihm vor allem grosser Ernst gewesen, das Verkehrte in der vulgären sittlichen Anschauung zu bekämpfen. Wie schon S. 166 berührt, hat er seine moralia ausgesprochenermassen zu dem Zweck geschrieben, um die Christenheit, die das Gefühl für den Sinn und den Ernst des göttlichen Gebots verloren hat, wieder zu lehren, was der Inhalt der Forderung des Evangeliums sei, de iud. dei II, 223 A ἀναγκαῖον ἐλογισάμην εἰ καὶ ὀψὲ τοῦ καιροῦ ... ἀναλεξάμενος ἐκ τῶν θεοπνεύστων γραφῶν τά τε ἀπαρέσκοντα τῷ θεῷ καὶ οἷς εὐαρεστεῖται παραθέσθαι ..., ἵνα ... ἀποπηδήσαντες μὲν τῆς τε τῶν ἰδίων θελημάτων συνηθείας καὶ τῆς τῶν ἀνθρωπίνων παραδόσεων παρατηρήσεως, στοιχήσαντες δὲ τῷ εὐαγγελίῳ τοῦ μακαρίου θεοῦ Ἰησοῦ Χριστοῦ ... φυγεῖν μὲν τὴν ὀργὴν τὴν ἐπερχομένην ἐπὶ τοὺς υἱοὺς τῆς ἀπειθείας δυνάμεθα, ἄξιοι δὲ εὑρεθῆναι τῆς αἰωνίου ζωῆς. Hand in Hand damit, dass er der Christenheit das Gewissen schärft, geht es, dass er sich bemüht, mönchische Selbstreflexion und Selbstzucht auch Laien einzupflanzen. Predigten wie die: πρόσεχε σεαυτῷ! zeigen das schon in ihrem Titel.

Aber daraus, dass Basileios das verfeinerte sittliche Gefühl des Mönchtums auch bei den Weltleuten zu entwickeln bestrebt war, folgte nicht ohne weiteres, dass er auch mönchische Disziplin dort hätte einführen oder die kirchliche Disziplin grundstürzend hätte reformieren müssen. Das Letztere selbst dann nicht, wenn er erkannte, dass die herrschende Stumpfheit des sittlichen Urteils zum Teil durch die Praxis der Bussdisziplin verschuldet war (vergl. S. 258). Wenn diese Institution schlimme Folgen für die sittliche Anschauung hatte, so wirkte er dem entgegen, indem er die unbedingten sittlichen Normen wieder feststellte. Dass die kirchliche Bussdisziplin an und für sich etwas Heilsames und groben Sünden gegenüber notwendig sei, brauchte er darum nicht zu leugnen. Er erkannte ja an, dass die einzelnen Sünden, psychologisch betrachtet, sich nicht gleichstünden, und so musste er es auch für in der Ordnung halten, wenn für die schwersten Sünden ein besonders gründliches Heilverfahren angewendet wurde. Worauf es ihm ankam, war nur das, dass man nicht deswegen diese Sünden für die einzigen Sünden hielt. Aber mussten deswegen auch in der Welt die übrigen Sünden disziplinarisch, unter Zuhilfenahme fremden Beistands, behandelt werden? Wer sollte dort die Stelle des προεστὼς oder der ἀδελφοὶ πεπιστευμένοι τὴν οἰκονομίαν τῶν μυστηρίων τοῦ θεοῦ vertreten? Und wer verschaffte dem Basileios die Macht, eine neue Ordnung durchzuführen?

Es ist der beste Beweis für die Richtigkeit unserer Auffassung, dass Basileios nicht nur selbst die kirchliche Bussdisziplin gehandhabt hat, sondern auch in seinen kanonischen Briefen [1]) der συνήθεια bei den einzelnen Strafansätzen das erste Wort zugesteht. Doch

---

1) Die Echtheit dieser Briefe zu vertheidigen, halte ich für überflüssig. Binterim's Kritik ist zu oberflächlich. Eines seiner Hauptargumente, der Eingang des ersten Briefs, beruht auf einem unglaublichen Missverständnis des Textes. Wer Basileios auch nur einigermassen kennt, sieht auf Schritt und Tritt die Verwandtschaft der Briefe mit den übrigen Schriften.

verleugnet er in diesen Briefen, die zudem nicht die Bussdisziplin
ex professo behandeln, sondern Antwortschreiben auf spezielle An-
fragen sind, seinen höheren Standpunkt nicht. Er stellt im ersten
Brief (can. 9; Rh.-Potl. IV, 120) der nachsichtigen συνήϑεια die ἀπόφασις κυρίου gegenüber; er wagt es, eigene Kanones zu schöpfen
(can. 30; Rh.-Potl. IV, 169. can. 80; Rh.-Potl. IV, 242) d. h. von den
„Vätern" übergegangene Sünden als Strafe verdienend zu bezeichnen,
wie er andererseits dazu ermahnt, nicht starr, sondern mit Rücksicht
auf die Willfährigkeit und das Verhalten des Büssers die Strafen
aufzuerlegen, vergl. z. B. can. 84; Rh.-Potl. IV, 253 πάντα δὲ ταῦτα
γράφομεν, ὥστε τοὺς καρποὺς δοκιμάζεσϑαι τῆς μετανοίας. οὐ γὰρ
πάντως τῷ χρόνῳ κρίνομεν τὰ τοιαῦτα, ἀλλὰ τῷ τρόπῳ τῆς μετανοίας προσέχομεν [1]). Bemerkenswert ist auch, dass er — und wie
es scheint, er zuerst vergl. Hinschius, Kirchenrecht IV, 705 ff. — mehrmals als Strafe die blosse Ausschliessung vom Abendmahl verhängt
can. 24; Rh.-Potl. IV, 155; can. 55; Rh.-Potl. IV, 212. Damit ist ein
bedeutsamer Anfang gemacht, das System der Bussstationen dazu
zu verwenden, um auch kleinere Sünden einer Strafe zu unterwerfen.
Dagegen findet sich kein Beweis dafür, dass Basileios gewöhnlichen
Christen das Suchen seelsorgerlichen Rats besonders empfohlen
hätte [2]). — So sind bei ihm Ansätze, aber auch nur solche, dazu vorhanden, die kirchliche Bussdisziplin der tieferen Erkenntnis entsprechend weiterzuführen.

Viel stärker als bei Basileios zeigt sich der Einfluss der sittlichen Anschauung des Mönchtums auf die Bussdisziplin in dem
kanonischen Brief des Gregor von Nyssa. Der Brief ist schon
dadurch bedeutsam, dass hier im Unterschied von allen früheren
epistolae canonicae der Versuch gemacht ist, die Bussdisziplin systematisch zu begründen, oder, wie Gregor selbst sich ausdrückt
(Rh.-Potl. IV, 296), die ϑεραπευτικὴ ἐπιμέλεια zu einer τεχνικὴ
μέϑοδος zu erheben. Die Grundlage hierfür bildet — darin nimmt
er einen Gesichtspunkt des Mönchtums auf — ein richtiges psycho-

---

1) Diese Ermahnung ist jedoch auch schon früher in Ankyra, Neokäsarea
und Nikäa ausgesprochen worden.

2) Auf die Stellen, die katholische Dogmatiker für die „Beichte" anführen,
einzugehen, ist kein Anlass, um so weniger als die Heutigen ihre Kenntnisse
meist aus vierter Hand geschöpft haben. Man vergleiche Klee, Berlage, Schell,
Simar, Wetzer und Welte mit Morin, Petau, Boileau und man wird erkennen,
dass im Lauf der Zeit nur das Material allmählich abgebröckelt ist und die
Zitate immer ungenauer geworden sind. Ich verweise daher auf Daillé.

logisches Verständnis der Sünden. Darum beginnt Gregor damit, dass er von den drei Grundfunktionen des Geistes aus, der des λογικὸν, des ἐπιθυμητικὸν und des θυμοειδὲς, deduktiv die möglichen Verfehlungen des Menschen ableitet. In dem psychologischen Prinzip, das er zu Grund legt, will Gregor aber auch einen Massstab zur Beurteilung der Schwere der Sünden gewonnen haben: die Reihenfolge der Funktionen ist zugleich eine Stufenordnung; die Sünden, die aus der Verkehrung des λογιστικὸν entspringen, sind die schlimmsten, vergl. schon can. 2; Rh.-Potl. IV, 303.

Dieser Versuch Gregor's ist an und für sich schon ein Symptom dafür, dass man jetzt die Mängel des hergebrachten Systems, das willkürliche Herausgreifen einzelner schwerer Sünden, empfand, und das Resultat, zu dem Gregor konstruierend gelangt, stimmt an verschiedenen Punkten nicht mit der überlieferten Praxis überein. Er leitet aus seinen Prinzipien Sünden ab, die in der Bussdisziplin nicht berücksichtigt sind, can. 1; Rh.-Potl. IV, 298: φθόνος, μῖσος, μῆνις, λοιδορίαι, συμπλοκαὶ κτὲ., und er kritisiert darob die Väter, can. 5; Rh.-Potl. IV, 314 ff. πολλῶν δὲ ὄντων τῶν κατὰ θυμὸν εἰς ἁμαρτίαν ἐνεργουμένων καὶ πάντων κακῶν, ἤρεσέ πως τοῖς πατράσιν ἡμῶν ἐν τοῖς ἄλλοις μὴ λίαν ἀκριβολογεῖσθαι μηδὲ πολλῆς ἄξιον ἡγεῖσθαι σπουδῆς τὸ θεραπεύειν πάντα τὰ ἐκ τοῦ θυμοῦ παραπτώματα, καίτοιγε τῆς γραφῆς οὐ μόνον τὴν ψιλὴν ἀπαγορευούσης πληγὴν, ἀλλὰ καὶ πᾶσαν λοιδορίαν ἢ βλασφημίαν καὶ εἴ τι ἄλλο τοιοῦτον ὁ θυμὸς ἀπεργάζεται, vergl. auch can. 6; Rh.-Potl. IV, 320 über die πλεονεξία. Aber bezeichnenderweise zieht er nun daraus doch nicht die Konsequenz, dass alle die Sünden, deren Berücksichtigung er bei den Vätern vermisst, der öffentlichen Bussdisziplin unterworfen werden sollten. Man erkennt an diesem Punkte wieder, wie voreilig die Annahme wäre, dass eine Vertiefung der sittlichen Anschauung sofort auch eine Umbildung der Disziplin hätte zur Folge haben müssen. Um so weniger war mit dem einen gleich das andere gesetzt, als die Voraussetzung nicht bestand, dass der Sünder, um zurechtzukommen, unbedingt des speziellen Beistands anderer bedürfte. Gregor selbst sagt ausdrücklich, dass zur Bekämpfung der von den Vätern übergegangenen Sünden die öffentliche Predigt genüge, can. 6; Rh.-Potl. IV, 320 ἀλλὰ περὶ μὲν τούτων διὰ τὸ παρεῖσθαι τοῖς πατράσιν ἡμῶν ἀρκεῖν ἡγούμεθα τῷ δημοσίῳ τῆς διδασκαλίας λόγῳ, ὅπως ἂν οἷόν τε ᾖ θεραπεύειν, ὥσπερ τινὰ πάθη πληθωρικὰ τὰς πλεονεκτικὰς ἀρρωστίας διὰ τοῦ λόγου καθαίροντες.

Der klassische Zeuge dafür, dass man beim grössten Eifer für das sittliche Ideal des Mönchtums doch dem Gedanken fernstehen konnte, das mönchische Zuchtmittel der Beichte in die Kirche einzuführen, ist Chrysostomos. Daillé hat das Verdienst, auf ihn hingewiesen zu haben. Er hat (p. 474 ff.) unwiderleglich gezeigt, dass Chrysostomos, so sehr er seinen Zuhörern ans Herz legt, sich ernstlich um ihre Sünde zu bekümmern, es doch an einer Reihe von Stellen ausdrücklich ablehnt, ihnen eine Preisgebung ihrer Herzensgeheimnisse vor Menschen zumuten zu wollen. Chrysostomos empfiehlt ein Bekenntniś der Sünden; aber er sagt unzweideutig, dass es — ausser natürlich im Fall einer Todsünde — ein Bekenntnis vor Gott und nicht vor Menschen sein solle. Die Versuche katholischer Dogmatiker und Patristiker — Rauschen, Jahrbücher S. 540 ff. macht eine rühmliche Ausnahme — Chrysostomos in diesem Punkte reinzuwaschen, brauchen uns nicht aufzuhalten. Ich führe aus Daillé's Material nur zwei Stellen an: hom. in Laz. c. 4; Mi. 48, 1012 $\mu\dot\eta$ $\gamma\dot\alpha\varrho$ $\dot\alpha\nu\vartheta\varrho\dot\omega\pi\omega$ $\lambda\acute\varepsilon\gamma\varepsilon\iota\varsigma$ $\dot\iota\nu\alpha$ $\dot o\nu\varepsilon\iota\delta\acute\iota\sigma\eta$ $\sigma\varepsilon$, $\mu\dot\eta$ $\gamma\dot\alpha\varrho$ $\tau\tilde\omega$ $\sigma\upsilon\nu\delta o\acute\upsilon\lambda\omega$ $\dot o\mu o\lambda o\gamma\varepsilon\tilde\iota\varsigma$, $\dot\iota\nu\alpha$ $\dot\varepsilon\varkappa\pi o\mu\pi\varepsilon\acute\upsilon\sigma\eta$. $\tau\tilde\omega$ $\delta\varepsilon\sigma\pi\acute o\tau\eta$, $\tau\tilde\omega$ $\varkappa\eta\delta\varepsilon\mu\acute o\nu\iota$, $\tau\tilde\omega$ $\varphi\iota\lambda\alpha\nu\vartheta\varrho\acute\omega\pi\omega$, $\tau\tilde\omega$ $\dot\iota\alpha\tau\varrho\tilde\omega$ $\tau\dot o$ $\tau\varrho\alpha\tilde\upsilon\mu\alpha$ $\dot\varepsilon\pi\iota\delta\varepsilon\iota\varkappa\nu\acute\upsilon\varepsilon\iota\varsigma$ . . $o\dot\upsilon\varkappa$ $\dot\alpha\nu\alpha\gamma\varkappa\dot\alpha\zeta\omega$, $\varphi\eta\sigma\acute\iota\nu$ (sc. $\dot o$ $\vartheta\varepsilon\acute o\varsigma$), $\varepsilon\dot\iota\varsigma$ $\mu\acute\varepsilon\sigma o\nu$ $\dot\varepsilon\lambda\vartheta\varepsilon\tilde\iota\nu$ $\sigma\varepsilon$ $\vartheta\acute\varepsilon\alpha\tau\varrho o\nu$ $\varkappa\alpha\dot\iota$ $\mu\acute\alpha\varrho\tau\upsilon\varrho\alpha\varsigma$ $\pi\varepsilon\varrho\iota\sigma\tau\tilde\eta\sigma\alpha\iota$ $\pi o\lambda\lambda o\acute\upsilon\varsigma$, $\dot\varepsilon\mu o\dot\iota$ $\tau\dot o$ $\dot\alpha\mu\acute\alpha\varrho\tau\eta\mu\alpha$ $\varepsilon\dot\iota\pi\dot\varepsilon$ $\mu\acute o\nu\omega$ $\varkappa\alpha\tau'$ $\dot\iota\delta\acute\iota\alpha\nu$, $\dot\iota\nu\alpha$ $\vartheta\varepsilon\varrho\alpha\pi\varepsilon\acute\upsilon\sigma\omega$ $\tau\dot o$ $\dot\varepsilon\lambda\varkappa o\varsigma$ $\varkappa\alpha\dot\iota$ $\dot\alpha\pi\alpha\lambda\lambda\acute\alpha\xi\omega$ $\tau\tilde\eta\varsigma$ $\dot o\delta\acute\upsilon\nu\eta\varsigma$. sermo de peccat. fratr. non evulg. c. 3; Mi. 51, 356 $o\dot\upsilon$ $\gamma\dot\alpha\varrho$ $\varepsilon\dot\iota\varsigma$ $\mu\acute\varepsilon\sigma o\nu$ $\dot\alpha\gamma o\nu\tau\varepsilon\varsigma$ $\tau o\dot\upsilon\varsigma$ $\dot\eta\mu\alpha\varrho\tau\eta\varkappa\acute o\tau\alpha\varsigma$ $o\dot\upsilon\tau\omega$ $\delta\eta\mu o\sigma\iota\varepsilon\acute\upsilon o\mu\varepsilon\nu$ $\alpha\dot\upsilon\tau\tilde\omega\nu$ $\tau\dot\alpha$ $\dot\alpha\mu\alpha\varrho\tau\acute\eta\mu\alpha\tau\alpha$, $\dot\alpha\lambda\lambda\dot\alpha$ $\varkappa o\iota\nu\dot\eta\nu$ $\dot\alpha\pi\alpha\sigma\iota$ $\pi\varrho o\vartheta\acute\varepsilon\nu\tau\varepsilon\varsigma$ $\tau\dot\eta\nu$ $\delta\iota\delta\alpha\sigma\varkappa\alpha\lambda\acute\iota\alpha\nu$ $\tau\tilde\omega$ $\tau\tilde\omega\nu$ $\dot\alpha\varkappa\varrho o\omega\mu\acute\varepsilon\nu\omega\nu$ $\sigma\upsilon\nu\varepsilon\iota$-$\delta\acute o\tau\iota$ $\varkappa\alpha\tau\alpha\lambda\iota\mu\pi\acute\alpha\nu o\mu\varepsilon\nu$, $\dot\omega\sigma\tau\varepsilon$ $\dot\varepsilon\varkappa\alpha\sigma\tau o\nu$ $\tau\dot o$ $\varkappa\alpha\tau\acute\alpha\lambda\lambda\eta\lambda o\nu$ $\varphi\acute\alpha\varrho\mu\alpha\varkappa o\nu$ $\tau\tilde\omega$ $o\dot\iota\varkappa\varepsilon\acute\iota\omega$ $\tau\varrho\alpha\acute\upsilon\mu\alpha\tau\iota$ $\dot\varepsilon\varkappa$ $\tau\tilde\omega\nu$ $\lambda\varepsilon\gamma o\mu\acute\varepsilon\nu\omega\nu$ $\dot\varepsilon\pi\iota\sigma\pi\acute\alpha\sigma\alpha\sigma\vartheta\alpha\iota$. Und Chrysostomos nimmt seinen Standpunkt mit Bedacht ein. Er ermahnt zum Bekenntnis der Sünde vor Gott. Denn er weiss, welchen Wert das Bekennen der Sünde hat: dadurch kommt dem Menschen erst die Schuldhaftigkeit seines Thuns und die Grösse der göttlichen Gnade recht zum Bewusstsein hom. 4 de Laz. c. 4; Mi. 48, 1012 $\lambda\acute\varepsilon\gamma\varepsilon$ $\sigma\dot\upsilon$ $\tau\dot\alpha\varsigma$ $\dot\alpha\mu\alpha\varrho\tau\acute\iota\alpha\varsigma$ $\sigma o\upsilon$ $\pi\varrho\tilde\omega\tau o\varsigma$ . . . $o\dot\upsilon\chi$ $\dot\iota\nu\alpha$ $\alpha\dot\upsilon\tau\dot o\varsigma$ (sc. $\dot o$ $\vartheta\varepsilon\acute o\varsigma$) $\mu\acute\alpha\vartheta\eta$ $\tau\dot\eta\nu$ $\dot\alpha\mu\alpha\varrho\tau\acute\iota\alpha\nu$ — $\pi\tilde\omega\varsigma$ $\gamma\dot\alpha\varrho$ $\dot o$ $\varepsilon\dot\iota\delta\acute\omega\varsigma$; — $\dot\alpha\lambda\lambda'$ $\dot\iota\nu\alpha$ $\sigma\dot\upsilon$ $\mu\acute\alpha\vartheta\eta\varsigma$, $\pi\acute o\sigma o\nu$ $\sigma o\iota$ $\sigma\upsilon\gamma\chi\omega\varrho\varepsilon\tilde\iota$ $\chi\varrho\acute\varepsilon o\varsigma$. $\beta o\acute\upsilon\lambda\varepsilon\tau\alpha\iota$ $\delta\dot\varepsilon$ $\sigma\dot\varepsilon$ $\mu\alpha\vartheta\varepsilon\tilde\iota\nu$ $\tau\tilde\eta\varsigma$ $\chi\acute\alpha\varrho\iota\tau o\varsigma$ $\tau\dot o$ $\mu\acute\varepsilon\gamma\varepsilon\vartheta o\varsigma$, $\dot\iota\nu\alpha$ $\varepsilon\dot\upsilon\chi\alpha\varrho\iota\sigma\tau\tilde\omega\nu$ $\delta\iota\alpha\tau\varepsilon\lambda\tilde\eta\varsigma$, $\dot\iota\nu\alpha$ $\dot o\varkappa\nu\eta\varrho\acute o\tau\varepsilon\varrho o\varsigma$ $\pi\varrho\dot o\varsigma$ $\dot\alpha\mu\alpha\varrho\tau\acute\iota\alpha\nu$ $\tilde\eta\varsigma$, $\dot\iota\nu\alpha$ $\pi\varrho o\vartheta\upsilon\mu\acute o\tau\varepsilon\varrho o\varsigma$ $\varepsilon\dot\iota\varsigma$ $\dot\alpha\varrho\varepsilon\tau\acute\eta\nu$. Aber Chrysostomos weiss auch, dass das Bekenntnis vor Menschen ein gefährlich Ding ist: es ertötet das Schamgefühl und zerstört damit eine Schutzmauer wider die Sünde, sermo de peccat. fratr. non evulg. c. 4; Mi. 51, 357 $\varkappa\alpha\vartheta\acute\alpha\pi\varepsilon\varrho$ $\tau\dot\alpha$ $\dot\varepsilon\lambda\varkappa\eta$

γυμνούμενα καὶ ἀέρι ψυχρῷ συχνῶς ὁμιλοῦντα χαλεπώτερα γίνονται, οὕτω καὶ ἡ ψυχὴ ἡμαρτηκυῖα, ἂν μεταξὺ πολλῶν ἐλέγχηται,
ἐφ᾽ οἷς ἐπλημμέλησεν, ἀναισχυντοτέρα γίνεται. ἵν᾽ οὖν μὴ τοῦτο
γένηται, λανθανόντως ὁ λόγος ὑμᾶς ἐθεράπευσε. de sacerd. II, 4;
Mi. 48, 635 ψυχὴ γὰρ ἐπειδὰν εἰσάπαξ ἀπερυθριάσαι βιασθῇ, εἰς
ἀναλγησίαν ἐκπίπτει.

Überhaupt aber ist von den Zeitgenossen dieser Männer nur ein
Einziger zu nennen, der ein Bekenntnis der (leichteren) Sünden gewöhnlichen Christen anrät. Asterios von Amasea ermahnt in einer
Fastenpredigt seine Gemeinde (hom. 13 adhort ad poenit.; Mi. 40,
369 A): σύντριψον σαυτὸν ὅσον δύνασαι, ζήτησον καὶ ἀδελφῶν
ὁμοψύχων πένθος βοηθοῦν σοι πρὸς τὴν ἐλευθερίαν, δεῖξόν μοι
πικρόν σου καὶ δαψιλὲς τὸ δάκρυον, ἵνα μίξω καὶ τὸ ἐμόν, λάβε
καὶ τὸν ἱερέα κοινωνὸν τῆς θλίψεως ὡς πατέρα. Gegenüber der katholischen Verwertung dieser Stelle ist zunächst darauf
hinzuweisen, dass Asterios nicht bloss von einem Bekenntnis vor
dem Priester, sondern auch von einem Bekenntnis vor Brüdern redet.
Der Priester hat also nur in erster Linie, aber nicht ausschliesslich
die Anwartschaft darauf, den Beistand leisten zu dürfen. Dann aber,
ist es nur ein dringender Wunsch, den Asterios ausspricht, keine
Pflicht, die er auferlegt. Über das, was Origenes schon gethan hatte,
gehen seine Worte nicht hinaus.

Dass es doch immer noch Ausnahme war, wenn jemand andere
als Todsünden vor dem Priester bekannte, geht, wie schon längst
von protestantischer Seite geltend gemacht worden ist, mit Sicherheit
daraus hervor, dass in den Busskanones allgemein das freiwillige
Geständnis als Strafmilderungsgrund erscheint. Das wäre nicht möglich gewesen, wenn man es als Pflicht angesehen hätte, regelmässig
oder wenigstens in der Fastenzeit den Seelenzustand einem Priester
darzulegen. Zudem ist ja durch Sokrates und Sozomenos für Konstantinopel direkt bezeugt, dass die Teilnahme an den Mysterien dem
Einzelnen freistand, ohne dass er nötig gehabt hätte, sich mit einem
Priester vorher zu beraten. Für Alexandria erinnere ich an die
oben S. 256 zitierte Antwort des Timotheos, aus der hervorgeht, dass
man der Askese in der Fastenzeit unmittelbar die Wirkung zuschrieb,
Sündenvergebung herbeizuführen.

Am Ende des 4. Jahrhunderts ist demnach die Gesamtlage die,
dass in der Kirche eine Bussdisziplin besteht, der nur die schwersten

Sünder sich zu unterwerfen verpflichtet sind, während innerhalb des Mönchtums eine Zucht geübt wird, die auf jedes Glied der (Mönchs-) Gemeinde sich erstreckt und zu der die Beichte als notwendiges Stück gehört. Eine Einwirkung der sittlichen Anschauungen des Mönchtums macht sich wohl bemerklich; man empfindet auch die Mängel und die Schattenseiten des Bussinstituts. Aber die Praxis der kirchlichen Disziplin prinzipiell zu verändern, fühlen selbst die ganz auf Seiten des Mönchtums stehenden Kirchenmänner sich nicht veranlasst.

In diese Zeit fällt nun ein Ereignis, das nach landläufiger Meinung den tiefgreifendsten Einfluss auf die öffentliche Bussdisziplin geübt hat: die Aufhebung des Busspriesteramts in Konstantinopel durch den Patriarchen Nektarios. Frank (die Bussdisziplin der Kirche S. IX f.) hat die Bedeutung dieser Thatsache so hoch angeschlagen, dass er sagt: „Die öffentliche Bussanstalt durcheilt im Morgenlande in grosser Schnelligkeit ihre Entwicklungsperiode, erreicht in kaum zweihundert Jahren ihre höchste Blüte und verschwindet dann auf einmal, wie vom Winde verweht aus dieser Kirche". Er hat damit nur stark ausgedrückt, was seit Morin, namentlich bei protestantischen Forschern, als ausgemacht gilt. Von katholischer Seite hat zwar Schmitz (die Bussbücher und die Bussdisziplin der Kirche S. 53) dagegen Einsprache erhoben; massgebende Auktoritäten (Funk, lit. Rundschau für das kath. Deutschland 1883 S. 487, Hinschius, Kirchenrecht IV, 720 Anm. 4) haben ihn jedoch zurückgewiesen. Schmitz hat sich freilich nur auf eine einzige Thatsache zu stützen gewusst, die in ihrer Isoliertheit keinen Eindruck machen konnte.

Indes vergegenwärtige man sich, welche Behauptung von der herrschenden Meinung vertreten wird: in Konstantinopel macht ein Diakon Skandal, darauf hin wird dort das Busspriesteramt abgeschafft, und der ganze Orient empfindet die Schande des Diakonen so mit, dass er — die öffentliche Bussanstalt überhaupt aufhebt[1]). Ist es nötig, die Unglaublichkeit dieser Konstruktion näher zu beleuchten? — Wer sich vorhält, was an der Bussdisziplin hing, — sind denn die Mörder, die Fleischessünder, die Häretiker, die Abtrünnigen jetzt auf einmal ausgestorben oder konnte die Strenge, von der eben noch die Bussbriefe des Basileios und des Gregor von Nyssa zeugen, so

---

1) Hinschius hat dies wohl gefühlt und es deswegen abgelehnt, der Massregel des Nektarios epochemachende Bedeutung zuzuschreiben, Kirchenrecht IV, 720 Anm. 4.

einfach verschwinden, wie vom Winde verweht? —, wer sich weiter daran erinnert, welche Stellung damals andere Provinzen neben dem Patriarchat von Konstantinopel besassen, wer sich dies nur kurz klar macht, der muss die geltende Anschauung von vornherein bezweifeln.

Die Aufhebung des Busspriesteramts in Konstantinopel kann nach dem Resultat, das sich uns oben ergeben hat, nicht mehr bedeutet haben, als das, dass die strenge Überwachung der Gemeinde, wie sie von dem Busspriester geübt wurde, in Konstantinopel jetzt wegfiel. Wenn Sokrates und Sozomenos sagen (vergl. oben S. 247), dass es nunmehr dem Gewissen des Einzelnen überlassen gewesen sei, ob er an den Mysterien teilzunehmen sich getraute oder nicht, so kann dies unmöglich bedeuten, man habe von da an offenkundige Todsünder unbeanstandet zum Abendmahl gehen lassen. In dem Ausdruck, man habe es dem Gewissen des Einzelnen anheimgestellt, ist vielmehr zugleich die Grenze angedeutet, innerhalb deren sich die gewährte Freiheit naturgemäss bewegte: in Fällen unzweideutiger und offenbarer Todsünde hatte nicht das Gewissen des Einzelnen die Entscheidung zu treffen, hier forderte das Interesse der Gesamtgemeinde eine Ahndung. Als Gewissenssache konnten nur diejenigen Fälle betrachtet werden, in denen es fraglich war, ob eine Todsünde vorlag, und solche, in denen das Vergehen ganz geheim geblieben war. Bisher war der Busspriester die berufene Instanz gewesen, die im Zweifelsfall entschied, ob der Betreffende an den Mysterien teilnehmen durfte oder nicht, und bei geheimen Vergehen trieb die Furcht, von ihm entdeckt und dann öffentlich zurückgewiesen zu werden, manche zur Selbstanzeige. Diese Beeinflussung des individuellen Gewissens hörte jetzt auf. Die beiden Kirchenhistoriker haben wohl nicht Unrecht, wenn sie in Folge davon ein Nachlassen der Zucht in der Gemeinde befürchteten: in wie vielen Fällen urteilte dann wohl das Gewissen des Einzelnen zu milde! Wenn die Bedeutung der Massregel des Nektarios hiernach wesentlich einzuschränken ist, so versteht es sich weiter von selbst, dass das Busspriesteramt nur da abgeschafft werden konnte, wo es überhaupt bestand. Sind die oben gefundenen Resultate richtig, so konnte der grösste Teil des Orients von dem Ereignis in Konstantinopel überhaupt nicht berührt werden.

Doch es handelt sich für uns nicht bloss um die Frage, ob die Abschaffung des Busspriesteramts in der Geschichte der Bussdisziplin Epoche macht. Man hat vielmehr guten Grund auch die Annahme in Zweifel zu ziehen, die die Voraussetzung für den konstruierten

Zusammenhang bildet, die Annahme, dass nach dem 4. Jahrhundert die öffentliche Bussdisziplin im Orient in Abgang gekommen sei. Soweit diese Meinung überhaupt auf Studium der Quellen beruht, steht sie in Verbindung mit einem vorgefassten Begriff von öffentlicher Disziplin. Man findet in den Bussstationen das entscheidende Merkmal der Öffentlichkeit und konstatiert daher eine Beseitigung des öffentlichen Verfahrens, wo nicht sämmtliche Stufen bezeugt sind. Allein, mag man das oben Ausgeführte billigen oder nicht, schon aus sachlichen Gründen kann diese Definition von öffentlicher Bussdisziplin nicht für zutreffend erachtet werden. Das für den Begriff der Öffentlichkeit entscheidende Moment besteht darin, dass der Sünder vor der Gemeinde als solcher gekennzeichnet wird. Das geschieht aber nicht bloss durch das System der Bussstufen. Es findet ebenso statt bei einer Disziplin, die den apostolischen Konstitutionen entspricht: wenn der Todsünder zunächst wirklich ausgeschlossen und eine bestimmte Zeit lang von der Kirche ferngehalten wird, so ist er damit als ein nicht mehr zur Gemeinde Gehöriger bezeichnet und ebenso giebt der Befehl an die Pänitenten, vor Beginn der missa fidelium die Kirche zu verlassen, der Busse, die sie leisten, den Charakter der Öffentlichkeit (vergl. auch S. 251 Anm. 2). Man kann nur sagen, dass in dem System der Bussstationen der Todsünder noch deutlicher gebrandmarkt war, aber der Unterschied zwischen dieser Kennzeichnung und der durch den Ausschluss und die Fortweisung bewirkten ist nur ein relativer [1].

---

1) Es ist ein Grundfehler der Darstellung Morin's, dass er die Bedeutung des zunächst erfolgenden Ausschlusses der Todsünder aus der Gemeinde verkannt hat. Infolge davon ist ihm nicht deutlich geworden, dass der Charakter des Bussverfahrens (als öffentlicher Disziplin) derselbe bleibt, ob Bussstufen da sind oder nicht, und gleichgiltig, ob es deren mehr oder weniger sind. Wenn er einen Satz schreibt, wie den lib. VI c. 19; p. 423: itaque post illud famosum Nectarii decretum ex quatuor paenitentiae stationibus tres apud orientales obsoleverunt, fletus, auditio et omnium antiquissima substratio, sed quarta σύστασις, consistentia dicta, mordicus ab iis retenta est, so ist, um von den übrigen Ungenauigkeiten zu schweigen, übersehen, dass vor der Zulassung zum Lehrgottesdienst immer die Stufe kommt, in der der Todsünder die Kirche überhaupt nicht betreten darf. Dieses Verbot und die Auflage, die dem Sünder gemacht wird, dass er darum bitten muss, (versuchsweise) zur Busse angenommen zu werden, ist der Stufe des fletus im entwickelten System gleichwertig. Man hätte gewiss eine Busse nicht als giltig anerkannt, bei der der Betreffende, so lange er nicht an den Mysterien teilnehmen durfte, überhaupt nicht an oder in der Kirche erschienen wäre. Wie hätte man dann von dem Ernst seiner Reue

Geht man mit diesem Begriff von öffentlicher Bussdisziplin an die Quellen der Folgezeit heran, so gewinnt man ein von der herkömmlichen Ansicht durchaus abweichendes Bild.

An der herrschenden Anschauung hätte man im Grunde schon im Hinblick auf die Entwicklung der kirchenrechtlichen Literatur im Orient irre werden müssen. Wäre nach dem 4. Jahrhundert dort die öffentliche Bussanstalt „verschwunden wie vom Winde verweht", so wäre es doch eine höchst merkwürdige Erscheinung, dass gerade nach dieser Zeit die auf die Bussdisziplin bezügliche Literatur erst recht gewürdigt und gesammelt wird. — Das Zeitalter Justinian's hat in Analogie zu der Kodifikation des weltlichen Rechts bekanntlich auch die ersten grösseren Sammlungen des kirchlichen Rechts hervorgebracht [1]): eine Zusammenstellung der Kanones in 60 Titeln um das Jahr 535, die Bearbeitung der Kanones in 50 Titeln durch Johannes von Antiochien um 550 und ein systematisches Repertorium von 14 Titeln, das in die Zeit des Kaisers Tiberios zu fallen scheint. Schon unter den Konzilsbestimmungen, die in diesen Sammlungen in erster Linie berücksichtigt sind, sind die auf die Bussdisziplin bezüglichen Kanones nicht übergangen. Aber deutlicher spricht, dass bereits in die zweite dieser Sammlungen die (privaten) Bussbriefe aufgenommen sind, und zudem sagen die Verfasser selbst, dass sie gerade auf diesen Bestandteil Wert legen. Johannes Scholastikos rühmt sich nicht bloss dessen, dass er die Materie besser geordnet habe, sondern er hebt auch hervor, dass er durch Berücksichtigung der Bussbriefe des Basileios den Stoff vervollständigt habe; er sagt über seine Vorgänger Pitra iur. eccl. gr. hist.

---

sich überzeugen sollen? Und dies wollte man doch! Deswegen hatte ja, selbst da wo Bussstufen und fixe Busszeiten bestanden, der Bischof Vollmacht, die Busszeit zu verlängern oder zu verkürzen. — Im Einzelnen mich mit Morin auseinanderzusetzen, ist mir unmöglich; auch aus dem Grund, weil viele Fragen, die Morin sicher beantworten zu können glaubte, noch längst nicht spruchreif sind. Ich rechne dazu Fragen, wie die: wann und wie die Handauflegung erfolgte, ob das in den apostolischen Konstitutionen bezeugte besondere Gebet über die Büsser überall bekannt war, wann die Liturgie zur Wiederaufnahme der Büsser entstand und ob sie für einen öffentlichen Gottesdienst bestimmt war. So lange es noch an den elementarsten Untersuchungen hierüber fehlt, darf sich niemand erkühnen, von diesen Dingen reden zu wollen.

1) Vergl. über diese Sammlungen besonders K. E. Zachariä von Lingenthal, die griechischen Nomokanones (Mémoires de l'académie impériale des sciences de St. Pétersbourg, VIIᵉ série t. XXIII [1877] nro 7) und Ders., Geschichte des griech.-röm. Rechts[3]. Berlin 1892. Einleitung.

et mon. II, 376 ἑτέρους εὑρόντες ... μήτε τοὺς Βασιλείου κανόνας τοῖς ἄλλοις ἐπισυνάψαντας μήτε δὲ ὅμοια τοῖς ὁ-
μοίοις ... πράγματα συναρμόσαντας. Sein Nachfolger wiederum
weist in der Vorrede darauf hin, dass er die Briefe der Väter —
und das sind in erster Linie Bussbriefe — in noch ausgedehnterem
Masse verwendet habe, Rh.-Potl. I, 6 καλὸν ἡγησάμενος ἐν ταύτῷ
μνημονεῦσαι καὶ τὰ παρὰ τινῶν ἁγίων πατέρων ἰδιαζόντως ἐν
ἐπιστολαῖς, πεύσεσί τε καὶ ἀποκρίσεσιν εὐσεβῶς εἰρημένα καί τινα
τρόπον κανόνος τύπον παρέχεσθαι δυνάμενα. — Bis zu dieser
Zeit sind die Briefe des Basileios, des Gregor von Nyssa, wie die
älteren des Dionysios von Alexandrien, des Gregorios Thaumaturgos,
des Petros von Alexandrien nichts weiter als Privatbriefe grosser
Kirchenlehrer, die so gut wie andere wertvolle Stücke des Alter-
tums der Vergessenheit anheimfallen konnten. Ihre Aufnahme in
die kirchenrechtlichen Sammlungen ist der erste Schritt dazu, ihnen
öffentliche Geltung zu verschaffen. Und die offizielle Kirche hat
diesen Vorgang gebilligt; das Trullanum führt in can. 2 neben den
Kanones der allgemeinen und Provinzialkonzilien auch bestimmte,
im einzelnen genannte Briefe der Väter als massgebend auf und
erkennt damit speziell auch die Bussbriefe als für die Kirche geltende Rechtsquellen an. Die Folgezeit weicht davon nicht ab:
mit den übrigen Rechtsquellen sind auch die Bussbriefe in den
späteren Jahrhunderten in den verschiedenen Rezensionen der alten
Sammlungen [1]) forterhalten und bei dem Neuaufschwung der kano-

1) Dadurch, dass schon die Bussbestimmungen der einzelnen Synoden und
Briefe nicht miteinander harmonierten und dazu noch verschiedene Sammlungen
von grösserer oder geringerer Vollständigkeit kursierten, muss ein eigen-
tümlicher Zustand der Rechtsunsicherheit hervorgerufen worden sein. Bei ge-
nauerem Studium der handschriftlichen Überlieferung liesse sich vielleicht feststellen, in welchen Gegenden die einzelnen Sammlungen hauptsächlich ver-
breitet waren. Ich mache nur auf zwei interessante Stellen aus der Literatur
aufmerksam. Johannes von Damaskos lässt in dem Glaubensbekenntnis, das
er für einen Bischof verfasst hat, diesen sich dazu verpflichten, (de recta sent.
lib. c. 8; Mi. 94, 1432 CD): στοιχεῖν δὲ καὶ ἐμμένειν τοῖς ἁγίοις κανόσι
τῶν ἁγίων ἀποστόλων, τῶν τε ἁγίων συνόδων καὶ τοῦ ἁγίου καὶ θεο-
φάντορος Βασιλείου. Hier scheint, dem Umfang nach zu urteilen, die
Sammlung des Johannes Scholastikos vorausgesetzt, der ja Presbyter in Antiochien war. — In anderer Hinsicht ist merkwürdig, dass Alexios Komnenos in
seiner Novelle 41, Zachariä J G R III, 422 wie etwas Unzweideutiges anordnet:
ἐπὶ τούτοις ἀναγνωσθήτω καὶ τὸ τοῦ νομοκάνονος βιβλίον ἅπαν ἐνώπιον τῆς
ἱερᾶς καὶ ἁγίας συνόδου. Wir fragen unwillkürlich: welcher Nomokanon?
War eine der Sammlungen offiziös?

nistischen Literatur von den Kommentatoren des 12. Jahrhunderts
mit erklärt worden.[1]) — Wie will man auf Grund der herrschenden
Ansicht diese Entwicklung verstehen? Soll man glauben, dass die
alten Bussbestimmungen und Bussbriefe bloss als schätzenswerte
Antiquitäten immer mit fortgeschleppt wurden? Soll man annehmen, dass in der Praxis so ganz stillschweigend zu Boden fiel, was
in den alten Kanones über eine öffentliche Bussdisziplin festgesetzt
war? Mir scheint allein schon in dieser Entwicklung des Kirchen-
rechts ein schlagender Beweis dafür zu liegen, dass man mindestens
die feste Absicht hatte, die alte öffentliche Bussdisziplin aufrecht
zu erhalten, und dass man bis in die letzten Jahrhunderte des ost-
römischen Reichs auf diesem Standpunkt verharrte. Hätte man bei
der Definition der kirchenrechtlichen Normen auf dem Trullanum
nicht als ganz selbstverständlich vorausgesetzt, dass die alten Busskanones praktisch angewendet werden müssen, so wäre es doch auch
sinnlos gewesen, die alte Mahnung zu wiederholen, dass die Bussdisziplin individuell gehandhabt werden solle (can. 102). Wozu
eine derartige Erinnerung, wenn mit dem Wegfall einer öffentlichen
Disziplin schon die grösste Rücksicht auf den Sünder genommen
war und die alten strengen Strafen überhaupt nicht mehr auferlegt
wurden? Und welche Phrasen hätten die Konzilsväter gemacht,
wenn sie über einen auf der Unzucht ertappten Mönch anordneten,
can. 44; Rh.-Potl. II, 409 τοῖς τῶν πορνευόντων ἐπιτιμίοις κατὰ
τοὺς κανόνας ὑποβληθήσεται, oder wenn sie in einem andern
Fall, auf den ἱερὸς καὶ θεῖος Βασίλειος sich berufend, feststellten:
κεκανόνισται δὲ παρὰ τῶν πατέρων ἡμῶν τοὺς τοιούτους ἐνιαυτὸν προσκλαίειν, διετίαν ἐπακροᾶσθαι, τριετίαν ὑπο-
πίπτειν καὶ τῷ ἑβδόμῳ συνίστασθαι τοῖς πιστοῖς καὶ οὕτω
τῆς προσφορᾶς καταξιοῦσθαι, ἐὰν δὴ μετὰ δακρύων μετανοή-
σωσιν, can. 87; Rh.-Potl. II, 506.[2])

---

1) Balsamon betont bei can. 2 des Trullanum ausdrücklich (Rh.-Potl. II,
310 f.): σημείωσαι δὲ καὶ τὴν γενομένην διὰ τούτου ἐπικύρωσιν τῶν τοπικῶν
ἁγίων συνόδων καὶ τῶν ὀρθετηθέντων θεσπισμάτων παρά τινῶν ἁγίων
πατέρων· πολλοὶ γὰρ ἀξιοῦσι μὴ κρατεῖν ταῦτα ὡς μὴ γενόμενα παρὰ οἱ-
κουμενικῶν συνόδων μηδὲ παρὰ βασιλέων κρατυνθέντα.

2) Funk (Ges. Abh. I, 202) setzt sich über die Schwierigkeit, die diese
Kanones der gewöhnlichen Meinung bereiten, doch sehr leicht hinweg, wenn
er über can. 87 sagt: „Wer möchte aus ihren (sc. der Synode) Worten den
Schluss ziehen, die Stationen haben zu ihrer Zeit noch bestanden? Die Tendenz des zweiten Satzes, der wörtlich mit dem Kanon 77 Basilius' d. Gr. über-

Dass in der Praxis die kanonische Bussdisziplin in Übung war, beweisen eine Reihe von Beispielen und Spezialverfügungen. Jahrhunderte lang merkt man in den Quellen nicht das Geringste von einer Änderung der Prinzipien, an die man sich für gebunden hielt. Erst gegen Ende des 11. Jahrhunderts ist ein gewisser Umschwung wahrzunehmen.

Schon einige Dezennien nach Nektarios schreibt Theodoret seine ep. 77 an Eulalios, in der er ihn ermahnt, solchen, die in der Verfolgung abgefallen seien, die Wohlthat der Busse zu gewähren (Mi. 83, 1249 C ὀρέξατε τοίνυν χεῖρα παρακαλῶ τοῖς ὀλισθήσασιν). Er bestimmt des Genaueren über sie Mi. 83, 1249 D: κωλυέσθωσαν μὲν τῆς μεταλήψεως τῶν ἱερῶν μυστηρίων, μὴ κωλυέσθωσαν δὲ τῆς τῶν κατηχουμένων εὐχῆς μηδὲ τῆς τῶν θείων γραφῶν ἀκροάσεως μηδὲ τῆς τῶν διδασκάλων παραινέσεως. τῶν δὲ ἱερῶν κωλυέσθωσαν μυστηρίων μὴ μέχρι θανάτου, ἀλλὰ χρόνον τινὰ ῥητὸν, ἕως ἂν ἐπιγνῶσι τὴν νόσον, ἕως τὴν ὑγείαν ποθήσωσιν, ἕως ἂν ἀξίως θρηνήσωσιν, ὅτι τὸν ἀληθῆ βασιλέα καταλιπόντες πρὸς τύραννον ηὐτομόλησαν. Was Theodoret hier anordnet, entspricht den kanonischen Vorschriften; er sagt darum mit Recht ib. 1252 A ταῦτα καὶ οἱ τῶν ἁγίων καὶ μακαρίων πατέρων κανόνες διδάσκουσι. Von Bussstufen und im Einzelnen festgesetzten Zeiträumen für die verschiedenen Stadien weiss er freilich nichts; die Disziplin, die er im Auge hat, ist die der apostolischen Konstitutionen [1]), an die auch der Wortlaut erinnert. Aber

einstimmt, geht ja offenbar dahin, die Strafwürdigkeit des bezüglichen Vergehens zu beweisen, und nur zu diesem Behufe wurde der Busskanon der Väter aufgenommen". Wenn die Väter nur die Strafwürdigkeit des Mannes, der seine rechtmässige Frau verlässt und eine andere heiratet, beweisen wollten, war es dann nötig, den ganzen Kanon zu repetieren und auch die Strafbestimmungen im Einzelnen aufzuführen? Hätten sie sich dann nicht so kurz ausgedrückt, wie im Eingang des Kanons über dasselbe Vergehen bei der Frau: μοιχαλίς ἐστιν ... κατὰ τὸν ἱερὸν καὶ θεῖον Βασίλειον? Aber es lag auch den Vätern völlig fern, mit dem Satz κεκανόνισται γὰρ κτέ. die Strafwürdigkeit des Mannes, der seine Frau verlässt und eine andere heiratet, erst beweisen zu wollen. Denn diese steht ihnen, wie sie sagen, κατὰ τὴν τοῦ κυρίου ἀπόφασιν fest. Wenn sie nach Nennung dieser entscheidenden Auktorität noch die Kanones herbeiziehen, so kann dies nur den Sinn haben, die Strafbestimmung einzuschärfen, die die πατέρες für diesen unzweifelhaften Fall von μοιχεία getroffen haben.

1) Man bemerke jedoch in Betreff einer oben (S. 276 Anm. 1) aufgestellten Frage den Ausdruck, dass die Büssenden „am Katechumenengebet" teilnehmen

deutlich lässt sich erkennen: die Abgefallenen stehen ausserhalb
der Gemeinde; um ihnen die Busse überhaupt zu ermöglichen, soll
ihnen die Teilnahme am Lehrgottesdienst, aber auch nur diese gewährt werden. Die Bestimmung des Endes der Busszeit ist dem
Bischof anheimgestellt; nur soll die Busse nicht bis zum Tode
währen.

Ein Jahrhundert später fällt die Gesetzgebung Justinian's.
Justinian will nicht in die res internae der Kirche übergreifen:
dieses Gebiet hat die Kirche selbst mit ihren Kanones zu ordnen.
Aber wo Justinian mit seinen Gesetzen die äussere Ordnung regeln
oder den Geboten der Kirche die Unterstützung durch die weltliche
Gesetzgebung gewähren will, da sieht man auch, dass er die Kanones der Kirche und speziell die Busskanones betrachtet wie jede
andere Rechtsquelle d. h. als unzweideutig verbindlich. Wenn er
z. B. verfügt, nov. 133 c. 11; CJ Civ. III ed. Schöll-Kroll S. 603
πᾶσι δὲ τοῖς ἐπισκόποις καὶ πρεσβυτέροις ἀπαγορεύομεν ἀφορίζειν τινὰ τῆς ἁγίας κοινωνίας, πρὶν ἢ αἰτία δειχθῇ δι' ἣν οἱ
ἐκκλησιαστικοὶ κανόνες τοῦτο γενέσθαι κελεύουσιν, wenn er also
verbietet, den Ausschluss vom Abendmahl willkürlich zu verhängen,
so ist ersichtlich, dass über die Rechtskraft der alten Kanones
selbst kein Zweifel bestand, vergl. auch nov. 83 c. 1; Schöll-Kroll
S. 410.

Wie um dieselbe Zeit die Kirche selbst es mit der Bussdisziplin
hielt, lehrt der etwas später blühende Johannes Klimax. In seinem berühmten Werk erzählt er scal. par. gr. 15; Mi. 88, 889 B: γνωστικός με
ἀνὴρ φοβερὸν ἐπηρώτησε πρόβλημα· ποία φήσας ἁμαρτία φόνου καὶ
ἀρνήσεως χωρὶς βαρυτέρα πάντων καθέστηκε; κἀμοῦ τὸ εἰς αἵρεσιν
πεσεῖν εἰρηκότος καὶ πῶς, φησίν, αἱρετικοὺς ἐκκλησία καθολικὴ
μὲν δεχομένη σὺν τῷ .. τῆς .. αἱρέσεως ἀναθεματισμῷ τῆς τῶν
μυστηρίων αὐτοὺς ἀξιοῖ μεταλήψεως, τὸν δὲ πεπορνευκότα
ἐξομολογούμενον καὶ τῆς ἁμαρτίας παυόμενον εἰσδεχομένη
ἐπὶ χρόνους αὐτὸν τῶν ἀχράντων μυστηρίων ἀφορίζειν παρὰ τῶν
ἀποστολικῶν ὑποτρέπεται κανόνων. κἀμοῦ τῇ ἀπορίᾳ κατα-
πλαγέντος τὸ ἄπορον μεμένηκεν ἄπορον καὶ ἀδιάλυτον. Johannes
empfindet also die Praxis der Kirche gegenüber den verschiedenen
Gattungen von Todsündern als widerspruchsvoll und doch wagt er

---

dürfen. Theodoret scheint also kein besonderes Gebet über die Büsser zu
kennen, vielmehr vorauszusetzen, dass Katechumenen und Pänitenten gleichzeitig den Gottesdienst verlassen.

nicht, sie zu kritisieren, weil sie auf der geheiligten Auktorität der apostolischen Kanones beruht. Einen bestimmteren Beweis dafür, dass die auf Grund der alten Kanones vollstreckte Bussdisziplin noch im Brauche war, könnte man nicht wünschen. Johannes deutet aber auch das Verfahren der Kirche im Einzelnen an, wenn er bei den Unzuchtsündern sagt: τὸν δὲ πεπορνευκότα ἐξομολογούμενον καὶ τῆς ἁμαρτίας παυόμενον εἰσδεχομένη; der Sünder wird also immer noch wirklich ausgeschlossen und erst, nachdem er seine Sünde bekannt und Beweise der Besserung gegeben hat, wieder aufgenommen.

Dasselbe Problem wie Johannes Klimax hat aber auch noch den Anastasios Sinaites beschäftigt. Deutlich an seinen Vorgänger anknüpfend sagt er in seinem Hodegos c. 85; Mi. 89, 712 B τίνος χάριν μεῖζον τῆς πορνείας ἐχούσης κρίμα τῆς τῶν αἱρετικῶν βλασφημίας ἐπιστραφέντων εἰς μετάνοιαν ἀμφοτέρων τὸν μὲν αἱρετικὸν εὐθέως δέχεται ἡ ἐκκλησία εἰς κοινωνίαν, τὸν δὲ πόρνον ἀφορίζει τῆς ἐκκλησίας ἐπὶ χρόνον? Man darf den Beweiswert dieser Stelle nicht durch den Hinweis auf die literarische Abhängigkeit des Anastasios von Johannes bestreiten; denn die Frage wäre nicht in dieser Form (ἡ ἐκκλησία .. δέχεται, ἀφορίζει) wiederholt worden, wenn nicht die Praxis der Kirche immer wieder zu ihr Anlass gegeben hätte. Aber Anastasios ist auch so glücklich, das Problem lösen zu können. Er antwortet: ἐπειδὴ τὸ μὲν ἑκούσιόν ἐστι, τὸ δὲ τοῦ αἱρετικοῦ κατὰ ἄγνοιαν. λοιπὸν δὲ ἵνα καὶ τοὺς αἱρετικοὺς προθυμοτέρους εἰς ἐπιστροφὴν ποιήσηται, τοὺς δὲ πόρνους ὀκνηροτέρους πρὸς τὴν ἁμαρτίαν. So wenig denkt man also daran, die Praxis der Kirche trotz ihrer scheinbaren Willkür anzufechten, dass man nach Gründen sucht, um sie zu rechtfertigen.

Die zahlreichen Verfügungen des Patriarchen Nikephoros, der in der zweiten Phase des Bilderstreits sich den Ehrennamen des Bekenners erwarb, bilden auch in der Geschichte des Bussdisziplin in mehrfacher Hinsicht einen gewissen Einschnitt. Aber seine Anordnungen sind unzweideutige Beweise dafür, dass die öffentliche Busdisziplin noch in Übung war. Nikephoros hat auf der einen Seite die kanonische Gesetzgebung ganz im alten Stile fortgebildet, wenn er z. B. die Strafe für den Vatermörder festsetzt. Er bestimmt can. 5 der 2. Serie; Rh.-Potl. IV, 431 ὁ χειρισάμενος τὸν ἑαυτοῦ πατέρα καὶ ἀποκτείνας ἑκουσίως τὰ τοῦ φόνου ἐπιτίμια τελέσει ἔτη τριάκοντα πέντε. Die alten Kanones hatten diesen speziellen Fall nicht vorgesehen; aber Basileios hat (can. 7; Rh.-Potl. IV, 110) für vorsätzlichen Mord im ganzen 30, Gregor von Nyssa (can. 5; Rh.-Potl. IV, 315) 27 Jahre angesetzt. Nikephoros hat also die Länge der Busszeit ganz in Analogie zu den alten Bestimmungen vorgeschrieben und wenn er dabei den Ausdruck gebraucht τὰ τοῦ φόνου ἐπιτίμια τελέσει ἔτη λε, so setzt er unzweifelhaft voraus, dass in der Art, wie die ἐπιτίμια auferlegt und gebüsst werden sollten, sich nichts geändert habe. Dasselbe geht aber auch aus den Milderungen hervor, zu denen er sich veranlasst fühlte. Schon oben (S. 250 Anm. 1) sind die beiden Kanones mitgeteilt worden, in denen er verfügt, dass nur diejenigen, deren Sünden öffentlich bekannt geworden seien, nach der ganzen Strenge des Gesetzes (τότε λοιπὸν κατὰ τὸν ἐκκλησιαστικὸν θεσμὸν ἐκπληροῦσι τὰ ἐπιτίμια) behandelt werden sollen, d. h. nach can. 28; Rh.-Potl. IV, 429, dass nur solche die Kirche eine Zeit lang nicht betreten dürfen und das θριαμβεύειν τὰ κατ᾽ αὐτούς erdulden müssen. Es ist eine einfache Konsequenz dieses Grundsatzes, wenn Nikephoros zugleich anordnet, dass nur mit den notorischen Todsündern der Verkehr abgebrochen werden solle, can. 37; Rh.-Potl. IV, 430 f. ὁ ἀπόστολος λέγων· εἴ τις ἀδελφὸς ὀνομαζόμενος ἢ πόρνος, τῷ τοιούτῳ μηδὲ συνεσθίειν, οὐχ ὃν ὁ δεῖνα καὶ ὁ δεῖνα εἶδε πορνεύοντα λέγειν δοκεῖ ἀλλὰ τὸν ὀνομαζόμενον ἤτοι πᾶσι γινωσκόμενον. τὰ γὰρ ἀναισχύντως πλημμελούμενα πλείονα τὴν τιμωρίαν ἐφέλκεται. — Nikephoros kämpft also gegen allzu grossen Rigorismus: die Schmach der öffentlichen Busse und die Schande des Ausschlusses vom gewöhnlichen Umgang will er nur denen angethan wissen, die durch die Frechheit, mit der sie ihre Sünde begingen, das Recht auf Schonung verscherzt haben. Dass die gehandhabte Disziplin als öffentliche wirkte, ist hiernach zweifellos (man bemerke auch den Ausdruck θριαμβεύειν τὰ κατ᾽ αὐτούς und erinnere sich an Sozomenos). Die Modifikationen, die Nikephoros einführt, sind ein Beweis dafür, dass man die Härte der kanonischen Strafen empfindet, aber sie zeigen zugleich, wie weit man davon entfernt war, sie darum aufheben zu wollen.

In den bisher angeführten Zeugnissen sind Bussstationen nicht ausdrücklich erwähnt. Teilweise ist das wohl zufällig: das Strafmass, das Nikephoros für den Vatermörder festsetzt, spricht dafür, dass ihm die Disziplin nach Stufen bekannt war, und wenn man sich erinnert, dass die Väterbriefe, in denen diese Spezialisierung der Busse hauptsächlich vorkommt, seit ihrer Aufnahme in die Rechtssammlungen in weitere Kreise dringen, so kann man eher vermuten, dass die Sitte, Bussstufen zu unterscheiden, nach der Zeit Justinian's sich noch ausbreitete (doch vergl. S. 278 Anm. 1) [1]). Dass die Gewohnheit mindestens nicht unterging, dafür hat schon Schmitz (Bussbücher S. 52) ein wichtiges Beispiel hervorgezogen. Auf der Synode von Konstantinopel vom Jahr 869 werden zweimal Strafen ausgesprochen, bei denen Bussstationen genannt werden, act. 9; Mansi 16, 152 E: esse illos in duobus annis extra ecclesiam et in aliis duobus annis intra ecclesiam audire divinas scripturas usque ad catechumenos, non tamen ullo modo communicare ... in aliis tribus annis stare cum fidelibus et mereri divinam communionem in solis dominicis solemnitatibus cum eleemosynis et orationibus atque ieiuniis, ita ut tribus diebus hebdomadis, secunda videlicet, quarta et sexta feria, abstineant a carnibus et vino, und act. 16; Mansi 16, 170 D definivimus per triennium sequestratos esse: anno quidem uno extra ecclesiam flentes, alio vero anno intra ecclesiam stare usque ad catechumenos, porro tertio consistere cum fidelibus et ita dignos fieri mysteriorum sanctificationibus. Die Wichtigkeit dieses Zeugnisses beruht darauf, dass hier ein Verfahren berichtet ist, bei dem nicht nur die Stufe der consistentes mit erscheint, sondern auch bestimmte Zeiten für das Verweilen auf den einzelnen Stufen genannt werden; namentlich ist von Bedeutung, dass die Dauer der vollkommenen Ausschliessung festgesetzt wird. Der Auffassung von Schmitz, dass hierdurch der Fortbestand von wenigstens 3 Bussstationen — es fehlt die der Liegenden — gesichert sei, hat Hinschius, Kirchenrecht IV, 720 Anm. 4 die Ansicht gegenübergestellt: „(diese Stellen) erinnern höchstens in ihren Ausdrücken an die früheren Stationen, indem sie die Ausgeschlossenen erst nach und nach der kirchlichen Rechte wieder teilhaftig werden lassen, aber das Mass derselben ... anders als bei den alten Büsserklassen der Fall war, bestimmen". Es scheint mir, dass hiebei das Charakteristische der Stelle nicht zu seinem Rechte gekommen ist. Hinschius selbst ist nicht ganz mit sich einig. Wenn er sagt, dass diese Stellen „höchstens in ihren Ausdrücken an die früheren Stationen erinnern", so vermutet man zunächst, dass er die hier auferlegten Strafen für etwas ganz ad hoc Festgesetztes erklären wollte, dem man nur, um der Sache Feierlichkeit zu verleihen, alte Namen gegeben habe. Aber sofort muss Hinschius anerkennen, dass die Analogie sich nicht bloss auf die Ausdrücke erstreckt. Denn

---

[1]) Sehr lehrreich in dieser Hinsicht ist, dass man im Abendland im 9. Jahrh. auf Grund der alten (griechischen) Kanones eine Bussdisziplin nach Stationen einzuführen versucht hat, vergl. Funk, Ges. Abh. I, 195 ff.

er fügt hinzu, „indem sie die Ausgeschlossenen erst nach und nach
der kirchlichen Rechte wieder teilhaftig werden lassen". Damit ist
zugestanden, dass eine sachliche Verwandtschaft zwischen dem hier
Bezeugten und den alten Bussstationen stattfindet: das Prinzip ist
in beiden Fällen das nämliche. Dann aber wird doch wohl auch
die Verwendung der alten Ausdrücke kein Archaismus sein. Der
Umstand, dass „das Mass der Strafen anders als bei den alten Büsserklassen der Fall war, bestimmt ist", kann in keiner Weise befremden.
Es ist zu bedenken, dass es sich um einen ganz ausserordentlichen
Fall handelte, der in den Kanones gar nicht vorgesehen war. Für
diesen musste erst entschieden werden, welches Mass der Schwere
des Vergehens entsprach. Aber dass man den Schuldigen nicht etwa
bloss eine Anzahl asketischer Leistungen oder anderer Demütigungen
auferlegte, sondern eine Strafe festsetzte, die eine Analogie zu den
kanonischen Bussstufen darstellt, das beweist eben, dass die alte
Praxis noch lebte. Man hätte darauf nicht zurückgegriffen, wenn
nicht die Gewohnheit noch bestanden hätte, schwere Vergehen in
dieser Weise zu sühnen [1]).

Auch aus den zwei Jahrhunderten nach dem Bilderstreit finden
sich nur Zeugnisse dafür, dass man an der alten Disziplin und an
den alten Satzungen festhält. Interressant in dieser Beziehung sind
schon die Strafbestimmungen in dem berühmten τόμος τῆς ἑνώσεως
vom Jahr 920. Auf das Eingehen einer vierten Ehe wird erbarmungslos
der Ausschluss gesetzt, der so lange währen soll, als die eheliche
Gemeinschaft nicht gelöst wird, und die Strenge der Strafe wird
ausdrücklich durch den Hinweis auf die alten Väter begründet
Rh.-Potl. V, 6: ἀποφαινόμεθα κοινῇ γνώμῃ καὶ κρίσει ... τέταρτον
γάμον μηδενὶ τολμᾶσθαι, ἀλλ᾽ εἶναι ἀπόβλητον παντελῶς καὶ
τὸν, εἴ τις ἐπὶ τοιοῦτο ἐλθεῖν συνοικέσιον προθυμηθείη, πάσης
ἀπεστερημένον εἶναι συνάξεως ἐκκλησιαστικῆς καὶ αὐτῆς

---

1) Funk (Ges. Abh. I, 203) leugnet jetzt nicht mehr, dass hier Stationen
bezeugt sind, führt aber die Verwendung dieser Form der Bussdisziplin auf
den Einfluss der römischen Legaten zurück. Die Legaten hätten es aber kaum
unternommen, dem Orient eine Bussdisziplin aufzuzwingen, die dort ganz fremd
geworden war. Sie wussten doch wohl auch, dass es nicht genügt, eine Strafe
auszusprechen. Eine Gewähr dafür, dass sie ausgeführt wurde, — man bedenke, dass sie sich über Jahre hin erstreckt! — hatte man nur, wenn die
Sitte, die Sünder in dieser Weise zu bestrafen, noch bestand. Übrigens haben
die Legaten damals, wie sich später zeigen wird, in einem wichtigen Punkt
griechisches Gewohnheitsrecht in der Bussdisziplin anerkannt.

τῆς πρὸς τὸν ἅγιον ναὸν εἰσόδου ἀλλότριον, μέχρις ἂν ἐπιμένοι τῷ συνοικεσίῳ. τοῦτο γὰρ τοῖς πρὸ ἡμῶν ἁγίοις ἔδοξε πατράσι. Wenn für die dritte Ehe nicht der Ausschluss verfügt, sondern nur die Teilnahme an den Mysterien versagt wird, so wird doch besonders eingeschärft, dass die festgesetzte Busszeit nicht abgekürzt werden dürfe, Rh.-Potl. IV, 7: (wer bei Eingehung einer dritten Ehe über 40 Jahre alt ist), τοῦτον μετὰ πάσης ἀκριβείας καὶ παρατηρήσεως μέχρι πενταετίας ἀμέτοχον εἶναι τῆς τοῦ ἁγιασμοῦ μεταλήψεως καὶ μηδαμῶς ἐπ᾽ αὐτῷ συντέμνεσθαι τὸν χρόνον· ὃς γὰρ μετὰ τὸ τεσσαρακοστὸν ἔτος τὸ ῥύπασμα ἐν τῇ τοῦ Χριστοῦ ἐκκλησίᾳ εἶναι καὶ λέγεσθαι ἠγάπησε, τίνα παρέξει πληροφορίαν τῆς περὶ τὸν βίον αὐτοῦ σπουδῆς, δι᾽ ἣν ὁ χρόνος τῆς μεταλήψεως τῶν ἁγιασμάτων αὐτῷ συντμηθήσεται. Man bedenke, dass die dritte und vierte Ehe unter den Begriff der μοιχεία subsumiert werden. Wenn diese Fälle von μοιχεία so hart bestraft werden und man auch dem Kaiser gegenüber hierin keine Nachsicht gelten lässt, wie viel mehr wird man bei schwereren Sünden und geringeren Leuten gegenüber das Recht der Kanones zur Anwendung gebracht haben.

Dass gewissenhafte Bischöfe in diesen Jahrhunderten die alten Kanones als die unverbrüchlichen Normen für die disziplinäre Behandlung der schweren Sünder betrachteten und dass sie sich gründlich in das Studium dieser Gesetze vertieften, dafür liefern die sogenannten kanonischen Fragen und Antworten aus dieser Zeit hinreichende Belege. Elias von Kreta behandelt die Frage (Rh.-Potl. V, 378): περὶ τοῦ εἰ μείζοσιν ἐπιτιμίοις ἐπιτιμῶνται οἱ πορνεύοντες τῶν τριγάμων. Er definiert den Unterschied, indem er die Strafbestimmungen des τόμος τῆς ἑνώσεως über die τρίγαμοι und die des Basileios über die πορνεύοντες mit einander vergleicht (οἱ δὲ πορνεύοντες ἀφιστάμενοι μὲν τῆς πορνείας ἐν τῷ ὀγδόῳ ἔτει αὐτῆς, sc. τῆς κοινωνίας, ἀξιοῦνται, μὴ ἀφιστάμενοι δὲ οὐδαμῶς). Bei der Erörterung des Problems: περὶ τοῦ ἐπινοοῦντος τὸν ἑαυτοῦ υἱὸν πορνεύοντα beruft er sich auf einen Kanon des grossen Basileios (Rh.-Potl. V, 379 ἐν τῷ οα' κανόνι τοῦ μεγάλου Βασιλείου ὃς λέξεσιν αὐταῖς οὕτω διέξεισιν) und folgert mit daraus, dass auch der Vater als πόρνος zu bestrafen sei: εἰ οὖν ταῦθ᾽ οὕτως ἔχει, τίς ὁ τὸν πατέρα τούτων τοῦ τῶν πόρνων ἐξαιρησόμενος ἐπιτιμίου; ἔσται οὖν καὶ οὗτος ὁμοίως τῷ υἱῷ ἀφωρισμένος. — Niketas von Thessalonich (vergl. BZ V, 249 f.) beantwortet z. B. die Frage (Rh.-Potl. V, 384 f.): εἴ τις ἱερωμένος ἢ καὶ λαϊκὸς φωραθείη ἐπαοιδὸς

ἢ καὶ φαρμακὸς ἢ καὶ τριοδεύων, ποίῳ ἐπιτιμίῳ ὑποπεσεῖται?
Er entscheidet: εἰ μὲν κληρικός ἐστι, καθαιρεῖται καὶ τῆς ἐκκλησίας
ἀπορρίπτεται κατὰ τὸν λζ' τῆς ἐν Λαοδικείᾳ συνόδου κανόνα.
ὡσαύτως δὲ καὶ ὁ λαϊκὸς ἐκβάλλεται τῆς ἐκκλησίας τελείως·
μετανοοῦντες δὲ οἰκονομοῦνται δι' ἐξαετίας ἢ πενταετίας,
τρία μὲν ἔτη ὑποπίπτοντες[1]) καὶ τὰ λοιπὰ συνευχόμενοι μόνον
χωρὶς προσφορᾶς κατὰ τὸν κδ' τῆς ἐν Ἀγκύρᾳ.

Zeugnisse aus dem praktischen Leben der Kirche heraus bietet
Symeon, der Theologe. Um seine Behauptung, dass die Taufgnade
den meisten wieder verloren gehe, durch Thatsachen zu unterstützen, sagt er or. 2 (Mi. 120, 329 A) Mon. S. 14: ἐνταῦθα οἱ
δεσμοί, ἐνταῦθα οἱ ἀφορισμοί, ἐνταῦθα αἱ χρόνιοι προσ-
κλαύσεις, ἐνταῦθα αἱ ὑποπτώσεις καὶ ἡ ποτὲ καὶ μόλις μετὰ
τῶν πιστῶν σύστασις. Hier hat man die alten termini in wün-
schenswerter Vollständigkeit beisammen und man wird nicht behaupten wollen, dass Symeon archaistische Kenntnisse auskrame.
Noch mehr ins Detail geht eine Stelle verwandter Tendenz. Or. 5
(Mi. 120, 344 D 345 A) C f. 23ʳ sagt er: τῆς θείας μεταλήψεως κωλύονται παρὰ τῶν ἁγίων πατέρων τάγματα πέντε ... πρῶτοι οἱ
κατηχούμενοι καὶ ἀβάπτιστοι, δεύτεροι οἱ βεβαπτισμένοι μὲν,
ἀγαπήσαντες δὲ τὰ ῥυπαρὰ καὶ ἄδικα· ουτοι γὰρ ὀνομάζονται
τῆς ἱερᾶς ζωῆς ἀποστάται, τρίτοι οἱ πάσχοντες ὑπὸ τῶν ἐναντίων πονηρῶν πνευμάτων, τέταρτοι οἱ ἀποστήσαντες μὲν τῆς
ἐναντίας ζωῆς καὶ ἔτι ἐν μετανοίᾳ ὄντες καὶ πέμπτοι οἱ μὴ ὅλην
τὴν ἑαυτῶν ζωὴν τῷ θεῷ ἀναθέμενοι καὶ ἐν Χριστῷ ζῶντες
ἄμωμοι παντελῶς. Unmittelbar darauf wiederholt er das in der
Form: πέντε μὲν γὰρ εἰσι τάξεις τῶν ἐκβαλλομένων τῆς ἐκκλη-

---

1) Man bemerke hier und in der gleich folgenden Stelle den Sprachgebrauch von ὑποπίπτοντες. Der Umstand, dass dieser terminus sich später nicht
mehr in dem präzisen Sinn, den er in dem voll ausgebauten Stationensystem
hat, verwendet wird, darf natürlich nicht als Argument dafür gebraucht werden,
dass die Bussstationen nicht mehr bekannt gewesen seien. Man vergegenwärtige sich doch, dass die Leute jener Zeit ihre Kenntnis der für die Bussdisziplin
massgebenden Normen aus Rechtssammlungen schöpften, in denen die Briefe
des Basileios neben dem des Gregor von Nyssa und neben den apostolischen
Kanones standen, d. h. aus Sammlungen, in denen für die Büsser teils nur ein
Name, teils verschiedene Bezeichnungen und in letzterem Fall dasselbe Wort
wieder in engerem und weiterem Sinn (ἀκροώμενοι Laod. can. 5,) gebraucht
wurden. Wie war es möglich, dass dann ein ganz präziser Sprachgebrauch
sich bilden oder erhalten konnte? Erst die späteren Kanonisten haben auch
hierin wieder Klarheit zu schaffen versucht. Vergl. auch S. 278 Anm. 1.

σίας 1) οἱ κατηχούμενοι ὡς οὔπω βαπτισθέντες 2) οἱ πόρνοι καὶ μοιχοὶ καὶ ἀλληλομανεῖς καὶ φθόροι καὶ φονεῖς καὶ πλεονέκται καὶ ἅρπαγες καὶ ἄδικοι καὶ ὑπερήφανοι καὶ παράνομοι καὶ ἀναλγήτως διακείμενοι τοιοῦτοι ὄντες 3) οἱ δαίμοσι κατεχόμενοι 4) οἱ τῇ μετανοίᾳ προσελθόντες καὶ ἐξομολογήσει καὶ χρόνον ὡρισμένον ἐπιτιμηθέντες ἔξω μένειν 5) οἱ τὸν τῆς μετανοίας ὡρισθέντα τούτοις οὔπω πληρώσαντες χρόνον. Jede dieser beiden Fassungen, die in der Hauptsache mit einander übereinstimmen, lässt eine für uns wichtige Seite der Sache hervortreten. Bei der ersten Formulierung ist bemerkenswert, wie klar Symeon diejenigen Sünder, deren Strafe nur in der Ausschliessung vom Abendmahl besteht, von den Todsündern unterscheidet: die letzteren sind τῆς ἱερᾶς ζωῆς ἀποστάται, die ersteren nur οἱ μὴ ὅλην τὴν ἑαυτῶν ζωὴν τῷ θεῷ ἀναθέμενοι. Die zweite Fassung hat für uns den Vorzug, dass sie die Todsünder bestimmter charakterisiert (πόρνοι, μοιχοὶ, ἀλληλομανεῖς κτέ.) und dass sie die Stufen der Busse sicherer erkennen lässt: wenn die vierte Klasse charakterisiert wird als οἱ τῇ μετανοίᾳ προσελθόντες καὶ ἐξομολογήσει καὶ χρόνον ὡρισμένον ἐπιτιμηθέντες ἔξω μένειν, so ist klar, dass die in der zweiten Klasse genannten Sünder als noch ganz ausserhalb der Kirche stehend und zu gar keinem Verhältnis mit ihr zugelassen, betrachtet werden, und wenn weiter von dieser vierten Klasse als eine besondere, höhere Stufe unterschieden werden οἱ τὸν τῆς μετανοίας ὡρισθέντα τούτοις οὔπω πληρώσαντες χρόνον, so ergiebt sich, dass auch die zur Busse Zugelassenen nicht eine unterschiedslose Masse bilden.

Im Prinzip ist also die öffentliche Bussdisziplin Jahrhunderte lang nach Nektarios unangetastet geblieben: der Todsünder wird ausgeschlossen und vor der Gemeinde als solcher kenntlich gemacht. Es fanden sich auch genügende Zeugnisse dafür, dass man, mindestens in einem Teil der Kirche, die zur Busse Zugelassenen in verschiedene Klassen teilte und die in den Kanones für das Verweilen auf jeder Stufe vorgeschriebenen Zeiträume einhielt. Wie sich ganz in concreto die Praxis gestaltete, in welchen Gegenden man das ausgebildete, in welchen das einfachere System befolgte, oder anders gewendet, wo die apostolischen Kanones und wo die Briefe des Basileios als die entscheidende Norm galten, das sind Fragen, die sich vielleicht überhaupt nie werden beantworten lassen. Die Hauptsache, das Fortbestehen der öffentlichen Disziplin und die Auktorität der Kanones, steht ausser Zweifel.

Wohl empfand man im Laufe der Zeit die Strafen der alten Kanones als hart: wir fanden in den Kanones des Nikephoros einen Beweis für diese Stimmung und aus dem Anfang des 13. Jahrhunderts ist uns direkt bezeugt, dass die Laien sich gegen die kanonischen Strafen sträubten. Nikephoros Chartophylax (über seine Zeit vergl. K. E. Zachariä von Lingenthal, Gesch. des griech. röm. Rechts [3] S. 40) nimmt in seinem Antwortschreiben an den Mönch Theodosios auf Ausserungen in dessen Briefen Bezug, die dahin lauten, Mi. 100, 1064 C οὐ καταδέχονται οἱ ἁμαρτάνοντες τὴν ἀκρίβειαν τῶν κανόνων; ib. 1065 C τὸ δὲ λέγειν ὅτι τὰ κανονικὰ παραγγέλματα οὐδὲ μέχρις ἀκοῆς φέρουσιν οἱ ἄνθρωποι, ἀνάξιόν ἐστι τῆς σῆς ἀρετῆς. οἱ γὰρ μὴ ταῦτα δεχόμενοι οὐδὲ τῆς τῶν Χριστιανῶν μερίδος ὅλως εἰσί. •Aber es war noch ein ungeheurer Schritt, von der Erkenntnis aus, dass die hergebrachte Bussdisziplin enorme Anforderungen stelle, weiterzugehen zu dem Unternehmen, die alten Kanones zu beseitigen. Was schien nicht alles mitzustürzen, wenn diese geheiligte Auktorität zusammenbrach (bem. in dem eben angeführten Brief des Nikephoros das Urteil: οὐδὲ τῆς τῶν Χριστιανῶν μερίδος ὅλως εἰσίν)! Dennoch ist — und mit klarem Bewusstsein über die Tragweite des Entschlusses — dieser Versuch in der griechischen Kirche gemacht worden: aus dem Gefühl heraus, dass die alten Bussbestimmungen sich überlebt hätten, hat in der zweiten Hälfte des 11. Jahrhunderts Johannes Nesteutes seine Kanones verfasst.[1]).

Nesteutes — ich nehme nur auf die zweifellos von einem und demselben Verfasser herrührenden Schriften: das paenitentiale, den sermo de paenitentia (Mi. 88, 1887—1936) und das von Morin im Anhang p. 91 ff. gedruckte Stück Bezug; die übrigen bei Migne und Pitra (spicil. Solesm. IV, 416 ff.; iur. eccl. gr. hist. et monum. II, 222 ff.) gesammelten Schriften sind auf ihre Zugehörigkeit zum

---

1) Einen Vorgänger hätte Nesteutes in gewisser Hinsicht in Theodoros Studites gehabt, wenn die unter dessen Namen laufenden κανόνες περὶ ἐξαγορεύσεως καὶ τῶν ταύτης διαλύσεων (Mi. 99, 1721 ff.) echt wären. Man bemerke in allen Kanones die Formel: κατὰ μὲν τοὺς τῶν μεγάλων πατέρων κανόνας . . ., κατὰ δὲ τοὺς μοναχοὺς (folgt eine gegenüber der zuerst genannten mildere Strafe). Systematisch sind die Strafen herabgesetzt und als Zuchtmittel nur ξηροφαγίαι und μετάνοιαι verwendet. Es fragt sich jedoch nicht nur, ob diese Kanones wirklich von Theodoros herrühren, sondern auch, wie weit sie für Weltleute bestimmt sind. Eine geschichtliche Rolle, wie die Kanones des Nesteutes haben sie jedenfalls nicht gespielt.

selben Verfasser noch zu untersuchen — Nesteutes findet die Bussdisziplin, wie sie zu seiner Zeit üblich war, die Bestrafung der Sünder nach den buchstäblich gedeuteten alten Kanones, zu rigoros; er tadelt dieses Verfahren als unmenschlich und unverständig Mi. 88, 1928 B *ταῦτα δὲ παρ᾽ ἡμῶν λέλεκται διὰ τοὺς ἀνοήτως βαρύνοντας τὰ ἐπιτίμια καὶ εἰς ἅπαντας κατὰ τὸν ὁρισμὸν τῶν θείων κανόνων ἐκλαμβάνοντας, οὐ καλῶς οὐδὲ ὀρθῶς οὐδὲ δικαίως, ἀλλ᾽ ἀπανθρώπως καὶ ἀσυνέτως καὶ ἀγνώστως λαμβάνειν ἐπηγγελμένους.* Grössere Milde sei auch durch die Mahnung des Basileios, den Sünder mit Weisheit zu behandeln, empfohlen, Mi. 88, 1917 A *ταύτης δὲ τῆς συγκρίσεως τὴν βοήθειαν δέδωκεν ἡμῖν ὁ μέγας Βασίλειος εἰπών· ὅτι ταῦτα πάντα γράφομεν ὥστε τοὺς καρποὺς δοκιμάζεσθαι τῆς μετανοίας. οὐ γὰρ πάντως τῷ χρόνῳ τὰ τοιαῦτα κρίνομεν, ἀλλὰ τρόπῳ τῆς μετανοίας προσέχομεν.*

Aber Nesteutes hat sich nun nicht damit begnügt, einer humaneren Auslegung der Kanones das Wort zu reden, sondern er hat ein eigenes System der Bussdisziplin entworfen und durchweg neue Bestimmungen an Stelle der alten Vorschriften gesetzt.

Das Charakteristische der von ihm aufgestellten Bussordnung besteht in einem Zweifachen. Einmal ist das Strafsystem radikal geändert. Der Ausschluss aus der Gemeinde wird als Strafe überhaupt nicht verhängt, sondern selbst die schwersten Vergehen nur mit dem Ausschluss von den Mysterien geahndet. Damit ist prinzipiell der Standpunkt der alten Disziplin verlassen: keine Sünde gilt als so schwer, dass die Kirche genötigt wäre, den Thäter (auf Zeit wenigstens) aus ihrer Mitte auszustossen. (Es ist natürlich etwas Anderes, wenn Nesteutes sagt, dass man die ganz Unverbesserlichen ihrem Schicksal überlassen solle). Dementsprechend sind auch die Heilmittel, die zur Besserung des Sünders angewendet werden, ausserordentlich milde; sie bestehen fast nur in Fasten, und selbst das geringe Mass, das er im einzelnen Fall festsetzt, will Nesteutes nicht als unverbrüchliche Norm betrachtet wissen: man soll sich hüten, dem Sünder durch ihm zu schwer dünkende *ἐπιτίμια* die Lust zur Erfüllung überhaupt zu benehmen, und darum die Bussen stets seinem Vermögen anpassen Mi. 88, 1925 C D *ὀφείλει* (sc. der Beichtvater) *... ἐρωτᾶν, τίνα ἰσχύσει φυλάξαι ἐντολήν. οὐ γὰρ ὃ θέλει ὀφείλει διδόναι ὁ ἐπιτιμῶν τὸ ἐπιτίμιον οὐδὲ ὃ πρέπει ἀπαιτεῖ ἀλλ᾽ ὃ φυλάξαι προαιρεῖται ὁ ἐπιτιμώμενος ..., ἐνδέχεται γὰρ τὸν ὀλιγαμάρτητον καὶ πρόθυμον μέγα λαβεῖν ἐπιτίμιον, ὅπως μὴ*

μόνον ἄφεσιν κακῶν, ἀλλὰ καὶ στέφανον λάβῃ, τὸν δὲ πολυαμάρ-
τητον καὶ ῥᾴθυμον μικρὸν, ἵνα μὴ καταποθεὶς ὑπὸ βάρους καὶ
ἀθυμίας ἀφήσῃ πάντα. — Zweitens aber ist die ganze Busse geheim. Das Sündenbekenntnis findet zwar in der Kirche statt (Mi. 88,
1889 A *ὁ ἱερεὺς τὸν μέλλοντα ἐξομολογήσασθαι . . . ἱστᾷ . . ἔμ-*
προσθεν τοῦ θυσιαστηρίου) und Johannes entwirft die *ἀκολουθία*
für einen gottesdienstlichen Akt, aber es ist dabei vorausgesetzt,
dass der Priester mit dem Sünder allein ist. Die feierliche Art, in
der die Beichte stattfindet, hat ihre besondere Bedeutung: die Gebete,
die der Priester nach der Beichte spricht, werden als *λύσις* bezeichnet; also Sündenvergebung wird, wenn auch nur in deprekatorischer
Form, unmittelbar nach dem Bekenntnis durch den Priester erteilt.

Johannes Nesteutes ist sich der ungeheuren Verantwortung, die
er mit der Aufstellung seiner Kanones übernimmt, wohl bewusst
Mi. 88, 1916 CD *ταύταις δὲ ταῖς λίαν συμπαθητικαῖς οἰκονομίαις*
οἶδα ὅτι μέλλω κατακρίνεσθαι ἐπὶ τοῦ κοινοῦ πάντων κριτοῦ καὶ
θεοῦ, ἀλλ᾽ ὅμως κρεῖττόν μοι οὕτως ἐν τοῖς τοιούτοις κριθῆναι
ἢ ὡς ἀσυμπαθὴς ἐπαινεθῆναι. Er wagt es dennoch. Denn er ist
auch sicher, dass der Geist ihn geheissen hat, zu schreiben, was er
verkündigt, Mi. 88, 1928 A *ἡμεῖς κελεύσει τοῦ ἁγίου πνεύματος*
ἐγράψαμεν εἰς καὶ τὴν ἐλάττωσιν τῶν χρόνων τῶν ἐπιτιμίων.

Wer ist nun der Mann, der unter Berufung auf göttliche Eingebung den kühnen Schritt gethan hat, die geheiligte Auktorität der
Kanones durch ein von ihm neugeschaffenes milderes System um-
zustossen? — Man hat bisher allgemein als selbstverständlich angenommen, dass der Verfasser dieser Schriften als der berühmte
Patriarch von Konstantinopel (582—595) gelten wolle, und seitdem
Oudin (comment. de script. eccles. I, 1476) mit gewohnter Sicherheit [1])
behauptet bat, ein Werk, das die drei Fastenzeiten voraussetze, könne
nur im 10. oder 11. Jahrhundert entstanden sein, hält man die
Kanones für pseudonym oder doch für verfälscht.

---

1) Ich mache Oudin nur die Bestimmtheit zum Vorwurf, mit der er zu
wissen behauptete, wann die drei Fastenzeiten entstanden sind, während Thatsache ist, dass die Griechen des Mittelalters dies selbst nicht mehr wussten,
und während doch erst genauer festgestellt werden müsste, welche drei Fastenzeiten in den verschiedenen Teilen des Orients üblich waren. Ich gehe auf
diese Frage nicht näher ein, da ich hier noch nicht zu bestimmten Resultaten
gelangen konnte. Das Problem führt auf die bis jetzt dunkelsten Gebiete der
byzantinischen Kirchengeschichte: ich nenne nur Anastasios und das Typikon
des heil. Sabas.

Dass die Schriften nicht in der Zeit des Patriarchen Johannes Nesteutes entstanden sein können, sieht man allerdings auf den ersten Blick: dem Autor ist der Unterschied von μεγαλόσχημοι und μικρόσχημοι geläufig (Mi. 88, 1893 B), er kennt ausgebildete Formen des Gottesdienstes (Mi. 88, 1901 C ποιήσας οὖν τρισάγιον καὶ αὖθις τὰ τροπάρια ἤχου δ· τὴν ταπεινήν μου ψυχήν, ἄλλα· διαπλέων τὸ πέλαγος, τῇ θεοτόκῳ ἐκτενῶς νῦν προσδράμωμεν), er setzt einen entwickelten Festkalender voraus (Mi. 88, 1913 C ὁμοίως καὶ εἰς πᾶσαν ἑορτὴν δεσποτικὴν καὶ τῆς παναγίας θεοτόκου καὶ τῶν ιβ´ ἀποστόλων ... εἶναι ἀκώλυτον ἐν βρώσει.., ὁμοίως καὶ τοῦ προδρόμου καὶ τὸ δωδεκαήμερον καὶ τὴν ἑβδομάδα τοῦ πάσχα καὶ τὴν ἀπὸ τῆς πεντηκοστῆς ἣν τοῦ ἁγίου πνεύματος καλοῦμεν ἑβδομάδα); andrerseits weiss er nur von drei Fastenzeiten: ausser der grossen τεσσαρακοστὴ nennt er das Philippus- und Apostelfasten; ein Marienfasten ist ihm unbekannt (Mi. 88, 1916 A). Die Entstehung unserer Schriften am Ende des 6. Jahrhunderts ist dadurch bestimmt ausgeschlossen; als wirkliche Ursprungszeit würde man, soweit unsere bisherige Kenntnis reicht, etwa das 11. Jahrhundert vermuten.

Dieser Ansatz erhält eine sichere Stütze in der äusseren Bezeugung. Wohl die älteste Spur eines Gebrauchs unserer Schriften findet sich in einer Anfrage der Hagioriten bei dem Patriarchen Nikolaos Grammatikos (1084—1111) [1]). Sie interpellieren den Patriarchen (Γεδεὼν, ὁ Ἄθως p. 294) περὶ τοῦ κανόνος τοῦ Νηστευτοῦ, εἰ χρὴ μετ᾽ αὐτοῦ κανονίζειν τοὺς ἀσθενεστέρους ἢ πάντας? Der Patriarch erwiedert: ἐπεκράτησε νῦν ἡ συνήθεια διὰ τῆς βίβλου ταύτης κανονίζεσθαι τοὺς πολλούς· πλὴν οἱ ἐν γνώσει τοῦ καλοῦ ὄντες καὶ σφαλλόμενοι διὰ τῆς κανονικῆς ἐπανορθωθήσονται βίβλου. Es ist von Bedeutung, dass der Patriarch den Gebrauch der Kanones des Nesteutes als eine neu aufgekommene Gewohnheit bezeichnet; auch die Entscheidung, die er trifft, bestätigt, dass es sich für die damalige Zeit um ein Novum handelte. Nikolaos giebt keine runde Antwort; er will die Kanones des Nesteutes nicht rundweg ablehnen, aber den gereiften Christen gegenüber möchte er doch die alten Satzungen aufrecht erhalten wissen.

Vielleicht noch in die Zeit desselben Patriarchen fällt Nikon's Traktat de ieiunio ss. deiparae. Nikon's Schriftstellerei und Persön-

---

1) Pitra, iur. eccl. gr. hist. et mon. II, 345 teilt diese Anfrage unter den constitutiones ecclesiasticae des Nikephoros mit. Es ist leicht zu bemerken, dass die von ihm mitgeteilte Sammlung viel später fallen muss und nur auch Kanones des Nikephoros darin aufgenommen sind.

lichkeit ist freilich noch gar nicht aufgeklärt; man kann bis jetzt
nur auf Cotelier verweisen, der selbst gesteht, frühere Urteile korri-
gieren zu müssen; ich zitiere aus seinen Bemerkungen nur den Satz
eccles. gr. mon. III, 645: addo nunc . . . nec auctorem epistolae ad
inclusum esse magnum Niconem, in qua scilicet citetur Nicolaus
Grammaticus patriarcha CP. Jedenfalls ist die Zeit dieses Patriarchen
der früheste Termin für die Abfassung der uns angehenden Schrift.
In dem genannten Werk wird nun auf die Kanones des Nesteutes
wie auf eine bekannte Auktorität verwiesen Mi. 127, 525 CD: περὶ δὲ
τὴν νηστείαν τῆς δευτέρας ἡμέρας τῆς ἑβδομάδος εἴς τε τὸ νομοκάνονον τοῦ Νηστευτοῦ καὶ εἰς τὸν τύπον τῶν Ἱεροσολύμων
ταύτην διαγορεύει.

Das freundliche Urteil über das Werk des Nesteutes muss indes
bei einem Teil der massgebenden Männer der Kirche am Ende des
12. Jahrhunderts umgeschlagen haben und man hat es mit Erfolg
gewagt, den oben angeführten Bescheid des Nikolaos zu verfälschen.
Schon Balsamon kommentiert eine offenkundig tendenziös entstellte
Form der Antwort des Patriarchen Rh.-Potl. IV, 425: εἰ χρὴ κατὰ
τὸ κανονικὸν τοῦ Νηστευτοῦ κανονίζειν τινάς; Ἀπόκρισις. Τὸ
τοιοῦτον κανονικὸν πολλῇ συγκαταβάσει χρησάμενον
πολλοὺς ἀπώλεσε· διὸ οἱ ἐν γνώσει τοῦ καλοῦ ὄντες καὶ ἐκ τούτου σφαλλόμενοι ἐπανορθωθήσονται[1]). Die Fälschung verrät sich
selbst noch daran, dass der zweite Satz der Antwort zum ersten wie
die Faust aufs Auge passt. Balsamon hat den Betrug nicht selbst
vollführt, aber er gehört doch zu denen, die das darin ausgesprochene
Urteil — allerdings im Widerspruch gegen die Majorität — billigen.
Er bemerkt über diese (und die vorausgehende) Antwort des Nikolaos
(Rh.-Potl. IV, 426): αἱ δύο ἀποκρίσεις αὗται σαφεῖς εἰσι. βλέπομεν
δὲ ὅτι οἱ πλείους τῶν δεχομένων μοναχῶν λογισμοὺς
ἀνθρώπων μετὰ τοῦ τοιούτου κανονικοῦ κανονίζουσιν.
ζήτει οὖν κατὰ τὴν παροῦσαν σωτήριον γενέσθαι ἀπόκρισιν.

Welchen Respekt man aber trotzdem vor der Persönlichkeit und
dem Werk des Nesteutes hatte, das lehrt die Meinungsäusserung
eines Mannes, den man sonst zu Balsamon's Schule rechnen muss.
Nikephoros Chartophylax setzt sich in seinem Brief an Theodosios
in auffallend ruhiger Weise mit der Neuerung — als solche bezeichnet
er sie noch — des Nesteutes auseinander Mi. 100, 1065 BC: περὶ δὲ

---

1) In der richtigen Form steht die Antwort des Patriarchen noch in den
eben (S. 292 Anm. 1) angeführten Konstitutionen.

τῶν ἐκτεθέντων παρὰ τοῦ νηστευτοῦ Ἰωάννου συνήθειαν παρελά-
βομεν, ὥστε κατὰ δύναμιν ἑκάστου καὶ τὰς ἐπιτιμήσεις οἰκονομεῖν. πλὴν τοῦτο λέγομεν ὅτι τὰ δοκοῦντα μὲν κατὰ τὴν ἀκρίβειαν
τῶν κανόνων ῥηθῆναι τῷ νηστευτῇ Ἰωάννῃ, εἴ τις νουνεχὴς σκο-
ποίη, τῆς τῶν πατέρων διανοίας ἐξήρτηνται. τοῦ γὰρ μεγάλου
Βασιλείου ἐν τῷ τελευταίῳ κανόνι αὐτοῦ συνοπτικῶς παραγγέλλον-
τος παντὶ ψυχῶν οἰκονομίαν πεπιστευμένῳ ἐξουσίαν δεδόσθαι
ἐπιτείνειν καὶ ἐλαττοῦν τὸ ἐπιτίμιον κατὰ τὰς διαθέσεις δηλαδὴ
τῶν ἐξομολογουμένων καὶ ὅλως στοχάζεσθαι τῶν προσώπων καὶ
τῶν πραγμάτων καὶ ἐν διακρίσει τὴν τῶν ψυχῶν ποιεῖσθαι ὠφέλειαν, οὐδὲν ξένον, εἰ καὶ ὁ νηστευτὴς Ἰωάννης τῷ τοιούτῳ
κανόνι πειθόμενος κατὰ τὸ δοθὲν αὐτῷ πνευματικὸν χάρισμα κεκαινοτόμηκέ τι ἐπ᾽ ὠφελείᾳ πάντως .. οἰκονομῶν.

Die Kanonisten des 14. Jahrhunderts, Blastares und Harmenopulos, bevorzugen in ihren Werken die alten Kanones, aber sie
können nicht umhin, neben den alten Bestimmungen auch die Fest-
setzungen des Nesteutes aufzunehmen (vergl. die einzelnen Stellen
bei Mi. 88, 1932 ff.), und dies, obwohl sie die Verordnung des Nikolaos
in der verfälschten Form zitieren, vergl. Harmenopulos Mi. 150, 156 D:
ὁ ς΄ τοῦ πατριάρχου Νικολάου. τὸ κανονικὸν τοῦ Νηστευτοῦ πολλῇ
συγκαταβάσει χρησάμενον πολλοὺς ἀπώλεσε καὶ οἱ ἐν γνώσει τοῦ
καλοῦ ὄντες ἐπανορθωθήσονται.

Wir verwerten diese Zeugnisse zunächst, um das Alter der
Werke des Nesteutes festzustellen. Man sieht, wie die Schriften,
zuerst um die Wende des 11. zum 12. Jahrhundert auftauchend, mit
Vorsicht aufgenommen, aber geduldet werden, um im nächsten Jahrhundert scharfen Widerspruch zu erfahren, der ihre Zurückdrängung
zur Folge hat, ohne dass es doch gelänge, sie zu unterdrücken.
Wenn man diesen Thatbestand sich überlegt, so wird man zu dem
Schluss kommen, dass die Zeit, in der die Schriften zuerst erwähnt
werden, mit ihrer Ursprungszeit annähernd zusammenfällt. Wären
sie Generationen hindurch unbeanstandet in der Kirche weiterüber-
liefert worden, so wäre es ein Rätsel, warum man auf einmal vorsichtig gegen sie wurde, und wie so spät noch ein Jahrhunderte
hindurch währender Kampf über sie entbrennen konnte. Wenn sie
damals, als über sie gestritten wurde, eine gewisse Tradition für
sich gehabt hätten, so müsste man erwarten, dass irgend einmal
dieses Moment zu ihren Gunsten in's Feld geführt worden wäre:
statt dessen sehen wir, dass noch im 13. Jahrhundert ein Gegner
die Sache als eine Neuerung bezeichnen kann. Somit wird die Ent-

stehung der Schriften in die zweite Hälfte des 11. Jahrhunderts zu verlegen sein.

Aber sind dann die Kanones wirklich pseudonym? Die ganze Art, in der der Verfasser auftritt, steht doch damit im Widerspruch. Ein Mann, der so klar weiss, was er thut, und der sich vor Gott im jüngsten Gericht darüber rechtfertigen zu können glaubt, ein Mann, der diesen Mut besitzt und es wagt, dies auszusprechen, der sollte sich seinen Zeitgenossen nicht offen gezeigt, der sollte unter dem Namen eines längst verstorbenen Patriarchen geschrieben haben?

Angesichts dieser psychologischen Unwahrscheinlichkeit ist es auffallend, dass noch niemand an eine naheliegende Kombination gedacht hat: es giebt ja in der griechischen Kirche zwei berühmte Männer, die den Namen Ἰωάννης ὁ νηστευτής führen. Mit dem zweiten Träger dieses Namens hat uns Gelzer bekannt gemacht (ZwTh B. 29 [1886] S. 59 ff. Kallistos' Enkomion auf Johannes Nesteutes). Aus der Lobrede des Patriarchen Kallistos erfahren wir, dass ein Mönch Johannes, ein geborener Kappadokier (70, 16 τῆς πατρίδος ἀπάρας, φημὶ δὴ τῆς Καππαδόκων χώρας, vergl. 81, 24), der unter Alexios Komnenos (1081—1118) und dem Patriarchen Nikolaos (1084—1111) nach Konstantinopel kam (vergl. 75, 8; 77, 12), gleichfalls den Ehrennamen ὁ νηστευτής führte, (vergl. 66, 26 ὁ θεῖος Ἰωάννης ..., ὃς τὴν ἐπωνυμίαν φερωνύμως κτησάμενος, τὸ νη-στευτὴς καὶ εἶναι καὶ ὀνομάζεσθαι). Dass dieser Johannes seiner Zeit eine berühmte Persönlichkeit gewesen sein muss, geht nicht nur aus dem Beinamen, den er führt, hervor, sondern auch daraus, dass eine vita zu seinen Ehren verfasst wurde. Der Patriarch Kallistos schöpft aus dieser (bis jetzt nicht wieder aufgefundenen) vita; leider hat er es aber in der Voraussetzung, dass ihr Inhalt seinen Zuhörern bekannt sei, unterlassen, viel Konkretes aus dem Leben des Johannes mitzuteilen. Er deutet nur kurz an, dass Johannes, bevor er nach Konstantinopel kam, an verschiedenen Orten als Mönch gelebt hat (70, 18; 71, 13 ἐν διαφόροις μετοικισθεὶς τόποις), zuletzt — und zwar μέχρι χρόνου πολλοῦ — auf einem Inselchen im Marmarameer, und dass er dort namentlich einen grossen Ruf als Heiliger genoss. So viel kann man daraus schliessen, dass Johannes schon ein bejahrter und berühmter Mann war, als er in die Hauptstadt übersiedelte. Welche Stellung er dort einnahm, geht aus den blühenden Worten des Lobredners nicht mit genügender Klarheit hervor; doch wird Gelzer mit seiner Vermutung Recht haben, dass er Synkellos beim Patriarchen Nikolaos war.

Man sieht sofort, wie alles in Ordnung kommt, wenn dieser Mann der Verfasser der Kanones ist. Vor allem stimmt die Zeit des Johannes trefflich mit demjenigen überein, was über die Ursprungsepoche der Schriften festgestellt worden ist. Aber auch die Persönlichkeit des Mannes passt. Es fällt jetzt erst auf, dass der Verfasser der Schriften sich selbst nirgends als Patriarchen charakterisiert: aus seinen Werken lernt man den Autor nur kennen als einen Mann, der eine lange Erfahrung als Beichtvater hinter sich hat (1904 B ὡς ὁ ταπεινὸς ἐγὼ μετὰ τῶν προγραφέντων πάντων καὶ τοῦτο ἀνεδεξάμην τὸ ἐλεεινὸν) und der jetzt noch sich in dieser Stellung befindet (1921 B C ἀναλόγισαί σου τὰ πεπραγμένα ... ἅπαντα ... πρὸς μὲ τὸν ἁμαρτωλὸν μηδὲν διαστειλάμενος), — was gewiss mehr auf einen Mönch, als auf einen Patriarchen schliessen lässt. Ebensowenig nennt irgend einer von denen, die die Kanones bekämpfen, den Verfasser Patriarch: er heisst nur Nesteutes. Endlich ist es bei einem Mann, der diesen Beinamen führt, wohl verständlich, dass er das Fasten als vornehmstes Zuchtmittel verwendet. Vielleicht darf man sogar der Lobrede des Kallistos einen Hinweis auf unsere Schriften entnehmen: wenn er dem Johannes nachrühmt 79, 28: τῆς νέας χάριτος καὶ τῆς μετανοίας κῆρυξ ἐγένετο, so liegt es sehr nahe, zu vermuten, dass Kallistos damit auf seine Reform der Bussdisziplin anspielt. Indes soll darauf kein Gewicht gelegt werden. Ebensowenig darf man freilich daraus, dass Kallistos in seiner Lobrede die Kanones nicht ausdrücklich erwähnt, ein Argument gegen die vorgeschlagene Identifikation schmieden: ein Patriarch des 14. Jahrhunderts konnte seine Gründe haben, warum er das von vielen angefochtene Werk totschwieg, und ebensogut ist es begreiflich, dass der Patriarch Nikolaos das gewagte Unternehmen eines Mannes, der sein Synkellos war, nicht mit Enthusiasmus vertrat, sondern den Hagioriten gegenüber sich behutsam äusserte.

Nur ein Bedenken könnte gegen die aufgestellte Hypothese erhoben werden: in einem Teil — jedoch nur in einem Teil — der Handschriften wird der Verfasser der Kanones als Patriarch von Konstantinopel bezeichnet. Es lässt sich freilich nicht einmal genau feststellen, wie viele codices diesen bestimmteren Titel haben und wie sie sich hinsichtlich des Alters zu denen verhalten, die den Autor nur Johannes Nesteutes nennen. Wenn man sich in den Handschriftenkatalogen über diesen Punkt zu orientieren sucht, so macht man Beobachtungen, die zur äussersten Skepsis mahnen: der alte Pariser Katalog der bibl. reg. bezeichnet die Schriften durchweg als Werke Ioannis Nesteutae CP patriarchae, während Omont in sehr vielen Fällen nur Ioannis Nesteutae sagt. Ganz ebenso geht es mit einem anderen Beinamen: in manchen Katalogen heisst der Verfasser unserer Schriften Ioannes Nesteutes Cappadox. Das scheint wertvoll; denn der Johannes Nesteutes des 11. Jahrhunderts war nach dem Zeugnis des Kallistos Kappadokier, während der berühmte Patriarch Konstantinopolitaner war. Aber der Patriarch ist in alter (vergl. schon Isidor von Sevilla) und neuer Zeit mit seinem Vorgänger Johannes Cappadox (518—520) verwechselt worden; es war besonders folgenschwer, dass Fabricius (Fabr.-Harl. XI, 108) diesen Fehler beging, — so weiss man nie, ob der Verfasser des Katalogs den Titel der Handschrift genau wiedergiebt oder selbständig etwas hinzumacht. Indes das, was für uns die Hauptsache ist, steht trotzdem fest. Es ist durch ein ausdrückliches Zeugnis sichergestellt, dass schon in alter Zeit die Handschriften in ihren Angaben über den Verfasser auseinandergingen und dass ein Teil den Autor Patriarch von Konstantinopel nannte. Lambec VIII, 449 (vergl. Fabr.-Harl. XI, 111) teilt aus dem Brief eines Anonymus die interessante Stelle mit: ἔγραψάς μοι ..., ἵνα σοι γράφω εἴδησίν τινα περὶ τοῦ λεγομένου νομοκανόνου τοῦ Νηστευτοῦ, καὶ ἔστω εἰδὼς, ὅτι πολλὰ περὶ τούτου ἐξερευνήσας οὐκ ἠδυνήθην εὑρεῖν ἐν ἀληθείᾳ τίνος ἐστίν. οὐ γὰρ συμφωνοῦσιν ἀλλήλοις τὰ ἀντίγραφα, ἀλλὰ τινὰ μὲν τοιάνδε φέρουσι τὴν ἐπιγραφήν· Νομοκάνονον Ἰωάννου πατριάρχου Κωνσταντινουπόλεως τοῦ νηστευτοῦ, ἄλλα· Κανονικὸν Ἰωάννου μοναχοῦ καὶ διακόνου, μαθητοῦ τοῦ ἁγίου Βασιλείου, οὗ ἐπωνυμία τέκνον ὑπακοῆς. ἐν ἑτέροις δὲ πάλιν δείκνυταί τις χαρακτὴρ, ὅτι γέροντός ἐστί τινος πρὸς τὸν ἑαυτοῦ μαθητήν. Nicht zu übersehen ist dabei, dass Schreiber und Adressat des Briefs als gewöhnliche Bezeichnung des Werks den Titel „Nomokanonon des Nesteutes" zu kennen scheinen. Erst spezielle Nachforschung hat unsern Gewährsmann darauf geführt, dass in manchen Handschriften der Autor näher bestimmt ist. — Wenn also sicher schon in alten Handschriften neben dem einfachen auch ein vollerer Titel sich findet — von den übrigen Angaben des Briefs dürfen wir hier absehen —, so ist nicht zweifelhaft, wie das Verhältnis beider Überschriften zu beurteilen ist. Mindestens darf man sagen, dass die Hinzufügung von „Patriarch zu Konstantinopel" sich leichter erklären lässt, als eine Weglassung dieses Beisatzes. Wer wusste schon nach ein paar Menschenaltern

noch etwas von dem Mönch Johannes Nesteutes?[1]) Dagegen war
der Patriarch Johannes Nesteutes jedermann bekannt; er stand ja
auch im Kalender. Lag es nicht ausserordentlich nahe, ein so wichtiges Werk, wie Kanones einem Patriarchen zuzuschreiben, und
hatten nicht diejenigen, die für diese Kanones eintraten, ein Interesse daran, sie durch einen klangvollen Namen zu decken? — So
scheint mir auch von dieser Seite her kein Hindernis vorzuliegen,
die sich von selbst darbietende Kombination zu vollziehen und in
dem Mönch Johannes Nesteutes den Verfasser der epochemachen-
den Kanones zu erblicken.

Wenn nun schon die feierliche Art, in der Nesteutes die Verantwortung für seine Sache übernimmt, deutlich zeigt, welche Auktorität die alten Kanones besassen, so geht dies noch mehr aus der
Aufnahme hervor, die seine Schriften fanden. Obwohl man den
Rigorismus der alten Bussbestimmungen anerkannte, hielten die massgebenden Männer, vor allem der einflussreiche Balsamon, es dennoch
für einen Frevel, die Satzungen der Väter zu beseitigen. Sie wollen
die Auktorität der Kanones im vollen Umfang aufrecht erhalten.
Immer wieder weist Nikephoros Chartophylax, dessen günstiges Urteil
über Nesteutes oben angeführt worden ist, den Theodosios auf die
hergebrachten Kanones als die allein giltigen Normen für eine richtige
Handhabung der Bussdisziplin hin Mi. 100, 1064 D πλὴν ἐὰν ἀκριβῶς καὶ ἀπταίστως βούλει κανονίζειν τοὺς προσιόντας σοι, τοὺς
ἐκτεθέντας παρὰ τῶν ἱεροκηρύκων καὶ θείων ἀποστόλων καὶ
τῶν θεοφόρων πατέρων κανόνας ἐπιμελῶς μέτερχου. 1065 A
αὐτίκα κανόνας ἐκκλησιαστικοὺς παρὰ τῶν θεοφόρων πατέρων ἐκτεθέντας καὶ βεβαιωθέντας ἐκείνους εἶναι λέγομεν, οὓς
οἵ τε ἅγιοι ἀπόστολοι καὶ οἱ ἐν ταῖς ἑπτὰ μεγάλαις καὶ οἰκουμενι-
καῖς συνόδοις συνελθόντες ἅγιοι πατέρες ἐξέθεντο. πρὸς τούτοις

---

1) Der Schreiber des cod. coll. Lincoln. gr. 3 (Coxe I S. 4) hat, wie seine Ausdrücke zeigen, sein Wissen aus der Lobrede des Kallistos bezogen. Es ist
interessant, dass er unter dem Eindruck dieses Bildes bestreitet, dass der
fromme Mönch Nesteutes der Verfasser des übelberüchtigten Kanonikon sei;
irgend ein anderer müsse es gewesen sein. Davon, dass ein Patriarch der Autor
sein soll, weiss er nichts; er scheint vielmehr vorauszusetzen, dass man für
gewöhnlich den Mönch Nesteutes als Verfasser ansah. Er sagt: τὸ δὲ λεγό-
μενον κανονικὸν Ἰωάννου τοῦ νηστευτοῦ τὰς τῶν Χριστιανῶν ψυχὰς παντελῶς
ἀπόλυσι κακίᾳ μὲν τοῦ πεποιηκότος καὶ ἁπλότητί τινων πνευματικῶν. οὐ γάρ
ἐστι τοῦτο τοῦ Νηστευτοῦ, ἀνδρὸς ὄντος ἐναρέτου καὶ θείου, ὅθεν καὶ τὴν
ἐπωνυμίαν ἐκτήσατο, ἀλλ᾽ ἀνθρωπαρέσκου ἀνδρός κτέ.

καὶ τοὺς παρὰ τῶν τοπικῶν συνόδων γεγονότας καὶ παρὰ τῶν
κατὰ διαφόρους καιροὺς λαμψάντων φωστήρων τῆς ἐκκλησίας καὶ
μεγάλων ἱεραρχῶν ἐκφωνηθέντας ὧν καὶ τὸ κατ᾽ ὄνομα ἐν τῷ
προοιμίῳ τῆς ϛ´ συνόδου σπουδάσας εὑρήσεις, καὶ παρὰ τούτους ἕτερόν τι ἡ ἐκκλησία οὐ δέχεται. τοὺς οὖν δηλωθέντας
πάντας κανόνας ἀκριβώσας ἐπιμελῶς οὐχ ἁμαρτήσεις τοῦ σπου-
δαστοῦ (sc. die Busse richtig zu leiten).

Die Anstrengungen dieser Männer sind auch nicht vergeblich
gewesen. Sie haben es durchgesetzt, dass offiziell die Auktorität der
alten Kanones und damit die Verpflichtung, ihren Bestimmungen
gemäss mit den (öffentlichen) Sündern zu verfahren, bis zum Ende
des Reichs bestehen blieb. Und nicht bloss in der Theorie [1]). Noch
Symeon von Thessalonich bezeugt uns, dass zu seiner Zeit öffentliche
Busszucht an Todsündern geübt wurde. In seinem Werk de sacro
templo spricht er c. 152 περὶ στάσεως πιστῶν καὶ κατηχουμένων
καὶ τῶν ἐπ᾽ ἐγκλήμασιν und sagt, nachdem er den Platz der Katechumenen (und der Büsser) hinter dem Ambo beschrieben hat, zunächst

---

1) Lehrreich sind in dieser Beziehung auch die Scholien der Kanonisten
zu den alten Busskanones. Man vergleiche etwa ihre Erklärung des can. 11
von Nikäa. Der Kanon bestimmt für die leichtsinnig Abgefallenen: ὅσοι οὖν
γνησίως μεταμέλονται τρία ἔτη ἐν ἀκροωμένοις ποιήσουσιν οἱ πιστοὶ καὶ
ἑπτὰ ἔτη ὑποπεσοῦνται· δύο δὲ ἔτη χωρὶς προσφορᾶς κοινωνήσουσι
τῷ λαῷ τῶν προσευχῶν d. h. der Kanon kennt die Stufe der προσκλαίοντες
noch nicht. Nun paraphrasiert schon Aristenos diese Worte folgendermassen:
Rh.-Potl. II, 140 τρία μὲν ἔτη ἐν τοῖς ἀκροωμένοις ἤτοι ἐν τοῖς βασιλικοῖς
ἑστάναι πυλῶσι καὶ τῶν θείων ἀκροᾶσθαι γραφῶν, μετὰ δὲ τὸν τριετῆ
χρόνον ἔνδον τοῦ περιβόλου τῆς ἐκκλησίας εἰσαχθῆναι καὶ μετὰ
τῶν ὑποπιπτόντων ἐν τῷ ὀπισθίῳ μέρει τοῦ ἄμβωνος ἑπτὰ ἔτη διατε-
λέσαι τῇ τῶν κατηχουμένων ἐκφωνήσει(!) συνεξερχομένους καὶ μετὰ παρέλευσιν τοῦ ἑπταετοῦς χρόνου ἐπὶ δυσὶν ἄλλοις ἔτεσι μετὰ τῶν πιστῶν τὴν
σύστασιν δέξασθαι. Diese Erklärung wird von Zonaras und Balsamon fast wörtlich wiederholt. So gut oder so schlecht es geht, interpretieren sie also in den
Kanon eine Stufe hinein, auf der der Sünder sich ausserhalb der Kirche befindet. Daraus geht aber hervor, dass es für sie Axiom ist, die Strafe für eine
Todsünde müsse mit dem Ausschluss beginnen und das Betreten der Kirche
sei dem Todsünder längere Zeit hindurch zu verwehren. Dasselbe bezeugt
Balsamon's Erklärung zu can. 43 von Karthago; Rh.-Potl. III, 409 τοὺς δὲ μὴ
αὐθαιρέτως προσερχομένους τῇ ἐκκλησίᾳ ἀλλὰ διὰ πούβλικον ἤτοι δημόσιον
ἔγκλημα, τεθρυλλημένον ἤτοι φανερὸν καὶ δυνάμενον συνταράξαι
τὴν ἐκκλησίαν, διὰ τὸ ὑπερβολικὸν τοῦ ἀτοπήματος ἔξω τῆς ἁψίδος ἤτοι
τῆς ἐκκλησίας δέχεσθαι ὀφείλομεν ..., ἵνα μὴ σκανδαλίσωμεν τοὺς πολλοὺς
ἐν φανεροῖς οὕτως ἐγκλήμασι τὴν κανονικὴν οὕτω παραγγελίαν ἀθετοῦντες
καὶ μαλακώτερα διδόντες ἐπιτίμια.

von den Katechumenen Mi. 155, 357 B: ἔξω βάλλονται τῶν μυστηρίων εἰσαγομένων, fügt aber sofort des Genaueren hinzu: ἐξά-
γονται μὲν οὗτοι, ἀλλὰ καὶ οἱ παραπεπτωκότες μετὰ τὸ
βάπτισμα καὶ ἢ θεοῦ ἀρνήσει περιπεσόντες ἢ αἵματι χρανθέντες,
φόνον ἐργασάμενοι ἢ καὶ ἕτερά τινα πεπραχότες τῆς κοινωνίας
ἀπείργοντα. Man könnte gegen die Beweiskraft dieser Stelle einwenden, dass Symeon hier nur eine liturgische Form schildere, die
keine praktische Bedeutung mehr zu haben brauchte; wie lange Zeit
hindurch der Ruf des Diakonen: „So viel euer Katechumenen sind,
gehet hinweg" noch wiederholt wurde, auch als längst niemand mehr
Folge leistete. Aber diese Erklärung der Stelle reicht nicht aus.
Wäre zu Symeon's Zeit nur noch ein derartiger versteinerter Rest
der alten Sitte vorhanden gewesen, so hätte er wohl nicht die Kategorien der Sünder, die den Gottesdienst verlassen müssen, im Einzelnen aufgezählt und schwerlich hätte er eine formelhafte d. h. immer
nur fingierte Ausweisung als ein ἐξάγειν bezeichnet. Aber die Fortsetzung der angeführten Stelle zeigt noch deutlicher, dass thatsächlich
damals noch gewisse Sünder am Schluss des Lehrgottesdienstes sich
entfernen mussten. Symeon fährt fort c. 153; Mi. 155, 357 C: οἱ δὴ
πάντες (sc. die vorher aufgezählten schwereren Sünder) ἐξωθοῦντο
πρότερον τῶν κατηχουμένων ἐξερχομένων, νῦν δὲ διὰ τοὺς διωγ-
μοὺς καὶ τὰς συνεχεῖς περιστάσεις[1] οὕτω τῶν πατέρων καλὸν
εἶναι λογισαμένων κατηχούμενοι μὲν καὶ ἀρνησάμενοι καὶ φο-
νεύσαντες ἐξωθοῦνται, οἱ δὲ λοιποὶ βάπτισμα μόνον κεκτη-
μένοι ἀφίενται, ἰδίᾳ τῆς μετανοίας αὐτῶν παρὰ τῶν πνευματικῶν πατέρων ἐνεργουμένης. Unzweideutig redet Symeon hier
von demjenigen, was jetzt thatsächlich geschieht. Er entschuldigt
die im Vergleich mit der früheren etwas mildere Praxis der Gegenwart. Sinn hat dies doch nur, wenn die Disziplin seiner Zeit der
Art nach immer noch dieselbe war, wie vor Alters. Die Stelle zeigt
aber auch, dass die Busse der aus dem Gottesdienst Ausgewiesenen
immer noch eine öffentliche war. Denn Symeon setzt ihre Busse
bestimmt einer ἰδίᾳ sich vollziehenden entgegen. Um so weniger
konnte ein von der Kirche bestrafter Todsünder verborgen bleiben,
als auch die Satzung noch aufrecht erhalten war, dass ein ausge-

---

[1] Man beachte die Motivierung! Was Symeon hier sagt, ist jedoch nur
die eine Seite der Sache. Die διωγμοί, die in den Grenzprovinzen chronisch
waren und stets den Abfall Einzelner zur Folge hatten, sind eine der hauptsächlichsten Ursachen dafür, dass die althergebrachte öffentliche Bussdisziplin
nie entbehrlich erscheinen konnte.

stossener Sünder eine Zeit lang die Kirche überhaupt nicht betreten durfte, c. 155; Mi. 155, 360 A—C ἐν τοῖς προοιμίοις τῶν ὕμνων ἱστάμεθα ἔξωθεν ὡς πρὸ τοῦ παραδείσου ... καὶ σὺν ἡμῖν πολλάκις οἱ μετανοοῦντές εἰσιν εἴτε οἱ ἀπὸ τῆς ἀρνήσεως ἐπιστρέφοντες εἴτε οἱ ἀπὸ τῶν φονικῶν ἔργων εἴτε οἱ τὸν λόγον τῆς πίστεως κατηχούμενοι. ἀνοιγομένων δὲ τῶν πυλῶν .. ἡμεῖς μὲν εἰσερχόμεθα, ... ἐκεῖνοι δὲ οἱ κατηχούμενοι καὶ λοιποὶ .. ἢ ἔξω πάντη καταλειφθέντες ὡς οἱ θεὸν ἀρνησάμενοι καὶ οἱ πεφονευκότες τὸν ἀδελφὸν ἢ μικρὸν εἰσελθόντες, οἱ κατηχούμενοί τε καὶ οἱ ἐν πταίσμασιν ἄλλοις. (Als Beweis dafür, dass Symeon reale Verhältnisse schildert, bemerke man auch seinen darauf folgenden Wunsch, dass diese Sünder sich bekehren mögen)[1].

Offiziell hat also die griechische Kirche die uralte Bussdisziplin durch die Jahrhunderte hindurch festgehalten und nur wenigen, leichten Milderungen im Laufe der Zeit Eingang gewährt. Aber der unveränderte Fortbestand dieses Instituts verbürgt noch nicht, dass seine Bedeutung immer dieselbe blieb. In Wahrheit ist gerade die Geschichte dieses Stücks der kirchlichen Ordnung im Osten eines der besten Exempel dafür, wie — und nicht bloss in der griechischen Kirche — Einrichtungen fortleben und mit Fanatismus verteidigt werden können, auch nachdem sie längst als ungenügend sich herausgestellt haben. Die alte öffentliche Bussdisziplin war nicht im Stande, auf die Dauer den sittlichen Geist in der Kirche zu regulieren. Sie traf nur die schwersten Sünden und die Kirche, die ihre Pflicht

---

1) Metrophanes, zu dessen Zeit die öffentliche Bussdisziplin verschwunden war, weiss doch noch von einem Brauch, der deutlich zeigt, wie wenig man sich bis in die letzten Zeiten davor gescheut hat, öffentliche Sünder auch öffentlich blosszustellen (Kimmel-Weissenborn, app. libr. symbol. eccl. orient. p. 135): πάλαι μὲν ἡ ἐκκλησία φαίνεται διττῶς κολάζουσα τοὺς ἁμαρτάνοντας. εἰ μὲν γὰρ ἐπ᾽ αὐτοφάρῳ τούτους κατέσχεν ἀσελγαίνοντας, ἐκέλευεν αὐτοὺς ἐνδεδυμένους χιτῶνα λευκὸν κλάδον τε ἐλαίας ἤ τινος ἀειθαλοῦς δένδρου κατέχοντας καὶ πρὸ τῶν θυρῶν τοῦ ναοῦ στάντας ὑποκύπτειν τοῖς εἰσιοῦσι καὶ ἐξιοῦσι, συγγνώμην παρ᾽ ἐκείνων αἰτοῦντας. ἐγίνετο δὲ τοῦτο ἐπὶ τρισὶ συνάξεσι πολυανθρώποις, ἐνίοτε καὶ πλείοσι· δηλαδὴ κατὰ τὴν ποιότητα τοῦ ἁμαρτήματος καὶ κατὰ τὴν διάθεσιν τοῦ ἁμαρτηκότος· μετέπειτα δὲ νουθετοῦσα τούτους ἀπέχεσθαι τοῦ λοιποῦ πάσης κακίας, σωφρόνως τε τοῦ λοιποῦ διάγειν καὶ τὸν θεὸν μετὰ συντετριμμένης καρδίας καὶ ἀγαθῆς ἐλπίδος ὑπὲρ τῶν σφῶν ἁμαρτημάτων ἱκετεύειν, ἀπέλυεν ἐν εἰρήνῃ.

gethan zu haben glaubte, wenn sie Todsünder strafte, versäumte ihre wichtigste Aufgabe, die Erziehung inrer anleitungsbedürftigen Glieder.

Wollte man freilich katholischen Auktoritäten folgen, so müsste spätestens in der Zeit, auf die wir wieder zurückzugehen haben, d. h. um die Wende des 4. und 5. Jahrhunderts, das Zuchtmittel, das die öffentliche Disziplin ergänzt, in der griechischen Kirche eingeführt worden sein. Assemani (hauptsächlich in der bibliotheca orientalis), Denzinger (Kritik der Vorlesungen von Thiersch über Katholizismus und Protestantismus 1847; ritus orientalium in administrandis sacramentis 1863. 1864) und besonders Bickell glauben bewiesen zu haben, dass die griechische Kirche seit den frühesten Zeiten die Beichte gekannt habe. Es ist hier erst der Ort, auf ihre Anschauung einzugehen; denn das Hauptargument, das sie geltend machen, führt nur etwa auf die Zeit, bei der wir wieder einsetzen. Ausser auf Zeugnisse aus der griechischen Kirche selbst, deren Deutung bei ihnen durch dogmatisches Interesse bedingt ist, berufen sie sich nämlich auf die Zustände in den orientalischen Nebenkirchen. Da in diesen die Verpflichtung zur Beichte (sei es zu gewissen Zeiten des Jahres, sei es bei bestimmten Anlässen) besteht oder doch nachweislich bestanden hat, so ziehen sie den Schluss, dass das Institut in diejenigen Zeiten zurückgehen müsse, in denen sich diese Kirchen noch nicht von dem Ganzen losgelöst hatten. Ihr Verfahren ähnelt also der Methode, mittelst deren man von der indirekten Überlieferung eines Schriftstellers aus die direkte ergänzt resp. kritisiert. Man wird darum auch berechtigt sein, hier wie dort dieselben Anforderungen an den Beweis zu stellen, d. h. es muss dargethan werden, dass diese Kirchen nach ihrer Lostrennung nichts mehr von der grossen Kirche übernommen, dass in dem, was sie selbst produzierten, nicht ähnliche Verhältnisse, die bei ihnen im Unterschied von der grossen Kirche walteten, zu denselben Einrichtungen geführt haben, und endlich, dass sie nichts untereinander ausgetauscht haben. Nur wenn bewiesen ist, dass die Beichte bei ihnen ein Stück der auf ihre Ursprungszeiten zurückgehenden Überlieferung — und zwar innerhalb der einzelnen selbständig bewahrter Überlieferung — ist, nur dann kommt diesem Argument Gewicht zu. Ich finde bei keinem der genannten Forscher, dass er diese Forderungen erfüllt hätte. Vielleicht ist niemand heutzutage im Stande, diese Beweislast zu tragen: denn dass die Geschichte der schismatischen Kirchen im Einzelnen noch so gut wie gar nicht studiert ist, wird man wohl behaupten dürfen. So einfach liegen aber die Verhältnisse

jedenfalls nicht, als ob diese Kirchen ein jeder Beeinflussung von
Aussen unzugängliches Sonderleben geführt und in sich selbst keine
Fähigkeit zu wirklicher Produktion gehabt hätten. Denzinger selbst
giebt in der Einleitung Genügendes über Entwicklungen innerhalb
dieser Sekten und über Beziehungen zu anderen Kirchen an, um
diese Illusion zu zerstören. Auch stösst man bei der Prüfung des
Materials auf so merkwürdige Übereinstimmungen, dass man die Vermutung nicht unterdrücken kann, ob nicht manches von der einen
Kirche auf die andere übergegangen sei. Was jedoch unsere spezielle
Frage betrifft, so wäre erst gründlich zu untersuchen, welchen Einfluss das Mönchtum auf die Gestaltung der kirchlichen Verhältnisse
in diesen kleineren Kirchen geübt hat. Unwillkürlich drängt sich
das Beispiel der altbritischen Kirche auf; es ist bekannt, dass dort
zuerst, im Zusammenhang mit der tonangebenden Stellung des Mönchtums, die Beichte kirchliches Gesetz geworden ist und dass das
Festland sie von dorther überkommen hat. Wäre es nicht denkbar,
dass in den orientalischen Nebenkirchen sich ähnliche Verhältnisse
entwickelt hätten, wie in der altbritischen Kirche? Zumal da zweifellos
in einigen die Stellung des Mönchtums eine ähnlich massgebende ist.

Es soll damit nur hingedeutet sein auf die verwickelten Fragen,
die man erst beantworten muss, bevor man es wagen kann, mit diesem
Material zu operieren. Man braucht jedoch, um über die griechische
Kirche in's Reine zu kommen, nicht abzuwarten, bis jene Arbeit
gethan ist. Denn welches auch das Resultat sein möge, der Befund
darf jedenfalls nicht dazu verwendet werden, um einen klaren Thatbestand innerhalb der griechischen Kirche zu verdunkeln.

Klar ist der Thatbestand zunächst in negativer Hinsicht. Insofern, als die griechische Kirche in ihrem ganzen überlieferten Kirchenrecht keinen Kanon besitzt, in dem die Beichte zu bestimmten Zeiten
direkt befohlen würde. Die erste positive Vorschrift dieser Art
steht in der confessio orthodoxa[1]). Mit dieser Thatsache müssten
sich jedenfalls diejenigen auseinandersetzen, die von den Nebenkirchen
auf die grosse Kirche schliessen wollen. Wenn in der griechischen

---

1) Jeremias und Metrophanes sind natürlich nicht dagegen anzuführen. —
Es ist von Interesse, dass noch Antonius Caucus den Griechen (vergl. Leo Allatius, de ecclesiae occidentalis atque orientalis perpetua consensione. Köln 1648.
lib. III c. 10 n. 2; p. 1056), das negare, confessionem sacramentalem esse de
iure divino et asserere eam esse de iure positivo und das asserere, in confessione
sacramentali non esse necessarium de iure divino confiteri omnia et singula
peccata mortalia, quorum memoria habetur, zum Vorwurf macht.

Kirche einmal ein Gebot der Beichte aufgestellt worden wäre, wie etwa bei den syrischen Jakobiten (Denzinger I, 482 ff. can. 50 und 87) [1], hätte dann dieser Kanon verloren gehen können?

Man muss auf den Einwand gefasst sein, die Beichtpflicht hätte seit unvordenklichen Zeiten so sehr als unverbrüchliches Gesetz gegolten, dass die Kirche nie Veranlassung gehabt hätte, das Gebot positiv auszusprechen. Man könnte sich freilich trotzdem darüber wundern, dass nie eine konkrete Frage der Kirche Gelegenheit gab, diese Pflicht beiläufig zu berühren, und man könnte die Gegenfrage stellen, warum dann die schismatischen Kirchen nötig hatten, eine positive Vorschrift zu erlassen. Jedoch es bedarf dieser hypothetischen Erwägungen nicht. Denn die Frage, ob man beichten solle, wird von kanonistischen Auktoritäten teilweise erörtert oder doch wenigstens gestreift. Aber ihre Behandlung der Sache zeigt gerade unwidersprechlich, dass man von einer strikten Beichtpflicht die längste Zeit hindurch in der griechischen Kirche nichts wusste und erst in der letzten Epoche sich die Sitte so allgemein und so bestimmt festsetzte, dass sie wie ein positives Gebot wirkte.

Der einzige Kanonist, der direkt auf die Frage eingeht, ist der unter Alexios Komnenos lebende Petros Chartophylax (vergl. über seine Zeit Zachariä von Lingenthal, Gesch. des griech.-röm. Rechts [3] S. 34). Unter seinen ἐρωτήματα findet sich die Frage (Rh.-Potl. V, 372 f.): καλόν ἐστι τὸ ἐξομολογεῖσθαι τὰ ἁμαρτήματα ἡμῶν πνευματικοῖς ἀνδράσιν? Er antwortet darauf: καλὸν μὲν καὶ πάνυ ὠφέλιμον, ἀλλὰ μὴ τοῖς ἀπείρως καὶ ἰδιωτικῶς περὶ τὰ τοιαῦτα διακειμένοις· ἵνα μὴ διὰ τῆς ἀλόγου συμπαθείας καὶ οἰκονομίας ἢ διὰ τῆς ἀκαίρου καὶ ἀνεπιστήμονος παρατάσεως τῶν ἐπιτιμίων καταφρονητὴν ἢ ῥάθυμον ἢ παρειμένον σε ἀπεργάσωνται. ἐὰν οὖν εὕρης ἄνδρα πνευματικὸν καὶ ἔμπειρον, δυνάμενόν σε ἰατρεῦσαι, ἀνεπαισχύντως καὶ μετὰ πίστεως ἐξομολόγησαι αὐτῷ ὡς τῷ κυρίῳ καὶ οὐκ ἀνθρώπῳ. Frage und Antwort sind nicht original; Petros hat sie aus Anastasios Sinaites übernommen. Die Bedeutung der Sache wird darum nicht geringer. Auch wenn Petros nur etwas vor ihm schon Ausgesprochenes wiederholt, muss man trotzdem den Finger darauf legen, dass ein Chartophylax der zweiten Hälfte des 11. Jahrhunderts die Beichte bloss angelegentlich empfiehlt, und dass er selbst dies nicht thut, ohne ganz wie Origenes zur grössten Vorsicht in der Wahl des

---

1) Übrigens nicht vor der Zeit der islamitischen Invasion.

Beichtvaters zu ermahnen. Aber seine Stellung zur Sache tritt erst ins volle Licht, wenn man die Frage hinzunimmt, die er selbständig daran anschliesst. Er fühlt sich veranlasst, weiter zu fragen: εἰ δὲ μὴ εὕρω ἄνθρωπον εἰς ὃν ἔχω πληροφορίαν ἐξομολογήσασθαι, τί ὀφείλω ποιῆσαι; Ἀπόκρισις. ἐξομολόγησαι τῷ θεῷ κατ᾽ ἰδίαν κατακρίνων ἑαυτὸν καὶ λέγων καθ᾽ ὁμοιότητα τοῦ τελώνου· ὁ θεὸς ἡμῶν, σὺ ἐπίστασαι, ὅτι ἁμαρτωλός εἰμι καὶ ἀνάξιος πάσης συγχωρήσεως, ἀλλὰ σῶσόν με ἕνεκεν τοῦ ἐλέους σου. Es fällt also Petros nicht ein, die Frage, wie es dann stünde, wenn man keinen vertrauenswürdigen Beichtvater fände, einfach niederzuschlagen, sei es mit der Behauptung, dass dieser Fall gar nicht eintreten könne, oder etwa mit der Forderung, dass man amtlichen Persönlichkeiten Vertrauen entgegenbringen müsse. Er rechnet ernsthaft mit der Möglichkeit, dass einer zu niemand der in Betracht Kommenden sich ein Herz fassen kann, und er schont nicht bloss diese Haltung, er beruhigt vielmehr den so Gestimmten, indem er ihm zeigt, wie er auch ohne fremden Beistand Trost zu finden vermag. Wäre diese Frage überhaupt denkbar, wäre diese Antwort möglich gewesen, wenn ein Zwang zur Beichte existiert hätte? Hätte man das Recht des Individuums, sich nur einem ihm persönlich Vertrauenswürdigen zu erschliessen, so sehr anerkennen, ja noch stärken können, wenn etwa festgesetzt war, dass man ohne vorhergehende Beichte die Eucharistie nicht geniessen dürfe? Und man halte dabei fest, dass ein Repräsentant der offiziellen Kirche, eine kirchenrechtliche Auktorität, so urteilt. Noch am Ende des 11. Jahrhunderts hat man also von einer strikten Verpflichtung zur Beichte in der griechischen Kirche nichts gewusst.[1]

Aus der nächsten Folgezeit fehlen gleich bestimmte Zeugnisse, aber aus Andeutungen, die die Kanonisten bei der Behandlung anderer Fragen geben, lässt sich schliessen, dass sich prinzipiell nichts geändert hat, wenn auch die Gewohnheit der Beichte vorausgesetzt

---

1) Sonst wären auch Zustände, wie sie die nov. 41 des Alexios Komnenos voraussetzt, unerklärlich. Es handelt sich in dieser Novelle darum, dem Amt der διδάσκαλοι eine klare Stellung zu verschaffen. Der Kaiser beauftragt sie unter anderem damit, Zachariä JGR III, 420: δεῖ δὲ αὐτοὺς ἐπισκεπτομένους τὸν λαὸν καὶ ἵνα πάντες γνώριμους ἔχωσι τοὺς πνευματικοὺς πατέρας αὐτῶν, ἵνα μὴ ἀντὶ ποιμένων λύκοι εὑρεθῶσί τινες τοὺς λογισμοὺς τῶν ἀνθρώπων ἀναδεχόμενοι. Wenn die Gemeindeglieder teilweise nicht einmal die von der Kirche legitimierten Beichtväter kennen, so kann von einem Beichtzwang nicht die Rede gewesen sein.

ist. So erörtert Balsamon die Frage Rh.-Potl. IV, 484: *ποσαετὴς*
ἀνὴρ ἢ γυνὴ δεχϑείη εἰς ἐξαγορείαν.[1]) Unstreitig bildet die Sitte
zu beichten den Hintergrund für das aufgeworfene Problem. Aber
man beachte die Form, in der die Frage gestellt wird. Es wird
nicht darüber diskutiert, wen man zur Beichte zwingen, sondern,
wen man zur Beichte zulassen solle. Wenn Balsamon im Lauf
der Auseinandersetzung die Wendung gebraucht: *ἴσως οὖν εἴπη*
τις μετὰ τὸν δωδέκατον καὶ τὸν τεσσαρεσκαιδέκατον χρόνον τῆς
ἡλικίας αὐτῶν ὀφείλειν τούτους ἐξαγορεύειν, so sieht man daraus
wohl, dass eine moralische Verpflichtung zur Beichte anerkannt
wurde. Aber diese Verpflichtung kann nur allgemeiner Art gewesen
sein. Wie oft, wann soll man beichten? — diese Fragen berührt
Balsamon gar nicht, und hätte er sie ganz ausser Spiel lassen können,
wenn auch nur eine fixe Gewohnheit in dieser Beziehung vorhanden
gewesen wäre? Dass in diesen praktisch entscheidenden Punkten
dem individuellen Bedürfnis noch volle Freiheit gewährt gewesen
sein muss, erhellt aus Balsamon's Vorgehen in einer andern Sache.
Viel beschäftigt hat ihn die Frage, wem das Recht auf die Beichte
zustehe. Seine Erörterung darüber kann erst später genauer behandelt werden; hier interessiert sie uns nur nach der Seite hin,
welches Mass von kirchlicher Ordnung Balsamon erstrebte. Es
fällt auf, dass Balsamon wohl immer das Recht des Priesters auf
die Beichte mit aller Entschiedenheit verteidigt, aber niemals eine
korrespondierende Pflicht der Gläubigen, regelmässig innerhalb gewisser Zeiträume oder bei bestimmten Gelegenheiten zu beichten,
erwähnt[2]). Wie wertvoll wäre es aber doch für seine Beweisführung gewesen, wenn er auf eine derartige Verpflichtung der Laien
sich hätte berufen können. Man vergleiche Bestimmungen wie die
der Jakobiten, Denzinger I, 485: nemini licet accipere corpus Christi
feria quinta hebdomadis sanctae, donec fuerit confessus, oder S. 500:

---

1) Dass es sich nicht bloss um das Bekenntnis von Todsünden handelt,
erkennt man am deutlichsten aus der Wendung S. 485 *τὴν ἑπταετῆ γυναῖκα ...*
τῆς πορνείας τοῖς λογισμοῖς ἁλίσκεσθαι; es liegt aber auch schon in der
Formulierung der Frage: von einem *δέχεσθαι εἰς ἐξαγορείαν* kann man nur
bei der Beichte reden.

2) Dieselbe Beobachtung ist auch noch an den *ἐνταλτήρια* zu machen,
die die Bischöfe den Beichtvätern ausstellten, vergl. die verschiedenen Formulare Rh.-Potl. V, 573 ff. Der Betreffende bekommt nicht einen Sprengel zu-
gewiesen, sondern er erhält die Erlaubnis: *δέχεσθαι τοὺς λογισμοὺς τῶν ὡς*
πνευματικῷ πατρὶ προσιόντων αὐτῷ.

qui non confitetur peccata sua bis in anno prohibebitur a sacramentis, donec confiteatur iuxta ordinem Christianis observatum. Wäre
es zu Balsamon's Zeit in der griechischen Kirche auch nur ge-
wohnheitsrechtlich anerkannt gewesen, dass die Ablegung der
Beichte die Bedingung für den Empfang der Eucharistie bilde[1]),
so wäre der Nachweis, dass nur der Priester die Beichte entgegennehmen dürfe, Kinderspiel gewesen. Ein gewiegter Jurist wie Balsamon hätte sich ein derartiges Argument gewiss nicht entgehen
lassen und vollends, da sein sonstiges Beweismaterial so dürftig wie
möglich ist.

Woran es lag, dass kein Beichtzwang entstehen konnte, zeigt
noch Nikephoros Chartophylax. Trotz allen Eifers für das Recht
des Priesters muss auch er anerkennen, dass nicht jeder beliebige
Priester zum Beichthören befähigt sei, ep. ad Theod.; Mi. 100, 1067 A
equidem in adversa corporis valetudine illum inquirimus dicimus-
que medicum qui tam re ipsa quam verbis male habentem curare
queat. itaque non respiciemus in hunc vel illum, qui
praeter medici nomen nihil habeat medici. ... porro si
quis expertus fuerit et frugi et cum hoc sacerdotio fungatur ad
illum inprimis accedendum. So lang mit dieser Anschauung nicht
gebrochen war, so lang dem Laien das Recht, ja die Pflicht zuer-
kannt wurde, seinen Beichtvater zu prüfen, so lang konnte auch
niemand strikte auferlegt werden, dass er überhaupt beichtete.

Ausdrücklich handelt von der Sache wieder Symeon von Thessalonich, der die kritische Zeit hinter sich hat. An der Überschrift
seines Kapitels (de paenit. c. 163; Mi. 155, 485 D ὅτι ἀναγκαία
παντὶ ἡ ἐξομολόγησις, ἐπεὶ ἁμαρτάνομεν πάντες) sieht man schon,

---

1) Dass faktisch vielfach vor der Eucharistie gebeichtet wurde, soll damit
natürlich keineswegs bestritten werden. Es handelt sich aber darum, ob dies
als unerlässlich betrachtet wurde. Wie weit sich die Sitte entwickelt hatte, beleuchtet der Vorwurf, den die Griechen den Lateinern — den Zeitgenossen Innocenz' III.! — machen, Cotelerius, eccl. gr. monum. III, 496 f.: τῇ μεγάλῃ δὲ παρα-
σκευῇ πάντες μεταλαμβάνουσι (sc. die Lateiner) καὶ ἐν τῷ ἀποθνήσκειν· πλὴν
οὐδὲ τότε ἐκ τοῦ παρ' αὐτοῖς ἁγιασθέντος δῆθεν ἀζύμου, ἐξ ἑτέρου δὲ κοινοῦ
καὶ ἀπροσκομίστου. καὶ ἡ ἐπὶ τούτοις ἀπολογία· οὐ γὰρ οἴδαμεν, φησί, τὸν
ἄξιον. αὕτη δὲ ἡ ἀπολογία ἐξεκάλυψεν ἑτέραν μέμψιν, τὸ μὴ πνευματικοῖς αὐτοὺς κεχρῆσθαι πατράσιν. εἰ γὰρ κέχρηνται. λοιπὸν οὐκ ἠγνόην-
ται, τίνες οἱ ἄξιοι. Die Griechen sind also stolz auf ihre πνευματικοὶ πατέρες
und wollen es ihnen verdanken, dass sie sicher sind, wer des Abendmahls
würdig ist und wer nicht. Doch hüte man sich, die πνευματικοὶ πατέρες
mit den Priestern zu identifizieren.

wenn man sie mit Petros Chartophylax vergleicht, welcher Fortschritt in der Zwischenzeit erfolgt sein muss. Man spürt hier die Wirkungen des später zu behandelnden Umschwungs. Aber so weit war zu Symeon's Zeit die Sache immer noch nicht, dass eine Zurückhaltung ganz ausgeschlossen gewesen wäre. Symeon schliesst seinen Abschnitt mit den Worten ib. 488 A: πλὴν καὶ οἱ δοκοῦντες μὴ πεσεῖν, ὅπερ ὡς ἐγὼ νομίζω ἀδύνατον, μετανοεῖν ὀφείλουσι πάντες. Muss Symeon es noch mit Emphase als seine persönliche, innerste Überzeugung aussprechen, dass niemand vor dem Fall bewahrt bleibe, so ist ja noch nicht einmal die Voraussetzung, auf der die Beichtpflicht ruht, sicher ins allgemeine Bewusstsein eingedrungen.

Also nicht striktes Gebot, das jedermann zu regelmässiger Beichte zwang, hat die längste Zeit hindurch in der griechischen Kirche geherrscht, sondern nur Gewohnheit und moralische Verpflichtung; eine Gewohnheit, die allerdings in den letzten Jahrhunderten sich so befestigt haben muss, dass der Übergang zur gesetzlichen Vorschrift sich kaum fühlbar machte.

Wenn man sich darüber wundern kann, warum die offizielle Kirche nicht früher schon auf diesem Gebiet bestimmte Ordnung schuf, so ist zunächst daran zu erinnern, dass schon das Aufkommen einer Gewohnheit der Beichte viel bedeutet im Vergleich mit dem, was wir noch um 400 gefunden haben.

Es hat sich uns oben (S. 259 ff.) ergeben, dass zwar innerhalb des Mönchtums seit Basileios die Pflicht zur Beichte bestand, aber in der Kirche sind die Stimmen vereinzelt, die dem Gläubigen ein Bekenntnis auch der gewöhnlicheren Sünden empfehlen, und das Mönchtum bewirkt keineswegs sofort, dass diese Sitte im Rahmen der offiziellen Kirche zunahm.

Dieser Zustand hat sich noch längere Zeit erhalten. Gegenüber katholischen Darstellungen muss hervorgehoben werden, wie ausserordentlich selten es auch in der Folgezeit vorkommt, dass ein Prediger oder Erbauungsschriftsteller zum freiwilligen Bekenntnis der (nichtkanonischen) Sünden auffordert. Man würde derartige Ermahnungen hauptsächlich in Fastenpredigten [1]) erwarten. Aber erst in einer

---

1) Eine interessante, aber nicht kurz zu erledigende Frage ist die, ob häufiger oder seltener Abendmahlsgenuss der religiösen Stimmung der griechischen Kirche mehr entspricht. Soviel ich sehe, überwiegen — man darf natürlich nur die religiös Interessierten in Betracht ziehen — die Stimmen, welche die fréquente communion befürworten; aber es giebt auch Anachoreten, die höchst selten die Eucharistie geniessen.

unter dem Namen des Anastasios Sinaites [1]) laufenden Predigt findet
sich eine diesbezügliche Äusserung. Anastasios sagt in der hom. de
sacra synaxi Mi. 89, 833 C ἐξομολόγησαι τῷ θεῷ διὰ τῶν ἱερέων
τὰς ἁμαρτίας σου, καταδίκασόν σου τὰς πράξεις καὶ μὴ αἰσχυν-
θῇς . . ., κατάκρινον σεαυτὸν ἐνώπιον ἀνθρώπων . . .,
αἴτησαι ἔλεος, αἴτησαι συγγνώμην, αἴτησαι ἄφεσιν τῶν παρελθόντων καὶ λύτρωσιν τῶν μελλόντων, ἵνα πρεπόντως τοῖς μυστηρίοις προσέλθῃς. Es ist sicher, dass unter den Sünden, deren
Bekenntnis Anastasios empfiehlt, nicht Todsünden gemeint sind; sonst
könnte er nicht bestimmt voraussetzen, dass der Sünder nach seinem
Bekenntnis an den Mysterien teilnimmt (ἵνα πρεπόντως τοῖς μυστηρίοις προσέλθῃς), und ebensowenig von künftigen Sünden wie von
etwas Unvermeidlichem reden (λύτρωσιν τῶν μελλόντων). Was
ihn speziell dazu treibt, ein Sündenbekenntnis vor dem Priester als
die rechte Vorbereitung zum Genuss des heiligen Mahles zu empfehlen [2]),
wird sehr deutlich, wenn man seine Schilderungen des Verhaltens
der Leute vor und während der Eucharistie liest.

Ausser dieser Predigt enthält nur noch ein gleichfalls, aber mit
mehr Recht, unter dem Namen des Anastasios Sinaites überliefertes
Erbauungswerk eine Stelle, die auf den Wert der Beichte hinweist.
Die Erbauungsliteratur ist sonst gerade für unsere Frage nur mit
der grössten Vorsicht zu benutzen: man muss sich gegenwärtig
halten, dass diese Literatur, wie sie fast ausschliesslich vom Mönchtum
geschaffen ist, so zunächst sich auch an Mönche wendet; für Weltleute fällt von selbst zu Boden, was auf ihre Verhältnisse nicht
übertragbar ist. Bei der Stelle, die wir meinen, ist es sicher, dass
der Verfasser weitere Kreise im Auge hat. Anastasios wirft in
quaest. et resp. c. 6; Mi. 89, 369 B die Frage auf; καλόν ἐστιν ἄρα
τὸ ἐξομολογεῖσθαι τὰ ἁμαρτήματα ἡμῶν πνευματικοῖς ἀνδράσιν? [3])
Die Frage steht im Zusammenhang mit der unmittelbar vorhergehenden, wo er sich mit dem Bedenken auseinandergesetzt hat (quaest. 5;
Mi. 361 B): ἐάν τίς ἐστι γέρων ἢ ἀδύνατος ἢ ὀλιγόψυχος καὶ οὐ

---

1) Die Predigt setzt durchweg die Verhältnisse einer Grossstadt voraus.
In den Mund eines Patriarchen von Antiochien würde sie wohl passen.

2) Dass Anastasios die Beichte nur dringend empfiehlt und nicht etwa
seinen Zuhörern eine diesbezügliche kirchliche Vorschrift zur Beachtung ein-
schärft, dies näher auszuführen, ist nach dem früher Festgestellten wohl überflüssig. Es ergiebt sich auch unmittelbar aus der Art seiner Ermahnung.

3) Quaest. 105; Mi. 760 A B ist offenbar nur eine innerhalb der handschriftlichen Überlieferung entstandene Doublette.

δύναται μονάσαι ἢ τὰ τοῦ μοναχοῦ ποιῆσαι, πῶς οὗτος δυνή-
σεται μετανοῆσαι? Von dem Satz aus, den er hier verteidigt hat,
dass jeder Busse thun könne und solle, kommt er darauf, in der
quaest. 6 allen die Nützlichkeit eines Bekenntnisses der Sünde ans
Herz zu legen; er antwortet auf die proponierte Frage zunächst:
τοῦτο καλόν ἐστι λίαν καὶ πάνυ ὠφέλιμον.

Diese Empfehlung der Beichte in einem Erbauungsbuch bedeutet
mehr als eine Ermahnung in einer Predigt. Man darf wohl annehmen, dass die Sache nicht in ein derartiges Werk aufgenommen
worden wäre, wenn nicht schon eine ziemlich verbreitete Übung bestanden hätte: die asketische Literatur setzt es sich ja nicht zum
Ziel, bahnbrechende Ideen zu entwickeln, sondern das mindestens in
gewissem Masse als richtig Anerkannte auch zur praktischen Geltung
zu bringen. Insofern dient diese Stelle zur Korrektur eines Eindrucks, den die Spärlichkeit der literarischen Zeugnisse für die Entwicklung einer Beichtsitte hervorrufen könnte. — Aber die weitere
Ausführung in den quaest. et resp. hat auch noch nach einer anderen
Seite hin Interesse. Während in de sacra synaxi zum Bekenntnis
vor dem Priester aufgefordert wird, sagt Anastasios in den quaest.
et resp. mit gutem Bedacht, dass es schön und nützlich sei, *πνευ-*
ματικοῖς ἀνδράσιν zu beichten. Was er damit meint, hat er klar
dargelegt. Er warnt ausdrücklich davor (Mi. 89, 369 A), *τοῖς ἀπείρως*
καὶ ἰδιωτικῶς περὶ τὰ τοιαῦτα διακειμένοις sich anzuvertrauen;
vielmehr: *ἐὰν .. εὕρης ἄνδρα πνευματικὸν, ἔμπειρον, δυνάμενόν*
σε ἰατρεῦσαι, ἀνεπαισχύντως καὶ μετὰ πίστεως ἐξομολόγησαι
αὐτῷ ὡς τῷ κυρίῳ καὶ οὐκ ἀνθρώπῳ (ib. 372 A). Er muss
dem Einwand entgegentreten, dass ein Bekenntnis vor Menschen
keinen Wert hätte, und er schlägt ihn zurück mit dem Hinweis auf
Matth. 18, 18. Durch dieses Wort sei verbürgt, dass der Spruch,
den die *μαθηταὶ τοῦ Χριστοῦ* fällen, auch im Himmel Giltigkeit
habe. Gott, sagt er, gebraucht immer Menschen als seine Organe ib.
373 B *καὶ πάλαι μὲν διὰ προφητῶν, ἐπ' ἐσχάτων δὲ δι' αὐτοῦ καὶ*
τῶν θείων ἀποστόλων καὶ καθεξῆς μέχρι τῆς συντελείας πρὸς
τοὺς ἑαυτοῦ κατὰ γενεὰν θεράποντας φάσκει· ὁ δεχόμενος ὑμᾶς
ἐμὲ δέχεται. 373 C *οἱ γὰρ ἅγιοι ὑπηρέται τοῦ θεοῦ εἰσι καὶ συνεργοὶ*
καὶ οἰκονόμοι εἰς τὴν τῶν σώζεσθαι βουλομένων σωτηρίαν.
Aber daraus folgt dann auch das Umgekehrte, dass man nur demjenigen sein Gewissen übergeben darf, von dem man die Überzeugung gewonnen hat, dass er Gottes Werkzeug ist.

Von allen, die bisher die Stelle benutzt haben, ist vorausgesetzt worden, dass unter den πνευματικοὶ Priester gemeint seien. Allein nirgends spielt Anastasios auf eine amtliche Stellung der Betreffenden an; er bezeichnet sie immer nur allgemein als μαϑηταὶ τοῦ Χριστοῦ, als ϑεράποντες ϑεοῦ, als ἅγιοι. Und damals waren dies nicht mehr vage Ausdrücke, wie in den Zeiten des Klemens und Origenes, es waren Namen, die man mit Vorliebe auf die Angehörigen eines bestimmten Standes anwendete. Es war auch keineswegs selbstverständlich, dass dem Gläubigen, der über seine Sünde bekümmert war, in allen Fällen gerade der Priester als der gegebene Berater erschien. Wenn die Scheu vor der Heiligkeit der Mysterien ihm seine Sündhaftigkeit zum Bewusstsein brachte, dann kann man wohl denken, dass zunächst der Priester, der Verwalter der Mysterien, in Betracht kam. Aber das Verhältnis zwischen Priestertum und Gemeinde war nicht so eng und nicht so intim, dass auch in Gewissensangelegenheiten der Priester das erste Anrecht auf das Vertrauen der Laien gehabt hätte. Die Entwicklung der Idee des Kultus war der Pflege persönlicher Beziehungen zwischen Klerus und Gemeinde nicht förderlich: der Priester mochte glauben, seine Pflicht gethan zu haben, wenn er im Gottesdienst die Gläubigen mit himmlischen Kräften füllte, und er konnte erwarten, dass diese übernatürlichen Potenzen von selbst wirkten. Dazu kam, — wenn der Priester im Kultus als Organ des Göttlichen erschien, so besass er ausserhalb des Gottesdiensts nichts, was ihm besondere Auktorität verliehen hätte. Die Kirche hatte in Nikäa den schweren Fehler gemacht, dass sie die Einführung des Cölibats beim Klerus ablehnte. Bei der allgemeinen Hochschätzung der Virginität war das ein Fehler. Daher kam es, dass andere an persönlicher Auktorität den Priester überflügeln konnten: es mangelte ihm etwas, was von vornherein den Eindruck erweckt hätte, dass ihm sein Christentum persönliche Sache war. Wo sich ein tieferes Bedürfnis regte, wo die Sorge um das ewige Heil einen Menschen ergriff, wo einer sich an dem Trost, den der Gottesdienst für Augenblicke gewährte, nicht genügen liess, da erschienen andere berufener als der Priester, um den nötigen Rückhalt zu gewähren, solche, deren Wandel davon zeugte, dass es ihnen um das Christentum ernst war. Bei den Mönchen, deren ganzes Leben in dem Trachten nach dem Himmelreich aufging, konnte man ein Verständnis für alle Nöten und Anliegen voraussetzen, ihnen traute man die Fähigkeit der διάκρισις τῶν πνευμάτων, die Gabe, das sichere Gegenmittel im einzelnen Fall zu treffen, zu. So ist der Mönch auf dem Gebiet der Seelenleitung der Rivale des Priesters geworden.

Wenn das Mönchtum aber einmal in eine Thätigkeit auf diesem
Gebiet hineingezogen wurde, so war kaum zu erwarten, dass es sich
aus freien Stücken mit einer bescheidenen Rolle begnügen würde.
Dem Selbstgefühl des Mönchtums, seinem Bewusstsein, den Geist zu
haben, entsprach es, dass es sich für kompetent in allen Sachen der
Busse hielt, und es hat diesen Anspruch zunächst darin durchgeführt,
dass es innerhalb seiner eigenen Sphäre die Disziplin in allen Angelegenheiten in völlig selbständiger Weise gehandhabt hat. Ob es
sich um Verstösse gegen die Klosterordnung oder um Todsünden
handelt, eines wie das andere ist eine Übertretung der ἐντολὴ θεοῦ
und der Hegumenos, der für die Seelen der Brüder verantwortlich
ist, ordnet die Heilmittel an. Ob er Priester ist, kommt nicht in
Frage und ebenso wenig die kanonischen Strafansätze.

Dass in den Lauren nur die souveräne Verfügung des πατὴρ
gilt, versteht sich von selbst. So wird z. B. in der vita Sabae c. 41
von einem Mönch Jakob erzählt, der sich selbst verstümmelt hat,
ein Vergehen, das wie Kyrill selbst erinnert, gegen die apostolischen
Kanones verstiess (Cot., eccl. gr. mon. III, 284 B) εἴτε ἄγνοιαν ἔχων
εἴτε λήθην λαβὼν τῶν εἰρημένων τοῖς θείοις καὶ ἐκκλησιαστικοῖς
κανόσι, vergl. can. ap. 24 λαϊκὸς ἑαυτὸν ἀκρωτηριάσας, ἀφοριζέσθω
ἔτη τρία· ἐπίβουλος γάρ ἐστι τῆς ἑαυτοῦ ζωῆς). Davon, dass man
ihn etwa dem Bischof angezeigt oder sich an das kanonische Strafmass gehalten hätte, ist keine Rede. Sabas jagt ihn zur Laura hinaus,
lässt sich aber doch durch Theodosios dazu bewegen, δέξασθαι
αὐτὸν μετὰ τῆς προσηκούσης ἐπιτιμίας. Darauf wird erzählt: ὁ δὲ
ἡγιασμένος Σάβας δέδωκεν αὐτῷ ἐντολὰς ἡσυχάζειν τε εἰς τὸ ἴδιον
κελλίον καὶ μηδαμοῦ προϊέναι μήτε μήν τινα δέξασθαι ἢ συν-
τυχίας ποιεῖσθαι παρεκτὸς μόνου τοῦ ὑπηρετοῦντος αὐτῷ. Nach
langer Zeit erhält Sabas eine Offenbarung, ὅτι ὁ θεὸς τὴν μετάνοιαν
Ἰακώβου ἐδέξατο; worauf Sabas ihm verstattet, die Klause zu verlassen, und die Kirche wieder zu betreten (ἐπέτρεψε προελθεῖν τὸν
Ἰάκωβον εἰς τὴν ἐκκλησίαν). Jakob stirbt acht Tage darauf. Dem Er-
zähler kommt nicht der leiseste Gedanke daran, dass Sabas sein Recht
überschritten habe. Die Offenbarung, die Gott dem Sabas darüber
zu Teil werden lässt, bezeugt ja nach seiner Meinung die Vollmacht
des Heiligen. — Im Sinn des Kyrill ganz gleichartig ist die Busse,
die Sabas einem Mönch aus dem Theodosioskloster — also einem
fremden Mönch —, der ein ἄλογον zu Tod geprügelt hat, auferlegt.
Diesen schliesst Sabas ein mit den Worten (ib. 288 C): στοίχησον
τῷ κελλίῳ σου καὶ ἄλλῳ κελλίῳ μὴ παραβάλῃς .. καὶ ἐγκρατὴς

γενοῦ γλώσσης καὶ κοιλίας καὶ σώζει. Nach 30jähriger Busse erhält
der Eingeschlossene von Gott eine Offenbarung, dass sein Ende nahe
sei (289 B *διορατικοῦ χαρίσματος ἠξιώθη καὶ τὴν ἡμέραν προέγνω
τῆς ἑαυτοῦ τελευτῆς πρὸ ἑβδομάδος*), — ein Zeichen, dass Gott
seine Busse angenommen habe, und dass Sabas Macht hatte, zu binden
und zu lösen. (Sabas lässt dem Theodosios sagen: *ἰδοὺ ἄνθρωπόν
ποτε τὸν Ἀφροδίσιον δεξάμενος νῦν χάριτι Χριστοῦ ἀπέστειλά
σοι αὐτὸν ἄγγελον*). Vergl. auch, wie Sabas einen Unzuchtsünder
heilt ib. 295 A *τῇ τοῦ θεοῦ χάριτι νουθετήσας αὐτὸν καὶ παρα-
καλέσας καὶ τοῦ πτώματος διαναστήσας τοῦτον αὐτὸν ἔσωσεν.*

Von der Disziplin in den Könobien giebt Johannes Klimax in
der scala paradisi die anschaulichste Schilderung. In dem von Johannes
so hochgerühmten Sinaikloster giebt es eine besondere *μονὴ* für die
τάξις τῶν μετανοούντων, wo die Sünder einzeln, höchstens zu zwei,
unter der speziellen Aufsicht eines Mönchs eingeschlossen sind (gr. 4;
Mi. 88, 704 A). Dem Vorsteher kommt es zu, dorthin einzuweisen
und zwar: *ἕως οὗ ὁ κύριος αὐτὸν περὶ ἑκάστου ἐπληροφόρει* (ib.
704 B). Keineswegs ist aber dabei vorausgesetzt, dass die dort der
Busse Unterworfenen ihr Ziel, den Herrn zu versöhnen, immer erreichen. Es giebt schwere Sünder — ja es scheint die Mehrzahl zu
sein —, die bis zu ihrem Tod in der *φυλακὴ* bleiben, und mit lebhaften Farben schildert uns Johannes die Szene, die entsteht, wenn
einer sein Ende nahe fühlt, wie die andern auf ihn einstürmen mit
den Fragen (ib. 772 CD): *τί ἐστιν, ἀδελφὲ καὶ συγκατάδικε, πῶς;
τί λέγεις; τί ἐλπίζεις; τί ὑπολαμβάνεις; ἤνυσας ἐκ τοῦ κόπου τὸ
ζητούμενον ἢ οὐκ ἴσχυσας; ἤνοιξας ἢ ὑπεύθυνος ἔτι ὑπάρχεις;
ἔφθασας ἢ οὐκ ἐπέτυχες; ἔλαβές τινα πληροφορίαν ἢ ἄδηλον ἔχεις
τὴν ἐλπίδα?* Manche, die in der Verzweiflung sterben, verbitten sich
selbst ein ehrliches Begräbnis und der Vorsteher willfahrt einem Teil,
kraft der Gewissheit, die er über ihr künftiges Loos hat, ib. 772 C
*πολλάκις καὶ ὑπήκουσεν ὁ τῆς διακρίσεως λύχνος, ψαλμωδίας
τε πάσης καὶ τιμῆς ἐστερημένους ἐξοδιάζεσθαι κελεύων.* Andere
bestattet er trotzdem als Würdige, weil ihm Gott kundgethan hat,
dass ihre Sünde vergeben ist, ib. 776 D *ἐγὼ δὲ αὐτὸν καὶ ἐνταῦθα
ἐνήνοχα καὶ τοῖς πατράσι συντέταφα ὡς ἄξιον . . . ἔστι δέ τις
ἐκεῖνο γνοὺς ἐναργῶς* — der Vorsteher redet, der sich selbst meint,
— *μὴ πρότερον αὐτὸν τῶν εὐτελῶν καὶ ῥυπαρῶν μου ποδῶν
ἀναστῆναι πρὶν θεὸν ἐξευμενίσασθαι.* Wenn auch Johannes Klimax
bei diesen Schilderungen selbstverständlich idealisiert, so viel bleibt
zum mindesten bestehen, dass hier eine Disziplin geübt wird, die

sich um das, was sonst in der Kirche gilt, nichts kümmert. Wie
sticht das mit so viel Bewunderung erzählte Verhalten gegenüber den
Toten von der Praxis der Kirche ab, in articulo mortis jedem das
Sakrament zu reichen! — Man ist sich innerhalb des Mönchtums
bewusst, dass man seine eigenen Massstäbe für Sünde, Busse und
Vergebung hat, wie sollte man sich dem niedrigeren Standpunkt der
Welt anbequemen? Vergl. die selbstbewusste Stelle ib. 780 A B: ὅπου
πνεῦμα κυρίου ὁ δεσμὸς λέλυται, ὅπου ταπείνωσις ἀνείκαστος,
ὁ δεσμὸς λέλυται. οἱ γὰρ τῶν δύο τούτων χωρὶς, μὴ πλανηθῶσι,
δέδενται γάρ. οἱ ἐν κόσμῳ καὶ μόνοι τούτων ὑπάρχουσι
ξένοι τῶν πληροφοριῶν καὶ μάλιστα τῆς προτέρας, δι᾽ ἐλεημοσύνης δέ τινες τρέχουσιν ἐν ἐξόδῳ τὸ ἑαυτῶν κέρδος γνωρίζοντες.

Das Mönchtum hatte nicht die Absicht, über seine eigene Sphäre
hinauszugehen; aber es konnte sich nicht entziehen, wenn es gesucht wurde, und es hielt sich für berechtigt, auch ausserhalb seines
Kreises zu wirken; denn das χάρισμα hat unbedingte Befugnis.
Früh genug, gleich bei seinem ersten Auftreten, ist das Mönchtum
dazu aufgefordert worden, eine geistliche. Thätigkeit zu entfalten.
Schon die vita Antonii hat uns bezeugt, welches Vertrauen zu dem
χάρισμα des Mönchs, zu seiner Fähigkeit, den Seelenzustand anderer
zu beurteilen und sie auf den rechten Weg zu leiten, bei den Weltleuten vorhanden war. Ähnliche Schilderungen, wie teils Einzelne
die grossen Mönche aufsuchen, teils ganze Massen zu ihnen strömen,
enthalten alle späteren Legenden. Man erkennt bei diesen Schilderungen aber auch sofort, wie schwer es gewesen wäre, die geistliche Befugnis der Mönche innerhalb gewisser Schranken zu halten.
In der Thätigkeit, die den Mönchen dabei zugeschrieben wird, gehen
die Erteilung geistlichen Rats, die Spendung des Segens und die
Ausübung der Binde- und Lösegewalt fast unmerklich in einander
über. Denn was heisst Binden und Lösen in der griechischen Kirche?
— das richtige Heilmittel für die Sünde angeben und durch die
Fürbitte bei Gott bewirken, dass die Schuld verziehen wird. So oft
der Mönch, nach dem vielgebrauchten Ausdruck, im intimen Ge-
spräch etwas redet πρὸς ὠφέλειαν τῆς ψυχῆς, so oft er einem Be-
kümmerten seine εὐλογία erteilt oder seine Fürbitte verspricht, so
oft übt er etwas der Binde- und Lösegewalt Analoges aus. Einen
schönen Beweis dafür, dass man schon die Fürbitte des Mönchs als
ein Lösen der Sünde betrachtete, zugleich aber auch dafür, was
man dem Gebet des Mönchs zutraute, bietet Theodoret hist. rel.

c. 1; Mi. 82, 1297 D: Jakob von Nisibis wird aufgefordert, für einen angeblich Toten zu beten, und er thut es: τῷ θεῷ . . ὡς ὑπὲρ τεθνεῶτος τὴν ἱκεσίαν προσέφερεν, ἀφεῖναι παρακαλῶν τὰ κατὰ τὸν βίον πλημμεληθέντα καὶ τοῦ τῶν δικαίων ἀξιῶσαι χοροῦ; wie der Betrug herauskommt, bitten ihn die, die mit ihm Spiel getrieben haben (ib. 1300 A), λῦσαι σφίσιν αὐτοῖς τὴν πλημμέλειαν. Welche Vorstellungen man von der Kraft der Fürbitte des Mönchs hegte, dafür vergl. auch Mac. apophthegmata 38: das Gebet des Makarios verschafft sogar den Abgeschiedenen am Strafort für die Zeit, die es dauert, Linderung Mi. 34, 257 C οἵαν ὥραν σπλαγχνισθῇς τοὺς ἐν τῇ κολάσει καὶ εὐχῇ περὶ αὐτῶν, παραμυθοῦνται ὀλίγον.

Aber die Viten und Vitensammlungen pflegen auch meist einzelne hervorragende Fälle zu erzählen, in denen der Mönch ausdrücklich um Lösung einer bestimmten Sünde angegangen wird. Schon Theodoret und Palladios liefern hiefür Ausbeute. Ich hebe aus dem Stoffe nur Einzelnes hervor. Hist. rel. c. 26; Mi. 82, 1477 D erzählt Theodoret von einem Ismaeliten, der dem Symeon Stylites beichtet, dass er wider seinen Eid habe Fleisch essen wollen: σὺν πολλῷ τάχει τὸν ὅσιον κατελάμβανε, τὸ κεκρυμμένον εἰς φῶς προσφέρων ἁμάρτημα καὶ τὴν παράβασιν ἀνακηρύττων πᾶσι καὶ τοῦ πταίσματος ἐκ θεοῦ συγγνώμην αἰτούμενος καὶ τὸν ἅγιον εἰς ἐπικουρίαν καλῶν, ὡς ἂν ταῖς παντοδυνάμοις αὐτοῦ εὐχαῖς τῶν δεσμῶν αὐτὸν τῆς ἁμαρτίας ἐκλύσειε; ebenso, als Julian nach Antiochia kommt, berichtet Theodoret c. 2; Mi. 82, 1321 A: πάντες δὲ πανταχόθεν συνέθεον ἰδεῖν τε ποθοῦντες τὸν τοῦ θεοῦ ἄνθρωπον καὶ ἰατρείαν τινὰ τοῦ πάθους λαβεῖν ἕκαστος ἐφιέμενος.[1]

---

1) Interessant für die realistische Art, in der man sich teilweise den Vorgang der Lösung von der Sünde vorstellte, ist die mehrfach erwähnte Form, dass der Sünder seine Hand auf den Nacken dessen, dem er beichtet, legt und dieser damit das πάθος auf sich übernimmt. Man wird an den alttestamentlichen Ritus des Versöhnungstags erinnert, vergl. Joh. Clim. gr. 23; Mi. 88, 980 A ὡς οὐδεμιᾶς ὠφελείας ᾔσθετο, ἀπελθὼν καὶ τὸ πάθος ἐν χάρτῃ γεγραφὼς ἁγίῳ τινὶ ἀνδρὶ ἐπέδωκεν· ... ὡς δὲ ἀνέγνω ὁ ἅγιος ἐμειδίασε καὶ ... λέγει αὐτῷ· ἐπίθες, τέκνον, τὴν σὴν χεῖρα ἐπὶ τὸν ἐμὸν αὐχένα καὶ ὡς τοῦτο ὁ ἀδελφὸς πεποίηκε, λέγει ὁ μέγας· ἐπὶ τὸν ἐμὸν τράχηλον, ἀδελφέ, ἡ ἁμαρτία αὕτη· . . καὶ διεβεβαιοῦτο ὁ τοιοῦτος ὡς οὐ πρώην τῆς κέλλης τοῦ γέροντος ἐξεληλύθει, ἕως οὖ τὸ πάθος θᾶττον ἄφαντον γέγονεν. Dieselbe Form findet sich zweimal in der Legende des Joannikios AS Nov. II, 1; 343 B und 353 C; an der zweiten Stelle sagt Joannikios: τὸ φῶς τὸ ἀληθινὸν ὁ Χριστὸς καὶ θεός μου ἀπὸ τοῦ νῦν ἰᾶταί σε μετανοήσασαν, ὦ γύναι, καὶ τῶν πονηρῶν ἀπαλλάττει πνευμάτων, ἐπ' ἐμὲ αὐτὸν διαβαίνοντος τοῦ πολέμου. Die An-

Zu den lehrreichsten Erzählungen dieser Art gehört die des Kyrill von Skythopolis in der vita des Johannes Hesychastes AS Mai III Anhang p. 18 A [1]). Eine διάκονος, Βασιλίνα τῇ κλήσει, διάκονος οὖσα τῆς μεγάλης ἐκκλησίας Κωνσταντινουπόλεως, möchte den Johannes sehen, um ihm zu beichten (τὰ καθ᾽ ἑαυτὴν ἀναθέσθαι αὐτῷ). Da jedoch keine Frau in das κελλίον eintreten darf, will sie sich verkleiden. Aber der Heilige erfährt durch eine Offenbarung ihr Vorhaben und lässt ihr sagen, dass er ihr im Traum erscheinen werde, καὶ ὅσα δ᾽ ἂν ἐμβάλῃ μοι ὁ θεός, ἐπαγγελῶ σοι. Das geschieht. Er redet sie im Traum an: ἰδοὺ ὁ κύριος ἀπέσταλκέν με πρὸς σὲ, ἀπάγγειλόν μοι εἴ τι βούλῃ. ἡ δὲ τὰ καθ᾽ ἑαυτὴν εἰποῦσα τὴν πρόσφορον ἀπόκρισιν ἔλαβεν. Also Gott selbst sorgt dafür, dass der Herzenswunsch der Frau, dem grossen Heiligen zu beichten, trotz der Schwierigkeiten erfüllt wird.

Johannes Moschos prat. spirit. c. 78; Mi. 87, 2933 A erzählt, wie ein Fremder zu einem Mönch kommt, dem der Mönch wohl anmerkt, dass er etwas auf dem Herzen hat, der aber mit seinem Bekenntnis nicht sofort herausrücken will. Der Mönch ermahnt ihn: εἰ θέλεις ἰατρείας τυχεῖν, εἰπέ μοι εἰς ἀλήθειαν τὰς πράξεις σου, ὅπως κἀγὼ ταύταις ἁρμόζοντα προσάγω τὰ ἐπιτίμια. ἄλλως γὰρ θεραπεύεται ὁ πόρνος καὶ ἑτέρως ὁ φονεὺς καὶ ἄλλως ὁ φαρμακὸς καὶ ἕτερον τὸ τοῦ πλεονέκτου βοήθημα. Diese Darstellung ist insofern besonders wertvoll, weil sie zeigt, dass Mönche gewohnt sind, Beichte entgegenzunehmen — der Einsiedler hat schon eine gewisse Routine — und auch für Todsünden ein ἐπιτίμιον aufzuerlegen.

Die vita des Theodoros Studites c. 66; Mi. 99, 325 AB erzählt von ihm, wie er auf dem Sterbebett liegt: ἐρωτηθεὶς δὲ πρὸς τοῦ σεβασμίου Ναυκρατίου περὶ τῶν ἐν ἐπιτιμίοις ὄντων μοναχῶν τε καὶ κοσμικῶν ἀπεκρίνατο ὁ ὄντως φιλοσυμπαθέστατος καὶ χριστομίμητος ἰατρός· ὁ κύριος συγχωρήσει πᾶσιν.

In der vita Joannicii c. 37; AS Nov. II, 1; 364 C wird beiläufig berichtet: ἀνὴρ δέ τις εὐσεβὴς, τῇ ἀξίᾳ ὑπατικὸς, Κωνσταντῖνος τῇ κλήσει, πιστῶς καὶ συχνῶς ἀνήρχετο πρὸς τὸν ὅσιον. Was diese Besuche bedeuten, sieht man aus 364 C—365 A: Στέφανος δὲ, μοναχὸς πάνυ εὐλαβὴς καὶ ἐνάρετος, τοῦ στρατηγοῦ Ὀλβιανοῦ

---

schauung wird im Folgenden ganz ernsthaft weitergeführt, sofern Joannikios dann eine Zeitlang mit dem übernommenen πάθος zu kämpfen hat.

1) Ich erinnere daran, dass diese vita noch zu Lebzeiten des Johannes geschrieben ist.

νοτάριος γεγονὼς, συχνῶς πρὸς τὸν πατέρα ἀνήρχετο τὰς κατ'
αὐτὸν ἐξαγορεύσεις ποιούμενος καὶ αὐτοῦ τοῖς κανόσι
κανονιζόμενος. Der grosse Zulauf, den Ioannikios hat, erregt den
Neid eines anderen 379 C: *ἑώρα γὰρ πολλοὺς καθ' ἑκάστην σωματι-*
κῆς χάριν ἰάσεως καὶ ψυχικῆς ὠφελείας πρὸς τούτῳ πιστῶς ἀνα-
τρέχοντας.

Ein besonders schönes Beispiel giebt die vita Pauli iunioris.
Nachdem früher einmal allgemein gesagt ist (Anal. Boll. XI, 66):
τῆς φήμης δὲ τοῦ ὁσίου κἂν τῇ νήσῳ ταύτῃ πλατυνομένης ...
πολλοὶ πρὸς αὐτὸν κατὰ πρόφασιν ὠφελείας ψυχῶν ἀφικνοῦντο,
geht der Hagiograph in einem eigenen Kapitel auf das *χάρισμα* des
Paulos, Sünden zu vergeben, ein. Das c. 32; S. 142 beginnt: *μετὰ γὰρ*
τῶν ἄλλων ὧν ἔμπλεως ὑπῆρχε χαρισμάτων ὁ μέγας οὐδὲ ἀποστο-
λικῶν ἐτέλει χαρίτων καὶ τοῦ δεσμεῖν τε καὶ λύειν ἄμοιρος.
Dies wird an einem Fall illustriert, in dem ein Bauer im Traum die
Weisung erhält: *ἄνελθε πρὸς τὸ ὄρος καὶ τῷ κυρῷ Παύλῳ περι-*
τυχὼν ὃ ἂν αὐτὸς ἐπιτρέψειε πάσῃ φυλακῇ τηρεῖν μελέτω σοι.
οὕτω γὰρ ποιοῦντι ἔψεται πάντως καὶ ἡ τῶν ἡμαρτημένων ἄνεσις.
Wie Paulos ihn von ferne kommen sieht, sagt er sofort: *ὁ ἐρχό-*
μενος οὗτος πρὸς ἐξαγόρευσιν ἄνεισι. Er nimmt dann die Beichte
entgegen und schliesst ihn auf drei Jahre vom Abendmahl aus (*εἴργει*
μὲν τῶν ἁγιασμάτων ἐπὶ τρισὶ χρόνοις); *ἐπιτίμια* werden
nicht besonders hervorgehoben.

Man darf alle diese Fälle als Typen einer sehr häufig vor-
kommenden Sache betrachten. Denn es liegt auf der Hand, dass
nur die hervorragendsten Beispiele uns überliefert sind. Die Legendenschreiber konnten hier den Erfolg der *πρεσβεῖαι* der Heiligen nicht
ebenso ad oculos demonstrieren, wie bei Wundern, die durch sie
vollbracht wurden. Daher begnügen sich viele mit summarischen
Schilderungen. Ich unterlasse es deshalb noch Fälle aufzuzählen,
in denen Mönche als Beichtväter von Kaisern erwähnt werden
(z. B. bei Leo dem Weisen, Rh.-Potl. V, 4 *προβάλλεται δὲ πατρι-*
άρχην τὸν ἑαυτοῦ πνευματικὸν πατέρα Εὐθύμιον, ἄνδρα πολλοῖς
ἔτεσι τῇ μοναχικῇ διαπρέψαντα ἀσκήσει καὶ προφητικοῦ χαρίσματος
ἠξιωμένον; bei Michael IV. Sathas bibl. med. aevi VI, 56. 66. 67)
oder wo von einzelnen Vornehmen (z. B. von Nikephoros Phokas,
Ph. Meyer, Haupturkunden S. 23, vergl. auch die Patrizier in der
vita Symeon's des Theologen) berichtet wird, dass sie sich regelmässig zu Mönchen begeben, um ihnen zu beichten, — es wird aus
den angeführten Beispielen zur Genüge hervorgehen, dass das Mönch-

tum im Bewusstsein seines eigentümlichen Vorzugs die Binde- und Lösegewalt im vollen Umfang gehandhabt hat; man wird aber auch aus den vorgelegten Stellen ersehen, wie das zunächst formlose Verfahren allmählich bestimmtere, der kirchlichen Disziplin verwandte Gestalt gewinnt [1]).

Die grosse Thätigkeit, die das Mönchtum auf diesem Gebiet entfaltete, ist aber zugleich ein Beweis dafür, dass die Gewohnheit der Beichte sich mehr und mehr bei den Weltleuten verbreitete. Die religiöse Stimmung in der griechischen Kirche gerät allmählich unter den Einfluss des Mönchtums, auch Weltleute lernen ständige Busse und peinliche Selbstbeobachtung als Pflicht des Christen ansehen und naturgemäss fällt dann die Führerschaft denen zu, die in diesen Dingen Meister waren. Die offizielle Kirche muss dem stillschweigend zugesehen haben, ohne einen Versuch zu machen, die seelsorgerliche Thätigkeit der Mönche zu hindern. Und doch sollte man erwarten, dass an einem Punkte wenigstens ein ernsthafter Konflikt entstanden wäre. Der Mönch nahm es auf sich,

---

1) Doch kann ich es mir nicht versagen, ein Stück aus einem Brief Symeon's des Theologen an ein Beichtkind mitzuteilen, der das anschaulichste Bild einer beichtväterlichen Beratung aus späterer Zeit giebt. Coisl. 292 f. 264ʳ ἐγράψαμέν σοι καὶ ἅπερ ποιεῖν καὶ φυλάττειν ὀφείλεις ὑπομνήσεως χάριν μικρᾶς, ἅτινά εἰσι ταῦτα· ἔξω τῆς ἐκκλησίας γίνεσθαι χρὴ ἐπιτελουμένης τῆς θείας μυσταγωγίας, ὅτε λέγεται ὑπὸ τοῦ ἱερέως ἢ τοῦ διακόνου· ὅσοι κατηχούμενοι προέλθετε, μὴ μέντοι ὑποχωροῦντα ἢ προσομιλοῦντά τινι κατὰ τὸν τότε καιρόν, ἀλλὰ ἐν τῷ νάρθηκι τοῦ ναοῦ πρὸ τῶν πυλῶν ἱστάμενον καὶ τῶν ἐσφαλμένων σε μεμνημένον πενθεῖν, εἶτα πάλιν μετὰ τὴν τῶν θείων μυστηρίων ὕψωσιν εἰσέρχεσθαι. ἑσπέρας δὲ μετὰ τὰ ἀποδείπνια κατ' ἰδίαν γενόμενος τρισάγιον ποίει; dann soll er den 50. Psalm beten, dann je 50 mal κύριε ἐλέησον und κύριε συγχώρησόν μοι sprechen, dann den 6. Psalm beten, endlich 50 mal: κύριε ὅσα ἐν ἔργῳ καὶ λόγῳ καὶ κατὰ διάνοιαν ἥμαρτον συγχώρησόν μοι. Dazu 25 μετάνοιαι. Mittwoch und Freitag ἀπέχου κρέατος, τυροῦ, ᾠοῦ καὶ οἴνου καὶ ἰχθύος; ist ihm dies zu schwer, dann μεταλάμβανε ἰχθύος. In den Fastenzeiten (drei Fastenzeiten; ausser der τεσσαρακοστὴ noch Apostel- und Philippusfasten) wird die Abstinenz gesteigert. Am Schluss wird nochmals eingeschärft: ἀπέχεσθαι δὲ χρὴ τῶν θείων καὶ φρικτῶν δώρων, τοῦ ἀχράντου φημὶ σώματος καὶ αἵματος τοῦ δεσπότου ἡμῶν καὶ κυρίου Ἰησοῦ Χριστοῦ, συμβουλεύω δὲ καὶ αὐτῆς ἀπέχεσθαί σε τῆς εὐλογίας αὐτοῦ τοῦ λεγομένου κατακλάστου, μέχρις ἂν ἀμετάθετόν σου τὴν γνώμην ἔχῃς ἐπὶ τῶν φαύλων ἔργων τῆς ἁμαρτίας καὶ ἕως οὗ ἀπερίτρεπτον ἀπὸ τοῦ ἀγαθοῦ τὴν προαίρεσιν κτήσῃ καὶ μῖσος πρὸς τὴν ἁμαρτίαν τελείως ἔχουσαν. ὅταν δὲ οὕτως ἐν τούτοις σεαυτὸν ἴδῃς ἐλθόντα τηνικαῦτα πρόσελθε ... μετὰ πίστεως ἀδιστάκτου.

auch von Todsünden zu lösen. Konnte die Kirche ihm dies zugestehen?

Die erste Spur davon [1]), dass man seitens der offiziellen Kirche die Tragweite der beichtväterlichen Wirksamkeit der Mönche, ihre Konkurrenz mit der Thätigkeit des Amts, wahrnahm, findet sich in den Kanones des Nikephoros. Unter seinen von Cotelier zuerst mitgeteilten kanonischen Antworten findet sich als ἐρώτησις 16 die Frage (Rh.-Potl. IV, 431 ϑ—ι): περὶ πρεσβυτέρων ὀρθοδόξων ἤγουν Ἱλαρίωνος καὶ Εὐστρατίου μοναχοῦ, ἂν ἔχωσιν ἐξουσίαν διδόναι τὰ ἐπιτίμια? Nikephoros entscheidet: προείρηται κἂν τοῖς ἀνωτέρω ὅτι χρὴ διδόναι. ἐπειδὴ δὲ ἐμφαίνει ἡ ἐρώτησις, εἰ δεῖ καὶ τὸν μὴ ἔχοντα ἱερωσύνην διδόναι κατὰ ἀπορίαν πρεσβυτέρου καὶ πίστιν προσιόντος, οὐκ ἔξω τοῦ εἰκότος καὶ τὸν ἁπλῶς μοναχὸν ἐπιτίμιον διδόναι.

Die Sünde, um deren Lösung es sich hierbei handelt, wird vom Patriarchen als Häresie bezeichnet, vergl. z. B. can. 7 περὶ τῶν ὑπογραψάντων μοναχῶν καὶ κληρικῶν ἐν τῇ αἱρέσει. Damit ist auch indiziert, dass die Befugnis, die in Frage steht, die Binde- und Lösegewalt im eigentlichen Sinne ist.

Steht dies fest, so ist zunächst nicht zu übersehen, welche amtliche Persönlichkeit neben dem Mönch in Betracht kommt. Ein Presbyter Hilarion ist der eine der Fragesteller. Wenn dieser Presbyter Bedenken trägt, die ἐπιτίμια aufzuerlegen, so scheint es, dass es doch noch eine Seltenheit war, wenn ein einfacher Priester die Binde- und Lösegewalt ausübte; vielleicht aber hatte Hilarion andere Gründe für seine Skrupel. Jedenfalls sah Nikephoros darin nichts zu Beanstandendes (vergl. auch den darauffolgenden Ausdruck, dass der Mönch ἐπιτίμια auferlegen dürfe κατὰ ἀπορίαν πρεσβυτέρου). Man erinnere sich an Symeon's Darstellung in περὶ ἐξαγορεύσεως! Ganz von selbst scheint es sich wirklich so gemacht zu haben, dass die Schlüsselgewalt von den Bischöfen auf die Presbyter überging.

Aber mehr noch geht uns in diesem Zusammenhang der zweite Teil der Antwort des Nikephoros an. Für die Stimmung des Nikephoros ist es sehr bezeichnend, dass er ein nur angedeutetes Be-

---

1) Vielleicht darf man in der pseudodionysischen ep. 8 ad Demoph. ein Zeugnis für eine Reibung zwischen Priestertum und Mönchtum erblicken. Es ist interessant, dass Dionysios den Mönch auch in diesem Punkt in seine Schranken weist, vergl. oben S. 209 f.

denken gegen das Recht des Mönchs ausdrücklich zu beseitigen sich beeilt. Es war nicht notwendig, die Frage so zu stellen, wie sie von ihm beantwortet wird. Denn der Mönch Eustratios war Presbyter, vergl. die ἐρώτησις. Aber dem Patriarchen lag offenbar daran, prinzipiell zu entscheiden. Darum formuliert er die Frage so präzis, wie nur wünschenswert: ob auch ein μοναχὸς μὴ ἔχων ἱερωσύνην die ἐπιτίμια auferlegen dürfe, und ausdrücklich sanktioniert er das Recht des einfachen Mönchs. Die zwei Klauseln, die er hinzufügt, sind praktisch nicht von grossem Belang. Wenn er sagt, dass der Mönch eintreten dürfe κατὰ ἀπορίαν πρεσβυτέρου, so fragte es sich eben, ob das Priestertum den Ehrgeiz besass, zur Stelle zu sein, resp. ob es über die Auktorität verfügte, dass es aufgesucht wurde. Und wenn er weiter die Thätigkeit des Mönchs von der πίστις des Sünders abhängig machte, so hatte der Mönch nicht zu befürchten, dass ihm der Priester darin den Rang ablief.

Von einer Absicht der Kirche, dem Vordringen des Mönchtums zu widerstehen, ist also keine Rede. Willig erkennt man die spezifische Befähigung des Standes, und zwar des Standes als solchen, an.

Das war nicht bloss private Meinung dieses Patriarchen und auch nicht bloss eine Erlaubnis, die nur für einen einzelnen Fall gegeben wurde. Wir besitzen ein Zeugnis dafür, dass die offiziellste Vertretung der Kirche das von einem Mönch auferlegte ἐπιτίμιον als gleichwertig mit der kanonischen Busse anerkannte.

Auf der Synode von 869 wird in der 9. Sitzung der Protospathar Theodoros verhört. Die Legaten fragen ihn, nachdem er seine Verfehlung zugestanden hat (Mansi XVI, 150 Dff.): fecisti confessionem et accepisti poenas de peccato illo te poenitens? Theodorus dixit: etiam. Sanctissimi vicarii dixerunt: cui confessus es et a quo accepisti epitimium? Theodorus dixit: qui dedit mihi epitimium defunctus est. Sanctissimi vicarii senioris Romae dixerunt: quis vocabatur? Theodorus dixit: nescio, id tantum scio quia cartularius erat et tonsus est et fecit in columna quadraginta annos. Sanctissimi vicarii dixerunt: sacerdos erat? Theodorus dixit: nescio, abbas erat et habebam fidem in homine et nuntiavi ei. Sanctissimi vicarii dixerunt: et custodisti epitimia? Theodorus dixit: si vult deus custodivi ea, quia Christianus sum. Sanctissimi vicarii senioris Romae dixerunt: complesti ea an non? Theodorus dixit: ecce homo, compleo illa. — Darauf wird ein anderer vorgenommen, der bekennt, keine Busse gethan zu haben, und das gleiche stellt sich noch bei mehreren heraus. Diesen nun wird vom Konzil die schon oben (S. 284) erwähnte Strafe auferlegt (per septem annos epitimium habere propter manifestatum peccatum tale) und der Spruch wird mit dem Satz eingeleitet: promulgamus eos, qui non poenituerunt neque annuntiaverunt neque epitimium acceperunt, sed permanserunt in duritia cordis sui etc. — Man bedenke die Schwere der über diese verhängten Strafe, um zu würdigen, was es heissen will, dass das von einem Mönch auferlegte ἐπιτίμιον als genügender Ersatz galt, und man beachte, dass die römischen Legaten keine Einsprache dagegen erhoben! Welcher Schluss ergiebt sich daraus auf die Auktorität, die die Mönche in der griechischen Kirche besassen!

Es liegt auf der Hand, dass gerade diese Einräumung den Einfluss des Mönchtums ausserordentlich vermehren musste. Denn es war damit ein Ausweg gezeigt, wie man sich der Schmach der öffentlichen Bestrafung entziehen konnte, und dazu noch lässt sich vermuten, dass die Busse, die der Mönch auferlegte, in der Regel milder war, als die durch die Kanones festgesetzte (vergl. auch die oben S. 289 angeführte Stelle aus Nikephoros Chartophylax).

Den besten Massstab dafür aber, wie man sich daran gewöhnte, die μετάνοια und was zu ihr gehört, als eigenste Domäne des Mönchtums zu betrachten, liefert eine Sitte, für die wiederum, so viel ich sehe, Nikephoros der Bekenner der erste Zeuge ist. Wenn wir früher fanden, dass man dem Mönchsgewand die Kraft zuschrieb, die Sünde vollkommen zu tilgen, so muss man diese Anschauung unmittelbar auch für Weltleute fruktifiziert haben. Denn gleichzeitig mit dieser Theorie begegnet uns auch die Sitte, Weltleuten auf dem Totenbett das σχῆμα anzuziehen, um ihnen volle Sündenvergebung zu erwirken.[1]) Nikephoros setzt diese Gewohnheit schon voraus und es liegt ihm völlig fern, Anstoss daran zu nehmen, can. 26; Rh.-Potl. IV, 429 ἐάν τις ἀσθενής ᾖ καὶ ἐπιζητῇ τὸ ἅγιον βάπτισμα ἢ τὸ ἅγιον σχῆμα, χρὴ διδόναι ἀνυπερθέτως καὶ μὴ κωλύειν τὴν χάριν. Manchen, wie dem Michael Glykas erschien zwar der Glaube an die magische Wirkung des σχῆμα bedenklich (vergl. oben S. 208), aber es zeugt für die Ausdehnung und für die Stärke der Sitte, dass er schleunigst hinzusetzt, die Praxis wolle er nicht antasten, Mi. 158, 948 A ταῦτα δὲ λέγομεν οὐχ ἵνα κωλύσωμεν τὸν ἐπὶ τῷ τέλει τοῦ βίου γεγενημένον θεῖον μετασχηματισμὸν καὶ τὴν ἐπ᾽ αὐτῷ τελουμένην ἱερὰν

---

1) Es ist mir höchst wahrscheinlich, dass der Glaube der Karmeliter an die Kraft ihres Skapuliers auf diese griechische Sitte zurückgeht.

τελετήν. πῶς γάρ; εἴγε καὶ τὰ τῶν μικρῶν στεναγμῶν οὐκ ἀπό-
βλητα καὶ μᾶλλον ἐν οἷς ὁ βίος οὐκ ἀδόκιμος ἦν. Es liegt in der
Natur der Sache, dass dem Weltpriester diese Befugnis nicht zukam,
vergl. can. 156 der bei Pitra (II, 341 f.) als Kanones des Nikephoros
gedruckten: ἱερεὺς λαϊκὸς .. ⟨οὐ δύναται⟩ .. ἐνδύειν σχῆμα μοναχοῦ·
ὃ γὰρ οὗτος οὐκ ἔχει, πῶς θέλει διδόναι ἄλλοις? (auch die späteren
ἐνταλτήρια, in denen diese Befugnis erteilt wird, sind sämtlich auf
ἱερομόναχοι berechnet, vergl. die Formulare Rh.-Potl. V, 573 ff.). Ein
einzigartiges Privilegium war also damit für das Mönchtum gewonnen, wenn auch nur Mönchspriester das Recht ausüben konnten.
Der ganze Zustand der Dinge tritt von diesem Punkt aus ins Licht,
wenn man sich zugleich vergegenwärtigt, dass diese τελετή das Seiten-
stück zum abendländischen Sakrament der letzten Ölung bildet. Das
kräftigste Mittel der Sündenvergebung, das man in der griechischen
Kirche dem Sterbenden zu spenden wusste, war etwas dem Mönchtum Nachgeahmtes und dem Mönchtum Vorbehaltenes!

Die spezifische Auktorität, die das Mönchtum auf dem Gebiet
der Busse sich erwarb, hat sich also nicht festgesetzt, ohne dass zugleich mit den idealen Motiven sich auch abergläubische Vorstellungen
verbunden hätten. Aber ausschlaggebend für die Stellung, die das
Mönchtum errang, waren doch die Gründe, die mit einem tieferen
inneren Bedürfnis der Gläubigen zusammenhingen. In all dem, was
man am Mönchtum hochschätzte, in dem Respekt vor der παρθενία
und dem apostolischen Leben der Mönche, in dem Glauben an ihre
charismatische Begabung, an ihre Fähigkeit zur διάκρισις τῶν πνευμάτων, an ihre Erfahrung in geistlichen Kämpfen, — in all dem
war es doch nur eines, wovon man sich angezogen fühlte und
woraus man für sich Nutzen ziehen wollte: man sah bei den Mönchen persönliches, mit ganzer Seele gelebtes Christentum. Und
während das Mönchtum die Aufgabe, die ihm mehr zufiel, als dass
sie von ihm gesucht worden wäre, mit Eifer übernahm, hat die
Kirche sich der Notwendigkeit, die Bussdisziplin weiterzubilden, ver-
schlossen und die Seelsorge lässig betrieben; dadurch hat sie die
Fühlung mit den lebendigen Interessen der Gläubigen verloren.

So ist allmählich der Umschwung herbeigeführt worden, den
uns zuerst Symeon der neue Theologe bezeugt. Er hat nicht zu
viel gesagt, wenn er behauptet, dass die Gewalt zu binden und zu
lösen an die Mönche übergegangen sei, d. h. dass das Priestertum
(mindestens das Weltpriestertum) die Verwaltung dieses Rechts
völlig an die Mönche abgegeben habe. Eine Reihe von Zeugen

aus den folgenden Jahrhunderten bestätigen sein Urteil im vollen Umfang.

Beachtenswert ist schon die Wendung, die Johannes Nesteutes in seinem sermo de paenitentia gebraucht, Mi. 88, 1920 A: ὁ κύριος ἡμῶν Ἰησοῦς Χριστὸς ... ἐξαπέστειλε προφήτας, ἀποστόλους, ἱεράρχας, ἱερεῖς, διδασκάλους εἰς διδασκαλίας πνευματικὰς, μοναχοὺς δὲ πάλιν τὸ παραινεῖν ἐπὶ τὸ ἐξομολογεῖσθαι εἰς αὐτοὺς μετὰ μετανοίας, ἵνα μηδεμίαν βλάβην καθ᾽ ἡμῶν εὕρῃ ὁ βάσκανος ἡμῶν ἐχθρός. Denn das heisst mit andern Worten: Bischöfe, Priester und Lehrer sind dazu da, um zu belehren; — Busse zu predigen und Beichte zu hören, ist Sache der Mönche. Nesteutes weiss es also nicht anders, als dass diese reinliche Scheidung der beiderseitigen Aufgaben besteht, und sie scheint ihm so sehr dem Wesen der Sache zu entsprechen, dass er sie auf die Anordnung Christi zurückführt; der beste Beweis dafür, wie sehr man sich an diesen Zustand gewöhnt hatte.

Aber fast mit denselben Worten wie Symeon hat Johannes von Antiochia in seiner berühmten Rede de disciplina monastica et monasteriis laicis non tradendis, die Lage und den Gang der Entwicklung beschrieben. Indem er darüber Klage führt, wie der Staat gegenwärtig, namentlich durch Einsetzung von Charistikariern, die Klöster bedrücke, wird er an die ähnliche Vergewaltigung des Mönchtums unter dem Kopronymos erinnert und bei dieser Gelegenheit sagt er, damals sei wie eine Art Entgelt den Mönchen von Christus die Gnade geschenkt worden, dass das Recht, Sünden zu vergeben, auf sie überging, Mi. 132, 1128 BC ἔκτοτε οὖν καὶ μέχρι τῆς δεῦρο τετρακοσίων ἤδη χρόνων παρῳχηκότων τοσοῦτον ὑπὸ πάντων τῶν πιστῶν ἐξεθειάζετο καὶ ἐτιμᾶτο τὸ τάγμα τῶν μοναχῶν ὡς καὶ τὰς ἐξομολογήσεις καὶ ἐξαγγελίας τῶν ἁμαρτημάτων καὶ τὰς ἐπ᾽ αὐτοῖς ἐπιτιμίας καὶ ἀφεσίμους λύσεις εἰς τοὺς μοναχοὺς μετατεθῆναι. Er gebraucht denselben Ausdruck, wie Symeon (μετατεθῆναι); auch er weiss also, dass der gegenwärtige Zustand, in dem das Mönchtum im Alleinbesitz ist, ein gewordener ist, aber auch er zweifelt so wenig an dem Recht des Mönchtums, dass er den jetzigen Zustand als gottgewollt betrachtet. — Seine Datierung des Umschwungs auf die Zeit des Bilderstreits hat vieles für sich. Die Bedrückung des Mönchtums im Bilderstreit hat ja thatsächlich nach dem Sieg der Bilderfreunde einen Rückschlag herbeigeführt, der das Mönchtum erst recht zur dominierenden Stellung emporhob, und die Zeitbestimmung würde damit harmonieren, dass bei Nikephoros dem

Bekenner das erste Symptom eines Zurückweichens des Priestertums auftritt.

Am Ende des Jahrhunderts, an dessen Anfang Johannes von
Antiochien steht, liefert Balsamon wider seinen Willen klassische
Belege für die Alleinherrschaft des Mönchtums. In seiner Auslegung
zum 52. apostolischen Kanon entnimmt er zuerst diesem Kanon den
Satz, μὴ μόνοις μοναχοῖς ἱερεῦσιν ἐνδοθῆναι τὴν τῶν ἁμαρτημάτων
καταλλαγὴν, ἀλλὰ καθολικῶς πᾶσι τοῖς ἱερεῦσι (Rh.-Potl. II, 69 f.),
um dann seine Verwunderung darüber auszusprechen, dass Patriarchen
und Bischöfe das Recht, Beichte zu hören, nur an Mönche geben.
Er rühmt sich, dass er als Patriarch sich nicht gescheut habe, auch
Weltpriester damit zu betrauen: ὅπως γοῦν οὔτε παρὰ πατριαρχῶν
οὔτε παρὰ ἐπισκόπων οὐκ ἐπιτρέπονται οἱ ἱερεῖς, μὴ ὄντες μοναχοὶ,
δέχεσθαι λογισμοὺς ἀνθρώπων, ἀγνοῶ· νομίζω δὲ διὰ τὸ τῆς
ὑποκρίσεως εὐλαβέστερον. ἐγὼ δὲ ἐπέτρεψα πολλοῖς κατὰ
τὴν μεγάλην Ἀντιόχειαν ἱερουργοῦσι καὶ οὖσι κληρικοῖς τοῦ αὐτοῦ
ἁγιωτάτου θρόνου δέχεσθαι λογισμοὺς ἀνθρώπων ἀκωλύτως καὶ
συγχωρεῖν ἁμαρτίας. So steht es also, dass man sich als kühner
Bahnbrecher vorkommt, wenn man es wagt, einem Weltpriester die
Binde- und Lösegewalt zu erteilen. Wenn er an dieser Stelle uns
glauben machen möchte, dass thatsächlich wenigstens nur Mönchspriester die Schlüsselgewalt in Besitz haben, so verrät er bei der Erklärung des 6. karthag. Kanons, dass auch simple Mönche das Recht sich
anmassen, Rh.-Potl. III, 311 σημείωσαι ὅτι οἱ χωρὶς ἐπιτροπῆς ἐπισκοπικῆς δεχόμενοι λογισμοὺς ἀνθρώπων ἱερωμένοι μοναχοὶ κακῶς
ποιοῦσι, πολλῷ δὲ πλέον οἱ ἀνίεροι. Nachher muss er gestehen:
τὸ δὲ μὴ δέχεσθαι λογισμοὺς ἀνθρώπων πάντας τοὺς ἱερεῖς, ἀλλὰ
μόνους τοὺς μοναχοὺς ἱερεῖς ἄδικόν ἐστιν. οἴομαι δὲ ὑπὸ τῆς ὑποκρίσεως ἐπλεονεκτήθη καὶ διὰ τοῦτο βραδέως πάντη, ἐῶ γὰρ εἰπεῖν
οὐδαμῶς, ἀνατίθεταί τις ἐπισκόπῳ ἢ ἱερεῖ λογισμὸν οἰκεῖον μὴ
ὄντι καὶ μοναχῷ, ὅπερ τοῖς μὲν ἐπισκόποις καὶ τοῖς ἱερεῦσι μακα-
ριώτατόν ἐστι, τοῖς δὲ μοναχοῖς ἐπικινδυνώτατον. Er weiss, dass
er umsonst redet; deswegen schliesst er ärgerlich: καὶ πλέον οὐ
γράφω (vergl. ausserdem die zwei Fragen, die Markos von Alexandrien
an ihn richtet, Rh.-Potl. IV, 464 f. ἔξεστιν ἀνιέρῳ μοναχῷ ἢ καὶ
ἱερωμένῳ ἐξαγορείαν ἀνθρώπων δέχεσθαι οἰκειοθελῶς; und, λαϊκὸς ἱερεὺς μετὰ ἐπιτροπῆς ἐπισκοπικῆς καλῶς ἐξαγορείας ἀνθρώπων τινῶν ἀναδέξεται ἢ οὔ?).

Anfangs des 13. Jahrhunderts erhebt der lateinische Kaiser
Balduin in seinem Brief an Innocenz III. gegen die Griechen die

Anklage (Mi. P. L. 215, 452 C): nec ulla paenitentiae satisfactione pen-
sabant (sc. bei den Griechen) laici monachive, penes quos sacerdo-
tibus spretis tota ligandi atque solvendi consistebat auctoritas.

Und noch etwa in der Mitte dieses Jahrhunderts bestätigt Nikephoros Chartophylax in seinen Briefen an Theodosios, dass die
Herrschaft des Mönchtums ungebrochen ist. Schon der Anlass der
Briefe ist ein Beweis dafür: der Mönch Theodosios in Athen, der
keine kirchliche Bevollmächtigung besitzt, hört Beichte und fragt
wegen der aufzulegenden ἐπιτίμια bei Nikephoros an; er hat unter
anderem auch δίγαμοι, πορνεύοντες, γυναῖκες ἔμβρυα αἰναιροῦσαι
zu beraten; also zweifellos haben sich auch Todsünder an ihn gewendet. Mit den gleichen Argumenten wie Balsamon bestreitet nun
Nikephoros ein eo ipso vorhandenes Recht der Mönche auf die
Binde- und Lösegewalt, aber auch er gesteht Mi. 100, 1061 C—1064 A:
νῦν δὲ οὐκ οἶδα ὅπως καταφρονεῖται ἡ τοιαύτη διάταξις (sc. dass
nach dem 6. und 42. Kanon von Karthago nur ein vom Bischof be-
auftragter Priester befähigt sei) und noch deutlicher sagt er ib.
1066 D 1067: olim omnes oportebat ad ipsos pontifices accedere suaque
illis occulta prodere et sic vel renuntiationem vel repudium ferre.
Ignoro autem qui factum sit, ut haec minus observentur,
quamvis existimem pontifices negotii taedio frequentique multitudinis
turbulentia defatigatos id operae ad monachos transmisisse.

Man bemerke, dass die angeführten Zeugnisse uns zugleich über
alle Teile der griechischen Kirche Auskunft geben: in Konstantinopel, Antiochia, Alexandria, Athen — überall herrscht der gleiche
Zustand.

Darüber kann also kein Zweifel bestehen, dass vom Ende des
Bilderstreits bis zur Mitte des 13. Jahrhunderts das Mönchtum sich
ausschliesslich im Besitz der Binde- und Lösegewalt befand. Das
Recht gilt als ein wirkliches Privilegium, das dem Stand als solchem
zukommt, zu dessen Ausübung jeder eo ipso befugt ist, der das
σχῆμα trägt.

Es ist damit nicht gesagt, dass die offizielle Kirche alle Fühlung
mit dieser Sache verlor. Man sieht namentlich aus Balsamon, dass
man den Zusammenhang so zu wahren suchte, dass man Mönche
zu Beichtvätern bestellte und sie gleichzeitig wohl auch zu Presbytern weihte. Naturgemäss kann dies jedoch nur in grösseren Städten
geschehen sein und, da niemand verwehrt wurde, zu dem Beichtvater zu gehen, zu dem er πίστις hatte, so bedeutete dies auch
keine Einschränkung für die Thätigkeit derjenigen Mönche, die

kraft eigenen Rechts die Bussgewalt ausübten. Immerhin konnte die Kirche, da wo sie Beichtpriester eingesetzt hatte, und wo sonst ein Einfluss möglich war, darauf hinwirken, dass die ἐπιτίμια, so weit das überhaupt ging, nicht nach Belieben, sondern nach den Kanones auferlegt wurden. Es scheint, dass auch das Mönchtum der Kirche insoweit entgegenkam, als es, jedenfalls zum Teil, darauf verzichtete, nach souveränem Dafürhalten die Busse anzusetzen. Ich erinnere dafür an die oben (S. 292) mitgeteilte Anfrage der Hagioriten beim Patriarchen Nikolaos. So erklärt es sich auch, dass die öffentliche Disziplin nicht völlig absorbiert wurde. Bei skandalösen Fällen muss die Kirche doch noch in der Lage gewesen sein, die Unterwerfung unter die alten rigorosen Kanones zu erzwingen. Aber ein konsequentes Durchgreifen war auch in Betreff der Beobachtung der Kanones nicht möglich. Schon darum nicht, weil diese ja nur für die wenigsten Fälle des praktischen Lebens ausreichten: die Notwendigkeit, nach eigenem Ermessen zu handeln, blieb also auch für diejenigen bestehen, die Willens waren, sich an die Satzungen der Kirche zu halten. Aber nicht alle, die nicht die Plerophorie besassen, ganz souverän zu verfahren, hielten sich darum an die Massstäbe der alten Kanones: wir fanden, dass die Kanones des Nesteutes gleichfalls von vielen Beichtvätern hochgeschätzt wurden. Und was den Gehorsam der Laien betrifft, so geht ja aus den Andeutungen des Theodosios (vergl. S. 289 und S. 325) zur Genüge hervor, dass wohl der grösste Teil der Todsünder sich der öffentlichen Disziplin zu entziehen wusste.

Es müssen verworrene Zustände gewesen sein, die sich am Ende des 12. Jahrhunderts entwickelt hatten. Was galt nun thatsächlich? Die inspirierte Entscheidung des Mönchs, die alten Kanones — und sie in welchem Umfang, nach welcher Sammlung — oder die Kanones des Nesteutes? War es besser, sich den Rat eines berühmten Mönchs zu holen, den eines befreundeten Hegumenos, oder den eines offiziell beauftragten Beichtvaters?

So ist verständlich, dass der Mann, der überall für Ordnung und Uniformierung in der Kirche eintrat, — Balsamon —, auch auf diesem Gebiet Wandel zu schaffen für dringend nötig hielt. Die Einsprache, die in Symeon's Zeit erhoben wurde, scheint vereinzelt und ohne jede nachhaltige Wirkung geblieben zu sein. Aber

Balsamon hat den Kampf energisch und prinzipiell aufgenommen: er streitet für das Recht des Amts gegen den freien Geist und zugleich für die alten Kanones gegen die des Nesteutes. Einfach war seine Aufgabe nicht. Denn einmal war das kirchenrechtliche Material, auf das er sich stützen konnte, überaus dürftig. Er besass in Wahrheit keine andere Waffe, als gewisse Kanones von Karthago (can. 6. 7. 43), Kanones, die dem Presbyter die Wiederaufnahme des Büssers verbieten, um dies dem Bischof vorzubehalten. Er muss diese Kanones erst kunstgerecht juristisch interpretieren (vergl. bes. Rh.-Potl. III, 311 f.), um aus ihnen die Sätze herauszubringen, dass der gewöhnliche Mönch von dem Recht, Beichte zu hören, ganz ausgeschlossen sei, und dass auch dem ἱερομόναχος die Befugnis nur auf Grund bischöflicher Ermächtigung zustehe. Selbst diese Waffe war aber nicht ganz sicher zu gebrauchen: im 52. apostolischen Kanon scheint vorausgesetzt, dass Bischöfe und Presbyter die Gefallenen wieder aufnehmen; Balsamon muss diesen Kanon durch den Hinweis auf die karthaginiensischen Bestimmungen unschädlich machen vergl. Rh.-Potl. II, 68 f. u. III, 311.

Dann aber, — und dies war der bei weitem schwierigere Punkt — mit dem blossen Nachweis, was Rechtens sei, war hier die Sache noch nicht erledigt. Die juristische Deduktion hätte nur dann genügt, wenn man von der Anschauung ausgegangen wäre, dass der, dem das formale Recht auf die Schlüsselgewalt zustünde, unmittelbar auch zu ihrer Ausübung befähigt sei. Allein dies ist auch Balsamon's Meinung nicht. Er teilt mit seinen Gegnern die Voraussetzung, dass zur Ausübung der Binde- und Lösegewalt persönliche Befähigung gehört. Er vermag dieses Erfordernis beim Bischof, den er als den originären Inhaber der Bussgewalt betrachtet, nachzuweisen. Denn dessen Weihe schreibt er die Kraft zu, alle früheren Sünden zu tilgen, — die Theorie ist mir sonst nirgends begegnet; aber man erinnere sich, dass auch die Mönchsweihe diese Wirkung hat —; deshalb, sagt er ausdrücklich, sei der Bischof fähig, Sünden zu vergeben, vergl. zu can. 12 von Ankyra; Rh.-Potl. III, 45 ἡ μὲν χειροτονία τῶν ἀρχιερέων καὶ τὸ χρῖσμα τῶν βασιλέων ἀπαλείφουσι τὰ πρὸ τῆς χειροτονίας καὶ τοῦ χρίσματος ἁμαρτήματα, οἷα ἂν ὦσι. διὰ γὰρ τοῦτο καὶ ἐξουσίαν ἔχουσιν οἱ ἐπίσκοποι ἀφιέναι ἁμαρτήματα. Aber für die Praxis kam mehr in Betracht, wie es mit dem Recht des Priesters stünde. Denn seitdem die Beichte hinzugekommen war, konnte keine Rede mehr davon sein, dass der Bischof allein die Befugnis ausübte. Balsamon betrachtet nun zwar die

Priesterwürde als Voraussetzung des Rechts, Beichte zu hören; aber das Recht liegt nicht schon in der priesterlichen Qualität als solcher. Erst ein besonderes ἐνταλτήριον des Bischofs teilt nach Balsamon dem Priester die Befugnis mit. Allein konnte eine derartige formale Ermächtigung genügen? Die Priesterweihe hat ja nicht dieselbe Kraft wie die Bischofsweihe; sie tilgt nur die leichten Sünden ib. ἡ δὲ χειροτονία τῶν ἱερέων καὶ τῶν ἑτέρων ἱερωμένων μικρὰ ἁμαρτήματα ἀπαλείφει, und wiederum hebt Balsamon hervor, ὅθεν οὐδὲ ἀφιέναι ἁμαρτίας οἱ ἱερεῖς δύνανται. Konnte dieser Mangel durch eine blosse rechtliche Bevollmächtigung von Seiten des Bischofs ersetzt werden? Wäre dann nicht mindestens eine Weihe erforderlich gewesen, bei der die Kraft vom Bischof auf den Presbyter überging? — So leidet Balsamon's Standpunkt an einem Widerspruch. Indem er den Grundsatz anerkannte, dass zur Ausübung der Bussgewalt persönliche Befähigung erforderlich sei, ohne doch zeigen zu können, woher diese beim Priester kommen sollte, blieb er mit seiner Argumentation der herrschenden Meinung gegenüber im Nachteil.

Es hat Balsamon aber nicht an Nachfolgern gefehlt; vor allem hat der schon viel von uns erwähnte Nikephoros Chartophylax seinen Standpunkt verfochten.

Der Protest der Männer der kirchlichen Ordnung hätte jedoch für sich allein gewiss nicht hingereicht, die tief begründete Stellung des Mönchtums zu erschüttern. Aber in der zweiten Hälfte des 13. Jahrhunderts trat ein Ereignis ein, das dem Bestreben, die Schlüsselgewalt für den Priester zurückzuerobern, den kräftigsten Vorschub leistete. Der Kaiser Michael VIII. Paläologos acceptierte auf dem Konzil von Lyon die sieben Sakramente der abendländischen Kirche und so fruchtlos sonst der Unionsversuch war, dieses Resultat ist merkwürdigerweise von der griechischen Kirche angenommen worden und hat sich rasch eingelebt[1]. Nun

---

1) Mit Recht hat Kattenbusch, Confessionskunde S. 215 Anm. 2 trotz Assemani, Renaudot und Denzinger daran festgehalten, dem Bekenntnis des Paläologen die entscheidende Bedeutung zuzuerkennen. Mit den genannten Werken lässt sich nicht operieren. Für Assemani ist es nun einmal selbstverständlich, dass ܐܪܙ݁ܐ = sacramentum im spezifischen Sinn ist, und es kommt ihm nicht so sehr darauf an, ob die sieben ܐܪܙ݁ܐ, die er etwa irgendwo findet, gerade die abendländischen sind, und ob, wenn thatsächlich Analogien zu den abendländischen Sakramenten vorkommen, es dann sieben heilige Handlungen sind.

steht mit einem Male unsere Frage ganz anders: ist die Busse ein Sakrament, ein λειτούργημα, dann ist kein Zweifel mehr darüber möglich, dass sie nur von einem Priester verwaltet werden kann[1]).

Es ist darum nicht zufällig, dass Symeon von Thessalonich, der die Siebenzahl der Sakramente schon als etwas Selbstverständliches behandelt, trotz seiner hohen Verehrung für das Mönchtum die Binde- und Lösegewalt ihm energisch abspricht[2]). Er weiss zwar, dass noch manche Bischöfe einfachen Mönchen diese Gewalt übertragen, aber das scheint ihm schon nicht mehr bloss der kirchlichen Ordnung zuwider, sondern als dem Wesen dieser Funktion widersprechend: der Beichtvater muss Segen sprechen, die Mysterien reichen, daraus folgt — er muss Priester sein, resp. ad Gabr. Pentap. quaest. 13; Mi. 155, 864 BC ὅτι δὲ καὶ μοναχοῖς μὴ ἱερωσύνην ἔχουσι παρ᾽ ἀρχιερέων ἐδόθη τὰ τῆς μετανοίας διενεργεῖν καὶ δέχεσθαι λογισμοὺς ἤκουσται μὲν καὶ ἡμῖν, ἀλλ᾽ οὐκ ἀναγκαῖον ὅλως δοκεῖ, ἐπεὶ χρεία τῷ δεχομένῳ λογισμοὺς καὶ εὐλογεῖν καὶ εὐχὴν ἐπιλέγειν καὶ μεταδιδόναι τῶν μυστηρίων τοῖς χρῄζουσι καὶ ἁπλῶς εἶναι ἱερέα, ὥστε προσφέρειν καὶ μεσιτεύειν ὑπὲρ τῶν μετανοούντων καὶ εὔχεσθαι. Wenn schon der Presbyter, der ohne Ermächtigung von Seiten des Bischofs dieses Amt übernimmt, eine Sünde begeht, — denn das Recht ist ein apostolisches Recht, also zunächst dem Bischof eigentümlich —, wie viel mehr derjenige, der nicht ὑπηρέτης τοῦ λειτουργήματος ist, ib. 861 C περὶ δέ γε πνευματικοῦ λειτουργήματος ἐγγὺς τοῦ ἀχειροτονήτως ἐνεργοῦντος τῷ ἁμαρτήματι καὶ ὁ δίχα προτροπῆς ἀρχιερέως καὶ ἐντάλματος ἐνεργῶν. ὅτι τοῦτο

Nicht so stark, aber doch ähnlich machen es Renaudot und Denzinger. Zur Erklärung der Thatsache, dass die sieben Sakramente sich so leicht einlebten, darf man wohl auch an den Eindruck erinnern, den die imponierende Leistung der abendländischen Scholastik auch im Orient machte (vergl. Ehrhard bei Krumbacher S. 100). Merkwürdig ist immerhin, dass in der Kontroverse zwischen Orient und Occident die Differenz in der Zahl der Sakramente, so viel ich sehe, nie berührt wird. Doch hat es ja auch im Abendland fast ein Jahrhundert gedauert, bis die Theorie des Lombarden die allgemeine Anschauung der Kirche war.

1) Andrerseits wird die Mönchsweihe um einen Grad heruntergedrückt. Sie verschwindet aus der Zahl der „Sakramente", wenn sie auch ein μυστήριον bleibt. Bei dem Mönch Job, der vorläufig noch eine zu dunkle Persönlichkeit ist, als dass man etwas mit ihm anfangen könnte, ist bekanntlich das ἅγιον σχῆμα noch neben dem εὐχέλαιον an sechster Stelle eingeschmuggelt.

2) Vergl. auch can. 44 des bei Cotelier, eccl. gr. monum. I, 68 ff. gedruckten Nomokanonon.

τὸ λύειν τε καὶ δεσμεῖν μόνον τῶν ἐπισκόπων ἐστί. 864 A εἰ ουν καὶ
οἱ λαβόντες τὰ ἐνταλτήρια ὀφείλουσιν ἐρωτᾶν (sc. über schwierige
Fälle; eigentliche Todsünden wie ἄρνησις sind casus reservati), ποίαν
ἄδειαν ἕξουσιν ὅλως λύειν οἱ μὴ λαβόντες; εἰ δὲ καὶ ἀνίερός τις,
πόσῳ γε μᾶλλον! Nur im alleräussersten Notfall soll ein gewöhnlicher Mönch und bloss in provisorischer Weise die Beichte abnehmen.
Symeon schreibt ihm aber vor, er müsse — es klingt wie Hohn, wenn
man an die alten Zeiten denkt, — sagen, dass er nicht πνευματικὸς
sei, ib. 864 B εἰ μὲν ἐγγύς ἐστι τοῦ λειτουργήματος ὑπηρέτης, ἐκεῖσε
τοῦτον (sc. den, der bei ihnen beichten will) ἀποστελλέτωσαν. εἰ
δὲ οὐκ ἔστι, τότε μὲν δεχέσθωσαν, παραγγελλέτωσαν δὲ καὶ πατρὶ
εἰπεῖν πνευματικῷ. ib. προσοχὴν ἐχέτωσαν μὴ ἀφ᾽ ἑαυτῶν λύειν
μηδὲ καλεῖν ἑαυτοὺς πνευματικούς, ὅτι οὐδ᾽ ἔχουσι τοῦτο, ἀλλὰ
κατ᾽ ἀνάγκην δεχόμενοι καὶ τοῦτο ὁμολογοῦντες ὡς οὐκ εἰσι πνευματικοί.

So war, seitdem die μετάνοια ein Mysterium geworden war, im
Prinzip das Recht des Priestertums auf die Beichte begründet. Aber
die jahrhundertelange Gewohnheit liess sich nicht einfach ausrotten.
Um so weniger, als die Lücke, die wir bei Balsamon fanden, nicht
ausgefüllt wurde; es schien doch immer noch neben der Priesterwürde für die Verwaltung dieses μυστήριον etwas Besonderes erforderlich, das ein blosses ἐνταλτήριον des Bischofs nicht geben
konnte. So hielt sich das Vorrecht des Mönchtums lange noch in
der Form, dass nur Mönchspriester vom Bischof beauftragt wurden.
Geradezu als Gesetz ist dies ausgesprochen in den sogenannten Kanones des Nikephoros Pitra II, 341 f. ἱερεὺς λαϊκὸς ὁ ἔχων γυναῖκα
οὔτε πνευματικὸς δύναται εἶναι οὔτε μοναχοὺς κείρειν ... ἀλλ᾽
οὐδὲ λογισμῶν ἀνάδοχος χρὴ εἶναι, als Gewohnheit ist es von den
verschiedensten Seiten bezeugt. Noch Leo Allatius (de eccles. occid.
et orient. perpet. cons. III, 17 n. 3 p. 1299) verwahrt sich nur dagegen, dass alle confessarii Mönche seien, und doch schreibt nach
du Cange (s. v. πνευματικὸς) der ein Jahrhundert später lebende
Nikephoros von Thessalonich: non datur potestas presbyteris saecu-
laribus audire confessiones paenitentium, sed solum religiosis S. Basilii. Ideo generaliter religiosi sacerdotes vocantur πνευματικοί; vergl.
über das Ansehen der Priestermönche in heutiger Zeit Ph. Meyer,
ThLZ 1893 S. 10 f. — Selbst die seelsorgerliche Thätigkeit unge-
weihter Mönche hat sich nicht unterdrücken lassen. Sie hat sich
erhalten bis zum heutigen Tag: die Stellung, die der Starez in der
orthodoxen russischen Kirche einnimmt (vergl. Frank, Russisches

Christentum S. 174; Kattenbusch, Confessionskunde S. 433) bezeugt, dass das alte Vorurteil für die Mönche noch nicht geschwunden ist, um von der Rolle, die das Mönchtum in den russischen Sekten spielt, zu schweigen.

Beim „Mysterium" der Beichte wenigstens behauptete sich das Gefühl, dass mystische Akte zum Trost des Gewissens nicht genügen, und ebenso zäh hielt sich auch in der griechischen Kirche die Empfindung, dass, wer in die innersten Angelegenheiten eines andern eingreifen will, persönliche Auktorität sein muss.

Register.[1]

---

1) Das Register ist nur dazu bestimmt, das Aufsuchen gewisser Namen und Dinge zu erleichtern, deren Fundort sich nicht schon aus dem Inhaltsverzeichnis ergiebt.

Druck von August Pries in Leipzig.